*Crowe, Joseph Archer; Cavalvaselle, Giovanni Battista*

# Geschichte der italienischen Malerei

*4. Band*

*Crowe, Joseph Archer; Cavalvaselle, Giovanni Battista*

**Geschichte der italienischen Malerei**

*4. Band*

*Inktank publishing, 2018*

*www.inktank-publishing.com*

*ISBN/EAN: 9783747774274*

# GESCHICHTE

DER

# ITALIENISCHEN MALEREI

VON

J. A. CROWE & G. B. CAVALCASELLE.

DEUTSCHE ORIGINAL-AUSGABE

BESORGT VON

Dr. MAX JORDAN.

VIERTER BAND. ERSTE HÄLFTE.

MIT 5 TAFELN, IN HOLZ GESCHNITTEN VON H. WERDMÜLLER.

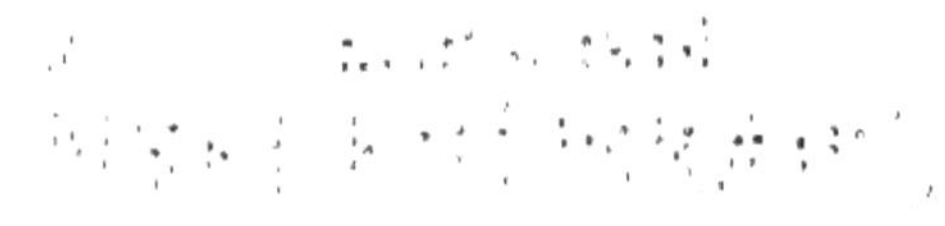

LEIPZIG
VERLAG VON S. HIRZEL.
1871.

# VORWORT.

Störungen verschiedener Art, welche ich nicht zu überwinden vermochte, haben den Fortgang meiner deutschen Bearbeitung von Crowe und Cavalcaselle's Werk, das unterdessen einen rüstigen Schritt vorwärts gethan hat, verzögert. Da der IV. Band — entsprechend dem III. des Originals — den stärksten Umfang gewinnt, ist vorgezogen worden, die erste Hälfte, deren Inhalt die Darstellung der umbrischen Kunst des 15. Jahrh. und der gleichzeitigen sienesischen nahezu abschliesst, jetzt gesondert auszugeben; die andere Hälfte nebst vollständigem Inhaltsverzeichniss über beide Abtheilungen soll in den nächsten Monaten folgen.

Dass Verfasser und Bearbeiter die Zwischenzeit nicht ungenützt gelassen haben, werden die vielfachen Bereicherungen lehren. Am reichlichsten konnten die Capitel über Signorelli, über die Alt-Peruginer, über Pietro Perugino und Pinturicchio mit Nachträgen und Erweiterungen versehen werden.

Leipzig, October 1871.

Dr. Max Jordan,
Direktor des städt. Museums zu Leipzig.

# Inhaltsverzeichniss.

## Vierter Band. Erste Hälfte.

### Umbrische und sienesische Schule des XV. Jahrhunderts.

## Cap. VIII.

# VERZEICHNISS

der Abbildungen zu IV. Bandes I. Abtheilung:

VIERTER BAND. ERSTE HÄLFTE.

UMBRISCHE UND SIENESISCHE SCHULE DES XV. JAHRH.

---

# ERSTES KAPITEL.

## *Luca Signorelli.*

Luca (d'Egidio di Ventura) Signorelli ist aller Wahrscheinlichkeit nach i. J. 1441 zu Cortona geboren;[1] aber die ersten künstlerischen Anregungen empfing er durch Bonfigli, Fiorenzo di Lorenzo und Pinturicchio, lauter Meister von Perugia.[2] Dass ein Mann von solcher Begabung im Laufe der Zeit es dahin bringen kann, den ursprünglichen Ungestüm seiner Natur zu mildern und sich die Sanftmuth und Stätigkeit der umbrischen Vortragsweise anzulernen, würde nicht auffallen; bei längerem Aufenthalt in seiner Heimath hätte Signorelli diese Umbildung vielleicht an sich vollzogen, aber da er in der Jugend auf die Wanderschaft ging, wurden andere Einflüsse vorherrschend.

In Cortona und Arezzo lebten um die Mitte des 15. Jahrh. Zweige einer Familie, mit denen Luca verwandt war: der Vasari, derselben, denen der berühmte Biograph und Maler angehört. Lazzaro Vasari hatte zwar das Handwerk des Vaters überkommen, welcher Töpfer war, legte sich jedoch aufs Maler-

[1] Bestimmt beglaubigt ist Signorelli's Geburtsjahr nicht. Vasari (IV, 147) erklärt, er sei 82 Jahr geworden, und seinen Tod setzt man nach urkundlichen Zeugnissen ins Jahr 1523; vergl. darüber den Schluss des Kapitels.

[2] Man hat guten Grund, die Annahme Rumohr's (Ital. Forsch. II, 333) zu theilen, wonach Signorelli bei Fiorenzo di Lorenzo studirt habe. Jedenfalls liegt es nahe, den Zug umbrischer Auffassungsweise, der aus dem Charakter seiner lockenköpfigen Kinder oder aus Formgebung und Geberde seiner Engel spricht, vom Einflusse eines Peruginers herzuleiten.

gewerbe[3] und gelangte durch geschäftliche Tüchtigkeit zu einer geachteten Stellung in Arezzo, die ihm die Mittel gab, seine Brüder in Cortona zu unterstützen. Seine Schwester, die Frau des Egidio di Ventura Signorelli in Cortona, brachte durch seine Vermittlung ihren Sohn Luca zu Piero della Francesca in die Lehre. Mit diesem Meister war Lazzaro aufs innigste befreundet, wie er sich denn auch in seiner Kunstübung ganz an ihn hielt; seine Arbeiten, unter denen besonders die kleinen Figürchen gerühmt werden, sollen nach Angabe des Enkels die grösste Aehnlichkeit mit denen des Piero gehabt haben.

Dass Signorelli seine Kunstrichtung vorzugsweise dem grossen umbro-florentinischen Meister aus Borgo S. Sepolcro verdankte, ist unzweifelhaft.[4] Unter seiner Anleitung lag er mit mehr als gewöhnlichem Eifer dem Studium der Anatomie ob, welches zu jener Zeit meist ganz öffentlich in den Friedhöfen grosser Städte betrieben wurde, und wenn Signorelli hierbei auch vielleicht die tiefe Einsicht seines Lehrers nicht erreichte, so gelang ihm doch, der steif geometrischen Richtigkeit von dessen Formgebung grössere Freiheit und Kraft zu verleihen. Er leitet die wissenschaftliche Kunstübung von Uccelli und Francesca weiter fort und bereitet ihr den Weg zu Michelangelo. Was er zunächst vor seinen Zeitgenossen voraus hat ist das Vermögen, den Wuchs und die Gelenkfügung nackter Gestalten in unmittelbarer Bewegung überzeugend darzustellen; in dieser Richtung wird er zuletzt sogar über die Grenzen der Natur hinausgetrieben und versteigt sich zu Erscheinungen, die ausserhalb der Erfahrung liegen und bei deren Wiedergabe er sich blos auf Wahrscheinlichkeitsberechnung angewiesen sieht. Dieses kühne Spiel mit den schwierigsten Figurenansichten, an welche die Kunst sich nur überhaupt heranwagen darf, zeigen nicht blos seine Gemälde, sondern auch die Originalzeichnungen nach dem nackten Modell und nach anatomischen Vorlagen, welche in der Sammlung des Louvre ent-

[3] Vasari gibt IV, 67, 68 eine kurze Lebensbeschreibung dieses seines Grossvaters, welcher i. J. 1380 geboren und 1452 gestorben wäre. Von Werken desselben ist nichts auf uns gekommen.

[4] Bei Luca Pacioli (Ars Arithmeticae et Geometriae) wird er genannt: „Lucas nostri Petri Francisci verus discipulus."

halten sind. Das Verständniss, womit Signorelli hier an Fleisch, Muskeln und Knochen den Einklang des Innenbaues mit der äussern Erscheinung wiedergibt, stellt seine Leistungen ähnlichen Arbeiten Michelangelo's fast an die Seite, mit welchem er sich ja auch in der Neigung zu leidenschaftlicher Naturauffassung berührt; die Sorgfalt und Genauigkeit der Ausführung lässt andrerseits auf Kenntniss der Gesetze schliessen, die Lionardo in seinem Traktat zum System gebracht hat.

Von früh auf war Signorelli's Streben auf Wahrheit gerichtet, aber die Wahrheit pflegt in der Kunst nicht minder wie im alltäglichen Leben Anstoss zu erregen, wenn ihre Schärfe nicht durch Geschmack und Feingefühl gemildert wird. In Piero's Schule lernte Luca nicht mehr als treue Wiedergabe der Wirklichkeit. Das Element, welches den Werken der Domenico Ghirlandaio, Fra Bartolommeo, Rafael oder Andrea del Sarto Einheit gibt, ist ihm fremd geblieben; er wurde der Maler des Nackten im eingeschränkten Sinne: alle Einzelheiten beherrscht er aufs vollendetste, Knochenbau und Muskulatur erhalten höchst möglichen Ausdruck, aber der Gattung seiner Körper mangelt oft Adel und die Formgebung behält das Akademische an sich.

Neigung und Begabung wiesen ihn durchaus auf räumliche Grösse an; daher seine hervorragenden Leistungen auf dem Gebiet der Wandmalerei; und hier wiederum sieht er es weit weniger auf Farbenreiz als auf Charakteristik durch die Zeichnung ab. Die Rauheit seiner rothen Lichter oder braunrothen Schatten stellt ihn rücksichtlich der Empfindung für Feinheit des Tones entschieden unter Piero. Licht- und Schattengebung sind überhaupt derb, helle und dunkle Partien scharf umrissen und in schroffen Gegensätzen gehalten. Etliche seiner in der Mischtechnik ausgeführten Tafelbilder zeigen einen dunkel olivenfarbenen Gesammtton voll Ausdruck und Kraft, während andere, die in einem Zug gemalt sind, in den Schattentheilen durch undurchsichtiges Braun beeinträchtigt werden. Auffallend ist die Uebereinstimmung der Jugendwerke Signorelli's mit den Arbeiten aus dem Alter des Piero della Francesca. So finden wir z. B. die Rohheit der Gesichtstypen und die düstere Färbung in der Geburt Christi

1*

(jetzt in Barker's Sammlung in London),[5] die Piero spät für eine Kirche in Borgo S. Sepolcro gemalt hat, genau auf Signorelli's Bild der Geisselung in der Brera zu Mailand wieder, und dieses Bild ist nicht blos wegen solcher einzelner Berührungspunkte, sondern wegen der durchgehenden Verwandtschaft mit Francesca lehrreich; Auffassung, Typen, Handlung, ja selbst die Architektur sind dem umbro-florentinischen Meister entlehnt.[6]

Mailand. Brera. Christus ist an einen Pfeiler gebunden, der ein Götzenbild trägt.[7] Der eine Scherge, im Begriff einen der Stränge zu befestigen, stimmt völlig mit der Art überein, wie Piero seine Akte auffasst und ist akademisch, aber mit der Energie Signorelli's behandelt. Ein zweiter, der den Rücken nach dem Beschauer wendet, erinnert an die kraftvollen Schöpfungen Michelangelo's. Links sitzt Pilatus in einer Säulenhalle, die durch Statuen, Friese und Gebälklagen belebt ist.

Sorgfalt der Zeichnung und die Wiederkehr der lionardesken Formen Piero's sprechen zwar das Verhältniss Luca's zu seinem Meister deutlich aus, allein die kühne Muskelbewegung, die herkulische Gestalt und derbe Gesichtsbildung der Christusfigur zeigen zugleich, dass Signorelli schon früh den Stil seines Lehrers durch den eigenen zu verdrängen begann.[8] Freilich haben wir weder über die Entstehungszeit dieses Bildes noch über die Besteller desselben Nachricht. Wir wissen nur, dass Luca 1472 in Arezzo[9] und 1474 in Città di Castello gemalt hat,[10] und zwar stand er damals in der Blüthe seines Alters, im Anfang der dreissiger Jahre (wenn die Angabe seines Geburtsjahres zutrifft), und im Besitz reifer künstlerischer Erfahrung. Dass aber ein italienischer Maler jener Zeit so alt geworden wäre ohne Florenz, die Hauptstadt des künstlerischen Italiens, kennen zu lernen, ist schwer anzunehmen. In der That scheint er dem Lorenzo de' Medici nicht fremd gewesen zu sein; soll derselbe doch Bilder mytho-

[5] vgl. Band III. S. 321.

[6] Das Bild ist N. 91 der Brera. Holz. H. 0,82, br. 0,60 M. Die Inschrift lautet: „Opus Luce Cortonensis."

[7] Ebenso wie auf Piero's Geisselung in Urbino.

[8] Vasari (VI. 136) hat zwar vollkommen Recht zu sagen, dass Signorelli die Manier Piero's „nachgeahmt" habe, dass aber die Werke Beider „schwer zu unterscheiden seien" ist Uebertreibung.

[9] Vas. VI. 137.

[10] Muzi, Memorie civili di Città di Castello II. 48. (vgl. Comm. zu Vas. VI. 156). Das dort verzeichnete Fresko ist seitdem untergegangen.

Zu B. IV. S. 5.

Erziehung des Pan. Gemälde Signorelli's in Florenz.

logischen Inhalts, wie sie damals im Geschmack waren, und auch andere minder profane Darstellungen von Luca als Geschenke angenommen haben.[11] Mit welchem Eifer und Behagen ein Mann von Signorelli's Geistesrichtung sich den poetischen Stoffen hingegeben haben mag, welche die zur geistigen Lieblingsnahrung gewordene griechische Literatur bot, kann man sich leicht vorstellen, aber die Gelegenheit war doch nicht häufig. Die Anziehungskraft derartiger Gegenstände beschränkte sich auf die Gebildeten in den höchsten und wolhabendsten Ständen und ausser Lorenzo de' Medici oder Pandulfo Petrucci mögen wenige gewesen sein, von denen Signorelli Aufträge in dieser Richtung erwarten durfte. Vasari weiss von einem auf Leinwand gemalten Bilde mit Gruppen nackter Götter, welches Luca dem Lorenzo angeboten habe.[12] Vor nicht langer Zeit nun ist in Florenz ein Bild, was dieser Angabe entspricht, zum Vorschein gekommen. Es gehört dem Marchese Corsi und stellt, wie es scheint, die Erziehung des Pan in höchst ansprechender poetischer Weise dar:

Der jugendliche Pan, bocksfüssig, die Hörner in wallenden Locken verborgen, sitzt auf seinem Felsthrone, das Luchsfell um die Schultern, die Orgelflöte in der linken, einen Stab in der rechten Hand. Vor ihm steht in schöner franker Haltung, den Rücken halb nach dem Beschauer gewendet, ein Knabe (Olympos?) mit der Rohrflöte am Mund; zwei ältere Schäfer, der eine taktschlagend neben Pan, der andere im Vordergrund auf einen Stecken gestützt, lauschen mit grösster Aufmerksamkeit der Musik. Am Boden, gerade vor Pan, liegt ein junger Bursche (Satyr) mit Weinlaub um die Lenden; er neigt sich auf den rechten Arm gestützt vor und hat ein Rohr im Munde, das er mit der linken Hand emporrichtet. Neben ihm steht eine nackte Nymphe, nach welcher der junge Pan mit Wohlgefallen blickt. Sie schaut nieder und hält in der Linken ein Stäbchen oder Rohr so, dass sich dasselbe anscheinend mit dem des Jünglings zu ihren Füssen in stumpfem Winkel kreuzt; ihre Rechte ruht auf einem längeren Stabe (Rohr oder Krückstecken?), an dem ein kleines Täfelchen mit der Aufschrift „Luca Cortonen" befestigt ist.[13] Im Hintergrunde sieht Florenz. Saml. Corsi.

[11] Vasari VI, 141.
[12] Vas. VI. 141.
[13] Die Deutung dieser Gruppe bietet Schwierigkeiten. In der Nymphe hat man sich vielleicht Echo oder Syrinx (die Personifikation der Rohrflöte) vorzustellen. Vermuthlich ist Pan als Richter in einem der musikalischen Wettkämpfe unter Hirten und Satyrisken gedacht, wie sie die bukolische Poesie gern schildert. Die Färbung ist sehr hart, die Lichter roth, die Schatten grün, die Fleischtheile mit

man links zwei andere Nymphen in einem Hain, an dessen Saum ein Triumphbogen mit zwei Reitern sichtbar ist, während die rechte Seite durch Felsland und Bäume geschlossen wird.

Das Bild, dem Gegenstande nach mit einem Fresko übereinstimmend, welches Signorelli im Palazzo Petrucci in Siena gemalt hat (s. später), ist ein Meisterwerk in Gruppirung und Geberdensprache und würde trotz der besonders in den äussern Gliedmaassen ziemlich plumpen Akte zu den hervorragendsten Staffeleiarbeiten dieser Richtung zählen, wenn die malerische Ausführung der Zeichnung nur einigermaassen ebenbürtig wäre, aber alle Schönheit der Composition an sich kann für den Mangel jeglichen Farbenreizes nicht entschädigen. — Von den Madonnendarstellungen Signorelli's, die sich in Florenz befinden, muss zuerst diejenige erwähnt werden, welche aus der mediceischen Villa zu Castello in die Gall. der Uffizien gekommen ist:[14]

Florenz. Uffiz. Das Hauptbild, rund, zeigt den Christusknaben nackt neben der Mutter stehend, welche auf ihn herabblickend seine in ihrem Schosse zusammengelegten Hände hält und mit der andern Hand ihn am Rücken berührt. In der Ferne sind 4 nackte Hirten mit einem grasenden Rinde angebracht, den Hintergrund bildet ein Felsenthor mit Bäumen und ein Bretterhaus. Ueber dem Hauptbilde sieht man in einer auf Flügeln ruhenden Muschel Johannes den Täufer mit der Unterschrift: „Ecce agnius dei." Rechts und links von ihm je in einem Medaillon, grau in grau, ein sitzender Evangelist. Vier Kappenausschnitte zu Seiten des Hauptbildes enthalten Engelsköpfchen.

Aus derselben Zeit und von gleichem künstlerischen Werthe sind die folgenden 4 Bilder in Florenz:

In der Gall. Pitti: Madonna mit dem Kinde, das sie in einem Kissen auf dem Schoose hält, während es der heiligen Katharina dictirt, die vor ihm stehend in ein Buch schreibt.[15]

---

grosser Trockenheit durchgebildet. Der Einfluss des Alters hat das Seinige hinzugethan, um das Ganze noch unerfreulicher zu machen. Am Rücken des Olympos, am Ellenbogen des Schäfers zur Rechten und am rechten Bein und Hüftknochen der Nymphe sind einige Stellen abgekratzt. Auch ist es bei Entfernung des später aufgemalten Schurzes der weiblichen Figur nicht ohne Schädigung abgegangen. Die Bäume im Hintergrunde links haben ebenfalls gelitten.

[14] Uffiz. N. 36. Holz. Fig. unter Lebensgrösse. Die Erhaltung ist trefflich. vgl. üb. d. B. Vasari VI. 141.

[15] Pitti N. 355, Holz, rund, Halbfiguren; ebenfalls gut erhalten.

Im Palast Corsini: Jungfrau und Kind umgeben von dem knieenden Hieronymus und einem Benediktiner.[16] Florenz.

Im Besitze der Familie Ginori 2 Rundbilder: auf dem einen Maria den Knaben tragend, welcher den kleinen Johannes umarmt; in reicher Landschaft dahinter links Hieronymus mit dem Löwen, rechts S. Bernhard, beide knieend. Das Bild darf hinsichtlich des Farbentones zu den ansprechendsten Werken Signorelli's gezählt werden. Die Kinder erinnern an Arbeiten Sodoma's. — Weniger gelungen ist das zweite: Maria sitzt mit gefalteten Händen zu dem in ihrer Nähe befindlichen Knaben hingewandt; der kleine Johannes im Hintergrund zur Rechten ist beschäftigt, eine Sandale zu binden. Die Figuren sind hagerer und die Farben kühler als auf dem vorgenannten. —

Hierzu gehört ferner: In der Sammlung Barker, London: London. Geburt Christi. Maria betet das Kind an, welches zur Rechten schläft, links der heilige Josef. Ferne Landschaft.[17]

Alle diese Gemälde bekunden fleissiges Studium der Werke Botticellis und Filippino's. Die Madonna der Uffizien ist in grossem Stil behandelt, die nackten Körper der Schäfer von vollendetem Naturverständniss, die Prophetengestalten künstlerische Vorläufer Michelangelo's. Milden Adel athmet daneben die Jungfrau der Gall. Pitti, während das Bild in Barker's Sammlung, ein kühner Wurf von Meistergeschicklichkeit, den düstern Oliventon Signorelli's vertritt.

Die Mediceer waren nicht das einzige fürstliche Haus, welches den Meister beschäftigte. Auch die Roveres gaben ihm Aufträge; er malte im Sanctuarium zu Loreto und wetteiferte in der sixtinischen Kapelle zu Rom mit Perugino und den Florentinern. Ueber die Zeitfolge dieser Arbeiten ist deshalb nicht mit Sicherheit zu urtheilen, weil die Fresken in S. Maria di Loreto in sehr üblem Zustande sind. Lokalgeschichtschreiber behaupten, Giuliano della Rovere, nachmaliger Papst Julius II., sei i. J. 1478 Patron jenes Sanctuariums gewesen und habe um diese Zeit den Marmorfussboden der heiligen Kapelle legen lassen.[18] Die Fresken jedoch hat nach Vasari's Erklärung Sixtus IV. bezahlt. Die Frei-

[16] Gall. Pitti N. 18. Marias blaues Gewand beschädigt.

[17] Der Ueberlieferung zufolge schenkte Lorenzo de' Medici dieses Bild einer Dame aus der Familie Guiducci; aus dem Besitz dieses Hauses kam es in Metzger's Sammlung und von da nach London.

[18] vgl. Torsellino und Guida di Loreto (Ancona 1824) bei Ricci, Memorie stor. degli artisti della Marca di Ancona I. 196.

gebigkeit, welche dem Papste hierbei nachgerühmt wird,[19] hat Signorelli wohl verdient; er hat nie keuschere und strengere Wandbilder gemalt als dort.

Loreto. Heil. Kap. Die Dreiecksfelder der 8 seitigen Decke enthalten 8 Engel in mannigfaltiger Geberde mit verschiedenen Musikinstrumenten beschäftigt; die vier Kirchenväter und die Evangelisten füllen den oberen, die 12 Apostel, paarweis vertheilt, sechs Räume des unteren Wandstreifens; auf den übrigbleibenden beiden Feldern ist der Unglaube des Thomas und die Bekehrung des Paulus dargestellt.

Die Evangelisten erinnern unverkennbar an die des Fra Filippo in der Pieve zu Prato[20] und legen die Vermuthung sehr nahe, dass Signorelli zuvor auch Florenz kennen gelernt und die ihm von Haus aus eigene umbrische Vortragsweise dort den männlicheren Zug erhalten habe. Die Engelgestalten, verhältnissmässig noch am wenigsten durch Schmuz und Rauch verdorben, sind mit höchster Sorgfalt und Geduld behandelt, die Mehrzahl der Apostel und das Uebrige ist bis zur Unkenntlichkeit entstellt.[21]

In der sixtinischen Kapelle haben wir nur ein einziges Bild von Signorelli, aber beim Anblick desselben empfindet man sofort, wie sehr der Maler sich bewusst war, dass er es mit Nebenbuhlern zu thun hatte, deren Stärke in der Composition und in der Licht- und Schattenführung lag. Erfindung und Fügung seiner Gruppen sind ebenso grossartig wie deutlich:

Rom. Cap. Sistina. Sein Bild[22] erzählt in der gebräuchlichen räumlichen Vereinigung zeitlich aufeinanderfolgender Begebenheiten die letzten Thaten und das Ende des Moses. Vorn rechts sitzt Moses auf einem Hügel den Stab in der Hand und die Gesetzbücher auf dem Schoos, aus welchen er

[19] Vasari VI. 143.

[20] vgl. B. III. S. 74.

[21] Im Hauptschiff der Kirche sind 26 grau in grau gemalte Figuren vollständig von Pomarancio erneuert.

[22] Es ist das sechste der Wand links vom Altar her; es schliesst den Cyklus der fünf Bilder zur Geschichte des Moses, von welchem N. 2 (Mosis Thaten in Aegypten) von Botticelli [B. III. S. 164], N. 3. und 4 (Pharao's Untergang und Zerstörung des goldenen Kalbes) von Rosselli [B. III. S. 289] gemalt sind. Das erste Bild des Moses-Cyklus (Reise des Moses mit Ziporah u. a.) ist zwar in neuerer Zeit wiederholt dem Signorelli zugeschrieben worden, doch enthält es in vielen Zügen entschieden das Gepräge Perugino's, wenn es auch nicht durchweg von dessen Hand ausgeführt scheint (vgl. darüber später Cap. VII.)

den um die Bundeslade versammelten Juden die Verheissung ihrer neuen Heimath schöpft; ihm zunächst eine Gruppe Weiber mit Kindern, zu beiden Seiten Männer jedes Alters, alle mit lebhafter Theilnahme lauschend. (Auffallend ist hier die Mischung antiker römischer und modern florentinischer Kostüme). Auf der linken, kleinern Hälfte des Vordergrundes ist die Verleihung des Hirtenstabes an Aaron dargestellt. Den aufsteigenden von einzelnen Bäumen begrenzten Wiesenplan säumt im Hintergrude der Felsen, von dessen Gipfel der Engel dem Moses Kanaan zeigt, das als fruchtbares reichbebautes Thal in die Tiefe des Bildes verläuft. Weiter nach links wandert der erblindete Patriarch einsam am Stabe, und in der Ferne sieht man die Leiche des Moses, von Trauernden umstanden.

Die Grossartigkeit in der Behandlung des Nackten, wie sie hier begegnet, erinnert lebhaft an die aretinischen Fresken Piero's della Francesca,[23] und hohes geistiges Leben redet aus Gestalten wie der des Mannes im Vordergrunde rechts, der den Arm auf den Stab stützt, während die Haltung der beiden mit dem Rücken nach dem Beschauer gewendeten Jünglinge in ihrem drallen italienischen Zeitkostüm vollsäftige Gesundheit athmet. Gegenüber dem Schwung der männlichen Gestalten wirkt der Typus der Frauen schwerfällig, die Formzeichnung ziemlich steif und eckig, ein Mangel, der freilich ebenfalls auf Piero zurückdeutet. Die Kinder sind plump, Formen und Gesichtern fehlt die Jugend; wahrscheinlich aber ist die Frauen- und Kindergruppe des Bildes Zuthat Bartolommeo's della Gatta, der mit Signorelli und Perugino in Rom war und als ihr Gehilfe in der Sistina gearbeitet hat. Die Zeichnung ist kühn und kantig, während die Durchführung im Ganzen doch von grosser Sorgfalt zeugt, die auch aus der Anwendung des Goldes auf den Gewändern spricht.[24]

Signorelli nimmt ohne Frage unter den Malern der Sistina einen Ehrenplatz ein. Zwar thut er es dem Ghirlandaio an Sinn für Ebenmaass der Anordnung und an zutreffender Wahl allgemein giltiger Formen nicht gleich, aber er setzt dafür mehr dramatische Kraft ein. Den Botticelli, geschweige denn Cosimo Rosselli, überragt er an Grossheit und Würde, zu Perugino's sanft-heiterer Art

---

[23] vgl. B. III. S. 300.

[24] Einige Stellen der Fleischtheile, die durchgehends röthlich sind, sowie das untere Stück des Vordergrundes sind übermalt.

steht er im entschiedenen Gegensatz des Cholerikers. Wahrscheinlich haben die meisten dieser Maler gleichzeitig in Rom gearbeitet und in freundschaftlichem Verkehr gestanden. Jeder erhielt vermuthlich Aufträge von römischen Gönnern, aber die nähere Bewandtniss von Signorelli's Anstellung ist nicht überliefert. Von Altarbildern für römische Besteller sind keine Nachrichten erhalten, und wenn er ausser dem beschriebenen Fresko sonst noch Etwas in der sixtinischen Kapelle gemalt hat, so ist es später vertilgt worden; denn die Darstellung der Reise des Moses mit Ziporah, welche ihm gewöhnlich zugetheilt wird, ist dem Perugino zuzuweisen.[25] Sein Aufenthalt in Rom kann von ungefähr 1478 bis 84 gedauert haben.

In letzterem Jahre finden wir ihn bereits in Cortona. Dort wurden eben in dieser Zeit Geldmittel zur Gründung der Kirche S. Maria del Calcinaio ausserhalb der Stadt gesammelt und ein tüchtiger Baumeister zur Anfertigung des Planes gesucht. Signorelli, der sich diess nicht selbst zugetraut zu haben scheint, schlug den Francesco di Giorgio vor, welcher damals für den Herzog Friedrich von Urbino in Gubbio thätig war; er ward beauftragt, diesen anzugehen (1484) und die Sache kam sehr schnell zu allseitiger Zufriedenheit in Gang. S. Maria del Calcinaio ist eins der wenigen Bauwerke Italiens, die wirklich nach Francesco's Entwürfen angefertigt sind.[26]

Von malerischen Arbeiten des Jahres 1484 ist das aus Arezzo in den Dom zu Perugia versetzte Altarbild zu nennen:

Perugia. Dom. Maria mit dem Kind thront unter einem Gewinde von Blumen und Früchten nach paduanischem Geschmack; zu den Seiten sieht man die Heiligen Onofrius, Johannes den Täufer, Herculanus, Stephan und Engel; auf dem Untersatz des Thrones einen nackten Seraph mit dem Saitenspiel.[27]

---

[25] Genaueres darüber später.

[26] Die Nachweise über den Sachverhalt dieser Unternehmung, an welcher Signorelli so hervorragenden Antheil gehabt hat, finden sich im Giornale Arcadico di Roma v. J. 1823. Zwei Aktenstücke davon sind von Passavant, Leben Rafael's I, 420 wieder abgedruckt. Neuerdings hat Girolamo Mancini in den Notizie sulla chiesa del Calcinaio e sui diritti che vi ha il comune di Cortona, Cortona, Tipogr. Bimbi 1868 sämmtliche hierher gehörige Urkunden neu geprüft und abgedruckt. Im Anhang gibt er auch Nachweise über Signorelli's Aufenthalt in Cortona, welche die Chronologie des Meisters vielfach feststellen helfen.

[27] Cesare Crispolti, Perugia Augusta

Trotz des roh natürlichen Seraphs und des alten knochigen Onofrius gehört das Bild zu den gediegenen Leistungen des Meisters, nur hat es durch schwere Uebermalung und durch senkrechte Sprünge sehr an Schönheit eingebüsst.[28]

Von nun an ist Cortona wieder Signorelli's Heimat; er scheint seinen Wohnsitz hier beibehalten und von ihm aus den meisten Aufträgen auf Altarbilder und Kirchenfahnen genügt zu haben, die zahlreich an ihn kamen. Als Auszeichnung für eine solche Arbeit (ein Banner für die Brüderschaft der heil. Jungfrau) wurde ihm im J. 1488 das Bürgerrecht von Città di Castello geschenkt.[29] In Cortona selbst wählte man ihn während der 43 Jahre von 1479 bis an seinen Tod nachweislich siebzig Mal zu bürgerlichen Aemtern verschiedener Art, häufig zum Prior und in den grossen Rath der Stadt, mehrmals zu besondern Sendungen.[30] Wie hoch er auch ausserhalb seiner engern Heimath geachtet wurde, geht daraus hervor, dass man ihn i. J. 1491 mit zur Begutachtung der Modelle für den Ausbau der Vorderseite des florentiner Domes berief.[31]

Unter den Städten, welche sich in dieser Zeit der Leistungen und der persönlichen Anwesenheit Signorelli's erfreuten, steht

---

lib. I. fol. 63 und lib. II. fol. 270 gibt folgende Inschrift, die sich auf dem Bilde befunden habe: „Jacobus Vannutius nobilis Cortonensis olim Episcopus Perusinus hoc Deo maximo et divo Onofrio sacellum dedicavit, cui in archiepiscopum Nicaenum assumpto nepos Dionysius successit, et quanta vides impensa ornavit aequa pietas MCCCCLXXXIV." —

[28] Manni weist in seiner Vita di Luca Signorelli (bei Vasari, Comment. VI. 141) auf einen Contrakt vom Januar 1485 hin, laut dessen sich Signorelli verpflichtet, eine Kapelle in S. Agata in Spoleto auszumalen. Es ist ungewiss, ob diese Zeitangabe alten oder neuen Stil meint und ob man die Arbeit vor die Reise nach Gubbio oder später zu setzen hat, sicher aber enthält S. Agata heute keine Spur von Signorelli's Hand.

[29] s. Comment. zu Vasari VI. 156.

[30] Das Verzeichniss von Signorelli's Amtsstellungen in Cortona gibt vollständig G. Mancini a. a. O. (vgl. oben Anm. 26). Als Prior auf 2 Monate erwählte man S. in den Jahren 1480, 1486, 1488, 1490, 1495, 1497, 1502 (wegen Epidemie in seiner Familie nicht aktiv), 1503 (durch Abwesenheit entschuldigt), 1504, 1507, 1508, 1509, 1511, 1516, 1520, 1522, 1525 (24?), wo er bereits todt war. s. später. — Am 5. Juli 1508 wird er behufs Neuordnung der Aemter und Erlasse der Commune Cortona als Orator nach Florenz abgesandt. 1512, 27. Sept. geht er mit Silvio Passerini und Jacopo Vagnucci ebendahin, um die Familie der Medici zu ihrer Wiederkehr zu beglückwünschen. 1517, 24. Juli nimmt er an der Gesandtschaft nach Rom Theil, welche den zum Cardinal erhobenen Silvio Passerini ein Geschenk der Stadt Cortona überbringt. (Sämmtliche Notizen aus G. Mancini.)

[31] Die Urkunde bei Vasari VII. 247. Signorelli erschien jedoch damals nicht in Florenz.

Volterra obenan. Als Wunder von Schönheit hebt Vasari eine Beschneidung Jesu über dem Altar einer Brüderschaft in S. Francesco daselbst hervor, ein Bild, das er (wohl infolge eines Gedächtnissfehlers) als Fresko bezeichnet und dessen Misshandlung durch Sodoma (Bazzi), welcher es ausbesserte, er scharf tadelt.[32] In der That hat das Bild, eine meisterhafte Composition lebensgrosser Figuren, durch die vollständige Uebermalung des Christknaben sehr verloren; es ist in Oel ausgeführt und befindet sich gegenwärtig in Schloss Hamilton bei Glasgow:

Schloss Hamilton. Glasgow.

Der Hohepriester steht mit erhobenen Händen, den Blick mit wohlwollendem Ausdruck nach oben gewandt, vor ihm ein Mann von geringerem Range, welcher sich über das von der Mutter auf dem Schoosse gehaltene Kind beugt. Ein anmuthiges Weib links vom Hohenpriester berührt Maria an der Schulter; Joseph, auf derselben Seite, eine grossartige Erscheinung in Vollgewand, betrachtet die Ceremonie indem er sich auf einen kurzen Stab stützt. Hinter ihm gewahrt man eine weibliche Figur mit lieblichen Zügen, begleitet von einem Manne mit Turban. Rechts von der Hauptgruppe steht ein anderer Mann, welcher mit Zuhilfenahme der Finger, an denen er abzählt, einem Mädchen Etwas einschärft, das vorn im Begriff hinwegzugehen den Kopf nach dem Jesusknaben umwendet. Die Handlung geht in einer Tempelnische vor sich, welche mit gelben Verzierungen auf blauem Grunde eingesäumt ist; in den Aussenecken der Nische befindet sich je ein Medaillon mit einer Prophetenfigur. Am Boden liegt ein Band, Vase und Buch, die Inschrift lautet: „Lucas Cortonensis pinxit.“[33]

Die Geberden der Figuren sind kühn, doch ohne Ueberspannung, die Schatten kräftig, kaum mit Oliventon versetzt, Sicherheit und Wahrheit der Zeichnung verbinden sich mit weiser Licht- und Schattenführung. Maria's Antlitz, ganz in Signorelli's eigenthümlicher Art geformt, hat kindlich sanften Ausdruck,

---

[32] Vasari VI. 138: „E nel vero, sarebbe meglio tenersi alcuna volta le cose fatte da uomini eccellenti piuttosto mezzo guaste, che farle ritoccare a chi sa meno“ — sind die sehr beherzigenswerthen Worte Vasari's.

[33] Die Herausgeber des Vasari (VI. 138) führen an, dass die als Handschrift in der Bibliothek zu Volterra befindlichen Notizen von Ormanni die Existenz einer Darstellung der Beschneidung Christi von Luca da Cortona in S. Francesco als Tafelbild bezeugen und dass anderweite Angaben ein zweites Tafelbild desselben Gegenstandes in der Compagnia del S. S. Nome di Gesù erwähnen. Die Bretter, welche die Oberfläche bilden, sind quer aufgelegt und haben sich ein wenig nach aussen geworfen. Das Christuskind ist ein Stück moderner Uebermalung, welches durchaus nicht zum Uebrigen stimmt.

während der Kopf des Arztes die Formgebung des Piero della Francesca und des Lionardo zeigt. Von den weiblichen Gestalten hat die, welche links vom Hohenpriester steht, mehr umbrischen Charakter, die hinter Joseph erinnert noch besonders an Giovanni Santi.

Volterra besitzt auch mehrere andere Staffeleibilder Signorelli's. Eins derselben, eine Verkündigung aus d. J. 1491 in der Capella S. Carlo im Dom erinnert wieder lebhaft an eine Arbeit Giovanni Santi's in der Brera zu Mailand.[34]

Maria unter einer Säulenhalle hat das Buch, in welchem sie gelesen, bei Ankunft des im Hofe erscheinenden Engels sinken lassen; links am Himmel sieht man Gottvater in der Engel-Glorie. Die Architektur ist gut und sehr reich verziert; am Eckpfeiler der Colonnade steht: „Lucas Cortoneñ pinxit MXDI."[35] Volterra. Dom.

Das Bild, von guter Perspektive, kräftiger Färbung und meisterhaftem Vortrag hat, wie bemerkt, in der Eigenthümlichkeit der Figuren und dem Gewandwurf ungewöhnliche Verwandtschaft mit den Umbriern und gehört zu denjenigen, in welchen Signorelli die meiste Weichheit und Lieblichkeit der Empfindung offenbart.

Aus demselben Jahre stammt ferner ein schönes Tabernakel-Stück in S. Francesco am Altar der Maffei:[36]

Maria thronend zwischen Franciscus, Johannes d. Täufer und einem Engel (links), Antonius, Joseph und einem zweiten Engel (rechts), im Vordergrund die sitzenden Gestalten des heil. Hieronymus und eines schreibenden Bischofs. Die Predelle, welche gemalte Flachreliefs trägt, ist arg zerstört. An der Thronstufe bez.: „Lvcas Cortoneñ pinxit M·CCCCLXXXXI."[37] Volterra. S. Francesco.

Keins der bisherigen Bilder lässt Signorelli's kühne Grossheit so hervortreten wie dieses. Die entschlossene Kraft in der Geberde des Jesusknaben, der den Arm, welchen man von unten

---

[34] Vgl. Band III. S. 374.

[35] Kopf und Hände der Jungfrau sind übermalt.

[36] Der Altar ist der zweite rechts vom Portal.

[37] Vor der Signatur noch die Stiftung: „Mariae. Virgini. Petrus. Bella. Domna. hujus. religionis. professor. posuit." Die Tafel hat drei senkrechte Sprünge und ist überhaupt sehr beschädigt, die Farbe blättert theilweise los und hat sich in den Schattenpartien des Fleisches verändert.

sicht, gleich dem Christus in Michelangelo's Weltgericht der Sistina erhebt, ist ergreifend, sehr schön das Heiligenpaar im Vordergrunde; die Engel haben wieder mehr Fühlung mit umbrischer Empfindsamkeit und Anmuth. Die Gewänder sind mit grosser Breite massig angeordnet, die Farbe wie gewöhnlich voll Saft und fett in den Schattenstellen.

Ueber Luca's Aufenthalt in Cortona während der Jahre 1493 und 94 belehren uns Rechnungsnachweise über Summen, die für zwei Altarbilder in Città di Castello an ihn gezahlt waren;[38] von Werth ist dabei, seinen Aufenthalt in letzterem Jahre festzustellen. Man hat nämlich vermuthet, er sei bei Gelegenheit seines Contractes, durch den er sich verpflichtete, innerhalb bestimmt festgesetzter Zeit eine Kirchenfahne für die Brüderschaft von S. Spirito zu Urbino zu liefern,[39] in Rafael's Vaterstadt gewesen. Dafür scheint zu sprechen, dass Giovanni Santi ihn wohl gekannt hat, der ihn in seiner Reimchronik „il Cortonese Luca d'ingegno e spirito pellegrino" nennt. Aber Pungileoni fragt schon, ob ein so hervorragender Künstler damals nicht Einfluss auf den jugendlichen Rafael geübt haben müsste.[40] In den Urkunden, die er anführt, ist schlechterdings kein Nachweis enthalten, dass Signorelli zu dem bezeichneten Zwecke nach Urbino gekommen sei. Giovanni Santi, der im August dieses Jahres starb, kannte seine Begabung und seinen Ruf schon längst. Die geistige Gegenwart des Meisters von Cortona wird jedoch noch heute durch sein Werk bezeugt. Das Banner ist in derselben Kirche, für die es gemalt war, erhalten:

Urbino. S. Spirito. Es stellt auf der einen Seite die Kreuzigung dar, mit grosser Lebendigkeit in den Haupt- und Nebengruppen, auf der andern Seite, grau und wenig ansprechend, die Herabkunft des heiligen Geistes.

Das Jahr 1496[41] ist durch zwei Arbeiten in Città di Castello bezeichnet: ein kleines Tafelbild der Geburt Christi,[42] welches

---

[38] s. Mancini, Mem. degli artef. Tifernati, bei Vasari VI, 157.

[39] Der Contrakt bei Pungileoni, Elogio stor. di Giov. Santi p. 77.

[40] Pungileoni Elogio stor. di Raf. Santi, Urbino 1829 p. 13, 14, 15.

[41] Aus den Jahren 1492, 94 und 96 hat G. Mancini a. a. O. keinerlei urkundliche Notizen in Cortona über Signorelli gefunden.

[42] Vgl. darüber die Notiz bei Vasari VI 157.

für die Kirche S. Francesco gemalt war, und das Martyrium des heil. Sebastian, für S. Domenico bestellt und noch dort vorhanden:

Città di Cast. S. Domenico.

Die Armbrustschützen sind hier von ähnlicher Gewaltsamkeit der Charakteristik wie der auf dem Sebastian-Bilde der Pollainoli in der Nationalgallerie zu London, der Hintergrund ist ebenfalls wie dort mit Figuren und classischen Bauwerken gefüllt, die Ausführung durchgehends ziemlich trocken.[43]

In das Jahr 1497 fallen einige der schönsten und grössten Werke, die Signorelli in der Fremde ausgeführt hat. Sie gehören den südlichen Toskana an. Von dem Verfall sienesischer Kunst Siena's während des 15. Jahrh. wird noch eingehend die Rede sein; sie war damals noch nicht in der peruginischen Schule aufgegangen, was bald nachher erfolgte, und gerade jetzt erschien Signorelli, der wenigstens den umbrischen Charakterzug der alten Kunst bewahrte, in Siena als Vorläufer Pinturiccho's und Bazzi's. Im Olivetaner-Kloster von Chiusuri (bei Buonconvento südlich von Siena) hat er den Stempel seiner Kunstweise einer Bilderreihe zur Legende des heil. Benedikt aufgeprägt,[44] welche die Vollkraft seines Schaffens geniessen lassen würde, hätten ihre Ueberreste nicht leider zu viel Unbill erfahren.

M. Oliveto maggiore. Chiusuri.

Die westliche Wand des Kreuzganges (rechts) bietet elf Flächen mit malerischen Darstellungen. Das erste Bild gehört zu denen, welche Sodoma i. J. 1505 vollendet hat,[45] das letzte ist von Riccio, das vorletzte ist gänzlich zerstört. Die übrig gebliebenen 8 Fresken Signorelli's behandeln folgende Gegenstände: 1. (das erste nach Sodoma's Bilde neben dem Eingang) Totila's Kniebeugung vor Benedikt,[46] 2. Der Schildknappe kommt an Stelle Totila's zu Benedikt (theilweise beschädigt; 3. Versuchung des fastenden Mönchs (schadhaft und unteren Theiles aufgefrischt); 4. Ueberführung zweier Brüder, welche das Gelübde der Enthaltsamkeit gebrochen; 5. Auferstehung des Mönches, über welchen Satan einen Steinblock geworfen (sehr ge-

[43] Vasari erwähnt das Bild VI, 138. Mancini, Mem. d. art. Tif. (s. ebenda) gibt die Inschrift der Staffel folgendermaassen: „Thomas de Brozziis et Francisca uxor fieri fecit 1498." Die Jahreszahl ist jedoch 1469. Die Farbenfrische ist ganz verloren gegangen, wie denn die Tafel überhaupt stark gelitten hat. Ueber das Bild der Pollainoli vgl. Band III. S. 132.

[44] Vasari XI. 143.

[45] Den Nachweis über diese Zeitbestimmung geben die Documenti Senesi III. 184.

[46] Einige Zeichnungen zu diesem Bilde befinden sich in der Gall. des Louvre.

schwärzt); 6. Benedikt beschwört den Teufel, welcher den Stein festbannt; 7. Sturz des Götzenbildes (beschädigt); 8. Einsturz eines Hauses, das einen Jüngling erschlägt (sehr schadhaft und aufgefrischt).

Die Fresken, aus dem Jahre 1497 stammend,[47] beweisen, dass Signorelli noch unter dem Einflusse Piero's della Francesca stand, aber sie bringen seine ganze Einbildungskraft zum Ausdruck. Die Zeichnung ist auf sehr weicher Fläche sauber aufgebaust und gibt nicht blos die Umrisse der Formen, sondern auch die Licht- und Schattentheile mit geometrischer Genauigkeit an. Ebenso klar ist das Verfahren der Ausführung erkennbar. Die Anlage bildet gilbliche Wasserfarbe als Lokalton für die belichteten Stellen, die Halbtöne sind mit gelbrothem Ueberzug hergestellt, die Schattentheile roth; beim Auftrag ist stets die gleiche Richtung innegehalten, nach der Weise, wie Lionardo bei seinen Zeichnungen zu Werke geht.

Das Jahr 1498 führte Signorelli zu längerem Aufenthalt nach Siena.[48] Zu den Arbeiten dieser Zeit gehört zunächst ein Altarstück für die Kapelle der Bicchi in S. Agostino, von welchem jedoch nur die beiden Flügelbilder und zwar im berliner Museum erhalten sind.[49] Sie gehören zu den ausgezeichnetsten Leistungen des Meisters:[50]

---

[47] s. Guida all' arcicenobio di Monte Oliveto, Sienna 1814. p. 20. (Zu bemerken ist, dass Signorelli (laut der Urkundenauszüge von G. Mancini a. a. O.) im März, Mai und Juni d. J. 1497 städtische Aemter in Cortona bekleidet. doch wurde es mit der Präsenz nicht streng genommen.

[48] Im Februar 1498 wird er noch in das Consiglio generale zu Cortona gewählt; dann bis Februar 1500 keine Amtsnotiz. Vgl. G. Mancini a. a. O.

[49] Die zugehörige Mitteltafel enthielt nach Vasari VI, 139, 140 den heil. Christoph, welchem die Kapelle geweiht war. Waagen gibt in dem Katalog der berl. Gall. als ehemaliges Mittelbild ein Kruzifix an, während er in Raumer's hist. Taschenbuch 1850. S. 566 den Gegenstand richtig benannt hatte. Nach Tizio (M. S. Hist. Sen. s. Vas. VI. 141 u. Pungileoni. Elog. stor. di Raf. p. 64) befanden sich auch Bildnisse der Stifter darauf; er verzeichnet das Bild u. a. mit den Worten: „Lucas Cortonensis .... in Antonii Bichi equitis et Eustochiae filiae viduae capella. quae in S. Augustino Senensis urbis est. tabulam peregregiam [Pungil. „peregrinam"] pinxit anno ab hinc decimo quinto etc." (geschrieben 1513. also 1498). Hier mag noch die Geburt Christi in S. Domenico zu Siena genannt werden, welche Taia (Guida di Siena 1822 p. 149) dem Signorelli beilegt. Wir kommen unter Francesco di Giorgio auf dieses Bild zurück; es zeigt eine Lebhaftigkeit und Bewegung, welche darauf schliessen lassen. dass der Künstler unter Signorelli's Einfluss gearbeitet haben mag.

[50] Berlin. Museum N. 79. Tempera auf Holz. Jeder Flügel hoch 4 F. 7½ Z. br. 2 F. 5 Z. Aus der Sammlung Solly. Die berliner Tafeln scheinen das Einzige zu sein. was beim Brand der Kirche i. J. 1655 gerettet wurde (vgl. Pungileoni a. a. O. p 56). —

Berlin. Museum.

Die Flügeltafel zur Linken enthält die heilige Clara und Magdalena stehend, jene im Ordenskleid mit dem Lilienstengel, diese in grünem goldgehöhten Unterkleid mit rothem Mantel, das Salbgefäss in ihrer Hand andächtig betrachtend; vor beiden knieend Hieronymus, nackt, mit hellviolettem Ueberwurf und braunem Schurz; er schlägt sich mit dem Stein vor die Brust und blickt krampfhaft innehaltend voll Inbrunst nach dem Mittelbilde zu. — Auf der Tafel rechts steht Katharina von Alexandrien mit Buch und Palme, in grauem gelbgefütterten Mantel und rothem Kleid mit Goldlichtern, den Blick zur Erde gesenkt; neben ihr Augustinus lesend, in vollem Bischofsornat, dessen Stickereien (Verkündigung und Anbetung der Hirten, Taufe Christi; auf der Mütze Christus mit dem Kreuz) nicht ornamental, sondern als wirkliche Bilder mit Luftperspektive behandelt sind. Vor ihnen knieend im Gebet der heil. Antonius von Padua, emporblickend. Die Figuren beider Bilder sind unter offenen buntbemalten Hallen von farbigen Steinen gruppirt, durch die man in weite Landschaft (links mit 2 Staffagefigürchen) blickt. Der Fussboden ist Mosaik.

Die Hauptarbeit dieser Zeit in Siena bildete jedoch die Ausschmückung des Palastes von Pandolfo Petrucci, eines reichen Patriziers, der eine lange Reihe von Jahren hindurch als glücklicher Nachahmer des Lorenzo Magnifico die oberste Gewalt in der Stadt behauptete. In einem damals eben vollendeten Prachtgebäude Petrucci's (Palazzo del Magnifico genannt) malte Signorelli als Zimmerschmuck eine Anzahl Gegenstände aus der antiken Mythologie und Geschichte: 1. Die Verleumdung nach der Anekdote vom Apelles,[51] ferner die Schule des Pan, in der Com-

[51] Von allen Berichterstattern über diese Fresken des Palazzo del Magnifico wurde als Gegenstand dieses ersten Bildes „die Entdeckung der Eselsohren des Midas" angegeben, weil Della Valle, der einzige Augenzeuge, der als Gewährsmann dienen kann (Vasari erwähnt sie überhaupt nicht), es so benennt. Seine Schilderung jedoch stimmt nicht zu jener Bezeichnung; er sagt (Lettere Sanesi III, 320): „Nella prima storia è rappresentata la favola di Mida adirato per la scoperta delle sue orecchie asinine. Egli sta sotto il trono, e una donna accorre per ricoprirgliele con un velo: mentre un' altra con una face nella sinistra, tiene pe' capelli con la destra un uomo nudo disteso a terra, e che nel volto mostra l'inquietitudine, e il pentimento del fallo, non senza timore di supplizio. In disparte si vede un' altra donna afflitta per questa scoperta, starsi in atto lamentevole e triste." In dieser Erzählung ist nur ein einziges Moment, die langen Ohren des Königs, was auf Midas schliessen lassen könnte, aber alle übrigen passen schlechterdings nicht auf ihn, während alle zur lukianischen Erzählung vom Bilde der Verleumdung des Apelles, welche damals oft gemalt wurde (vgl. u. a. die Darstellung des Gegenstandes durch Botticelli, Band III. S. 164). Bestätigt wird übrigens unsere Deutung durch die Unterschrift des Bildes. Sie war griechisch und lautete nach Della Valle (welcher sie in den Lettere Sanesi a. a. O. sehr verstümmelt, besser in seiner Ausgabe des Vasari IV, 333 gibt):

position dem früher erwähnten Staffeleibilde bei Marchese Corsi ähnlich,[52] 3. Amor, erst von Mädchen gequält und gejagt, dann im Triumph geführt,[53] 4. Coriolan, wie er die Bitten der Mutter und Gattin anhört.[54] In demselben Zimmer befanden sich ausserdem dargestellt: Die Flucht des Aeneas aus Troja, eine Auslösung Gefangener und Penelope oder Lucretia am Webstuhl — letzteres von Pinturicchio.[55] Von diesen Gemälden nun sind der London. Triumph Amors und Coriolan — umfängliche Compositionen mit viertellebensgrossen Figuren — auf Leinwand übertragen und beschädigt in die Sammlung Mr. Barkers gekommen; die Flucht aus Troja und die Lösung der Gefangenen (Scipio in Spanien?) bewahrt die Akademie der Künste zu Siena;[56] sie zeigen eine Siena. Mischung von Signorelli's und Pinturicchio's Stil mit Charakterzügen des Bolognesen Ercole Grandi, sodass man auf Girolamo Genga's Autorschaft schliessen kann. Genga hat nachweislich für Pandolfo Petrucci gearbeitet und soll auch mit Signorelli in Orvieto thätig gewesen sein; doch finden wir keinen thatsächlichen Beweis hierfür in der Kapelle S. Brizio und sind geneigt, seine Beihilfe daselbst, wenn sie anders überhaupt stattgefunden hat, auf die Ornamente zu beschränken, die nicht so streng und sauber durchgeführt sind wie die Bilder selbst.[57]

---

*Η ΑΓΝΙΑ ΚΑΚΩΝ ΑΙΤΙΑ. ΜΗΤΕ ΔΙΚΗΝ ΔΙΚΑΣΕΙΣ ΠΡΙΝ ΑΜΦΟΙΝ ΜΥΘΟΝ ΑΚΟΥΣΕΙΣ.* INDICTAM AMBOBVS NOLI DECERNERE CAVSSAM. Dieser griechische Vers ist dem Lukian entnommen und steht (*Περὶ διαβολῆς*, 8) als Moral unter der Anekdote von Apelles: *μήτε δίκην δικάσῃς πρὶν ἂν ἀμφοῖν μῦθον ἀκούσῃς.* Der erste Satz der Inschrift ist derselben Erzählung Lukians entnommen; diese beginnt: *Δεινόν γε ἡ ἄγνοια καὶ πολλῶν κακῶν ἀνθρώποις αἰτία.* Die Namensunterschrift Signorelli's war ebenfalls griechisch hinzugefügt: *ΛΟΥΚΑΣ Ο ΚΟΡΙΤΙΟΣ ΕΠΟΙΕΙ.* (Della Valle a. a. O.) Ueber den Sinnspruch s. die Sammlung der sogen. Pseudophocyliden, bei Bergk, Poetae lyr. graec.

[52] Vgl. oben S. 5. Die Inschrift scheint gewesen zu sein: „LVCAS D' CORTO.“ S. Della Valle, Lett. San. III. 320 u. seine Ausg. des Vasari IV, 333. Die Beschreibung, die er an ersterer Stelle vom Gegenstande des Bildes gibt, das er als „Baccanale“ bezeichnet, ist zwar nicht genau genug, um die völlige Uebereinstimmung mit dem Gemälde bei March. Corsi in Florenz zu beweisen, aber alle wesentlichen Züge finden sich in diesem wieder.

[53] Die Signatur nach Della Valle: „LVCAS CORITIVS.“

[54] Bez.: „LUCAS CORITIVS.“ Die Herausg. des Vasari Lemonier (VI, 153) glauben diese Fresken sämmtlich am füglichsten in das Jahr 1509 setzen zu sollen.

[55] Vgl. Della Valle, Lett. San. III, 320 f.

[56] Siena, Akad., N. 224 und 225, je 1,38 M. breit und 1,28 M. hoch.

[57] Vgl. über Genga's Antheil Vasari XI. 86 und dagegen die Bemerkung zu

Der Berufung nach Orvieto, welcher Signorelli jetzt folgte, waren lange unerquickliche Verhandlungen im Baurathe des Domes vorausgegangen. Man hatte neun Jahre vergebens auf Perugino gewartet, welcher die Vollendung des malerischen Schmuckes der Cappella Nuova oder Madonna di S. Brizio[58] zugesagt, hatte inzwischen den Pinturicchio und den Antonio da Viterbo (Pastura) an seiner Stelle in Vorschlag gebracht, und entschied sich jetzt für den Cortonesen. Er kam, um in sehr kurzer Zeit weit mehr als das zuerst ihm Zugedachte auszuführen. Denn zunächst wollte man ihm nur die Decken der Kapelle anvertrauen, soweit sie Fiesole vor 52 Jahren unvollendet hinterlassen hatte.[59] In der Sitzung des Dombaurathes am 5. April 1499 erschien Signorelli selbst und erbot sich, die Decken gegen Lieferung von Gerüsten, Kalk, Sand u. a. für 200 Dukaten den bereits vorhandenen Theilen entsprechend fertig zu malen. Man beschloss mit 15 gegen 3 Stimmen, dem Künstler die gleichen Anerbietungen zu stellen wie dem Perugino, aber statt 200 nur 180 Dukaten Honorar bei freier Wohnung. Darauf hin kam noch am nämlichen Tage folgender Contrakt zu Stande: Die Bauhütte hatte dem Meister Wohnung mit Doppelbett,[60] Gerüste, Kalk und Sand sowie Gold und Ultramarin zu liefern und die ausbedungene Summe von 180 Dukaten ratenweise je nach dem Gang der Arbeit und dem Bedürfnisse so zu zahlen, dass er immer 25 Dukaten gut behielt und nach Beendigung des Werkes den Rest bekommen sollte. Dafür verpflichtete sich Signorelli, nach Vorlagen, welche der Kämmerer zu geben hatte, die angefangenen Stücke der Decken

den Urkunden der Anstellung Signorelli's bei L. Luzi, Duomo di Orvieto, Florenz 1866 p. 475.

[58] So genannt vom Feste des „heil. Brizius", mit welchem ein uraltes berühmtes Madonnenbild in Beziehung gebracht wird, das am Gründungstage des Doms (13. [23.] November, dem Jahrestage dieses Heiligen) in der Cap. Nuova ausgestellt zu werden pflegte.

[59] Vgl. Band II. S. 167.

[60] Della Valle (a. a. O. 321) schliesst aus der Lieferung eines zweiten Bettes, welches wahrscheinlich für einen Gehilfen bestimmt war, sehr kühn auf den Namen des Insassen: Girolamo Genga, den Vasari allerdings ausdrücklich als Gehilfen Signorelli's in Orvieto bezeichnet. Die Urkunden schweigen aber völlig von Genga, der jedenfalls, als ein Maler von Geschick, im Contrakte Signorelli's nicht unerwähnt geblieben sein würde, wie ja z. B. auch in Fiesole's Contrakte die Gehilfen namhaft gemacht und mit Monatsgeld angestellt werden. (Vgl. Luzi a. a. O. 475.)

fertig zu machen und einschliesslich der Bogen bis zum Sims hinab zu vollenden, die Farben selbst zuzubereiten, sämmtliche Figuren, besonders die Gesichter und Obertheile eigenhändig auszuführen, Nichts in seiner Abwesenheit malen zu lassen und alle Theile mindestens ebenso schön herzustellen wie das bereits Vorhandene. Am 25. Mai sollte er beginnen und den ganzen Sommer hindurch bei der Arbeit bleiben. Als Conventionalstrafe für Contraktsbruch wurde das Doppelte des Honorars festgestellt.[61] Aus einem Protokoll der Bauratbsitzung vom 25. November geht hervor, dass Signorelli bis dahin die eine Hälfte der Decke, und zwar nach den vorhandenen Zeichnungen Fiesole's gemalt hatte.[62] Diese reichten nun nicht weiter und man übertrug daher dem Künstler mit einstimmigem Beschluss die Fortführung der Deckenmalereien nach dem Plane, wie er früher von den Meistern der Sacra Pagina von Orvieto berathen worden war und wonach die Gegenstände den Darstellungskreis des jüngsten Gerichtes innehalten sollten. Am 6. Januar 1500 kam sodann beim Baurathe die Klage Signorelli's zum Vortrag, dass er bei den bisherigen Bedingungen nicht bestehen könne, und man fand sich bereit, ihn in Anerkennung seiner trefflichen Leistungen noch mit einer Zugabe an Korn und Wein zu vergnügen.[63]

Obwol Signorelli nicht ununterbrochen in Orvieto arbeitete,[64] hatte er doch nicht ganz ein Jahr zur Vollendung der Deckengewölbe gebraucht. Wenigstens konnte er, laut den Urkunden

---

[61] S. den Wortlaut der Condotta, verstümmelt bei Della Valle, Stor. del Duomo di Orvieto, p. 320 (a), vollständig bei L. Luzi a. a. O. 468.

[62] Dieses Protokoll, welches bei Luzi a. a. O. S. 470 abgedruckt ist, hat Della Valle nicht; dagegen fehlt bei Jenem die Quittung Signorelli's d. d. 10. April 1500 über erhaltene 90 Dukaten und 3 Lire, welche Della Valle S. 320 (b) gibt. Luzi, S. 476, hat eine Quittung Signorelli's über die gleiche Summe d. d. 10. Juni 1500, die bei Della Valle fehlt.

[63] Della Valle 320 (b) gibt das Protokoll im Auszug und ohne Datum, Luzi S. 471 vollständig.

[64] Im Februar 1500 wird Signorelli in den grossen Rath zu Cortona gewählt, im Mai 1501 ist er Bürge eines Priors daselbst, im Februar 1502 wieder Beisitzer des grossen Rathes, im Juni d. J. wird er für die Monate Juli und August zum Prior gewählt, kann aber das Amt wegen der Epidemie in seinem Hause (dalla peste bubbonica) nicht antreten. Am 23. Juli d. J. vollzog er in Cortona eine Schenkungs-Urkunde über einen Landbesitz. Dann wird er im Oktober 1503 wiedergewählt, ist aber abwesend. (S. Urkundenauszüge bei G. Mancini a. a. O.)

der Bauhütte, bereits Ende April 1500 die andere grössere Hälfte des Freskenschmuckes der Kapelle, die eigentlichen Wandflächen übernehmen, zu deren Dekoration er sich erbot. Von dem Preis, den er dafür forderte (600 Dukaten), wurden 25 Dukaten abgehandelt, aber Wohnung, Korn und Wein zugegeben sowie Lieferung derselben Hilfsmittel zugestanden, welche er bei der bisherigen Arbeit erhalten hatte.[65] Im August 1502 scheint die Kapelle eröffnet und die gesammte Dekoration fertig gewesen zu sein.[66]

Es ist anziehend, den Empfindungen nachzudenken, mit welchen Signorelli an diese Arbeit gegangen sein mochte. Die Anfänge, die er vorfand und an die er sich anschliessen sollte, stellten das künstlerische Vermächtniss des letzten Malers von wahrhaft religiöser Anschauung dar; wie konnte Luca, der ebenbürtige Zögling ganz anderer künstlerischer Grundsätze, ganz neuer Vorstellungen, in die Fusstapfen dieses Vorgängers treten? Im Baurathe von Orvieto wird man sicherlich die Wahl zwischen Pinturicchio und Signorelli eingehender geprüft haben, als uns aus den noch vorhandenen Urkunden ersichtlich ist; dass man die Frage verständig erwogen hatte, dafür zeugen die Clauseln des Contraktes; ohne Zweifel versprach der mildsinnige Peruginer, wenn man seinen Meister selbst nicht erlangen konnte, die Arbeit des gottseligen Fiesole entsprechender fortzusetzen, als der Feuergeist aus Piero della Francesca's Schule. Aber Signorelli siegte dennoch. Es entschied offenbar das mächtigere Talent, das man in ihm erkannte, und mit dem Pinturicchio, der vom Perugino Alles an sich hatte, nur seine grössten Eigenschaften ausgenommen, nicht zu wetteifern vermochte. So sind die Fresken Signorelli's in Orvieto zugleich zu einem Denkmal der hohen Einsicht seiner Auftraggeber geworden, wie sie an sich von Geist und Kunst ihres Schöpfers vollendetes und unvergängliches Zeugniss ablegen. Freilich sind die Gemälde von Orvieto

[65] Die Urkunden bei Luzi a. a. O. 472 ff. d. d. 23. und 27. April 1500. Bei Della Valle a. a. O. S. 320—22 sind sie nur bruchstückweise mitgetheilt.

[66] Nach Della Valle S. 322 am Feste der Assunta. — Das Gesammthonorar Signorelli's für Decken- und Wandgemälde belief sich auf 755 Dukaten.

gegen die Unbill der Menschen und Zeiten so wenig gefeit, wie andere grosse Werke, aber im weiteren Entwicklungsgange der italienischen Kunst, und vor allem in Michel Angelo's Nachfolge sind sie unsterblich, auch wenn sie untergehn.

Während Signorelli in Orvieto malte, hatte er nicht blos die kleinen Deckengemälde Fiesole's vor Augen, seine Phantasie wurde auch durch bedeutende Werke aus entlegenerer Zeit angeregt. Der Weg zu seiner Arbeit führte ihn täglich an den Flachreliefs aus der Frühzeit der pisaner Schule und an den giottesken des Andrea Pisano vorüber; vielleicht sah er auch Mosaiken Orcagna's. Geistiger Vorgänger aber war ihm der Dichter des Inferno, dessen gewaltiger Einfluss sich in allen orvietanischen Gemälden Signorelli's deutlich kund gibt, wie er auch aus der Anwendung bestimmter Scenen der göttlichen Komödie spricht, denen wir auf dem Beiwerk der Fresken begegnen.

Orvieto. Dom. Cap. Nuova. Die S. Brizio-Kapelle (Cap. Nuova) ist ein Rechteck, in zwei Abtheilungen geschieden, deren jede drei Bogen-Wände hat und mit Kreuzgewölbe überspannt ist. Der Eingang befindet sich dem Altar gegenüber. Jede Bogenwand wird von einem einzigen grossen Bilde ausgefüllt, sämmtliche Bilder beginnen in bestimmter Höhe. Die unteren Wandtheile ruhen auf gemalten Marmorsockeln, welche in der Mitte kleine Bilder mit Köpfen und Seitenmedaillons mit Darstellungen aus Dante's Hölle und verschiedenen mythologischen Gegenständen tragen.

Das erste Bild, links vom Eingang, erzählt die Predigt und den Sturz des Antichrist: er steht, an Gestalt und Gesicht dem Heilande ähnelnd, auf einem Postamente und predigt dem versammelten Volk die Weisheit, die ihm der Teufel zuraunt. Die Menge theilt sich, indem sie ihn anhört, in den Mammon, den er bietet und der vor ihm aufgehäuft liegt. Gruppen wortstreitender Mönche, Heilung suchenden Volkes und leidender Märtyrer füllen den Mittelgrund bis an die Stufen des hochragenden Tempels, der die Scene abschliesst, während die linke Hälfte des Bildes grausige Henkerarbeit zeigt und dahinter den Sturz des Satans, der vom Engel Gottes vertrieben häuptlings aus dem Himmel herabsaust und unter der gaffenden Schaar zu Fuss und zu Ross Schreck und Entsetzen verbreitet. — Zu äusserst links stehen, der Ueberlieferung nach, Signorelli und Fiesole in andächtiger Haltung.[67]

Am Sockel unterhalb dieses Bildes befindet sich Dante's Bildniss.

[67] Der untere Theil des Fresko's hat Schaden gelitten, namentl. ist die Farbe abgerieben.

Ein Rundfeld daneben stellt grau in grau Dante und Virgil dar, wie sie Cato begegnen, das Gegenstück zeigt Dante und Virgil am Felsen und die Begegnung Dante's mit Manfred; das Rundfeld links: die beiden Dichter in Erwartung des Engels, der übers Wasser kommt, das zur Rechten: Ersteigung des Berges, Virgil zeigt Dante die Sonne, Wiedererkennung Belacqua's. — Orvieto.

Die Reihenfolge der Bilder führt nun zum Portal zurück und auf die rechte Seite. Von der Eingangswand boten nur die oberen Flanken der Thüre Raum dar. Der schmale rund schliessende Streifen ist auf der rechten Seite der Eintretenden mit grossem Geschick zur Darstellung des Sturzes der Bösen, der „Fulminati" verwendet, welche vom Falle der aus dem Himmel herabwirbelnden Teufel ergriffen in verschiedenen übereinander geordneten Gruppen mit allen Geberden des Entsetzens zu Boden sinken, während links das Herannahen des jüngsten Tages durch den Hinweis auf die Vorzeichen und durch eine Folge entsetzlicher Erscheinungen dargestellt ist. — Unterhalb zu jeder Seite zwei Bildnisse, das eine wahrscheinlich das des Signorelli, das andere das des Niccola di Francesco, welcher die Fresken bestellte.[68]

Die folgende Wandfläche rechts ist der Auferstehung der Todten gewidmet. Zwei mächtige Engelgestalten mit weit ausgebreiteten Flügeln auf Wolken stehend, welche von kleinen Cherubim umflattert werden, stossen in die Posaunen, deren Kreuzflaggen und Bänder in der Luft flattern. Die untere Scene stellt eine weite Wüste dar. Vom Tone des Gerichts geweckt erheben sich die Todten als Gerippe oder als fleischige Körper aus den Grüften; theils ziehen sie mühsam die Glieder empor, theils freuen sie sich schon aufrechtstehend des erneuten Lebens, theils drücken sie in verschiedener Geberdensprache, mit Inbrunst aufblickend oder in rhythmischer Tanzbewegung den Dank für ihre Erlösung aus.[69] — Im Mittelpunkt des unteren Sockels befindet sich von einem Bogen umschlossen eine Pietà: der todte Christus mit dem Haupt in Maria's Schooss ruhend, daneben ein stehender Apostel, zu den Füssen eine wehklagende Gestalt; Magdalena im Vordergrunde knieend küsst die Hand des Todten. Im Hintergrunde sieht man in Form eines Flachreliefs auf einem Grabe die Bestattung Christi durch drei Träger. — Auf dem Sockel links enthält das viereckige Mittelstück ein Bildniss Virgils, und die vier Rundbilder: 1. Orpheus mit seiner Leier die Eurydice zurückerbittend, 2. Aeneas in der Unterwelt, 3. Eurydice dem Orpheus wegen seines Ungehorsams wieder entrissen, 4. Hercules den Anthäus fesselnd. — Der Sockel rechts von der Pietà ist theilweis von ihr bedeckt, das

[68] Das Fresko ist besonders im obern Theile arg durch Abreibung beschädigt, die Mitte durch einen grossen Fleck ausgetretenen Salzes zerstört.

[69] An den Seiten des Bildnisses im Rundfelde rechts stehen zwei Mal die Buchstaben: L. S.

Orvieto. Cap. Nuova. Mittelbild, ebenfalls Portrait, mit einem Medaillon daneben und darüber, in welchem Kämpfer dargestellt sind.

Das nächste Wandbild rechts schildert die Strafe der Verdammten. Oben am Himmel halten die geharnischten Erzengel Wacht, um den Bösen den Weg zu vertreten; diese, Henkergestalten mit thierischen Fratzen und Fledermausflügeln, stürzen sich auf die dichte Masse der Verzweifelten, die sie knebeln und zur Hölle entführen. — Der Sockel enthält: im breiten Bild der Mitte ein Portrait Claudian's, in den umgebenden Rundfeldern: Juno, Venus, Minerva und Proserpina auf Goldgrund.

Die Wand des Spitzbogenfensters, dessen Leibung zwei Engel und zwei heilige Bischöfe trägt, wird unten durch den Altar bedeckt. In dem Streifen links sieht man die Auserwählten gen Himmel wallen; Engel geleiten sie und ihnen entgegen kommen von oben herab andere mit Kronen oder fliegen in den Lüften Laute spielend und Blumen streuend. (Ein kleines Fenster mitten in diesen Gruppen zeigt in der Leibung die Vertreibung Satans durch den Engel und den heiligen Michael mit der Seelenwaage.) — Das Gegenbild gibt die rechte Seite der Altarwand: hier ist die Phalanx der Engel, Michael an der Spitze, versammelt, die Flammen der Hölle umzüngeln einen wüsten Haufen, der von einem Fahnenträger angeführt wird, Charon in seinem Nachen schlägt die Flügel, verschiedene Gruppen harren sein am Gestade des Acheron, Quälgeister beunruhigen die Verdammten.[70] — Am Sockel links vom Altar sind untereinander zwei rechtwinkelige Bildflächen, zwischen ihnen ein Rundfeld mit folgenden Darstellungen: 1. Dante schlafend mit dem Adler über sich, 2. Dante von Virgil begleitet, wie er das plastische Bild der „Verkündigung" betrachtet, 3. Dante's Begegnung mit Oderisio von Gubbio. In derselben Reihenfolge enthält der Sockel zur Rechten 1. einen unbestimmbaren Gegenstand, 2. Perseus und Andromeda, 3. das Hochzeitsfest derselben.

Das letzte Bild, dem sich die Darstellung der Predigt des Antichrist zur Linken anschliesst, stellt die Versammlung der Seligen dar; die Erwählten schauen voll Inbrunst nach den Wonnen des Himmels empor und empfangen, von Blumen überstreut, die Kronen des ewigen Lebens aus den Händen der Engel, die ihnen den Weg zeigen zu den Gefilden des himmlischen Paradieses', während ihre Genossen in anmuthvollem Chor auf Wolken sitzend himmlische Musik erklingen lassen. — Das Mittelbild des Sockels enthält ein unbekanntes Bildniss, in den Rundfeldern, welche es umgeben, sieht man: 1. Dante von Virgil geführt und den Miserere-singenden Seelen begegnend, 2. Begegnung Dante's mit Sordello und Umarmung Sordello's und Virgils, 3. Virgil und Dante in der Betrachtung des „Esercito gentile", die

[70] Auf den Seiten eines kleinen Seitenfensters in der Mitte dieser Gruppe stehen die Worte: „Ave Maria".

beiden Engel mit gezücktem Schwert am Hügel Wache haltend, und Dante im Gespräch mit dem Pisaner Nino Visconti. — Orvieto.

An der Decke der Kapelle malte Signorelli zu den beiden Bildern des Fiesole, von denen das erste über der Altarwand befindliche Christus als Weltrichter im Chor der Engel, das andere rechts davon 16 Prophetengestalten darstellt, die folgenden hinzu: links Maria mit den Aposteln und Paulus; dann am Mittelbogen, der Fensterwand gegenüber: Engel mit den Marterwerkzeugen Christi und 2 Posaunenbläser, Inschrift darunter: signa judicium indicantia; auf den Deckenfeldern des vorderen Raumes der Kapelle, 1. am Querpfeiler: sieben Märtyrergestalten mit der Unterschrift: „Martirum candidatus exercitus,“ 2. links: 15 Doctoren der Kirche mit der Unterschrift: „Doctorum sapiens ordo“, 3. gegenüber rechts: 13 Patriarchen mit der Unterschrift: „Nobilis patriarcharum coetus“, endlich 4. über der Eingangswand: 8 heilige Jungfrauen mit der Unterschrift: „Castarum virginum cohors.“[71]

Niemals waren bisher verwegenere Figuren erfunden worden, als z. B. der Engel, der mit gezücktem Schwerte den fallenden Satan verfolgt, und ein Geschick, wie es Signorelli hier in der Gruppirung des Volkes an den Tag legt, das die Wunderthaten des Antichrist bestaunt, findet nur in Michel Angelo seines Gleichen. Die Architektur zeigt besten klassischen Stil; die Engel in der Darstellung des Paradieses athmen Adel und Anmuth, und die, welche die Erwählten aufwärts geleiten, sind die schönsten, die der Meister jemals erfand. Grossartige und lebenswahre Erfindung zeichnet die Erzengel und die Verdammten aus, die aus dem Himmel vertrieben werden; die Lebendigkeit und Wahrheit der unteren Scenen stellt sich ebenso neben Michel Angelo's badende Krieger wie die Behandlung des Nackten den Werken der Sistina entspricht; an den Verkürzungen Signorelli's haben wir die Vollendung dessen, was die Kühnheit des Uccelli und Piero della Francesca zuerst wagte. In dem Handgemenge der Dämonen mit den Sündern ist eine Beobachtung der Wirklichkeit und eine Gewalt der Wahrheit, wie sie der Art des Gegenstandes auf's vollkommenste entsprechen; die Art und Weise der Raumerfüllung ist durchweg trefflich. Die Engel in dem Bilde der

[71] Hienach ist unter Berücksichtigung der Abhängigkeit Signorelli's von den Zeichnungen des Vorgängers das zu berichtigen, was Band II. S. 167 über die Bilder Fiesole's in dieser Kapelle gesagt ist.

Auferstehung erinnert an eine der Kraftgestalten in der Sistina, die darunter befindlichen Gruppen sind bei aller Erregtheit der Geberden von edler Wirkung. Die grinzenden Gerippe, die uns mitten im Reigen der Lebendigen anstarren, nehmen Theil an der Lebhaftigkeit des Ganzen, sie bewegen sich wie lebende Wesen und die Mechanik ihrer Geberde ist bewunderungswürdig. Die Christusgestalt in der Darstellung der Pietà ist zwar musculös, aber nicht ohne Empfindung gemalt, die Reliefiguren der Bestattenden zeigen dagegen Luca's umbrische Weise; eine derselben erinnert lebhaft an die Figuren Rafael's in den verschiedenen Studien zu demselben Gegenstande, welche sich in Oxford und Florenz befinden, und legt den Schluss nahe, dass der Urbinate die Meisterwerke Signorelli's in Orvieto gesehen hat, durch die ein vollkommen michelangelesker Geist hindurchgeht.

Hier, auf dem klassischen Boden, auf welchem vor ihm so viele italienische Künstler Spuren ihrer Kunst zurückgelassen, sollte es Signorelli gelingen im Alter von 60 Jahren dem ihm inne wohnenden Drange nach Gestaltungen im hohen dramatischen Stil voll zu genügen. Wäre es dem frommen Angelico 50 Jahre vorher beschieden gewesen, die Capella Nuova zu vollenden, er würde ohne Zweifel dieselben Gegenstände in demselben erhabenen, aber kindlich feierlichen Sinne behandelt haben, von dem seine Deckenbilder Zeugniss geben, und es wäre genau das Gegentheil entstanden von dem Eindrucke der kolossalen und oft derb drastischen Formgebung des Cortonesen. Beide Männer waren gross in ihrem Wesen, aber Weg und Ziel führte sie weit auseinander; der Eine trägt den Beschauer in die Sphäre erhabener Ruhe, der Andere reisst ihn gewaltsam mit sich fort wie über ein Schlachtfeld. Man wird sich schwerlich verhehlen, dass das Mittel der gewaltigen Wirkungen Signorelli's in einer Mischung widerstreitender und nicht immer angenehmer Eindrücke beruht, und dass das Vergnügen, welches er hervorruft, nicht durchweg rein ist. Er packt und bannt uns wie Michel Angelo, er presst uns gleichsam die Bewunderung ab durch seine ungeheure Gewalt und lässt uns nicht zu der Ruhe kommen, die uns möglich machte, Rechenschaft über die Seelenbewegung zu geben, die uns angesichts seiner Werke ergreift. Daher hat er bei dem Beschauer leicht einen Umschlag der Empfindung zu befürchten: wir würdigen die kühnen Erfindungen und ihre zutreffende Darstellung, aber wir fühlen uns mehr erschreckt als angezogen; den Athem in der Brust erstickt das athletische Schauspiel, aber die feineren Regungen des Herzens finden wenig Genüge. Signorelli ist überhaupt darauf angelegt, den Geist der Betrachter aufzurütteln und ihn auf Michel Angelo vorzubereiten; es ist kein Wunder, dass diesen die Werke Luca's in Orvieto so mächtig ergriffen, dass er etliche Gruppen Signorelli's würdig fand, in seine eigene Darstellung des jüngsten Gerichts in der sixtinischen Kapelle aufgenommen zu werden.[72]

Signorelli's erster Aufenthalt in Orvieto dauerte nicht länger als zwei Jahre,[73] denn obgleich er im Jahre 1503 zwei schöne Brustbilder, sein eigenes und das des Niccola di Francesco mit kühner, selten übertroffener Freiheit der Hand in Orvieto malte,[74] so war er doch laut eigener Inschrift im vorhergehenden Jahre in Cortona, wo er für die Kirche S. Margherita die Darstellung des Leichnams Christi, beweint von den Marien und den Aposteln, lieferte, eine Composition, die nur wenig von dem Fresko der Pietà in der Cappella Nuova in Orvieto abweicht. Die dazu gehörige Staffel enthält Christus in Gethsemane, das letzte Abendmahl, den Judaskuss, Gefangennahme und Geisselung.[75] — Im

Cortona. S. Margherita.

---

[72] S. darüber Vasari VI. 142.

[73] Vgl. oben Anmerkung 64 die Angaben aus G. Mancini's Notizie.

[74] Die beiden Männer sehen einander an, die Namen „Lucas" und „Nicolaus" sind in die Gewänder der Figuren auf einen Ziegel (15 : 13" engl.) eingegraben. Nicolaus ist von würdevoller Haltung und erinnert an Piero della Francesca. Auf der Rückseite des Ziegels, welcher in der Opera des Doms zu Orvieto bewahrt wird, steht: „Lucas Signorellus, natione Ytalus, patria Cortonensis, arte eximius, merito Apelli comparandus, sub regimine et stipendio Nicolai Francisci de nationis patrie (urbeve) tunc camerario fabrice hujus basilicez saecllū hoc Virgini dedicatū judici finalis ordine figuratum perspicue pinxit cupidusque immortalitatis virusque effigiem a tergo litterarum harum naturaliter mira effīsit arte, Alexandro VI. pon. M.ˢ M. sedente et Maximiano IIII° imperaūt aňo salutis M.C.C.C.C.C° tertio Kalendas Januarias." Die Farbe dieses Stückes ist flüssig auf weissem Grunde aufgetragen, die Lichter deckend aufgesetzt, das Uebrige in der tupfenden Manier, durchweg in röthlichem Tone.

[75] Das Bild befindet sich jetzt im Chor des Domes, nachdem es von seinem ursprünglichen Bestimmungsort entfernt worden; vgl. Vasari VI. 138 und 139, wo folgende, uns jedoch nicht sichtbare Inschrift mitgetheilt ist: „Lucas Aegidii Signorelli Cortonensis. M. D. II."

Jahre 1504 jedoch kehrte er nach Orvieto zurück, wahrscheinlich um einige Stücke seines grossen Werkes im Dom und ein Bild der Maria Magdalena zu vollenden, welches dieses Datum trägt.[76]

Die nächsten Jahre über wohnte Signorelli häufig in Siena, wo er im Vereine mit Pinturicchio und Bazzi, unterstützt von Genga u. A. mit den Pacchiarotto's, Pacchia's und ihren heimischen Zunftgenossen wetteiferte. Für sie alle gab es Arbeit genug in einer Stadt, in welcher so unternehmungslustige Patrone wie die Piccolomini und die Petrucci sich an Pracht und Einfluss einander den Rang abzulaufen suchten. Die Zeichnungen, welche Signorelli dort im Jahre 1506 für den Fussboden des Domes arbeitete, wurden niemals ausgeführt;[77] sie werden seine Mussestunden ausgefüllt und ihm Zeit gelassen haben, die zahlreichen Tafeln zu entwerfen, auszuführen und zusammenzustellen, welche das grosse Altarstück vom Jahre 1507 (ehemals in S. Medardo zu Arcevia bei Fabriano) bilden.[78] So sehr dieses Werk durch Abreibung und Schmuz gelitten hat, es bleibt dennoch eines der schönsten und ansprechendsten seiner Hand.

(Arcevia. S. Medardo.) Das Bild, im Ganzen aus 29 Theilen bestehend, zerfällt in Streifen mit Flachsäulen, von denen jeder sieben Halbfiguren von Heiligen enthält. Im Mittelstreifen thront Maria mit dem Kinde zwischen Sebastian, Andreas, Rochus und einem Vierten. Im oberen Streifen sieht man Gott Vater, umgeben vom Täufer und drei Aposteln. Auf Tafeln an den Endpunkten der Predella, welche Verkündigung, Geburt, Anbetung, Flucht nach Aegypten und Kindermord enthält, ist das Wappen der Commune von Arcevia angebracht. Die Thronstufen Maria's tragen die Inschrift: „Lucas Signorellus pingebat M. D. VII.[79]

Die Composition ist sehr lebendig, an Botticelli erinnernd, die Zeichnung frei und kühn, die Farbe scharf und roth.

[76] Jetzt in der Opera. Die Inschrift lautet: „Conservat pa. pacis conservatrici ex se consueto. M D IIII." Wir haben auch den Nachweis der Bezahlung, die Signorelli für das Bild bekam, doch lässt die rauhe Behandlungsweise desselben vermuthen, dass er sich bei dieser Arbeit eines Schülers bedient hat.

[77] Vgl. Gaetano Milanesi, Discorso etc. 131 und Vasari VI. 158.

[78] Es ist im Jahre 1857 verkauft.

[79] In der Cappella del Sacramento der Collegiatkirche S. Medardo in Arcevia befindet sich ein Altarstück, dessen Mitte eine Taufe Christi trägt mit folgender Inschrift auf einer Rolle: „Lucas Signorelli da Cortona"; wohl eine schwache Nachahmung von Lucas' Stil durch einen Schüler. Auf zwei Flachsäulen des Bildes sind je vier Darstellungen in der

Maria mit dem Kinde sind hier noch umbrisch, aber die fünf Tafeln der Staffel durch Anmuth und Sorgfalt anziehend und durch ein dem Perugino verwandtes Gefühl in den schönen Verhältnissen und Geberden der nackten und bekleideten Figuren, welche an Jugendarbeiten Rafaels mahnen.

Ein rührender Vorfall, der in diese Zeit gehört, trägt bei, uns Signorelli's Charakter kennen zu lehren. Wir hatten gesehen, wie energisch, ja düster er zuweilen in seinen Bildern erscheint; wir erfahren dazu, wie männlich kräftig sein Gemüth beschaffen war. Sein Lieblingssohn hatte, wahrscheinlich durch einen Unfall, plötzlichen Tod gefunden; da liess Signorelli die Leiche entkleiden und mit der grössten Seelenstärke, ohne Thränen zu vergiessen, malte er ihn ab, um künftig allezeit nach Wohlgefallen und mit Ruhe in dem Werke seiner Hand des Schatzes zu geniessen, den die Natur ihm gegönnt und widriges Schicksal ihm entrissen.[80] Der Knabe wurde in Siena begraben.[81]

In dieser Zeit hatte Pinturicchio die Arbeiten in der Bibliothek der Piccolomini vollendet und war nunmehr beschäftigt, das Altarbild zu Spello an seinen Platz zu bringen (April 1508). Signorelli war in Cortona gewesen, um seinem Amte im Rath der Stadt für zwei Monate vorzustehen (Juli und August 1508). Damals gerade beschloss Pabst Julius II. die Zimmer des Vatican neu auszuschmücken, und berief hierzu den Signorelli,[82] Perugino, Pinturicchio und Bazzi. Sie begaben sich alle um dieselbe Zeit nach Rom und begannen ihre Arbeit, lauter altbewährte Künstler, Signorelli und Perugino die berühmtesten. In Rom verkehrten sie im Hause Bramante's, wo sie einmal mit Giambattista Caporali speisten, der in seinem Vitruv von diesem Zusammentreffen spricht.[83] Aber alle wie sie waren mussten dem jungen Rafael

---

rohen Handweise der Schule des Alunno angebracht, der Sockel des Bildes rührt von einem Maler des 17. Jahrh. her.

[80] Vasari VI. 143.

[81] Wahrscheinlich im Jahre 1506. Vgl. Vasari 143. Anm. 2. G. Mancini, Notizie etc. hat im Archiv zu Cortona nur von zwei Söhnen Signorelli's die Namen vorgefunden: Antonio, welcher im Jahre 1502 bereits todt war, und Tommaso, welcher den Vater überlebte.

[82] Vasari VIII, 13.

[83] Vgl. Vermiglioli, Vita di Bernardino Pinturicchio, Perugia 1837, S. 5, und Temenza, Vita di Jacopo Sansovino. S. 6. Vasari XIII, 73.

die Palme lassen, den Bramante, der Gastfreund, beim Pabst einführte, und sie alle erlitten die Kränkung, heimgeschickt zu werden und einen Theil ihrer Arbeiten geopfert zu sehen.[84] Signorelli ging mit Perugino und Pinturicchio wieder nach Siena zurück und hob dort im Januar einen Sohn Pinturicchio's aus der Taufe;[85] den Rest ihrer Tage verbrachten beide ohne hervorragende Erlebnisse. Signorelli weilte meist in und um Cortona, wo mehrere Gemälde ohne Jahreszahl den unermüdlichen Fleiss bezeugen, mit dem er sich den Aufträgen seiner Gönner hingab. So entstanden: die Einsetzung des Abendmahles, — bestellt für die Compagnia di Gesù in Cortona — im Jahre 1512,[86] das Altarbild von Montone, jetzt in Città di Castello, — eine Madonna mit Kind für den Bischof zu Cortona, — jetzt in S. Domenico, und die Abnahme vom Kreuz für La Fratta bei Perugia im Jahre 1515, — eine Madonna mit Heiligen für die Brüderschaft S. Girolamo in Arezzo — im Jahre 1520. Vasari berichtet, dass der Besteller dieses letzteren Bildes ein Rechtsanwalt Niccolo Gamurini war, Auditor der Rota, dessen Bildniss Signorelli in einer vor der Mutter Gottes knieenden Figur angebracht hat, unterm Schutz des heiligen Nicolaus, dem Donatus, Stephan, Hieronymus, David und 2 Propheten auf dem Bilde zur Seite standen. Als die Abgeordneten der Brüderschaft dies Altarstück auf ihren Schultern von Cortona nach Arezzo trugen, ging Signorelli mit ihnen und nahm im Hause der Vasari Wohnung. Damals war es, dass ihn der Künstlerbiograph Giorgio sah. Dem 8jährigen Knaben prägte sich die Erscheinung des guten Alten mit seinem wohlwollenden und feinen Wesen tief ein, besonders aber die Warnung, die der würdige Herr seinem Vater Antonio gab, er solle der Neigung des Sohnes für den Malerberuf nicht in den Weg treten.[87] Nach dem Eindrucke, welchen diese Beobachtungen und die Berichte der Familie von Signorelli hinterliessen, war er ein Mann von besten Sitten, gesinnungsrein und liebenswürdig im Umgange, sanft und freundlich in der Unterhaltung und vor allem höflich

[84] Vasari VIII, 40, XI, 146.

[85] Doc. Sen. III, 65 und G. Milanesi, Discorso a. a. O.

[86] Ueber die Bilder folgt das Nähere vor dem Verzeichniss am Schluss.

[87] Vasari VI, 144.

gegen die Liebhaber seiner Kunst. Die Weise seines Unterrichts war leicht, er lebte gut und hatte eine Vorliebe für zierliche Erscheinung; es vereinigten sich in ihm Eigenschaften, die ihn in der Fremde wie zu Hause beliebt und verehrt machten.[88] Seinen Berufspflichten genügte er bis in die allerletzte Zeit. Vasari erzählt, dass er gichtbrüchig war, als er sein Fresko der Taufe Christi in der Kapelle des Kardinals Passerini in dessen Schloss bei Cortona in Angriff nahm.[89] Seine Hand war im Jahre 1523 noch ziemlich sicher, wenn auch das Alter seine Spuren zeigte, das beweist seine Quittung über die Summe, die er für ein Altarbild in der Pieve di Foiano erhielt.[90] Im Juni 1523 übernahm er noch den Auftrag, ein Tafelbild für die Kapelle des Prioren-Palastes seiner Vaterstadt nach seinen Kohlenzeichnungen zu malen, welches Christus im Tempel darstellen und mit Staffel, Holzbau und Zubehör bis Ostern 1524 fertig werden sollte.[91] Im Juli 1523 ist er zum letzten Mal als Beisitzer eines Stadt-Collegiums aufgeführt, Ende desselben Jahres wird er als todt verzeichnet. Er scheint in den letzten Tagen des November oder in den ersten des Dezember gestorben zu sein.[92] —

Im nachfolgenden Verzeichniss geben wir genaueren Bericht über die oben angeführten Bilder Signorelli's, welche aus den letzten 12 Jahren seines Lebens herrühren.

Die Einsetzung des Abendmahls, ursprünglich in der Compagnia di Gesù, jetzt im Dome zu Cortona, eine bedeutende Pyramidal-Composition, zeigt den Heiland in schöner Haltung ohne übertriebene Gravität im Antlitz, wie er den Jüngern die Hostie reicht, welche in Gruppen zu drei knieen und stehen. Judas steckt, wie Vasari sagt, seine Hostie in die Tasche. Das Bild ist in Oel gemalt und trägt auf einem Pilaster die Inschrift: „Lucas Signorellus pingebat 1512“.[93] Cortona.

Das lange Zeit in Montone, jetzt bei Signor Mancini in Città di Castello befindliche Madonnenbild zeigt die Jungfrau stehend Città di Castello.

---

[88] Vasari VI. 147.

[89] Es existirt zwar noch. aber so durchweg übermalt, dass es keine Beurtheilung mehr zulässt.

[90] Gaye. Carteggio II., hat das Facsimile dieses Schriftstückes aufbewahrt.

[91] s. G. Mancini. Notizie a. a. O., S. 94. Der festgesetzte Preis war 35 Goldgulden.

[92] Vielleicht ist die Jahrzahl 1524 zu verstehen. s. G. Mancini a. a. O.

[93] Vgl. Vasari VI ,139 und Mündler, Beiträge zu Burckhardt's Cicerone, Leipzig 1870, S. 4.

mit dem Kinde in den Armen, von 2 Engeln gekrönt und umgeben von den Heiligen Hieronymus und Sebastian rechts, Nicolaus von Bari und Christina links,[94] in lebensgrossen Figuren; es ist ebenfalls in Oel gemalt und bezeichnet: „Egregium quod cernis opus Magister Aloysius Physicus ex Gallia et Thomasina ejus uxor ex devotione suis sumptibus poni curaverunt. Luca Signorelli de Cortona pictore insigni formas inducente. Anno D..... MDXV."

Cortona. Das schöne Tafelbild Signorelli's vom Jahre 1515 ist in Handbüchern nicht erwähnt; es befindet sich auf dem Altar des heiligen Vincenz in S. Domenico zu Cortona: Maria in lebensgrosser Gestalt hält den Knaben, indem sie ihre Füsse auf drei Cherubim setzt, die Umgebung bilden zwei Engel, Petrus Martyr und ein anderer Dominikaner; das Brustbild des Bischofs Serninius, ein gutes Porträt, ist in der Ecke zur Rechten angebracht. Umschlossen ist das Bild von gemaltem Leinwand-Rahmen,[95] die Inschrift lautet: „Io Serninius eps̄ Cortoneñs iconam et ornatum p. p. facieri A. D. CIƆIƆXV. Haeredes vero D. Astrubalis ejus ex fr̄e ab. nepotis P. S. instauran. curaverunt. A. D. CIƆ.IƆ.CXIX."

La Fratta. Die Kreuzabnahme aus dem Jahre 1515, bestellt für die Kirche der Brüderschaft vom heiligen Kreuz zu La Fratta bei Perugia, ist in Signorelli's gewöhnlicher Weise gemalt, steht aber dem Bilde im Dome zu Cortona an Grossartigkeit der Composition nach. Die Erfindung ist vielen späteren Malern Muster geworden, so dem Daniel von Volterra in seinem bis vor Kurzem in S. Trinità di Monte zu Rom befindlichen Bilde, dem Bazzi in S. Francesco zu Siena, dem Correggio, dem Caracci, Rubens und van Dyck. Drei Scenen aus dem Leben der heiligen Helena in der Predella des Bildes sind sehr anmuthig, aber ziemlich trocken gemalt.[96]

Arezzo. Stadt-Gall. Das ungefähr aus dem Jahre 1520 stammende Altarbild, dessen Uebertragung in die Kirche S. Girolamo zu Arezzo den Anlass der Bekanntschaft Vasari's mit Signorelli gab, war bislang in guter Erhaltung in der Kirche des Nonnenklosters S. Spirito und ist gegenwärtig No. 41 der städtischen Gallerie zu Arezzo. Die Composition, Madonna mit dem Kinde und Heiligen, besteht aus lebensgrossen Figuren, ist in Luca's breitem und kräftigem Stile in Oel gemalt, aber die Farbe ist von ziemlich tiefer Stimmung, die Halbtöne roth und die Schatten schwarz.

---

[94] Vgl. Mariotti S. 274 und Orsini's Guida, welcher berichtet, dass die jetzt nicht mehr nachweisbare Staffel dazu, welche sechs Scenen aus der Legende der heiligen Christina enthielt, in der Casa Orsini zu Ascoli war. Das Hauptbild hat durch Verdunkelung der Schatten und sonst durch Reparaturen und Uebermalung sehr gelitten.

[95] Die Farbe der Gewänder Maria's ist abgeschält. Mündler erwähnt das Bild in seinen Beiträgen a. a. O.

[96] Ueber die Kostenangaben und die Jahrzahl der Entstehung gibt Gualandi Ser. VI, 36. 37—38 die Urkunden.

Das Bild in Foiano (v. Jahre 1523) war eine Madonna mit Kind, Heiligen und Engeln nebst einer Staffel, welche Vorgänge aus dem Leben des heiligen Martin enthielt. (Foiano.)

Wir vervollständigen den Katalog der Werke Signorelli's durch die nachfolgende Zusammenstellung derjenigen Bilder, welche wir ausser den im Text genannten aus eigener Anschauung kennen:

Cortona. Compagnia S. Niccolò: Hochaltar auf beiden Seiten bemalt, Oel: der Leichnam Christi am Rande des Grabes von einem Engel gehalten und von ihm der Anbetung mehrerer Heiliger dargeboten. Links der heil. Franciscus, knieend, seine Wundmale zeigend; an seiner Seite, ebenfalls knieend Dominicus, hinter ihnen zwei stehende Heilige. Rechts der heil. Hieronymus mit drei Engeln. Ein schönes, keusch behandeltes Bild in Signorelli's umbrischer Manier, die Zeichnung im Verhältniss zu anderen Werken sehr rein, die Fleischfarben gilblich, die dick aufgesetzten Schatten kräftig und braun. — Die Madonna mit Kind zwischen Petrus und Paulus, welche die Rückseite dieser Altartafel einnimmt, ist von grosser Gruppirung und erinnert an Fra Bartolommeo, der Jesusknabe hat ungewöhnlich lieblichen Ausdruck. (Gal. u. Kirchen. Italien.)

Einige Fresken derselben Kirche, seit Kurzem erst von der Tünche befreit, sind durch Uebermalung entstellt. Sie bilden ein Tabernakel, welches Maria mit dem Kinde und acht Heilige in sich schliesst, und sollen nach Aussage alter Urkunden von Signorelli ohne Entschädigung gemalt sein, weil er zur Brüderschaft dieser Kirche gehörte.[97]

Cortona. Kirche del Gesù: Empfängniss Maria's mit 6 Figuren an jeder Seite, im Hintergrund Adam und Eva. Ein hartes Bild von kaltem Gesammtton und dunklen Schatten. Das Nackte ziemlich schwach, die Behandlung trocken. Das Seitenstück: die Geburt Christi (Maria das Kind anbetend, Joseph gegenüber, drei singende Engel oberhalb und die Schäfer im Hintergrunde) schwach.[98] In derselben Kirche ein Tafelbild: Maria mit dem Kinde zwischen Franciscus und einem lesenden Bischof in der Mönchskutte, Bruno und einem Heiligen mit einem Baume in der Hand (im oberen Theile die Halbfigur Gott Vaters, anscheinend spätere Zugabe der Schule) ist eine trockene harte Malerei, im Ganzen zwar besser als die beiden vorher angeführten, aber von tiefem düsteren Tone und stellenweise abgerieben. Die zwei letztgenannten verrathen unverkennbar ausgedehnten Antheil von Gehilfen, vielleicht die Hand des Turpino Zaccagna.

[97] s. Vasari, Comment. VI, 150. 151.

[98] s. Vasari VI, 139. und Mündler. Beiträge S. 4.

Gal. u. Kirchen. Italien. Eine Himmelfahrt Maria's, ehemals in der Pieve von Cortona, jetzt angeblich im Besitz der Erben Signor Luca Tomasi's.[99]

Cortona. Bei Signor Carlo Tomasi eine kleine allegorische Darstellung von 5 Figuren: Krönung des Reichthums. Im Besitz der Erben Sig. Agostino Castellani's: eine Halbfigur des heil. Stephanus und ein kleines Bild: die Geburt Christi, jenes sorgfältig aber nicht im grossen Stile des Meisters, dieses in der besseren Manier desselben.

Borgo S. Sepolero, Compagnia di S. Antonio Abbate: Die Kirchenfahne dieser Brüderschaft, von Signorelli gemalt, trägt auf einer Seite die Kreuzigung von der gewöhnlichen Kühnheit der Handlung und Kraft der Farbe, doch fehlt es der Christusgestalt an Adel der Form; Maria liegt ohnmächtig in den Armen der Frauen; den Hintergrund füllen figurenreiche Darstellungen zur Leidensgeschichte. Auf der anderen Seite der Fahne die Heiligen Antonius und Aegidius, zu ihren Füssen die Brüder der Genossenschaft.[100]

Castiglione Fiorentino (früher Aretino), Cappella del Sacramento: Kreuzabnahme in Fresko, aus 11 Figuren bestehend, in Signorelli's breiter Vortragsweise, die Gruppirung wie auf dem Bilde im Dom zu Cortona; einige hohe Lichter sind nach umbrischer Art in Gold aufgesetzt.[101]

Città di Castello, Klosterkirche S. Cecilia: Maria das Kind haltend, welches der heil. Cecilia zur Linken die Krone aufsetzt; hinter dieser Franciscus und ein Bischof; der Blick Maria's ist nach rechts auf die heil. Clara gerichtet, hinter welcher Antonius und Ludwig von Toulouse stehen; im Vordergrunde knieen Katharina und Margaretha, zwischen welchen Engel Rosen auflesen, die aus Maria's linker Hand gefallen sind. Die Composition ist überladen, der Ton im Ganzen braun und düster, doch ist die Tafel durch Abreibung entstellt, Maria's Mantel neu übermalt und die ganze obere Ecke links schadhaft. Die Staffel (im Innern des Klosters) enthält die heil. Margaretha, Johannes den Täufer, Bernhardin, Hieronymus, Lucia und den Erzengel Michael.[102]

Città di Castello. Bei Sig. Mancini ein Bild der Geburt Christi,[103] weit besser als das Altarbild von Montone, am Fries des runden Tempels, bez.: „L. Luce de Cortona P. C.", eine treffliche Arbeit, welche den Einfluss des Piero della Francesca erkennen lässt. Maria kniet in Anbetung vor dem am Boden liegenden Kinde, links die Schäfer und die aufwartenden Engel, die in dem Eifer ihrer

---

99 s. Vasari VI, 139.

100 s. Mündler, Beiträge S. 4 und 5.

101 Ein Stück ist anscheinend im vorigen Jahrhd. hinzugesetzt. Der Himmel ist aufgefrischt. S. Vasari VI, 139.

102 In demselben Kloster befinden sich noch 2 Bilder aus Signorelli's Schule.

103 Ein zweites Bild in demselben Besitz, die Verkündigung, ist nicht von Signorelli, sondern von Rafael aus Città di Castello.

Theilnahme an Filippino Lippi erinnern; ein Schäfer auf dem Hügel des Hintergrundes bläst die Pfeife und bei dem Tempel in der Ferne sieht man eine Marktscene. Die Verkündigung an die Hirten belebt die Landschaft. Hier haben wir vermuthlich das Bild vor uns, welches Vasari in S. Francesco zu Città di Castello erwähnt;[104] es ist gut erhalten, von entschiedenem braunen Ton und lässt Signorelli als den Caravaggio seiner Zeit erscheinen. Gal.-Bilder. Italien.

Arezzo, Stadtgalerie Nr. 3: Madonna mit Kind zwischen Franciscus, Monica und Engeln, drei Engel musicirend auf den Thronstufen (schadhaft); rechts und links im Vordergrund Maria Magdalena und Margaretha, — Altarbild mit lebensgrossen Figuren, ursprünglich in S. Margarita zu Arezzo; in schlechtem Zustande, aber echt.[105]

Perugia, Galerie Penna: Madonna mit dem Kind zwischen den heil. Hieronymus, Johannes dem Täufer, einem Bischof und mehreren heil. Frauen, kleines Rundbild von düsterbrauner Färbung aus Signorelli's Alter.

Florenz, Akademie der Künste, Gal. der gr. Gem. Nr. 54 (aus S. Trinità zu Cortona): Maria mit dem Kind, umgeben von den Erzengeln Michael und Gabriel und den sitzenden heiligen Augustin und Athanasius; oberhalb die Dreinigkeit. Ein Bild in Signorelli's grosser Manier.

Florenz, Akademie der Künste, Gal. der alt. Gem. Nr. 6, dem Andrea del Castagno zugeschrieben, auf Leinwand: Der Gekreuzigte mit der knieenden Magdalena; im Hintergrund die Kreuzabnahme. Ohne Zweifel ursprünglich Kirchenfahne, von Signorelli.

Florenz, Akademie der Künste, Gal. der kl. Gem. Nr. 1: eine Staffel, enthaltend das letzte Abendmahl, Einzug in Jerusalem und Geisselung, kühn und frei behandelt. Die Darstellung ist nicht anziehend, der vernachlässigte und kolossale Vortrag der Figuren lässt auf sehr späte Entstehung schliessen.

Florenz. Uffizien Nr. 1291 (Holz, Lebensgrösse): Rundbild der heil. Familie, welche aufmerksam das Buch betrachtet, worin Maria liest. Gut erhalten in Signorelli's breitem gewaltigen Stil.

Florenz. Uffizien Nr. 1298 (ursprünglich in S. Lucia zu Montepulciano): Staffel enthaltend die Verkündigung, Geburt und Anbetung der Könige, ein schönes echtes Werk.

Florenz. Gal. Lombardi (früher Besitz der Familie Albergotti in Arezzo): Maria mit Kind, vier Engel über der Gruppe, schwaches Stück, so tief unter Signorelli's Leistungskraft, dass wir es für eine Schülerarbeit halten möchten.

Florenz. Gal. Torrigiani Nr. 8. Ausgezeichnetes lebensgrosses Bildniss eines Mannes in rother Mütze (etwas restaurirt) und Kleidung, dreiviertel nach links gewandt; im Hintergrunde rechts ein an-

---

104 Vasari VI. 138.

105 Wahrscheinlich das Bild, welches Vasari VI. 144 als Werk aus Signorelli's Alter erwähnt.

Gal.-Bilder. Italien. Deutschland.

tiker Bogen, vor diesem zwei nackte Gestalten, einer auf den Stab gelehnt. Angeblich Selbstportrait Signorelli's, doch scheint es einen Mann von höherem Rang darzustellen. Es ist sehr breit modellirt, von etwas grauem Tone und gehört zu des Meisters florentinischen Arbeiten.

Mailand, Brera Nr. 93: Madonna mit Kind und Engeln in Signorelli's sanfterer Vortragsweise, wie sie das Altarbild zu Arcevia vertritt, schön und sorgfältig gezeichnet und reichlich mit Gold ausgestattet.[106]

Rom, bei Marchese Patrizi.[107] Rundbild, rechts Maria von Elisabeth begrüsst, während links im Hintergrunde Zacharias und Joseph ihre beiden Knaben im Schoosse halten. Auf einer Rolle die Inschrift: „LVCHAS SIGNORELLI DE CORTONA." Aus Signorelli's spätester Zeit, wenn nicht Schulbild.[108]

Rom, Gal. Rospigliosi: Madonna mit Kind und dem kleinen Johannes, rechts hinten Joseph, ein ansprechendes, oben abgerundetes Bild mit Halbfiguren unter Lebensgrösse von zarter, ein wenig trockener Form, in Signorelli's maassvollstem Vortrag.

Rom, S. Gregorio, Kapelle rechts vom Chor: Staffelbild, Michael mit dem Drachen, umgeben von 14 Halbfiguren Heiliger. Die Behandlung beweist, dass das Bild nicht von Signorelli gemalt ist, dem es zugeschrieben wird, sondern von einem Schüler des Pinturicchio; die Farbe ist schmutzig braun.

Dresden, Museum Nr. 21. Heilige Familie: Maria betrachtet den Knaben, welcher vor ihr auf einem von ihrem Mantel bedeckten Steine liegend zu ihr aufblickt; er hält in der rechten Hand einen Ball und wehrt mit der linken die Hand der Mutter ab, die ihn besorgt anfasst; der kleine Johannes hält den Knaben am Kopf und blickt auf Joseph, welcher vorgebeugt sitzt und mit ihm zu sprechen scheint, indem er mit der Rechten auf Christus deutet. Auf dem Felsen über der Gruppe zwei singende Engel.[109] Das Bild hat viel Florentinisches an sich und erinnert besonders an Botticelli und Filippino; es ist kühn, in Einem Zuge gemalt und von warmer Färbung.

Altenburg, Pohlhof, Lindenau-Stiftung. Fünf Bilder Signorelli's auf Holz.[110] Nr. 111: Christus am Oelberg; Nr. 112: Die Geisselung; Nr. 113: Die Kreuzigung; Nr. 114: Die Grablegung; Nr. 115: Die Auferstehung, vermeintlich Predellenstücke zum Bilde für La Fratta bei Perugia. Die Gegenstände sind leicht und schnell in Oel gemalt,

[106] Holz, hoch 0,82. breit 0,60 M. — Mündler, Beiträge S. 5 erwähnt in Florenz noch 2 Rundbilder bei Marchese Ginori.

[107] Auf der Ausstellung im Jahr 1870 Zimmer V. Nr. 92. Rund, 2' 5". s. Mündler. Zeitschr. f. bild. Kunst. II. S. 299.

[108] Mündler, Beiträge S. 5. Derselbe erwähnt Zeitschr. f. bild. Kunst. II, 299 ein Altarbild in der Villa Albani bei Rom: Madonna mit Kind u. 4 Heiligen.

[109] Holz. Rund, 5' 11", früher im Besitz der Familie Venerosi zu Pisa, zuletzt bei Mr. Woodburn in London.

[110] Hoch jedes 0,35, breit 0,40 M.

Gal.-Bilder. Frankreich. England.

die Figuren durchgehends herkulisch, die Bewegung des auferstehenden Christus kühn wie in späteren Arbeiten Michel Angelo's. Die Geissler bemerkenswerth wegen ihrer derben Gedrungenheit und der Blosstellung ihrer Muskeln.

Altenburg, ebenda, ohne Nummern: Vier kleine Tafeln in Gestalt von Spitznischen,[111] jede einen Heiligen enthaltend: Bernhardin, Ludwig von Frankreich und zwei Franciscanerinnen. Oel im Stile der vorher genannten Bilder und vermuthlich Theile desselben Altarflügels.

Paris, Louvre Nr. 402. Staffelbild mit der Geburt Maria's. Eine der besten Leistungen Signorelli's, von schöner Gruppirung und maassvoller Würde der Haltung.[112]

Paris, Louvre, Musée Napoléon III (weiland Campana) Nr. 113: Anbetung der Magier; roh, angeblich im Jahre 1482 für S. Agostino in Città di Castello bestellt.[113]

Paris, ebenda Nr. 164. Bruchstück. Sieben lebensgrosse Figuren bis an's Knie sichtbar; weniger roh als das vorige, aber dürftig behandelt und von röthlichem Tone.[114] Beide Bilder der Sammlung geben nur einen mässigen Begriff von Signorelli's Begabung.

Paris, Louvre Nr. 515 („unbekannt“): Maria lesend mit dem Kinde auf dem Schooss.[115] — Sehr beschädigtes Stück, welches zwar aus Signorelli's Atelier hervorgegangen scheint, aber trotzdem schwach ist.

Wien, Galerie des Belvedère, I. Zimmer 7. Nr. 7. Geburt Christi, halb lebensgrosse Figuren auf Leinwand übertragen und dadurch etwas beschädigt.[116] Das Bild hat zwar Signorelli's Gepräge, entbehrt aber die dem Meister selbst eigenthümliche Grösse und Kraft, die Figuren sind in Zeichnung und Ausführung etwas ärmlich.

London, Sammlung Barker: Kleines beschädigtes, aber echtes Bild des heil. Georg mit dem Drachen in Signorelli's michelangelesken Stil. — Ebenda. Zwei Flachsäulen; auf der einen die Heiligen Bernhard, Onofrius und Dorothea, auf der anderen Bernhard, Hieronymus und der Engel mit Tobias. Schöne echte Arbeiten.

London, Lord Taunton (Ex Stoke Park): Martyrium der heil. Katharina, ein treffliches Stück voll Leben und Bewegung und nur wenig und leicht retouchirt.

Schottland, Glentyan. Bei Capt. Stirling: Kleine Tafel mit ungefähr 30 Figuren, das Gastmahl des Pharisäers darstellend; rechts Magdalena, die sich dem Heilande mit dem Salbgefässe nähert, Martha

---

[111] Ohne die aufliegenden Rähmchen und Nischen jedes h. 0,33, br. 0,13 M.

[112] Holz, h. 0,33, br. 0,70 M.

[113] s. Katalog der weil. Campana'schen Sammlung 1859. Das Bild ist h. 2,26, br. 2,13 M. Holz.

[114] Holz. h. 1,30, br. 0,70 M.

[115] Holz, h. 0,24, br. 0,46 M.

[116] Tempera, h. und br. 5' 1''.

Gal.-Bilder. England. Russland. und Maria sowie neugierige Zuschauer am Eingange; geistvolles Bild aus Signorelli's guter Zeit, schön gruppirt und reichhaltig, voll Lebendigkeit und Natur und mit Ausnahme einer übermalten Figur am Ende des linken Tischflügels in schöner Erhaltung.

Keir. Bei W. Stirling M. P. (Nr. 90 auf der Ausstellung in Manchester): eine echte Pietà von Signorelli.

Liverpool, Royal institution Nr. 26: Maria sitzend mit dem Kinde auf dem Arme,[117] in der Ferne Landschaft, dem Cima da Conegliano zugeschrieben, aber von Signorelli, wenn auch nicht zu den besten Arbeiten gehörig.

St. Petersburg. Sammlung der Grossfürstin Marie, verw. Herzogin von Leuchtenberg: Geburt Christi, Rundbild auf Holz, mit halb lebensgrossen Figuren: Maria kniet mit einem Engel zur Seite neben dem am Boden liegenden Kinde; Joseph kommt eine Treppe herab. In Signorelli's Charakter, aber Gruppirung und Ausführung nicht auf seiner Höhe. Schulbild.[118]

Signorelli war offenbar nicht dazu angethan, Schule zu bilden, sein Handgeschick war derart, dass er nur der einfachsten Hilfsleistungen bedurfte, und die meisten der Maler aus seiner Umgebung, von denen uns Werke erhalten sind, haben wenig Anspruch auf Gedächtniss in der Kunstgeschichte. Wir fassen deshalb den Maso Papacello, Francesco Signorelli, Turpino Zaccagna und ihres Gleichen in folgenden kurzen Bemerkungen zusammen:

Vasari erwähnt den Papacello nicht als Schüler Signorelli's, sondern nennt ihn Schüler des Giulio Romano und des Benedetto (soll heissen Giambattista) Caporali.[119] Aber Papacello's Gemälde bezeugen den Einfluss Luca's. Sein wahrer Name ist Tomaso Barnabei, die ältesten Fresken, mit denen derselbe verbunden wird, sind diejenigen, welche Giulio Romano in Rom nach Rafael's Tode

[117] Holz, h. 1' 9'', br. 1' 4'', schadhaft.

[118] Vasari kennt noch die folgenden Bilder, welche nicht auf uns gekommen sind: in Arezzo Kirchenfahne d. Brüderschaft von S. Caterina (VI, 137); Kirchenfahne der Brüderschaft von S. Trinità (ib.); Fresken und ein Altarstück in S. Agostino daselbst (ib.); Altarstück in der Cappella degli Accolti in S. Francesco, darstell.: Madonna mit Kind, vier Heilige und zwei musicirende Engel mit Stifter und einigen Familiengliedern: in der Predella Scenen aus dem Leben der Heiligen u. Katharina's (ib.); — In Volterra: Altarstück in S. Agostino (VI, 138). In Monte S. Maria: Leichnam Christi (ib.). — In Città di Castello, in S. Francesco: Geburt Christi, angeblich 1496 gemalt (ib. und vgl. Certini in den Anm. zu Vas. VI, 138 u. 157.) — In Cortona Fresken im Vescovado (639). — In Lusignano in S. Francesco: Flügel eines Kirchenschrankes (ib.). In Monte Pulciano mehrere Bilder (VI, 141).

[119] Vasari VI, 145.

und vor dem Aufenthalt in Mantua ausführte.[120] Hier jedoch ist die Hand des Gehilfen begreiflicher Weise nicht herauszuerkennen. Demnächst finden wir den Papacello etwa 1523 oder 24 als Gehilfen des Giambattista Caporali in der Villa des Cardinals Passerini bei Cortona,[121] aber seine Leistung ist untergeordnet und ohne Spuren eigenthümlichen Stils. (Cortona.) Aus dem Jahre 1524 rührt die erste echte Arbeit seiner Hand, eine Empfängniss Maria's in S. Maria del Calcinaio bei Cortona, und hier ist eine Anlehnung an Signorelli sichtbar, bei rauhen kreidigen Tönen und bleiernen Schatten.[122] Zwei andere Bilder von derselben Beschaffenheit aus dem Jahre 1527 in derselben Kirche — Anbetung der Könige und Verkündigung — bestätigen nur Papacello's geringes Kunstvermögen.[123] Er liess sich schliesslich in Perugia nieder. In Cesi (Diöcese von Spoleto) soll er von der Brüderschaft der Kirche S. Maria mit Fresken beauftragt worden sein.[124] (Cesi.) Vasari erwähnt noch andere in der Festung zu Perugia.[125] (Perugia.) In dem Testament des Giambattista Caporali vom 27. Juli 1553 erscheint Maso als Zeuge;[126] in demselben Jahre wurde ein Tafelbild von ihm (Dreieinigkeit mit Heiligen)[127] auf dem Altar zu S. Francesco in Perugia aufgestellt. Im Jahre 1559 starb Papacello in Perugia.[128]

Papacello's Geistes- und Arbeitsgenosse war Francesco Signorelli, der Neffe Luca's, der vermuthlich bei den Malereien in der Kirche del Gesù in Cortona zur Hand gegangen ist.[129] Dem Oheim am nächsten kommt er in einem beschädigten Rundbilde der Madonna mit Kind und Heiligen im Stadthaus (Palazzo del Comune) zu Cortona und in einer Darstellung des ungläubigen Thomas (beschädigt (Cortona.) und schwach, im Chor des dortigen Domes). Die Klosterkirche S. Trinità in Cortona bewahrt ein Bild, bei welchem man zweifelhaft sein kann, ob es von Francesco oder von Don Bartolommeo della Gatta herrührt. Der Gegenstand ist Michael mit der Seelenwaage und der heil. Benedict zu den Seiten eines Grabes, hinter welchem die Jungfrau, von Engeln umgeben, betend thront. Die langen, hageren Figuren sind kalt gefärbt und bläulich grün schattirt. Eine Empfängniss Maria's im Chor zu S. Francesco zu Gubbio, dem vorigen stil- (Gubbio.) gleich, trägt die Inschrift: „Franciscus de Signorellis de Cortona pin-

---

120 Vasari X, 96.

121 Vasari VI, 145.

122 Seitwärts von der Hauptgruppe 4 Propheten, 2 sitzende Heilige im Vordergrund, in dessen Ecken Brustbilder der Stifter im Profil angebracht sind, oben Gott Vater und 2 Engel, die Predella stellt die Feier der Messe dar. Inschrift: „Intactae XPI mris Vannitius heros Baptista hoc supplex pingere jussit opus. MDXXIIII."

123 Sämmtliche Bilder werden dem Papacello auf Grund der Urkunden zugeschrieben, welche Pinucci aufgefunden hat. Vgl. Anm. zu Vasari VI, 145. 46.

124 Nach Mariotti. Lett. Pitt. a. a. O. S. 239. Anm.

125 Vasari XI, 13; sie sind im Jahre 1848 zerstört.

126 s. Mariotti a. a. O. 238.

127 Jetzt verloren, s. Mariotti a. a. O.

128 Das Register mitgetheilt bei Vasari VI. Anm. zu S. 146.

129 ib. Vgl. über Francesco: Manni's Vità di L. Signorelli bei Vas. VI, 118.

gebat.“ Die Zeichnung ist mangelhaft, die Gewänder verziert, die Farbe stumpf mit schwarzen Schatten; die Gruppirung der Figuren verräth Unkenntniss der Perspective. Derselben Hand möchten wir (C. di Cast.) die unter dem Namen Pinturicchio's[130] bewahrte Kirchenfahne in der Sacristei der Brüderschaft von S. Giovanni decollato zu Città di Castello zuweisen; sie ist auf beiden Seiten bemalt und zeigt vorn Johannes den Täufer mit Scenen aus seiner Geschichte im Hintergrund, auf der Rückseite die Taufe Christi. In demselben Charakter wie diese Bilder ist ein Tiberius Gracchus auf einem Piedestal, einen Drachen mit der Lanze tödtend, zugehörige Episoden in der Land- (Wien.) schaft, in der Galerie Esterhazy in Wien, dem Pinturicchio zugeschrieben.[131]

Von einem anderen Genossen derselben Schule ist uns in der Sacristei von S. Girolamo al Seminario in Città di Castello ein plumpes Bild der Madonna mit Kind und Heiligen, mit der Inschrift: „Hoc opus fecit Johēs Btā 1492“ erhalten, die Staffel enthält Hieronymus, wie er dem Löwen den Dorn auszieht, und denselben nochmals im Gebet und die Anbetung der Hirten.[132]

Turpino Zaccagna, der letzte dieser untergeordneten Gesel- (Cortona) len,[133] ist Maler einer Bestattung und Himmelfahrt Maria's im Chore des Domes zu Cortona, Bilder, welche ebenso wie eins des Francesco Signorelli durch ihre schwarzen Umrisse, dann Schatten sehr reizlos wirken.

## Schliesslich das Verzeichniss untergeordneter Schulbilder:

Cortona, S. Francesco: Geburt Christi, roh ausgeführt von einem Schüler, der nach Signorelli's Zeichnungen arbeitete.[134] Die Staffel, früher vermuthlich einem andern Bilde angehörig, enthält Scenen aus dem Leben des heil. Benedict; die Behandlung ist dieselbe wie auf dem vorgenannten Bilde. — Ebenda Maria mit Kind, zwischen Antonius, Michael, Bernhardin und Bonaventura,[135] ebenfalls aus Signorelli's Schule, besser als das vorhergehende.

Cortona, Spedale, in den Zimmern des Rectors: Beschneidung Christi (neunzehn Figuren, einige Köpfe übermalt), anscheinend von einem Gehilfen Signorelli's. Eine Staffel ebenda mit Darstellungen zur Legende des heil. Antonius von Padua ist besser.

Pacciano (Provinz Orvieto), chem. Kloster S. Antonio: Hier ist das auffälligste Schulstück ein Altarbild im Chor der Kirche: Die

130 Vermiglioli, Vita di B. Pinturicchio S. 79.

131 Eine Madonna mit Kind zwischen Sebastian und Rochus in S. Maria del Calcinaio bei Cortona, von Localschriftstellern (s. Pinucio a. a. O.) dem Antonio, Luca Signorelli's Sohn zugeschrieben, ist nicht erhalten geblieben.

132 s. später unter Giambattista Caporali.

133 s. Comment. zu Vasari VI, 117.

134 Zersprungen, die 4 Schäfer übermalt.

135 Der Länge nach an 3 Stellen gesprungen.

thronende Maria mit dem Kind, umgeben von Michael, Laurentius, Schulbild c. Antonius Abbas und Sebastian, welche aufrecht stehen, und vor dem knieenden Franciscus und Antonius von Padua; um Maria acht Engel; auf den Halbsäulen die Inschrift: „Lucas Signorellis de Cortona pingebat“.[136] Die Staffel, welche jetzt allein auf dem Altar steht, umfasst u. A. die Figuren des heil. Bernhardin und Antonius. Fehlte die Inschrift, so würde Signorelli's Name schwerlich in Betracht kommen, Typen und Formen sind ebenso wie die Behandlung plump und schwach und von derselben Art wie auf Papacello's Bildern in S. Maria del Calcinaio bei Cortona.

Mailand, Brera, Galerie Oggiono: Staffel mit Scenen aus dem Leben der heil. Christina,[137] in Signorelli's Geist, aber ohne seine Kraft.

Irland, Marquis of Lothian, Holzbild mit Giebel: Lebensgrosse Gestalten des heil. Petrus und Stephan in manierirter Zeichnung, mangelhaften Formen und schweren Gliedmaassen, ein rohes Temperabild aus Signorelli's Schule, aber gut erhalten.

Oxford, Universitäts-Galerie: Heimsuchung, kleines Bild von einem Nachfolger des Gentile da Fabriano; Paulus, Halbfigur von dem Ferraresen Marco Zoppo; heilige Familie (rund), schwache Arbeit eines Malers später als Lorenzo di Credi, Farbe und Behandlung an Piero di Cosimo erinnernd.

Zwei Darstellungen der Geburt Christi, welche auf Grund ihrer Inschriften für Luca Signorelli's Arbeiten gelten, verlangen hier noch Erledigung:

In Genua, Al Terragio (Eigenthum des Dr. Ettore Costa): Maria das Kind anbetend, von Joseph begleitet und von Engeln umgeben; in der Ferne die Botschaft an die Hirten. Auf einem Papierstreifen an einem Pilaster die Worte: „Luce Opus“, ursprünglich Oel auf Holz, nicht frei von Uebermalung.

In Mailand, bei Professor Molteni (†), derselbe Gegenstand, Oel auf Holz, bez.: „1501. Luce Opus.“

Signorelli's gewöhnliche Unterschrift ist: „Luca Cortonensis oder Coritius.“ Auf den eben besprochenen Tafeln ist der Name ohne Angabe der Herkunft gegeben, sie sind umbrisch mit einem Zuge von Signorelli's Schüler-Arbeiten, im Charakter des Christkindes, in der Baulichkeit und der Landschaft zwar entfernt an den Meister selbst erinnernd, aber Behandlungsweise und Farbe

[136] Jetzt in der Stadtgalerie zu Perugia.

[137] Denselben, welcher die verlorene Staffel zum Madonnenbilde des Sign. Mancini in Città di Castello enthielt.

sind ihm fremd, von seiner Kraft und seinem Stile haben sie Nichts, was für ihre Bestimmung um so entscheidender ist, da sie aus dem Jahre 1501, also aus Signorelli's grösster Zeit herrühren. Sie stellen sich uns als Arbeiten eines handwerksmässigen Künstlers niederen Ranges dar, welcher zufälliger Weise den Namen Lucas trägt, von Manier Umbrier ist, aber selbst des unbedeutenden Antheiles an Grossheit ermangelt, den auch die mindest begabten unmittelbaren Schüler Signorelli's bewahrten.

---

## ZWEITES CAPITEL.

*Don Bartolommeo della Gatta, Pecori, Soggi.*

Obgleich Signorelli, wie bemerkt worden ist, nicht besonders lehrhaft begabt war, so hat er doch auf gleichzeitige und nachfolgende Maler weitgehenden Einfluss ausgeübt. Unter den Zeitgenossen aber ist keiner, den er so sichtbar durch sein Beispiel beherrscht hat, wie Don Bartolommeo della Gatta. Er war Mönch und ein gutes Stück älter als Signorelli; bereits in der ersten Hälfte des Jahrhunderts trat er in das Camaldulenser-Kloster degli Angeli ein,[1] versah die religiösen Pflichten zur Befriedigung der Genossenschaft und zu eigenem Vortheile und lernte zugleich die Miniatur-Malerei. Seine Arbeiten auf Pergament wurden sehr werth geachtet und ein Missal von ihm, in welches er Scenen der Leidensgeschichte eingezeichnet hatte, erfuhr wegen seiner Schönheit die Auszeichnung, dem Papst Sixtus IV. zum Geschenk gemacht zu werden.[2] Mit seiner Würde wuchs auch der Umfang seiner Kunstübung. Die Camaldulenser von Arezzo besassen

[1] Vasari V. 41. Eine Familie des Namens Gatta lebte in Florenz. Ein Glied derselben, der Krämer Francesco di Bartolommeo, verzeichnete in seiner Einkommenliste v. Jahre 1442 drei Söhne. Einer derselben, Matteo, war laut dieser Urkunde damals 9 Jahr alt, und da er in den spätern Notizen des Vaters nicht wieder erscheint, so nehmen die Herausgeber des Vasari an, dass er unter dem Namen Bartolommeo in den geistlichen Stand übergetreten sei (s. Index zu Vasari Lemonnier unter Bartolommeo). — Vasari lässt ihn 1461 in seinem 83. Jahr sterben, wahrscheinlicher ist jedoch das Jahr 1491; dann würde sich nach Vasari's Altersangaben das Geburtsjahr 1408 ergeben.

[2] Vasari V. 44.

eine kleine Abtei von geringem Einkommen und von wenigen Brüdern bedient, die Badia di S. Clemente. Dorthin wurde Bartolommeo als Abt gesetzt; er fand die Wände kahl, den Chor ohne Orgel und beiden Mängeln wusste er abzuhelfen. Er stellte eine Orgel von Pappe auf, welche reine und weiche Töne gab, und dem Bedürfniss würdigen Schmuckes genügte er nicht nur dadurch, dass er das Innere seiner Kirche ausmalte, sondern er presste der armen Brüderschaft auch noch Aufträge für Altarbilder ab und wurde auf diese Weise der ästhetische Wohlthäter seines Ordens.[3]

Weder für diese Ereignisse noch für die Bekanntschaft della Gatta's mit Signorelli und Perugino lassen sich feste Zeitangaben finden. Vielleicht ist er in Arezzo mit jenem zusammengetroffen, vorausgesetzt, dass wir beide Künstler mit Recht in Piero della Francesca's Schule suchen. Seinen Kunstunterricht im eigentlichen Sinne hatte er Keinem derselben zu danken. Seine Miniaturen hat, wie es scheint, die Zeit vernichtet, denn was man ihm von derartigen Arbeiten zuschreibt, ist durchaus von fraglicher Herkunft;[4] aber Tafelbilder existiren in Arezzo und aus ihrer Beschaffenheit lässt sich schliessen, dass er, bevor er nach Rom kam, sich eine eigene Malweise gebildet hatte, welche sich durch Sorgfalt und Geduld auszeichnet. Man giebt an, er habe in den Jahren nach dem Ausbruche der Pest in Arezzo (1468) in grossem Maassstabe zu malen bekommen,[5] und dies ist insofern richtig, als wir zwei von den drei Tafeln besitzen, auf welchen er im Auftrage kirchlicher Genossenschaften von Arezzo das Gebet an den Schützer vor Pest, den heil. Rochus, darstellte, und eins dieser Bilder (früher im Bruderhaus der Barmherzigen, jetzt Nr. 10 im Museum) trägt die Jahreszahl 1479.

Arezzo

Es stellt den Markt der Stadt dar, auf welchem das Ziegelhaus der barmherzigen Brüder sich erhebt; auf dem buntfarbigen Marmor-

---

[3] Vasari V, 49.

[4] Die Choralbücher im Dom zu Lucca und eins, welches früher nach S. Egidio gehörte und jetzt in der Magliabecchiana in Florenz bewahrt wird, sollen Miniaturen della Gatta's enthalten, aber die Echtheit ist unerweislich, vgl. Comment. zu Vasari V. 44. 45.

[5] Vasari V, 45.

boden vor den Thürstufen stehen drei Todtengräber, welche eben die Bestattung einiger Pestleichen besorgt haben; im Vordergrunde sieht man den heil. Rochus, eine schmächtige Gestalt mit zarter Geberde, baarhäuptig den Blick betend gen Himmel gewandt; ein langer Stab, auf welchem der Hut steckt, lehnt in seinem Arme, er trägt grüne Tunica, aschgrünen Mantel und gelbe Hosen. Oberhalb des Krankenhauses erscheint von zwei Engeln umgeben, auf einer Wolke stehend, die von Cherubköpfen getragen wird, die heil. Jungfrau in weissen Gewändern.[6]

Dieses Rochusbild mit seinen röthlichen Tönen auf trockener Farbenfläche hat sehr geringe plastische Wirkung, aber die Erscheinung Maria's und des Heiligen ist zart, die Bewegung der Engel hat etwas Aalartiges, ähnlich wie bei den Lippi. Der Wuchs der Figuren ist schlank, die Zeichnung etwas unfrei, die Ausführung von einer Sorgfalt, welche verräth, dass Don Bartolommeo damals noch keine grosse Uebung in dieser Technik hatte. Das zweite seiner Votivbilder (Rochus knieend und aufblickend, Gott Vater durch den Himmel schwebend, von Engeln getragen, welche Pestblitze werfen) ist offenbar dasjenige, welches Vasari in S. Piero zu Arezzo mit der Bemerkung beschreibt, dass auf dem Hintergrunde desselben die Ansicht der Stadt angebracht sei.[7] Der Gesammteindruck des Bildes ist derselbe wie bei dem vorgenannten, auch die Entstehungszeit scheint die nämliche zu sein. — Eine dritte Arbeit aus derselben Zeit und ganz in Bartolommeo's Manier, mit ähnlichen anziehenden Charakterzügen wie das Rochusbild und mit gleich schlanken Figuren

[6] Holz, die Hauptfiguren lebensgross, zu den Füssen des heil. Rochus folgende Inschrift: „Tempore. spectabilium. virorum. rectorum. Guidi Antonii de Camajanis. Ser Baptiste Catenaci de Catenaciis. Tomasi Rinaldi de Cozaris. Ser Pauli Nicolai de Gallis. Johannis Vicentii de Iudicibus. Ser Baptiste Johannis Colis. Ser Fini Bernardi de Azzis Zacharie. Ser Johannis Baptiste de Lambertis. M.CCCCLXXVIII.“ Das Bild ist erwähnt bei Vasari V, 46.

[7] Jetzt im Museum zu Arezzo Nr. 12. Hier ist Rochus eine knochige, hagere Gestalt (lebensgross), und trägt hellblaue Tunica und gelbe Strümpfe. Die Herausgeber des Vasari halten nicht dieses für das Original aus S. Piero zu Arezzo, welches sie vielmehr nach Campriano bei Arezzo verlegen. Sie bemerken dabei, dass die Gestalt des Rochus übermalt und in einen heil. Martin verwandelt worden sei. Verhält sich dies so, dann müssen wir glauben, dass die oben beschriebene Tafel das dritte Rochusbild ist, welches Vasari in der Pieve zu Arezzo am Altar der Lippi sah. Dann nehmen wir an, dass die Stücke in S. Piero und in der Pieve Wiederholungen waren.

findet sich aussen am Portal von S. Bernardo in Arezzo, es ist eine Vision des heil. Bernhard in Fresko in der Lünette:

Arezzo S. Bernard. Maria erscheint links von Engeln umgeben; rechts, durch einen Fluss von ihr getrennt, kniet Bernhard vom Schreibpult aufblickend. Zwei knieende Mönche füllen den Mittelraum, der sich als Wiese nach vorn verliert. Den Hintergrund bildet Felslandschaft in reiner Luft. Zwei Rundbilder oberhalb der Lünette enthalten Maria und den Verkündigungsengel.[8]

Alle diese Arbeiten rühren aus einer Zeit, in welcher Don Bartolommeo, noch nicht von Signorelli berührt, seine schlanken und in ihrer Zartheit durchaus nicht reizlosen Figuren zeichnete, ohne ihnen jedoch Rundung durch Licht und Schatten geben zu können. Sie zeigen ein Talent von feiner Art, voll Fleiss und Liebe zur Sache, auf eingehende Durchbildung der Beiwerke angewiesen, aber ohne durchschlagende Kraft und ohne eigentlich malerische Empfindung, recht geeignet, unter einem Meister von grossen Kunstzielen zu arbeiten. Männern wie Signorelli und Perugino hätte er und hat er vielleicht durch seine Neigung zur Kleinarbeit sehr nützlich werden können. Wahrscheinlich ging er diesen Meistern wirklich zur Hand, als sie in der Sixtinischen Kapelle malten. Die Jahre von 1479 — 86, aus welchen uns Bilder Don Bartolommeo's in Arezzo fehlen, umschreiben die Zeit seines Aufenthaltes in Rom. Vasari sagt, dass er in der Sistina mit Signorelli und Perugino zusammen gearbeitet und auch Spuren seiner Thätigkeit in den Zimmern des Vatikan's zurückgelassen.[9] In den Fresken Signorelli's und Perugino's erkennt man seine Hand, und zwar möchten wir ihm auf dem Bilde zur Geschichte des Moses die Gruppe von Frauen und Kindern zuschreiben, welche den Platz vor dem sitzenden Moses ausfüllt.[10] Für Signorelli wenigstens sind diese an sich sehr hübsch erfundenen Figuren zu eckig gezeichnet und in Bewegung wie in Formgebung zu gering. Ebenso werden ihm theilweise die Landschaft, die Vergoldung und die Zierrathe zuzuweisen sein, und in solchen Stücken hat er vermuthlich dem Perugino dieselben

[8] Theile des Fresko's sind zerstört, andere in zunehmendem Verfall.

[9] Vasari V, 46. VI. 40 und VIII, 13.

[10] vgl. oben Cap. I. S. 9.

Dienste geleistet. Für ihn war die Berührung mit diesen Meistern von grosser Wichtigkeit, er kehrte als ein anderer Mann nach Arezzo zurück. Sein Bild von 1486 in der Pieve di S. Giuliano in Castiglione Fiorentino bekundet, wie viel er von Luca's Stil gelernt hatte und dass er mit Nutzen die Werke der Florentiner und Umbrier studirt hatte, welche für Sixtus IV. in Rom thätig waren.

Maria thront von Engeln und Seraphim umgeben, das Kind liegt in ihren geschlossenen Armen, zur Seite sind links Petrus und Julian, der auf dem blumigen Vorgrunde kniet, rechts Paulus und Michael angebracht, letzterer mit etwas affectirter Haltung auf dem Drachen knieend und ihm die Kiefern mit der Lanze spaltend, sämmtliche Figuren lebensgross auf Goldgrund. Höchst sorgsame Ausführung geht durch das ganze Bild, die Zierrathen sind auf's Feinste vollendet. Die harten und röthlichen Lichter sowie die dunkelgrauen Schatten sind nach einer Richtung schraffirt wie auf Kupferstichen und scharf von einander getrennt, ein laufender Contur umschliesst die Theile mit grosser Genauigkeit und macht die Formen knochig und eckig; auch die Falten der Gewänder sind hart und gebrochen, die Figuren selbst kurz und hier und da nicht ohne Gefühlsübertreibung. Maria's Kopf ist eine überladene Nachahmung derer, welche bei Signorelli, Botticelli und Filippino Lippi vorkommen. Beine und Gliedmaassen bekunden eine Beschäftigung mit Anatomie, welche auf Luca's Einfluss hinweist. Die beiden Kinder mit Blumen am Fusse des Thrones geben an Schwerfälligkeit denjenigen auf dem Mosesbilde der Sistina nichts nach. — In der Staffel sind vier Scenen aus dem Leben des heil. Julian dargestellt, schön gruppirte lebensvolle Gestalten, deren kleiner Maasstab etliche herkömmliche Schwächen verbirgt.[1] Cast. Fior. Pieve.

Betrachtet man das Werk im Ganzen, so erkennt man, dass seine Eigenthümlichkeiten auf Piero della Francesca zurückweisen, aber ebenso deutlich ist, dass della Gatta nicht vorwärts gegangen, sondern in eine niedrigere Formenwelt zurückgesunken ist; die Neigung zum Zierlichen, welche seine früheren Arbeiten auszeichnet, hat der Gewaltsamkeit Signorelli's Platz gemacht, aber seine künstlerische Kraft ist nicht gewachsen. Andere seiner Tafeln in derselben Kirche zu Castel Fiorentino bestätigen diese

[1] Holz, Oelmalerei mit schraffirendem Auftrag wie bei Tempera. Die Tafel ist in der Mitte senkrecht entzweigesprungen. die Oberfläche verblichen u. schmutzig. Auf dem Unterzuge die Inschrift: „Cristian .i Piero di eecho ma..scalco da castigl.... retino M...CLXXXVI." Die Staffel befindet sich in der Sacristei des Capitelhauses. Vasari V. 48. erwähnt das Bild mit hohem Lobe.

Beobachtung. An den gelungenen Theilen seiner Arbeit macht sich noch immer der Einfluss Signorelli's und Perugino's kenntlich, jener besonders in den männlichen, dieser in den weiblichen Köpfen, aber die Gefühlsübertreibung nimmt zu und die Behandlungsweise deutet schon den Verfall an.

S. Giuliano. Cast. Fior. Wir erwähnen in der Sacristei zu S. Giuliano einen heil. Michael, der den Drachen niedertritt; er trägt weisses Gewand über der Rüstung und giebt mit der Linken einer knieenden Edelfrau mit dem Kinde im Arm den Segen. Die Farbe ist lichter als auf den vorgenannten Bildern, die Technik schwächer.[12]

Zeitweilig waltete die Nachahmung Signorelli's einseitiger bei ihm vor; so bei einem lebensgrossen Altarbilde des Franciscus in der Verzückung[13] und in einem Fresko des büssenden Hieronymus.[14] In beiden Bildern wählt er zur Bühne seiner Figuren eine wilde Landschaft, deren Urbild wahrscheinlich in den schattigen Felswinkeln der Nachbarschaft von Vallombrosa und La Vernia zu suchen ist. Die Figuren selbst bekunden nur die Absicht heftiger Geberdensprache; ihre Zeichnung ist hart und hölzern, die Fleischtöne tief und grau mit scharf abgesetztem olivenbraunen Schatten.

Einen vollständigen Ueberblick über Don Bartolommeo's Entwickelungsgang geben zu wollen, ist nutzlose Mühe; ein Bild jedoch verlangt hier noch Erwähnung: es ist die Himmelfahrt Maria's auf dem Hochaltar in S. Domenico zu Cortona. In der ganzen Auffassung und Behandlungsweise an della Gatta's frühe

Cortona.

[12] vgl. Vasari V. 48. Der Schild zu den Füssen der knieenden Frau zeigt das Wappen der Visconti, was die neuesten Herausgeber des Vasari bestimmt, die Stifterin als Teodora Visconti zu bezeichnen. Eine Rolle hat die Aufschrift: „Laurentia fecit fieri.“ In der Sacristei derselben Kirche befindet sich noch eine gnadenreiche Jungfrau, und innerhalb der Kirche (am 2. Altar rechts vom Eintritt), eine Madonna mit Kind und Engeln, vor ihr die Heiligen Stephan und Bartholomäus, ersteres Bild stark beschädigt, das andere ganz übermalt, aber doch noch an Don Bartolommeo erinnernd, zeigt Mischung perugineskor Züge mit den gewöhnlichsten Eigenheiten seiner späteren Zeit.

[13] Im rechten Querschiff in S. Francesco zu Castiglione Fiorentino. Oel auf Holz. Franciscus blickt aufwärts nach dem nur bis an die Knie sichtbaren Christus, welcher ganz das Modell Signorelli's zeigt. Vorn rechts ein Mönch auf einem Baum, an Franciscus' Seite eine auffliegende Eule. In der Härte der Zeichnung gleicht das Bild dem Altarstück von 1486. Die Lichter sind wieder schraffirt, die Oberfläche verblichen, besonders der Kopf des Heiligen.

[14] Jetzt im Capitelhaus des bischöflichen Palastes zu Arezzo, durch Alter und Uebermalung und wahrscheinlich auch in Folge der Uebertragung aus der Gozzarikapelle beschädigt. Die knochige abgezehrte Heiligengestalt wird von Vasari (V, 46) über Gebühr gelobt. Im Hintergrund zwei kleine Scenen. Die Farbe stumpf, chocoladenbraun.

Arbeiten in S. Bernardo zu Arezzo erinnernd und mit Zügen Piero's della Francesca und Signorelli's ausgestattet, welche die Entstehung in die späteren Jahre des Malers verlegen, wird es trotz seiner Ungleichheiten und Beschädigungen doch füglich keinem anderen Urheber zuzuweisen sein als ihm, wenn auch noch eine zweite Hand daran thätig gewesen sein mag.[15]

Don Bartolommeo starb 1491 in Arezzo.[16] Die Mehrzahl der Wandbilder, welche Vasari von ihm aufführt, sind verschwunden; die wenigen Reste, die sich noch vorfinden, haben bereits oben im Anhang zu Signorelli Erwähnung gefunden. Selbständigen Werth können sie schlechterdings nicht ansprechen.[17]

Aber es wäre unbillig, wollte man bei Beurtheilung Don Bartolommeo's seinen Einfluss auf die Maler zu Arezzo unbeachtet lassen, welche ihm zum Theil die Anleitung verdankten. Dem Namen ihres Lehrers Glanz zu verleihen sind sie freilich nicht im Stande, aber sie haben doch die Erinnerung an seine Lehrweise erhalten.

Domenico Pecori wird schwerlich ausserhalb Arezzo's bekannt geworden sein; die Arbeiten, die man dort von ihm zeigt, sind ganz untergeordnete Leistungen, Mischung einer durch della Gatta vermittelten Nachahmung Signorelli's und Perugino's.[18] Betrachtet man auf seinem Bilde der betenden Maria in der Sacristei der Pieve[19] die hübsche Art, in welcher er das Kind Arezzo. Pieve.

[15] Die Apostel stehen um das Grab, der Jungfrau nachschauend, welche von doppelter Glorie musicirender Engel und Cherubim aufgenommen wird, vier der ersteren mit Viola und Harfe anmuthig zu ihrer Seite knieend. Ganz unten im Vordergrund ein Dominikaner und eine Dominikanerin auf den Knieen. Der obere Theil des Bildes ist besser als der untere, welcher an die Härte u. Strenge der vorgenannten beiden Heiligenbilder erinnert. Grosse Beeinträchtigungen hat das Bild durch Retouchen und andere Unbill erfahren; ein grosses Stück des oberen Bogens der Glorie ist neu.

[16] Vasari's Angabe (V, 53), welche 1461 setzt, ist wohl nur Druckfehler.

[17] s. oben Cap. I. In Cortona, S. Trinità: Maria, Michael und Benedict. — Bei Vasari ferner erwähnte Fresken: Zu Arezzo in S. Agostino, S. Donato, Abtei S. Fiore, Vescovado, im alten Dom, im Carmine S. Orsina, Murate, in Monte S. Sabino (Tabernakel), in Borgo S. Sepolcro. Tafelbilder in Arezzo, in S. Piero (der Erzengel Rafael u. der selige Philipp von Piacenza (Faenza?) bezeichnet „Beatus... 148...“ s. Vasari V, 44—19.

[18] Vasari spricht von Pecori und dessen Arbeiten (V, 51.) nur in seiner Eigenschaft als Schüler della Gatta's.

[19] Ursprünglich in der Kirche S. Antonio. (Vasari V, 51) Das Bild ist dunkel, wahrscheinlich in Folge von Uebermalungen. Die Heiligen auf demselben sind: S. Satiro, Lorentino, Pergentino

der Mutter in den Schooss gelegt hat, welche aus einer Engelglorie auf die unten in einer Halle versammelten Heiligen herabschaut, so liegt nahe, seinen Unterricht bei Don Bartolommeo in die Zeit vor dessen Reise nach Rom zu setzen. Eine gnaden-

Arezzo. Gal. reiche Jungfrau (im Museum zu Arezzo), welche die von Gott Vater geschleuderten Pestpfeile in ihrem Mantel auffängt,[20] ist eine unklare Composition von eintöniger bleicher Färbung; die trockene fehlerhafte Zeichnung und der Mangel der Rundung kennzeichnen das Bild als eine Nachahmung Parri Spinelli's im 16. Jahrhundert. Kein Wunder, dass die Zeichnungen eines solchen Mannes, auf die Fenster der Kapelle des bischöflichen Palastes übertragen, verworfen wurden, und dass Stagio, Pecori's Genosse, später das Talent eines Wilhelm von Marseille vorzog.[21]

Pecori scheint seine Schwächen gefühlt zu haben; bei einem Bilde der Beschneidung in S. Agostino benutzte er für die Perspective einen Kunstgenossen.

Wenn ein Maler bei Bildern mit baulicher Staffage einen

Arezzo. S. Agostino. Fachmann zu derartigen Hilfleistungen anstellt, so beweist das noch nicht gegen sein Geschick, aber jenes anspruchsvolle Werk Pecori's, welches eine Menge Volk in zufälligster Gruppirung auf schief abfallender Fläche um den Altar versammelt zeigt, an welchem Simeon mit dem Kinde steht, macht auch nicht den geringsten Versuch, die mangelhafte Linienperspective durch atmosphärische zu ersetzen. Halbdunkel existirt nicht für ihn; die plumpen Gestalten sind von strähnigen Umrissen umschlossen und verrathen ungenügende Kenntniss des Nackten; ihr gezierter Ausdruck erinnert an die Verunstaltung des perugineskeu Stils, wie sie Tiberio von Assisi vertritt. Das Fleisch ist von

und Donato. — Im Dome zu Arezzo ist ferner eine Maria Magdalena zwischen zwei heil. Dominikanern. ebenfalls von Pecori.

[20] Früher im Dom (S. Maria della Pieve), s. Vasari V, 52. Unter Maria's Mantelfalten, welche von zwei Engeln zurückgenommen werden, kniet das aretinische Volk. Männer und Weiber, jene unter dem Schutze eines heil. Bischofs mit einem Drachen zu Füssen, diese links mit dem heil. Marcus. Oel. Vasari fügt hinzu, Pecori sei bei der Malerei von einem „spanischen Maler“ unterstützt worden.

[21] Vasari V, 53 und VIII, 100. Diese Fenster sind ungefähr 1513 eingesetzt.

graubrauner Farbe, mit pastosem Schatten, die Architektur mit geschmacklosen Zierrathen bedeckt.[22]

Der Kunstgenosse, welcher die Perspective für Pecori gezeichnet haben soll, war Nicolò Soggi,[23] derselbe, welcher später in S. Francesco zu Arezzo die gnadenreiche Jungfrau für ihn malte, die mit dem Baldachin, auf welchem sie angebracht war, im Jahre 1556 bei einem geistlichen Schauspiel verbrannte.[24]

Man ist versucht, in Soggi, welcher so häufig im Verein mit Pecori arbeitete, den Vermittler der peruginesken Züge zu suchen, die jenem anhaften, denn von Vasari wissen wir, dass Soggi in Florenz Perugino's Schüler gewesen ist.[25] Hier genügt uns festzustellen, dass Soggi's Kunstcharakter aus der aretinischen Localmanier, versetzt mit Umbrischem in der Richtung Perugino's bestand, dass aber seine Begabung Vasari's Urtheil durchaus nicht bestätigt, welcher ihn „nach Rafael den fleissigsten und eifrigsten Maler" nennt.[26] In der That erhebt er sich nur wenig über Pecori; nur dass er die Ueberlieferung Signorelli's und Perugino's in dem Abdruck bewahrte, welche della Gatta von demselben darstellt. Seine Verbindung mit Pecori macht die Nachrichten, die wir über ihn haben, zugleich für diesen werthvoll. Soggi war 1480 in Arezzo geboren,[27] kam aber früh nach Florenz und machte im Medici-Garten seine Studien.[28] Nachdem er sich einigermassen ausgebildet, schickte ihn sein Vater (ungefähr 1512) nach Rom, wo sich der Cardinal di Monte seiner annahm, für den er Wappen und Bilder mit verschiedenem Erfolg malte.[29] Eine gute Zeit lang blieb er mit diesem Prälaten verbunden und begleitete ihn nach Arezzo, liess sich dort nieder und lieferte mancherlei für Kirchen und geistliche Genossenschaften dieser Stadt.[30] Vermuth-

[22] Erwähnt bei Vasari V. 52 und X. 211. Es war für die Brüderschaft della Trinità in Arezzo bestellt.

[23] Vasari ibid.

[24] Vasari V. 52. 66 Mönche mit dem Darsteller Gott Vaters im Paradies fanden bei diesem Ereignisse (29. Septbr. 1556) ihren Tod. Vasari selbst malte den Ersatz für den untergegangenen Schmuck. (V. 52. 53.)

[25] Vasari X. 209.

[26] ibid.

[27] s. Index zu Vasari, wo die Einkommentaxe seines Vaters Donato di Jacopo Soggi von Florenz mitgetheilt ist.

[28] Vasari VII, 205.

[29] Vasari X, 210 f. Das Wappen Leo's X. fertigte er für die Stirnseite des Cardinalspalastes u. malte eine Darstellung der heil. Praxedis und der heil. Familie. die jedoch nicht erhalten sind.

[30] Vasari X, 210 f.

lich durch Vermittelung seines Gönners erhielt er (1522) Aufträge von Baldo Magini, einem Kammerherrn Pabst Julius II., der für die Kirche der Madonna delle Carcere in Prato ziemlich umfangreiche Unternehmungen begonnen hatte. Hier hatte Soggi die Keckheit, sich mit Andrea del Sarto zu messen, dem er eine Kunstwette anbot. Andrea wies es verächtlich von der Hand: schon sein Bursche Puligo würde hinreichen, ihn zu Schanden zu machen.[31] Die Gunst seines Auftraggebers schützte ihn jedoch vor solcher Gefahr; er blieb in Prato, bis er ein Altarbild und ein Porträt Magini's vollendet hatte.[32] Bei der Rückkehr nach Florenz erfuhr er durch die Freunde Andrea del Sarto's heftige Angriffe.[33] Doch dieselbe Geschicklichkeit, welche ihn in Arezzo dem Pecori unentbehrlich gemacht hatte, liess ihn auch hier in der Kunsthauptstadt auf einige Zeit seine Stelle finden. So zeichnete er die Perspective auf einem Bilde der Verkündigung für Giovanni Francesco Rustici;[34] lange aber vermochte er es mit den zahlreichen besseren Nebenbuhlern nicht aufzunehmen. — Nach 1527 lebte er hauptsächlich in Arezzo, wo er Fresken für die Brüderschaft der Nunziata,[35] im Nonnenkloster der Murate[36] und in S. Benedetto[37] ausführte, abgesehen von Staffeleibildern für andere Orte. Zu der Komödie der Intronati, welche 1534 vor Alexander von Medici in Arezzo aufgeführt wurde, lieferte Soggi den Bühnenschmuck.[38] In den höheren Jahren verliess ihn das Glück; um 1546 wanderte er nach Mailand, in der Hoffnung, bei seinem eigenen Schüler Giuntalodi dort Unterstützung oder Beschäftigung zu finden. Er täuschte sich, denn Giuntalodi, der mit einer Kunstweise, wie sie ihm Soggi vermitteln konnte,

---

[31] Vasari X, 213, Anm. zu 221 und VIII, 253.

[32] Das Altarbild war im August 1522 bestellt, s. den Contract in Guasti's Commentar (Vasari X, 243). Es füllte ein Tabernakel von Antonio da S. Gallo in S. M. delle Carcere, ist jedoch jetzt verschwunden.

[33] Vasari X, 214.

[34] Vasari XII. 4.

[35] Diese Fresken sind überweisst, die Entstehung fällt ungefähr in die Zeit von 1527—30, da Vasari bemerkt, sie seien in Angriff genommen gewesen, als Lappoli u. Rosso aus Rom nach Arezzo kamen und der letztere Arezzo eilig verliess (1530). s. Vasari IX, 75. X, 204. und 215.

[36] Hier ist der Gegenstand angeblich eine Pietà (Vasari X, 215), ist aber wegen der Nonnen-Clausur profanen Augen unzugänglich.

[37] Zerstört. Vasari X, 216.

[38] Vasari X. 204.

wenig ausgerichtet haben würde, hatte sich als Baumeister niedergelassen und verstand sich nur zu einer knappen Geldunterstützung.[39] Soggi griff also von Neuem zum Wanderstab, ging wieder nach Rom während der Stuhlbesteigung Julius III., 1550, erlangte Aufträge vom Pabst und kehrte im folgenden Jahre nach seinem Geburtsort Arezzo zurück, wo er starb und in S. Domenico eine angemessene Grabstelle fand.[40]

Arezzo.

Unter Soggi's Bildern aus der Zeit des ersten Aufenthaltes in Arezzo verdient die Geburt Christi, mit der Jahreszahl 1522, ursprünglich in S. M. delle Lacrime, jetzt in der Annunziata in Arezzo, hervorgehoben zu werden, weil es die grösste Anerkennung Vasari's fand.[41] Er stellt das Christuskind inmitten des Vordergrundes auf einem Kissen liegend dar, neben ihm Maria und Joseph knieend, am Himmel drei Engel, die von einem Notenblatte singen; zwei Schäfer mit ganz bildnissartigen Köpfen stehen links hinter der Jungfrau, ein dritter neigt sich, auf ein Knie gesunken, mit gekreuzten Armen demüthig nieder. Das Auffälligste an dem Bilde ist eine Lichtwirkung nach Hondthorst's Weise bei tiefrother eintöniger Färbung und kräftigem Schatten. Der umbrische Charakter der Engel und des knieenden Hirten erstreckt sich nicht auf die anderen Figuren, deren Formgebung ebenso wie die straffe gebrochene Gewandung ihr Vorbild in der älteren Behandlungsart des Piero della Francesca zu haben scheint. Für den Mangel der Luftperspective muss, wie gewöhnlich, die Sorgfalt der Durchführung entschädigen.[42] — Nähere Berührung mit Perugino verrathen die schadhaften Ueberbleibsel eines Wandbildes, Madonna mit Kind und Heiligen, in S. Francesco zu Arezzo, aber in der mechanischen Zeichnung der langen anmuthlosen Figuren ist der Localstil della Gatta's und Pecori's vorwaltend.[43] — Im Dom zu Prato fühlte Soggi offenbar grösseren Ehrgeiz. Das Bildniss des Baldo Magini (er steht aufrecht unter einem Bogen, durch den man ins Freie blickt, und hält in einer Hand das Modell einer Kirche, wonach er mit der Rechten deutet),[44] ist mit mehr Natur-Wahrheit gefärbt und

Prato.

[39] Vasari X, 218. Guasti vertheidigt die Handlungsweise Giuntalodi's mit guten Gründen. (s. Comment. zu Vasari X, 231.)

[40] Vasari X, 218 f.

[41] Vasari IX, 74. X, 212.

[42] Erwähnung des Bildes bei Vasari X, 212, und IX, 74. Es trägt die Inschrift: „Franc.s: D. Ricciardis P. C. M.DXXII.“ Die Oberfläche ist neuerdings durch Reinigung beschädigt.

[43] Uebrig sind nur Theile des Umrisses der Maria, des Kindes und des knieenden kleinen Johannes mit einem Mönch zur Linken, sowie von drei Engeln am Himmel, welche von einer langen Notenrolle absingen; die Heiligen rechts sind zerstört. Vasari X, 211 erwähnt das Werk, welches, wie gewöhnlich, mit grüner Erde angelegt, schraffirt und nachher gefirnisst gewesen zu sein scheint.

[44] Auf einem Stein rechts: ein Gefecht in Flachrelief. Holz. Oel. — Va-

besser gerundet als gewöhnlich. — Soggi gibt in Prato zwar Breiteres und in jedem Sinne Besseres als in Arezzo, aber auch wenn man dies anerkennt, bleibt es doch unannehmbar, dass er Urheber eines Verkündigungs-Bildes mit der Jahreszahl 1523 (oder 26) sei, welches sich im Hospital S. Bonifazio zu Florenz befindet.[45] Dieses weist viel eher auf Sogliani hin, während die Maria mit Kind zwischen 2 Heiligen in der Galerie Pitti Nr. 77 in der That peruginischen Charakter (d. h. den des Manni) in den Engelfiguren zeigt und daneben gewisse Verwandtschaft mit Pecori's Stil.[46]

Florenz.

Wir stellen im Folgenden eine Reihe unbedeutender Arbeiten zusammen, welche — sämmtlich in Arezzo — den Kunstcharakter Soggi's und Pecori's tragen:

Arezzo.

Arezzo, S. Domenico, Kapelle hinter dem Chor: Maria Magdalena zwischen zwei Dominikanerinnen in einer Landschaft. Holz, sehr schadhaft. Die Figuren sind grob und erinnern an das Madonnenbild mit Heiligen von Pecori in der Sacristei der Pième. — Ebenda Bogenfeld am Aussenportal: Maria mit dem Kind und Seraphim, Dominicus und anderen Heiligen. Dem Vorigen gleichartig. — In S. Michele, Kreuzgang, ehemals Abtei S. Fiore, jetzt öffentliche Schule, Lünetten-Fresken über dem Thor: 1. Maria mit dem Kind und zwei Engeln, 2. zwei Heilige, 3. der segnende Heiland. Diese und andere Ueberreste haben etwas von Perugino's Empfindung, die Handweise ist die der Local-Künstler und ähnelt Pecori und Soggi.[47] — Im Dom: Unter der Zahl der Altarstücke, welche im Durchgange aus dem Dom zum bischöflichen Palaste aufgehängt sind, ist eine figurenreiche Composition von Heiligen und Engeln, die nach Vasari's Zeugniss von Donato Marinelli bestellt und unter Beistand des Capanna von Siena von Pecori ausgeführt worden sind. Wir haben hier wohl das Bild, welches Vasari beschreibt, der auch den zugehörigen Altar wiederherstellte, aber für die Herkunft des Werkes lässt sich kein Beweis beibringen.[48] — In S. Agostino, in einer Nische der Kirche: Altarbild der thronenden Maria mit dem Kinde, steht dem Pecori, besonders in der Ornament-Behandlung näher, aber die Bild-

sari zweifelt mit Recht an der Echtheit eines Madonnenbildes (Maria mit Kind zwischen Petrus und Hieronymus), welches ursprünglich auf dem Hochaltar der Cappuccini, jetzt in S. Piero Martire zu Prato aufbewahrt wird. Es ist eine sehr rohe Arbeit. (Vasari X, 213. 14.)

[45] Am Gestell des Pultes liest man:
„A. D. M. orate pro pictore
...CCCCXXIII...“
(s. Vasari X. 209.)

[46] Die Figuren sind schwerfällig, besonders das grossköpfige Kind; der Gesammtton ist röthlich, doch mag dies z. Th. auf Rechnung der Restauration kommen.

[47] Wir wissen von Soggi (Vasari X, 215), dass er hier einen Christus am Oelberg gemalt hat, welcher untergegangen ist.

[48] Vasari V, 52 und Anm. 5 zu derselben Seite.

fläche ist stark übergangen. — Ein Bischof mit Magdalena, im Chor daselbst, ebenfalls übermalt, scheint ursprünglich dazu gehört zu haben.[49] —

[49] Von Pecori werden noch folgende Arbeiten aufgeführt: In Campriano bei Arezzo: Modanna mit Kind, Sebastian u. Fabian (von Vasari V, 51, in S. Piero zu Arezzo gesehen); im Garten der Abtei S. Fiore zu Arezzo: Noli me tangere, beschädigt (die Kapelle dient jetzt zur Aufbewahrung von Gartengeräthen, s. Vasari V, 52 und Anm. 4 das.); in S. Margarita zu Arezzo: Verkündigung (Vasari X, 201). — Untergangen sind folgende Werke: Fresken in S. Giustino zu Arezzo (Vasari V, 51), Tafel- und Leinwandbilder in Sargiano (ibid.), in S. Maddalena zu Arezzo: Kirchenfahne; Pieve zu Arezzo: S. Appollonia. (ib.) — Von Soggi sollen folgende Arbeiten noch vorhanden sein: in Monte Sansovino, Compagnia di S. M. della Neve: Darstellung aus der Legende dieser Madonna (Vasari X, 212); ferner am Altar der Madonna delle Vertighe: Maria, Christus und zwei Heilige (Vasari X, 218); — zu Marciana im Valdicchiana: Fresken (Vas. X, 212-216); in Sargiano, Kl. d. Zoccoli: Auferstehung Maria's und Spende des Gürtels. (Vasari X, 215.) — Untergegangen sind in Arezzo, S. Agostino: Fresken der gnadenreichen Jungfrau, und ein heil. Rochus. (Vasari X, 211-212.)

## DRITTES CAPITEL.

*Domenico di Bartolo und die Sienesen des XV. Jahrhunderts.*

Wer mit der wechselvollen und gewaltsamen politischen Entwickelung bekannt ist, welche während des XV. Jahrhunderts den Niedergang der sienesischen Republik herbeiführte, dem kann es nicht auffallen, dass in dieser Zeit keine hervorragenden Künstler dort erscheinen. Aber die aus den Zeitverhältnissen erklärliche Schwäche hinderte die sienesische Kunst mit ihrer zähen Alterthümelei doch keineswegs an weitgehender Wirkung.[1] Blickt man auf die Geschichte des XV. Jahrhunderts zurück, so zeigt sich, dass Künstler von Siena noch einen nicht unbeträchtlichen Einfluss übten, ja es ist schwer, einen Meister oder ein Gemälde in den nördlichen Küstenländern der Adria aufzuweisen, die nicht etwas von den Fehlern und Eigenheiten der Sienesen an sich hätten; die Boccati in Camerino, Matteo von Gualdo, selbst Bonfigli in Perugia bezeugen dies; die einzigen Ausnahmen bilden die grossen Umbro-Florentiner Piero della Francesca, Signorelli, Giovanni Santi und Melozzo, denen Siena weder damals noch später Gleiches an die Seite zu stellen hatte.

Die Periode der Domenico, Vecchietta und Sassetta war eine

[1] Rumohr, Ital. Forsch. II. 313 Anm. übergeht die sienesischen Maler zwischen 1430 u. 1500, indem er auf della Valle und Lanzi verweist und weil er sich „mit der Entwickelung des künstlerischen Geistes und keineswegs mit dessen Krankheiten beschäftige", eine Auffassung, die wir nicht theilen können.

Zeit des Rückganges, welcher die schliessliche Ueberleitung der sienesischen in die peruginische Schule vorbereitete. Künstler von der Gattung der Brunelleschi, Ghiberti, Donatello, Mantegna und Uccelli erzog Siena nicht, aber eine gewisse Beachtung verdienen die Männer immerhin, welche an den Ueberlieferungen früherer Jahrhunderte festhielten, als der lebendige Geist derselben schon längst dahin war, und es ist eine anziehende Aufgabe, den Vorgang solcher Uebertragung des Lebensfunkens aus einem absterbenden in einen neu erstehenden Körper nach Ursachen und Wirkungen zu verfolgen. Es sind zahlreiche Maler, mit deren Namen sich der Wendepunkt der sienesischen Kunst bezeichnen lässt. Domenico Bartoli, Vecchietta, Francesco di Giorgio, Benvenuto di Giovanni, Girolamo di Benvenuto, Matteo da Siena und Cozzarelli finden wir in ähnlicher Kunststellung wie die Florentiner von Brunelleschi's bis zu Ghirlandaio's Zeit, nur dass sie eben die alten sienesischen Compositions-Vorschriften mit einer Stetigkeit und Beharrlichkeit verfolgten, welcher jeder Gedanke an Neuerung fern lag. Das Schema ihrer Figurencharakteristik blieb unangetastet, die Zeichnung der menschlichen Gestalt behielt fast dieselben Fehler bei, welche Taddeo Bartoli erkennen lassen, aber ohne die Kraft und den Ernst, welche diesen Künstler zuweilen nicht unbedeutend über seine Genossen erhoben. In der Farbe blieben sie hinter den Vorläufern der Schule zurück, Licht- und Schattenführung war ihnen fast durchaus Geheimniss.

Neben diesen steht nun eine andere Gruppe, deren Führer Sassetta und Sano di Pietro sind. Ihnen war es nicht genug, die alte Behandlung der Gesammt- und Einzelformen sowie der Gewandung nachzuahmen, sondern sie hielten sich auch streng an die Tempera-Malerei der Vorgänger und bildeten ihren Stil, je nach ihrer künstlerischen Fähigkeit, an Ugolino's und Segna's Vorbild aus.

Domenico di Bartolo Ghezzi war im Anfange des 15. Jahrhunderts zu Asciano[2] geboren und wurde im Jahre 1428

[2] Vgl. bezügl. seines Geburtsortes den Contract, welcher Doc. Sen. (I, 172 mitgetheilt ist u. welcher beweist, dass Vasari (II, 223) irrt, wenn er ihn als Neffen Taddeo Bartoli's bezeichnet.

in Siena zünftig. Bis zum Jahre 1444 sind Nachrichten von ihm vorhanden. Seine Arbeiten rechtfertigen zum Theil das Urtheil Vasari's, der sie aus Taddeo Bartoli's Schule ableitet; die Manier ist umbro-sienesisch, mangelhaft in der Massen-Vertheilung und Ausdrucksfähigkeit, und des Reizes der Perspective und der Schatten-Modellirung baar. Auf einem Tafelbilde von 1433 in der Akademie zu Siena, welches die Namensinschrift „Dominicus" trägt, stellt er die Madonna dar, wie sie mit Engeln am Boden sitzt und das Kind auf ihren Knieen hält. Hier ist die Hauptgruppe fast gar nicht verschieden von der Darstellung einer anderen Mutter mit dem Kind auf dem profaneren Bilde der Hochzeit eines Findlings im Spedale.[3] In beiden Bildern sitzen die Köpfe auf schlankem Hals und Körper und die Züge des Gesichts sind sinnlos verzerrt. Die Gewandung ist geschmacklos, die Bewegung unlebendig, Steifheit und Monotonie herrscht in den ersten Arbeiten in hohem Grade vor.

Siena. Akademie.

Es scheint aber, als hätten die Sienesen dieser Zeit sich weniger auf malerische als auf bauliche und Bildhauer-Arbeit verlegt. Domenico di Bartolo war trotz seiner gelegentlichen Beschäftigung bei den Zeitgenossen wenig bekannt und geschätzt; Berühmtheit erlangte er nie. Kurze Zeit nach dem Besuche König Sigismund's in Siena beschloss der Baurath des Domes, den kaiserlichen Gast durch ein Denkmal zu feiern. Das farbige Mosaikpflaster im Dom, an dem schon seit 1369 gebaut wurde, war noch unvollendet. Der Vorschlag, den Kaiser mit seinem hervorragenden Gefolge dort abzubilden, fand Anklang; unglücklicher Weise aber hatte man die Gesichtszüge Sigismund's nicht bildlich festgehalten, und wären auch Phantasiebildnisse seines Hofstaats erträglich gewesen, so konnte man doch die Majestät, die kaum 2 Jahre vorher in ihrem ganzen Glanze in der Stadt erschienen war, nicht auf diese Weise abspeisen.

[3] Akademie zu Siena No. 138. Inschrift: „Oh decus o species o stella supremi eteris Exaudi miseros famulosque (de) precantes. Dominicus Domini matrem te pinxit et orat. anno MCCCCXXXIII. Holz h. 0,93, br. 0,58 M. Ein glänzend rother Ton herrscht in der ganzen Oberfläche des Bildes vor.

Da erfuhr der Baurath in seiner Verlegenheit, dass ein gewisser Domenico (di Bartolo) Eigenthümer einer „Statue oder Zeichnung" sei, in welcher man Aehnlichkeit mit dem Gesichte des Kaisers erkannte; das Stück wurde gekauft und der Künstler aufgefordert (1434), einen Entwurf für die Kaisergruppe zu machen.[4] Diesem Auftrag folgten andere, und in dem Zeitraum zwischen 1435 und 1439 füllte Domenico die ganze Dom-Sacristei mit Gemälden zur Legende der heil. Ansanus, Victorius und Sabinus[5] und lieferte 1437 ein Altarbild für S. Agostino zu Asciano.[6] In dieser Kirche hängt noch heute ein Bild, welches Anspruch darauf hat, für das bei Domenico bestellte angesehen zu werden:

Maria thront zwischen vier stehenden Heiligengestalten, oberhalb Gott Vater segnend; zwei Flächen zu seiner Seite enthalten die Jungfrau und den Verkündigungsengel. In den Schmalstreifen der Staffel, deren Mittelbild der Gekreuzigte einnimmt, sind Scenen aus der Legende der heiligen Katharina enthalten.[7] Asciano. S. Agostino.

Maria's Ausdruck hat die müde Holdseligkeit der umbrischen Schule, der Verkündigungsengel bewegt sich mit der Hurtigkeit, die dem Vecchietta[8] besonders eigen ist, in der Gestalt Gott Vaters ist ein Anlauf zur Verkürzung, die eckig gebrochenen Gewänder sind über Gebühr mit Falten bedeckt. Der ungewöhnliche Glanz der Farbe scheint eine Abweichung von der alten Tempera-Technik zu bekunden.[9] Im Ganzen genommen ist die Arbeit besser als das beglaubigte Madonnabild mit Heiligen vom Jahre 1438 in Perugia, und es erhebt sich Schwierigkeit, wenn man Eine Hand in beiden Bildern annimmt.

Das Altarbild von Perugia, jetzt in der Galeria Communale, von den üblichen Giebeln überhöht und auf fünftheiliger Staffel ruhend, Perugia. Stadt-Gall.

[4] Kaufantrag (30. Octbr. 1434) und Erlass darüber (13. Novbr.) sowie Zahlung weisen die Doc. Sen. II, 161 nach.

[5] Doc. Sen. II, 172 Della Valle lett. San. II, 197. Die Fresken wurden im 16. Jahrhundert durch Feuer zerstört.

[6] Doc. Sen. II, 172. Auf diesem Bilde steht Domenico's voller Name: Domenico Bartoli Ghezzi di Asciano.

[7] Das Hauptbild der Madonna auf dem Hochaltar, die übrigen Stücke auf einem Altar rechts beim Eintritt in die Kirche S. Agostino.

[8] Diese Tafeln haben Aehnlichkeit mit den Schrankfüllungen von Vecchietta im Sieneser Hospital. s. später.

[9] In Asciano sind noch andere Bilder aufzuführen. So eine Himmelfahrt von

trägt inmitten Maria mit dem Kind und die knieende Stifterin; rechts steht Johannes der Täufer, welcher mit dem 1. und 5. Finger nach Maria hinzeigt, und der heil. Benedict, links Juliana und Bernhard. Im Mittelgiebel der segnende Gott Vater, in den Giebeln rechts und links von ihm die Verkündigungs-Figuren, in den äussersten Petrus und Paulus. Auf der Staffel sehen wir von links nach rechts 1. des Johannes Weggang in die Wüste; 2. die Busspredigt; 3. seine Hinrichtung und den Tanz der Salome; 4. die Begegnung mit Herodes und 5. die Taufe Christi. Auf einer Rolle zu Maria's Füssen die Inschrift: „Dominicus Bartoli de Senis me pinxit.“[10]

An malerischer Anordnung gebührt den Staffelbildern mit Scenen aus der Geschichte des Johannes der Vorzug vor dem Hauptbild, aber die Magerkeit der männlichen Gestalten, die Geziertheit und geschmacklose Gewandung der weiblichen Figuren, die strähnigen Ringellocken des heil. Benedict und das krause Haar der Giuliana, endlich der bruchige Vortrag der Stoffe stehen bezüglich der Naturwahrheit und Anziehungskraft nicht höher als der rauhe rothe Ton der tiefgestimmten Farbe. Dennoch verdient ein solches Bild an diesem Platze Beachtung, weil es eine rein sienesische Arbeit in einer umbrischen Stadt ist, welche bestimmt war, die Wiege einer neuen Kunst zu werden. Manchen Aufschluss gewährt der Vergleich dieses Bildes mit anderen Leistungen der Zeit. Es lehrt, dass Giovanni Boccati, dessen Bild vom Jahre 1447 in der nächsten Nachbarschaft, in S. Domenico hängt, nach denselben künstlerischen Grundsätzen erzogen und mit ganz ähnlichen Mängeln behaftet war. Wenn man aber auch behaupten darf, dass die sienesische Schule bis zu dieser Zeit im Allgemeinen derjenigen in Umbrien und in den Marken überlegen war, so ist damit doch noch nicht entschieden, ob Domenico auf die Boccati oder ob diese auf ihn eingewirkt haben.

---

Giovanni di Paolo an einer dunkelen Stelle im Dom oberhalb der Thür zur Sacristei. Zwei Heilige, Michael und eine andere Gestalt sind diesem Bilde zur Seite gestellt. Sie lassen trotz ihrer verdunkelten Farbe und beschädigten Oberfläche die Malweise des Bildes in S. Agostino noch erkennen.

[10] Auf einem Streifen darunter steht: „Hoc opus fecit fieri Domina Antonia filia Francisci de Domo Bucholis, Abbatissa istius monasterii in hanno MCCCCXXXVIII de mensis Maii.“ Die Farbe des Bildes, welches an seinem früheren Orte in Folge der Clausur des Nonnenklosters S. Giuliano fast gänzlich unsichtbar war, ist beschabt und verdunkelt.

Gentile da Fabriano war bereits in Siena und in Umbrien vermittelnd aufgetreten; wenn aber Siena jetzt aufhörte, die benachbarten Landschaften künstlerisch zu beherrschen, so war der Erfolg noch immer schwer bemerkbar; und dies gilt auch für Camerino am Ost-Abhang der Apenninen und für das westlich der Berge gelegene Foligno, wo die heimische Kunstweise durch den Aufenthalt Benozzo Gozzoli's Einfluss erfahren hatte. Indess erscheint Domenico's Madonna in Perugia nicht als einziges Zeugniss sienesischer Kunst dieser Zeit in der Ferne. In der Priorei S. Giovanni Evangelista in Borgo S. Sepolcro befinden sich als ehemalige Theilstücke des jetzt in London bewahrten Bildes der Taufe Christi von Piero della Francesca[11] eine Anzahl Tafeln, welche dem Madonnenbilde in S. Agostino zu Asciano verwandt sind.[12] Eine Vervollkommnung des Stiles ist zwar zuzugestehen, aber die Gestalten des Petrus und Paulus zeigen dieselbe Verbindung von Schwächlichkeit des Körperbaues, überwiegendem Kopf und seltsamer Gewandung, welche als Domenico's Eigenheit geschildert worden ist; auch die Annunziata und der Engel tragen sein Gepräge, und durchweg wird man an Vecchietta's Arbeiten erinnert, besonders durch die Gestalt der Tochter der Herodias, welche plastische und malerische Wirkungsmittel vereinigt, wie auch die Figuren der beiden Hauptapostel Bildwerken des sienesischen Meisters ähneln. Die Staffel (die Kreuzigung mit vier Scenen aus dem Leben Johannes des Täufers) hat gleichfalls die eigenthümliche Heftigkeit und den verzerrten Ausdruck der sienesischen Schule, wenn auch einige Erscheinungen einen Zug zu Piero della Francesca's Formgebung haben, dessen umbrische Richtung sie wohl darstellen. Die Zeichnung ist genau und

B.S.Sepolcro. S.Giov.Evan.

[11] s. Band III. S. 310.

[12] Die Tafeln, welche mit dem Mittelbilde von Piero della Francesca ein vollständiges Altarstück ausmachen, befinden sich in der Sacristei der Kirche und enthalten: Petrus und Paulus unter Nischen mit erhabenen Blattzierrathen in Gold, darüber in Giebelspitzen Rundbilder der Maria und des Engels. An den Seiten je drei Heilige auf Flachsäulen über einander. In der Staffel: Geburt und Predigt des Johannes, Gefangenschaft und Tod, in der Mitte die Kreuzigung. Die Köpfe der Heiligen auf den oberen Tafeln sind ältlich, die Stirne hoch und die Augen übermässig weit geöffnet, die grossen Hände und Füsse mager und faltig. Der Gekreuzigte ist eine gelungene Figur, die Tochter der Herodias drall und schlank.

scharf, aber die Farbe wie auf den Bildern in Asciano. Indess selbst wenn wir Nachweise über Domenico's Urheberschaft hätten, so würde doch sein Aufenthalt in Borgo S. Sepolcro noch ungewiss bleiben. Ein schadhaftes Wandbild in dem Tabernakel an der Ecke der Via di Mezzo (Halbfigur der Maria mit Kind in gemalter Nische) macht jedoch wenigstens die Gegenwart desjenigen Künstlers wahrscheinlich, welcher den grösseren Theil der Tafeln in S. Giovanni Evangelista gemalt hat.

Fünf Jahre hintereinander (von 1435—40) war Domenico an dem nicht auf uns gekommenen Schmuck in der Dom-Sacristei zu Siena thätig.[13] Zwischendurch fielen die Arbeiten für Asciano und Perugia. Aus den Jahren 1440—42 ist uns keine Kunde über seine Thätigkeit erhalten; in der Mitte des Jahres 1444 hatte er sieben Darstellungen an den Wänden der Pilgerherberge (Pellegrinaio) im Hospital S. Maria della Scala in Siena vollen-
Siena. Hospital det: eine Krankenwache, Almosenspende, Hochzeit der Findlinge der Anstalt, Gnadenspende des Pabstes zu Gunsten des Hospitals, Anbau an dasselbe und eine gnadenreiche Jungfrau, sämmtlich mit Ausnahme des letztgenannten erhalten. Die Bilder, welche sehr schadhaft sind, haben fast nur für den Alterthumsforscher Anziehungskraft, besonders weil sie beweisen, dass das dargestellte Gebäude seit dem XV. Jahrhundert keine Veränderung erfahren hat. Künstlerisch betrachtet stehen die Arbeiten niedrig; kein einziges Stück ist von auffälligen Mängeln frei. Roher Vortrag, flaue Temperafarbe auf rauher Fläche, ungeordnete Gruppen schwerfälliger Figuren, ebenso starr und eckig in Körperbau und Umriss wie geschmacklos in der Kleidung, die verschwenderisch mit erhabenem Zierrath beladen ist, Verachtung der Linien- und Lichtperspective bilden ein höchst unerfreuliches Ganzes, wie es selbst in dieser Zeit nicht oft vorkommt. Es ist zugleich das letzte Zeugniss von Domenico's Thätigkeit. Nach 1444 haben wir keinen Bericht über ihn, aber bestimmt ist sein Todesjahr nicht anzugeben.[14]

---

[13] Doc. Sen. II. 172.

[14] Vasari (II. 223) kannte nur zwei Werke Domenico's, in S. Trinità und im Carmine in Florenz; beide fehlen.

Domenico war nicht der einzige Maler, der im Pellegrinaio beschäftigt wurde;[15] der heil. Agostino Novello, wie er den barmherzigen Brüdern das Kleid spendet, ist von Priamo, dem Bruder des Bildhauers Giacomo della Quercia gemalt. Von diesem in seinem Testament vom 3. Oktober 1438 zum Erben eingesetzt, sollte er erfahren, dass die Lasten eines solchen Vermächtnisses die Vortheile weit aufwiegen können.[16] Giacomo war nicht im Stande gewesen, das Grabmonument der Vari in S. Petronio zu

---

In S. Niccolo di là d'Arno befindet sich ein Altarbild in Domenico's Manier: Madonna mit Kind zwischen Franciscus und Johannes dem Täufer (links), und S. Nicolaus und Petrus (rechts); in den drei Giebeln: die Krönung Maria's, zur Seite Thomas mit dem Gürtel und die Verkündigung. Die Figuren $^1/_3$ lebensgross auf Goldgrund. — Der Catalog der Berliner Galerie (No. 1122) weist dem Domenico di Bartolo eine Bestattung und Himmelfahrt Maria's mit der Gürtelspende (oben Gott Vater mit Engeln) zu. Das Bild (Tempera, Goldgrund auf Holz, hoch 10' 7$^1/_2$'', breit 7' 1$^1/_2$'') ist in der Anordnung unverkennbar sienesisch; Wiederholungen solcher Art finden sich bei Francesco di Giorgio, Benvenuto Fungai und Giacomo di Bartolomeo Pacchiarotti. Aber das technische Verfahren hat einige Abweichungen von dem bei Domenico beobachteten. Das obere Stück ist von Sassetta, sowohl Zeichnung als Vortrag, das untere ist verschieden in der Behandlung und rührt von einem anderen Sienesen, etwa den Benvenuti her. In Frankfurt: (Städel'sches Mus. Nr. 5, h. 0,75, br. 1,10.) angeblich von Domenico Bartoli: Kreuzschleppung, Kreuzigung und Bestattung, ist von einem anderen Sienesen, aus der Zeit nach Nerroccio. Altenburg, Lindenau-Stiftung. Nr. 19, h. 0,92, br. 0,43. Halbfigur des Franciscus, älter als Domenico Bartoli, aber sienesisch, aus der Zeit des Simone. Nr. 110: Anbetung der Hirten (ang. florent. Sch. h. 0,22, br. 0,33. ist von Domenico; ebenso 150: Brustbild des Dominicus (angebl. Schule des Giotto). — In der Sammlung Ramboux in Cöln war Nr. 167: die Apostel Jakobus und Petrus, H. h. 1' 8''', br. 1', und 171 (Madonna mit Kind und Heiligen. H. h. 2' 1'', br. 1' 6'') dem Domenico zugeeignet. — In Edinburg, National Gall. of Scotland, Nr. 445: Altarbild in Streifen, enthaltend die Heiligen Michael u. Johannes den Täufer, einen Bischof und eine Märtyrerin in den beiden Hauptabtheilungen, die Verkündigungsfiguren in zwei Rundbildern darüber, Maria und ein Evangelist in den Aufsätzen; das Ganze von Flachsäulen mit je sechs Heiligen umschlossen. Dem Andrea del Castagno und seinen Schülern zugeschrieben, in Wahrheit eine geringe Arbeit aus den Schulen des Domenico di Bartolo u. des Vecchietta, durch Ausbesserung beschädigt; es gehörte ursprünglich dem Kloster zu Pratovecchio und ist aus der Sammlung Lombardi erworben.

[15] Della Valle, Lett. San. 297 erwähnt einen Luciano da Velletri als Gehilfen Domenico's im Pellegrinaio, aber seine Angabe ist vereinzelt u. von dem Künstler werden keine Arbeiten mehr aufgewiesen.

[16] Giacomo della Quercia starb am 20. Okt. 1438. Priamo war unbedacht genug, auf Grund der weniger als werthlosen Erbschaft sich noch vor Ablauf des Jahres mit Bartolommea di Antonio zu verheirathen. Cino di Bartolo hatte die Verlassenschaft Giacomo's in Besitz genommen und wurde nach Siena zurückverlangt, während Priamo am 1. Dcbr. 1438 seinerseits den Rest der Summe, welche seinem Bruder für das Denkmal der Vari zukam, von der Baubehörde von S. Petronio einforderte. Diese erklärte dem Magistrat von Siena, dass sie den Cino entlasse, suchte aber zugleich für ihn oder für Priamo um Urlaub zur

Bologna zu vollenden, und die Aufsichtsbehörde wendete sich deshalb an Priamo oder einen von ihm zu bezeichnenden Stellvertreter. Nun hatte Giacomo durch übermässige Verlängerung seines Aufenthaltes in Bologna starke Conventionalstrafen beim Magistrat von Siena verwirkt, und dieser hielt sich wieder an den Erben. Um den Verdruss voll zu machen, behielt Cino di Bartolo,[17] Giacomo's Gehilfe in Bologna, die Hinterlassenschaft seines Meisters für sich selbst, und Priamo musste sich deshalb schiedsrichterlicher Entscheidung unterwerfen. Durch all' diese Widerwärtigkeiten kam er an den Bettelstab; sein Steuerzettel vom Jahre 1453 ist ein einziger kläglicher Stossseufzer des unschuldig verarmten Schuldners.

Ein Altarstück, welches die Brüderschaft von S. Michele in Volterra im Jahr 1442 bei ihm bestellte, befand sich bis 1827 an seiner ursprünglichen Stelle, ist aber seitdem verschwunden. Es kostete nicht mehr als 40 Lire oder 10 sienesische Gulden und war schwerlich von höherem künstlerischen Werth als das Wandbild im Pellegrinaio zu Siena, welches Priamo in demselben Jahre nach einer überaus ärmlichen Composition ausführte.[18]

Giacomo della Quercia, dessen Hinterlassenschaft mit so verhängnissvoller Wucht auf den minder begabten Bruder fiel, gehört zu einer Künstlergruppe, welche in den Annalen Siena's einen bedeutenden Platz einnimmt, von denen aber in einer Geschichte der Malerei nur so viel zu sagen ist, dass sie mit ihren plastischen

---

Vollendung des Denkmals nach. Dem Priamo antwortete sie, dass sie ihn bezahlen wolle, wenn er selbst oder ein von ihm bestimmter Stellvertreter das angefangene Werk zu Ende bringen wolle. Priamo erklärte sich bereit, mit Cino nach Bologna zu kommen (11. Februar 1439. alt. St.), schickte aber schliesslich den Cino allein, dessen Ansprüche mittlerweile Schiedsrichtern übergeben worden waren. Ohne Zweifel war es die Absicht der Sieneser Behörde, den Priamo so lange festzuhalten, bis er die von seinem verstorbenen Bruder verwirkten Strafgelder bezahlt hätte. denn wir erfahren, dass er im April 1440 a. St. ein Gesuch um Revision des Urtels einreichte, welches ihn zur Zahlung verpflichtete. Die Documente über diese Verhältnisse sowie der Steuerzettel Priamo's finden sich in Doc. Sen. II, 178—191 und 283. Im August 1442 wird Antonio Petri de Briosso von der Baubehörde zu S. Petronio mit Vollendung des Monumentes betraut, die Priamo offenbar gar nicht übernehmen konnte. (ib. 209 f.)

[17] Er war nach Doc. Sen. I, 284 Sohn des sienesischen Goldschmiedes Bartolo und zuerst von Giacomo della Quercia 1428 in S. Petronio beschäftigt (ib. II, 150); er starb 1475 (ib. I, 281).

[18] vgl. Doc. Sen. II, 278 und 283.

Arbeiten bei unverkennbarem Geschick, doch in den Schranken eines wunderlichen und falschen Herkommens haften bleiben. Geboren 1371, gestorben 1438 hat Giacomo fast ein halbes Jahrhundert mit grossem Fleiss in stattlicher Entfaltung gearbeitet und vererbte seine Kunstweise namentlich auf Sano di Matteo und Antonio Federighi, die Nebenbuhler Bernardo Rossellino's in der Gunst der Piccolomini, denen Siena und Pienza ihre damaligen baulichen Verschönerungen danken. In Antonio's Bildhauerarbeiten ist ein niedriger Grad von klassischen Formen stark mit unangenehmer Uebertreibung versetzt; Giacomo's Manier in Behandlung der Bewegungen und der Gewänder geht unverbessert und unverbesserlich auf ihn über.

Mit gleichen Mängeln behaftet, aber gewandter und vielseitiger war Lorenzo di Pietro, der seinen Goldschmiedladen hielt und mit wechselndem Erfolg als Baumeister, Bildhauer und Maler arbeitete. Er war Altersgenosse des Domenico di Bartolo und Zeitgenosse des Sano di Pietro und führte den Spitznamen „Vecchietta;" vielleicht weil er in allen seinen Werken gebrechliche Gestalten und alte Gesichter anbrachte. Er war 1412 geboren und trat 1428 in die Zunft,[19] aber vor 1439 erfahren wir nichts Bestimmtes von ihm. In diesem Jahre lieferte er der Baubehörde des Domes zu Siena ein Tafelbild der Verkündigung ab, welches er im Verein mit Sano di Pietro vollendet hatte.[20] Aus dem Jahre 1441 und 1442 rühren seine Fresken im Hospital zu Siena und eine Statue des Cristo „risorto" auf dem Hochaltar des Domes.[21] Wir finden ihn also gleich im Anfang seiner Laufbahn in der Schwesterkunst thätig, die er gleichzeitig fortbetrieb. Ueber sein damaliges plastisches Talent jedoch lässt sich nicht urtheilen, da die Christus-Figur verloren ist; die Wandbilder im Hospital sind jedoch zum Theil noch erhalten, und wenn auch drei Darstellungen aus der Geschichte des Tobias sowie die Heilands-Gestalt zwischen Maria und Johannes in der Hospitalkapelle[22] jetzt fehlen, so ist doch ein Bestandtheil dieser nach-

---

[19] s. Doc. Sen. II, 367 u. I. 49.
[20] Doc. Sen. II. 369 bis 388.
[21] ibid. II, 369.
[22] ibid.

mals von Domenico vollendeten Bilderreihe noch am Bogen über dem Thor des Pellegrinaio erhalten und trägt Vecchietta's Namens-Aufschrift.

Siena. Pellegrin. Inmitten eines von dreifachem Bogen überspannten Raumes, dessen Decke sich mit einiger perspectivischer Verkürzung nach hinten verliert, sieht man an hervorragender Stelle eine knieende Gestalt, vermuthlich den Stifter des Hospitals. Eine Leiter neben ihm führt in die Höhe, wo die Mutter Gottes die Pflegkinder erwartet, welche zu ihr hinaufklimmen. Zur Rechten ist sodann eine andere wohlthätige Wirkung der Anstalt, die Almosenspende, dargestellt, ein dritter ähnlicher Gegenstand links. Die Inschrift lautet: „Laurentius de Senis."

Dass Vecchietta hier die Altersarbeiten des Domenico übertrifft, ist zwar ein karges, aber genügendes Lob. Die falsch verstandenen römischen Bauten mit Flachreliefs und Bildstreifen in Steinfarbe, die mit Zierrath überladenen Säulenkrönungen, wie er sie anbringt, können einen geläuterten Geschmack ebensowenig befriedigen, wie der Ueberfluss an Kleiderschmuck mit den gefärbten Prägmustern. Schlechte Figuren-Gruppirung, falsche Verkürzung, schwache Zeichnung der Gestalten mit Haarbausch über den alten Gesichtern stossen den Betrachter ab, und die Farbe, wenn auch freilich durch's Alter verdüstert, bessert den Eindruck nicht. Und dieses harte Urtheil, welches durch keinerlei Nebenumstände gemildert wird, trifft nicht blos die früheren, sondern auch die späteren Bilder Vecchietta's. Der Reliquienschrein im sieneser Krankenhause, dessen Thüren er im Jahre 1445 in- und auswendig mit 25 verschiedenen Gegenständen bemalte,[23] dient

[23] Die Aussenseite enthält in 3 Reihen folgende Bilder: 1. Den Gekreuzigten zwischen Maria und Johannes; 2. Auferstehung Christi; diese beiden Bilder eingeschlossen von 3., dem Engel Gabriel und 4., der Annunziata; neben diesem wieder 5. und 6.: Seraphim. Die zwölf Tafeln der nächsten beiden Reihen enthalten von links nach rechts: S. Ansano, B. Ambrogio Sansedoni, Bernardin, Agostino novello (Kleiderspende), Gallerani und die Heiligen Sabinus, Victor, Katharina v. Siena, einen Unbekannten, S. Galgano und Crescenzio. — Die Innenseite enthält in zwei Reihen: 1. Christus vor Pilatus; 2. Die Geisselung; 3. Das Abendmahl; 4. Die Fusswaschung; 5. Dornenkrönung; 6. Kreuzschleppung; 7. Judaskuss; 8. Christus vor Kaiphas. Die inneren Bilder sind geringer als die äusseren und vielleicht von Schülerhänden. Della Valle, Lett. San. III, 57, schreibt den Thürschmuck dem Matteo di Giovanni zu. Vgl. darüber auch Doc. Sen. II, 369.

nur dazu, den Niedergang der sienesischen Kunst seit Duccio augenfällig zu machen. Die neuerdings aus der Tünche wieder aufgetauchten Fresken in der Sacristei desselben Gebäudes — Darstellungen zum neuen und alten Testament, an der Decke Christus und die Evangelisten — geben keinen besseren Begriff von Lorenzo's künstlerischem Geschick.[24] Ebensowenig zeigt der Schmuck der vier Deckenstücke und eines Theils der Tribuna in der Taufkapelle S. Giovanni zu Siena (aus den Jahren 1449 und 1450) eine Aenderung der früheren Malweise.[25] Wand- wie Tafelbilder haben den Mangel an Luft- und Linienperspective, flache Farbenwirkung, Armuth der Gruppirung, hagere unschön gezeichnete Figuren gemein, die sich in ihren wickelfaltigen Gewändern eckig und phantastisch bewegen und grobe verzerrte Gesichter zeigen, mit so wenig Naturbeobachtung, dass das Augenrund dreieckig und die Nasen bei Dreiviertel-Ansicht ganz abgeplattet erscheinen; aber Umrisse und technische Durchführung sind bis zum Uebermaass sorgfältig.

Dass Vecchietta bei zahlreichen künstlerischen Unternehmungen

---

[24] An einer dieser Wände liest man in der Ecke: VRBANO E . . ITE PR AECELLENTISSIMO HVIVS SANCT. (do) MVS PRAEF . . TO LAVRENTIVS PETRI FILIV S . . ENSIS HOC SA (cr) ARIVM VNDIQVE VERSVM PICTVRIS HONESTAVIT . MCCCCXLVIIII. — Die Fresken sind durch Abreibung und Verbleichung sehr entstellt. — In demselbem Raume, jetzt „Stanza di S. Pietro“ genannt, befindet sich eine „Madonna del Manto“, aber ganz verdorben.

[25] Von den sechs Deckenbildern sind zwei von Michele Lambertini. Im Mittelfeld am Eingange sieht man die Heiligen Jacobus, Philippus, Johannes den Evangelisten und Matthäus; im zweiten Mittelstück an der Tribune: das jüngste Gericht, Christus in der Glorie, die Vorhölle und eine symbolische Darstellung der Communion. Rechts davon (Standpunkt in der Mitte der Kirche, Blick nach der Tribune) sieht man die Taufe Christi, Christus und Maria in der Glorie, Sündenvergebung (schadhaft) u. Auferstehung Christi; links die Geisselung, dann einen leeren Raum, dann Christus in der Glorie und die Verkündigung. Die Fresken in der Tribune sind von anderer Hand; die in der Halbkuppel (Mitteltribune), welche den Gekreuzigten, die schlafenden Apostel und die Bestattung Christi darstellen, wurden einem Gasparre d'Agostino zugeschrieben, einem Künstler, der in der Weise des Giovanni d'Asciano (1451, 54, 55) in einem Stil arbeitete, welcher an den des später noch zu erwähnenden Giovanni di Paolo erinnert, aber diesen übertrifft. Die Farbe ist schön, die Figuren hager und lang mit heftiger Bewegung. Demselben Gasparre schreibt man ein kleines Bild des predigenden heil. Bernardin zu, welches in der Sacristei des Domes zu Siena hängt. Ueber den Antheil desselben Malers an der Zeichnung für das Dompflaster bringt Milanesi (Doc. Sen. II, 279) ein Zeugniss aus dem Jahre 1451 bei. Von den Herausgebern des Vasari-Lemonnier wird Gasparre im Commentar zum Leben des Gentile da Fabriano (IV, 163) erwähnt.

5 *

in Siena beschäftigt wurde, könnte an sich nicht auffallen, vorausgesetzt, dass man seine Begabung nach ihrem wahren Werthe, d. h. etwa in der Weise geschätzt hätte, wie die des Neri di Bicci in Florenz. Aber er stand im Gegentheil unter seinen Stadtgenossen in hohem Ansehn. Mit Sano di Pietro zusammen wurde er z. B. im Jahre 1452 als Schiedsrichter der Stadtbehörde bei Abschätzung der unvollendeten Wandbilder Sassetta's an der Porta Romana erwählt.[26] Dabei klagt er jedoch in seinem Steuerzettel vom Jahre 1453 über gestörte Gesundheit und die Kränklichkeit seines Weibes, wodurch er in allerhand Ungemach und Schulden gerathe; „wenn das Schicksal ihn noch lange plage, wie es bisher gethan, so würde er genöthigt sein, seine bewegliche Habe um Brod zu verkaufen.“ Man hat indess guten Grund, in diesen kläglichen Angaben mehr eine Waffe gegen die Steuereintreiber zu erblicken, denn wir wissen, dass Vecchietta Eigenthümer mehrerer Landstücke und Häuser in und um Siena war[27] und dass er noch viele Jahre lang mit Stein und Bronze und mit dem Bürstpinsel in der Hand sich gegen die Vergessenheit wehrte.

Von den Altarbildern, die er in jener Zeit ausführte, mag die Madonna mit Heiligen vom Jahre 1447 in der Gallerie der Uffizien[28] und eine Himmelfahrt der Jungfrau mit vier heiligen Begleitern auf einem Altar im Dome zu Pienza[29] erwähnt werden. Ersteres ist zwar durch theilweise Uebermalung beschädigt, enthält aber unter den Figuren auf den Flachsäulen einige schlanke und geschickt hingeworfene Gestalten nach der Weise

Florenz. Pienza.

[26] Doc. Sen. II. 274—77.

[27] Sein Steuerzettel ist abgedruckt in Doc. Sen. III, 285.

[28] 1. Corridor Nr. 27. Lebensgrösse. In neuem Rahmen und der, angeblich auf der alten aufgesetzten frischen Inschrift: OPVS. LAVRENTII. PETRI. SENENSIS. MCCCCLVII. und ebenfalls in Versalien: „Questa. tavola. lha. fatta. fare. Giacomo. Dandreuccio. Setaivolo. P. sua. divozione.“ Maria hat zu ihrer Linken die Heiligen Andreas und Lorenz und den knieenden Dominicus, rechts Bartolomaeus, Jacobus und einen knieenden König. Auf den Flachsäulen vier kleine Heiligengestalten. Einige Köpfe, so der des Lorenz, sind neu.

[29] Altarbild mit Giebelaufsatz: Himmelfahrt mit den Heiligen Pius und Agatha (ihr blauer Mantel z. Th. abgeblättert), Calixtus und Catharina. Bezeichnung: „Opus Laurentii Petri sculptoris de Senis.“ Die Farbe ist licht und flach, überall ist auf den Ornamenten und sonst Gold angebracht. Figuren ¾ lebensgross.

des Domenico di Bartolo; das andere gehört zu den besten Arbeiten Vecchietta's; es scheint aus derselben Zeit herzurühren und erfreut durch mehrere recht anmuthige Engel in der Umgebung Maria's.

Vecchietta's Leistungen wurden damals in Siena so hoch gehalten, dass die oberste Stadtbehörde im März 1460 sich herbeiliess, den Messer Goro Loli Piccolomini mit der Bitte anzugehen, er möge „das seltene Talent" des Lorenzo di Pietro dem Papst Pius II. als die geeignetste Künstlerkraft zum Neubau des päpstlichen Absteigequartiers in Siena empfehlen.[30] Pius jedoch hatte weniger Zutrauen zum Kunstvermögen Vecchietta's als die Hochmögenden von Siena; vielleicht weil er billig zweifelte, dass der Maler des Altarbildes von Pienza sich als besonders tüchtiger Baumeister bewähren würde. Er zog den Antonio di Federigo vor[31] und diese Zurücksetzung verdross oder entmuthigte den Vecchietta so sehr, dass er den Entschluss fasste, seine Heimath für immer zu verlassen, während der Magistrat der Stadt fühlen mochte, dass er von den Piccolomini genarrt war. Daraus erklärt sich auch wohl, dass Antonio di Federigo, der bisher mit Anfertigung von Bildsäulen für die Loggia della Mercanzia[32] beschäftigt worden war, seiner weiteren Verpflichtung entledigt und der Rest seiner Arbeit (zwei Statuen) im April 1460 dem Vecchietta übergeben wurde, „damit er Beschäftigung in seiner Vaterstadt behalten solle, die er versucht, ja sogar entschlossen gewesen sei, zu verlassen."[33] Ferner trug zu seiner Tröstung bei, dass er Auftrag zu Wandbildern im Rathhause bekam, von denen Einiges noch erhalten ist:

An der Seite des Thores, welches aus der grossen Halle in die Kapelle führt, sieht man noch eine heil. Katharina, und in einem Saal, genannt „Sala dell' ajuto Bilanciere", ein erst kürzlich von der Tünche gesäubertes Stück einer gnadenreichen Jungfrau. In den Streifen einer Bogennische, deren Mittelpunkt Maria mit dem Kinde einnimmt, stehen die Heiligen Bernhardin und Martin zu Pferde, wie er seinen Mantel mit dem Bettler theilt. Zu beiden Seiten der Ma- Siena. Rathhaus.

[30] Doc. Sen. II. 308.
[31] ibid.
[32] Jetzt Casino de' Nobili in Siena.
[33] Doc. Sen. II, 311.

donna, deren Mantel Engel zum Schutze über das sienesische Volk ausbreiten, sind die Heiligen Sabinus, Hieronymus, Petrus, Katharina, Laurentius und Ansanus versammelt. Sechszehn Seraphim singen in dem oberen Streifen zwischen Martin und Bernhardin, und zwei Engel halten die Krone schwebend über Maria.[34] Die Heiligenscheine sind mit der Sorgfalt geprägt und ausgeschnitten, welche an Simone Martini erinnert, aber trotz der Familienähnlichkeit etlicher Theile mit Sassetta oder Sano di Pietro sind die Mängel Vecchietta's durchweg kenntlich.

An den beiden Bildsäulen für die Loggia della Mercanzia, welche im Jahre 1462 fertig wurden und für die der Meister die ansehnliche Summe von 1000 Lire bekam,[35] wiederholen sich die mark- und verhältnisslosen Formen der Arbeiten früherer Zeit. Aber bei aller Schwäche unterlässt Vecchietta nicht, sich mit der Vielseitigkeit seiner Begabung zu brüsten; während er sich auf dem Bilde in Pienza „sculptor" nennt, schreibt er auf seine plastischen Werke: „Opus Laurentii pictoris Senensis." 1467 lieferte er sodann das liegende Erzbild des Mariano Soccino, jetzt in den Uffizien,[36] und in den Jahren bis 1478 die Silberstatuen der Heiligen Katharina, Bernhardin, Paul und Sebastian[37] für den Dom seiner Vaterstadt. Zwei Jahre nach Vollendung dieser Figuren erbot er sich, da er inzwischen wohlhabend geworden war, einen Christus von Bronze und ein Madonnenbild mit Heiligen für das Hospital S. Maria della Scala zu fertigen, wenn die Vorsteher der Anstalt ihm eine Kapelle einräumen und mit seinem Namen bezeichnen wollten, wogegen er ausserdem seine sämmtliche Habe nach dem Tode seiner zweiten Frau dieser Stiftung zu vermachen versprach. Der Vorschlag wurde angenommen und die Christusfigur, welche nicht lange nach ihrer Vollendung vom Hochaltar des Hospitales in den Dom versetzt wurde, ist Vecchietta's beste Gussarbeit, wenn auch ihre schweren knochi-

---

[34] Ihr Kopf, Kleid und andere Stellen des Fresko's sind erneut. Die heil. Katharina war 1460 gemalt (Doc. Sen. II, 370), und trägt die Bezeichnung: „29. Junii. 1461, opus Laurentii Petri Senens." Der heil. Bernhardin dicht dabei an der anderen Thürseite trägt nur die verstümmelte Jahrzahl: M.CCCCL... und ist mehr in Sano di Pietro's Stil.

[35] Doc. Sen. II, 311.

[36] Gal. der neuen Bronzen, jetzt im Nat.-Museum.

[37] 1473, 75 und 78. Doc. Sen. II, 350 und 370.

gen Formen die früheren Werke nicht übertreffen.[38] Das Madonnenbild, jetzt in der Akademie zu Siena, kann ebensowenig künstlerisches Verdienst beanspruchen.

Es zeigt Maria mit dem Kinde, umgeben von den stehenden Petrus und Paulus und den knieenden Kosmus und Damian und hat die Inschrift: „OPVS. LAVRENTII. PETRI. SCVLTORIS. ALIAS. EL. VECCHIETTA. OB. SVAM. DEVOTIONEM.“[39] Siena. Akademie.

Beide Arbeiten rühren aus dem Jahre 1479 und sind die letzten Zeugnisse von Vecchietta's Handfertigkeit, der in der Mitte des folgenden Jahres starb.[40] Das Bild seiner Lebensthätigkeit muss aber durch Erwähnung einer Arbeit vervollständigt werden, welche seine künstlerischen Unternehmungen unterbrach. In den Jahren 1467 und 1470 beschäftigte ihn die Herstellung von Baumustern für die Festungen zu Sarteano, Orbetello, Montacuto und Talamone[41] und seine Anstellung für diesen Zweck endete erst, als Francesco di Giorgio seine bisherige Kunstübung aufgab, um sich ganz dem Ingenieur- und Festungs-Baufache zu widmen.

Ausführliche Charakteristik dieses bedeutenden und gefeierten Mannes liegt ausserhalb unserer Aufgabe; wir beschränken uns darauf, einen Blick auf die Erfolge seiner früheren Thätigkeit zu werfen und den Werth seiner Leistungen als Maler zu prüfen. In grosser Jugend schon, er war erst 24 Jahre alt,[42] wurde ihm

---

[38] Doc. Sen. I, 367. 68. Der Christus ist bezeichnet: „Laurentii Petri pictoris al.˜ Vecchietta de Senis.
M.C.CCCLXXVI.
P. sua devotione fecit hoc opus.“ Das Tabernakel, worin die Figur stand, wurde 1506 von Pandolfo Petrucci in den Dom übertragen. (Vasari IV, Anm. zu 210.) Ein gemalter Entwurf des Tabernakels von Vecchietta befindet sich in der Akademie zu Siena Nr. 335. (Hoch 3,50, breit 0,90 M.)

[39] Akademie zu Siena Nr. 195. Holz, h. 2,71. br. 1,88 M.

[40] Die Herausg. des Vasari L. erwähnen II, 212 ein Altarbild in S. Niccolò di Valdorcia mit Vecchietta's Namensunterschrift. — Alte Siena-Führer sprechen auch von Terracotten S's. (ib.) In der Sammlung Ramboux in Cöln waren die Nrn. 124 — 128 (die Evangelisten Matthäus, Lucas und Johannes, Bestattung Maria's und Glorie, die ersteren etwas über zwei Fuss, die beiden letzteren etwas über 10″ hoch) u. Nr. 164 u. 165 (Rundbilder der Heiligen Nicolaus und Catharina von Siena, 5″ 6‴), sämmtlich auf Holz, dem Vecchietta zugeschrieben; aber die Stücke können nur geringen Werth beanspruchen. — Im Museum zu Carlsruhe, Nr. 173, ist eine Madonna mit Kind und Engeln zwischen Katharina und Bartolomaeus, dem Vecchietta zugewiesen, stammt aber aus der älteren Zeit nach Lippi und Barna. H. 8″, br. 6″.

[41] Doc. Sen. II, 282. 370.

[42] Antonio Pantanelli giebt in seiner 1870 erschienenen Monographie „di Francesco di Giorgio Martini etc.“ (Siena bei

die Oberleitung des Baues der Fonte Gaia in Siena anvertraut, aber er hielt offene Werkstatt mit Nerroccio di Bartolommeo de' Landi, welche Genossenschaft bis 1475 dauerte.[43] Francesco scheint mit den Hauptzügen eines echten Sieneser Kindes seiner Zeit eine dem Botticelli verwandte Auffassung und insbesondere eine Gewandbehandlung nach Art der Pollaiuoli verbunden zu haben. Vor der heimischen Kunstübung erbte er Mängel, die schon in Vecchietta deutlich hervortraten: überschlanke, abgezehrte und eckige Figuren, deren Geberden oft in's Linkische oder pomphaft Uebertriebene ausarten, Eigenthümlichkeiten, die darauf schliessen lassen, dass Vecchietta sein Lehrer gewesen ist. Seine eigenen Erfindungen auf Bildern sind seltsam und ungefällig; Ueberladung der Kleider und der Bauwerke mit Zierrath, kalte flache Färbung und graue Schatten machen dieselben nicht anziehend, doch zeigt er immerhin einen leisen Fortschritt in der Anwendung verjüngter Formen. Als Beispiel seiner unerfreulichen Farbengebung ist eine Darstellung der Geburt Christi mit zwei knieenden Heiligen anzuführen, die ursprünglich in Monte Oliveto vor Porta Tufi, jetzt in der Akademie zu Siena als einzigen Schmuck seinen Namen trägt.[44] Die Seltsamkeit seiner Erfindungen bezeugt die Krönung Maria's ebendaselbst.[45] Hier sind die oberen und unteren Sphären der himmlischen Herrschaar durch zwei Engel verbunden, welche auf drei traubenartig zusammengefügten Cherubköpfen ruhen. Die Figuren haben kleine Köpfe und Augen, deren Pupille nur durch einen Punkt angedeutet ist, das Haar fällt in gleichmässigen Spirallocken; Zierrathe sind im Uebermass angebracht, jedes Stück mit

Siena. Akademie.

Ignazio Gati) S. 48 nach Mittheilungen des Herrn L. Banchi folgende Urkunde aus dem Communal-Archiv zu Siena: „MCCCCXXXIX. ..Francieseho Maurizio di Giorgio di Martino pollaiuolo si battezzò adì xxiij di settembre: fu chomare monna Giemma di Bindo Tosini da Brolio." Dieses Datum ist auch im Index zu Vasari aufgenommen, während die Doc. Sen. II, 337 den 14. Novbr. 1439 angaben. Der Tod Francesco's erfolgte im Januar 1502.

[43] Doc. Sen. II, 465.

[44] Siena, Akademie: Nr. 302, bez.: „FRANCISC. GEORGII PINSIT." Holz, h. 2,04, br. 1,98 M. Aus d. J. 1475 s. Vasari IV, 205 Anm.

[45] Nr. 301. Die Farben, in grellen Gegensätzen gehalten, zeigen harte hornige Beschaffenheit, die Fleischlichter sind gelb u. dünn aufgesetzt, die Schatten grau.

ausgesuchter Sorgfalt und Nettigkeit durchgearbeitet. Sein Stil kann ferner an sieben oder acht, freilich nicht durch Namensinschrift beglaubigten Tafelbildern im Museum seiner Vaterstadt studirt werden, dann an einer Geburt Christi in S. Domenico zu Siena und an einer Staffel in den Uffizien zu Florenz.

Siena. Akademie.

In der Akademie zu Siena Nr. 303: Verkündigung, kleine Figuren, im Hintergrunde Landschaft und Häuser,[46] der Engel in heftiger Bewegung. — Nr. 304: Madonna mit Kind zwischen Petrus und Paulus, Halbfiguren.[47] — Nr. 305: Madonna mit Kind und Engeln, Halbfiguren;[48] auffällig ist hier der Zug der Linie, welche Maria's Wangen und Kinn verbindet. Die Farbe ist rosig, aber flach. — Nr. 184, 185, 186: Susanna's Versuchung, der Verkauf Joseph's und Joseph mit Potiphar's Weib.[49] — Nr. 228: Halbfigur der Jungfrau mit dem Kinde auf den Knieen und zwei Heiligen zur Seite.[50]

In S. Domenico zu Siena, auf einem Altar rechts: Geburt Christi in Fr. di G's. Geiste componirt; die Engel haben seine Vortragsweise, aber mehr Lebendigkeit. In der Ferne sieht man einen römischen Bogen.[51] —

Im Palazzo Pubbl. zu Siena (in dem Durchgang zu der von Spinelli ausgemalten Halle) ist Predigt und Wunderthat des heiligen Bernhardin als echte Arbeit Francesco's anzuführen, sehr sauber und ansprechend.

Florenz.

Florenz, Uffizien, Nr. 1304: Drei Staffelbilder zur Legende des heil. Benedikt: in der Mitte die Wunderthat an einem Kinde, links der Heilige in der Grotte zu Subiaco, rechts derselbe auf Monte Casino, kleine Figuren, welche Fr. di G's. Mängel weniger als gewöhnlich hervortreten lassen. Bemerkenswerth ist die Sauberkeit der Zeichnung, die Farbe ist jedoch noch immer flach und kalt, und auffällig sind die Köpfe, welche wie groteske Masken auf den schwachen Körpern sitzen.

In München, Pinakothek, Cab. 538, dem Masaccio zugeschrieben, aber von Francesco di Giorgio: ein Wunder des heil. Antonius von Padua.[52]

Liverpool, Gal. Nr. 20, dem Pesellino zugeschrieben, ebenfalls von Fr. di G.: Predigt des heil. Bernhardin.

[46] Holz. h. 0,73. br. 0,47 M.

[47] Holz, h. 0,67. br. 0,47 M.

[48] Holz, h. 0,73, br. 0,47 M., oben abgerundet.

[49] Holz, jedes h. 0,33, br. 0,43 M.

[50] Holz, h. 0,68, br. 0,45. Aus dem Hospital S. Maria della Scala. Nr. 329: Altartafel, unten Bereitung Christi zur Kreuzigung, oben der Gekreuzigte (Holz h. 2,92. br. 2,17 M.), hat Eigenthümlichkeiten, die auf einen Nachahmer von Francesco's Manier hinweisen.

[51] Das Bild ist unverdienter Weise mit Signorelli's Namen beehrt worden. Die Oberleiste desselben gehört zu einem andern Bilde und scheint die Arbeit des Matteo da Siena, während die Staffel die Hand Fungai's verräth.

[52] Holz, Gipsgrund, Tempera, h. 1', br. 2' 8''.

Bei Fuller Maitland (auf d. Ausst. in Manchester Nr. 43 unter Fra Filippo). Staffelbild: Petrus und Johannes heilen den Lahmen. Das Bild hat sienesisches Schulgepräge und darf dem Fr. di G. zugeschrieben werden.

In der Sammlung Ramboux in Cöln waren dem Fr. di G. zugewiesen die Nrn. 172 (Maria mit Christus und Engeln, welche Früchte und Blumen halten, Hintergrund Landschaft) und 173 (Maria mit Jesus, Johannes und Hieronymus und Engel mit Blumen.[53]

Der Name des Francesco di Giorgio ist mit so glänzenden Erfolgen der Befestigungskunst und mit so vielerlei neuen Erfindungen zum Angriff und zur Vertheidigung solcher Werke verbunden — er soll z. B. zuerst, und zwar bei der Belagerung des Castel dell' Uovo im Jahre 1495 in Neapel Sprengminen angelegt haben[54] — dass er schnell durch ganz Italien berühmt wurde, wie er denn auf diesem neuen wichtigen Gebiet, dem er sich nur wenige Jahre widmen konnte, einzig von Lionardo da Vinci übertroffen worden ist. Wir wissen, dass er mit diesem im Jahre 1490 in Pavia zusammentraf, um auf Verlangen des Gian Galeazzo ein Gutachten über den dortigen Dombau abzugeben. Eben damals machte Francesco seine Vorschläge zur Wölbung der Mailänder Domkuppel, welche von den Abgeordneten der Bauhütte auch angenommen und im Jahre 1493, aber gegen die ursprüngliche Absicht nicht von ihm selbst, sondern von dem Lombarden Giovan Antonio da Gessate ausgeführt wurden.[55]

Im Jahre 1484 fanden wir ihn bereits auf dem Wege durch Gubbio mit Luca Signorelli zur Berathung der Pläne für die Kirche S. M. del Calcinaio bei Cortona vereint; sie führten zur Anfertigung eines Holzmodells auf Grund des lateinischen Kreuzes und Francesco übernahm den Bau selbst.[56] 1491 arbeitete er mit den besten seiner Landsleute um die Wette an einem Modell

---

[53] Ersteres h. 1' 10" 6"', br. 11" 6"'; letzteres h. 1' 10" 6"', br. 1' 4" 6"'. Auf Holz.

[54] s. Gaetano Milanesi, Discorso a. a. O. S. 69, Vasari IV, 206, Anmerk. 1, Promis, Trattato di Fr. di G. sull' architettura militare etc., und Pantanelli a. a. O. S. 61.

[55] Vgl. Doc. Sen. II, 429—434, 435—438, Gaye. Carteggio I, 288—90 und 293, Promis a. a. O. S. 429 und Pantanelli a. a. O. 158.

[56] s. oben unter Signorelli Cap. I. S. 10.

für die Stirnseite von S. M. del Fiore in Florenz.[57] — Für die Stellung, welche man ihm in der Geschichte der Baukunst anzuweisen hat, gibt es durchaus festen und bestimmten Anhalt; da er aber die Ausführung seiner Bauten nicht allemal selbst leitete, so haben die italienischen Kunstgeschichtsschreiber sehr oft ohne Begründung Lob oder Tadel auf seinen Namen gehäuft, indem sie seinen erfinderischen Geist für Bauten verantwortlich machen, die von anderen Meistern, hier nach gesunden, dort nach mangelhaften und falschen Grundsätzen ausgeführt sind.[58]

Francesco di Giorgio's Leistungen im Erzguss lassen sich aus den beiden Engelfiguren beurtheilen, die er im Jahre 1497 für den sieneser Dom lieferte,[59] sie sind hart, trocken und in ihren plumpen Formen und bruchigen Gewändern wenig anziehend. —

Nachdem er sich (1475) von Nerroccio di Bartolommeo getrennt hatte, wurden Vecchietta und Sano di Pietro zum Austrag der Geschäfts-Angelegenheiten dieser beiden Genossen erwählt. Francesco gab Bildhauerei und Malerei gänzlich auf, der andere betrieb die beiden Fächer ausschliesslich fort. Nerroccio war etwa 8 Jahr jünger als sein bisheriger Partner und als junger Anfänger übernahm er abwechselnd die Fertigung von Altarstücken und von Figuren in gebrannter Erde.[60] Was von seinen Gemälden übrig geblieben ist, hat schliesslich in der Akademie zu Siena Unterkunft gefunden:

Eine dreitheilige Tafel: Madonna mit Kind zwischen Michael und Bernhardin, bezeichnet mit Namen und Jahreszahl 1476.[61] Siena. Akademie.

Madonna mit Kind, umgeben von den Heil. Hieronymus, Katharina von Siena und zwei Anderen.[62] Besser erhalten als das vorige.

[57] s. Vasari VII, 245.

[58] vgl. hierüber Vasari IV, 204 und die Anm. der Herausg., Rumohr, Ital. Forsch. II, 177 ff. u. Doc. Sen. a. a. O.

[59] Sie waren im Jahre 1489 bei ihm bestellt.

[60] Nerroccio war geboren 1447 s. Doc. Sen. III, 8.

[61] Siena Akad., Nr. 160. Inschrift: OPVS. NEROCCI. BARTALOMEI. BENEDICTI. DE SENIS. MCCCCLXXVI. Halbfiguren. Holz, h. 1,56, br. 1,81 M. Wahrscheinlich für Bernardino Nini von Siena ausgeführt. Doc. Sen. II, 356.

[62] Nr. 221. Halbfig. Holz, h. 0,70, br. 0,52 M. — Ferner sind noch von ihm in derselben Sammlung Nr. 161: Madonna mit Kind, Johannes dem Täufer und einer Heiligen, Halbfig. Holz, h. 0,74, br. 0,46 M.; Nr. 162: Madonna mit Kind und den Heiligen Hieronymus und Bernhardin, Halbfig., oben abgerun-

Sein Stil weicht wenig von dem des Vecchietta oder des Fr. di Giorgio ab, nur dass die Beugungen seiner Gestalten vielleicht noch unnatürlicher sind, als bei jenen und als wahre Fratzen der Figuren des alten plastischen Stils erscheinen. Die Farben sind licht und flau, von trockenen Umrissen eingeschlossen, der menschliche Körper, den er zum Vorbild genommen hat, ist plump und gemein. An dem zweiten der oben genannten Bilder, das freilich keine Namensbezeichnung trägt, lässt sich bei der Kälte der Färbung doch wenigstens grosse Weichheit und mühsame Vollendung rühmen. — Für den Dom seiner Vaterstadt hat Nerroccio die hellespontische Sibylle des Fussbodens gezeichnet (1483) und das Standbild des Tommaso del Testa Piccolomini für das Monument dieses Würdenträgers über dem Thurmthore gegossen.[63] Er starb im Jahre 1500.[64] Bei seinem geringen künstlerischen Ehrgeiz und sehr mässiger Geschicklichkeit konnte er zwar keine hervorragende, aber doch eine sichere Stellung in Siena behaupten, eine solche, wie sie vielleicht auch Fr. di Giorgio erreicht haben würde, wenn sich sein Talent nicht in die rechte Bahn geschwungen und auf ihr seine früheren Kunstgenossen weit hinter sich gelassen hätte. Er stand übrigens anders als viele seiner Kunstgenossen, da seine Thätigkeit sich ausschliesslich auf den Wohnort beschränkte. Aber in Siena galten diejenigen, welche sich eines ehrbaren und auskömmlichen Lebens in ihren vier Wänden rühmen konnten, schon für besonders begünstigt; ein anderer Zeitgenosse des Francesco di Giorgio, Benvenuto di Giovanni di Meo del Guasta, spricht gelegentlich sein Bedauern aus, dass, da die Arbeit knapp und der

---

det, Holz. h. 1,01. br. 0,52 M.; Nr. 163: Madonna mit Kind, mit Bernhardin u. Catharina, Halbfig. Holz, h. 0,73, br. 0,47 M.; Nr. 180: Madonna mit Kind, Johannes der Täufer u. Andreas. Halbfig. Holz, oben rund, h. 0,78, br. 0,55 M. In der Sammlung Ramboux — Cöln — waren dem Nerroccio noch zugeschrieben: Nr. 155: Madonna mit Kind, Johannes der Taufer und Magdalena, Holz, h. 1' 10" 6"', br. 1' 4" 6"'; Nr. 156: Madonna mit Kind, Holz, Halbfig. h. 1' 5", br. 10" 9"'; Nr. 160: Christus am Kreuz; Nr. 161: Joh. Evang.; Nr. 162: Franciscus, letztere drei rund, jedes 6" 6"' Durchm.; Nr. 163: Antonius von Padua, Holz, h. 6" 3"', br. 4" 9"'.

[63] Doc. Sen. II, 379 und 409.

[64] Weitere Angaben über ihn enthalten Doc. Sen. II, 340. 403. 415. 416—422 und III, 7. 8. 9.

Verdienst noch knapper sei, er sich genöthigt sähe, aus dem Weichbilde der Stadt hinauszuziehen. Diese Klage findet sich in dem Steuerzettel vom Jahre 1488,[65] und scheint, was Benvenuto betrifft, für den grössten Theil seiner Lebenszeit Geltung zu haben; denn obgleich eine Urkunde von 1455 von seiner dauernden Beschäftigung in der Taufkapelle S. Giovanni zu Siena spricht,[66] so finden wir sein erstes bekannt gewordenes Bild (1466) in Volterra. Er gilt ohne Widerspruch für den Maler folgender Werke: Einer Geisselung und Kreuzschleppung, einer Gruppe verschwärzter Wandbilder in der Mittelapsis der Taufkapelle zu Siena und zweier Darstellungen zur Legende des heil. Antonius in der Seitenapsis daselbst.[67] Die Arbeiten gleichen den Malereien des Lorenzo di Pietro in den Deckenfeldern so sehr, dass man, wenn nicht seine eigene, so doch die Hand eines seiner Schüler darin vermuthen muss. Benvenuto mag in dieser Eigenschaft dort gemalt haben, doch wurde er erst vier Jahr nach Lorenzo's Thätigkeit in der Taufkapelle angestellt. In seinem Verkündigungsbilde in der Klosterkirche zu S. Girolamo zu Volterra[68] treffen wir dagegen auf Verwandtschaft mit Nerroccio; sie spricht aus den eckigen hageren Figuren, deren schlanker Wuchs sich empfindsam unter dem Gewichte grosser schmaler Köpfe biegt, die sich von dünnem Halse herabneigen, und wird durch die Gewöhnlichkeit der Gewandung, die geschnittenen Umrisse, kalte und flache Fleischtöne und grelle Gegensätze in der Farbenzusammenstellung bei Sauberkeit der Ausführung noch erhöht. Aber Benvenuto lässt es nicht bei dieser Anlehnung an Vecchietta oder Nerroccio bewenden, auch mit dem Perugianer Maler Benedetto

Siena. S. Giov.

[65] Doc. Sen. II. 240.

[66] Doc. Sen. III, 79.

[67] Links vom Hochaltar, sehr schadhaft. Vgl. Anm. zu Vasari IV, 163, wo für Benvenuto's Malereien in der Mittelapsis das Jahr 1453 angegeben ist.

[68] Madonna sitzt, der Engel kniet (das Kleid M's. theilweise zerstört), Gott Vater mit grossem Kopf giebt den Segen aus einer Rundglorie von Engelsköpfen, von vier Engeln getragen. Links Michael in der Rüstung, rechts Katharina von Alexandrien. Ein Stifter in Profilansicht betend, in der Ecke des Vordergrundes, durchschneidet die Worte der folgenden Inschrift: „Opus Benvenuti Joannis de Senis MCCCCLXVI.“ Das Bild Bonfigli's, welches diesem am meisten ähnelt, ist das ehemals im Collegio de' Notari, jetzt im Besitz Signor Vinzenzo Bertelli's zu Perugia befindliche.

Buonfigli hatte er Manches gemein, und wir haben an ihm einen Beweis für die Berührung der umbrischen Schule mit der älteren sienesischen, welche durch Benvenuto's Vermittelung in deutlicher und ununterbrochener Abfolge von Simone, Lippo, Barna, Giovanni d'Asciano auf Ceccharelli führt. Ein Seitenstück zu Benvenuto's oben erwähntem Verkündigungsbilde, von welchem dasselbe gilt, und das von derselben Hand herrührt, befindet sich

Buonconvento. in der Sacristei von S. Pietro e Paolo in Buonconvento.[69] — Die trockene Härte eines sparsamen Tempera-Auftrages, welche den Benvenuto mit Carlo Crivelli zusammenstellt, tritt besonders

Siena. an einer Madonna mit Heiligen in S. Domenico hervor.[70] Sie ist acht Jahre früher gemalt als die (verdunkelte und beschädigte) Himmelfahrt Christi in der Akademie zu Siena,[71] die an Arbeiten der venetianischen Schule von Murano erinnert. Das beachtenswertheste Zeugniss von Benvenuto's Kunst jedoch ist das Stück eines im Jahre 1500 oder 1501 von der Compagnia della Madonna im Hospitale S. Maria della Scala bei ihm und seinem Sohne Girolamo bestellten Cataletto (Todtenbahre),[72] bei dessen kleinem Maasstabe sich zwar mancher herkömmliche Fehler verbergen kann, das aber in der Darstellung der heil. Katharina, wie sie den Papst und die Clerisei nach Rom geleitet, eine lebendige Figuren-Gruppirung und in den Gewändern verhältnissmässig geringere Stilmängel aufweist, während die Farbe, wenn auch noch in harten Gegensätzen gehalten, doch im Ganzen nicht ohne Wirkung ist.

Als schlagende Beweisstücke für die Beziehungen zwischen den Sienesen und den Umbriern von Borgo S. Sepolcro verdienen nähere Beachtung:

---

69 Die Heiligen zur Seite sind Antonius der Abt und Franciscus.

70 Nach Doc. Sen. III. 79 im Jahre 1483 bestellt. Das Halbrund oberhalb (Anbetung der Könige) gehört zu einem Bilde des Matteo da Siena in demselben Kloster, wogegen Benvenuto's Lünette (Christus auf dem Grab) über Matteo's Bilde steht.

71 Nr. 356. Inschrift: „BENVENVTI. IOHANNIS. PICTORIS. DE. SENIS." M.CCCC.LXXXXI. Holz, h. 3,91, br. 2,45 M. Die Farbe ist dunkel u. blöd.

72 Das Bruchstück befindet sich noch jetzt in der Compagnia della Madonna sotto Spedale in Siena.

In der Akademie zu Siena: Drei kleine Tafeln (Maria mit Kind zwischen Hieronymus und Franciscus, Halbfig., Himmelfahrt Maria's, Madonna mit Kind[73]; sodann ein Wandbild der Himmelfahrt Maria's im Oratorium S. Sebastiano in Borgo di Montalboli bei Asciano (Maria geleitet von langen regungslosen Engelsgestalten, oberhalb der Heiland zwischen Propheten, unten knieend Thomas, Sebastian und Agatha; in den Zwickeln des Bogens: Maria und der Verkündigungsengel), ein roh und schnell gemaltes Bild mit steifen Figuren, schlechtes Beispiel aus der Schule der Benvenuti. Im Chor daselbst der nämliche Gegenstand in einer Auffassung, welche von nun an in Siena sehr beliebt wurde: Gott Vater in verkürzter Ansicht blickt aus der Regenbogenglorie hernieder, umgeben von Seraphim und Propheten; Maria erhebt sich nach ihm hin im Kreis von Cherubim und von Engeln geleitet, die nicht wie früher sich mittelst ihrer Flügel bewegen, sondern auf Wolken aufwärts schweben; die Apostel unten schauen in's Grab. Die Seiten der Sacristei füllen Johannes der Täufer und Dominicus, Paulus und Lucia, über ihnen Maria und der Verkündigungsengel in Rundbildern. (Zwei Tafelbilder in S. Maria de' Servi, in Borgo S. Sepolcro, ursprünglich an den Seiten des vorgenannten, sind ebenfalls beachtenswerth.) Siena.

Passavant wollte die erwähnten Darstellungen der Himmelfahrt dem Piero della Francesca zuschreiben,[74] doch kommt ihnen solcher Rang nicht zu, sie tragen den Stempel von Benvenuto's Hand, sind aber allerdings Fortschritte gegen seine früheren Arbeiten. Während die Apostel in der mittleren Tafel vermöge ihrer grossen Steifheit es den Bildern der Schule von Murano gleichthun, sind sie in Kleider gehüllt, deren Faltenbruch an die flämische Weise erinnert. Die Verkündigungsfiguren haben Verwandtschaft mit solchen von Giovanni Santi, in der allgemeinen Haltung sowohl wie in der Art der Bewegung. Die übrigen Figuren sind hager und knochig, Paulus und Lucia jedoch zeichnen sich durch ziemliche Schönheit der Verhältnisse als Leistungen eines nach der höheren Stufe des Matteo von Siena gerichteten Fortschrittes aus.

Benvenuto hatte reichlich Zeit, von den verschiedenen Wandelungen Vortheil zu ziehen, die sich am Ausgang des 15. und

[73] Nr. 165: h. 0.53, br. 0.24 M. Nr. 172: h. 1,14, br. 0,81 M. Nr. 181: h. 0,41, br. 0.26 M.

[74] Vgl. Bd. III. Cap. 14 und Passavant Rafael I, 433.

am Beginn des 16. Jahrhunderts so schnell und häufig in seiner Heimath folgten. Im Jahre seines Todes 1517 stellte er, wie wir erfahren, den Thronhimmel her, welcher beim Besuch Leo's X. im Dome zu Siena aufgerichtet wurde.[75] Keine Künstlerzunft aber war so wenig zu eigener Weiterentwickelung geneigt, wie die sienesische und man muss von Benvenuto zu seinem Sohne Girolamo übergehen, wenn man Verbesserungen finden will. Girolamo di Benvenuto war 1470 geboren, also Zeitgenosse der Pinturicchio, Bazzi, Girolamo Genga und Pacchia; er malte 1508 für S. Domenico zu Siena eine „Madonna vom Schnee“, deren Hauptzüge den Arbeiten des Vaters nicht unähnlich sind, wenn auch von angenehmerem Eindruck. Zahlreiche eckige Fältelung stört den natürlichen Fall der Gewänder und in der Färbung ist die Wärme übertrieben.

Siena. S. Domenico.

Maria hält das Kind, welches Segen spendet, stehend auf dem Knie, zu ihrer Seite vier Engel mit Vasen und Schneebällen; rechts und links stehen Hieronymus und Katharina, zwei andere Heilige knieen seitwärts im Vordergrund, auf der Thronstufe ein Engel, der ein Musikinstrument bläst. Die Inschrift am Sockel lautet: „Opus Jheronimi Benvenuti de Senis. MCCCCCVIII.“[76]

Ferner ist eine Lünette über dem Hochaltar in der Kirche der Madonna von Fontegiusta, schadhaftes Fresko aus dem Jahre 1515, zu erwähnen (Maria zwischen singenden und spielenden Engeln), welches Girolamo's Manier schon erweitert zeigt.[77]

In der Klosterkirche der Osservanza bei Siena: eine heil. Clara mit einem knieenden Pilger.[78] Endlich mehrere Tafelbilder jetzt in der Akademie zu Siena.[79]

Siena. Akademie.

[75] Doc. Sen. III, 80. II, 344. 379. 382. 387. III, 40. 79. 80, sind noch folgende Angaben von Werken Benvenuto's zu finden, die nicht auf uns gekommen sind: in S. M. della Scala 1470, im Dom: 1482 Miniaturen, 1483 Zeichnung der Sibylle (s. oben), 1485 Zeichnung von Jephtha's Opfer; in der Brüderschaft S. Giovanni Battista della morte 1493 bemalte Tragbahre; in der Brüderschaft S. Trinità 1494 Kirchenfahne mit der gnadenreichen Jungfrau; in der Brüderschaft S. Girolamo 1499. — In der Sammlung Ramboux in Cöln war noch Nr. 108 (Maria in der Glorie mit Patriarchen und Aposteln) dem Benvenuto zugeschrieben und dabei eine Tafel mit Namensinschrift von 1509 in Asinalunga erwähnt.

[76] Das Bild hängt dort im Oratorio di S. Caterina. Das Rundbild darüber ist nicht von Girolamo, sondern ist Bruchstück eines anderen Bildes von Matteo da Siena.

[77] Doc. Sen. III, 71. Die Schatten und der Himmel sind erneut. Das Bild galt lange fälschlich für ein Werk Fungai's.

[78] Doc. Sen. III, 78. Die knieende Figur irrthümlich dem Pietro di Giovanni Pucci zugeschrieben.

[79] Nr. 172: Himmelfahrt Maria's, h. 0,14, br. 0.81 M. Nr. 173: Geburt Christi, oben rund, h. 0,61, br. 0,44 M.

Dies ist Alles, was wir von dem Künstler, der schon 1524 starb, nachweisen können. —

Hier muss nun auf eine frühere Zeit zurückgegriffen werden, die uns gegenüber der Gefolgschaft des Domenico di Bartolo Maler von mannigfach verschiedenem Gepräge vorführt. Stefano di Giovanni, bekannter unter dem Namen Sassetta, stammte noch aus dem 14. Jahrhundert und seine Kunstweise gleicht der des voraufgehenden Zeitalters so sehr, dass unverächtliche Beurtheiler ein Krucifix von ihm in S. M. de' Servi zu Siena dem Ugolino zuschreiben konnten. Von Domenico di Bartolo und dessen Kunstverwandten unterscheidet er sich nicht bloss deshalb, weil er unentwegt an der Tempera-Technik festhält, sondern weil er zugleich die äusserliche Anordnung, die scharfe Genauigkeit des Umrisses und den weichen Fall der Gewänder beibehält, welche bei Ugolino und Segna gewöhnlich sind. Als Kettenglieder gleichsam, die ihn an's Alterthümliche fesseln, sind neben dem erwähnten Krucifix noch ein gekreuzigter Christus in der Akademie zu Siena[80] und das Calvarienstück im Louvre zu bezeichnen.[81] An Grobheit und Dürftigkeit der Gestalt, an Ueberlast des Kopfes sind seine Figuren um nichts besser als die seiner Zeitgenossen, deren kraftlose Färbung er nachahmt, und man wird sonach die Einwirkung auf den jüngeren Vecchietta nicht leugnen können. Siena. Paris.

Das einzige Werk, welches Sassetta's Namen aufweist, ist ein Wandbild an der Porta Romana in Siena, über dessen Vollendung er starb. Die Arbeit ist so charakteristisch, dass sie ein Musterstück seiner künstlerischen Eigenthümlichkeiten abgibt und uns berechtigt, nur ihn als den Maler der Geburt Maria's in der Sacristei des Domes zu Asciano, ferner der Madonna mit Heiligen vom Jahre 1436 in einer Kapelle der Klosterkirche der

Nr. 174: Christus von Engeln gehalten, Halbfig. h. 0,58, br. 0,44. Nr. 273: die Heiligen Dominicus und Sebastian, B. Ambrogio Sansedoni und Antonius der Eremit, h. 0,39, br. 0,44. — In der Sammlung Ramboux in Cöln war Nr. 169: Hieronymus mit dem Löwen, h. 1' 1'', br. 9'' 9''', dem Girolamo zugeschrieben.

[80] Nr. 42: Holz, h. 0,62, br. 0,39 M., bereits erwähnt Bd. II. S. 225 Anm.

[81] Nr. 212, h. 0,40, br. 0,71 erw. ibid.

Osservanza bei Siena und einer ähnlichen Darstellung in der Sacristei von S. Domenico zu Cortona anzusprechen.

Asciano. Das Mittelstück des Altarbildes in Asciano zeigt die Wärterinnen um das Kind beschäftigt, auf der rechten Seite sieht man die heil. Anna im Bett, sich die Hände waschend, auf der linken Joachim, wie er die Nachricht von der Geburt der Tochter empfängt. Ueber dem letzteren ist der Tod Maria's, auf der Gegentafel rechts die Bestattung dargestellt; zwischen beiden Maria, die dem Knaben die Brust gibt. Das Ganze auf Goldgrund.

Siena. Auf dem Bilde in Siena hält die thronende Jungfrau das Kind, welches aufrecht auf ihrem Knie steht, seitwärts die Heiligen Ambrosius und Hieronymus und in den Spitzgiebelfeldern darüber der segnende Christus zwischen Petrus und Paulus, verbunden durch Rundbilder mit den Verkündigungsfiguren. Goldgrund. Am unteren Rande die Inschrift: „Manus Orlandi fieri fecit hanc tabulam cum tota capella. M.CCCCXXXVI.“

Cortona. Das Altarbild in Cortona enthält Maria mit dem Kind an der Brust, vorn zwei knieende Engel, als Nebenfiguren die Heiligen Nicolaus von Bari, Michael (der Harnisch durch Abreibung beschädigt), Johannes den Täufer und Margaretha. Ein Rundstück des mittleren Aufsatzes trägt das Lamm, die seitlichen die Verkündigung.

In ihrer monumentalen Form mit dach- und giebelartigem Abschluss sind diese Altarbilder rein sienesisch, die Gegenstände in Sassetta's Weise behandelt. Auf dem Stück in Asciano wird die verhältnissmässige Schwäche der Figuren durch eine gewisse Anmuth verschönt, welche auch die aus der Anwendung bunter, nicht durch Licht und Schatten in Wirkung gesetzter Farben entstehende Flachheit und die Ueberladung mit Schmuck erträglicher macht. Ueberall erkennen wir bei Stefano als Vorbild seiner bildlichen Erzählungen die Darstellungsweise Lorenzetti's, wie sie ihm Andrea Vanni und Bartolo di Fredi vermittelt hatten.[82] Die derbe untersetzte Mariengestalt in der Osservanza erfreut noch durch einen zarten Ausdruck und durch den rosigen Fleischton, der, wie gewöhnlich graugrün schattirt, den Eindruck ausserordentlicher Weichheit macht. Auf dem Bilde zu Cortona sind die

[82] Wir meinen Pietro Lorenzetti's „Geburt der Jungfrau“ im Dome zu Siena vom Jahre 1342 (B. II. S. 293), die Nachbildung von Vanni. Nr. 119 in der Akademie zu Siena (B. II. S. 324), die von Bartolo in S. Agostino zu S. Gimignano (B. II. S. 319).

Heiligengestalten schmächtig wie bisher, aber von sperriger und linkischer Würde der Bewegung. Gemeinsam ist allen diesen Bildern peinliche Sorgfalt des Vortrages, Neigung zur Ueberlast der Köpfe, eckig geschnittene Augen, Kleiderprunk und Ueberfluss an Gold.[83] Sie bilden die Grundlage, auf welcher sich Sano di Pietro entwickelt hat.

Von Werth ist uns noch, dass aus den Berichten über Sassetta's Lebensgang eine unmittelbare Beziehung zur Heimath des Piero della Franceșca erhellt. Della Valle bringt die Urkunde bei, laut welcher sich Stefano di Giovanni 1444 verpflichtete, für die Minoriten von Siena eine Glorie des heil. Franz nach S. Francesco in Borgo S. Sepolcro zu liefern.[84] Das Bild (in den Besitz der Herren Lombardi in Florenz übergegangen) offenbart in den Figuren des Gehorsams, der Armuth und Keuschheit, die das Haupt des Ordensstifters umschweben, ansprechende und nicht unnatürliche Bewegungen, aber die Heiligengestalten allein beweisen, dass die Sienesen des XV. Jahrhunderts die byzantinische Weise noch nicht überwunden hatten.[85] Ein anderes Bild derselben Sammlung (Maria mit dem Kind zwischen sechs Engeln und zwei Heiligen zur Seite, schadhaft) steht den Fresken an der Porta Romana gleich, auf die wir einen Blick werfen müssen:

Sie befinden sich an der Aussenseite des Thores in einer Nische, deren Bogenwand noch Spuren von Engelsgestalten trägt, und zeigen Maria, die sich voll Andacht und Ergebung neigt um die Krone aus, den Händen des Sohnes zu empfangen; Engel, Propheten und Geist

Siena. P. Romana.

---

[83] In der Sammlung Ramboux in Cöln waren noch folgende Tafelbilder als Sassetta's Arbeiten bezeichnet, Nr. 149: Kopf Maria's h. 1' 6", br. 11" 6"'. Nr. 150: S. Galgano. Nr. 151: ein Franciskaner-Mönch. Nr. 152: B. Andrea Galleran. Nr. 153: B. Ambrogio Sansedoni (letztere vier fast von gleichem Maasstabe, etwas über 1 Fuss hoch und 7 Zoll breit).

[84] Della Valle. Lett. San. III. 44. Die Inschrift des Bildes war: „Christoforus Francisci fei Andreas Johannis Tanis operarius A.MCCCCXXXXIIII." Eine Abbildung bei Rosini. Della Valle erwähnt ausserdem a. a. O. ein Krucifix im Refectorium S. Martino in Siena, welches im Jahre 1433 bei Sassetta bestellt war.

[85] Hier ist auch das dem Domenico di Bartolo zugeschriebene Tafelbild im Berliner Museum Nr. 1122 zu erwähnen, eine Himmelfahrt Maria's, deren oberer Theil (Christus, die Seele der Mutter empfangend, umgeben von Erzvätern, Propheten und Engeln) von allen sienesischen Malern am füglichsten dem Sassetta zuzuweisen ist. Vgl. S. 63 Anm.

liche bilden Maria's Umgebung, andere Gruppen hinter Christus sind nicht mehr sichtbar. Im Vordergrunde sieht man die Heiligen Bernhardin und Katharina von Siena als Führer heil. Gefolgschaften.[86]

Die Auffassung dieses Krönungsbildes, das sich an die altherkömmliche Form hält, entbehrt weder der religiösen Empfindung noch der Einfachheit, der Ausführung aber fehlt beides durchaus; hagere Puppen mit überlangen Hälsen bewegen oder schlängeln sich vielmehr auf fremdartige Weise. Die Gesichter sind fratzenhaft, die Gewänder mit Zierrath und Säumen in einer Art überladen, die schon Cimabue vorlängst verdrängt hatte, und so erscheint Sassetta als letzter Vertreter einer Klasse religiöser Maler, die sich in Starrheit und Wiederholung erschöpfte.[87] Aber auf diesem Gebiete lässt sich immer noch eine niedrigere Stufe aufweisen, wie die, auf welcher z. B. Pietro di Giovanni Pucci steht, der unter Sassetta's Nachfolger zu rechnen ist. Er steigert dessen hässliche Typen durch Härte und Sprödigkeit des Umrisses und ersetzt die flüssige Farbe des Meisters durch widerwärtige Undurchsichtigkeit.[88]

---

[86] Das Fresko ist sehr beschädigt, von der Christusgestalt fast nur noch Bruchstücke des Kopfes sichtbar.

[87] Was wir sonst noch von Sassetta wissen, lässt sich in folgenden Angaben zusammenstellen: 1427 Zeichnung für den Brunnen in S. Giovanni zu Siena (Doc. Sen. II, 244); 1428 Eintritt in die Malerzunft (ib. I, 48); 1433 Altarbild für eine Privatkapelle im Dom (ib. II, 244); 1440 Zeichnungen für 1 Glasfenster daselbst (ib. II, 198); 1442 Fahnen für den Dom (ib. II, 244); 1444 ein heil. Bernhardin in der Krankenhauskirche S. M. della Scala (ib. II, 245); 1447 Auftrag für die Malereien am römischen Thor (ib.); 1450 stirbt er (ib. II, 274); 1452 Abschätzung des an seine Erben zu zahlenden Preises für das Thorfresko (ib.), welches im Jahre 1459 noch unvollendet war (ib. III, 307). — In der Akademie zu Siena halten wir die Nr. 102, Versuchung des heil. Antonius, Nr. 103, Abendmahl (jedes h. 0,24, br. 0,38 M.), Nr. 104, vier Heilige (h. 0,44, br. 0,56 M.), Nr. 105, die vier Patrone von Siena (h. 0,49, br. 0,48 M.) u. Nr. 137, Madonna mit Kind (h. 0,70, br. 0,49 M.) für Arbeiten Sassetta's oder seiner Werkstatt.

[88] Wir besitzen von ihm ein Bild des heil. Bernhardin in der Akademie zu Siena, Nr. 145, mit der Inschrift: „PETRUS JOHANNIS PINXIT." Holz, h. 1,95, br. 1,93 M.; eine ähnliche Figur im Chor der Kirche der Osservanza, bez.: „Opus Petri Johanne Senis MCCCCXXXVIIII."
Ein drittes in S. Francesco zu Lucignano (der heil. Bernhardin tritt auf drei Bischofs-Mitren), Inschrift: „Petrus Johannis de Senis. MCCCCXLVIII." An einem Altar links vom Thor in S. Agostino zu Asciano eine Anbetung d. Hirten mit dem heil. Galgano rechts, ein flaues und ärmliches Bild. Della Valle, Lett. San. II, 197, erwähnt zwei Wandbilder von ihm, im Krankensaale des Hospitals S. M. della Scala. Nach dem Stil zu muthmassen, wird Pietro auch die Figur des todten Kaisers Barbarossa in Spinello's Wandbild im öffentl. Pa-

Zu Sassetta's besseren Schülern zählt Ansano oder Sano di Pietro di Mencio, dessen Ausgiebigkeit ausserordentlich war. Geboren 1406, begraben 1481,[80] führte er ein Leben ohne grosse Ereignisse. Fast für alle öffentliche Körperschaften und religiöse Anstalten Siena's hat er gearbeitet und die Akademie-Sammlung seiner Vaterstadt bewahrt nicht weniger als 47 Tafelbilder von ihm. Sein Stil schwankt zwischen dem des Vecchietta und des Sassetta, doch hält er sich mehr an den letzteren, wetteifert mit ihm an Sorgfalt und verbessert Typen und Ausdruck seines Vorgängers. Seine Wandbilder haben das Tapetenartige von Simone oder Lippo Memmi, sie sind bunt, reich mit Zierwerk versehen, aber ohne Schattengebung. Seine Köpfe, mangelhaft in der Entwickelung der Stirn, sind im Verhältniss zu den nach unten zu einschwindenden Gestalten schwer, die Gewandung dagegen bekommt durch den leichten Fluss mäanderartiger Faltenzüge etwas leidlich Anziehendes. Auf den Tafelbildern verarbeitet er seine Farbe und trägt sie durchsichtig und sauber auf; an Feinheit des Geschmeides und der Muster zur Ausstempelung der Heiligenscheine thut es ihm selbst in Siena Niemand gleich. Für die groben Fehler, in welche Sano gewöhnlich verfällt, entschädigt die Zartheit in der Zeichnung der Frauengestalten, und bei Gegenständen religiösen Inhalts, wie bei den Darstellungen des Paradieses oder der Krönung Maria's, leistet er recht Wohlgefälliges, wobei er immer den Engelsgestalten grösseren Reiz gibt als den Heiligen. Er hat den Ehrennamen eines „Angelico von Siena" erhalten, und das mag insofern gelten, als dieses Lob nur den Gegensatz seiner Leistungen gegen die roheren der Zeitgenossen bezeichnen will.

Ein frühes Madonnenbild mit Heiligen, 1444 für das Kloster S. Girolamo in Siena bestellt, zeigt den Sano di Pietro damals mit Anfertigung von Altarbildern in der bei seinen Landsleuten so beliebten vieltheiligen Form beschäftigt:

---

last in Siena aufgemalt haben. (s. B. II. S. 188.)

[80] Doc. Sen. II. 279. 388—390. Er war nicht Sohn des Pietro Lorenzetti, wie Della Valle (Lett. San. Anm. zu II, 229) behauptet.

Siena. Akademie. Dasselbe befindet sich in der Akademie zu Siena unter den Nrn. 157, 158 und 159. Das erste Stück, eine fünftheilige Tafel, enthält inmitten Madonna mit dem Kinde von sechs Engeln umgeben, unten einen knieenden Heiligen, rechts Dominicus und Hieronymus, links Augustin und Franciscus; in den fünf Aufsatzspitzen den segnenden Heiland, die beiden Verkündigungs-Figuren, Cosmus und Damian, in denen rechts von den beiden Flachsäulen der Seite Maria Magdalena, Antonius den Abt und Petrus, links Katharina von Alexandrien, Antonius den Einsiedler und Paul. Auf der Leiste die Aufschrift: „OPVS. SANI. PETRI. DE. SENIS. M.CCCCXLIIII.“ — Das zweite dreitheilige Stück enthält in der Mitte Maria mit dem Kinde, umgeben von zehn Engeln, darunter zwei knieende Heilige, rechts Cosmus, links Damian, in den Aufsatzspitzen die Verkündigung, auf den Seitenpilastern rechts Stephanus, Augustinus und Agatha, links Laurentius, Nicolaus und Lucia. — Auf der dritten Tafel, der achttheiligen Staffel zum obigen Bilde, sind Darstellungen aus dem Leben der Heiligen Cosmus und Damian und Halbfiguren des heil. Bernhardin und der sienesischen Katharina angebracht.[90]

Sano's Wandbild im Erdgeschoss des Stadthauses zu Siena, welches im folgenden Jahre entstand, ist die bedeutendste seiner Arbeiten:

Siena. Pal. publ. Es stellt die Krönung der Jungfrau dar: hinter den beiden Hauptfiguren der Thron und hinter diesem wieder Engelschaaren; an den Seiten Seraphim, Propheten und Heilige. Cherubim und andere paradiesische Gestalten musiciren in den Zwickeln des Nischenbogens. Als Hüter des Ganzen sind die grossen Figuren der heil. Katharina und Bernhardins angebracht.[91]

Mit der recht anmuthigen Neigung in Maria's Geberde verbindet sich hier ein Empfindungs-Ausdruck, welcher unmittelbar an Sassetta erinnert. Schöner und auch besser erhalten jedoch ist die Madonna mit Hieronymus und Bernhardin in der Klosterkirche der Osservanza,[92] und als eine fernere sorgfältige Arbeit

[90] Nr. 157, h. 3, br. 2,85 M.; Nr. 159, h. 2,62, br. 2,59 M.

[91] Die beiden Figuren sind im 17. Jahrhundert übermalt. Die lange Inschrift unter dem Fresko, welche Della Valle, Lett. San., Anmerk. zu II, 230, mit leidlicher Richtigkeit wiedergibt, schliesst: „Opus Sani Petri M.°CCCCXLV.“

[92] In einer Kapelle links vom Portal. In den Medaillons der Zwickel sind Madonna und Verkündigungs-Engel angebracht, die Staffel ist weggeräumt und bildet jetzt den Sockel eines Bildes vom Jahre 1413 in derselben Kirche, welches dem Taddeo Bartoli zugeschrieben werden kann (vgl. B. II, S. 338).

ist der Bernhardin in der Sacristei des sieneser Doms hervorzuheben.

Von Sano's Galeriebildern in Siena ist das werthvollste die Himmelfahrt Maria's vom Jahre 1479:[93]

Eine fünftheilige Tafel: in der Mitte die Himmelfahrt mit vierzehn Engeln, welche singen und spielen; unten in kleinen knieenden Figuren die beiden Johannes und eine anbetende Nonne (die Stifterin); rechts von Maria Katharina von Alexandrien und Michael, links Hieronymus und Lucia. Die siebentheilige Staffel enthält: Anbetung der Könige, Wunder des Michael, die Samariterin, den heil. Christoph, ein Wunder der heil. Lucia und eins des heil. Petrus; in der Mitte die Kreuzigung. Am Karniess die Inschrift: „SANI. PETRI PINXIT † QVESTA. tavola a fata fare suoro Batista di Benedetto de nobili da Litiano. MCCCCLXXVIIII.“ Siena. Akademie.

Eine Reihe interessanter Arbeiten Sano's finden wir ferner in Gualdo, in S. Quirico bei Siena, in Pienza, in Buonconvento und in anderen Orten im Sienesischen, sowie in den meisten öffentlichen und Privatsammlungen Europa's:[94]

---

[93] Akademie zu Siena, Nr. 148 und 149. h. 2,45, br. 2,62 M., aus der Kirche S. Petronilla. — Die übrigen Bilder Sano's in derselben Sammlung sind Nr. 146 (Madonna mit Kind, Engeln und Heiligen), Nr. 147 (Johannes der Täufer und Lorenz), Nr. 150 u. 151 (fünftheil. Madonnenbild mit Heiligen und Staffel dazu), Nr. 152 (Juliana und Agatha), Nr. 153 (dreitheil. Bild, Krönung Maria's), Nr. 154 (Staffelbilder), Nr. 156 (Franciscus und Ludwig), Nr. 166 (zwei Reiter), Nr. 167 (Verkündigung an die Hirten). Nr. 196 (dreitheil., Madonnenbild), Nr. 197 (Staffel mit 7 Heiligen), Nr. 198 (Seitentheile mit 4 Heiligen), Nr. 207 (Bildniss des heil. Bernhardin, Inschrift: „F. Leonardus fecit fieri MCCCCL.“) Nr. 209 (Erscheinung Maria's bei Calixt III. mit Versinschrift und der Bez.: „Sanus. Petri. de. Senis. pinxit.), Nr. 213 (drei Heilige), Nr. 215 (S. Lorenzo), Nr. 219 und 220 (Augustin und Katharina v. Alexand.), Nr. 223 (Franciscus u. Bartholomäus), Nr. 234 (der sitzende Heiland), Nr. 235 (Paulus), Nr. 236 (Bartholomäus). Nr. 240 (vier Heilige), Nr. 241 (Petrus u. Johannes), Nr. 242 (Madonna mit Kind, vielen Heiligen und Nebenbildern), Nr. 243 (Madonna mit Kind und Heiligen), Nr. 249 (Hieronymus), Nr. 251 (dreitheil., Madonna mit Kind u. Heiligen. Inschrift: „Sanus. Petri. pinxit. MCCCCXLVII.“ Nr. 252 (Seitentheile mit Heiligen), Nr. 254 (S. Ansano), Nr. 257 (Sapientia mit dem Wappen der Esecutori della gabella und vielen Namen). Nr. 268 (Madonnenbild), Nr. 272 (Hieronymus und Ansanus), Nr. 279 (Himmelfahrt Maria's), Nr. 280 (Madonna mit Kind und Heiligen), Nr. 282 (Altart. fünftheil., Madonnenbild u. Heilige, in der Inschrift als Stifterin genannt: Suoro Bartholomäa di Domenico di Francischo), Nr. 283 (Sechs Heilige), Nr. 287 (Madonna mit Kind und Heiligen), Nr. 288 (Monica und Johannes der Täufer), Nr. 289 (4 Heilige), Nr. 290 (Krönung Maria's).

[94] Von Sano's Galeriebildern führen wir folgende auf: In Paris, Louvre, Musée Nap. III., weil. Campana Nr. 100. Scene aus dem Leben des Hieronymus. — Galerie weil. Prinz Alberts v. England. aus Kensington (in Manchester Nr. 55), Maria. Kind u. Heilige. — Bei

In Gualdo, S. Francesco, Sacristei: Lünette fälschlich unter Alunno's Namen, Krönung Maria's mit zwei betenden Mönchen im Vordergrund (durch drei Risse beschädigt). — In der Collegiatkirche zu S. Quirico, über der Seitenthür des Querschiffes, Halbrundbild: Maria mit Kind zwischen Jacobus, Nicodemus, links ein knieendes Weib, rechts zwei andere Heilige, oberhalb Auferstehung und Höllenfahrt, in der Staffel: Passionsscenen. — In Pienza — Dom — Maria mit Kind, umgeben von Magdalena, den beiden Jacobus und Anna; im dreieckigen Aufsatz Halbfigur Christi mit Engeln, in der Predella Rundbild Christi und die Verkündigungsfiguren mit der zweifelhaften Inschrift: „Sani Petri." — In S. Pietro e Paolo zu Buonconvento, Sacristei: Maria mit Kind, Bernhardin und Katharina. — In S. M. Maddalena (Conservatorio) zu Siena, Altarbild, Holz: Maria mit dem Kinde zwischen Johannes dem Täufer, Helena, Hieronymus und Bernhardin.

Im Jahre 1428, als Sano bereits in die Zunft eingetreten war, wurde sein Entwurf für den Taufbrunnen in S. Giovanni in Siena angenommen, 1433 war er Obmann für Sassetta und 1439 wird er als Vecchietta's Gehilfe genannt.[95] 1452 hatte er die Wandbilder am römischen Thore seiner Vaterstadt in ihrem damaligen Bestande abzuschätzen und, wie behauptet wird, nachher zu vollenden.[96] Mit Francesco di Giorgio oder Nerroccio stand

Fuller Maitland (Manch. Nr. 56), Petrus erweckt die Tabitha. — Bei Sir J. Boileau (Manch. Nr. 59), Wunder der heil. Clara. — In Rom, Museo cristiano (Schr. Nr. 9), verschiedene kleine Tafeln. — Dresden, Museum, Nr. 2. Verklärung Christi (h. 1' 4", br. 1'). Nr. 3. Der heil. Gregor (h. 6", br. 5"). Nr. 4. Maria mit Kind (h. 9½", br. 7½"), sämmtlich auf Goldgrund. Nr. 7. Himmelfahrt (h. 2', br. 1' 5½"). Nr. 8 und 9, Kreuzbilder, Vorder- u. Rückseite (h. 1' 11", br. 1' 6½"). — Berlin, Museum, Nr. 1068, Maria mit dem Christuskind, das aus dem Bild heraus aufwärts schaut, Goldgrund, Holz (h. 8¾", br. 7¼"). Nr. 1120 und 1121, Innen- und Aussenseite eines Flügelstückes, auf der linken Maria und Joseph mit dem neugebornen Kinde, auf der rechten anbetende Hirten; Innenseite links: Johannes der Täufer und ein Apostel, rechts Paulus und Petrus, oben Verkündigungsfiguren, Holz, Tempera; jedes der vier Stücke h. 1' 10", br. 8½". In der weil. Ramboux'schen Samml. in Cöln Nr. 130—132, Madonnen m. K. (je ungefähr 1' im Geviert). Nr. 134, Verkündigung. Nr. 135, Elisabeth u. Zacharias mit Johannes. Nr. 136, Gastmahl des Herodes. Nr. 137, Hieronymus. Nr. 138, Halbfig. Johannes der Täufer. Nr. 139, S. Ansano. Nr. 140 und 141. 2 Bilder des Schmerzenmannes. Nr. 142, Augustinus. Nr. 143, Bernhardin. sämmtl. kleine Tafel- (Predellen-) Bilder. — Altenburg. Lindenau-Galerie Nr. 16, Heimsuchung (h. 0,31, br. 0,45). Nr. 38, Madonna mit dem Kind und Johannes der Täufer (h. 0,56, br. 0,39). Nr. 50, Madonna mit Kind, zwei Heiligen und vier Engeln (h. 0,61, br. 0,46), die beiden letzteren fälschlich dem Giovanni di Paoli zugeschrieben. Bei sämmtlichen Bildern in Altenburg deckt der Rahmen ein Stück der Tafel zu.

95 Diese Notizen enthalten in Doc. Sen. I, 48. II, 244 und 388.

96 Doc. Sen. II. 274. Wir haben Beweise, dass die Fresken im Jahre 1459

Sano in Verkehr[97] und er mag mit seiner betriebsamen Mittelmässigkeit anderen schwerflüssigeren Talenten das Leben sauer gemacht haben.[98] — Unter der Masse noch weniger hervortretender Leute, welche seine Zeitgenossen und dann und wann seine Gehilfen waren, verdienen Giovanni di Paolo, genannt del Poggio, und Giovanni di Pietro nur vorübergehend Erwähnung. Der erstere war bereits im Jahre 1423 in Thätigkeit und findet sich 1428 in der Malerrolle;[99] er starb bald nach Sano, in dessen Dienst er arbeitete, im Jahre 1447.[100] Seine phantastische Compositionsweise, das verzerrende Ungestüm und die Ungelenkigkeit in der Zeichnung der Geberden findet sich u. A. in einem Jüngsten Gericht vom Jahre 1453 in der Akademie zu Siena,[101] die zahlreiche Arbeiten von ihm bewahrt, und in vielen anderen Tafelbildern im Auslande, z. B. in der weil. Ramboux-schen Sammlung in Cöln.[102] Er war Miniaturist,[103] wie sein Stil glauben macht, und seine Handweise leitet sich offenbar von

noch nicht fertig waren (Doc. Sen. II, 307). Doch Della Valle behauptet, dass sich Sano's Name mit der Jahreszahl 1429 darauf befinde (Lett. San. II, 229). Die Herausg. des Vasari (VI, 183) erklären, Sano habe sie im Jahre 1460 fertig gemacht, seine Hand jedoch kann dort Niemand mehr nachweisen.

[97] Doc. Sen. II. 356.

[98] Von Miniaturen Sano's sprechen Doc. Sen. II, 382. 383. 385 und Vasari, Commentar zu VI, 224. 236. 238. 240. 242. 348 und 349.

[99] Vasari. Comment. zu VI, 186 und Doc. Sen. I, 48.

[100] Doc. Sen. I, 375.

[101] Akad. Siena Nr. 139 (h. 0,44. br. 2,56 M.). Ausserdem sind noch von ihm Nr. 140, mehrere Heiligenfiguren mit Inschrift: „Opus. Johannis. Pauli. de. Senis. MCCCCLIII die III. Decembre.“ Nr. 141. Madonnenbild mit Heiligen. Nr. 142, Staffelstück. Nr. 143, Kreuzigung. Nr. 144, Flucht nach Aegypten (letztere 3 zusammengehörig). Nr. 188, 6theil. Staffelbild. Nr. 202—204, Tafel mit Heiligen. Nr. 216, S. Domenico. Nr. 222, Bischof. Nr. 226. Madonna. Nr. 230 u. 255. Heilandsbilder. Nr. 237, Altarbilder mit Madonna und Heiligen. Nr. 255, Hieronymus. Nr. 266, Marcus. Nr. 269 u. 270, Flachsäulen mit Heiligengestalten. Nr. 285 u. 286, 2 Flügelaltäre. Madonnen mit Heiligen. Nr. 293, 2 Heiligengestalten.

[102] Dort die Nrn. 113 — 121, Staffel-Darstellungen aus dem Leben der heil. Katharina, ursprünglich im Hospital della Scala, zu dem Hauptbilde in der Akad. zu Siena gehörig. Nr. 123, S. Ansano und 129, Auferstehung Christi. — In der Sacristei der Kirche zu Castiglione Fiorentino ist ein mehrtheiliges Bild, Maria mit Kind u. Katharina (an Gentile da Fabriano erinnernd), weibliche Heilige und Michael (sehr schadhaft); auf dem Hauptbild die Inschrift: „Opus Johannis de Senis A. D. MCCCCLVII.“ — Ein kleines Tafelbild von Giov. di P. (unter Gentile's Namen) besitzt Mr. Farrer in London: Verkündigung und Vertreibung aus dem Paradies. Im gleichen Stil ist die Anbetung der Könige aus der Northwick-Sammlung, jetzt im Besitz Mr. Fuller Maitlands.

[103] Die Herausg. des Vasari (VI, 309) schreiben dem Giovanni di Paolo auf Grund der Stilverwandtschaft die Minia-

Taddeo Bartoli's angenommenem Sohne Gregorio von Lucca ab, doch lässt sich trotzdem Ricci's Meinung beipflichten,[104] dass er der Schule Gentile's da Fabriano angehörte.

Poggio wird auch wohl mit Recht als Lehrer eines anderen Miniaturisten, des Pellegrino Mariani anzusehen sein, dessen Pergament-Malereien die Choralbücher in den Domen zu Siena und Pienza schmücken und von welchem ein Madonnenbild vom Jahre 1490 früher bei Sig. Toscanelli in Pisa zu sehen war:

Pisa. Dieses einzige durch Unterschrift beglaubigte Bild enthält Maria mit dem Kinde zwischen Johannes dem Täufer und Bernhardin, und den Gekreuzigten mit Maria und Johannes. Inschrift: „Pellegrino Mariani de Senis. MCCCCLXXXX." Die Ausführung ist zwar geringer, aber ähnlich wie bei Giov. di Paolo.[105]

Zur Charakteristik des Giovanni di Pietro genügt der Hinweis auf seine gnadenreiche Jungfrau im Chor der Servitenkirche zu Siena.[106] Als selbständiger Künstler ist er kaum zu

---

turen eines Antiphonariums zu, welches aus der Eremitenkirche von Lecceto in die Bibliothek zu Siena gekommen ist; die Abbildung eines Todtenamtes aus derselben Sammlung gibt Rosini III, P. I, S. 22.

[104] Memorie I, 163. Hier mag auch von Neuem der dem Salvanello zugeschriebene heil. Georg mit dem Drachen in S. Cristoforo zu Siena erwähnt werden, über welchen wir Bd. I. S. 149 bereits gesprochen. Das Bild erinnert an Pisanello und Gentile da Fabriano, ist jedoch sienesisch. Hat Giovanni bei Gentile gelernt, so ist wol er auch als Urheber desselben festzuhalten. Mit seinem Namen können noch folgende Bilder in Verbindung gebracht werden: In S. Martino zu Siena — Sacristei — eine Verkündigung. Halbfig. des Petrus und Paulus, der gekreuzigte Christus zwischen Maria und Johannes, als Aufsatzstücke eines Altarbildes, dessen Seitentheile (Johannes der Täufer und Bernhardin) an ein Mittelbild der Madonna angefügt sind, welches bereits früher bei Lorenzetti erwähnt ist, s. Bd. II. 293. Diese Verkündigung ist eine Copie nach Simone in Giovanni di Paolo's Manier. Denselben Charakter trägt ein grosses Kruciﬁx daselbst in alterthümlicher Fassung mit dem Pelikan und „grafiti" von Engeln zur Seite. Zwischen dieses Kruciﬁx und das vorgenannte Bild lässt sich eine Himmelfahrt in Asciano stellen, die bereits unter Domenico di Bartolo erwähnt wurde. (S. 59). — Ein Buchdeckel von 1444 im Museo Christiano in Rom, Schrank 9, mit der Darstellung der Verkündigung ist aller Wahrscheinlichkeit nach von Giovanni di Paolo. Ihm ist auch mit Recht in der Lindenau-Sammlung zu Altenburg die Nr. 73, Madonna mit Kind, Johannes und 2 Engeln (H. h. 0,95, br. 0,65 M.) zugeschrieben; Nr. 90, thronende Madonna mit dem Kind, Katharina und Gerhard (H. h. 0,47, br. 0,33 M.) dem Gentile zugewiesen, ist ebenfalls von ihm.

[105] Nachweise über seine Thätigkeit in Siena von 1449 bis zu seinem Tode 1492 enthalten Doc. Sen. II, 379—382, 385 und 386 und Comment. zu Vasari VI. 221. 223. 227. 229. 237. 344 und 345.

[106] Das Bild hat die wahrscheinlich auf den alten Zeilen nachgemalte Inschrift: „Opus Johannis d. Petri MCCCCXXXVI."

Die Tempera ist dünn und grau, doch

nennen, er war nur Genosse eines Meisters von einigem Ruf, nämlich des Matteo di Giovanni di Bartolo, wie dieser selbst bezeugt.[107] Verständig und ernst in Behandlung gelassener religiöser Scenen ist Matteo der beste sienesische Maler seiner Zeit, wenn er auch freilich nur in dieser Einschränkung den Namen eines „andern Ghirlandaio" verdient. Denn wenn er von der Bahn abweicht, auf welcher er die hervortretenden Fehler seiner Zunftgenossen zu umgehen vermochte, wenn er, der Wiederholung seiner Madonnen und Engel müde, sich an Gegenstände von dramatischem Inhalt wagt, dann gibt er wirre und überladene Gruppen ohne Gleichgewicht und ergeht sich in heftiger und doch unnatürlicher Geberdensprache. Nähert er sich mit seinen ungeschmeidigen Gestalten und mangelhaftem Gewandwurf zuweilen dem Vecchietta und Benvenuto, und artet seine Nachbildung wirklichen Ausdruckes oft in die Fratze aus, so entfaltet er doch häufig eine Weichheit und Empfindsamkeit, wie sie dem Sano di Pietro eigen sind, dessen Weise er annimmt und auffrischt. Er beweist auch, dass der Fortschritt der italienischen Kunst nicht unbemerkt und unbenützt an ihm vorübergegangen war. Freilich wenn wir ihn und seine Kunstgenossen ernstlich mit Ghirlandaio und den gleichzeitigen Florentinern vergleichen, so wird klar, dass die wissenschaftlichen Vorbedingungen moderner Malerei in Siena nicht früh genug auf die religiöse Kunstrichtung eingewirkt haben, welche dem Duccio und mehreren seiner Nachfolger eine so hervorragende Stellung sichert. Aber es ist nicht genug, zu bekennen, dass Matteo als Haupt seiner Kunstgenossen weit hinter den Florentinern zurückblieb. Die Durchschnittsleistungen der Sienesen am Ende dieses Zeitraumes waren so niedrig, dass die Umbrier, die früher von ihnen beherrscht worden waren, sich von ihnen losmachten und die Perugianer, erst in Wetteifer, dann in entschiedenem Uebergewicht über sie arbeiteten. Das Vorbild der Florentiner wiesen die Künstler in Siena von den frühesten Zeiten bis jetzt standhaft

---

hat die Tafel durch Nachbesserung gelitten.

[107] In den Jahren 1453 u. 1457. Doc. Sen. II, 279 u. 373.

von sich, und als sie, schon im Niedergange, eine ebenso wohlthätige wie unvermeidliche Führerschaft anerkannten, hielten sie sich an die Maler von Perugia, zufrieden mit einem niedrigen Lehnsverhältniss, da sie bei Weitem nicht an die Künstlerkraft eines Vanucci heranreichten und in der Anwendung wissenschaftlicher Hilfsmittel hinter den Paduanern ebenso tief zurückstanden wie in der Ausbildung der Farbe hinter den Venetianern.

Matteo jedoch war kein Vollblut-Sienese, sondern Sohn eines Klempners von Borgo S. Sepolcro und vielleicht sogar Kind derselben Stadt, aus der Piero della Francesca hervorgegangen.[108] Er soll bereits 1435 geboren sein, wie sich mit ziemlichem Grund aus dem Einkommenschein vom Jahre 1453 schliessen lässt, in welchem sich Matteo als Fremden zusammen mit seinem Gehilfen Giovanni di Pietro in einer Miethswohnung des Palazzo Forteguerri aufführt. In gemeinsamer Arbeit waren die Beiden im Jahre 1457 in der Kapelle des heil. Bernhardin im sieneser Dom.[109] Ruf und Zuspruch mehrten sich später, und Matteo's beste Arbeiten fallen an's Ende des Jahrhunderts. Sein frühestes beglaubigtes Bild ist eine thronende Madonna in der Akademie zu Siena,[110] aber schlechte Erhaltung macht es unbrauchbar zum Maasstab für seinen Stil. Zu diesem Zweck ist die Madonna della Neve, welche er 1477 für die Brüderschaft der Kirche dieses Namens vollendete, geeigneter, wie sie auch an Ebenmaass der Verhältnisse, Wahl der Typen und im Ausdruck der besser als gewöhnlich bekleideten Figuren, ja selbst in ihrer zwar dunkeln und flachen, aber gut verarbeiteten Färbung hervorragt. Die Vorstellung der Maria „vom Schnee" ist von ehrwürdigem Alter und geht auf eine kirchliche Legende zurück, deren Ursprung in's 4. Jahrhundert verlegt wird: der Patrizier Johannes

Siena, Akademie.

108 Gleich hier mag auf das Madonnenbild mit Heiligen in S. Agostino zu Asciano hingewiesen sein u. auf etliche Werke in Borgo S. Sepolcro, die mit demselben in Beziehung stehen, um auf die Aehnlichkeit zwischen diesen und einem Bilde von Matteo in S. Maria della Neve in Siena hinzudeuten, auf welches wir noch zurückkommen.

109 Diese Nachrichten aus Doc. Sen. II. 372. 279 und 373.

110 Nr. 179 mit der Inschrift: „..... IOHANNIS. DE. SENIS. PINSIT. M.CCCCLXX." Holz, h. 1.81, br. 0.81 M.

und Papst Liberius wurden zu gleicher Zeit in Rom durch die Erscheinung Maria's an eine Stelle beschieden, auf welcher nachmals die Kirche S. Maria Maggiore erbaut werden sollte; als Erkennungszeichen trafen sie eine Schneedecke am Orte an. Die Bestandtheile dieser Legende, ehemals von Gaddo Gaddi in der röm. Votiv-Kirche in Mosaiken verherrlicht, erzählte Matteo in der Staffel zu seinem Altarbilde, welche später von diesem getrennt noch von Della Valle in der Casa Sozzini in Siena gesehen wurde, seitdem aber verschwunden ist.[111] Das Hauptbild ist in guter Erhaltung an seinem Bestimmungsorte zurückgeblieben; ihm folgte bald nachher (1479) die thronende Barbara für S. Domenico in Siena.

Das Bild Matteo's enthält in lebensgrossen Figuren Maria mit dem Kinde auf dem Thron, umgeben von 16 Engeln, einige mit Blumen, andere mit Schneebällen, von denen das Jesuskind einen ergreift. In der Umgebung knieen und stehen die Heiligen Petrus, Paulus, Laurentius und Katharina, die beiden letzteren recht empfindungsvoll in Haltung und Ausdruck. — Siena. Mar. d. Neve.

Das andere Altarstück zeigt Barbara lebensgross mit der Palme in der Rechten und dem Thurme in der Linken; hinter ihrem Thron zwei musicirende Engel, zwei andere schwebend, die ihr die Krone aufsetzen, vorn rechts Maria Magdalena, links Katharina mit dem Rad, Inschrift: „OPVS. MATEI. DE. SENIS. MCCCCLXXVIIII."[112] S. Domen.

In diesen Arbeiten kennzeichnet sich Matteo als Maler weihevoller Frauenanmuth und würdig gehaltener Engelserscheinungen und als Freund reichen Kleiderschmuckes. Aber an Kraftentfaltung fehlt es noch und sein sorgfältiger Farbenauftrag entbehrt der Wirksamkeit durch Schatten. Die beiden Gestalten des Hieronymus und des Täufers in einer Kapelle der Kirche, für welche die Barbara gemalt war,[113] zeigen nur die nämlichen Eigenschaften bei grösserer Sicherheit der Hand. Wendet man sich aber von

---

[111] Della Valle, Lett. San. III, 58.

[112] Die Bestellung des Bildes im Nov. 1478 geben Doc. Sen. II, 364. Die Lünette zu demselben (Anbetung der Könige) befindet sich auf einem Bilde von Benvenuto, s. S. 78 Anm. 70.

[113] Es sind Seitentafeln eines Altarstückes der Cappella Placidi in S. Domenico, deren Mitteltheil Maria mit dem Kinde, von Engeln umgeben, enthält. Der Obertheil ist jetzt auf ein Bild von Girolamo di Benvenuto in der Katharinenkapelle derselben Kirche aufgesetzt. Die Farben auf Matteo's Heiligenbildern sind sehr düster geworden.

solchen ruhigen Gegenständen zu belebteren, so wird der Mangel offenbar. Mehrmals hat Matteo den Kindermord dargestellt — auf dem Altarbild einer Kapelle in S. Agostino zu Siena im Jahre 1482,[114] dann in S. M. de' Servi 1491,[115] ein drittes Mal auf seinem Bild im Museum zu Neapel,[116] — aber stets finden wir nur ein Gemisch von Motiven, das nicht befriedigen kann. Die Erfindung ist wüst, die Geberden unnatürlich, der Ausdruck hässlich übertrieben; in der Anwendung des nach alten Vorbildern behandelten baulichen Beiwerkes vermisst man Kenntniss der Perspective. Von der völligen Gleichgiltigkeit gegen die Beobachtung der Verhältnisse zeigt, dass z. B. Herodes in der Ferne die Vorderfiguren der Krieger und Weiber überragt. Verstösse gegen die zeitliche Uebereinstimmung der Costüme werden nicht durch Geschmack der Behandlung erträglicher gemacht und den trockenen Formengerüsten seiner Figuren fehlt der Hauch des Lebens. — Da erfreut es in der That, von solchen hilflosen Versuchen dramatischen Ausdruckes zu religiösen Ceremonienbildern Matteo's zurückzukehren, wie seine Anbetung der Jungfrau, die Madonnen im Stadthause und im Palazzo Tolomei zu Siena[117] oder im Dom zu Pienza sind:

Siena. Akademie zu Siena, Nr. 175. Maria thronend mit dem Kinde, umgeben von Sebastian, S. Galgano und den knieenden Cosmus und Damian, zwei Seraphim und vier Engeln, von denen zwei sie krönen.[118] Es ist eins der besten dortigen Bilder, die nackten Theile

---

[114] Bez.: „Opus Matei Johannis de Senis. MCCCCLXXXII.“

[115] Bez. auf einer Rolle: „Opus Mattei Joannis de Senis 1491.“ Hier sitzt Herodes in der Mitte des Bildes, während er in S. Agostino links sitzt, oben im Bogenfeld die Anbetung der Könige.

[116] Aus dem Standort dieses Bildes im Museum zu Neapel, wohin es aus S. Caterina a Formello versetzt worden, hat man auf Matteo's Anwesenheit in Neapel schliessen wollen (vgl. Dominici's Lebensbeschreibungen). Es ist ferner behauptet worden, dass es in Oel gemalt und mit der Jahreszahl 1418 versehen sei (vgl. Dominici bei Della Valle) und dass Matteo deshalb alle möglichen Lobeserhebungen verdiene; aber Della Valle gibt schon den Irrthum des Datums zu (Lett. San. III, 57). Nach allen Unbilden, welche dasselbe erfahren hat, ist allerdings nur noch kenntlich: „Matteus Johanni de Senis MCCCC ... XVIII.“ Wir können nicht entscheiden, ob das Bild Original oder Copie ist, und da sich in Neapel nichts anderes von Matteo vorfindet, möchte man seinen dortigen Aufenthalt leugnen. Eine andere Copie dieses Kindermordes unter Matteo's Namen befindet sich in Schleissheim, Nr. 1134, in Oel auf Leinwand, aus späterer Zeit.

[117] Madonna mit Kind und Engeln.

[118] Holz, h. 1,63, br. 1,90 M. Eine Abbildung bei Rosini. Die übrigen Bil-

sorgfältig mit umbrischer Weichheit der Bewegung und des Umrisses behandelt, die Geberdung verhältnissmässig gut und frei, die Farbe ein wenig grau und abgerieben. — Sein Madonnenbild (im Hintergrunde vier Engel, im Palazzo pubblico) befindet sich an einem Pilaster der Halle, welche Spinello Aretino ausgemalt hat; es trägt die Jahreszahl 1484, aber keinen Namen. — Auf dem Bilde in Pienza ist die thronende Madonna von Matthäus, Katharina, Bartholomäus und Lucas umgeben; im Halbrund darüber eine Geisselung, in der Staffel drei Rundbilder: Ecce homo, Jungfrau und Evangelist, auf der Leiste die Inschrift: „Opus Mathei Johannis de Senis.“[119] Pienza.

Es wird kaum eine Kirche oder ein Genossenschaftshaus in Siena geben, wo nicht ein Tafelbild Mattèo's anzutreffen wäre — an einem Altarstück desselben in S. Domenico hat Francesco di Giorgio die Mitteltafel, die Staffel wahrscheinlich Fungai gemalt[120] und auch ausserhalb seiner Heimath kann man ihn studiren:

So in England an einer Madonna mit Kind, mit Johannes dem Täufer und Michael, bei M. Farrer in London (in Manchester Nr. 64), einem sehr hübschen Bildchen des Meisters. London.

Auch Matteo lieferte 1483 für den Fussboden im Dome seiner Vaterstadt eine Sibyllengestalt,[121] und starb im Jahre 1495.[122] Zwei Bilder im Berliner Museum, die ihm zugeschrieben werden, gehören wahrscheinlicher dem Guidoccio Cozzarelli an:

Berlin, Museum Nr. 1126: Madonna mit Kind, Hieronymus und Vincentius — Goldgrund — und Nr. 1127: Madonna und dem Kind, das mit einer Korallenschnur spielt, zu den Seiten Hieronymus und Franciscus mit Engeln.[123] Berlin.

---

der in ders. Galerie sind Nr. 176, Madonna mit Kind, Johannes dem Evang., Jacobus dem Apostel und zwei Engeln, (Halbfig., oben rund, h. 0.81, br. 0.58 M.). Nr. 177, Madonna mit Sebastian, Katharina v. S. und einer Heiligen, welche dem Knaben Früchte reicht. (Holz, abgerundet, h. 0.93, br. 0,67 M.). Nr. 178, Maria mit Kind, (Halbfig., oben rund, h. 0,78, br. 0,55 M.). Nr. 263, Maria mit Kind, mit Magdalena und Michael, (oben rund, h. 0.93, br. 0.58 M.).

[119] Die Gesichter Maria's u. des Kindes durch Flecke entstellt, M's. blauer Mantel übermalt, ebenso das grüne Obergewand des Matthäus; bei Lucia ist der Mund übermalt, der Kopf fleckig. — Ein anderes Bild in Pienza, angeblich in der Compagnia d. S. Giovanni, welches das obige übertreffen soll, haben wir nicht gesehen.

[120] Die Lünette (Christus im Grabe von zwei Engeln gehalten, zu den Seiten Georg und M. Magdalena) ist in Matteo's Stil. Taia, Guida S. 149, versichert sogar, das Werk sei 1499 von Matteo begonnen und von Signorelli vollendet.

[121] Doc. Sen. II. 16. und III. 178 und 179.

[122] Doc. Sen. II, 273.

[123] Tempera, Holz, jenes h. 1' 6'', br. 1' 2''; dieses h. 1' 10'', br. 1' 4''. Sehr übermalt und von geringem Interesse.

Cozzarelli ist ein untergeordnetes Talent, das sich mit wenig Erfolg an Matteo da Siena anlehnt. Er lieferte Altarbilder und Miniaturen.[124] Eine beglaubigte Madonna von seiner Hand aus dem Jahre 1486 besass die Sammlung Ramboux in Cöln[125] und in der Galerie zu Siena ist er durch eine grosse Zahl wenig anziehender Werke vertreten.[126]

---

[124] s. Doc. Sen. II, 382—386 u. Vasari VI. 184 ff. Für das Dompflaster in Siena zeichnete er 1483 die libysche Sibylle. Vgl. Doc. Sen. II, 379.

[125] Nr. 148. Thronende Maria mit stehendem Kind, zur Seite Margaretha und Katharina mit ihren Martyriensymbolen, oben Engel mit Krone (aus Asinalunga), bez.: „Opus Guidoccius Joan.... M.CCCCLXXXVI." H. 5' 5" 6''', br. 4' 10" 6'''. Nr. 158 und 159. Catharina und Johannes der Täufer, jedes h. 1', br. 5" 6'''.

[126] Siena, Akad., Nr. 164. Madonna mit Kind, Engeln und zwei Heiligen. Inschr.: „GVIDOCIVS. PINXIT. A. D. M.CCCCLXXXII. Dicenbris." Holz, h. 1,72, br. 0,78 M. Nr. 168, 170 u. 264. Drei Deckel zu Einnahme-Büchern des Hauptzollamtes. Nr. 171, Franciscus. Nr. 192, Sebastian mit Stifter-Inschrift und dem Jahr 1495. Nr. 193 u. 231, Marienbilder. Nr. 253, Katharina v. S. — In Stockholm, Schlossgalerie Nr. 633 (Holz, Tempera, an vier Stellen gesprungen) Anbetung der Könige, ein viertel lebensgrosse Figuren, dem Ghirlandaio zugeschrieben, jedoch v. Guidoccio, aber selbst für ihn schwach und roh; die Oberfläche ist sehr schadhaft, stellenweise ganz abgeschabt (es ist zur Aufnahme in's neue Museum bestimmt). — Eine Madonna mit Kind und einem anderen Heiligen in der Gal. d. Graf. P. Stroganoff in S. Petersburg (Tempera auf Holz, 1/3 lebensgrosse Halbfiguren, Goldgrund) dem Matteo da Siena zugeschrieben, zeigt die schwächere Manier des Guidoccio.

## VIERTES CAPITEL.

*Ottaviano Nelli und die zeitgenössischen Maler von Gubbio.*

Wenn wir zurückblickend den Umfang sienesischen Kunst-Einflusses im 14. Jahrhundert abmessen, so stellt sich uns derselbe als ein beträchtlicher Kreis mit dem Mittelpunkte Siena dar. In der nächsten Zeit, als in Cortona und Borgo S. Sepolcro einige bedeutende Künstler die umbrische Ueberlieferung durch florentinisches Blut erfrischten, ändert sich das Verhältniss. Schlägt man von dem Mittelpunkte Perugia eine Bogenlinie von Gubbio über die Apeninnen nach S. Severino und Camerino, und über die Berge zurück nach Foligno und Gualdo, so wird damit die örtliche Begrenzung umschrieben, innerhalb deren sich die umbrische Schule auf altsienesischer Grundlage entwickelte und fast ohne jegliche Beziehung zu Florenz in der Stille blühte. Ottaviano Martini und Gentile da Fabriano erbten von Palmerucci und Nuzi die Kunstüberlieferung Oderisio's und begnügten sich, sie weiterzuführen. Gleich ihren Zeitgenossen in Siena unempfindlich für's Neue und jedem Wechsel abhold, gingen sie in Auffassung und technischem Verfahren des Weges weiter, den ihre Vorfahren ihnen gezeigt. Er gestattete keine Vertiefung in die wissenschaftlichen Bestrebungen, die in Florenz neuen Aufschwung hervorriefen, die Umbrier setzten vielmehr ihren ganzen Ehrgeiz in die Pracht der Farbengegensätze, die Fülle und Zartheit der Zierrathe, Sauberkeit der Zeichnung und milde

Verarbeitung der Fleischtöne; Gruppirung, Verjüngung der Formen oder körperliche Wirkung durch Licht und Schatten wurden hinter dem Vortrag eintöniger Zartheit und gezierter Anmuth weit zurückgestellt. Dies sind die Eigenthümlichkeiten, welche in wenig verschiedenen Spielarten bei Ottaviano Nelli, Gentile, Alunno und anderen geringeren Malern Umbriens vorwalten.

Ottaviano, Sohn des Martino Nelli aus Gubbio, dessen Namen wir bereits früher begegnet sind,[1] war am Beginn des XV. Jahrhunderts schon in voller Thätigkeit. Er hat uns ein Zeugniss seines Geschicks in dieser Zeit in einem Wandgemälde der Maria mit Heiligen hinterlassen (genannt: Madonna del Belvedere), welches sich jetzt in S. Maria Nuova in Gubbio befindet:

Gubbio. S. M. Nuova. Maria sitzt, die Füsse auf einem Kissen, das stehende Kind auf ihrem Knie, welches nach einer weiblichen Figur gewendet, die links im Vordergrund von einem Engel gehalten kniet, das Kreuz schlägt. Rechts und links neben Maria zwei Engel mit Laute und Geige, weiter zur Seite Antonius der Einsiedler, der einen knieenden Mann schützend am Kopfe fasst, an der andern Seite ein Heiliger mit Buch. Hinter Maria halten zwei schwebende Engel ein Tuch, oberhalb zwei andere mit Orgel und Harfe, die Erscheinung des Heilands begrüssend, welcher dicht von Engeln umringt, in kleiner Gestalt, mit der Krone in der Hand herabschwebt. Als Hintergrund dient dem Ganzen ein Teppich, dessen Muster Vogelfiguren bilden.

Unterhalb in den nicht ungewöhnlich ineinandergezogenen Buchstaben die Inschrift: „OCTAVIANVS . MARTIS . EVGVBIANVS . PINXIT . ANO . DNI . M.CCCCIII.“[2]

Dieses Meisterstück Ottaviano's, eine schlichte ebenmässige Nebeneinanderstellung von Figuren verschiedenster Grösse auf blauem Grund, macht den Eindruck einer heitern Miniatur von einer prächtigen Mischung mehrfach abgetönter Farben, welche

[1] Bd. II. S. 357.

[2] Vielleicht ist die Jahrzahl 1404, die Art der Farben-Vertreibung lässt erkennen, dass das Bild nicht in Fresko, sondern in Tempera an die Wand gemalt war. Schon lange unter Glas verwahrt, hat es sich trefflich erhalten, jedoch ist der untere Theil von Maria's Kleid schadhaft und aufgefrischt u. die Vergoldung der Säume verloschen. Von den beiden Stifterfiguren — es sind die Pinoli — ist der Kopf des rechts knieenden Mannes beschädigt, der braune Mantel des Antonius übermalt. Die Arundel-Society hat einen Farbendruck von einem grossen Theile des Bildes nebst dem Lebensabriss des Künstlers von Layard herausgegeben.

**Maria mit Heiligen. Wandgemälde des Ottaviano Nelli in S. Maria Nuova zu Gubbio.**

bunt, aber durchaus unplastisch wirken. Seine von ungemein sauberen Umrissen umschlossenen Figuren mit mangelhaften Händen und schwächlichen Füssen sind unkörperliche Erscheinungen in Kleidern wie Spinnweben mit Blumen beladen, theilweise mit blattförmigen Säumen. Einige Köpfe, wie z. B. Antonius und sein Schützling, haben einen gewissen stillfeierlichen Ausdruck und auch Maria mit dem Kinde schauen lieblich drein. Das Ganze ist mit einem Fleiss durchgeführt, dem keine Mühe zu viel wird. — Vier Jahre vor Vollendung dieser Arbeit war Ottaviano in Perugia mit der malerischen Ausschmückung von Waffenhaltern für keinen Geringeren als den Herzog Gian Galeazzo von Mailand thätig gewesen,[3] und von der Achtung, in welcher er nicht blos als Maler, sondern auch als Bürger stand, zeugt seine Erhebung zum Consul von Gubbio im Jahre 1410.[4] Ob es richtig ist, dass er damals die hilfreiche Jungfrau in S. Agostino zu Gubbio gemalt hat, kann aus dem Bilde selbst nicht mehr entschieden werden, da Pierangelo Basili demselben bei der Auffrischung im Jahre 1600 acht neue Figuren hinzufügte und das ganze Werk seiner ursprünglichen Beschaffenheit entkleidete;[5] aber eine Madonna mit Heiligen und Engeln daselbst (nebst kleinen Seelen des Fegefeuers an den Seiten der Kirche),[6] ein Wand-Temperabild von allerdings nicht hohem künstlerischen Werth trägt Ottaviano's Schul-Charakter, den auch von den Malereien im Chor (Scenen aus der Legende des heil. Augustin) die meisten an sich haben, besonders die Darstellung des Todes der heil. Monica.[7] Obgleich diese Bilderreihe keine Jahreszahl trägt, so

Gubbio. S. Agostino.

[3] s. Mariotti. Lett. pitt. S. 44.

[4] s. L. Buonfatti. Memorie storiche di Ottaviano Nelli. Gubbio 1843. S. 8 u. 21. Ottaviano bekleidete ein ähnliches Amt in den Jahren 1433. 1440—44. s. Mariotti a. a. O. S. 46. Er war ferner „Provveditore" und Inspector der Hospitale zu Gubbio im Jahre 1441. (Laut Privatmittheilung von Sig. Buonfatti).

[5] s. Buonfatti a. a. O. S. 9. Es ist auf Leinwand gemalt. Derselbe Gegenstand findet sich auf einem Tafelbild in S. Francesco zu Montefalco. Dieses wird dem Ottaviano zugeschrieben, erinnert uns aber an ähnliche umbrische Durchschnittsarbeiten des XVI. Jahrhunderts, besonders an eins vom Jahre 1506 von Giovanni di Monte Rubiano, welches wir in der weil. Campana'schen Sammlung sahen. Das Madonnenbild von Montefalco hat bei umbrischem Charakter die Inschrift: „Griseyda S. Bastiani f. f. pro aīabus dicti S. Bastiani Tarquini Pericei et Franceschini. A. D. M. D. X."

[6] Eine der Seelen wird der Maria durch einen Engel empfohlen.

[7] In der Spannung der Apsis: 1. Vision der Monica, 2. Augustin in Kar-

7*

wird sie doch später zu setzen sein, als die Madonna in S. Maria Nuova in Gubbio, während sie andrerseits geringere Uebung bekundet als die in Foligno, deren Entstehungszeit (1424) wir genau kennen. Hier wie dort ist der sienesische Charakter in den Figuren und ihrer Gruppirung vorherrschend; als Compositionen erinnern sie an das Geschlecht von Kunstproducten, womit Taddeo Bartoli diese Landschaft bevölkert hat.

Die Ueberlieferung, wonach Gentile da Fabriano Gehilfe Ottaviano's bei den Chormalereien in S. Agostino gewesen sein soll, entbehrt zureichender Begründung, denn Gentile hätte sich später als in den ersten Jahren des Jahrhunderts schwerlich demselben untergeordnet. Indess haben wir ein Wandbild in S. M. della Piaggiola vor Gubbio (Madonna mit Kind von zwei Engeln angebetet), welches trotz aller verschiedentlichen Unbilden, die es erfahren, eine kräftigere Hand und besseres Verhältnissgefühl bekundet, als die Madonna in S. M. Nuova. Es ist dem Ottaviano zugeschrieben worden,[8] wird aber wohl Gentile's Eigenthum sein. Wäre es wirklich von Nelli, so müsste es als seine beste Leistung bezeichnet werden. — Aus sicheren Zeitberichten geht hervor, dass Ottaviano im Jahre 1420 aus Gubbio nach Urbino gezogen war, und über seinen andauernden Verkehr mit dieser Stadt und mit den Machthabern des Herzogthums belehren uns wenigstens bruchstückweis erhaltene Nachrichten, z. B. sein Miethsvertrag mit der Brüderschaft von S. Croce, aus den Jahren 1428—1432,[9] und ein Brief des Künstlers an Catharina Colonna,

Gubbio. S.M.d.Piagg.

---

thago, 3. seine Begegnung mit Ambrosius, 4. seine Taufe. An den Seiten: 1. Rückkehr nach Tegeste, 2. Weihung, 3. Einsetzung zum Bischof von Hippo, 4. Monica's Tod, 5. Augustin's Wortkampf mit Felix, 6. sein Tod, 7. Ueberführung der Leiche nach Pavia u. Wunderthaten; in letzterem Bild vieles aufgefrischt, viel Goldornamente neu; dies gilt auch von einem Mönche in Profil unter den Trägern. Breitere und schnellere Behandlung bekundet die Decke, ein Theil der Lünetten u. die Leibung des Eingangsthores, und diese Theile ähneln, wie Sig. Buonfatti bemerkt, in Stil und Technik dem Jacopo Bedi, welcher im Jahr 1458 einige noch vorhandene Gemälde im Friedhof S. Secondo in Gubbio ausführte. — Ein Wandbild der Madonna m. Kind in S. Agostino rechts vom Portale (nicht lange erst von der Tünche befreit) scheint gleichzeitig mit den Bildern im Chor gemalt zu sein, aber von sorgfältigerer Hand; es ist jedoch derart beschädigt, dass es kein bestimmtes Urtheil zulässt.

[8] Buonfatti a. a. O. S. 12.

[9] s. Pungileoni, Elogio stor. di Giov. Santi S. 50.

Gemahlin Guid' Antonio's von Montefeltro (1434), der die malerische Ausschmückung der Kirche S. Erasmo unweit der Stadt Gubbio betrifft.[10] Aber handgreifliche Beweisstücke für seinen Aufenthalt in Urbino sind uns nicht übrig geblieben, auch von den Fresken in S. Erasmo, wenn sie anders ausgeführt waren, ist nichts mehr da. Besser erging es seinen Arbeiten in Fuligno, wo er im Jahre 1424 die Schlosskapelle des Corrado de' Trinci (jetzt Palazzo del Governo) mit Darstellungen zur Legende der heil. Jungfrau schmückte, und diese zahlreichen Stücke, freilich ebensoviel Beweise für die Mittelmässigkeit seines Kunstvermögens, sind erhalten geblieben.

Die Kapelle ist ein Rechteck, Decke und Wände (streifenweis) durchweg ausgemalt. In den vier Halbrundfenstern: 1. Darstellung Maria's im Tempel; 2. Verlobung Maria's; 3. Verkündigung; 4. ein Weihbild: Maria mit einer Gruppe Figuren im damaligen Zeitkostüm, vermuthlich Gliedern der Familie Trinci. — In den unteren Streifen in gleicher Ordnung: 1. Geburt Christi und Anbetung der Könige; 2. Versammlung der Apostel bei Maria, ihr Tod und Begräbniss; 3. Leichenfeier, Himmelfahrt und Spende des Gürtels an Thomas; 4. Beschneidung Christi, und Maria, die von einem Engel die Palme erhält. — Der unterste Wandstreifen, welcher die Darstellung im Tempel, Geburt und Anbetung der Weisen enthält, ist von einem grossen Krucifix bedeckt.[11] — An der Decke (einander je in vier Dreiecksfeldern entsprechend) Joachim und Anna dem Priester die Tauben bringend, Erscheinen des Engels bei Joachim, sein Wiedersehen mit Anna und Geburt Maria's. Jedes Stück ist mittelst erhabenen vergoldeten Wachsrahmens vom andern getrennt, die Heiligenscheine ebenfalls hoch erhaben und vergoldet. Fuligno. Pal. de Gov.

In einer Vorhalle der Kapelle findet man folgende Darstellungen von links nach rechts: 1. Das Innere eines Heiligthums mit Altar und Kreuz von neun knieenden Figuren umgeben; 2. zwei Figuren, die sich in der Begegnung umarmen (sehr beschädigt, das Stück darunter leer); 3. Geburt eines Kindes (wenig Ueberbleibsel).[12]

---

[10] s. Gaye, Carteggio I. 130—132.

[11] Oberhalb desselben finden sich Theile einer Inschrift, welche folgendermaassen gelesen worden ist: „Hoc opus fecit fieri magnificus et potens Dns Coradus Ugulini de Trincis Fulgineis.
M.CCCCXXIIII.
die XXV. Feb. pinxit. M. Octavianus Martini de Gubbio.“ Gegenwärtig ist nur die letzte Silbe von Octavianus deutlich.

[12] Auf einer anderen Wand sieht man einen Wolf und andere sehr undeutliche Gegenstände, rechts davon eine Hinrichtung, Krieger mit Schilden, zum grossen Theil abgekratzt. Darunter Inschriften, welche Signor Mariano Guardabassi, dem wir die Aufdeckung der

Wären diese düstern, schlecht erfundenen Darstellungen nicht mit Ottaviano's Namen versehen, so dass sie einen Beitrag zum Verständniss der umbrischen Schule liefern, man würde sie kaum beachten. Wo Marien- oder Engelsgestalten in diesen Bildereien vorkommen, werden wir wenigstens noch entfernt an die Zartheit erinnert, welche die Gubbianer unveränderlich erstreben, aber Ottaviano hielt diesen tausendmal behandelten Gestalten gegenüber erneute geistige Anstrengung für überflüssig und wiederholte blos die canonisch gewordenen Erfindungen altsienesischer Schule in einem dem Taddeo Bartoli verwandten Geiste. Während den Betrachter in S. M. zu Gubbio ehemals die prächtige Farbenstimmung ergötzen und für manche andere künstlerische Eigenschaft entschädigen mochte, ist jetzt nur das Knochengerüst hagerer und mangelhafter Formen übrig, deren Zeichnung ohne anatomische Richtigkeit ist und in deren Köpfen, die dürftig und oft von ziemlich gemeinem Schlage sind, ein fratzenhafter Ausdruck vorwaltet; Hände und Füsse sind derb, die Gewänder bruchig und von schlechtem Fall.

---

lange übertünchten Bilder dieser Halle verdanken, folgendermaassen las:

„Per pietà son posti presso al fiume
Romolo e Remo alla fortuna dati.
Dove più giorni sono e nutricati
Da una Lupa per human' costume."

Vermuthlich war das erste Bild ein Sposalizio, das zweite die Geburt des Romulus und Remus, das dritte Amulius die Rhea verstossend. Die Malerei ist stellenweise verschwunden, das übrig gebliebene sehr schadhaft. Es ist von umbrischem Charakter und im Stil des Ottaviano Nelli, sogar weniger fehlerhaft als seine Malereien in der Kapelle selbst. — Ursprünglich scheint der ganze Palazzo del Governo ausgemalt gewesen zu sein. Im Obergeschoss, welches durch einen Fehlboden vom unteren getrennt ist, sind die Wände, die eine grosse Halle umschlossen zu haben scheinen, durch eine Reihe nachgeahmter Nischen eingetheilt, in denen man Ueberbleibsel riesenhafter Figuren alter Römer bemerkt. Es finden sich hier die Namen Mutius Scävola, Cajus Marius, Publius Decius, Claudius Nero consul, Fabius, Augustus, Tiberius u. A., im Ganzen 15. Bei Abreibung der Wand, unterhalb des Fehlbodens, haben sich auch die Beine dieser Figuren gefunden u. unter ihnen Inschriftzeilen, welche Professor Adamo Rossi in Perugia für Verse im Stil Petrarca's erklärt. Ueber jeder Figur steht Sixtus IIII. Pont. max. Sixtus IIII An. VI., Sixto Papa quarto. u. andre Worte, deren Sinn schwer zu entziffern ist. — Der Charakter dieser Malereien ist weder florentinisch noch sienesisch, sondern umbrisch und deutet auf die Schulen von Gubbio und Fabriano. Sie erscheinen wie riesenhafte Miniaturen von warmer Färbung ohne scharfe Schatten. — Die Aufschriften aus d. Pabstthum Sixtus IV. würden die Entstehungszeit sehr weit verschieben, hätte man nicht Grund anzunehmen, dass dieselben spätere Zuthaten sind; doch muss das letzte Wort vorbehalten werden. Die Untersuchung wird durch schlechtes Licht sehr erschwert.

Ein Talent wie das des Nelli konnte selbst in der Handwerkszunft einer kleinen Stadt wie Fuligno kein Aufsehen erregen, und hat gewiss nicht den geringsten fördernden Einfluss auf Alunno haben können. Auch in Assisi hatte man diese Stufe bereits erreicht.

An der Aussenwand von S. Antonio e Jacopo, einer Kirche, in welcher nachmals Pietro d'Antonio und Matteo von Gualdo beschäftigt wurden, finden wir eine Madonna mit Kind von Gläubigen unter dem Schutz der beiden Ortsheiligen angebetet, und ein Verkündigungsbild,[13] welche Züge der Vortragsweise Nelli's im Palaste der Trinci an sich tragen. Assisi S. Antes.

Eine Anzahl Wandgemälde Ottaviano's sind im vorigen Jahrhundert bei den Veränderungen zu Grunde gegangen, welche die Kirche S. Piero in Gubbio erfuhr, darunter auch der Schmuck einer Kapelle des Agnolo dei Carnevali.[14] Die Arbeit wird eine der letzten des Meisters gewesen sein; er starb 1444 und wir haben bis zu seinem Tode keine weitere Nachricht von ihm.[15]

Bei den geringen Malern von Gubbio zu verweilen, welche seine Zeitgenossen und Nachfolger waren, wäre ohne Nutzen. Wir erwähnen hier noch seinen Bruder Tomasuccio, von dem wir einen heil. Vincenz mit untergeordneten Nebendarstellungen in S. Domenico zu Gubbio besitzen.[16] Bessere Verhältnisse, schönerer Gubbio. S. Domen.

---

[13] Die Bilder befinden sich rechts vom Portale. Eins derselben führt eine Namens-Aufschrift, die an Nelli erinnert: „Martinellus M.CCCCXXII. die XXVI. mense. octobr." Die Kirche hiess früher S. Caterina.

[14] Wir haben nur noch die Nachweise über die Bezahlung der Fresken aus d. Jahre 1439. s. Gualandi, Memorie, Ser. V, 125. 126. Buonfatti a. a. O. 24.

[15] Im Museo Cristiano in Rom (Schrank IX) befinden sich zwei kleine Stücke (eine Beschneidung u. eine Vermählung des heil. Franz mit der Armuth), welche die Hand Ottaviano's zeigen, jedenfalls aber der umbrischen Schule seiner Zeit angehören. — Ottaviano's Name begegnet uns noch in einer Urkunde, welche sich auf die Veräusserung eines Besitzthums im Jahr 1444 bezieht. s. Buonfatti a. a. O. S. 24. Er vermachte sein ganzes Eigenthum dem Marte di Pompeo, den er 1442 an Sohnes Statt angenommen hatte, nachdem die Hoffnung auf Nachkommen aus seiner Ehe mit Baldina di Bartolello aufgegeben war.

[16] Der Heilige steht aufrecht mit segnender Geberde, um ihn Engel, welche sein Gewand halten, Heilige und andere Engel zur Seite (Goldgrund). Gott Vater umgeben von Seraphim oberhalb, auf der Unterleiste eine Wundergeschichte grau in grau. Das Bild ursprünglich in Tempera, dann vielfach in Oel übermalt, war von einem Giannicocolo di Cristoforo bestellt. s. Buonfatti a. a. O. S. 13. — Ein Oelgemälde (Heilandsfigur) in S. Felicissimo bei Gubbio ist dem Vincenz in der Manier nicht gleich.

Umriss und neuerer Geschmack in der Wahl der Kleider stellen ihn jedoch dem Gentile da Fabriano näher als dem Ottaviano.

Jacopo Bedi, welcher im Jahre 1458 die Cappella Panfili auf dem Kirchhof von S. Secondo[17] auschmückte, schliesst sich unselbständig an Ottaviano's Stil an, jedoch ohne seine Sorgfalt und ohne die heitere Stimmung seiner Farben.

Nicht befähigter, aber treuer an den alten Vorbildern des Taddeo di Bartolo festhaltend, war Giovanni Pintali, den wir aus einer Himmelfahrt und Krönung Maria's an den Wänden des Spedaletto in Gubbio kennen lernen.[18] Dieselbe Mittelmässigkeit kehrt sodann bei Domenico di Cecco di Baldi wieder, der 1443 als ordentlicher Lehrling bei Ottaviano arbeitete und im Jahre 1488 gestorben ist.[19]

Etwas später erscheint Bernardino di Nanni, der Erbe des Domenico, in den Annalen Gubbio's, aber er kann aus den schadhaften oder erneuten Bruchstücken unter dem Portico del Mercato[20] und aus seinen Bildern im alten Municipal-Palast in

---

[17] Es sind vier Kirchenväter an der Decke und die vier Evangelisten grau in grau in den Halbrundfeldern, schwächer behandelt als die Bildreihe aus dem Leben des heil. Augustin in S. Agostino. Das Bauliche und die Zierrathen sind schlecht, die Gewänder mechanisch angestrichen, die Farbe roth. Auf einem Papierstreifen die Inschrift: „In nomine Dñi amen. anno Dñi Millesimo quatrocentesimo quinquagesimo octavo, tempore Dni Pii Papae secundi anno primo sui pontificatus die septima mensis septembris. Jacopus pinxit.“ Ein Madonnenbild von ihm in S. M. de' Bianchi in Gubbio (Buonfatti a. a. O. S. 14. 25), ist untergegangen.

[18] Sie sind fast ganz zerstört, übrig nur zwei Engel, Thomas mit dem Gürtel, ein Kelch und Pax, und vier oder fünf betende Apostel rechts. Eine Inschrift daselbst, jetzt nur noch wenige Worte, ist früher gelesen worden: „Hoc Opus fecit fieri francis .... Bectorē umil .... Jioñi Pitalis 1438. die quarto Junii.“ (Vgl. Buonfatti a. a. O. S. 15.) Die Bildung der Gestalten ist ärmlich und abstossend, die Farbe röthlich, die Behandlung roh. Ausser den genannten sind noch Ueberbleibsel eines Kindermordes und eine Almosenspende erhalten. Aehnliche Ausführung haben auch Wandbilder (Stücke einer Kreuzigung u. Verkündigung) in S. M. Nuova in Gubbio.

[19] Die Nachweise s. bei Buonfatti a. a. O. S. 27. Eine Pietà desselben aus dem Jahre 1446 befindet sich in S. M. della Piaggiola, eine Madonna mit Heiligen in S. Donato. Es sind ärmliche Ueberbleibsel. Eine Madonna in S. Lucia zu Gubbio ist aus älterer Zeit und bereits bei der umbrischen Schule erwähnt. (s. Bd. II. S. 355).

[20] Hier eine Madonna mit Kind zwischen Petrus und Paulus, bis auf den Kopf der letztgenannten Figur ganz durch Uebermalung entstellt, ähnelt in den Mängeln den Arbeiten Ottaviano's in Fuligno, die Ausführung ist roh, die Formen hölzern, die Farbe ziegelartig. Die Inschrift auf der Rolle in der Hand eines Engels schliesst mit der Jahreszahl 1473.

S. Croce, in S. M. Nuova und in S. Secondo nur ungenügend beurtheilt werden.[21]

[21] In S. Croce wird ihm eine Kirchenfahne in Oel zugeschrieben: S. Ubaldo und Petrus Martyr zu den Seiten eines Kreuzes, über welchem Engel und unter welchem Magdalena angebracht ist, Glieder der Brüderschaft im Vordergrund vertheilt. Hier haben wir ein Werk des XVI. Jahrhunderts von umbrischem Charakter in der Weise des Sinibaldo Ibi, welcher 1509 in Gubbio war. Vielleicht ist es von dessen Schüler Orlando, welcher dem Ibi dort zur Hand ging und der in einem Register der Verwaltung der Brüderschaft von S. M. de' Laici in dieser Zeit erscheint. (Mittheilungen von Signor Buonfatti, vgl. später Ibi und Orlando.) — Das Madonnenbild auf dem Altar links vom Eingang in S. Secondo weicht von den sonst dem Bernardo zugeschriebenen Werken ab; es hat den Stil des XV. Jahrhunderts und bruchige Gewänder. — Eine Maria mit Kind, rechts von Ottaviano's Fresko in S. M. Nuova, theilweis beschädigt, ähnelt einer Arbeit des Domenico di Cecco. Die Heiligen Ubaldo u. Johannes der Täufer zur Seite Maria's über der Hauptthür des Municipal-Palastes sind ganz und gar übermalt.

# FÜNFTES CAPITEL.

*Gentile da Fabriano, die Maler von S. Severino, Niccolò Alunno und andere Umbrier.*

Das Denkmal, welches Dante dem Oderisio durch die Erwähnung in der Divina Comedia gesetzt, hatte den Kunstruhm Gubbio's auf seine Höhe gebracht; im XV. Jahrhundert aber verdunkelte ihn Gentile zu Gunsten Fabriano's. Der Zufall führte ihn in seinem langen wechselvollen Leben an dieselben Orte und zu denselben Gönnern wie den Vittore Pisano, der seine Begabung zuerst ausschliesslich der Malerei gewidmet hatte, aber in den späteren Lebensjahren sich dergestalt im Medaillenguss und namentlich in der Anfertigung von Bildnissen hervorthat, dass er an den Höfen und in der vornehmen Welt Italiens überall gesucht war. Auf diese Weise kam er in freundschaftlichen Verkehr mit den meisten literarischen Grössen seiner Zeit; seine Kunst wurde in Sonetten besungen und in ernster Prosa gefeiert, und zum Stolz seiner Landsleute begegnet sein Name auf Arbeiten von anerkanntem Werthe, während die Leistungen seiner Zeitgenossen unbeachtet blieben. Rom und Venedig bildeten die Mittelpunkte seiner Thätigkeit: Dogenpalast und Lateran schmückte er mit Wandbildern, und an beiden Orten hatte auch Gentile Zeugnisse seiner Kunst hinterlassen. Sein Lob wird oft von Pisano's Lippen erklungen und durch ihn dem Facio und Biondo von Forli bekannt geworden sein.

Nicht unverdient war die Ehre, die ihm dort zu Theil wurde; gebührt ihm auch in keiner Weise Vorzug vor den Florentinern, so hat er doch einer Epoche malerischer Entwickelung in Umbrien würdigen Abschluss gegeben. Der Ruhm, die besseren Eigenschaften der Gubbianer in sich aufgenommen und zu der künstlerischen Einheit erhoben zu haben, deren sie fähig waren, ist ihm nicht abzusprechen, wenn er auch in seinen Meisterwerken nur holdselige gezierte Anmuth, mühsame Farben-Verarbeitung und Ueberfluss an Zierrathen zur Schau trägt, eine Geschmacksrichtung, die von Umbriern und Sienesen geerbt war.

Gentile di Niccolò di Giovanni di Masso ist wahrscheinlich zwischen 1360 und 1370 in Fabriano geboren und von Allegretto Nuzi unterrichtet worden.[1] Sein Aufschwung fällt in die Zeit, als Ottaviano Nelli die Madonna del Belvedere malte und er mag nützliche Anleitungen von einem Mann erhalten haben, dessen Stil sich uns als natürliches Mittelglied zwischen Allegretto und ihm darstellt; aber er liess den Gubbianer bald hinter sich, indem er sich eine Vortragsweise aneignete, die man oft der des Fiesole gegenüber gestellt hat und die seinen Ruf weit über die Grenzen der engen Heimath trug. Auf die Streitfrage, ob Gentile Schüler oder vielmehr Meister Fiesole's gewesen sei,[2] lassen wir uns nicht ein. Es wird schwer sein, zwei Männer zu finden, welche in ihren künstlerischen Zielen weiter von einander abweichen, als der florentische Mönch und der Meister von Fabriano. Zartheit der Auffassung und sorgsame Zubereitung und Vollendung ihrer Vortragsmittel zeichnet sie zwar beide aus, aber die Wirkungen sind durchaus verschieden; die engelhafte Reinheit der Schöpfungen des Einen hat Nichts mit der schwärmerischen Geziertheit (smorphia) des Andern gemein. Sie mögen einander in Florenz begegnet sein, als sie beide dort wohnten,

[1] Ueber Gentile's Namen s. Anm. 12. Das Verhältniss zu Nuzi behauptet Lori (Handschr. s. Ricci, Mem. stor. I. 147. 165). Vasari IV. 159 lässt den Gentile mit 80 Jahren sterben. Nimmt man dies an, so würde sich aus den Angaben des Todesjahres das Geburtsjahr ergeben. Biondo da Forlì (Italia illustrata. Basil. 1531. S. 337), welcher 1450 schrieb, redet von Gentile in der vergangenen Zeit, so dass man denselben als damals bereits todt annehmen muss.

[2] s. Vasari IV. 39 und C. Bernasconi, Studj pag. 9.

dass aber Gentile dabei als Lehrer zu denken sei, ist sehr unglaublich; eher pflichten wir dem Vasari bei, der das Verhältniss umdreht.

Die ununterbrochene Beziehung zwischen Sienesen und Umbriern mag auf Gentile's Stil eingewirkt haben und dass er eine gewisse Verwandtschaft mit Taddeo Bartoli zeigt, kann nicht Wunder nehmen, wenn man sich erinnert, wie häufig jener in umbrischen Städten entweder selbst thätig war oder durch bestellte Bilder vertreten ist. Man braucht daher gar nicht anzunehmen, dass Gentile in jungen Jahren Siena besucht habe,[3] so ausgeprägt auch der sienesische Charakter des einzigen Wandbildes ist, das wir in Bruchstücken in Orvieto besitzen, und so stark dasselbe Gepräge bereits auf dem älteren Tafelbilde der Krönung Maria's aus Val Romita auftritt, dessen Staffel sich noch
Fabriano. Mailand. in Fabriano befindet, während Mittelstück und Flügel nach Mailand gekommen sind;[4] der Reigen von acht Engeln, welche am Fusse des Bildes frohlockend um die Strahlen einer Sonne spielen, ruft Aehnliches aus Taddeo Bartoli's Darstellungen zum „Credo" in der Opera des Sieneser Doms in's Gedächtniss. In diesen Figuren sowohl wie in der Hauptgruppe, deren Spitze Gott-Vater bildet, wie er Maria und dem Heilande die Hand auf die Schultern legt, erkennt man die Schwächen, welche den meisten Malern dieses Landstriches anhaften: kurze schlecht gewachsene Figuren ohne Reiz in Antlitz und Geberde, in lange bauschige Gewänder gehüllt, welche Nichts vom Körper erkennen lassen, bäurische Form-Verhältnisse, plumpe Gliedmassen, unrichtige Zeichnung; der Raum hat keine Luft und Schatten fehlt fast gänzlich, dagegen sind die eingegrabenen Umrisse und die Zierrathen von höchster Sorgfalt. Der heil. Franciscus, Hieronymus, Magdalena

---

[3] Ueber die Beziehungen Gentile's zu Siena s. später.

[4] Brera Nr. 75, halblebensgrosse Figuren. Die Seitentheile abgetrennt bilden die Nrn. 102, 104, 106, 108. Die Staffel bestand ursprünglich aus fünf Stücken, von denen vier im Besitze des Signor Giuseppe Rosci in Fabriano sind. Sie enthalten: 1. den Tod des Petrus Martyr, (an zwei Stellen senkrecht gesprungen); 2. Johannes den Täufer im Gebet, (durch Abreibung beschädigt); 3. Franciscus empfängt die Wundmale, (zersprungen wie Nr. 1); 4. den heil. Dominicus; jedes h. 1', br. 7½" engl., ganze Figuren. Die Köpfe abgerieben.

und Dominicus, welche an den Seiten des Brerabildes angebracht sind, stehen auf einer Wiese, ohne Gras und Blumen niederzutreten; die vier Staffelscenen, welche sich in Fabriano befinden, sind ebenso unvollkommen.

Wir haben Grund anzunehmen, dass Gentile, als er Umbrien zum ersten Mal verliess, nach Norden gegangen ist. Sein erster Gönner war Pandolfo Malatesta, Herr von Brescia und Bergamo, der ihm im Anfange des XV. Jahrhunderts einen bedeutenden Gehalt zur Ausschmückung einer Kapelle zahlte.[5] Von dort ging er nach Venedig, wo er einige Jahre mit Malereien für die grosse Halle des Dogenpalastes zubrachte: der Gegenstand war der Geschichte Barbarossa's entnommen und stellte die Seeschlacht zwischen dem Kaiser und den Venetianern dar; ausserdem lieferte er auch noch Altarbilder für S. Giuliano und S. Felice.[6] In der Wiedergabe gewaltsamer Erscheinungen, wie sie Uccelli liebte, hatte er nach Facio's Zeugniss so viel Glück, dass er die Schrecken eines Orkanes mit einer furchterregenden Wahrhaftigkeit darstellte. Wenn neuerlich aufgefundene und veröffentlichte Urkunden Glauben verdienen, so waren die Wände des Dogenpalastes in Venedig, an welchen sich im Jahre 1411 noch einige Räume leer befanden, im Jahre 1422 mit Gemälden bedeckt worden,[7] und wir dürfen annehmen, dass Gentile ebenso

---

[5] Vor d. J. 1421, ehe Brescia unter venetianische Oberhoheit kam, s. Facio a. a. O. S. 44 und Anonymus des Morelli S. 157.

[6] s. Facio a. a. O. und Martinionis Sansovino, Venezia descritta, Venedig 1663. S. 147. Das Bild in S. Felice stellte Paulus den Einsiedler und Antonius dar; ibid.

[7] Deliberazione del Maggiore consiglio 1411. 19. April (Arch. Gen. di Venez.), Vol. Leona. S. 205: Cum alias captum fuit, quod officiales nostri super Sale et Rivoalto pro faciendo reparare et aptari picturas sale nove, possent expendere libras viginti grossorum et dicti denarii non fuerint sufficientes ad completamentum operis; vadit pars, quod committatur dictis officialibus super Sale et Rivoalto, quod. pro complendo laboreria necessaria, possint expendere alias libras viginti grossorum, de pecunia nostri communis. et abinde infra sicut facere poterunt. — Deliberazione 1422. Juli (Kaiserl. Archiv zu Wien, Vol. 54., Missi del Senato): „Cum habita diligenti consideratione ad opportunam et utilem conservationem salae novae Nostri Majoris Consilii, quia ut est manifestum cadunt in dies picturae ipsius salae cum magna deformitate ejus, sit pro laudabili et perpetua fama tanti solennissimi operis, et pro honore nostri dominii et civitatis nostrae paenitus providendum, de tenendo ipsam salam in decenti et honorabili forma, quod, si quo casu destruitur in picturis, subito reaptetur in illis: vadit pars quod committatur nostris procuratoribus Ecclesiae sancti Marci, quod pro faciendo reaptari et teneri con-

wie Vittore Pisano vor letzterem Jahre daselbst beschäftigt gewesen ist. Aber Gentile's Schlachtbild zeigte bereits zu Facio's Zeit Spuren des Verfalls[8] und verschwand nach und nach gänzlich. Auch andere Ursachen haben beigetragen, seine venetianischen Arbeiten zu vernichten. In der Sammlung der dortigen Akademie trägt ein vereinzeltes Marienbild seinen Namen, aber
Venedig. es ist durch schwere Uebermalung entstellt,[9] eine Anbetung der Könige, ursprünglich im Besitz der Familie Zen, später Bestandtheil der Galerie Craglietto, scheint sich in einem Bilde des
Berlin. Berliner Museums wiederzufinden, welches mit gutem Grunde unter dem Namen Antonio Vivarini steht[10] und ein gutes Zeugniss für den Einfluss Gentile's auf die venetianische Schule abgibt.

Sind wir sonach ausser Stande, in Venedig eine künstlerische Hinterlassenschaft aufzuführen, die man unbedenklich von Gentile ableiten könnte, so fehlt es doch nicht an Berichten über Lebensschicksale des Künstlers aus jener Zeit. Unter den jüngeren Zeitgenossen, welche sich der Künstlerlaufbahn widmeten und später als bedeutende Männer bekannt werden sollten, begegnet uns Jacopo Bellini als Lehrling in Gentiles Werkstatt. Zwischen den beiden Männern entstand ein inniges Verhältniss, und Bellini bekennt sich selbst in einer Bild-Inschrift zu dem verehrten Meister, welcher ihm ein Mal zu einem Bildniss sass, das in die Sammlung Bembo gekommen ist. Sie gingen später zusammen nach Florenz, wo sie bis 1424 vereint blieben, und als Jacopo sich verheirathet hatte, übernahm Gentile Pathenstelle bei seinem Erstgebornen.[11] Das Jahr, in welchem er sich in Florenz nieder-

---

tinue in bono et debito ordine picturas dictae salae, debeant accipere et tenere per tempora unum sufficientem et aptum magistrum pictorem ad ipsa opera picturarum, debendo pro salario illius expendere ducatos centum in anno, de pecunia quam percipiunt de affictibus apothecarum existentium subtus palatium. s. Caesare Bernasconi „Il Pisano", Verona 1862. S. 42.

[8] s. Facio a. a. O.

[9] Saal II, Nr. 283. Maria thront mit dem Kind auf der Mondsichel, in den Zwischenfeldern die beiden Verkündigungsfiguren, auf dem Goldgrund zwei Engel (Graffiti). Die Inschrift: „Gentile Fabrianensis f." lässt unter sich Spuren andrer Buchstaben erkennen, welche jedoch unlesbar sind.

[10] Berlin. Museum Nr. 5, nach Kugler's Handbuch identisch mit dem der Sammlung Craglietto. s. auch Ricci a. a. O.

[11] s. Anonymus des Morelli a. a. O. 18. In einer Urkunde vom Jahre 1424 ist Bellini genannt: „Jacopo da Venezia,

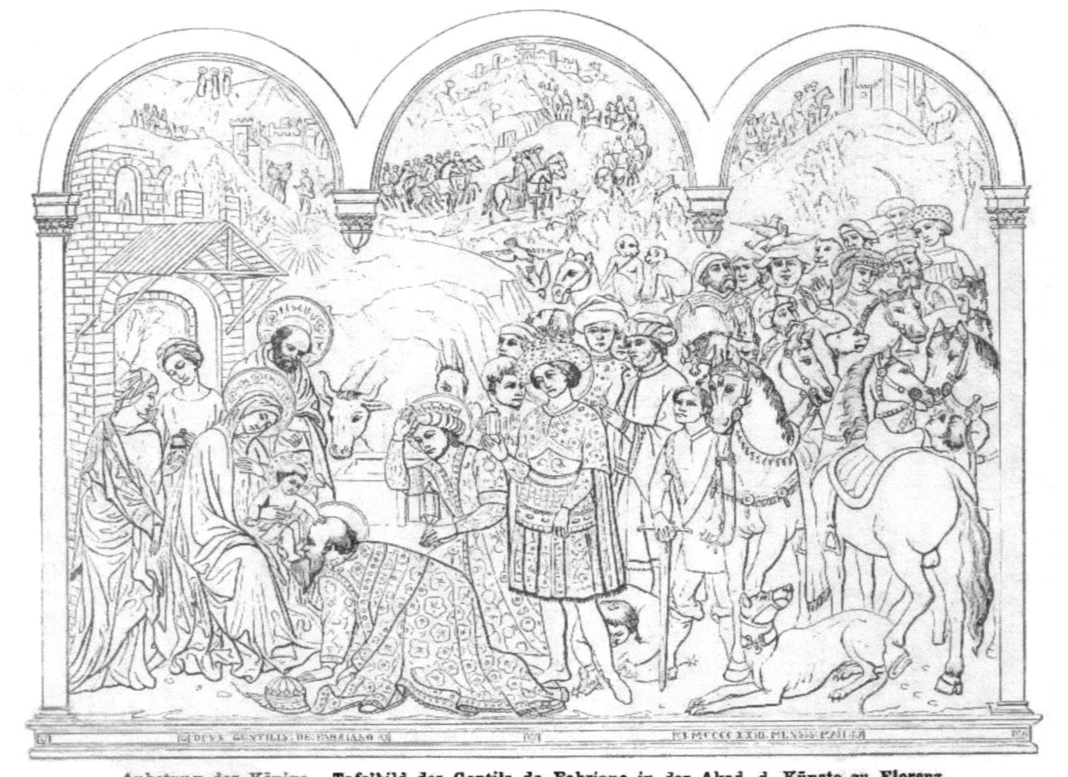

Anbetung der Könige. **Tafelbild des Gentile da Fabriano in der Akad. d. Künste zu Florenz.**

liess, wird durch die Liste der Bader-Gilde annähernd festgestellt, in welcher wir ihn unterm 21. Novbr. 1421 antreffen.[12] Aber sein Ruf überdauerte seinen Aufenthalt in Venedig; seine Arbeiten waren dort so gesucht, dass die Nachfrage selbst von Fabriano aus befriedigt werden musste. Marcantonio Pasqualino, dessen Vater von Gentile gemalt worden war, erhielt auf diesem Wege zwei Bildnisse,[13] aber leider haben sie das Schicksal so mancher anderer getheilt, die mit Mühe und Kosten in den Gemäldesammlungen und Kirchen Venedigs aufgespeichert waren. Auch aus seinem Laden im Trinitatis-Viertel zu Florenz hat Gentile ohne Zweifel Vieles verschickt, wovon wir heute keine Kunde mehr haben. Im Jahre 1423 vollendete er eine Anbetung der Könige, welche Palla Strozzi der Kirche S. Trinita darbrachte und welche jetzt die Akad. der Künste zu Florenz schmückt:

Die Tafel, von drei Rundbogen mit Giebelaufsätzen überspannt, zeigt links im Vordergrunde vor einer verfallenen Hütte Maria, umgeben von zwei Frauen und Joseph, dem Kinde auf ihrem Knie inbrünstig zuschauend, welches den ältesten der Könige, der ihm knieend den Fuss küsst, segnet.[14] Die beiden anderen Waller in reichem Kleiderschmuck mit Goldverbrämung nahen ebenfalls mit Geschenken und hinter ihnen drängt sich zahlreiches Gefolge zu Fuss und zu Ross, Ritter und Trossknechte mit Hunden, Affen und Vögeln. In der Ferne sieht man den Zug der Könige durch steile Gebirgslandschaft. In der Staffel ist die Geburt Christi und die Flucht nach Aegypten enthalten,[15] in den Rundbildern des Giebels Christus und die Verkündigungs-Figuren. Die Leiste unter dem Hauptbild trägt Florenz. Akad. d. K.

---

olim famulo Magistri Gentili pittoris de Fabriano" (Comment. zu Vasari IV, 165). Als Schüler Gentile's bezeichnet er sich auf einer Kreuzigung in Verona, deren Inschrift Ricci a. a. O. I, 173 abdruckt.

[12] Er steht dort als „Magister Gentilis Nicolai Johannis Massi de Fabriano, pictor, habitator Florentie in populo sancte Trinitatis (Archiv. Cent. di Stato s. Index zu Vasari). Die Jahreszahl, welche Moreni (s. Ricci a. a. O. 149 und 165) gibt, ist unrichtig.

[13] Anonymus des Morelli, S. 57.

[14] Florenz, Acad. d. K., S. d. gr. Gem. Nr. 32. Das Bild ist erwähnt von Albertini in seinem Memoriale, der den Meister „Gentilino da Fabriano„ nennt. s. B. II. S. 440. Den Kopf des Mannes im Turban dicht hinter dem dritten der Könige gibt Vasari IV zu S. 152 als Gentile's Selbstporträt. Wir haben über das Bild folgende Urkunde aus d. Rechnungskalender des Messer Palla Strozzi, (Aufzeichnungen d. Senators Carlo Strozzi. Lib. Nr. 85 S. 20: „1423). Maestro Gentile da Fabriano, maestro di dipintura riceve da Messer Palla Strozzi per resto di pagamento di dipintura della tavola ha fatto nella sagrestia di Santa Trinita, fior. 150. E tanto fu il prezzo di essa tavola cioè fior 150."

[15] Das dritte Stück der Staffel, die Darstellung im Tempel, befindet sich im Louvre unter Nr. 202.

die Inschrift: : OPVS : : GENTILIS : DE : FABRIANO : — — — — : MCCCC.XXIII : MENSIS : MAII :

Anmuth der Frauengestalten, schwanke Bewegung der Königsfiguren, besonders des jüngsten, der sich die Sporen lösen lässt, vereinigen sich hier mit einer Bildnissmässigkeit der Gesichtszüge, welche gutes Naturstudium verräth; die Farben-Zusammenstellung hat die umbrische Heiterkeit, aber Luftperspective fehlt, dafür ist Ueberfluss an erhabenen Goldmustern. Das Profil der Magd im linken Vordergrund, welche das Weihe-Geschenk des ältesten der Weisen in der Hand betrachtet, erinnert an Vorbilder der altsienesischen Zeit, während der junge König im Turban einen Zug von der Holdseligkeit hat, welche bei Perugino so anziehend wird. Auch die Giebelbilder sind erfreulich und besser erhalten als das Hauptbild, das nicht unberührt geblieben ist. Das Bild ist Gentile's Meisterwerk und beweist, dass er bei seinem Aufenthalte in Florenz sich etwas angeeignet hatte, was ihm die Heimath nicht bot, dass er aber ebensowenig wie sein Vorläufer Alegretto aus seinem umbrischen Wesen heraustreten oder die ersten Lehreindrücke so sehr vergessen konnte, um von den Neuerungen der Uccelli, Masaccio oder Donatello gründlich Vortheil zu ziehen. Er wird sich vermuthlich in Florenz an einen Mann wie Lorenzo Monaco gehalten haben, und wenn er auch die Schöpfungen Angelico's gewiss bewunderte, blieb er doch hinter diesem so weit zurück, dass er nicht einmal jenen erreichte.

Noch im Jahre 1425 verweilte Gentile in Florenz. Eine Bildinschrift, welche mehrmals abgedruckt worden ist, ward lange für das Echtheitszeugniss eines Madonnenbildes mit Heiligen gehalten, dessen Mitteltafel aus der Kirche S. Niccolò di là d'Arno verschwunden ist.[16] Es war von einem Angehörigen der Familie Quaratesi bestellt und Vasari erklärte, dass er von allen Arbeiten Gentile's, die er kenne, dieser den Preis gebe, nicht blos weil die Hauptfiguren so trefflich gemalt seien, sondern weil auch die Staffelbilder mit den Darstellungen zur Legende des Nicolaus

[16] Richa, Chiese fior. X, 270 gibt sie folgendermassen: „Opus Gentilis de Fabriano 1425, mense Maii."

nicht feiner und netter gedacht werden könnten." Die Flügelstücke dieses Weihebildes befinden sich noch an ihrem Ort und sind nicht die einzigen Ueberbleibsel von Arbeiten Gentile's für Familien-Kapellen in dieser Kirche.

Florenz. S. Niccolò.

In den Stücken des Bildes der Quaratesi erfreut eine ansprechende Figur Magdalenens im Profil, ein heil. Nicolaus, dessen Ornat mit Darstellungen von Passionsscenen in ganz kleinen saubern Figürchen geschmückt ist, eine schöne Gestalt des heil. Georg; Johannes der Täufer hat mehr vom alterthümlich sienesischen Stile; sämmtliche Figuren sind verschwenderisch ausgeziert; die fein vertriebene Färbung flach, die Fleischtöne rosig mit kalten grauen Schatten. Die Aufsätze zu diesen Stücken enthalten heil. Mönche unter Engeln. — Eine zweite Tafel, erst kürzlich wieder aufgefunden, ist in der dortigen Sacristei aufgestellt: Gott Vater umgeben von einer Glorie von Cherubim nach umbrischer Auffassung sendet die Taube zu Maria und Christus hernieder, welche vereint auf dem Regenbogen knieen, der den von einer erhaben gearbeiteten Sonne beleuchteten Goldhimmel überspannt. Zu den Seiten ist die Auferstehung des Lazarus im Vordergrund einer Landschaft und der heil. Ludwig von Toulouse, gegenüber die Heiligen Kosmus und Damian und ein dritter Heiliger, sowie Benedict mit einem gefesselten Teufel dargestellt. Das Bild, schneller gemalt als das obige, zeigt auch die Mängel der umbrischen und gubbianischen Schule deutlicher. — Unzweifelhaft aus derselben Zeit rührt ein Bild, zuletzt im Besitze des Hrn. Jarves in Florenz, welches Maria mit dem aufrecht auf einer Steinbrüstung vor ihr stehenden Kinde und als Hintergrund eine Landschaft mit Rosen und anderen Blumen enthält, die an der Balustrade heraufwachsen. Das Kind steht auf den Zehenspitzen, wie eins von Benozzo. Das Ganze hat viele Aehnlichkeit mit einem späteren Madonnenbilde des Jacopo Bellini.[18] —

Als Papst Martin V. Colonna nach seiner Wahl in Constanz Rom betrat (1421), fand er die Stadt in Trümmern, die Kirchen in Verfall, die Häuser entvölkert. Nachdem die drohendsten Unruhen beschwichtigt und Musse zu anderen Geschäften zurückgekehrt war, liess er Dach und Vorhalle des Lateran wieder-

---

[17] Vasari IV, 153. Die Staffelbilder sind nicht mehr nachzuweisen. Ein Theil derselben soll im Besitz der Erben des Tommaso Puccini von Pistoia gewesen sein (Comment. zu Vasari a. a. O.), aber was wir dort von gleichartigen Gegenständen gesehen haben, sind zwei Tafeln aus anderer Zeit u. von anderem Schulgepräge.

[18] Die Figuren sind fast lebensgross, aber durch Aufbesserung entstellt. Die Ueberbleibsel der Inschrift sind: „Gent..... .... briano."

herstellen und in dem Wunsche, die alte Pfarrkirche der römischen Päpste neu auszuschmücken, fiel sein Auge auf Gentile da Fabriano, der kurz zuvor über Siena und Orvieto nach Rom gekommen war. An beiden Orten hatte er auf seiner Reise gemalt, in Siena, wohin er im Sommer 1425 gewandert war, eine Madonna mit Heiligen, die sich lange im Uffizio de' Banchetti befand,[19] in Orvieto im Winter desselben Jahres[20] ebenfalls ein Marienbild, dessen verstümmelte Reste noch immer zeigen, wie überlegt er bei Anwendung seiner Staffeleipraxis auf Wandbilder verfuhr:

Orvieto. Dom.

Die Gruppe ist von anmuthigem umbrischen Ausdruck, Maria's Antlitz, von regelmässigem Oval umschlossen, hat kindlichen Ausdruck mit vorquellenden Lippen, die Geberde ist fein, die Hände schmal und spitz. Die Eigenschaften Simone Martini's bei höherer technischer Vollendung verbunden mit einer Gewandung, die an Taddeo Bartoli erinnert, — geben ein miniaturartiges Ganze von feiner Durchführung und Flachheit und Reichlichkeit der Zierrathe; dazu kommt der Glanz einer neuen silbernen Krone, die in erhabener Arbeit auf Maria's Kopf gesetzt ist, und die ursprüngliche Vergoldung der Säume.[21] —

Gentile mag zuerst 1426 nach Rom gekommen sein. Aus dem Jahre 1427 wenigstens haben wir schriftliche Kunde von

---

[19] In den handschriftl. Urkunden des Dino de' Margi Senese vom Jahre 1395 bis 1427 findet sich fol. 159 h: „1415. Leonardo di betto dagnoluccio die avere dodici livre, e quagli ò auti per lui a di xviij daghosto da maiestro gientile di .... da ..... dipentore e sò per pigione de la chasa di lonardo la quale gli aloghai a di 22 di giungnio ora passati per insino a tutto aghosto per prezo di dodici livre. – In Sigismondo Tizio's handschriftl. Storie Senesi, Tom. IV. pag. 200: „1424. Gentilis Fabrianensis pictor eximius Virginis imaginem ceterorumque sanctorum non hoc anno, ut fertur in foro publico apud Tabelliones depinxit, sed sequenti perfecit. In imis vero sub Virgine circulus est, in quo Jesu Christi in sepulcro mortui consistentis, quam Pietatem christiani vocant, a dextris ac sinistris angeli duo sunt, ereo colore tam tenui picti, tamque exili lineatura in tufeo lapide, ut nisi quis etiam ostensis acutissimum figat intuitum, conspicere non valeat. — 1425 Diebus tamen paucis elapsis (octobris) Gentilis Fabrianensis pictor Mariae Virginis, ceterorumque sanctorum supra Tabellionum sedilia (detto l'uffizio de' Banchetti) in publico foro ad Casati fauces (la bocca del Casato) pictor imagines iam perfectas annotato augusti mense, populo prebuit conspiciendas: tam etsi anno elapso incohatas, et non plene absolutas notaverimus.

[20] Ueber Gentile's Aufenthalt und Arbeit am Dom zu Orvieto gibt L. Luzi (Duomo di Orv. S. 407) ausser der bei Della Valle (Stor. del D. di Orv. S. 123) mitgetheilten Urkunde v. 9. Debr. 1425 eine bisher unbekannte v. 20. Oct. dess. J., aus welcher hervorgeht, dass Gentile für seine Gloriosa Maria 106 L. 4 S. erhielt. In der Urkunde vom 9. Debr. wird der Meister „Magister magistrorum" genannt (s. darüber Comment. zu Vasari IV, 161 ff. und Facio a. a. O. 44 ff.).

[21] Der Hintergrund dieses verstümmelten Bildes ist neuerlich übergangen, der

seiner Dienststellung bei Martin V., für den er gegen ein Monatsgeld von 25 Goldgülden arbeitete.[22] Er malte das Bildniss des Papstes in der Umgebung von 10 Kardinälen auf einer Tafel,[23] ferner in S. M. Nuova (jetzt S. Francesca Romana) über dem Grabe des Kardinals Adimari in einem Bogen die Madonna mit dem Kind zwischen Benedict und Joseph,[24] und im Lateran begann er eine Reihe von Darstellungen zur Geschichte des Täufers. Beim Regierungs-Antritt Eugen's IV. setzte er die Arbeit fort,[25] jedoch sein eigener Tod verhinderte die Vollendung der Grau in Grau gemalten Prophetengestalten oberhalb dieses Johannes-Cyclus.[26] Aber hier wie in Venedig sind Gentile's Arbeiten untergegangen. Die Madonna in S. Francesca Romana erregte noch Michel Angelo's Bewunderung: „aveva la mano simile al nome“[27] pflegte er vom Meister derselben zu sagen, und der Zögling einer ganz andern Kunst, van der Weyden, welcher Gelegenheit gehabt hatte, die Wandbilder des Lateran zu sehen, erklärte Gentile für den grössten Maler des damaligen Italiens.[28] Wir wissen, was Michel Angelo von der flämischen Kunst dachte; er sprach ihr die Wirkung der Grossartigkeit, den Adel und das Gefühl für schönes Verhältniss ab, er verwarf die Bevölkerung der Hintergründe mit Figurenmassen, die Vorliebe für Land- (Rom.)

---

blaue Mantel Maria's übermalt, auf das grüne Futter desselben Gold aufgesetzt.

[22] G. Amati, Notizia di alcuni manoscr. dell' Arch. secreto Vaticano (Arch. stor. ital. Ser. III. P. I, Florenz 1866) gibt S. 193 f. folgende Urkunde („Diversorum Martini V“): Benedictus de Guidalottis legum doctor, apostolice camere clericus in camerariatus domini nostri papae officio locumtenens Nobili viro, Johanni de Astallis thesaurario alme urbis salutem in Domino.......... Benedictus etc. solvatis magistro Gentili de Fabriano egregio pictori pro salario suo unius mensis incepti die vigesimo octavo mensis ianuarii proximo preteriti et finiti die ultimo presentis mensis februarii florenos auri de camera viginti quinque, quos etc. Datum die ultimo mensis februarii, ind. quinta, pont. anno decimo. Joan. de Gallesio Gratis.“ (Papst Martin V. war 1417 gewählt). Egregio pictori magistro Gentili de Fabriano pro salario suo mensis martii proxime preteriti florenos auri de camera viginti quinque etc. — Egregio pictori magistro Gentili de Fabriano pro suo salario mensis aprilis proxime preteriti ducatos auri de camera viginti quinque etc. — Egregio pictori magistro Gentili de Fabriano pro salario suo mensis junii proxime preteriti ducatos auri viginti quinque. — Egregio pictori magistro Gentili de Fabriano, pro suo salario mensis julii proxime preteriti florenos auri viginti quinque.

[23] s. Facio a. a. O. 44. 45.

[24] Vasari IV. 154.

[25] Platina sagt in seiner Vita Pontif. unter Martin V: „picturamque Gentilis, opus pictoris egregii inchoavit.“

[26] Facio a. a. O.

[27] Vasari IV, 154.

[28] Facio a. a. O.

schaften, in welchen das Auge durch grüne Gefilde, Bäume, Flüsse, Brücken und dergl. in Anspruch genommen werde.[29] Wenn daher van der Weyden, der echte Vertreter solcher Kleinkunst, von einem Werke angezogen wurde, was auch Michel Angelo's Lob erfuhr, so dürfen wir wohl annehmen, dass Vasari das Wortspiel, das der ernste Florentiner über Gentile machte, nicht recht verstanden hat. Van der Weyden besuchte Italien, um sich eingehend mit den besten Leistungen der Gegenwart zu beschäftigen, und gab den Preis einem Manne, welcher doch einen verhältnissmässig untergeordneten Rang einnahm, aus keinem anderen Grunde offenbar, als weil er in Gentile's Sauberkeit, Sorgfalt der Farbenmischung und in dem schattenlosen Vortrag der prächtigen Töne eine Verwandtschaft mit sich selbst erkannte.

Perugia. S. Domen. Einige Zeit hat Gentile vermuthlich in Perugia zugebracht, wo Theile eines Madonnenbildes mit Engeln, früher in S. Domenico, in der Stadtgallerie erhalten sind, aber in einem Zustande, der sie nur noch als Reliquie erscheinen lässt.[30] — In Città di Città di Cast. Castello, wohin er nach Vasaris Angaben manche Arbeit geliefert hat, sind die Bilder im Hospital von zweifelhafter Herkunft.[31] Ein Martyrium des heil. Victorin nebst Scenen aus seiner Legende befand sich im Dome zu S. Severino, ist jedoch untergegangen.[32] In Urbino ist Nichts von ihm vorhanden[33] und in seiner Vaterstadt Fabriano selbst ist das einzige beachtenswerthe Ueberbleibsel

[29] s. Michelangelo's Aeusserungen im Gespräch mit Vittoria Colonna bei Raczynski: „Les arts en Portugal" Paris 1846, oder die Auszüge in Grimms „Leben Michelangelo's."

[30] Gall. comm. Nr. 165. Unter der Hauptgruppe des Bildes befinden sich Spuren von Engeln mit Notenrollen. Das ganze auf Goldgrund. — Die Anbetung der Könige in derselben Kirche, von Mariotti (Lett. pitt. S. 67) dem Gentile zugeschrieben u. von Rosini in Abbildung mitgetheilt, ist von Benedetto Buonfigli.

[31] In der Amministrazione dello Spedale werden zwei Tafelbilder unter Gentile's Namen gezeigt: das eine, sehr restaurirt, enthält die thronende Jungfrau mit dem Kind aufrecht auf ihren Knieen und zeigt die umbrische Weise eines Malers aus Gentile's Schule; das andere, Maria mit dem Kind, welches einen Vogel hält, erinnert an Alegretto's Stil, ist jedoch von späterer Entstehung.

[32] Diese Nachweise bei Ricci a. a. O. 1, 155 und 170. — March. Carlo Luzi von S. Severino theilt uns mit, dass in der Pfarrkirche zu Serra Patrona unweit Camerino sich ein Altarbild Gentile's befindet, welches wir jedoch nicht gesehen haben.

[33] Giovanni Santi erwähnt den Meister in seiner Reimchronik als „il degno Gentil da Fabriano."

eine Krönung Maria's mit sechs musizirenden Engeln.[34] Es zeigt wenigstens noch viele Züge von des Meisters Art und war ursprünglich Kirchenfahne. Die Rückseite, ein heil. Franz in der Verzückung, von gleicher Grösse und Form, befindet sich an derselben Stelle, aber trägt die Inschrift: „Anno dni 1452. die 25 de Martio", ist dem Vordertheil stilverwandt, jedoch roher und mag von einer jüngeren Schülerhand herrühren. — Gentile starb angeblich in Rom und wurde in S. Francesca Romana am Campo Vaccino begraben.[35] Fabriano.

Ausser den im Texte aufgeführten Werke haben wir hier nur noch die folgende kleine Anzahl zu verzeichnen:

In Pisa: Pia Casa della Misericordia, ein kleines hübsches Madonnenbild: Maria sitzt auf einem Kissen und betet mit über der Brust gekreuzten Armen das Kind an, welches auf dem Rücken in ihrem Schoosse liegt und sie am Kleide fasst.[36] Versch. Bild. Ital. Deutschl.

Pisa, Akad. d. K.: Krönung Maria's von anderer Hand, nicht unähnlich dem Neri di Bicci.

Rom, Gal. Colonna: Maria mit Kind, irrthümlich benannt; wir werden demselben als einem der seltenen Werke des Stefano da Zevio von Verona wieder begegnen.

Berlin, Museum Nr. 1130: Maria hält thronend das stehende nackte Kind auf dem Schoosse, zu den Seiten des Thrones stehen Orangenbäume, auf denen statt der Früchte kleine rothe Seraphim mit Musik-Instrumenten sitzen; vorn rechts die heil. Katharina, links Nicolaus, zu dessen Füssen eine kleine Stifterfigur kniet. Goldgrund. Auf der Rahmenleiste die Inschr.: „† Gentilis de ...riano pinxit †."[37]

Berlin, Nr. 1058. Sechs Bilder in einem Rahmen: 1. Maria's Geburt; 2. Darstellung im Tempel; 3. Vermählung; 4. Christus im Tempel (mit kleiner Nonnenfigur als Stifterin); 5. Anbetung der Könige; 6. Krönung Maria's (sie findet statt vor dem Throne Gott Va-

[34] Früher in Casa Bufera, jetzt in Casa Morichi.

[35] Facio a. a. O. 44. 45. Wir bemerken hier, dass die Herausgeber des Vasari Lem. in ihrem Comment. zum Leben des Gentile (IV, 168) aus der Bemerkung Facio's ein Zusammentreffen Roger's v. d. Weyden mit Gentile in Rom annehmen. Facio sagt bezügl. der Wandbilder im Lateran: „auctore requisito cum multa laude cumulatum ceteris Italicis pictoribus anteposuisse." v. d. Weyden fragte offenbar nur nach des Meisters Namen und wir glauben, dass Gentile damals (1450) schon mehrere Jahre todt war.

[36] Der blaue Mantel übermalt, die Fleischtöne jetzt dunkel.

[37] Tempera auf Holz, h. 4' 2", br. 3' 7". Die Farbe hat sich durch das Alter und durch Einwirkung von Oelfirniss verändert. Beschrieben ist das Gemälde bei Ricci (a. a. O. I, 155). Es befand sich ursprünglich in S. Niccolò zu Fabriano und später in Osimo, Matellica und Rom.

Frankreich. England. ters. Sämmtlich auf Goldgrund, „Schule des Gentile", im Stil des Antonio da Murano.[38]

Paris, Hôtel Cluny, Tafelbild mit der Jahreszahl 1408, dem Gentile zugeschrieben, jedoch von Lorenzo Monaco (s. Bd. II, S. 128).

Paris, früher im Besitze O. Mündler's: Kleines Tafelbild aus Mailand: Maria mit dem Kinde aufrecht auf ihren Knieen und einem knieenden Stifter, vermuthlich Lionel von Este. Ein reizvolles (theilweise retouchirtes) Bildchen mit kleinen Figuren in der Landschaft des Hintergrundes und ganz in Gentile's Charakter.

London, bei Lord Taunton, Tempera auf Holz: Seestück (ein König auf dem Hauptschiff und ein geleitendes Geschwader, in einer Grotte ein Mönch und rechts am Lande vier Figuren mit einem Hund), trägt den Namen des Gent. da Fab., aber die Vortragsweise ist die des Fiesole, Zeichnung, Geberdensprache, Typen und Gewandung wie aus seiner Schule. Schwerer Firniss verdunkelt die Oberfläche und lässt zweifelhaft, ob das Bild dem Fiesole oder Gozzoli oder dem Pesellino angehört.

Corsham-Court, Methuen-Galery, Anbetung der Könige.[39]

Liverpool, Institution Nr. 13: Ein Heiliger auf dem Thron zwischen vier anderen,[40] ein umbrisches Bild, welches Einfluss des Sienesen Taddeo di Bartolo verräth, aber von einem Maler aus Gentile's Schule herrührt.[41] —

Unter den Nachfolgern des Meisters begegnen uns zuerst Franciscus Gentilis, der für den Sohn desselben gehalten worden ist. Drei Tafelbilder bieten diesen Namen, eins im Museum des Vatican, ein anderes in Fermo, das dritte in London bei Hrn. Barker:

Rom. Das Bild im Vatican (Schrank X), eine Madonna mit Kind, bez.: „Franciscus Gentilis" mit dem Monogramme: „FD" zeigt abstossende Typen.[42] — In Fermo bei Herrn Dominici: Heimsuchung, auf den Gewändern der Frauen sieht man die Kinder, den kleinen Jesus bereits segnend, ein Holzbild ohne Empfindung; die Farbe nach

[38] Tempera auf Holz, h. 2' 6", br. 2' 5".

[39] s. Waagen, Treasures in England suppl. 397.

[40] Es ist, wie uns scheint, durch das Alter und durch alte Uebermalung beeinträchtigt.

[41] In S. Agostino zu Bari befand sich nach Vasari (IV, 154) ein gekreuzigter Christus mit drei Halbfiguren oberhalb des Chor-Einganges, ein Bild, welches schon Ricci a. a. O. I, S. 152 und 168 vergebens suchte; er entnahm den Hinweis aus Lori's handschriftl. Memorie di Fabriano. Auch H. W. Schulz, Denkm. d. K. des Mittelalters in Unter-Italien I, 334 und III, 174 verzeichnet es nur und nennt an ersterer Stelle als Maler den Francesco Gentile da Fabriano.

[42] Die Tempera dunkel und trübe, Maria's blauer Mantel neu. (Aggiunte alle mem. di Gent. da F.)

Crivelli's Art aufgetragen, die Gewänder bruchig, bez.: „Franciscus Cētilis de Fabriano". — Das Bild in London ist das Bildniss eines bartlosen jungen Mannes,[43] hager und von eckigem Umriss; unter der rothen Mütze fällt langes Haar hervor, mit der rechten Hand zeigt er auf ein im Fenstersockel liegendes Blatt mit der Inschr.: „FRANCISCVS GENTILIS DE FABRIANO PINSIT." Das Bild im Charakter des vorigen bietet eine Mischung des umbrischen und der neu peruginischen Weise mit dem Stile des Lorenzo di S. Severino, wie sich derselbe auf dessen Bilde der Londoner National-Gallerie und bei Crivelli darstellt. London.

Dies sind ärmliche Machwerke eines Malers, der sich weniger nach dem Vorbilde Gentile's, als vielmehr nach Antonio da Fabriano, Giovanni Boccati von Camerino und Lorenzo von S. Severino gebildet hat. Ihre Malweise ist hier in verschlechterter Gestalt mit Crivelli's Farbenauftrag verbunden. — Treuer der Weise Gentile's, aber ebenfalls mangelhaft zeigt sich Lellus von Velletri, dessen Madonna in Perugia eine misslungene Nachahmung des Malverfahrens der Madonna zu Orvieto und der unerfreulichsten Züge des Taddeo und Domenico Bartoli ist:

Das Bild, früher in S. Agostino, jetzt in der Stadtgallerie zu Perugia (Nr. 68), zeigt Maria mit dem Kinde thronend, vorn zwei Engel, zu den Seiten Johannes den Täufer und Augustin, Agatha und Liberatore; auf einem Spruchband bez.: „Lellus de Velletri pinsit." — Perugia. Gall.

Erträglicheres bietet ein anderer, freilich immer noch schwacher Gehilfe Gentile's, Antonio di Agostino di Ser Giovanni da Fabriano, welchem Ricci eine Darstellung des verzückten Franciscus (in Casa Morichi) mit der Bemerkung zuschreibt, dass dieselbe als Seitenstück zu einer Fahne Gentile's mit der Krönung Maria's gedient habe und beweisen sollte, inwieweit es der Schüler dem Meister gleich zu thun vermöchte.[44] Die Hässlichkeit seiner engen Kunstanschauung vertritt ein Hieronymus in der Sammlung Fornari zu Fabriano,[45] in welchem er, ähnlich dem

[43] Ricci a. a. O. I, 154 beschreibt es nach Montevecchi als Gentile's Selbstportrait und gibt die früheren Besitzer desselben an.

[44] Ricci a. a. O. I. 176.

[45] Der Heilige sitzt schreibend in Kardinalskleidung in seiner mit Büchern angefüllten Zelle mit dem Löwen zur Seite. Auf dem Pulte die Jahreszahl: „1451." und unten auf dem Rahmen: „ANTONIVS D. FABRI."

Giovanni Boccati, jene ungeschlachte Bildung der Gliedmaassen übertreibt, wie man sie bei Piero della Francesca findet. Dabei ist das Verhältniss der nackten Theile gut, nur trocken und mager und die Gewandung von der herkömmlichen Eckigkeit. Sein Malverfahren, — er wendet eine Mischtempera von rauhem blödem Tone, anscheinend mit Rothöl von harziger Natur versetzt, an — weicht sehr von Gentile ab. Von Wandgemälden wird man ihm diejenigen im ehemaligen Refectorium von S. Domenico zu Fabriano[46] zuschreiben dürfen; beglaubigte Arbeiten anderer Art haben wir im Palast Piersanti zu Matellica und in der Pfarrkirche zu La Genga:

Matellica. Dort ein Krucifix mit einer in gutem Verhältniss gezeichneten Christusfigur, den Fresken in Fabriano nicht unähnlich, aber schadhaft. Von der Inschrift liest man noch: „. . tonius . . brianen. S. P.
La Genga. 1452" (wahrscheinlich 1472); — in La Genga bei Fabriano ein zusammengesetzes Altarbild: auf der Haupttafel Madonna mit Kind und von Engeln umgeben; oberhalb Gott Vater, der die Taube aussendet, an den Seiten Clemens und Johannes der Täufer. Auf einer Rolle: „Antonius de Fabião pinxit."[47] Das Kind ist buckelig, wie man es bei den Malern von Camerino findet; die trockenen und nicht schön gefügten Formen erinnern an Gentile und die Sienesen.[48]

Von Antonio's Zeitgenossen Onofrio sollen die Bruchstücke der Wandgemälde aus dem Leben des heil. Benedict in einem der Kreuzgänge von S. Michele in Bosco zu Bologna herrühren.[49]

---

[46] Das Refectorium ist jetzt Kornmagazin. Vgl. über die Bilder B. II. S. 363 Anm. 45. Sie zeigen eine Kreuzigung, von zahlreichen Heiligen umgeben, welche links und rechts knieen. In einer Nische der einen Seite die heil. Lucia, gegenüber Katharina, alles von gemalten Rahmen mit schönen Zierrathen umschlossen. Das Datum „1480. die 25. Februarii" steht auf dem Rahmen.

[47] An demselben Orte haben wir auch zwei Kirchenfahnen von derselben Hand, die erste enthält Maria mit Kind und Gott Vater darüber, bez.: „Antonius...." auf der Rückseite: Clemens und Johannes der Täufer mit vier knieenden Mönchen unterhalb; die andre Fahne Maria mit Kind und Stifter, Rückseite Kreuzigung umgeben von zwei Heiligen (fast zerstört).

[48] In S. Croce bei Sasso Ferrato findet sich ebenfalls ein grosses zusammengesetztes Altarstück mit dünnen schlanken Figuren bei sorgfältiger Ausführung und trockener Färbung, wahrscheinlich von Antonio: Hauptbild Maria mit Kind zwischen Joachim, Benedict, Stephan u. Clara; oberhalb die Kreuzigung und zu den Seiten Petrus, Paulus und zwei andere Heilige; in den Aufsätzen Gott Vater u. die Evangelisten; in der Staffel 6 Darstellungen, darunter die Auferstehung.

[49] Ricci a. a. O. I, 193 setzt sie zwischen 1460 und 1470.

Sie unterscheiden sich in nichts von den rohen Durchschnittsleistungen des 15. Jahrhunderts in Umbrien und den Marken.—

Mehr Anziehungskraft haben die älteren Handwerkskünstler von S. Severino. Sie waren Nachbarn des Ottaviano Nelli und des Gentile da Fabriano, und einer von ihnen Namens Lorenzo stellt sich in seinen Werken als ein Vermittler dieser beiden Meister dar. Die früheste Nachricht von ihm finden wir auf einem Flügelaltar in der Cistercienser-Kirche zu S. Severino, der, beschädigt wie er ist, wenigstens durch das inschriftliche Beiwerk Werth erhält. Er lehrt uns, dass Lorenzo im Jahre 1374 geboren war:

Das Mittelbild innen enthält die Verlobung Katharina's, auf dem Flügel links den heiligen Hieronymus, rechts Taddeus (wie aus den Schriftzügen der erhabenen goldenen Heiligenscheine hervorgeht). Am oberen Stück des Bildes steht die Stiftung: „Hoc opus fecit fieri Fr. Antonius Petroni," am untern Ende des Rahmens die Inschr.: „Nelli mei anni XXVI io Lorenzo fe... quisto laurro." Wenn geschlossen, sieht man auf der Aussenseite der Flügel: „Christus in den Armen Maria's" (Grau in Grau); darunter die Worte: „Anno domini MCCCC." Das Gegenstück ist fast ganz erloschen; nach Ricci I, 198 standen darunter die Worte: „Nel mese di Genaro."[50] S. Severino.

Im Jahre 1416 schmückte Lorenzo im Vereine mit seinem Bruder Jacopo das Oratorium von S. Giovanni Battista in Urbino durchweg mit Bildern aus dem Leben des Täufers, einem Krucifix und anderen Darstellungen aus, welche zusammengehalten mit der Anordnung der Kapelle und ihres Kreuzgewölbes immerhin Eindruck machen:

An der Altarwand eine Kreuzigung,[51] belebt mit schlecht zusammengefügten Gruppen nach sienesischer Art. Das Nackte ist so mager, dass die menschliche Gestalt zum Leichnam eingeschränkt erscheint; Urbino. S. Giov. B.

[50] Die Farbe, wo sie überhaupt noch erhalten ist, von der Zeit geschwärzt.— In der Unterkirche daselbst finden sich Bruchstücke von Wandbildern mit Gegenständen aus der Legende des Andreas, welche Ricci a. a. O. I, 187 für Lorenzo's Arbeiten hält, aber wir können keine hervortretende Aehnlichkeit mit den in Urbino erhaltenen Sachen erkennen. — Auch in S. M. della Pieve zu S. Severino erwähnt Ricci (I, 198) Fresken des Lorenzo, die schon damals zerstört waren.

[51] Auf einem Streifen unterhalb liest man noch: „Anno domini MCCCCXVI. die XVIII. Julii Laurentius de Santo Severino et Jacobus frater ejus hoc opus fecerunt." Die Figuren des Bildes sind lebensgross.

Engel, Frauen und Krieger in ungeberdiger Aufregung heulend und schreiend, alles fratzenhaft verzerrt, die Pferde der Schaarwache Karrikaturen. — Die Wand zur Rechten, in zwei Streifen eingetheilt,
Urbino. S. Giov. bietet oben: die Erscheinung des Engels bei Zacharias, die Heimsuchung, die Geburt des Täufers (das Kind plump und ohne Hals), Namengebung, Beschneidung und eine Darstellung wie Zacharias in Gegenwart der knieenden Anna die Hand der Jungfrau ergreift, Maria's Kopf erneut. — Im unteren Streifen: Johannes, dem reitenden Herodes begegnend, dem er Busse predigt, die Taufe Christi mit sehr ärmlichen nackten Formen, der herabschauende Gott Vater karrikaturartig, die Blätter der Bäume sonderbarer Weise wie Muscheln mit daraus hervorguckenden Cherubköpfen gestaltet; die Predigt des Johannes (mit Annäherung an Gentile).[52]

Trotz der abstossenden Uebertreibung im Mittelbilde begegnen wir unter den Darstellungen aus dem Leben des Johannes glücklichen Anläufen, unter den weiblichen Gestalten hier und da — so auf dem Bilde der Heimsuchung — natürlichen Bewegungen, wenn auch überreizt, und etliche Einzelfiguren wie z. B. zwei Männer in schwarzen Gewändern und Kopfbedeckungen bei der Begegnung mit Herodes sind recht gut und sogar fliessend gemalt. Noch anziehender wirkt die schlanke Mariengestalt (Wand links vom Eingang), welche auf einem Polster sitzend mit feiner Hand den Schleier von dem auf ihrem Schoosse schlummernden Kinde hebt, eine reizvolle Gruppe im Geist der Maler von Gubbio, nur durch den hässlichen Körper des Jesusknaben entstellt. Maria's länglicher Kopf und ihre dünn geschnittenen Züge, das Wellenhaar und die Goldzierrathe des Schleiers erinnern an Bilder, welche die Ueberlieferung dem Angioletti zuschreibt und bieten Aehnlichkeiten mit Gentile da Fabriano, während in der sanften Pracht der Farbenzusammenstellung, in der Schärfe und Feinheit der Umrisse und der mühsamen Vollendung des Einzelnen ein Schritt über Ottaviano Nelli hinaus anzuerkennen ist.[53]

---

[52] Die Bilder an der Thürwand sind theils verlöscht, theils durch eine Gallerie bedeckt und an der linken Seite sind einige durch Reparaturen beschädigt, andere gänzlich übermalt.

[53] In der Sacristei desselben Oratorium's befinden sich zwei Kirchenfahnen, von welchen eine die Predigt des Johannes enthält, fast gänzlich übermalt, aber doch den obigen Wandbildern stilverwandt; dasselbe gilt von der anderen mit dem Crucifix.

Lorenzo und Jacopo, von welch letzterem wir weiter keine Kunde haben, sind tüchtige umbrische Meister, treu der heimischen Kunstweise, unberührt von den wesentlichen Bedingungen reiner Kunst, aber nicht ganz ohne Empfindung. Welche Wirkung sie in Urbino ausgeübt haben, ist schwer zu sagen. Die Anmuth des Vortrags, die ihnen ja nicht ganz versagt war, wird von Giovanni Santi gewiss geschätzt worden sein, aber von einem Einfluss auf ihn gewahren wir nichts.[54]

Weitergeführt wird diese bescheidene malerische Entwickelung in Umbrien durch einen zweiten Lorenzo, ebenfalls aus S. Severino, an dessen Arbeiten die im Laufe der Zeit vollzogenen Abwandelungen bemerkbar werden, und zwar zunächst im Formenausdruck, dann in der Zeichnungsweise, im Seelengepräge, in der Gewandung und vor Allem im Tempera-Verfahren. Wir haben drei mit Namen beglaubigte Bilder von ihm, von denen zwei dieJahreszahlen 1481 und 1483 aufweisen:

In Pausola unweit Macerata, in der Sacristei „All' Amatrice di S. Pietro e Paulo": ein Altarbild mit dreifachem Giebel: Maria mit Kind und vier Engeln, zu den Seiten der Täufer und Magdalena; in den Spitzen das Ecce homo zwischen einem männlichen und weiblichen Heiligen. Auf Maria's Thronstufe die Inschrift: „Opus Laurentii de S. Severino."[55] — Pausola.

In der Collegiat-Kirche zu Sarnano ein Wandbild in tabernakelartiger Form: im Bogen die thronende Madonna mit dem Kind zwischen Martin und dem Täufer, vor letzterem ein knieender Abt; oben Gott Vater mit drei Engeln an jeder Seite, über Maria sechs ähnliche. In den Zwickeln die Verkündigungsfiguren. An den Seiten der heil. Sebastian mit einem knieenden Mönch und Rochus, über jedem ein Engel.[56] — Sarnano.

Das dritte Bild (ursprünglich in S. Lucia zu Fabriano) befindet sich jetzt in der National-Gallerie zu London unter Nr. 249: eine London

[54] s. Pungileoni, Elog. stor. di G. S. S. 4.

[55] Darunter die Angabe, dass das Bild im Auftrage des Gentilis und Giovanni Marinus gemalt worden. Der Tempera-Auftrag ist karg, hart u. schraffirt, die Erhaltung sehr gut. —

[56] Inschrift: „Hoc opus fec fieri Antonino Botius abas de Sarnano pro ejus anima et domini Guglielmi Franciga sub anno domini 1483. Laurentius Severinas pinxit." In der Sacristei derselben Kirche haben wir ferner die Flügel eines Altarstücks mit doppelspitzigen Bögen, in welchen die Heiligen Petrus, Paulus, Benedict u. Blasius angebracht sind, sehr schadhaft und wie Karrikaturen des Alunno.

Verlobung Katharina's von Siena, links der heil. Demetrius von Spoleto knieend, Inschrift: „Laurentius II Severinas pisit."

Die Bilder sind sämmtlich in der Malweise des Crivelli behandelt, dessen Arbeiten in den Städten jenes Landstriches massenhaft anzutreffen sind, und sie entfalten bei all' ihren Schwächen doch immerhin etwas von der religiösen Neigung des Alunno. Auf anderen Bildern von der Manier Lorenzo des Zweiten, wie man ihn laut seiner eigenen Inschrift auf dem Londoner Bilde nennen darf, finden wir den Alunno nicht sowohl nachgeahmt als entstellt; so auf einem Madonnenbilde in S. Agostino zu S. Severino,[57] auf einer Empfängniss im Brüderhause von S. Francesco zu Matellica,[58] auf einer Maria mit heil. Gefolge in der Kirche S. Francesco[59] und auf zwei Heiligenpaaren in S. Teresa[60] derselben Stadt. Die schlimmste Ausgeburt dieser verzerrten Kunst ist eine Begegnung Anna's mit Joachim im Dom zu Nocera.[61] — Die Reihe derartiger Arbeiten dritter Ordnung vervollständigen wir nur noch durch Erwähnung eines widerwärtigen Madonnenbildes des S. Severiner Malers Lodovico de Urbanis

S. Severino.

Matellica.

Nocera.

[57] Bild mit lebensgrossen Figuren auf Goldgrund in der Vorhalle der Kirche: Madonna mit Kind u. Engeln zwischen Johannes dem Täufer u. einem Bischof (M's. Kleid schadhaft), gemalt in leichter Wasserfarbe, an Alunno's Manier erinnernd.

[58] Anna mit Maria und Christus auf dem Knie, welche Puppen gleichen; zur Seite Sebastian u. Rochus, darüber Ecce homo zwischen Halbfig. des Michael und Dominicus (äusserst schadhaft und senkrecht gesprungen, viel Farbe abgeblättert, Marias Kleid neu).

[59] Maria mit Kind mit vier Engeln, von denen einer dem Knaben Blumen reicht, seitwärts Franciscus und Bernhardin; auf den Flachsäulen daneben je zwei Halbfig. Heiliger und ein Engel; in der Staffel vier Bilder, von denen das erste und letzte eine betende Halbfigur enthält. Das Bild ist Mischung der Manier Lorenzo's und Alunno's, besser als das vorige.

[60] Auf Goldgrund fast lebensgross die Heiligen Severinus und Katharina, darüber Daniel, Johannes der Täufer im Gespräch mit einem Mönch (mit Brille) und Elias.

[61] Oberhalb Gott Vater, Maria u. zwei Engel, auf dem Rahmen zwei Heilige in Halbfig. — Urkundlich malte Lorenzo von S. Severino im J. 1496 in Monte Milone ein Altarbild, nach Ricci (I, 202) mit Darstellungen des Antonius von Padua, der Madonna mit Kind u. Engeln u. der Inschrift: „Lauret. Sevaci A. S." Ricci bezieht sich ferner auf ein schadhaftes Madonnenbild mit zwei Heiligen in Bischofsornat in S. Francesco delle Scale zu Ancona, bez. mit den Buchstaben-Resten: „. . . .enzo Severin . . . . feci . . . M . . . . 18." Ausserdem haben wir Nachrichten (Ricci II, 130), welche bekunden, dass Lorenzo im Jahre 1478 in der Stadthalle zu S. Servino eine Justitia malte. 1481 Wappenschilder an 2 Thoren und 1482 die Figur des B. Jacopo della Marca.

in der Domsacristei zu Recanati[62] und einer anderen Maria mit Kind und Märtyrergestalten von Stefano di S. Ginesio in der Zoccolanten-Kirche seiner Vaterstadt.[63] — Recanati. S. Ginesio.

Folgen wir dem Ostabhang der Apeninnen nach Süden hin, so betreten wir in Camerino die Kunstheimath der Boccati, des Giovanni und Girolamo di Giovanni, die eine etwas höhere Stelle ansprechen dürfen, als die S. Severiner Maler. Ihre Vaterstadt bot nur ein enges Feld für künstlerische Thätigkeit, und Giovanni scheint auch nicht lange daheim geblieben zu sein; wenigstens dürfen wir ihn, nach beglaubigten Arbeiten aus der Mitte des Jahrhunderts zu schliessen, für den Maler einer thronenden Maria mit Blumen tragenden Engeln und eines von der Kanzel predigenden heil. Bernhardin halten, die sich beide im Franciskanerkloster zu Camerino befinden.[64] Im Jahre 1445 bewarb er sich um die Zunftgerechtigkeit in Perugia.[65] Wir erfahren bei dieser Gelegenheit seinen vollen Namen (Giovanni di Pier-Matteo d'Antonio d'Annutio), doch scheint der Erfolg seines Gesuches nicht vollständig gewesen zu sein. Ein Bürger der Stadt hatte 1446 eine Madonna bei ihm bestellt, welche für die Brüderschaft der Disciplinati von S. Domenico gekauft war und erst vor kurzem von dort in die Stadtgallerie von Perugia übergegangen ist: Camerino. S. Franc.

[62] Mittelstück: Maria mit Kind und zehn Engeln, an der Seite Benedict und Sebastian, in den rautenförmigen Aufsätzen der Schmerzensmann u. die Verkündigungs-Figuren; auf Pilastern zwei Engel und vier Heilige, Halbfig., in der Staffel Tod des Sebastian und zwei andere Gegenstände, dazwischen in den Pilastern vier Propheten, bez.: „Opus Ludovici de Urbanis de Sãto Severino." Ricci a. a. O. I, 221 gibt weitläufige Mittheilungen über den Maler, welcher in den Jahren 1488 und 1493 Consul in S. Severino war und im Jahre 1466 mit einem Zunftgenossen im Rechtsstreite lag. Derselbe Gewährsmann beschreibt auch ein Altarbild derselben Hand vom Jahre 1463 in S. M. delle Grazie zu S. Severino.

[63] Madonna mit Kind (letzteres nach Crivelli copirt) zwischen zwei bischöflichen Heiligen und den knieenden Rochus und Sebastian. Inschrift an der Thronstufe: „Hoc opus factum fuit tempore dñi Johannis abatis anno dñi 1492. Stephanus d Sc̃o Ginesio p." Wir haben hier dieselbe widerwärtige Kreuzung der Manieren des Alunno, Crivelli und der S. Severiner wie bei dem vorgenannten Maler.

[64] Dieses Tafelbild in S. Francesco, auf Goldgrund gemalt, ist durch Sprung entstellt.

[65] Ricci a. a. O. I, 199. 200 gibt das vollständige Aktenstück.

Perugia. Gall.

Maria thront mit dem Kinde, umgeben von zwei spielenden Engeln innerhalb eines steinernen Baues, um welchen Seraph-Gestalten stehen, rechts und links Dominicus und Franciscus, jeder mit einem knieenden Genossen der Bruderschaft, neben jenen Ambrosius und Hieronymus, Gregor und Augustin. Ueber Maria's Kopf ist ein Rosengehänge, und Jesus lässt sich die Hand von einem Hunde lecken, den er am Bande hält. Seitwärts in der Ferne sind zwischen Vasen und Blumenschmuck Engel zu sehen, dahinter Bäume und blühende Gewächse.[66]

Der schlanke Wuchs Maria's, ihr langer Hals, die kleinen Hände, alles von haarfeinen scharfkantigen Umrissen eingeschlossen, in warmer Tempera mit fettem Auftrag und emailleartiger Glätte gemalt, ebenso die Engelgestalten, sind von umbrischem Gepräge und beweisen, dass Boccati sich an Mustern von Gubbio und Fabriano gebildet und mit vielen Eigenthümlichkeiten der Sienesen vertraut gemacht hat. Auch an eine andere Kunstrichtung, die des Bartolommeo di Tommaso und Alunno, Vertreter der Schule von Foligno, fühlt man sich erinnert, die namentlich durch Alunno's Eifer und Fleiss gegen Ende des XV. Jahrhunderts eine gewisse Selbständigkeit bekam und die älteren verdrängte. Ihre auszeichnende Beschaffenheit liegt in der Aneignung von Zügen Benozzo Gozzoli's, welcher auf diese Weise, wenn auch unter viel bescheidenerem Verdienst, mit P. della Francesca die Ehre theilt, das Florentinische nach Umbrien verpflanzt zu haben. Giovanni Boccati überkam nicht blos die florentinische Richtung aus zweiter Hand von Benozzo, sondern nahm auch von dem Meister aus Borgo S. Sepolcro Manches an und zwar nicht eben die Vorzüge. Auf seinem Altarbild von S. Domenico (s. oben) begegnet uns am Christuskinde das ält-

[66] Perugia, Gal. Nr. 4. s. Mariotti, Lett. pitt. S. 68. Das Altarbild ist sehr schadhaft. Ambrosius, theilweise auch Hieronymus und der ganze Hintergrund desselben übermalt, ebenso Maria's blauer Mantel u. Theile der Gewänder an den übrigen Figuren; die Farbe ist dadurch dunkel geworden. In der vom Hauptbild abgetrennten Staffel, jetzt Nr. 5 ders. Gallerie, sieht man: Gefangennehmung Christi (an Domenico di Bartolo erinnernd), Kreuzigung (in einigen Figuren dem P. della Francesca ähnlich), Thomas von Aquino und Petrus Martyr. Der Gang nach Golgatha völlig in sienesischer Weise. Auf dem Rande die Inschrift: „Opus Johīs Bochatis de Chamereno“ an der Thronstufe die Jahreszahl: „1447“. Höhe der Mitteltafel 3' 1'' engl.

liche Aussehen und die harten hölzern Formen Piero's; das kurzlockige Haar, der geöffnete Mund sind in gleichem Sinne auffällig, und an den Engeln die langen Hälse; an den Gesichtern die runzlige Haut und an den Gewändern die Masse straffer und gebrochener Linien. Boccati ist nur ein mässig gegabter Künstler und die Vereinigung sienesischer, umbrischer und florentinischer Kunsteindrücke vermochte es bei ihm zu keiner Art von Vollkommenheit zu bringen; vielmehr neigt in ihm die Anmuth der Umbrier zu gewöhnlicher Uebertreibung, die Sonderbarkeit der Sienesen in ihrer Gewandbehandlung zum Abgeschmackten; der Ernst florentinischer Zeichnung bleibt ihm fremd und ebenso die Kunst der Figuren- und Raum-Verjüngung. Bei alledem fand er in mässigen Grenzen eine erfolgreiche Thätigkeit in Perugia und hat dort mehrere, jetzt in der Stadtgallerie bewahrte Werke hinterlassen;[67] andere sind nach Orvieto[68] und sogar nach Rom[69] gelangt. —

In Girolamo di Giovanni von Camerino, der gemeinhin für Giovanni Boccati's Sohn angesehen wird, kommt eine etwas andere Kunstrichtung zum Ausdruck. Das einzige Bild, welches seinen Namen trägt, in S. M. del' Pozzo in Monte S. Martino in Fermo, bekundet den Einfluss von Boccati, von Matteo da Gualdo und Vivarini.

Das Altarbild in Monte S. Martino, vollendet 1473, enthält die Madonna mit dem Kinde und vier Engel zwischen Cyprian und Tho- Fermo.

[67] Hier glauben wir ihm wenigstens folgende Nrn. zuschreiben zu müssen: Nr. 21. Maria das Kind anbetend, welches auf ihrem Schoosse liegt und mit einem Vogel spielt; sie sitzt auf einem Tabernakelthron von sechs spielenden u. singenden Engeln umgeben; im Vordergrund links ein Engel mit Laute, rechts einer mit Cymbel, andere Blumen pflückend, die Farbe ist weich gemischt, aber flach und röthlich in den Fleischtönen, welche durch Firniss verändert sind. — Nr. 70. Maria dem Kinde die Brust reichend, Engel mit Blumen, andere vorn sitzend mit Instrumenten, auf den Gewändern viel Zierrath.

[68] In der Hauskapelle der Casa Pietrangeli: Maria mit Kind auf Goldgrund zwischen den Heiligen Sabinus, Juvenal, Augustin und Hieronymus, Engel mit Blumen, andere sitzend und spielend; ziemlich beschädigt (Maria's Kopf neu), ohne Malernamen, aber mit dem Jahre 1473. —

[69] Im Besitze des Monsignor Badia: Paulus der Einsiedler und Christoph, zwei überhöhte Tafelbilder von sattem emailleartigen Farbenauftrag; sie sind dem P. della Francesca zugeschrieben, gehören aber wahrscheinlicher dem Giovanni Boccati und würden dann allerdings zu seinen besten Leistungen zu zählen sein.

mas, welcher den Gürtel hält und liest; in Zwickel-Medaillons der Mitteltafel die Verkündigungs-Figuren. Im mittleren Aufsatz der Gekreuzigte von Maria und Johannes beklagt. In den Aufsätzen zur Seite Michael mit der Seelenwaage (eine charakteristische Figur, dem Vivarini verwandt) und Martin, der seinen Rock theilt; in Rundbildern darüber Petrus und Paulus; unterhalb der Maria die Inschrift: „Jeronimus Johannis de Camerino depinsit MCCCCLXXIII.“[70]

Die Mängel der erwähnten Vorbilder finden wir hier in der Kopfform Maria's und in der hässlichen Gestalt des Kindes sowie in der Heilandsfigur, die bei gutem Gesammtverhältniss durch Magerkeit und Alter abstösst, deutlich wieder, das Verfahren der Vivarini erkennt man an der dünnen, flachen und ziemlich trockenen Tempera, an den Umrissen und an der ganzen Art der Form und Gewandzeichnung. — Unterm Jahre 1450 trat Girolamo zu Padua in die Zunft,[71] aber er hielt an den Ueberlieferungen seiner Heimath fest und zeigt nur so viel oder so wenig paduanischen Kunstcharakter, als man an den Vivarini's bemerkt, deren Bilder in den Marken durchaus nicht selten sind und dort mit denen Crivelli's wetteifern. Entschiedeneres paduanisches Gepräge würde man bei Girolamo aufweisen können, wenn man ihm mit Gewissheit ein Bild im Besitze des Cavaliere Vinci in Fermo[72] zuschreiben dürfte, eine Hieronymusfigur von sorgfältiger Zeichnung und schneller Pinselführung in sattem röthlichen Fleischauftrag, ein Bild, welches an Matteo da Siena und an den Ferraresen Bono, einen mantegnesken Schüler Pisano's erinnert.

Vermuthungen über die Verwandtschaft Girolamo's mit Boccati aufzustellen, unterlassen wir; augenfällig ist, dass er die Kunstweise Giovannis fortgesetzt hat, und wenn dieser auch die innere Anziehungskraft abgeht, so gewährt sie doch manchen Aufschluss, wenn wir ihr von Camerino aus durch die Marken

[70] Maria's Mantel schadhaft, ebenso der Hals des Thomas.

[71] s. Moschini dell' origine e delle vicende della pittura in Padova. 1826. Tipogr. Crescini. S. 24.

[72] Der Heilige kniet vor dem Krucifix und schlägt sich die Brust; zur Seite Kardinalshut und Löwe und die Sandalen, hinter ihm ein Bär, der sich die Pfote leckt. Die Ferne zeigt einen Felsen mit einer Höhle darin und verliert sich links nach einer Stadt zu in weitem Horizont.

bis Ascoli nachgehen und ihre Berührung mit der Kunst von Padua und Venedig beobachten. In diesem Sinne verdienen Bruchstücke in der Sacristei von S. Agostino zu Monte S. Martino[73] und ein beiderseits bemaltes Kirchenbanner[74] in der Unterkirche zu Sarnano wenigstens Erwähnung, indess zu längerem Verweilen laden diese Stücke nicht ein, und wir dürfen deshalb unseren Untersuchungsgang längs der beschriebenen Grenze fortsetzen. Wir kommen auf diesem Wege zuerst nach Gualdo-Tadino und finden hier den Matteo, welcher in Auffassung und Technik ein Genosse Giovanni Boccati's ist, aber dabei an der umbrischen Vortragsweise, die in Perugino gipfelt, treuer festzuhalten strebt. Freilich war er eine schwache Kraft und es kommt ihm schwerlich höheres Lob zu, als dass er die beiden Lorenzo von S. Severino wohl nachgeahmt, kaum aber übertroffen hat; mit den Nachbarn in Foligno hatte er von Haus aus Verwandtschaft. In seiner Vaterstadt finden wir nur Nachrichten über seine Thätigkeit,[75] aber keine handgreiflichen Zeugnisse mehr. Vor Augen tritt uns seine Handweise erst in der Stadt Gualdo, wo wir in S. Francesco eine Verkündigung, eine Madonna mit Heiligen, sodann eine Darstellung der heil. Anna, wie sie die Tochter lesen lehrt,[76] und ein anderes Marienbild im Dome antreffen.[77] Ein echtes Wandgemälde bietet sich in einer einzelstehenden Kapelle S. M. della Circa bei Sigillo auf den Hügeln vor Gubbio, wo an den Innenwänden eine Maria mit dem Kind, welches einen Hund im Arme hält, und eine gnadenreiche Jungfrau dargestellt sind.[78]

M. S. Mart.

Sarnano.

Gualdo.

Sigillo.

[73] Hier haben wir ein Aufsatzstück mit dem Gekreuzigten zwischen Maria und Johannes, von gleichem Stile wie das vorhin beschriebene Altarbild.

[74] Auf der einen Seite die Verkündigung (Maria's Kopf theilweise verlöscht), auf der anderen Seite die Kreuzigung mit Maria und Johannes (sehr beschunden), Goldgrund.

[75] Es soll sich ein Bild mit der Jahrzahl 1462 dort befunden haben.

[76] Alle drei Bilder im Chor, von geringer Bedeutung.

[77] Es ist oberhalb des Hochaltars angebracht. — Ein dem Matteo zugeschriebener Flügelaltar soll in Nociano nahe bei Gualdo und eine Madonna zwischen Rochus und Sebastian in S. Pellegrino, ebenfalls in nächster Umgebung von Gualdo vorhanden sein.

[78] Auf den Flachsäulen neben letzterem Bilde erkennt man die Inschrift: „Ma.. eu. pin... su,. MD.....", vermuthlich: Matteus pinxit sub anno etc. — Auf derselben Wand befindet sich eine Conception, das mangelhafteste von allen diesen Bilden; das Kind eine Karrikatur desjenigen, welches Bartolommeo di Tommaso von Foligno wiederholte.

Hell röthliche Wasserfarbe auf grünem Grund, die Schatten herkömmlicher Weise in Verde, die Lichter strichweise aufgesetzt, bildet die Fleischfarbe bei der ersten dieser Marien, deren Gesichtsrund aus gleicher Form genommen scheint wie bei den S. Severinern, während die Geziertheit des Ausdrucks, die Wickelfalten und der dünne Umriss, die Verschwendung an gemusterten Zierrathen und die Kraft der Tinten den Maler als Umbrier ausweisen. Die andere Mariengestalt thut es an Länge und Schlankheit des Wuchses denen des Giovanni Boccati gleich, während die Engel, welche ihren Mantel ausbreiten, dem Bartolommeo di Tommaso oder Alunno sehr nahe stehen; von den Frauen unter dem Mantel zeichnen sich etliche durch hübsche Köpfe und nette Hauben aus und erinnern ein wenig an die des Piero della Francesca auf seinem Bilde der gnadenreichen Jungfrau in Arezzo. Wie bei jenem, so fällt auch hier die umbrische Herkunft und die fleissige Hand als gemeinsames Merkmal auf, soweit auch der Abstand beider in Hinsicht des künstlerischen Verdienstes sein mag. — Erneute Bestätigung für die Verwandtschaft der Malweise des Künstlers mit Giovanni Boccati gewährt eine Kapelle S.M. in Camp. S. M. in Campis bei Foligno. Der Schmuck derselben rührt von zwei oder drei verschiedenen Händen her, die durch Benozzo Gozzoli's benachbarte Arbeiten in Montefalco angeregt waren und unter denen wir wohl auch die des Matteo annehmen dürfen. Fehlt uns jedoch hier der Nachweis seiner Betheiligung, so sind dagegen die Fresken in S. Caterina (gewöhnlich genannt S. Antonio e Jacopo) zu Assisi durch seine Namens-Unterschrift beglaubigt. Der grössere Theil dieser Kapelle war von Benozzo's Gehülfen Pietro Antonio ausgemalt:

Assisi. S. Ant. u Jac. Die ganze dem Eingange gegenüberstehende Wand stellt einen durch Säulen unterbrochenen Raum dar, in dessen Mitte Maria von Engeln umgeben thront; zwei derselben im Vordergrunde musicirend. Zu den Seiten stehen Jacobus und Antonius, jeder feierlich von einem Engel mit der Kerze in der Hand geleitet.[79] Oberhalb zieht sich ein Fries von Blumengewinden mit Cherubsköpfen hin, dann einander ge-

[79] Die Inschrift befindet sich auf einem an einem Pfeiler angebrachten Papierstreifen u. lautet: „Hoc opus factū fuit sub añō dñī mile quatrigētesimo

genüber, durch ein Fenster getrennt, Gabriel und Maria, in deren Nähe, vermuthlich als Zeichen der Treue, ein Hund angebracht ist.

Die Uebereinstimmung mit der alt-gubbianischen Kunst springt hier in die Augen; der heil. Antonius ist nur eine hässliche Entlehnung von Guido Palmerucci, die unschönen Gesichtsformen und die in straffe oder bruchige Kleider gehüllten Gestalten ahmen die geringen Werke des Giovanni Boccati nach, während die Verkündigungsfiguren leise an ein Bild P. della Francesca's in der Gallerie zu Perugia erinnern. Der strähnig umrissene ziegelfarbige Fleischton ist ungemein abstossend. — Eine Madonna mit Kind (früher in der Sacristei von S. Francesco) und Hieronymus und Paulus, jetzt beide in der Stadtgallerie zu Perugia, sind die Perugia. Gall. einzigen Arbeiten, die wir sonst noch von Matteo da Gualdo aufzuweisen haben.[80]

Von der nahen Verwandtschaft Matteo's mit Bartolommeo di Tommaso von Foligno ist bereits gesprochen worden. Er war ein Maler von umbrisch-sienesischer Herkunft, blühte im Anfange des XV. Jahrhunderts und zieht uns weniger durch sein künstlerisches Verdienst, als dadurch an, dass er den Ausgangspunkt von Alunno's Stil deutlicher macht. Auf dem Rahmen eines Bildes in S. Salvadore zu Foligno, welches die Madonna Foligno. S. Salvad. mit dem Kinde auf weitschichtigem Thron von kleinen Engeln umringt in Gegenwart des Täufers und eines anderen Heiligen mit einer kleinen betenden Stiftergestalt zur Seite darstellt,[81]

sesagesimo octavo die primo junij. Macteus de Gualdo pinsit." Von dem übrigen Schmuck der Kapelle fallen dem Matteo de Gualdo noch zu die Engel in der Holztäfelung unter dem Schutzdach der Stirnwand und die Bruchstücke eines Heilands in der Glorie sowie die Gestalten des Jacobus und Antonius zu den Seiten des Einganges. Sie sind sämmtlich sehr schadhaft, die Farbe, so weit man sehen kann, dunkel u. entschieden im Ton. die Figuren mumienartig.

[80] Perugia. Gall. Nr. 91. 92. 93, Auf Maria's Thronstufen die Inschrift: „Hoc opus fecit fieri Lucas Albertus dom̃i Francisci p aia Michaline." Der Goldgrund auf dem Mittel- und den Seitenbildern ist gelb ausgemalt. Als möglicherweise von Matteo herrührend darf noch bezeichnet werden Nr. 122 ders. Gall. (Maria mit Kind und Täufer und in der Pinakothek zu München Nr. 565 Cab. (Franciscus in jugendlicher Gestalt mit der Armuth vermählt, in greiser einem Knaben das Joch auflegend, Goldgrund)

[81] In den beiden zugehörigen Aufsätzen, die jetzt gesondert angebracht sind, befinden sich noch zwei kleinere heil. Figuren, Mann u. Weib. Die Umrisse der Marienfigur gibt Rosini a. a. O. III, 28. Die Inschrift des Bildes lautet:

lesen wir eine Inschrift, welche bekundet, dass Messer Rinaldo Trinci, letzter Gebieter von Foligno, im Jahre 1430 als erwählter Prior der Kirche diese Altartafel mit seinem Bildnisse von Bartolommeo di Tommaso ausführen liess. Die Inschrift ist neu, doch dürfen wir sie dem Inhalte nach als Wiedergabe der ursprünglichen anerkennen. Wir finden in dem nur durch sie bekannt gewordenen Künstler einen Mann von mässiger Begabung, der seinen Anhalt an den weitverbreiteten Erzeugnissen seiner älteren Landsleute und bei denjenigen Sienesen fand, die von Taddeo und von Domenico Bartoli angeregt waren. Von seinem Marienbilde, dem Rundkopf mit Bogenbrauen, der langen steifen Gestalt mit kurzem Oberkörper, deren Arme und Hände zur äussersten Schmächtigkeit verfeinert sind, lässt sich jene später bei Alunno hervortretende umbrische Weichlichkeit sowie die Neigung zum Anmuthigen herleiten, welche Boccati und Matteo von Gualdo zeigen, und zugleich auch die schlechte Bildung ihrer Körperformen und Gewänder. Die Engelgestalten von derselben Art stehen denen des Alunno näher, wogegen die Plumpheit des Kindes, sodann die derben Formen, das runzlige Fleisch und die kleinen Gesichtszüge der Heiligen wieder die Zähigkeit erkennen lassen, mit welcher man in den kleineren Städten dieser Landschaften Italiens sich an die altsienesischen Muster hielt. Die durch Alter und Vernachlässigung düster und grau gewordenen Töne vereiteln ein bestimmtes Urtheil über die Farbe, aber das Ganze genügt doch zum Nachweis gleicher Urheberschaft bei
Foligno. anderen Werken; und als solche bezeichnen wir eine Darstellung der Flucht nach Aegypten an der Stirnseite zu S. Salvadore, nahe dem Portal, ein beschädigtes Madonnenbild mit Kind und Heiligen, ursprünglich in S. Domenico[82] und ein rohes Wandgemälde aus S. Caterina zu Foligno, welches die Legende der

———

„Messer Rinaldo di Corrado Trinci, ultimo Signor di Foligno, creato priore di questa colligata l'anno 1430 fece dipingere la presente tavolla colla sua immagine posta a piè della Sedia di M. V. da Bartolommeo di Tommaso pittore della stessa Città.

[82] Unter einem gemalten Bogen. Der Knabe hält einen Vogel und eine Rolle, auf welche Maria weist. Tiefer unten an derselben Wand sind noch Heiligenscheine von anderen Figuren kenntlich, sonst fast Alles zerstört.

Ortsheiligen behandelt[83] (letztere beide jetzt abgenommen und im Lagerraum des Stadthauses aufbewahrt).

Damals nun hatte Benozzo Gozzoli seine Arbeiten in Montefalco begonnen und seine Geschicklichkeit reizte den Ehrgeiz der Kunstgenossen in Umbrien. Im Jahre 1452 erbaute ein frommer Bürger von Foligno an der Strasse nach Spoleto eine Kapelle,[84] später S. Maria in Campis genannt, deren Wände mit Bildern geschmückt wurden. Ein grosser Theil derselben ist erhalten:

Eine Verkündigung mit zwei Heiligen, darunter Petrus aus dem Meer errettet und ein knieender Stifter in der Ecke rechts, ferner eine grosse Kreuzigung mit Nebengruppen an der Stirnwand hinter dem Altar. Von dem vierten Bilde, Christoph mit vier Figuren, ist wenig übrig; die Decke war ursprünglich blau und bestirnt.[85] Foligno. SM.inCamp.

Die Malereien sind nicht von besonderer Hand, vielleicht von Matteo da Gualdo und Pietro Antonio, möglicher Weise unter Beistand des Alunno selbst. An Pietro Antonio denken wir hier, weil er geborner Foligneser war und nachweislich unter Benozzo gelernt hat, die Nachahmung dieses ausgiebigen Florentiner Kleinmeisters hier aber in die Augen fällt. Die Verkündigung ist das Gegenstück zu Gozzoli's Bilde in S. Fortunato und mit seiner gewöhnlichen röthlichen Wasserfarbe gemalt, von zähem Umriss eingefasst und von dickem Farbenauftrag; die Heiligen, besonders die mehr umbrischen unterhalb, haben die Schlankheit und Länge, aber weniger Mangelhaftigkeiten wie die des Bartolommeo di Tommaso; die Rettung des Petrus ist dem Mosaik Giotto's in Rom nachgebildet, selbst bis auf die blasenden Winde und den Angler am Ufer, eine Entlehnung, die sich bei dem Zusammenhang des Malers mit Benozzo, welcher just von Rom kam, wohl begrei-

---

[83] Hier eine lange Inschrift, welche mit der Ziffer: M.°CCCCXXXXVIIII. schliesst, jedoch ohne den Namen des Malers zu geben. Gestiftet war das Bild von Nonnen des Katharinenklosters zum Gedächtniss einer ihrer Genossinnen. — Unter der Darstellung des Martyriums der Heiligen sieht man eine Maria mit Kind und zwei Engeln, welche an den die Nische tragenden Flachsäulen lehnen; weiterhin die Figur des Antonius mit einer betenden Nonne davor (auch dieses jetzt im Lager des Municipio).

[84] Dies geht aus einer Inschr. aussen an der Kapelle hervor, welche auf einem Steine nahe der seit der Säcularisation des Gebäudes zugemauerten Thür angebracht ist: „Pietri de Cola dalle Casse la fe fare questa cappella M.CCCCLII.“

[85] Der Crucifixus und Petrus sind schwächer als das übrige.

fen lässt. Das Vorbild der Kreuzigung haben wir in S. Francesco zu Montefalco, nur sind die Nebenfiguren in der schwächlich schwanken Form und mit dem fratzenhaften Ausdruck gehalten, der bei Boccati, Matteo und sogar bei Alunno aufstösst.

Beispiele derartiger Mischweise finden sich in der Umgegend von Foligno nicht selten; so an einem Fresko der Verkündigung

Foligno.

an der Aussenseite des Klosters del Popolo, am Thore nach Ancona,[86] an Ueberbleibseln eines Madonnenbildes mit Heiligen über dem Thor des Annenklosters,[87] in dessen Innerem Pietro Antonio die Verzückung des Franciscus gemalt hat.

Fiesole's Figurengepräge, das schon durch Benozzo an reiner Schönheit eingebüsst hatte, wird durch die weitere Fortpflanzung immer mehr herabgezogen; das bestätigen neben den eben beschriebenen Bildern noch etliche andere, mit denen der Name des Pietro Antonio verbunden ist: so eine Maria mit Kind zwischen Heiligen über dem Portal des Klosters S. Lucia vom Jahre 1471, dann die Wiederholung desselben Gegenstandes ursprünglich an gleicher Oertlichkeit im Kloster S. Francesco zu Foligno (jetzt im Lager des Stadthauses) bezeichnet mit der Jahreszahl 1499 und die Scenen aus dem Leben des Jacobus in S. Antonio e Jacopo zu Assisi:

Foligno. S. Lucia. Stadthaus.

Bei den Madonnenbildern in Foligno fällt am erstgenannten (Maria mit Kind umgeben von der heil. Lucia und Clara) die grosse Aehnlichkeit mit Bildern Benozzo's auf; die Bogenwölbung der Lünette ist mit Zierwerk bedeckt, zwischen welchem Mönchsköpfe und Figuren eingestreut sind, die Heiligenscheine fein gravirt wie bei Angelico.[88] — Das zweite enthält zu Seiten Maria's Franciscus und Johannes den Täufer, lebensgrosse Figuren; dahinter zwei Engel, welche den Teppich halten.[89] —

[86] Der obere Theil der Hauptfiguren ist verlöscht, ebenso die obere Hälfte von der Figur der heil. Rosa, welche zur Rechten steht; das Uebriggebliebene ist Nachahmung von Benozzo's Manier.

[87] Hier ist der untere Theil ebenfalls zerstört. Maria hält stehend das Kind auf ihren Knieen, welches die Weltkugel in der einen Hand trägt und mit der andern segnet; zwei Engel halten den Thronhimmel, zwei andere mit 2 Heiligen stehen zur Seite. Den Hintergrund bildet eine verzierte Rampe, auf welcher kleine hölzerne Seraphgestalten Blumen pflücken. — Die Figuren sind streng und bewegungslos, rundäugig wie bei Sassetta, die Umrisse scharf, aber die Farbe klar und rosig.

[88] Die über den alten Zügen aufgefrischte Inschrift lautet: „Opus Petrus Antonius Mesastris de Fulginei pinsit M.CCCCLXXI.“

[89] Die Hälfte der Figur zur Rechten fehlt, die Farbe ist an andern Stellen ab-

Assisi S. Ant. u. Jac.

In Assisi sieht man u. A. die Wunderthat des heil. Jacobus an den gebratenen Vögeln; hier die Inschrift: „Petrus Antonius de Fuligno pinsit", rechts davon die Belebung des erhängten Jünglings; hier sind zwei Figuren von späterer Hand hinzugefügt, welcher wir auch die Gestalten des Jacobus und Ansanus in dem nächst unteren Streifen zuschreiben dürfen, in dessen Lünette Gott Vater in der Glorie von Cherubim und Engeln umgeben erscheint. Der heil. Antonius zur Seite des Ansanus ist wieder von Pier Antonio; an der vierten Wand sind Scenen aus der Legende des Antonius und in den Dreiecksfeldern der Decke die vier Evangelisten.[90]

Die letztgenannten Arbeiten, ohne Zweifel gleichzeitig mit denen des Matteo da Gualdo (1468), zeugen von besserer Kraft als die späteren, aber sie beweisen, wie alle Wandgemälde Pier Antonio's, dass er ein Umbrier ist, dessen ursprünglicher Kunstrichtung durch den Lehreinfluss Gozzoli's florentinischer Charakter eingeimpft war; denn er folgt diesem nicht blos in der Art der Auffassung, sondern auch im Gebrauch der dünnen Wasserfarbe und in den scharf eingezeichneten zusammenhängenden Umrissen; in der Anwendung dieser den Schülern Angelico's geläufigen Mittel ist er ebenso besonnen wie er andererseits entschlossen gegen den beliebten Ueberfluss umbrischer Ornamente verstösst, nur übertreibt er auch die Härte, die bei Benozzo bemerklich wird, ohne dass seine Begabung ausreichte, den unvollkommen fortgepflanzten Formen Leben einzugiessen. Pier Antonio arbeitete am Schluss des Jahrhunderts und hat vielleicht die Schwelle desselben noch überschritten. Sein Fleiss that sich im Umkreise von Foligno und Assisi nicht genug, sondern gab ihm, wie wir annehmen, auch in Narni, Trevi und anderen Städten dieses Landstrichs zu schaffen.[91]

---

geblättert; es ist ein blödes rohes Werk aus Pietro Antonio's späteren Jahren, mit folgender vermuthlich nicht lange mehr lesbarer Inschrift: „Pier.. Antonio pinsit. 1499."

[90] Die hier dargestellten Gegenstände sind dieselben, welche wir bereits in S. Biagio e Girolamo zu Forli von Marco Palmezzano dargestellt fanden (s. B. III. S. 342).

[91] In Foligno, in einem Raum, welcher früher Refectorium von S. Francesco war, befindet sich eine lebensgrosse Madonna mit Kind u. sieben Engeln, sehr schadhaft, aber im Stile Pier Antonio's mit der Jahrzahl 1486. In S. Domenico ferner ein schadhaftes Madonnenbild mit Engeln, Johannes dem Täufer und einem andern Heiligen von gleichem Charakter. — In Narni ist das Lünettenbild am Portal von S. Girolamo (Madonna mit Kind zwischen Franciscus und Hieronymus) dem Spagna zugeschrieben, jedoch zweifellos von Pier Antonio. Den-

An Geschicklichkeit jedoch wird Pier Antonio von seinem Zeit- und Stadtgenossen Niccolò Alunno von Foligno übertroffen, der in seiner frühesten uns bekannt gewordenen Arbeit vom Jahre 1458 schon eine gewisse Reife zeigt. Sechs Jahre zuvor war S. Maria in Campis in der oben beschriebenen Weise ausgemalt worden, und wir neigen uns zu der Annahme, dass Alunno dabei mitbeschäftigt gewesen ist, denn die Einwirkung Benozzo's, welche die Maler jener Kapelle augenscheinlich beherrscht, bekundet sich in Anordnung und Auffassung von Bildern Alunno's auch in späterer Zeit. Benozzo hatte Etwas von Angelico's weihevoller Milde und religiöser Kindlichkeit in sich aufgenommen; er fand, als er in die Nachbarschaft Foligno's kam, hier eine Kunstübung vor, deren höchstes Ziel der Ausdruck süsser Schwärmerei, Seelenreinheit und Selbstentäusserung war, und so vollzog sich die Verbindung dieser umbrischen Kunstneigungen mit Fiesole's Empfindungswelt völlig zwanglos. Alunno war es, welcher die Darstellung sittsamer Gelassenheit und mütterlicher Liebe in der Gestalt Maria's sowie der andächtigen Hingebung der Engelfiguren verständiger formte, in einzelnen Fällen seinen Heiligen mehr Leben und Entschiedenheit gab. Er bemühte sich die seinen Landsleuten bisher gänzlich versagte Kunst der Figuren-Verkürzung nachzuholen und zeichnete mit Freiheit und Sorgfalt. Die Berührung mit Benozzo wandelte und steigerte seinen Stil, wenn er auch in der Gruppen-Vertheilung, in der Richtigkeit der Zeichnung und in Wiedergabe der Biegsamkeit des menschlichen Leibes seine Vorläufer nur selten übertrifft. Seine Figuren sind im Gegentheil oft hart, hölzern und fehlerhaft in der Form, die Gesichter oft ziemlich abstossend; andere Merkmale bilden der braune Grundton seiner Färbung, die grüngrauen oder röthlichen Schattentinten, die gelbrothen Lichter, sodass die äusserliche Er-

selben Stil finden wir in Trevi an einem schadhaften Fresko (Madonna mit Kind, Franciscus, einem zweiten Mönch und sechs Engeln) über einem der Altäre in S. Martino; ein ähnliches, auf einem andern Altar daselbst (die Gutthat des heil. Martin, sehr schadhaftes Fresko), welches einigermaassen an Tiberio d'Assisi erinnert. Gleiches gilt von einer Darstellung der Stigmatisation des Franciscus über dem Eingang von S. Girolamo bei Spello.

scheinung seiner Bilder sienesisch ist, besonders in der Gesammthaltung der angewandten Farben.

Der Ueberlieferung nach soll Bartolommeo di Tommaso Alunno's erster Lehrer gewesen sein und die Vergleichung beider Maler bestätigt dies. In der Enge der heimischen Kunstübung aufwachsend, jedoch berührt von Benozzo's Einfluss ist Niccolò als Umbro-Florentiner zu bezeichnen und als echter Vertreter der Kunst von Foligno. Kommt ihm auch die hohe Bedeutung nicht zu, die man ihm beigelegt hat, so muss ihn doch die Kunstgeschichte unter die Zahl der Männer setzen, welche Grösseren den Weg bereitet haben. Seine Gebilde, von Vannucci mit feinerem Leben erfüllt, sind von Einfluss auf die Entwickelung derselben peruginischen Schule gewesen, deren letzter Vollender Rafael war. Alunno's erstes Altarbild in Diruta (jetzt seiner Flügel und Staffel beraubt) hat in der Gruppe Maria's mit Franciscus und Bernhardin bereits das Gepräge, welches die gesammte Kunstthätigkeit des Meisters auszeichnet. In seiner Vollständigkeit wird das Bild ohne Zweifel als eine entschiedene Vervollkommnung früherer Kunstleistungen in Foligno erschienen sein, wie wir denn noch jetzt an der Hauptgruppe einen tüchtigen Fortschritt zu gesammelter und gehaltvoller Empfindung und zwar mehr zu menschlicher Zärtlichkeit als zu religiöser Inbrunst nicht verkennen:

Maria sitzt auf marmornem Throne mit anbetenden Engeln zur Seite; vorn knieen die Heiligen Bernhardin und Franciscus mit einer kleinen ebenfalls knieenden Stifterfigur.[92] An der Thronstufe Maria's steht: „Nicolaus fulg... pinxit MCCCCLVIII. die . . .“ Diruta. S. Franc.

Die Jahreszahl des Bildes 1458 bestimmt die Zeit, in welcher Alunno in oder für Diruta gearbeitet hat. Er lieferte dorthin nicht blos dieses Altarstück für S. Francesco, sondern ausserdem für die Brüderschaft S. Antonio Abbate eine freilich roh behandelte Kirchenfahne.[93] In Assisi ferner war er viel und mannigfaltig Diruta. S. Ant.

[92] Auf einer Rolle in der Hand derselben liest man: „Jacobus rubei de Drueti hoc opus . . . p. a.“ (die Silbe „rueti“ neu). Die Tafel ist arg beschädigt, sodass ihr Werth gesunken ist.

[93] Die Fahne ist auf beiden Seiten auf Goldgrund gemalt; auf der einen Seite Antonius thronend, über ihm zwei Engel mit der Mitra (sein schwarzes Kleid übermalt und theilweise beschun-

Assisi. beschäftigt; nach Vasari hat er ausser Tafelbildern und Fahnen die ganze Stirnseite von S. Maria degli Angeli ausgemalt.[94] Eine beschädigte Kreuzigung (Christus mit den Halbfiguren der Maria und des Johannes) auf Leinwand am Hochaltar zu S. Crispino, eine gnadenreiche Jungfrau, Rufinus und Darstellungen aus seiner Legende bei der Brüderschaft desselben Namens[95] sind andere, aber schwache und schadhafte Erzeugnisse seines Fleisses. Ein anderer Gonfalon, genannt die Pestfahne, worauf die Schutzheiligen von Assisi in der Fürbitte vor Maria dargestellt sind, welche, dieser Aufforderung folgend', den Heiland um seine Vermittelung anfleht (zuletzt in der Sammlung Ramboux in Cöln),[96] (Cöln.) vertritt Alunno's Vortragsweise nur schwach und zeigt, wie Benozzo's Formgebung um sich greift. Aber die beste seiner Arbeiten in Assisi ist eine Madonna im Dom:

Assisi. Dom. Das Mittelstück, jetzt rund gemacht und in neue Täfelung eingesetzt, enthält Maria mit dem Kind und Engeln, an Gozzoli erinnernd; zu den Seiten in Nischen stehen die Heiligen Pietro Damasio, schreibend, und Cassianus mit Tintenfass und Rolle dictirend; gegenüber Laurentius und ein Bischof. Die Aufsätze enthalten die Verkündigungsfiguren zwischen Seraphim. In der Staffel Bestattung der Leiche des Rufinus mit dem Ochsenwagen im Geleit von Geistlichen, Kriegern und Volk; zweitens das Martyrium des Rufinus, drittens Wiederauffindung seines Leibes. An der Thronstufe Maria's steht: „OPVS § NICOLAI DE FVLGLO MCCCCL . . . . ."[97]

---

den), vorn knieende Ordensbrüder und oberhalb der Gekreuzigte mit Engeln; auf der anderen Seite eine Geisselung, sehr hässlich, die Christusgestalt derb u. herkulisch, darunter die Heil. Aegidius und Bernhardin. Die Kreuzigung erinnert lebhaft an Benozzo, die Engel an Bartolommeo di Tommaso. — Eine andere frühe Arbeit Alunno's haben wir über der Innenseite des Thores der Annunziatella zu Foligno: ein düster gewordenes Bild des lebensgrossen heil. Michael mit dem niedergeworfenen Satan zu Füssen in felsiger Landschaft.

[94] Vasari V, 278.

[95] Die Fahne ist schlecht erhalten: Franciscus und Clara unter dem Mantel Maria's führen eine Anzahl Ordensbrüder; über Maria's Haupt zwei Engel mit der Krone (alle Köpfe ausser dem Clara's übermalt); auf der Gegenseite der heil. Rufinus thronend zwischen Victorius u. Ludwig, beide im Bischofsornat, sodann zwei Gegenstände aus der Legende des Rufinus im unteren Stück (diese Seite fast ganz verwischt).

[96] Nr. 202. Holz, h. 5' 5", br. 3' 10" 6"', ehemals in S. Francesco zu Assisi.

[97] Dem Stile nach zu schliessen scheint das Bild (jetzt im Capitelsaale des Doms) jünger als das von 1465 in Mailand oder das von 1466 in Perugia. Maria's Kleid ist abgerieben, ebenso Laurentius und sein Nebenmann. Petrus D. ist eine schöne Gestalt mit natürlicher Haltung; auch Cassianus nicht empfindungslos. — Was die Pietà mit klagenden Engeln

Wie an diesem Werke der verschiedene künstlerische Werth einzelner Bestandtheile im Verhältniss zu einander auffällt, so scheint es Schicksal von Alunno's Altarbildern zu sein, in verschiedene Theile auseinander gelegt zu werden. Eins aus dem Jahre 1465 hängt in abgetrennten Stücken in der Brera in Mailand, -- eine Madonna mit Heiligen, deren Flügel und Aufsätze im Katalog nicht vollständig aufgeführt sind, aber anscheinend mit leichter Mühe zusammen zu fügen wären.[98] Härte und Verzerrung bei grellen Farben machen das Werk besonders unerfreulich. Grössere Reinheit und glücklichere Verbindung von Anmuth und Natur geben dem Leinwandbilde aus S. M. Nuova in Perugia den Vorzug, welches für die Brüderschaft der Annunziata im Jahre 1466 bestellt war und jetzt in die Stadtgallerie zu Perugia gekommen ist.[99] Von besonderem Reiz ist hier der Engel, welcher sich voll Verehrung nach der sittsam bescheidenen Madonna wendet, während Gott-Vater aus der gewöhnlichen Glorie die Taube herunter sendet und die Heiligen Philippus und Juliana die knieende Brüderschaft herzugeleiten. Alunno hat niemals einen lieblicheren Körper gezeichnet, als diesen Gabriel mit dem fliegenden von Scharlachband gehaltenen blonden Haar, und selten hat er deutlicher bewiesen, in welcher Weise der umbrische Typus durch die eigenthümliche Munterkeit Gozzoli'scher Erfindungen gesteigert werden konnte; der Streifen von Seraphim und Blumenbüschen, welcher die obern und untern Gruppen trennt, ist genau nach Benozzo's Vorbild.

Mailand. Brera.

Perugia. Gall.

Ein anderes Altarbild aus dem Jahre 1466 ist von seiner ur-

---

betrifft, von welcher Vas. V, 278 spricht, so soll ein solches Bild auf Leinwand zwar existirt haben, ist aber wahrscheinlich schon vor längerer Zeit verkauft, wenigstens ist in S. Francesco von einer solchen Arbeit Alunno's nichts mehr bekannt.

[98] Die Stücke sind katalogisirt, Nr. 77, Madonna, Kind und Engel mit der Inschr. „Nicolaus Fulginas pinxit MCCCCLXV."
Maria's Kleid neu, das Uebrige ziemlich schadhaft; Nr. 100, Franciscus. Nr. 110, Bernhardin. Ausser diesen Nr. 439. Die Heil. Ludwig und Sebastian (nicht verzeichnet nur Aufsatzstücke, darstellend den Gekreuzigten mit vier Engeln und vier Halbfig., Hieronymus, Antonius, Johannes dem Täufer u. einem vierten Heiligen, sämmtlich von Alunno u. zweifellos Theile dieses Altarbildes).

[99] Nr. 75, Tempera, lebensgrosse Figuren mit folgender halbüberweisster Inschrift: „Sotietas SS. Annuntiate fecit fieri hoc opus. A. D. MCCCCLXVI."

Rom. sprünglichen Stelle in Montelparc[100] in das vaticanische Museum gekommen; es ist ein vieltheiliges Stück mit Aufsätzen, Flachsäulen und Doppelstaffel, gehört aber, wie das weniger reichhaltige mit dem Mittelbild der Kreuzigung, dessen ursprünglicher Standort nicht genau bekannt ist,[101] zu Alunno's geringen Arbeiten. Ferner haben wir in Rom in der Gallerie Colonna eine
Rom. „Madonna del Soccorso“[102] von derselben Hand und in Monte di Pietà ein Marienbild mit Heiligen.[103] Diese Stücke gleichen wieder einer ausgedehnten Bildreihe in monumentaler Fassung, die
S. Severino. im Jahre 1468 für die Chiesa del Castello zu S. Severino vollendet wurde, aber zu Alunno's geringen Altarwerken gehört.[104]

Wir bemerken von nun an bei Alunno eine Abwandlung der ersten Eindrücke Benozzo's, die sich im Vortrag seiner grossen Gruppenbilder ausspricht. Ein solches lieferte er im Jahre 1471 für die Kirche in Gualdo und hier begegnet uns bereits etwas von der Verzerrung Crivelli's; andere ähnliche Arbeiten entstanden im Jahre 1483 für Nocera, 1486 für Aquila, 1492 für S. Niccolò zu Foligno und 1499 für La Bastia, von denen die Mehrzahl allerdings unter die zweifelhaften Bilder gehört und nur das in S. Niccolò Beachtung verdient:

Foligno. S. Niccolò. Es ist eins der massenhaften Tafelgruppirungen in architectonischem Aufbau, welche bei den Sienesen, Umbriern und Venetianern beliebt sind. Den Hauptgegenstand bildet die Geburt Christi: hier

[100] s. Ricci I. 201. Die Mitteltafel ist leer, an den Seiten sieht man sechs stehende Heilige; über ihnen ein zweiter Streifen mit sechs Halbfig., im Mittelaufsatz die Pietà, zur Seite Heilige und Engel. Die eine Staffel enthält 14 Halbfig., darunter eine zweite mit 17 halben Frauen-Gestalten. Am Rande die Inschrift: „Nicholaus Fulginas MCCCCLXIIIII.“

[101] Hier sind auf den Flügeln Johannes der Täufer u. drei andere Heilige, im Mittelaufsatze die Auferstehung, an den Seiten in Rundfeldern ein Prophet und daneben drei Seraphim.

[102] Auf Leinewand, halb lebensgrosse Figuren.

[103] In der Mitte Maria mit Kind lebensgross, seitwärts in Nischen Franciscus, Johannes der Täufer, Hieronymus und Clara (?). In den Zwickeln sechs Rundstücke mit Cherubköpfen. Das Bild ist auf Leinwand gemalt, theilweis beschunden und wieder aufgefrischt.

[104] Es enthält in der Mitte Maria mit Kind und Engeln, umgeben von Jacobus, Severinus, Franciscus und dem jugendlichen Hubertus; in den Aufsätzen Christus mit Seraphim, umgeben von Daniel, Jeremias u. den Verkündigungsfiguren; in der 8 Fuss langen Staffel in der Mitte Christus in runder aus erhabenen Cherubim gebildeter Glorie, umgeben von den zwölf Aposteln in Nischen (das Kleid des Jacobus übermalt, ebenso Theile der Kopfbedeckung des

entschädigt die zarte Haltung der Jungfrau einigermassen für die mangelhafte Zeichnung der Form; auch Joseph hat klassische Geberde, aber abstossendes Gesicht, während das am Boden liegende Kind nur eine ausgestopfte Puppe ist. Die dicht gefüllte Landschaft erinnert an die Venetianer und selbst an Palmezzano. Von den Heiligen, die sich in dreifacher Reihe seitwärts und oberhalb des Mittelbildes hinziehen (Sebastian und Nicolaus, Michael und Johannes der Evangelist, oben Monica, der Täufer, Hieronymus und ein Bischof, seitwärts vom Mittelaufsatz vier und auf jeder der Flachsäulen fünf Gestalten) sind etliche fast nur Fratzen, die Mehrzahl gemein, düster und mit schmollendem Gesichtsausdruck. Dagegen gehört die Auferstehung im Giebel-Aufsatz zu Alunno's gelungensten Sachen. Die Bewegung des aus dem Grabe hervorschreitenden Erlösers mahnt an Benozzo und hat zugleich manches mit dem mantegnesken Zuge bei Crivelli gemein, und zwar nicht blos im Charakter und der Zeichnung, sondern im ganzen Formgepräge, welches dennoch umbrisch bleibt und fast als Seitenstück zu demjenigen erscheint, das dem Fiorenzo di Lorenzo eigen ist. Der nackte Körper Christi ist in Knochenbau und Musculatur trocken, der Kopf regelmässig.[105]

An den am Grabe schlafenden Wachen gewahren wir kühne Verkürzung, wie wir sie bei mantegnesken Malern finden, und nach dem Vorgange Giovanni Santi's in Cagli.

Die Annahme, dass Niccolò vor Vollendung dieser Arbeit Gelegenheit gehabt, Werke Signorelli's kennen zu lernen, ist angesichts mancher Züge nicht gewagt, aber während er sich stellenweise zu einer Annäherung an den grösseren Meister aufschwingt, kann er doch die innere Schwäche seiner Figuren nicht überwinden.

Von sonstigen Arbeiten Alunno's, die sich in Kirchen und Gallerien befinden, erwähnen wir:

Gualdo, Dom: Maria hält das Kind auf dem Knie und empfängt von einem der Engel, welche sie umgeben, ein Körbchen mit Kirschen Gall.-Bild.

Severinus und Mantel und Tunica Maria's sowie der Schleier des Kindes). Franciscus ist die beste Figur des Bildes, welches auf dem oberen Predellenrand folgende Inschrift hat: „Nicolaus Fulginas pinxit MCCCCLXVIII."

[105] Die zugehörige Predella, welche 1815 bei Rückgabe des von den Franzosen entwendeten Altarstücks in Frankreich zurückgeblieben und im Louvre unter Nr. 31 aufgestellt ist, zeigt dieselbe Beschaffenheit und hat stumpfe Farbe mit grauem Schatten; sie enthält Christus in Gethsemane, die Geisselung, Kreuzschleppung, Kreuzigung, Joseph v. Arimathia und Nikodemus auf dem Weg nach Golgatha. — Eine lange Inschrift nennt den Maler und gibt als Entstehungszeit d. J. 1492 an.

Kirchen- u. Gall. Bild. (senkrechter Sprung); oberhalb die Kreuzigung mit den beiden gewöhnlichen Figuren, Maria den Leichnam Christi umarmend, in der Verdrehung wie bei Crivelli. Ein Stern in der Spitze des Aufsatzes enthält den segnenden Heiland. Die Seiten füllt eine doppelte Reihe ganzer und halber Heiligengestalten: Paulus und Petrus (sein gelbes Kleid neu), Franciscus (verzerrt wie bei Crivelli), Bernhardin (ganze Gestalt, theils neu, theils abgeschabt), Sebastian, Diego, Ludwig, Michael, Halbfiguren. Die Seitengiebel enthalten die Halbfiguren der Heiligen Cristoph, Clara, Stephan und eines vierten. Am Thronsockel des Hauptbildes die Inschrift: „Nicolaus Fulginas pinxit M.CCCCLXXI." Zu jeder Seite eines Oblatenbehälters in der Staffel sind Engel mit Blumengewinden und acht Heilige in Nischen, andere auf den Pfeilern, welche diese Doppelnischen trennen, sechs Figuren auf den Flachsäulen des Altarbildes und ein Engel zu jeder Seite auf der Säulenplatte angebracht.[106]

Nocera, Dom-Sacristei: Geburt Christi, Madonna betet knieend das Kind an, Engel halten den Thronhimmel; Nebenfiguren: Laurentius, Rainaldus, Franciscus und Felician (diese Figuren ausnahmsweise trefflich) und über ihnen wieder Sebastian, Johannes der Täufer, Paulus und Katharina. In den fünf Giebelstücken die Krönung Maria's und vier Kirchenväter in Halbfiguren. Auf jeder der beiden hohen Flachsäulen (deren Kapitäle je eine offene Hand in Holzschnitzwerk bilden, die im Gelenk ein Loch für Reliquien hat) sechs Halbfiguren Heiliger. Eine Reihe von Blenden trennt die Haupttafel von der Staffel, welche die zwölf Apostel in Halbfiguren enthält. Am Rande der Hauptbildreihe die Inschrift: „Hoc opus Nicolai Fulginatis MCCCCLXXXIII."

Aquila, Kloster der Clarissinnen: Der Gekreuzigte von vier Engeln beklagt; ein Mönch umklammert den Fuss des Kreuzes, Maria links in Ohnmacht, rechts Johannes weinend. Die Heilandsfigur ist mit gutem anatomischen Verständniss gezeichnet, wie denn das Bild zu den bessern Arbeiten Alunno's zählt, jedoch sind die Fleischtöne etwas beschädigt. Die Seitentheile enthalten Christus am Oelberg, Kreuzschleppung, Auferstehung und eine vierte Passionsscene. Inschrift: Nicolai Fulginatis MCCCCLXXXVI."[107] —

Foligno, S. Niccolò: Krönung Maria's von Alunno in einer der Familie Ruspoli von Camerino gehörigen Kapelle des heil. Antonius:

[106] Die Paulusfigur gehört zu den gelungenen Gestalten Alunno's, sie ist vorwärtsschreitend mit breiter lichter Gewandung, natürlich u. biegsam gehalten. Die Farbe ist kräftig und harmonisch. In der Staffel fällt ein Mönch mit Brillen unangenehm auf. Das Ganze auf Goldgrund.

[107] Ein zweites Bild daselbst aus derselben Zeit (Maria mit Kind zwischen Paulus, Franciscus, Clara u. einer zweiten Heiligen in Doppelreihe, oberhalb die Kreuzigung) haben wir nicht deutlich genug vor Augen, um es dem Alunno bestimmt zuweisen zu können. In Serra Petrona erwähnt Ricci a. a. O. I, 201 ein Madonnenbild in S. Francesco v. J. 1491.

unterhalb der Hauptgruppe Georg als Drachentödter, Bernhardin in Verzückung und Antonius emporblickend; in der Staffel Rundstücke mit dem „Ecce homo", der Jungfrau und Johannes dem Evangelisten; an den Enden der Säulen zwei Schilde je von zwei Engeln gehalten. Die Hintergrundfiguren sind von einer Kraft und Sicherheit, welche an Signorelli erinnert, die Bewegung etlicher Reiter entschieden und gut. Das Uebrige weniger gelungen.

Foligno, S. Bartolommeo vor der Stadt: Schindung des Bartolommeo. In derselben Klosterkirche noch ein anderes ärmliches Bild Alunno's durch Uebermalung beschädigt.

La Bastia (zwischen Assisi und Perugia): Thronende Madonna mit Kind von Engeln umgeben, im Vordergrund verschiedene Früchte und ein Behältniss mit Kirschen, Nebenfiguren Sebastian und Michael; in den Lünetten Gott-Vater mit Seraphim und die Verkündigungsfiguren. In der Staffel Christus mit halbem Leibe aus dem Grabe aufragend von Maria umarmt, während Johannes ihm die Hand küsst; zwei klagende Engel links, ein anderer, verzerrt, mit einem Lichte in der Hand. Zu den Seiten der Pietà David, Zacharias, Micha (mit Brille), ein Vierter, Jesaias und Daniel. Die Geberde der thronenden Maria ist kindlich und ansprechend, die Verkündigungsfiguren gehören zu den besten Alunno's und haben etwas von Giovanni Santi. Auf dem Mittelstreifen die Inschrift: „Hopus Nicolai Fulginatis 1499."[108]

Bologna, Gallerie Nr. 360: Kirchenfahne, auf einer Seite die Verkündigung und Gott-Vater mit Engeln darüber, in dem Geiste der Darstellungen Signorelli's in Volterra und Santi's in Mailand, der Engel scheint zu laufen. Das Ganze hat alle Mängel Alunno's. Auf der anderen Seite die thronende Madonna mit Kind; zu Häupten Gott-Vater, der die Krone herabreicht, in der Umgebung Franciscus und Sebastian. Hier die Inschrift: „Hopus Nicolai de . . . . ."[109]

Assisi, ehemal. Kirche S. Lorenzo al Monte bei Rocca: In einem baufälligen Gebäude ein Tabernakel in umbrischem Stile, roh gemalt, zweifelhaft, ob von Alunno: es enthält Maria mit Kind und Franciscus mit Gott-Vater in der Wölbung und einem Heiligen in der Nische. Unter Franciscus kleine knieende Figürchen. Von der Inschrift ist nur übrig: „ . . . . chola pictor."

[108] Die Farbe an vielen Stellen beschabt, die Staffel schadhaft. Der Gesammtton des übrigen warm in den Lichtern und mit kalten Schatten. Auf dem rechten Säulensockel steht in einer Verzierung: „Questa cona la fatta fare la paternetè de don Beningnio de Ser Marino de spiello piuano de Seo Angilo de la Bastia p l'anima sua et p sua devotione." Die Inschrift an der gegenüberliegenden entsprechenden Stelle ist un lesbar.

[109] Man hat den Namen für „Deliberatore" lesen wollen, doch ist ohne Zweifel zu ergänzen: de Foligno". Ein Bild mit der Signatur: „Nicolo deliberatore" gibt es nicht u. dasjenige, welches Lanzi in Cagli erwähnt, ist nicht aufzufinden. s. Ricci a. a. O., welcher die Signatur mit Namen u. der Jahreszahl 1482 gibt und Gaye's Bemerkungen im Kunstblatt 1837, Nr. 85. — Das Bild früher im Hospital in Arcevia ist der Gallerie in Bologna durch Pius IX. geschenkt worden.

Paris, Louvre: Musée Nap. III. (weil. Campana) Nr. 111: Kirchenfahne mit der gnadenreichen Jungfrau und den Gläubigen unterm Mantel, als Beistand Franciscus und Clara. Der Heiland oberhalb sehr schadhaft und übermalt, ebenso eine grosse Zahl kleiner Heiligengestalten, sämmtlich von Alunno. — Nr. 88 Verkündigung, gleichfalls echt.

Berlin, Museum Nr. 137. Maria auf einer Bank sitzend betet das auf ihrem Schooss liegende Kind an, umbrisches Bild ohne die entscheidenden Züge Alunno's und wohl eher dem Fior. di Lorenzo angehörig.[110]

Carlsruhe, Museum Nr. 350. Zwei zusammengefügte Stücke einer Kirchenfahne, in einem Rahmen auf Holz. Die obere mit Spitzbogen abgeschlossene Hälfte enthält die Kreuzigung: inmitten das Kreuz mit dem Pelikan als Gipfel von Engeln umkreist, links Maria mit erhobenen Händen und Magdalena knieend am Kreuzstamm, rechts Johannes; Hintergrund weite heitere Landschaft. Auf der unteren Tafel der thronende Gregor, das Buch in der Linken, mit der Rechten segnend, hinter ihm zwei schwebende Engel, welche ein blaugrünes Tuch halten, vor ihm knieend links Männer, rechts Frauen einer geistlichen Genossenschaft (Geissler) in weissen Kutten, erstere mit Oeffnungen in den Gewändern, durch welche man die blutig gepeitschten Rücken sieht (Goldgrund). Auf der Unterleiste die aufgefrischte Inschrift:

„HOPVS NICOLAI FVL GINATI MCCCCLXVIII.“[111]

Ehemals wahrscheinlich treffliche Bilder; die Engel beim heil. Gregor nicht ohne Empfindung, der Heilige selbst von kräftiger Gestalt; auch plastische Wirkung der Theile fehlt nicht. Die Gliedmaassen des Gekreuzigten sind trotz Unvollkommenheit des Verhältnisses sauber gezeichnet, der Kopf ausdrucksvoll, die Nachahmung Benozzo's sichtlich.

London, National-Gallerie Nr. 247. Brustbild Christi, dem Alunno zugeschrieben, aber von Matteo da Siena.

Oxford, Universitäts-Gall.: Franciscus und Katharina (?), angeblich von Giotto (Geschenk des Herrn W. Fox Strangways). Der malerische Charakter dieser beiden Tafeln mit Blattabschluss ist unsicher, doch scheinen sie auf Alunno oder seine Schule hinzudeuten.

Petersburg, Gallerie des Gr. P. Stroganoff: Madonna mit Kind unter Allunno's Namen, in Wahrheit von Fungai (s. später).

Das Wichtigste an dem Entwickelungsgange dieses mittelmässig begabten Künstlers ist der Aufschluss, den er über die

[110] Temp., Holz, h. 3' 8¾" br. 2' 2". Der Hintergrund frisch vergoldet.

[111] H. 7', br. 3' 8". Die Kirchenfahne, welcher diese Tafeln angehörten, befand sich ehemals in Assisi in der Kirche S. Gregorio, wo sie Gaye gesehen hat. Im ursprünglichen Zustand, den Gaye im Kunstbl. 1837 Nr. 84 beschreibt, befand sich auf der einen Seite Gregor in Cathedra und darüber die Geisselung Christi, ähnlich der Composition Alunno's in Diruta; über dem Pfeiler, an welchem Christus gebunden war, die Buchstaben S. P. Q. R. und nahebei die oben mitgetheilte Urheberinschrift. Auf der Kehrseite war der Tod mit der Sense und Franciscus in der Verzückung vor einem rothen Vorhang, sodann die Kreuzigung wie oben beschrieben, angebracht. Was aus den Stücken geworden ist, welche nicht mit nach Carlsruhe gekommen sind, wissen wir nicht.

Ableitung der verschiedenen in Umbrien und den Marken während der letzten Hälfte des 15. Jahrhunderts bemerkbaren Einflüsse gibt. Alunno's Geburtsjahr ist uns ebenso unbekannt wie der Zeitpunkt seines Endes; doch scheint er das neue Jahrhundert nicht betreten zu haben, denn über 1499 hinaus fehlt uns jede Spur von ihm.

Die Kunst, welche sich damals in Foligno und den umliegenden Ortschaften weiter fristete, war unter der Mittelmässigkeit, und wir sehen aus den auf uns gekommenen Erzeugnissen,[112] dass Alunno nicht Mannes genug war, Schüler von fortwirkender Tüchtigkeit zu erziehen. Seine Stärke beruht mehr in der persönlichen Empfindungsweise, als in irgend einem wichtigen technisch-künstlerischen Vorzug. Von einem Manne, der vielleicht für Alunno's Sohn zu gelten hat, zeigte man früher ein Bild in Todi,[113] dessen Staffel die Inschrift trug: „Nicolas Fulgineas fecit. Latantius filius delineavit ão MCCCCLXXXXVI.

Dem Ueberblick über die Entwickelung solcher Maler von örtlichem Gepräge, die von anderen bedeutenderen Meistern bestimmenden Anstoss empfingen, muss noch die Erwähnung eines Lorenzo hinzugefügt werden, über welchen Rumohr eine Urkunde beigebracht hat. Wir verdanken das Aktenstück der Eitelkeit eines Bürgers von Viterbo, Namens Niccola della Tuccia, welcher

[112] Wir verzeichnen: in Foligno in S. M. infra Portas: Ueberbleibsel der früher die ganze Kirche ausfüllenden Malereien, ein Hieronymus, Halbfig. von zwei Engeln gekrönt, ein Rochus auf einer Flachsäule, an Pier Antonio und Alunno erinnernd, Maria mit dem Leichnam Christi auf den Knieen, eine geringe Leistung mit Stilmerkmalen eines Nachfolgers des Ottaviano Nelli, eine Heilandsfigur auf Flachsäule von einem Schüler Alunno's und in seinem Sinne, eine Kreuzigung mit Engeln, Maria und Johannes (das untere Stück verlöscht), endlich Maria mit Kind und Johannes nebst der Stifterinschrift. — In S. Giovanni Decollato: Malereien ohne Werth. — Alla Madonna genannt Fiamminga (nahe der Stadt auf dem Wege nach Spello): in der Apsis Maria das Kind auf ihrem Schooss anbetend, umgeben von Sebastian, Johannes dem Täufer und zwei anderen Heiligen nebst musicirenden Engeln; oben Gott-Vater (im XVI. Jahrh. übermalt) und eine Ansicht der Stadt Foligno, tiefer unten auf gemaltem Rahmen Sibyllenköpfe, Malereien aus der Zeit bald nach Pier Antonio und Alunno; dasselbe gilt von einem Franciscus u. einer Madonna an den Hauptwänden der Kirche (sehr schadhaft). — In S. Maria in Campis bei Foligno eine schwache Wandmalerei, von der nur noch Maria mit dem Kind und Franciscus übrig sind, mit der Inschrift: „Fatto fare li rede de' Jochimi da Santo rachio per loro devozione 1507. Es sind rohe Arbeiten der gewöhnlichen Schulmanier.

[113] Es gehörte einem Signor Leoni, welcher es verkauft hat.

als Verfasser von Annalen seiner Heimathstadt die Bemerkung nicht unterdrücken konnte, dass er bei Gelegenheit der Ausschmückung einer Kapelle in S. M. della Verità bei Viterbo vom Maler Maestro Lorenzo di Giacomo di Pietro Paolo in dem Wandgemälde der „Darstellung im Tempel" am 16. April 1469 abconterfeit worden sei.[114] Dieses von Nardo Mazzatosta gestiftete Bethaus steht noch heute der Betrachtung offen:

Viterbo. Man sieht an den Wänden in einem Bogenfelde den Gang Maria's mit ihren Eltern zum Tempel, darunter die Verlobung; im zweiten Rundfeld Madonna und Gabriel mit Heiligen, darunter die Geburt Christi; an der dritten Wand Bestattung und Himmelfahrt Maria's, an der Decke die Zeichen der Evangelisten, sodann Propheten, Kirchenväter und Bekenner, unter ihnen den Beda. Inschr.: MCCCCLXVIIII. L. V.

In dieser Darstellung des Sposalizio und der Darbringung im Tempel begegnet uns in Vortragsweise und Auffassung die deutlichste Abhängigkeit von Piero della Francesca und Melozzo. Lorenzo zeichnet nicht blos genau nach Piero's Vorgang, er versucht sogar das bauliche Beiwerk und die Verkürzungen desselben nachzuahmen. Dabei bewährt er in etlichen Bildnissen eine anerkennenswerthe Beobachtung der Wirklichkeit, jedoch an gemeiner Natur und in überreizter Weise. Er ist nicht sicher im Handwerk, seine Perspective falsch, die Formen hart, doch gilt dies mehr von dem Bilde der Geburt Christi, als von der Verkündigung, welche an Benozzo erinnert. Den Einfluss dieses Meisters bezeugen auch andere Theile, so die Bilder der Decke, an welcher ein Kopf gleich dem des Beda venerabilis sowohl den Zügen nach als auch in der ziegelartigen Färbung wie eine Karrikatur des Florentiners sich ausnimmt. Die bezeichnete Kapelle war nicht der einzige Platz in S. M. della Verità, wo Lorenzo (der dort mit „L. V." bezeichnet ist) gearbeitet hat; eine Verkündigung, eine Verlobung Katharina's und eine Madonna mit dem Kinde an der Brust, sämmtlich aus dem Jahre 1455,[115] verrathen dieselbe rohe Hand und den Einfluss Gozzoli's. Dies befremdet umsoweniger, da wir

[114] Rumohr, Ital. Forsch. II. 202.

[115] Unter dem Verkündigungsbild die Inschrift: „Hoc opus fecit fieri Antonius Jacobi MCCCCLV."

Grund haben, den Lorenzo von Viterbo als den Maler einer Reihe von Bildern zur Legende der Heil. Bernhardin und Antonius in S. Francesco zu Montefalco[116] anzusehen. Neben Benozzo hat der Künstler bei diesen Bildern, welche geringer sind, als die in S. M. della Verità, wiederum besonders den Piero vor Augen gehabt, und wir sehen an diesen Beispielen, wie zwingend derselbe auch auf Maler dieses Schlages wirkte, die nur seine Fehler zu übertreiben und seine Eigenthümlichkeiten zu verunstalten vermochten.

---

[116] Die eine Seite der Kapelle ist dem Bernhardin, die andere dem Antonius gewidmet; in einer Lünette der Gekreuzigte mit Maria und Johannes; an der Decke die vier Evangelistenzeichen. Unter der Darstellung eines Wunders des heiligen Bernhardin die Jahreszahl: „MCCCCLXI."

## SECHSTES CAPITEL.

*Benedetto Buonfigli und Fiorenzo di Lorenzo.*

Für den hohen Aufschwung der Schule von Perugia im 15. Jahrh. sind unseres Wissens früher keine genügenden Erklärungen beigebracht worden. Bedenkt man, wie lange die älteren Umbrier noch unter ihren sienesischen Kunstgenossen standen — wir haben u. a. Zeugnisse genug dafür in einer Sammlung von der Wand abgenommener Fresken in der Stadtgallerie zu Perugia[1] — so erscheint die Grösse Perugino's geradezu erstaunlich; umso wünschenswerther aber auch die Darlegung der Voraussetzungen, auf welchen seine Entwickelung beruhte. Ungewöhnliche Bedeutung ist hierbei dem Alunno beigelegt worden, der auf Pietro Vanucci eingewirkt haben soll, aber die Maler von Foligno hatten ebenso wie die in Perugia der Berührung mit den Florentinern viel zu danken, und in ähnlicher Abhängigkeit wie Alunno von Gozzoli stand Benedetto Buonfigli zu Domenico Veniziano und Piero della Francesca.

Um die Fortschritte der Kunst Perugia's an ihrem ersten geschätzten Meister aufzuweisen, ist die Reihe von Wandgemälden zu den Legenden der Heiligen Ludwig von Toulouse und Her-

[1] Unter diesen erwähnen wir eine Lünette aus einem Cyclus ähnlicher Arbeiten in S. Giuliana: Anbetung der Könige und Beschneidung. Diese Bilder haben altgubbianisches Gepräge, nicht blos in der Behandlung der Trachten, welche an Ottaviano erinnern, sondern auch in der Zeichnung.

culanus in der Halle des Stadthauses vortrefflich geeignet. Begonnen 1454, dann 1461 vorläufig abgeschlossen, aber noch 1496 in der Fortsetzung begriffen, geben sie ein Bild der Wandelungen, welche die Malerei in Italien in der Zwischenzeit überhaupt erfahren oder welche sonst aus zufälligen Einwirkungen entstanden und bereiten uns in ihrer Vereinigung florentinischer und umbrischer Züge mit Eigenthümlichkeiten der Ferraresen und Paduaner auf die Vollkommenheiten Perugino's vor.

Erinnert man sich, dass Domenico Veniziano im Jahre 1438 in Perugia verweilte und dass sein grosser Schüler Piero ebenfalls Spuren seiner Thätigkeit dort hinterlassen hat, so ist die Entwickelung von Buonfigli's Kunstcharakter deutlich. Domenico Veniziano war in der Zeit seiner Arbeiten in Perugia mit den florentiner Zeitgenossen bekannt geworden, und ebenso zeigt Buonfigli, dass ihm diese nicht fremd waren. Als er die Kreuzigung und die Scenen aus dem Leben des heiligen Ludwig in der Kapelle des „Magistrato" in Angriff nahm, handhabte er bereits vorweg die Kunstregeln Fra Filippo's und Fiesole's, welche dieselben waren, nach denen Domenico verfuhr; und dass er sich in die Kunstrichtung der beiden grossen Mönche einlebte, wie sie ihm Veniziano in Perugia selbst thatsächlich vermitteln konnte, ist umso verständlicher, da er dem während seines dortigen Aufenhalts schon in der Fülle seiner Kraft stehenden Domenico noch als Anfänger gegenüber trat. Denn wir dürfen Buonfigli's Thätigkeit in die Jahre von 1453 bis an den Schluss des Jahrhunderts setzen, sodass er also Domenico's Gehülfe gewesen und auch mit Piero della Francesca zusammen gearbeitet haben kann. Sein Name steht zwar erst 1461 in der Gildenliste zu Perugia,[2] doch scheint er schon seit 1453 die Gerechtsame eines Meisters genossen zu haben, da er in diesem Jahre ein Relief von Battista di Baldassare abzuschätzen bekam.[3] Schon vorher sind, wie man glauben darf, Arbeiten von ihm bekannt geworden, und wir haben noch Bilder, in denen eine Verwandtschaft mit Giovanni, Matteo von Gualdo oder

[2] s. Mariotti, Lett. pitt. S. 130.
[3] Das Gutachten, v. J. „1453. 13 August." gibt Gualandi, Mem. Ser. V. S. 8

Perugia. Gall.

Benvenuto di Giovanni erkennbar ist. Zu diesen gehört eine Verkündigung, früher im Waisenhaus zu Perugia,[4] deren schlanken hochgewachsenen Figuren ernste Empfindung und Anmuth nicht abzusprechen sind, wie auch die Gesichter, die sich durch breite Stirn und schmales Kinn auszeichnen, ansprechend wirken; die Hände sind sehr spitz gezeichnet, die Füsse dagegen plump, die Gewänder straff oder in rechtwinkelige Falten gebrochen. Helle mässig schattirte rosige Färbung, reichliches Gold an den prächtig gestimmten Stoffen sind entschiedene Merkzeichen der umbrischen Herkunft des Malers; die Engel in der Umgebung des segnenden Gott-Vaters am Goldhimmel mit Kränzen in Gestalt von Büschen auf dem Kopf haben die Geziertheit der Zeichnung, welche an die Kleinmeisterei des Gentile da Fabriano erinnert; der heilige Lucas sitzt, vermuthlich nach bestimmter Vorschrift, mitten im Vordergrunde mit seinem Thier zur Seite. An dem Säulengang und der Abstufung, an deren Fuss Maria kniet, gewahrt man einige Linienverjüngung; der Raum hinter Gabriel ist von eingelegter Marmorbrüstung geschlossen. — Neben dieses Werk muss sodann ein anderes Bild derselben Gallerie[5] gestellt werden, welches auf Grund seiner entschieden gubbianischen Züge dem Gentile zugewiesen worden ist. Buonfigli's Stil ist bei aller Unbill, die das Bild erfahren hat, unverkennbar, obgleich er hier in ungewöhnlichem Grade mit sienesischen Zügen und zwar mit solchen von Taddeo oder Domenico di Bartolo versetzt erscheint. Passavant bemerkt, dass das Bild der Ueberlieferung nach aus dem Jahre 1460 stamme,[6] gibt aber keine Beweise. Buonfigli war damals schon in sehr angestrengter Thätigkeit; 1454 hatte er den Auftrag für Wandbilder im Stadthause übernommen,[7] 1459 einen Brutus für das Refectorium der Prioren daselbst geliefert, und

[4] Von dort (Orfanelli) kam das Bild in die Bibliothek des Signor Vincenzo Bertelli am Hauptplatz in Perugia und befindet sich jetzt vorläufig unter Nr 15 der Stadtgallerie.

[5] Perugia, Gall. Nr. 18, aus S. Domenico, durch Alter und Uebermalung beschädigt; das Christuskind buckelig und eckig, die Gewänder straff und gebrochen, die Farbe flach, aber entschieden; die Figur des Täufers besonders sienesisch. — Vielleicht ist das Bild dasselbe, welches Vasari V, 275 in S. Domenico aufführt.

[6] Passavant, Raphael I, 479.

[7] s. Vasari V, 276 und Mariotti a. a. O. 182.

1461 wiederfuhr ihm die Ehre, dass die erste dieser Arbeiten durch Fra Filippo abgeschätzt wurde.[8] Der Vertrag mit Buonfigli wurde anfänglich nicht für die ganze Kapelle abgeschlossen, sondern auf die Altarwand beschränkt, wo eine Kreuzigung mit den Heiligen Ludwig und Herculanus zu Seiten Maria's und des Johannes angebracht werden sollte, während die übrige Fläche, die Hälfte des Gebäudes, für Darstellungen zur Legende des heiligen Ludwig bestimmt wurde. Trotz theilweiser starker Beschädigung lässt sich doch noch heute die Reihenfolge aufzeigen, in welcher die Wandbilder entstanden sind, und auch über das von Fra Filippo abgeschätzte Stück sind wir im Klaren. Sein Gutachten ist noch vorhanden und bezieht sich ausdrücklich auf den fertigen Theil an der dem alten Prioren-Palast zugekehrten Wand der Kapelle. Hiernach hätte Buonfigli zuerst die Kreuzigung gemalt, die jedoch durch eine neuere Malerei verdrängt worden ist. Rechts davon (Blick auf die Kreuzigung gerichtet) sehen wir die Weihe des heiligen Ludwig zum Bischof von Toulouse, das Wunder am Kaufmann von Marseille und eine dritte fast unkenntliche Darstellung. Nach Abfassung des Gutachtens, also nach 1461, verpflichtete sich Buonfigli, alle sechs Monate eine Abtheilung fertig zu malen, bis die ganze Kapelle ausgeschmückt sei; aber wir finden ihn im Jahre 1464 lässig bei der Arbeit, 1469 in Streit mit dem Generalrathe wegen Zahlung des Gehaltes; er geht ferner noch im Jahre 1477 Zahlungstermine ein und selbst in seinem letzten Willen v. J. 1496 setzt er einen Zuschuss aus zur Vollendung dessen, was er nicht zu Ende zu bringen vermocht hatte.[9] Die Langmuth der peruginischen Behörde würde schwer verständlich sein, ginge nicht aus einer Stelle der Rathsurkunden von 1469 der Aufschluss hervor. Während der Misshelligkeiten mit den Bestellern nämlich hatte Buonfigli gedroht, sich zurückzuziehen, wenn gewisse Bedingungen, auf welchen er bestand, nicht erfüllt würden. Hätten die Landsleute ihren Maler für leicht ersetzlich gehalten, so würde man seiner Drohungen gelacht haben, aber

Perugia. Stadthaus.

[8] Mariotti a. a. O. 140. 133. 134.
[9] Diese Thatsachen gehen hervor aus Mariotti a. a. O. 134. 135. 136.

die Stadt bewunderte ihn und schätzte die Wandbilder der Kapelle als ihren höchsten Schmuck, eine Unterbrechung der Arbeit aber oder die Berufung eines fremden Künstlers für Unehre. So wurde Buonfigli's Begehren gewährt und wir haben auch heute keinen Grund, die ehrenwerthen Bürger von Perugia darum zu tadeln. Unter den neuen Bedingungen malte er jetzt die Bestattung des heiligen Ludwig und die Belagerung von Perugia durch Totila, welche zusammen mit der Darstellung von Tod und Bestattung des heiligen Herculan die der Kreuzigung gegenüberliegende Wand ausfüllen, während die übrigen Flächen die Ueberführung dieses Heiligen nach S. Peter enthalten.[10]

Perugia. Stadthaus. Von dem Bilde der Bischofsweihe sieht man noch den thronenden Papst, wie er den heil. Ludwig segnet, neben diesem einen Mönch, neben jenem einen Kardinal (Bruchstück), und das Besterhaltene, den Kopf eines alten Mönches in einer Halle links. — Das nächste erzählt vom Marseiller Kaufmann, der das im Seesturm eingebüsste Geld kraft seines Gebetes zum heil. Ludwig in den Eingeweiden eines auf dem Markt gekauften Fisches wiederfindet: man sieht den Fischer die Bezahlung empfangen, daneben einen Mönch an der Bank knieend, worauf der Fisch und eine grosse Börse liegt, und zuschauendes Volk, im Hintergrunde die See mit zwei Schiffen und am Himmel die Erscheinung des Wunderthäters. — In der dritten Abtheilung ist der heil. Ludwig mit verkürzter Haltung aus runder Glorie herabschauend dargestellt, ähnlich dem Gott-Vater bei Uccelli oder dem Engel in Piero della Francesca's Traum des Constantin in Arezzo. Der Bogen, über welchem der Heilige erscheint, könnte für eine Bestätigung Vasari's gelten, der von einem Aufenthalte Buonfigli's in Rom spricht. — Der Tod Ludwig's ist ein Bild von ganz ebenmässiger Anordnung:[11] Die Bettelbrüder umstehen die in einer Basilica aufgestellte Bahre des jugendlichen Heiligen in gleichmässiger Reihe voll schmerzlichen Ausdrucks und mit den zum Todtenamt gehörigen kirchlichen Geräthschaften versehen; in den Seitenschiffen sieht man links Männer, rechts Weiber trauernd versammelt.

Besonders in dem zweiten Bilde erhebt sich Buonfigli zu breiterem Stil der Gewandbehandlung und guter Verhältnissmässigkeit; der nackte Fischer, der das Geld in Empfang nimmt, ist sorgfältig gezeichnet und verräth Beobachtung Piero della Fran-

[10] Die Fresken befinden sich im 2. Stockwerke der Stadthalle.

[11] Links ist der obere Theil, rechts der untere Theil beschabt.

cesca's und der florentinischen Schule. Die Mönche des letzten Bildes bewegen sich mit ziemlicher Natürlichkeit, die Figuren erinnern an Domenico Veniziano; ihr Fehler besteht wie bei jenem in zu grosser Gedrungenheit des Wuchses und in dem Unedlen der Gesichtsbildung und des Ausdrucks. Das Bauliche ist mit viel perspectivischem Verständniss gezeichnet und deutet wieder auf Piero's Einfluss.

Die Darstellungen aus dem Leben Herculans sind nur mit Hilfe der Ortslegenden zu verstehen:

Perugia. Stadthaus.

Herculanus, Bischof von Perugia, war durch Totila enthauptet und geschunden worden; als aber nach 40 Tagen sein Leichnam wieder aufgefunden und in feierlichem Zuge zum Ruheplatze getragen wurde, erwies sich die Haut heil und der Körper unzersetzt, während ein mit ihm begrabenes Kind schon in Fäulniss übergegangen war. Diesen Gegenstand behandelt ein Bild der rechten Seite: der Heilige liegt enthauptet auf dem Boden, um mit dem Kinde bestattet zu werden; links sieht man einen Mann, der einen Ochsen schlachtet und einen Priester, welcher den gothischen Statthalter anredet, während sich im Hintergrunde ein Gefecht entspinnt. — Das nächste zeigt die feierliche Einholung des Leichnams durch die Geistlichen unter dem Geleit der Stadtgemeinde.[12] Jene Darstellung enthält eine Ansicht der Kirche S. Ercolano und des römischen Thores, wie sie jetzt noch stehen, das andere eine perspectivische Zeichnung des alten Stadthauses von Perugia, beide zwar ohne Licht und Schattenwirkung, aber von höchster Feinheit der Zeichnung, und in beiden Bildern herrscht ein tüchtiger Anlauf zu lebensvoller Bewegung, hin und wieder mit der Art der Uebertreibung, die wir bei Matteo von Siena bemerkten.

Der Eindruck des Ganzen ist derart, dass es nicht Wunder nehmen kann, wie ein Maler, der den umbrischen Stil in solcher Weise mit Vollkommenheiten Domenico Veniziano's und Piero's della Francesca zu verquicken verstand, ein Verzug seiner Landsleute wurde. In der That steht er mit Ausnahme Piero's über allen Umbriern seiner Zeit, und an künstlerischer Absicht und Gesinnung verdient er einen Platz neben den Ferraresen, die man im Palast Schifanoia zu Ferrara kennen lernt:[13] auch

[12] Das Ganze durch Beschabung der Wand beschädigt.

[13] s. B. III, S. 318.

er offenbart Verwandtschaft mit der Kunstweise der damaligen Paduaner und Veronesen. Betrachtet man die Fresken mit Hinblick auf die Entwicklung des Künstlers selbst, so lässt sich beobachten, wie er sich anfänglich in dem Geschmack seiner reichen doch fehlerhaft angelegten Architektur an Benozzo hielt und in hochaufgesetzten Vergoldungen schwelgt, und wie er sich dann unter Fra Filippo's Einwirkung zum Einfacheren wandte. Immerhin wird sein Fortschritt nur allmälig gewesen sein, aber wir sahen, wie er im Anfang seiner Laufbahn sich die Achtung der Kunstgenossen erwarb und diese wird mit dem Wachsthum seiner Erfahrungen zugenommen haben. Seine Wahl zum Schiedsrichter bei Abschätzung der neuen Stirnwand, die der Florentiner Agostino d' Antonio an die Kirche S. Bernardo in Perugia angebaut hatte, war ehrenvoll für beide Theile;[14] für seine hohe Schätzung spricht, dass sein vertragswidriges Benehmen bei der Ausschmückung des Stadthauses anderweiten Aufträgen nicht hinderlich gewesen ist. So lieferte er 1465 ein Banner für die Brüderschaft von S. Bernardino, ein anderes 1476 für die von S. Fiorenzo, 1472 eine gnadenreiche Jungfrau für die Kirche von Corciano, eine andere 1478 für die Kirche der Commende von S. Croce. Sie bieten Gelegenheit, Buonfigli's künstlerische Entwickelung weiter zu verfolgen:

Perugia. Gal. Der leinene Gonfalon von S. Bernardino, jetzt Nr. 1 in der Stadtgallerie zu Perugia ist ein grosses Bild auf Goldgrund: Christus von Engeln umgeben ertheilt dem heil. Bernhardin den Segen; im Hintergrund ein Gebäude mit der Aufschrift: „Augusta Perusia M.CCCCLXIIII.“ Unterhalb, vor einer Ansicht von Perugia zwei Darstellungen aus der Legende des Heiligen: Bernhardin die Bücher der Streitenden und die Waffen derselben verbrennend und, die Kerzenspende durch Pius II. im Jahre 1459.[15] Der dicke Kopf und die aufgeputzten Gewänder Christi zeigen wie Buonfigli gelegentlich noch an Eigenthümlichkeiten des Taddeo und Domenico Bartoli festhält, und die stumpfe Farbe, dünne Tempera, ist wenig erfreulich.
Corciano. — Die Madonna in Corciano ist ein unvollkommenes Stück Arbeit, durch Aufbesserung und Uebermalung entstellt: Gott-Vater hält ein Bündel Pfeile, von denen er etliche herabgeschleudert hat, die in dem

[14] Es war im Jahre 1465. s. den Nachweis bei Mariotti a. a. O. S. 72 und 97

[15] Dieses Bild ist bereits von Vasari V, 276 als Buonfigli's Arbeit bezeichnet.

von zwei Engeln gehaltenen Mantel Maria's aufgefangen werden. Unter ihr stehen Nicolaus von Tolentino, Macarius und Sebastian, letzterer etliche knieende Figuren führend; in der Mitte des Vorgrundes ein Modell der Stadt Corciano (mit der Jahreszahl 1472) auf dem Gatterschilde. — Die Fahne für S. Fiorenzo ist besser und an künstlerischem Werth den Wandbildern des Stadthauses nicht unebenbürtig. Gleich dem Bilde in Corciano hatte sie einen Weihezweck und zwar bezog sie sich auf eine Seuche, die man als Strafe für Gleichgiltigkeit gegen den Gottesdienst und für die Unvorsichtigkeit der Leute betrachtete. Das Bild sollte die Jungfrau verherrlichen, deren Vermittelung man angerufen hatte; sie wird von Engeln in der Schwebe gehalten und stellt den aufrecht auf Blumen stehenden Knaben zur Verehrung dar; dieser streckt seine Arme aus und zeigt die künftigen Nägelmale; im Vordergrunde die Heiligen Pellegrinus und Florentius, Sebastian und Philipp, umgeben von knieenden Männern und Frauen, welche durch einen Engel mit langem Schriftbande in der Hand in zwei Hauptgruppen geschieden werden; die Schrift schliesst mit den Worten: „nel mille settanta quarto cento sei."[16] Auf dem unteren Stücke sind sodann Scenen aus der Legende der Heiligen des Hauptbildes angefügt. Die lichte Tempera, durch die Zeit gebräunt, ist wacker behandelt und nicht ohne Gefühl für Licht- und Schattenwirkung; der leidlich empfindungsvolle Ausdruck Maria's und die Anmuth der Engelgestalten geben einiges Gegengewicht gegen die Härte und Steifheit dss Kindeskörpers. Fiorenzo.

Dieselben Eigenschaften wiederholen sich an vier Heiligengestalten, an einer Madonna mit Kind und Engeln, zu der sie wahrscheinlich als Flügelstücke gehört haben, an vier Darstellungen kleinen Maasstabes, offenbar Staffelbildern, und an zwei Aufsätzen, welche, ursprünglich an verschiedenen Stellen in S. Domenico zu Perugia aufgehängt, sich jetzt in der Stadtgallerie befinden.[17] Die Mitteltafel bekundet deutlich den Einfluss Fra Filippo's. Die Verkündigungs-Figuren der Aufsätze haben eine milde Zartheit, die dem Alunno ähnelt, der damals in Perugia gewesen sein Perugia. Gal.

[16] Der Inhalt ist der von einem schlechten Dichter abgefasste Aufruf an das geängstete Volk, seiner Sünden und der rettenden Gnade Maria's zu gedenken.

[17] Nr. 61, enthaltend Katharina und Petrus Martyr, beides körperhaft wirkende und in gutem Verhältniss gehaltene regelmässige Figuren von gutem Naturgefühle. Nr. 246 die beiden Aufsätze (Maria und Gabriel), die übrigen Theile ohne Nummern; das Mittelbild (Maria mit vier Engeln) ist fast unrettbar beschädigt, die Staffelstücke enthalten die Kreuzigung (fast ganz verlöscht), die Taufe Christi, die Enthauptung des Täufers und die Errettung der 3 zum Tode verurtheilten Jünglinge durch Nicolaus.

mag. Hierher gehört noch ein anderes freilich arg beschädigtes Bild derselben Sammlung: eine thronende Madonna mit Marmoraufsatz hinter sich und Engel darüber mit Heiligen in der Umgebung.[18] Die betenden Engel zählen zu den schönsten Buonfigli's. — Das Marienbild in der Commende von S. Croce ist eine Wiederholung der bekannten häufig vorkommenden Composition in Fresko.[19] Es steht auf einer Stufe mit anderen Arbeiten des Meisters, von denen wir eine in S. M. Nuova,[20] eine andere ehemals in der Sakristei zu S. Francesco, und eine in der Confraternità della Giustizia (welche mit einem dritten, wahrscheinlich ebenfalls aus S. Francesco stammenden Stücke[21] in die Stadtgallerie gekommen sind[22], und endlich ein eigenthümliches Christusbild im Carmine zu Perugia aufführen. Letzteres ein schadhaftes Leinwandbild und ohne Zweifel ursprünglich ein Gonfalon, zeigt Maria, wie sie das auf ihrem Schoos liegende Kind anbetet, während allerlei Volk, darunter König und Papst, um sie herumknieen; milde Beschaulichkeit, ähnlich dem Ausdrucke, den wir bei Fio-

Perugia. Gall. Carmine.

---

[18] Perugia, Gall. Nr. 14. Links Thomas und Hieronymus mit dem Löwen. Die Figuren unter Lebensgrösse, die Engel mit denselben Blumenperrücken wie auf Buonfigli's obenbeschriebener Verkündigung. Ein Theil von der rechten Seite der Oberfläche ist abgerieben und lässt nur noch einzelne Spuren erkennen.

[19] Gott-Vater wirft die Pfeile, die Figuren unter dem Mantel knieen links und rechts und halten zwischen sich die Namen einer Brüderschaft. Das Ganze sehr beschädigt.

[20] Hier findet sich an einem Seitenaltar der Kirche ein grosses Bild Buonfigli's, grau durch Alter und Staub und gewöhnlich dem Blick verschlossen: die Hauptfigur ist eine lebensgrosse Gestalt Christi, der verschiedene Gruppen von Gesindel mit einem Spiess zu Boden stösst, an seinen Achseln sind Sonne, Mond und Engel mit den Leidenswerkzeugen, links Maria in fürbittender Geberde, rechts kniet der heilige Paulin. Unter dem Ganzen in Halbfiguren eine Versammlung von Männern und Frauen, welche unter dem Schutz der Heiligen Benedict u. Scholastica beten, und hinter letzterer ein Engel, der die Sichel der Zeit aufhält. Eine schöne Arbeit Buonfigli's aus späteren Jahren.

[21] Perugia, Gall., Nr. 186 und 191. Vier knieende Engel mit den Marterwerkzeugen, denen aus S. Francesco in der Grösse gleich.

[22] Es sind zwei Untersätze zu einer Lünette von Fiorenzo di Lorenzo und enthalten jeder zwei Engel mit den Leidenswerkzeugen; sehr schadhaft, 2 zerstört; dann 185 und 190, zwei Tafeln mit je zwei Engeln halb lebensgross mit Rosenkörbchen; die Farbe theilweis abgeschabt. In derselben Galerie bemerken wir noch folgende Arbeiten Buonfigli's Nr. 100—112, Wunderthaten des heil. Bernhardin (ebenfalls aus der Sakristei von S. Francesco stammend), nicht erheblich u. ziemlich roh. Nr. 123, Kreuzabnahme, Nr. 124, Kreuzschleppung, beides Bruchstücke, Schulbilder. Von derselben Gattung, noch etwas geringfügiger sind Nr. 98 u. 99, Franciscus und ein anderer Heiliger. — Im Dom zu Perugia (links beim Eingang) eine Flachsäule mit der Halbfig. Bernhardins, sehr schadhaft.

renzo di Lorenzo und bei Perugino antreffen, belebt das Antlitz. — Ausserhalb der Stadt ist noch die Kapelle S. Antonio Abbate in Diruta zu erwähnen, wo eine gnadenreiche Jungfrau in der gewöhnlichen Auffassung eine Wandfläche schmückt und in den Deckenfeldern die Evangelisten-Gestalten gemalt sind. Der Stil ist nicht mit Entschiedenheit zu beurtheilen, da die Bilder durch Alter und Vernachlässigung sehr gelitten haben, doch erinnert er an die Fresken in S. M. in Campis bei Foligno, ist unbedeutender als Buonfigli's Arbeiten im Stadthause zu Perugia, aber doch noch am meisten in seinem Charakter.[23] Diruta.

An einer Pietà vom Jahre 1469 in Pietro zu S. Perugia (Maria hält den Leichnam des Sohnes auf den Knieen, neben ihr die Heiligen Leonard und Hieronymus),[24] welche Passavant dem Buonfigli zuschreibt, glauben wir die schwächere Weise entweder der Boccati oder des Matteo von Gualdo zu erkennen; sie mag von Lodovico d'Angeli, einem Schüler Buonfigli's, herrühren, dessen Vortrag sich einigermassen dem Fiorenzo di Lorenzo nähert. Der Engel oberhalb Maria's scheint geradezu von Benozzo oder Fiesole entnommen, die Farbe ist bleiern und glasig, die Zeichnung besonders fehlerhaft. — Perugia.

Während die Kunst in Perugia unter Benedetto's Führung sich aufmerksamer Betrachtung würdig machte, entfalteten sich in der Stille zwei junge Talente, deren Ruhm bald die Grenzen der engen Heimath überschreiten und sich über ganz Italien verbreiten sollte: Pinturicchio und Perugino. Sie waren es, die von den Fortschritten der heimischen Kunsthandwerker den besten Vortheil zogen und sich bald aus ehemaligen Gehilfen derselben zu Meistern hohen Ranges entwickelten. Pinturicchio's Verhältniss zu Buonfigli, wie es uns Vasari schildert,[25] war das eines Gesellen und Freundes. Aehnlich wie Timoteo Viti, der nach seinem Weggange von Francesco Francia die erworbenen künstlerischen Erfahrungen mit dem aufstrebenden Rafael theilte, um

[23] Baldasar Orsini (vita di Pietro Perugino, Perugia 1804. Anm. zu S. 24) schreibt dieses Fresko dem Alunno zu.

[24] Am unteren Rande steht: „Anno domini Milesimo CCCCLXVIIII."

[25] s. V. 285.

dann durch einen sehr natürlichen Rollenwechsel zum Gehilfen dieses seines Schülers zu werden, so mochte Buonfigli zu Pinturicchio stehen. Er folgte jenem auf seiner Reise nach Rom und ging ihm bei seinen Arbeiten im Vatican zur Hand. Vasari's kurze Bemerkung, dass Buonfigli zahlreiche Arbeiten dort ausgeführt habe, erweitert Taia durch Beschreibung verschiedener Wandbilder und zahlreicher „Grotesken", die er unter der Regierung Innocenz VIII. (1472—92) in den Stanzen gemalt habe.[26] Heute aber finden sich in Rom keine Wandbilder, die auf Buonfigli zurückzuführen wären, ausgenommen eine Kreuzigung und Apostel in der Vierung der Laterankirche.[27] Soweit wir die Zeitfolge beherrschen, findet sich kein Gegenbeweis gegen einen Aufenthalt Buonfigli's in Rom zwischen den Jahren 1484 und 1486.

Rom. Lateran.

In den Jahren 1483 — 1486 beschäftigte ihn ein widerwärtiger Rechtshandel mit seiner eigenen Frau Gioliva di Menicuccio. Nachrichten aus etwas späterer Zeit (1489) zeigen, wie die Beziehungen zu seiner Ehehälfte sich seltsamer Weise dadurch wieder besserten, dass er von dritter Seite veranlasst wurde, zu ihren Gunsten aufzutreten;[28] kurz darauf scheint er Wittwer geworden zu sein, denn in seinem letzten Willen vom 6. Juli 1496 vermacht er seinen Grundbesitz mehreren Kirchen und das übrige den Dominikanern, mit der Bestimmung, dass er in den Gewölben der Kirche S. Domenico beigesetzt würde, was ihm auch gewährt zu sein scheint.

Wir haben in der Gallerie zu Perugia acht ursprünglich der Kirche S. Francesco zugehörige Tafelbilder, die gewöhnlich, aber ohne einleuchtenden Grund, dem Vittore Pisano zugeschrieben werden, richtiger jedoch auf Buonfigli und auf seinen Zeitgenossen

[26] s. Taia, Descr. dell' Pal. Vatican. S. 188. 407—409 in Vermiglioli's Mem. di Pinturicchio S. 24 und 56, dazu Vasari V, 275.

[27] Sowohl diese Gemälde an der Wand gegenüber der Tribuna, als auch die der andern Wände, welche reichlich übermalt sind, wurden für ursprüngliche Arbeiten Buonfigli's und Fiorenzo's angesehen, sollten jedoch laut der Inschrift von einem Florentiner unter Urban V. (1362) gemalt und unter Pius VII. aufgefrischt sein. (!)

[28] s. über diese Verhältnisse Mariotti Lett. pitt. S. 141.

Fiorenzo di Lorenzo zurückzuführen sind. Es sind Darstellungen von Wundern, die der heil. Bernhardin nach seinem Tode bewirkte:[29]

Die Reihe ist folgende: 1. Geburt Bernhardin's in Massa, 2. Wiederbelebung eines Mädchens, welches in einen Brunnen gefallen war, 3. Erweckung eines Todten durch Gebet zum Heiligen, 4. Erweckung eines Jünglings, der wegen Aufruhrs in Aquila zum Tode verurtheilt war, 5. Krankenheilung, 6. Heilung eines Mannes der (anscheinend durch einen Ochsen) verwundet war, 7. und 8. zwei ähnliche Heilwunder. — Perugia. Gall.

Die vier ersten Stücke sind die anziehendsten und gehören zu den besten Arbeiten der peruginischen Schule auf dem Höhepunkt ihrer Entwickelung, wie sie denn als Beweise für die Ueberleitung von Buonfigli zu Pinturicchio und Perugino vor Ablauf des Jahrhunderts auch kunstgeschichtlich von Wichtigkeit sind. Auf der einen Seite verbinden sie mit einem Classicismus, wie er sich seit Piero della Francesca's Thätigkeit in Umbrien bemerkbar machte, viel Naturgefühl, während sie andererseits sich dem Charakter der Paduaner und Veronesen nähern, welche in Schifanoia vertreten sind. Die Geburt Bernhardin's (Nr. 234), von ungleicher Durchführung in den einzelnen Theilen, enthält eine Anzahl trefflich erfundener Köpfe, bekommt jedoch durch hagere Figurenbildung und seltsame Trachten ein unerfreuliches Aussehn. In der mangelhaften Zusammenstimmung der Temperatöne erinnert es an Fiorenzo.[30] — Werthvoller als Bild ist die Auferweckung des Mädchens (N. 210): der Brunnen aus dem sie emporgezogen worden, steht vor einem Triumphbogen in gutem classischen Ornamentstil,[31] durch dessen Oeffnung der Blick über Wiesen,

---

[29] Mariotti a. a. O. 115, und Rosini a. a. O. III, 218, welche die Stücke in der Sacristei zu S. Francesco kannten, halten sie für Pisanello's Arbeit. Passavant a. a. O. I, Anm. zu 481 (vgl. Commentar zu Vasari IV, 177) weist dies schon zurück und deutet auf Fiorenzo. In der Gallerie haben sie jetxt die Nummern 234. 210. 233. 214. 213. 228. 227. 209. u. dort ist für Pisanello jetzt der Name Mantegna gesetzt. Die einzige Rechtfertigung für eine solche Benennung specifisch peruginischer Bilder könnte in den paduanischen und ferraresischen Anklängen gefunden werden, von welchen wir dabei zu sprechen haben.

[30] z. B. in den Bildern in S. Bernhardino, auf welche wir zurückkommen.

[31] Es trägt die Inschrift: „S. P. Q. R. divo. Tito. divi. Vespasiani Tullio Vespasiano Augusto. A. D. MCCCCLXXIII . . . . .“

Perugia. Gall. Hügel, Bäume und ein überragendes Schloss gleitet. Das Kind sitzt in der Mitte, die Mutter, Bernhardin und ein anderer Franciskaner knieen gegenüber, bei ihnen ein langer Page im Zeitkostüm, der sich auf einen Stock stützt; das Gegengewicht auf der andern Seite bilden verwunderte Zuschauer stehend oder niedergeworfen, durchweg mit guter Uebereinstimmung der Geberden und des Ausdrucks. Die Formen, genau und sorgfältig durchgebildet, erfreuen durch eine Frische der Färbung, welche den Fiorenzo di Lorenzo mehr auszeichnet als den Buonfigli, und die Gewänder sind trotz gelegentlicher Brüche und Härten im Ganzen doch von einer an Perugino streifenden Einfachheit und Sauberheit. — Auf der dritten Darstellung (Nr. 233) sieht man ein knieendes Weib (Rückansicht) mit ihrem vor einem Hund erschreckenden Knaben, Figuren, welche an Fiorenzo und selbst an Pinturicchio erinnern, während ein Mann in voller Seitenansicht neben dem Kinde und ein anderer zur Rechten mehr mit bestimmten Mangelhaftigkeiten Buonfigli's zusammentreffen. Die Felslandschaft mit ihren tunnelartigen Höhlungen ähnelt den später bei Pinturicchio beliebten Hintergründen. — In der Befreiung der Jünglinge (Nr. 214) finden wir Eigenthümlichkeiten des Matteo da Siena oder der Ferraresen mit glücklichem Erfolge vereint; dagegen gewahrt man wieder an der Erscheinung des Heiligen am Himmel und an der Krankenheilung (Nr. 213) eine Verbindung des allgemeinen Stiles von Buonfigli mit der Behandlungsweise Fiorenzo's, und die Verjüngung der Gebäude des Hintergrundes ähnelt einer Darstellung Piero della Francesca's oder den Wandbildern in Schifanoia. Die übrigen Bilder zeigen harte und trockene Figuren.

Durch diese Gemälde, welche sehr weit von ihrem vermeintlichen Urheber Pisano entfernt sind, werden wir auf Fiorenzo di Lorenzo geleitet. Da sie aber auch mit Buonfigli's Kunstverfahren deutliche Verwandtschaft haben, so ist der Schluss gerechtfertigt, dass Fiorenzo unter Benedetto's Leitung gelernt hat. Und dies wird durch beglaubigte Bilder bestätigt, welche eine Abwandlung des altumbrischen und des Buonfigli'schen Stiles mit theilweiser Anlehnung an die Neuerungen darstellen, durch die Vanucci die Kunst Perugia's belebte. In Fiorenzo's Gebilde begegnet uns eine solche Steigerung des Anmuthigen und der Frische, so viel Leben und Wohllaut, so entschiedene Verbesserungen der Zeichnung, die sich von gesuchten Faltenbildungen frei macht und die Gewänder statt dessen leicht um die Glieder spielen lässt, dass man den Einfluss des grossen Meisters von Perugia nicht läugnen kann. Als Tempera-Maler — und er bleibt treu bei dem alten Verfahren stehen — wählt er heiter gestimmte Töne, denen sogar ein gewisser Schmelz nicht fehlt, wenn er auch eine Vorliebe für scharfe Gegensätze hat. Er wendet zu den Halbtönen den Verdegrund an, deckt ihn mit warmer lichter Fleischfarbe und gibt den Schatten bräunlich orangene Färbung. Fast in Allem scheint er dieselben Gewöhnungen anzunehmen, die wir bei Pinturicchio ausgebildet finden, sodass er als unmittelbarer Vorgänger eines Meisters erscheint, der in seiner Entwickelung das Glück hatte, an Rafael auslernen zu können.

In Fiorenzo's Arbeiten, welche sehr selten sind, wiegt unverkennbar umbrisches Gepräge, wie wir es bei Alunno wahrnahmen, vor. Alunno seinerseits theilt die Eigenthümlichkeiten Buonfigli's insoweit, als ihre Voraussetzung der gemeinsame Boden ist, auf dem sie erwuchsen, nur war Buonfigli der begabtere und strebsamere. Sie sind es, welche die heimische Kunst in der Mitte des 15. Jahrhunderts zu geachtetem Rang erhoben, und beide haben in verschiedenem Maasse Verdienst um Fiorenzo.[32] Genaue Angaben über Fiorenzo's Lebensgang fehlen uns. Es sind nur wenige deutliche Thatsachen bewahrt, Geburt, Jugend und Manneszeit sind dunkel geblieben, da Perugino und Pinturicchio den Nebenmann in Schatten stellten.

Aus dem Jahre 1472 wird uns ein Vertrag mitgetheilt, durch den sich Fiorenzo verpflichtete, um 225 Dukaten für die Silvestiner-Kirche S. M. Nuova (jetzt de' Servi) in Perugia ein weitschichtiges Altarbild der Auferstehung Maria's mit zahlreichen Heiligenfiguren zu malen.[33] Das Werk ist in dem Kloster,

---

[32] Rumohr (Italien. Forsch. II. 321) nennt den Fiorenzo insofern mit vollem Recht einen Schüler oder Anhänger Benozzo's, als wir den Einfluss desselben durch Vermittelung Alunno's wahrnehmen.

[33] s. Mariotti, Lett. pitt. S. 81. Das Bild sollte ein Doppel-Altarstück sein

für das es bestimmt war, nicht mehr vorhanden, doch scheinen die Haupttheile sich in der Akademie zu Perugia zu befinden:

Perugia. Gall. Maria auf Wolken sitzend betet das auf ihrem Knie liegende Kind an, während zwei Engel mit kindlicher Demuth zu ihr emporblicken; an den Seiten auf Goldgrund stehen die Heiligen Benedict und Petrus, Johannes der Evangelist und Franciscus.[34] Diesen Theilen lassen sich die Aufsätze, welche Gott Vater und vier Doctoren der Kirche enthalten, und fünf andere Tafeln hinzufügen, auf denen die Verkündigungsfiguren, zwei halbe und zwei ganze Heiligengestalten angebracht sind.[35]

Aus dem Haupttheile dieses umfassenden Werkes gewinnen wir eine gute Vorstellung von Fiorenzo: die noch nicht von Schwerfälligkeit und von unedler Form-Ueberlieferung befreite Gestalt Maria's athmet doch Feier und Ruhe, die sanfte Neigung des Hauptes drückt so holde Scheu aus, dass man einzelne Mangelhaftigkeiten der Durchbildung, wie die breiten Nasenflügel, die dünne Säule des Halses, die abfallenden Schultern und die kurze dicke Hand, darüber vergessen kann. Der Knabe ist nicht von der hölzernen Bildung, die bei Giovanni Boccati abstösst, wenn auch noch plump und gewöhnlich. Die Bewegung hat zwar das Gebrochene und Aufgeregte noch nicht verloren, aber die Linien sind nicht mehr eckig und ihr Bogenzug lässt schon Perugino ahnen. Mittels hochaufgesetzter Schatten und durchsichtiger Lichter gibt er den Gewändern Wirkung, während durch die rauh aufgetragenen Fleischtheile der graugrüne Grund schimmert; auch die Engel mit ihrem wallenden Haar und ihrer kleidsamen Tracht verbinden Anmuth und Jugendlichkeit und führen sich durchaus als die ästhetischen Gespielen von Perugino's Gestalten ein. Nicht minder bezeugen die Heiligenfiguren durch weihevolle Erschei-

---

und die Figuren des Petrus, Paulus, Benedict und Silvester, sodann eine zweite Maria mit Kind und den heil. Hieronymus, Ambrosius, Nicolaus, Paulinus und die zwölf Apostel enthalten.

[34] Die fünf Stücke unter Nr. 13 in der Gallerie zu Perugia.

[35] Gall. Perugia Nr. 172—176. Nr. 174 (die Doctoren). Nr. 111 (Johannes der Täufer, ganze Figur). Nr. 120 und 169 (Maria und Engel), Nr. 167 (Antonius und Franciscus, Halbfig., übereinander). Nr. 168 (Sebastian). Diese Stücke sind in Fiorenzo's Stil und gehörten wahrscheinlich dem Altarbild der Silvestrini an; sie haben durch Alter und durch Schmutz an Kraft der Wirkung verloren.

nung, vollendete Zeichnung und die Sorgfalt des Vortrags einen wesentlichen Fortschritt der peruginischen Kunst; Johannes, der mit verkürztem Antlitz nach oben schaut, könnte für eine Figur Pinturicchio's gelten und offenbart das Bestreben, den Aus druck höherer Eingebung nachzubilden. Durch alle Gestalten gehen bestimmte eigenthümliche Züge hindurch; sie erhalten ein etwas ältliches Aussehen infolge der Runzeln, welche die dünne, das Knochengerüst nicht genügend deckende Fleischschicht annimmt, und die Hände, wenn auch gut gezeichnet, sind in umbrischer Weise zusammengezogen. Die Farbenbehandlung ist in allen gleichartig.[36]

Zu diesem Bilde von S. M. Nuova gesellen sich noch eine Reihe anderer, die ebenfalls in der Akademie aufbewahrt sind, meist Engelfiguren von nicht sehr hervortretendem Werth, welche die Ableitung von Fiorenzo's Stil aus der Schule Buonfigli's bestätigen.[37] Perugia. Gall.

Als Fiorenzo den Auftrag zu jenem grossen Altarwerke erhielt, gehörte er zum Rath der Zwölf in seiner Vaterstadt.[38] Daraus wie aus dem Erfolg seiner Arbeit geht hervor, dass er um diese Zeit in seiner Reife stand. Ein anziehendes Zeugniss von Fiorenzo's Vollkraft finden wir in S. Francesco zu Diruta:

---

[36] Alter und wiederholter Firnissauftrag haben die Bilder ein wenig beeinträchtigt. Besondere Hervorhebung verdienen: Petrus. eine schöne Gestalt in reicher Gewandung, Benedict mit fein ausgearbeitetem Haar und Bart (unterhalb durch Verderbniss der Farbenfläche beschädigt), Franciscus in seiner würdevollen Haltung mit dem Gesichtsausdruck. welcher dem Asceten trefflich entspricht, mit stilvoller Gewandung. — Bei Johannes, der Buch u. Feder hält, ist der rothe Mantel theilweis entfärbt, die blaue Tunica hat die Saumstickereien. wie wir sie bei Perugino finden.

[37] Gall. zu Perugia Nr. 50, die Heiligen Michael, Bernhardin. Ludwig von Toulouse, Franciscus, Clara. Antonius von Padua und der büssende Hieronymus. sämmtlich Halbfiguren in Staffel-Medaillons; sodann Nr. 64. Sebastian, eine lange hagere Gestalt. an eine Säule gebunden; mit Gebäuden im Hintergrund, die Temperafarbe dünn u. von entschiedenen Gegensätzen. Die etwas manierirte Zeichnung der Figur erinnert seltsamer Weise an Fehlerhaftigkeiten bei Liberale von Verona. Wir nennen noch Nr. 107, Bernhardin, ein trockenes u. schwaches Holzgemälde, Nr. 100. Sebastian, Holz, schadhaft. Nr. 101. Maria mit K. (zum grossen Theil zerstört. Holz), und die nicht mit Num. versehenen Stücke: Fresko aus dem ehemal. Kloster S. Giuliana in Perugia: Christi Leichnam auf Maria's Schooss. zur Seite eine männliche und eine weibliche Heiligenfigur (Maria's Kopf theilweise zerstört). Die Manier ist die des Fiorenzo. doch kann es auch von Lodovico Angeli oder von Bartolommeo Caporali herrühren. Nr. 15, Margaretha, Antonius u. Katharina in einem Rahmen, ein untergeordnetes beschmuztes Stück aus Fiorenzo's Schule. vielleicht von einem der ebengen. Maler.

[38] Mariotti a. a. O. 81.

11*

Diruta. Gott-Vater in runder Glorie, umgeben von den heiligen Romanus und Rochus. Der Name des Malers ist zwar nicht vorhanden, aber es kann kein Zweifel über ihn obwalten; die Jahreszahl 1475 am Rande oberhalb einer Ansicht der Stadt Diruta gibt die Entstehungszeit.[39] Selbst so früh schon ist der Einfluss Perugino's augenfällig, ja die Vollendung dieses Werkes gibt dem Fiorenzo seine Stelle unmittelbar nach Vanucci. Die Figuren haben die kunstlose Einfalt abgestreift und offenbaren in Gruppirung, Haltung und Geberde künstlerisches Bewusstsein; die beabsichtigte Lieblichkeit und Gefühlserregung spricht nicht blos aus den Gesichtszügen, sondern auch aus dem Spiel der Gliedmaassen; der verkürzte Kopf des heil. Romanus ähnelt den zahlreichen gleichartigen Darstellungen Perugino's ungemein, die Gewänder erinnern an die Weise, wie Palmezzano die Vorbilder des Melozzo oder des Piero della Francesca benutzte. Die kaltrothen Schatten, auf Verde aufgetragen, gleiten gut in die Lichter über und machen den Eindruck, als wäre die Fläche nicht glatt. Das Werk gehört als Wandgemälde zu den bedeutendsten Funden neuerer Zeit und steht, wenn ihm auch die Urkunde einer Inschrift fehlt, an Wichtigkeit nicht hinter dem Altarstücke aus der Sacristei von S. Francesco zurück, dessen Seitentheile (Petrus[40] und Paulus) von der Lünette mit Maria und Engeln, zu der sie ursprünglich gehörten, abgetrennt und mit anderen von verschiedener Hand zusammengefügt waren:

Perugia. Gal. Die drei in der Stadt-Gallerie zu Perugia wieder vereinigten Tafeln sind von gleicher Schönheit wie das Altarbild der Silvestrini und auf den Kleider-Säumen der Figuren lesen wir die Inschrift:

„FLORENTIVS LAVREN ... TI PINSIT MCCCCLXXXVII.“

Die Lünette (noch über den vorhin beschriebenen beschädigten Engelfiguren von Buonfigli) enthält eine Halbfigur Maria's mit dem nackten Kind in den Armen, umgeben von einer Glorie von Seraph-

---

[39] Durch Nägellöcher und theilweise Abblätterung des Bewurfes ist die Oberfläche beschädigt: das Gemälde ist vielleicht nur dadurch vor gänzlicher Zerstörung gerettet worden, dass die Eigenthümer des Altars den glücklichen Einfall hatten, ein neues Leinwandbild vor der Wand aufzuhängen.

[40] Die Gewandung des Petrus ist etwas voll und verwickelt.

köpfen und zwei Engeln. Der Einfluss Perugino's ist selbstverständlich an dem Bild aus dem Jahre 1487 deutlicher, als an dem von 1475 und zeigt sich besonders in der ansprechenden Gruppirung. Das Kind, in Form und Bewegung besser, nähert sich dem Pinturicchio; unter Fiorenzo's Engelgestalten haben diese hier, welche mit über der Brust gekreuzten Armen aufblicken, die meiste Anmuth der Empfindung und die dem Perugino ähnlichste Gewandbehandlung.[41]

Fiorenzo hat offenbar eifrig und mühsam gestrebt, mit der Vervollkommnung, welche die Kunst in seinen Tagen erfuhr, Schritt zu halten; das beweist in noch höherem Grade als die bisher erwähnten Arbeiten sein Wandbild der Maria mit Kind und zwei Engeln in einem Halbrunde der Sala del Censo im Stadthause zu Perugia, welches bei grosser Verwandtschaft mit Pinturicchio höchst reizende Milde und Schönheit mit breiter Färbung in fettem Auftrag verbindet und vermöge dieser Eigenschaften schon hinlänglich bekunden würde, wo der Maler seine erste Unterweisung empfing. — Mit Recht wird ein Madonnenbild des Berliner Museums (Maria mit dem Kinde, welches der Mutter den Kern aus einem Granatapfel reicht), bezeichnet mit der Jahreszahl 1481, dem Fiorenzo zugetheilt.[42] Die Hauptfigur ist höchst anziehend und der Faltenwurf lässt vermuthen, dass der Maler mit einem Florentiner in Berührung gestanden hat. Das Werk wird noch dadurch wichtig, dass es uns berechtigt, aus der Stilverwandtschaft auf den Urheber der ehemals in S. M. Nuova, jetzt in der Stadtgallerie zu Perugia befindlichen „Anbetung der Könige" zu schliessen, bei der wir verweilen müssen:

Perugia. Stadthaus.

Berlin. Museum.

Maria sitzt unter zerfallener Hütte mit dem Kinde auf dem Knie, welches die Hand segnend erhebt und dessen ganzes Gepräge dem aus S. Francesco in Perugia entspricht (s. oben); Kopf und Gewand der Madonna wie auf dem Berliner Bilde. Der knieende König zur Linken mit derben Gesichtszügen wird durch den hölzernen Gewandbausch um den Unterkörper entstellt, und dasselbe gilt von Joseph,

Perugia. Gall.

---

[41] Sie erinnern an das Rundbild der Madonna von Perugia, welches ehemals im Haag war und sich jetzt im Louvre unter Nr. 442 befindet. Die Tafeln in der Gall. zu Perugia sind gut erhalten, aber haben keine Nummern.

[42] Berlin, Museum. Nr. 129. Goldgrund. Tempera auf Holz. h. 5' 1", br. 2' 1½".

der rechts auf einem Stocke lehnt. Der zweite König neben dem knieenden wendet dem Beschauer ein bewegungs- und ausdrucksloses Antlitz zu, während der dritte mit dem Pokal in der Hand und eine weiter zurückstehende Figur rechts von ihm etwas von der Sanftmuth der Erscheinung haben, die Pinturicchio ausbildet. In einem Manne links hat man das Bildniss Perugino's finden wollen. Den Hintergrund bildet eine Landschaft mit Hügeln, Wasser und Baum und aus der Mitte des Himmels leuchtet der Stern herab. Die Farbe zeigt nicht die gewöhnliche Temperatechnik der alten Umbrier, sondern ist von harter Beschaffenheit und sattem Auftrag.[43]

Vasari und Andere nach ihm haben das Bild mit Perugino's Namen belegt.[44] Man hat nun zwar, und besonders ist das bei Rumohr der Fall, nur ein Jugendwerk des grossen Meisters darin erblicken wollen, aber wir möchten im Gegentheile behaupten, dass das Bild jedenfalls von einer geübten Hand und von keinem Anfänger herrührt. Wir haben die umbrische Weise des Fiorenzo vor uns, durch Fleiss und an dem Vorbild der aufsteigenden Perugianer vervollkommt; es enthält mehr Zartheit der Empfindung als irgend ein früheres und auch grössere Aehnlichkeit mit Pinturicchio.

Einige Eigenthümlichkeiten desselben sind jedoch entschieden Fiorenzo's, und zwar möchten wir besonders auf die Composition hinweisen, die etwas Steifes und Förmliches hat, auf die Zeichnung mit ihrem Bestreben nach kantiger scharfer Ausprägung der Formen, ferner auf die ziemlich spröden und ebenmässigen Gesichter, auf die Formung der Hände und Gliedmaassen mit ihrer seltsamen Biegung, endlich auf die Gewänder, deren Fluss, breiter als gewöhnlich bei Fiorenzo, häufig durch gebrochene Fältelung und straffe Anschmiegung Eintrag erleidet; am entscheidendsten aber ist die Farbe sowohl in der Behandlung als in der stumpfen

---

[43] Perugia, Gall., Nr. 39. Dort dem Dom. Ghirlandaio zugeschrieben. Die Erhaltung der Tafel ist im Ganzen gut, nur theilt ein senkrechter Sprung in der Mitte die Figur des knieenden Königs in zwei Hälften.

[44] Vgl. Rumohr a. a. O. II, 339. Dem Perugino wird es auch von Mezzanotte (Vita di Perugino S. 15) und von Passavant (Rafael I, 489) zugeschrieben. Vermiglioli (Mem. di Pinturicchio S. 212) entnimmt einer handschriftlichen Chronik des Klosters S. M. Nuova aus dem 18. Jahrhundert die Bemerkung, dass die Anbetung der Könige im Jahre 1521 für Camillo di Braccio Baglioni gemalt worden sei.

Dunkelheit. Etwas Neuerung ist auch im Bindemittel erkennbar, aber an dem Mangel des Farbensinnes, an der durch karge Halbtöne oder Schatten entstehenden Flachheit, an der Buntheit und der Luftlosigkeit haben wir Merkmale, die bei Fiorenzo eben so häufig wie bei Perugino unerfindlich sind. Die Neigung, Künstlerportraits aufzufinden, ist sehr verbreitet und trübt häufig genug das ruhige Urtheil; aber wenn auch eine der Gestalten hier eine gewisse Aehnlichkeit mit dem uns bekannten Bilde des Vanucci hat, so würde doch seine Anwesenheit auf einem Gemälde dieser Zeit ebenso wenig für seine wie gegen Fiorenzo's Urheberschaft beweisen, dessen ganze künstlerische Art von allen in Frage kommenden Malern uns am überzeugendsten entgegentritt. Perugia. Gall.

Auch in Rom begegnen wir der Spur Fiorenzo's. Wahrscheinlich war er gegen Ende des Jahrhunderts ein Glied jener betriebsamen Genossenschaft, als deren Führer wir Signorelli, Perugino und Pinturicchio im Vatikan kennen lernen. Seine Hand ist an Altarstücken und Wandgemälden bemerkbar, welche für sein Geschick als Tempera- und Freskomaler zeugen. Eine Madonna mit Petrus und Paulus im Quirinal, die bisher noch unbenannt gelassen ist, trägt alle Zeichen seiner Handweise und wir erfahren, dass das Bild für das Gericht der Rota gemalt war, deren zwölf Beisitzer links und rechts im Vordergrunde, geführt von dem Prälaten Brancadoro, dem Vorsitzenden des Gerichtshofes, angebracht sind.[45] Das Ganze als Temperabild auf Goldgrund ist durchaus kein geringfügiges peruginisches Schulstück, sondern durch saubere Durchführung ausgezeichnet und steht an künstlerischem Werth nicht viel unter Pinturicchio. — Von gleichem Stil und vermuthlich von Fiorenzo und seinen Gesellen ist das Wandbild im Chor zu S. Croce in Gerusalemme[46], das in den Darstel- Rom. Quirinal. Rom. S. Croce in Ger.

[45] Holz, Figuren ungefähr halblebensgross. Der obere Theil, ursprünglich elliptisch, ist jetzt in's Breite geschnitten. Paulus steht links mit zwei Schwertern, Petrus mit den Schlüsseln rechts vom Thron Maria's, an welchem das Wappen der Brancadoro angebracht ist. — Wir haben das Bild früher für Antoniasso's Arbeit gehalten, aber erneute Prüfung hat uns von Fiorenzo's Urheberschaft überzeugt.

[46] Die Fresken sind durch Alter und Uebermalung beschädigt. Im Geist derselben u. vielleicht von denselben Händen ist eine Kreuzigung mit Petrus, Paulus und zwei anderen Heiligen seitwärts von der Orgel und ein Fries mit Heil. an der Orgel selbst im Lateran.

Rom. S. Croce in Ger. lungen zur Legende vom wahren Kreuz viel Leben und Mannigfaltigkeit bietet: so in der Verehrung der heil. Helena durch einen knieenden Cardinal, wo wir viel Formen-Verwandtschaft mit Pinturicchio bemerken; in den Soldatengruppen rechts sind Anklänge an Signorelli, in den nackten Arbeitern links, die das Kreuz aufrichten, Anklänge an Alunno und andere Umbrier auffällig, und in der Gestalt Gott-Vaters mit den ältlichen Gesichtszügen und der gewundenen Kleidung bemerken wir Züge, die an Typen des Buonfigli erinnern. Die bleiche Mischung von Gelb und Grün und kupferigem Roth in den Fleischtönen, die schwere Färbung im landschaftlichen Hintergrund, die unter dem was man von Fiorenzo zu erwarten berechtigt ist, zurückbleibt, wird erklärlich, wenn man annimmt, dass der Meister dabei vermuthlich von Gehilfen wie Antoniasso oder dem jüngeren Caporali unterstützt worden ist.

Die Reihe der Arbeiten Fiorenzo's in Perugia muss noch durch eine in frühere Zeit gehörige Madonna (ehemals in der Brüderschaft della Giustizia, jetzt in der Stadtgallerie) vervollständigt werden, in welcher sich das Gepräge Benozzo's und die Verzerrung Alunno's in Verbindung mit einigen Fehlerhaftigkeiten der Schule findet.[47] Die Zahl der Arbeiten, die sich ausserdem unter Fiorenzo's Namen bringen lässt, ist nicht gross:

Perugia. In Perugia, im Palazzo communale: Zwei Tafelbilder mit betenden Heiligen, Halbfig.; ebendaselbst in der Cancelleria del Censo, in einer Lünette: Maria mit dem Kind in einem Chor von Cherubim mit zwei Engeln, der Manier Fiorenzo's sehr nahe stehend, aber vielleicht vom jugendlichen Pinturicchio. —

Perugia, S. Agostino, Sacristei: Madonna m. K., Halbfig. auf Holz in rundem Ornament mit sechs Cherubköpfen darin. Zwei grosse Köpfe an den Ecken des Sockels an Mantegna erinnernd, das Christuskind dem Fiorenzo oder der Schule angehörig; die Farbe zeigt Anwendung der neuen Bindemittel. —

---

[47] Perugia, Gall., Nr. 207. Altarstück mit Giebeln: Maria thronend mit dem segnenden Kinde auf dem Knie, von 2 Engeln angebetet, zwei Stifterfiguren in gleicher Haltung weiter vorn; zu den Seiten die Heiligen Mustiola und Andreas (theilweis abgeschabt), Petrus und Franciscus (letzterer besonders verzerrt); in der Staffel Christus zwischen Maria und Johannes, zur Seite Hieronymus, Ursula (?), Bernhardin und Johannes der Täufer. Die Figuren sind klein und schwerfällig, die Farben in harten Gegensätzen, aber mit Sorgfalt behandelt.

Perugia, S. Giorgio: Wandbild, Verlobung der heil. Katharina, daneben Nicol. v. Bari, roh und theilweis übermalt (der Hintergrund neu), zwar von Fiorenzo, aber zu seinen schwächeren Arbeiten gehörig. — Ebenda Geburt Christi, übermaltes Fresko (Joseph fast völlig neu) mit der Jahreszahl A. D. M.CCCCLXXXX."

In Terni, S. Francesco, Cap. di S. Antonio: sehr schadhaftes Altarstück: Maria mit Kind zwischen Buonaventura, dem Täufer, Franciscus und Ludwig, auf den Flachsäulen je drei Heilige, im Halbrund Gott-Vater mit zwei Engeln, in der Staffel fünf grob ausgeführte Darstellungen aus der Leidensgeschichte. Am Rand die Aufschr.: „1485. Dio et Virgini opus crectū Dionisio Joannis prorate." Der Maler ist schwer zu bestimmen, doch steht es dem Stil nach zwischen Fiorenzo und Pinturicchio.

Ravenna, Stadt-Gallerie, Flügelaltar, Goldgrund: Maria mit Kind umgeben von Petrus und Paulus, in den Aufsätzen Gott-Vater und die Verkündigungsfiguren, Inschr.: M.CCCCLXXXV. die XXVIII di Jugnio." Die Arbeit ist trocken und hart; hier kommen die Namen Bartolommeo Caporali und Lodovico de Angelis in Frage.

Carlsruhe, Museum Nr. 174 und 175: Johannes der Täufer und der Evangelist, kleine Figuren auf Goldgrund, früher fälschlich dem Agnolo Gaddi zugeschrieben, aus der peruginischen Schule, in der Weise des Fiorenzo.[48]

Liverpool Institution Nr. 22 (früher 20), Staffelstück: Geburt Maria's, dem Filippino zugeschrieben und von uns früher unter Filippino erwähnt. Es ist den sogenannten Pisanello's aus S. Francesco in Perugia stilgleich und mit demselben Recht dem Fiorenzo zuzuweisen.

Madrid (früher im Museum S. Trinità): ein edler Kopf des Heilandes, zwischen Petrus, Johannes dem Täufer und dem Evangelisten und einer Märtyrerin. Ein Bild von umbrischem Charakter, welches kaum einen anderen Namen zulässt, als den des Fiorenzo und manche Anklänge an Benozzo zeigt. —

Damit ist der Umfang von Fiorenzo's künstlerischer Thätigkeit für uns erschöpft, und es bleibt nur fraglich, wie es zugegangen ist, dass ein Mann, dessen Wirksamkeit wir so weit hin verfolgen können, so wenig Arbeiten hinterlassen hat. Bis 1499 haben wir urkundliche Spuren von ihm. Damals hatte er zusammen mit Bartolommeo Caporali ein Gemälde des Giannicola von Perugia abzuschätzen, und eine ähnliche Pflicht erfüllte er, wie es scheint, noch im Jahre 1521 im Verein mit Tiberio d' Assisi.[49] Sonach

[48] Holz, jedes h. 1' 8" 4"'. br. 7' 1". jetzt als umbr. Schule, Ende d. 15. Jahrh. bez.

[49] s. Mariotti, Lett. pitt. S. 82.

bleibt ein Zeitraum von über 20 Jahren ohne irgend welchen künstlerischen Beleg, sodass die Vermuthung nicht ungerechtfertigt scheint, Fiorenzo's Arbeiten aus dieser Zeit könnten unter anderem Namen in die Welt gegangen sein. Nun ist die Geschichte der Malerei von Perugia mit dem Namen eines Malers, des Andrea Alovigi, gewöhnlich l' Ingegno genannt, gewissermassen belästigt. Prüfen wir die bereits von Rumohr erläuterten urkundlichen Nachweise über diesen Mann, so kommen wir mit ihm zu folgenden Bemerkungen:[50]

Nach Vasari[51] hatte Ingegno bei Perugino gelernt, war dort mit Rafael zusammengetroffen und bei der Ausmalung des Cambio von Perugia mit beschäftigt worden. Was er dort gemalt hat, lässt sich aus Vasari nicht feststellen; neuere Schriftsteller eignen ihm die Sibyllen- und Prophetengestalten zu.[52] Auch in Assisi bezeichnet ihn Vasari als Gehilfen Perugino's und bezieht sich dabei vermuthlich auf den Aussenschmuck der Franciscus-Kapelle in S. M. degli Angeli. In gleichem Verhältniss soll Ingegno in der sixtinischen Kapelle zu Perugino gestanden haben, doch seien die grossen Erwartungen, welche er erweckte, durch seine frühzeitige Erblindung getäuscht worden. Er erhielt darauf von Sixtus (dem IV.) ein Jahresgehalt in Assisi und genoss dasselbe bis zum Alter von 86. Nun starb Sixtus IV. im Jahre 1484, und Rafael trat zuerst im Jahre 1500, als die Ausmalung der Wechselgerichtshalle begann, in Perugino's Schule.

Vasari irrt also in seinen Zeitangaben, denn Ingegno hätte danach sein Augenlicht 20 Jahre vor dem Zusammentreffen mit Rafael verloren. Im Glauben an Vasari's Erzählung halten Mariotti und Orsini Ingegno's Antheil an den Malereien des Cambio für unmöglich; doch hätte näher gelegen, den Gewährsmann anzuzweifeln, umsomehr, da Vasari erst in der zweiten Ausgabe seiner Biographie vom Jahre 1568 auf Ingegno zu reden kommt. Ein Schreibfehler „Papa Sisto" für „Papa Giulio Secondo" ist nicht unmöglich, wie denn in der That Ingegno unter der Regierung Julius II. eine Anstellung erlangte. — Jedenfalls ist der Zeitpunkt von Ingegno's Erblindung weiter hinauszurücken als gewöhnlich geschieht. Aus einem im Besitze des Ca-

50 s. Rumohr, ital. Forsch. II. S. 334.

51 Vasari VI, 55 ff.

52 s. Pungileoni, Elog. stor. di Timoteo Viti, Urbino 1835. S. 34, wo aus Francesco Maria Angeli's „Collis paradisi amoenitas" (Montefalco 1704) eine Stelle angeführt wird, in der die vier Propheten in der Ludwigs-Kapelle zu S. Francesco in Assisi dem Ingegno zugeschrieben sind; er sollte auf den vorher von Buffalmacco benutzten Wänden gemalt haben, dessen Bilder 1490 zu Grunde gegangen seien, eine Angabe, die sich nach Pungileoni auch in den Akten von S. Francesco in Assisi findet.

valiere Frondini zu Assisi befindlichen Buche geht hervor, dass er mehrmals Summen für seinen Bruder, welcher Canonicus des Domes zu Assisi war, ausgezahlt erhielt. Er unterschreibt: „Ingegnio di Maestro Alivisse" oder „Allovisii, Allevisi und Aloisi"; auf der letzten Quittung: „Ingegno di Maestro Allovisi die Mercurii quinta decembris 1509." Der Beiname Ingegno scheint nicht blos aus seiner künstlerischen Begabung, sondern auch aus seinem geschäftlichen Geschick herzuleiten; in einer Handschrift des Herrn Frondini wird Ingegno u. a. im Jahre 1505 als Procurator, 1507 als Schiedsrichter, 1510 als Syndicus, 1511 sogar als päpstlicher Kämmerer aufgeführt. Den Gehalt für letzteres Amt verwechselt Vasari offenbar mit einem Ruhegelde, und er schreibt dasselbe von Sixtus IV. statt von Julius II. her. Als einzigen Nachweis eines künstlerischen Werkes von Ingegno fand Rumohr den Auszug aus einem „Bolletario" bezüglich einiger Wappen: „An. 1481. 29. Octobris. Magister Andreas Aloysii habuit bullectam pro armis pictis in platea et ad portas civitatis . . . flor. 5. solid. 26."

Daraus geht eben nur hervor, dass Ingegno zum Empfang der Bezahlung für Malereien am Platz und an den Thoren von Assisi angewiesen wurde, nicht aber, dass er auch der Maler war. Was uns von angeblichen Werken Andrea Alovigi's wirklich vorliegt, hat die grösste Verwandtschaft mit Fiorenzo di Lorenzo:

In Assisi, Innerhalb über dem Thor S. Giacomo: Lebensgrosse Madonna betend, das Kind auf dem Knie in einer Glorie von Seraphim, die in Wolken über die Landschaft schweben. Hier sind Mutter und Kind dem Fiorenzo ähnlich, das Fresko als Ganzes entschieden in seinem Gepräge; vorherrschend ist ein tiefbrauner Ton, jetzt durch Feuchtigkeit entstellt. — Ebenda in einer Nische der Aussenwand von S. Andrea: Maria das Kind auf dem Knie, daneben Hieronymus und ein andrer Heiliger; letzterer schön und sanft im Ausdruck, im allgemeinen dem vorher genannten gleich. — Ebenda im Rathhaus (früher im Kloster der Benedictinerinnen [delle Mantellucie] via S. Agata): Wandbild der Madonna m. K. zwischen Franciscus und Hieronymus; schadhaft, aber in derselben Weise behandelt. In der Leibung der Nische der heil. Bernhardin und eine andere Figur fast, zerstört. Das Ganze oberhalb des Portales.[53] — Ebenda (früher am Bogen des heil. Antonius, zwischen dem Hauptplatz und Moiano) sehr beschädigtes Fresko über dem Stirnziegel: Maria mit Kind und Franciscus mit Ueberbleibseln einer Landschaft. Assisi.

[53] Die 4 Sibyllen in der Unterkirche zu Assisi fallen ausser Betracht, da sie nachweislich von Dono Doni sind.

Assisi. In Moiano bei Assisi in einer kleinen Kapelle, inwendig, Maria mit Kind, einem Bischof und Franciscus.

Wir haben in diesen Sachen eine Reihe schlecht erhaltener Bruchstücke, die sich zum mindesten dem Tiberio d' Assisi nähern und vielleicht von einem Ortskünstler dieses Schlages herrühren, der in Mangel eines andern Namens unter dem des Ingegno begriffen werden mag. — Im weiteren Verfolg der Manier des Fiorenzo di Lorenzo begegnet uns noch eine Anzahl Arbeiten in und ausserhalb Italiens:

Gall.-Bild. In Rom, Capitol, Palazzo de' Conservadori, beschädigtes und ausgebessertes Fresko über Lebensgrösse: Maria das Kind auf ihrem Schooss anbetend,[54] von rauher rothbrauner Farbe mit Figurengepräge und Ausdruck Fiorenzo's.

Orvieto, Casa Gualtieri: Wandbild, aus der Familienkapelle der Gualdieri innerhalb der Kapelle S. Brizio des Doms ausgesägt: Michael im Harnisch mit Schwert in der Rechten, die Linke in die Hüfte gestemmt, den Drachen niedertretend; Hintergrund Felsenlandschaft mit See, woraus Inseln auftauchen. Dem Rafael, dem Signorelli und Ingegno zugeschrieben, gehört aber keinem derselben an, wahrscheinlich dem Eusebio.

London, National-Gallerie Nr. 703: Maria Halbfig. mit dem Kinde, welches vor ihr auf einem Teppich steht, im Hintergrunde felsige Landschaft.[55] Dem Pinturicchio zugeschrieben. Diesem ähnlich:

In Neapel, Museum, früher Nr. 84 Maria mit Kind,

Paris, Louvre, Musée Nap. III. Nr. 174 Madonna m. K. und die geringfügigere Wiederholung desselben unter Nr. 175; ähnlich ferner

Mailand, Brera, Gallerie Oggioni: Madonna mit Kind (ein wenig durch Oelfirnis entstellt). —

Von gleicher Gestalt mit dem Bilde der National-Gallerie und Wiederholung desselben Gegenstandes sind ferner:

In Urbino, Kloster der heiligen Clara:[56] Ein flaches und schwaches Temperabild von grauem Ton auf Goldgrund, aber dem Bilde in Mailand überlegen. Das beste von sämmtlichen genannten und offenbar das Original der übrigen befand sich bis vor Kurzem in

London bei Sir Anthony Stirling: Madonna, Halbfigur in einer halben Mandelglorie mit acht Cherubköpfen und auf den Goldgrund

---

[54] Maria's Kleid, ausgenommen den Goldsaum, in Oel aufgefrischt. Vermiglioli, Mem. di Pint. S. 73 schreibt es dem Pinturicchio zu, Passavant Rafael, I. 501 dem Ingegno.

[55] Tempera auf Pappelholz. h. 1' 10", br. 1' 3½" engl. Aus der Wallerstein-Sammlung in Kensington.

[56] Auf der Rückseite steht: „Fu compra da Isabeta da Gobio matre di Rafaello Sante da Urbino fiorini 25. 1488."

eingegrabenen Strahlen, trägt das segnende Kind auf dem linken Arm, während dasselbe auf den andern Bilderen rechts steht. Unser Bild hat mehr Weichheit und Zartheit in Bewegung und Ausdruck, die Formen sind genauer gebildet und die Züge sprechender; auch der Faltenwurf ist natürlicher und besser, die Farbe ansprechender, die Zeichnung richtiger, so dass es sich dadurch als Vorbild der vorgenannten ausweist, die von verschiedenen Händen und von verschiedenem Werth einander derart folgen, dass an zweiter Stelle das Bild in Urbino, an dritter das der National-Gallerie in London steht und nach diesen die in Paris, in Neapel und in Mailand folgten. Das Stirling'sche Bild ist mit vollem Recht dem Pinturicchio zugeschrieben, hat aber dabei alle Merkmale, welche beweisen, dass er seinen Stil von Fiorenzo herleitete, von dessen Arbeiten es die meiste Verwandtschaft hat mit dem Lünettenstück aus S. Francesco in der Stadtgallerie zu Perugia und dem gleichartigen Fresko in der Sala del Censo des Stadthauses. Sämmtliche Madonnenbilder, die wir aufgeführt, weisen auf Fiorenzo zurück, aber durch Vermittelung Pinturicchio's.

London, Dudley-House (ursprünglich in der Sammlung Bisenzio in Rom): kleine Maria mit Kind zwischen Dominicus und einer Heiligen, welche zwei knieende Stifterfiguren geleitet. Ein Bild ohne ausgeprägte Charakterzüge von einem Maler, der nach Perugino gearbeitet zu haben scheint.

Carlsruhe, Museum, Nr. 154, angeblich Ingegno: Maria mit Kind und zwei Engeln, zur Seite Benedict und Bernhard, ein Herzog und eine Herzogin von Urbino (?) mit ihren Gefolgschaften seitwärts im Vordergrund knieend; umbrisch aus dem Ende des 16. Jahrhunderts und den anderen sogenannten Ingegno's ungleich.[57]

Paris, Louvre Nr. 37. Unter Ingegno: Maria mit Kind und Heiligen auf einem von Engeln gehaltenen Thron mit der Aufschrift: „Ave Maria graetie (sic) plena“[58] in der Weise wie die Fresken des Giannicola Manni an der Decke der Kapelle des Cambio zu Perugia.

Hat man die Mehrzahl der obigen Bilder wirklich dem Ingegno zuzuschreiben, dann ist wenigstens so viel sicher, dass der Maler Schüler des Fiorenzo und Genosse des Pinturicchio war. Aber so lange uns nicht zwingendere Zeugnisse vorgebracht werden, als die Anfangsbuchstaben eines auf ihn zu deutenden Namens und die den Kern der Frage kaum treffenden Urkunden von Assisi,

[57] Oel auf Holz.

[58] Holz, h. 2,13, br. 1,48 M. Wir kommen später auf das Bild zurück. — In Florenz sahen Rumohr (II, 328) und Passavant (Rafael I, 503) in der Sammlung Metzger und Volkmann eine kleine Madonna mit der Aufschrift: „A. A. P.“ welches sie „Andreas Alloysii pinxit“ lasen.

bleibt der Zweifel im Rechte. Immerhin dient Ingegno vorläufig als Gattungsbegriff, unter dem sich eine grosse Zahl von Bildern in europäischen Gallerien aussondern lässt.

Handgreiflichere Gestalt nimmt in der umbrisch-peruginischen Kunstgeschichte Lodovico Angeli an, welcher im Jahre 1481 und 1506 in der Malergilde seiner Geburtsstadt erscheint.[59] Seine Leistungen sind sehr mittelmässig, doch weisen sie auf den Unterricht Buonfigli's zurück. Nimmt man ein Leinwandbild mit seinem Namen und der Jahreszahl 1489 zum Maasstab, so finden wir unter den Bildern, die man ihm auf Grund dessen zuschreiben darf, eine Tafel in S. Pietro zu Perugia, die manchen Zug von Benozzo enthält und ohne Grund dem Buonfigli zugeschrieben worden ist, sondern sich als eine ungeschickte Mischung seiner Weise mit der des Fiorenzo kennzeichnen lässt, wie sie ähnlich auf den übrigen hier zu verzeichnenden Stücken wiederkehrt:

Perugia. S. Pietro. Die Pietà in S. Pietro zeigt Maria den Leichnam des Heilands umarmend, daneben Hieronymus mit dem Löwen zur Seite auf einer Bank und die aufrechtstehende Figur des heiligen Leonhard, oberhalb einen Engel. Der Körper Christi ist hölzern, mager und mangelhaft, die Zeichnung kraftlos, die Tempera hart, glasig und von bleiernem Schimmer. Am Rande die Aufschrift: „Anno Domini Miliesimo S. Simone. CCCCLXVIIII.“ — Ebenda in S. Simone ein Tafelbild vom Jahre 1487. — Im Dom: Christus aufrecht segnend (lebensgross), zur Seite eine Heilige, Antonius der Abt, Hieronymus und Franciscus. Auf dem unteren Streifen die Inschrift: „A. D. MCCCCLXXXVIIII Lodovicus Angioli fecit.“ Tempera auf Zeug, schwache Charakteristik und ärmliche Typen, die Figuren von kalter Färbung und mit hartem dünnen Bindemittel gemalt, die Gewänder mit Falten überladen. — In der Stadt Gall. Stadtgallerie Nr. 15, angeblich Fiorenzo: Tafeln mit Halbfiguren der heiligen Dignamerita, Antonius Abbas und Katharina, Goldgrund, etwas fehlerfreier als das vorige, an die Mantegnesken erinnernd, vielleicht von Lodovico.

Berlin. Berlin, Museum N. 137, unter Alunno (s. oben S. 144) Maria mit Kind, nicht ohne Interesse.

Corciano, S. Francesco: Maria mit Kind zwischen Hieronymus und Franciscus, Antonius und Magdalena, begleitet von Engeln, sehr rohes Tafelbild mit Zügen von Lodovico's Art, jedenfalls Mischung von Buonfigli und Fiorenzo.

---

[59] s. Mariotti, Lett. pitt. S. 85.

Schon bei der Annäherung an Perugino und Pinturicchio wird man nach Rom geführt, wo diese beiden Meister während voller 15 Jahre arbeiteten. Vor ihnen sahen wir den Einfluss Piero della Francesca's und Melozzo's in der umbrischen Kunst wirken und der Glanz dieser Namen macht erklärlich, wie Männer in Vergessenheit gerathen konnten, deren Verdienst darin lag, dass sie, obgleich Römer, Antheil nahmen an dem Fortschritt ihrer Zeitgenossen aus Perugia. Als Filippino Lippi im Jahre 1493 die kleine Kapelle des Kardinals Caraffa fertig gemalt hatte, wurden seine Fresken, wie uns Vasari berichtet,[60] von den beiden besten Malern in Rom, dem Lanzilago aus Padua und dem Antonio aus Rom abgeschätzt. Zur Zeit von Fiesole's Tode war Antonio di Benedetto Aquilio in Rom ein Künstler von gutem Ruf und gehörte offenbar zu den ersten seiner Zunft, welche die Wirkung Benozzo Gozzoli's empfanden. Als früheste Nachricht über seine Thätigkeit wird uns mitgetheilt, dass er für Alexander Sforza, Fürsten von Pesaro, ein altes der Ueberlieferung nach vom heiligen Lucas gemaltes Madonnenbild der liberianischen Basilica copirte, eine verhältnissmässig geringfügige Thatsache, die seltsamer Weise durch ein Epigramm verewigt worden ist. Kardinal Bessarion, der im Jahre 1460 die Kapelle der heiligen Eugenia in der Kirche der SS. Apostoli in Rom in Besitz nahm, gab dem Antonio den Auftrag, die Wände mit Bildern zu schmücken, und die darauf bezügliche Urkunde führt den Maler unter dem Spitznamen „Antonazo oder Antoniasso“ auf, der ihm später verblieb. In der Kirche S. Antonio del Monte zu Rieti ferner finden wir ein Altarstück von 1464, auf welchem sich Antonius als Römer bezeichnet:

Es stellt Maria unter Lebensgrösse in goldener Tunica dar, wie sie dem Kinde, das aufrecht auf ihrem Knie steht, die Brust reicht, in der Umgebung Antonius und Franciscus, der die Wunden empfängt (diese Seitentheile auf Goldgrund), auf der Mitteltafel die Inschrift: ANTONIVS DE ROMA DEPINXIT. M.CCCCLXIIII.[61] Rieti S. Ant. d. Monte.

[60] Vasari V. 249.

[61] Die Mitteltafel hängt in der Sacristei, die Flügel getrennt im Chor. Maria's blauer Mantel fast zerstört, die Seitenfiguren, namentlich Antonius, beschabt, die Tempera ist licht.

An der Einheit dieses Antonio von Rom und des Antoniasso kann kaum gezweifelt werden; sein Stil verband die römische Ortskunst mit Eigenthümlichkeiten, welche von Benozzo hergeleitet sind. Wir erfahren noch von Antoniasso, dass er im Jahre 1469 das von Rossellino an der Stirnseite von S. Agostino im Campo Marcio in Rom gemeisselte Wappen des Kardinals von Rohan ausmalte, dass er zu denen gehörte, welche die Scenen aus der Leidensgeschichte zusammenstellten, wie sie am Charfreitag im Amphitheater des Flavius ausgelegt zu werden pflegten, und dass er 1470 in S. M. della Consolazione beschäftigt war. Einer von ihm gemalten Madonna widerfuhr sogar die Ehre, als wunderthätig gefeiert zu werden. Diese „Himmelskönigin" mit Antoniasso's Namen und dem Jahre 1483 bezeichnet scheint sich noch

Velletri. Dom.

im Dom zu Velletri zu befinden und wird für Copie eines älteren Bildes ausgegeben.[62] Deutlich geht aus einem etwas späteren Bilde die Rückwirkung von Fiorenzo's und Pinturicchio's Stil auf Antoniasso hervor. Es ist ein sehr schadhaftes Altarstück (Maria

Capua. Dom.

mit Kind zwischen Stephan und Lucia) im Dom zu Capua, welches Erzbischof Girolamo Gaetano im Jahre 1489 bestellt haben soll und welches früher die volle Inschrift trug.[63] Die Beziehung zu Perugino's Kunstverwandten kann nicht befremden, da wir erfahren, dass Antoniasso im Jahre 1491 bei einer Berathung über den Schmuck der Cappella Nuova in Orvieto als möglicher Stellvertreter oder Gehilfe Perugino's mit in Frage kam.[64]

Das Bild ist zur Bestimmung anderer römischer Arbeiten die-

---

[62] Maria in blauem Mantel hat das Kind auf dem Knie, welches die Weltkugel trägt. Die Inschrift lautet: „ANTONATIVS. ROMANVS ME PIXIT. ANNO MCCCCLXXXIII." Diese sowie die anderen auf Antoniasso bezüglichen Urkunden entnehmen wir einer Abhandlung von Costantino Corvisieri in der römischen Zeitschrift Buonarroti. Ser. II. B. IV. 1869. Juni.

[63] Sie lautete: „Antonatius Romanus M. For. p. MCCCCLXXXIX." und ist jetzt unlesbar, wird aber von Canonicus Gabrielli Gianelli in Capua verbürgt, welcher sie vor der letzten Ausbesserung des Bildes abgeschrieben. Er ist auch Gewährsmann für die Angabe des Bestellers. An Maria's Thron liest man noch die von Zierrathen umgebenen Buchstaben: „S. P. Q. R. A. R. P. S. P. Q. R." woraus hervorgeht, dass der Erzbischof v. Capua einem römischen Adelsgeschlechte angehörte. Die Figuren sind fast lebensgross; der Standort des Bildes ist am ersten Altar rechts im Dom.

[64] s. L. Luzi, Duomo di Orv. S. 457. Luzi hält den hier genannten Maler „Antonazo" für Pastura, doch haben wir es offenbar mit Antoniasso zu thun. Die Urkunde ist vom 15. Jan. 1491.

ser Zeit von Wichtigkeit. Denselben mittelmässigen Stil treffen wir in den schadhaften Fresken der dritten Kapelle links in S. Pietro in Montorio zu Rom an, einem David und Salomo, Gott-Vater in der Glorie und einer Empfängniss,[65] wo sich zur Nachahmung Fiorenzo's und Pinturicchio's Spuren des Einflusses von Perugino und Spagna gesellen. Von gleicher Gattung mit dem Altarbilde im Quirinal ist sodann eine Madonna mit Kind zwischen Paulus und Benedict, Petrus und Justina[66] in der Sacristei von S. Paolo vor Rom. Ferner haben wir in einer den Pagnani gehörigen Kirche in Castel Nuovo[67] einen thronenden Heiland in der Benediction, welcher dem Perugino zugetheilt wird, aber das Gepräge gewisser Figuren von Bartolommeo Caporali in Castiglione del Lago an sich trägt und am Schluss einer langen Inschrift das Jahr 1501 aufweist. Eine Darstellung der beiden Johannes an dem nämlichen Orte vertritt dieselben künstlerischen Eigenthümlichkeiten und erinnert uns, wie dies auch bei den Werken des Antoniasso der Fall ist, an die besseren Wandbilder in S. Croce in Gerusalemme in Rom. Leider sind die Fresken und das Altarbild Antoniasso's, welche in den Jahren 1491 und 1492 von Guglielmo Pererio, Auditor der Rota, für S. Maria della Pace in Rom bestellt worden, untergegangen und ebenso die Madonna mit Heiligen und anbetenden Franciskanern, welche er 1497 für S. Maria di Campagnana geliefert hatte.[68]

Rom. S. Piet. in M.

Rom S. Paolo

Castel N.

Einen zweiten Antoniasso, den Sohn des andern[69], lernen wir in dem Maler eines Bildes der Auferstehung mit Heiligen im Refectorium des Klosters der heiligen Clara zu Rieti kennen:

---

[65] Gott-Vater in der mandelförmigen Glorie, zu den Seiten des Wappenschildes Prophetenfiguren.

[66] Figuren lebensgross, die Köpfe beschädigt, der Himmelsplan übermalt.

[67] Auf dem Wege von Rignano nach Rom, früher Eigenthum der Familie Effetti.

[68] Nach Corvisieri (s. Anm. 62.) war in S. M. della Pace, in der Tribuna, die Transfiguration, am Tribunenbogen einige Engelfiguren und überm Altar eine Madonna zwischen Sebastian und Fabian, angebetet von Pietro di Allissena und Guglielmo Pererio dargestellt. Die Bilder wurden ohne Zweifel im 16. Jahrhundert weggeräumt, um Sebastian del Piombo Platz zu machen. — Das Bild in S. M. di Campagnana stellte Maria mit dem Kinde zwischen Petrus, Paulus Johannes dem Täufer u. Franciscus dar und hatte die Inschrift: „ANTONATIVS ROMANVS ME PINXIT. MCCCC 97."
Es wurde im J. 1714 durch den Blitz zerstört.

[69] Nach einer Urkunde vom 14. Juli 1517 war Antoniasso der Aeltere damals todt. s. Corvisieri a. a. O.

Rieti . Chiara.

Es ist ein überwölbtes Altarstück und enthält ausser der Hauptdarstellung, welche eine Heilandfigur von schlechten Verhältnissen zeigt und in den schlecht gruppirten schlafenden Soldaten mangelhafte Anlehnung an Perugino verräth, die Heiligen Stephan und Laurentius, und in der Lünette Gott-Vater zwischen Franciscus und Antonius. In der Staffel ist die Gefangennahme, die Geisselung, die Kreuzigung, Pietà und Grablegung dargestellt und auf dem Rande liest man: Marcus Antonius Magri Antonatii Romanus depinxit. MDXI."

Die Antoniassi sind nicht deshalb kunstgeschichtlich interessant weil sie viel selbstständige Arbeiten hervorgebracht haben, — wenn auch ihre Leistungen dem Range nach dieselbe Stelle einnehmen, wie solche des Bartolommeo Caporali oder des Melanzio, deren wir früher in Subiaco Erwähnung gethan haben, — sondern weil sie sich vermuthlich den grösseren Meistern aus der Fremde, die im 15. Jahrhundert in Rom arbeiteten, dienstfertig zugesellten.

## SIEBENTES CAPITEL.

### *Pietro Perugino.*

Glaubte man früher, Pietro Perugino sei aus niedrem Stande und aus entbehrungsvoller Jugend heraufgekommen, so ist jetzt nicht mehr zweifelhaft, dass er einer ansehnlichen Familie angehörte, von welcher ein Zweig in der ersten Hälfte des 15. Jahrhunderts Bürgerrecht in Perugia hatte. Sein Vater Cristoforo Vannucci lebte in Città della Pieve und aus dem Häuser-Verzeichniss dieses Ortes lernen wir den Pietro, der 1446 geboren war, mit mehreren Geschwistern kennen.[1] In jener Zeit, da kleine Landeigenthümer, auf den Schutz ihrer Lehnsherren angewiesen, in fortwährender Sorge vor den Räubereien ihrer Nachbarn schwebten, war es für den Vater einer zahlreichen Familie keine leichte Aufgabe, seinen Söhnen eine geziemende und ehrenhafte Zukunft zu sichern. Am liebsten wird ein solcher Hausherr die jüngern Söhne in die nächste Stadt gethan haben, um sie, soweit es seine Mittel erlaubten, dort unterrichten zu lassen. So war es mit Pietro Perugino, der schon vor Vollendung seines neunten Jahres das väterliche Haus verliess, um bei einem Meister in Perugia zu

[1] s. Mariotti, Lett. pitt. 121. Der Stammbaum der Familie Vannucci, wie ihn die Urkunden in Città della Pieve gewähren, welche Marchese Giuseppe della Fargna ausgezogen hat, ist abgedruckt im Anhang zu B. Orsini's Vita di Pietro Perugino S. 236 und 237.

12*

lernen,[2] obgleich Città della Pieve nicht ganz ohne heimischen Kunstbetrieb gewesen zu sein scheint.[3]

Pietro's Lehrer war nach Vasari's Aeusserung nicht von hervorragender Begabung, aber er hatte Gefühl für seine Kunst und grösste Verehrung für die hohen Meister; soll er doch sogar seinem Schüler erklärt haben, dass unter allen Orten, wo man Vollendung in der Malerei erreichen könne, keiner so vortheilhaft sei wie Florenz, denn dort halte gegenseitiger Wetteifer und eine Lebensluft, welche die Natur erfrische, die Maler von der Mittelmässigkeit fern und lehre sie nicht nur fleissig zu sein und ihr Urtheil zu üben, sondern auch Gewinn zu finden.[4] Mit diesem Ausspruche könnte der Biograph den Buonfigli charakterisiren wollen, den er sonst als den Liebling der Peruginer vor Perugino schildert; denn dass er den Fiorenzo gemeint habe, so trefflich dessen Ruf auch war und so gern er auch von seinen Zeitgenossen lernte, ist deshalb unwahrscheinlich, weil er eher Genosse als Lehrer Pietro's gewesen ist. Uns kann die Wahrnehmung genügen, dass Perugino unter sehr günstigen Einfluss kam; er wird in Perugia in den Handwerksgeheimnissen seiner Kunst ausgelernt haben und dabei inne geworden sein, wie viel sich darüber hinaus noch erreichen lasse. Man wird nicht irren, wenn man sich ihn dann auf der Wanderschaft denkt, die ihn mit Piero della Francesca in Berührung brachte; wenigstens erwähnt Vasari zwei Wandbilder Perugino's in Arezzo mit der Bemerkung, dass er sie als Geselle Piero's gemalt habe.[5] Von da wandte er sich in das gelobte Land nach Florenz, um die Kunstschätze der Stadt kennen zu lernen und den Leuten selbst unter die Augen

[2] Dass er bei einem Maler in Perugia gelernt hat, erklärt Vasari VI, 30. Sein Name kommt in dem Hausregister von Città della Pieve vom Jahre 1455 nicht mehr vor. s. Fargna a. a. O.

[3] Wir haben an einer dunkeln Stelle in der Kirche zu Pacciano eine Kreuzigung, welche nach den Protokollen der Commune im Jahre 1472 gemalt war. Hinter der Jahresangabe oder vielmehr den unlesbaren Zügen, die übrig geblieben sind, folgt an der Wand: „Fu fatto questo lavorio al tempo che era priore Andrea di Giovanni della Compagnia della fraternita di S. Maria. Franciscus de Castro Plebis pinxit." Die Malerei ist schadhaft und vor Schwärze kaum erkennbar, sodass über den Werth dieses Francesco kein Urtheil möglich ist.

[4] Vasari, VI, 30. 32.

[5] Vasari IV, 23. Die Fresken — sie waren in S. Agostino und in S. Caterina — sind untergegangen.

zu treten, die ihm aus der Lehrzeit her als hohe Vorbilder vor der Seele standen. Buonfigli und Piero della Francesca müssen sein Verständniss für die Grossheit der florentinischen Kunst gereift, ihm von den Wunderwerken im Carmine, in S. Croce, in S. Maria Novella und S. Marco erzählt haben. Dass er oft im Carmine gewesen ist, wird ausdrücklich gesagt,[6] und dort in der Brancacci-Kapelle ist er zuverlässig mit den vornehmsten Kunstgenossen dieser Tage, mit Michel Angelo, mit Lorenzo di Credi und mit Lionardo zusammengetroffen, den Santi sogar in einer Reimzeile mit ihm nennt:

„Due giovin par d'etate e par d'amori
Leonardo da Vinci e 'l Perusino
Pier della Pieve ch'è un divin pittore."[7]

Die Berührung mit Piero della Francesca und wahrscheinlich auch mit Luca Pacioli, der im Jahre 1478 einen Lehrstuhl der Mathematik in Perugia inne hatte, musste Perugino zu weiterer Vervollkommnung in der Perspective und in der Wissenschaft der Farbenmischung anregen.[8] Für chemische Kenntnisse konnte er keine bessere Schule finden, als Verrocchio's Werkstatt. Dort hat er vermuthlich als Mitschüler Lionardo's gearbeitet, dem die Künstlerwissenschaften und die neue Farbentechnik der Florentiner ihren Aufschwung verdanken. Unter gleichen Verhältnissen vertieften sich Beide in die Geheimnisse der Mischungen und Bindemittel, der eine mehr mit dem Scharfblick des gewiegten Mathematikers, der andere mehr mit dem Feingefühl des Malers.[9] Dem einen wie dem andern war das Handwerk Hauptangelegenheit, und in den Forsch-

---

6 Vasari III, 162.

7 Pungileoni, Elog. stor. di G. Santi S. 73.

8 Dass Piero der erste Lehrer Perugino's in der Perspective gewesen ist, hat viel Wahrscheinlichkeit. Ueber die persönlichen Beziehungen vgl. Tiraboschi, Stor. della Lett. ital., Vermiglioli, Pinturicchio S. 254 u. Mariotti, Lett. S. 127.

9 Vasari spricht in der Einleitung I. S. 163 folgendermassen über die Oelmalerei: Quest' arte Andrea del Castagno la insegnò agli altri Maestri; con i quali si andò ampliando l'arte ed acquistando sino a Pietro Perugino, a Leonardo da Vinci ed a Raphaello da Urbino." Sodann VI. S. 39 ferner: „Certamente i colori furono della intelligenza di Pietro conosciuti, e così il fresco come l'olio; onde obligo gli hanno tutti i periti artefici che per suo mezzo hanno cognizione de' lumi che per le sue opere si veggono."

ungen und Versuchen auf dem Wege van Eyck's gelangte jeder an das Ziel, das seiner Begabung gesteckt war. So erreichte Lionardo, dessen Absicht besonders darauf ausging, die Unvollkommenheiten der Luftperspective Piero's della Francesca zu überwinden, den Gipfel in seinem Bildniss der Mona Lisa, während Perugino die höchste Stufe seiner individuellen Kunstentwickelung mit der Madonna von Pavia (jetzt in London) betrat; jener durch grübelnde Versenkung in die wissenschaftlichen Bedingungen der Wirkung, dieser durch angebornen Farbensinn und durch eigenthümliches Handgeschick; und was sie der Betrachtung darboten, erregte, wie sich Vasari ausdrückt „das Staunen der gaffenden Menge, die vor einem Wunder zu stehen glaubte.[10]" — Aber die Verwandtschaft zwischen Lionardo und Perugino gab sich noch in andrer Weise zu erkennen. Perugino wurde mit Recht wegen seiner Kenntniss der Perspective gerühmt. An Lionardo fand er einen bedeutenden Studiengenossen, der die Schüler seiner Akademie in Mailand in alle damals bekannten Feinheiten des Faches einweihete; Caporali nennt ihn mit Perugino in gleichem Sinne, indem er hervorhebt, dass beide den Gebrauch des doppelten Verschwindungspunktes gekannt hätten,[11] und wir wissen ebenso, dass Lionardo diese Lehre darlegte, wie dass Perugino sie thatsächlich befolgte. Auch Lionardo's Compositions-Vorschriften eignete er sich an, und beiden ist je auf verschiedene Weise die Vervollkommnung der Luftwirkung in der Landschaft eigen. — Dass sie zusammen bei Verrocchio lernten, bezeugt freilich nur Vasari,[12] aber die Leistungen der drei Maler bestätigen ihn, und überdies spricht er zu unbefangen über diese Beziehung, als dass man an seiner eigenen Ueberzeugung zweifeln könnte. Offenbar ist jedenfalls, dass Perugino und Lionardo dem florentinischen Oelverfahren, wie es sich aus den mühsamen Anfängen der Peselli, Pollaiuoli und Verrocchio entwickelt hatte, die letzte Ausbildung gaben;[13] offenbar ebenso, dass Perugino mit

---

[10] Vasari VII, 6.
[11] s. Caporali's Vitruv. S. 16.
[12] Vasari VI, 32.
[13] Hier muss erwähnt werden, dass Vasari im Irrthum war, indem er (I, 163. 164) darthun will, dass die Oelmalerei der Florentiner von Antonello da Messina herrührte; aber es ist ein hohes Lob

seinem ausserordentlichen Sinn für Formenschmelz dem Francesco Francia an die Seite zu stellen ist.[14] Vasari's Angabe wird auch ferner durch die Gemälde von Verrochio's Lieblingsschüler Lorenzo di Credi bekräftigt, dessen Altarbilder vermöge der weihevollen Demuth ihrer Figuren, des glatten Farbenauftrags und der Behandlung gefütterter Gewänder neben Lionardo auch die Eigenthümlichkeiten des umbrischen Meisters in's Gedächtniss rufen. Und diese umbrischen Eigenthümlichkeiten sah man in Florenz keineswegs gering an, sondern sie übten vielmehr einen ähnlichen Einfluss wie in früherer Zeit die sienesischen. Hatten diese die Härte Orcagna's gemildert und zur Entwickelung von Angelico's Stile beigetragen, so wirkten jetzt die Kunstmittel Perugino's dahin, die etwas herbe Grösse des an Ghirlandaio gebildeten Stiles zu erweichen und den derben Realismus der Peselli und der Castagno, von dem weder Botticelli noch die Pollaiuoli, weder Verrocchio noch Piero della Francesca und Signorelli frei geblieben waren, zu verfeinern. Den Erfolg der gleichzeitigen Einwirkung Perugino's und Lionardo's nehmen wir an der Kunstbildung Fra Bartolommeo's und Andrea's del Sarto wahr.

Wann Perugino Florenz zuerst besucht hat, können wir nicht bestimmt angeben, nicht einmal, ob sein Aufenthalt vor das Jahr 1475 fällt, in welchem er die Aufträge zu den Malereien im Stadthause zu Perugia[15] bekam, oder nach 1478, wo er die (nicht mehr vorhandenen) Fresken in Cerqueto[16] malte. Bekannt wird sein Name in Florenz im Jahre 1482.[17] Es war ihm damals Gelegen-

---

für Perugino, wenn Vasari ihn als den Letzten unter den Vervollkommnern des neuen Verfahrens bezeichnet.

[14] Vasari VII, 6.

[15] Rumohr a. a. O. II. 338 theilt die Nachweise der Bezahlung für das Werk mit.

[16] Wir haben Cerqueto nicht besucht, aber es ist fast ein Jahrhundert verflossen, seit Orsini (Vita di Pint. S. 204) dort war und festgestellt hat, dass nichts mehr von Perugino's Werken aufzufinden sei, ausgenommen ein Sebastian in der Dorfkirche und ein Fresko in einem Tabernakel, darstellend Maria mit Kind, umgeben von Lucia und einer anderen Heiligen nebst einer Figur des Scävola u. der Darstellung eines Opfers an den Seitenwänden; die Inschrift, die zu Orsini's Zeit nur noch durch eine beglaubigte Copie erhalten war, lautete: „S. popul. de Cerqueto a fatta fare questa cappella A. D. Maria Madalena per C. H. da peste gi usci liberare Cavandoli da le Hoscie. D. tal pena ensigli piaccia euq. H. V. operare che mi e semp. ne abbia ad scampare e tutti qlli C. H. in lei A N. devotion. A D laude di dio quisto sermone. Petrus Perusinus pinxit M.C.C.C.C.LXXVIII."

[17] Wahrscheinlich ist für Perugino's Ankunft in Florenz das Jahr 1479. Va-

heit gegeben, sich mit Ghirlandaio, Botticelli und Anderen zu messen, indem er mit ihnen Aufträge für das Stadthaus erhielt; wir wissen jedoch, dass er dieselben nicht ausführte und dass Filippino statt seiner eintrat;[18] womit er aber während dessen beschäftigt war, ist nicht anzugeben.

Soll man ein Werk in ausseritalienischen Gallerien bezeichnen, um den Jugendstil Perugino's anschaulich zu machen, so wird sich das runde Temperabild der thronenden Madonna mit Kind und den Heiligen Rosa und Katharina am besten empfehlen, welches der Louvre besitzt.[19] In den Augen eines Florentiners am Ausgange des 15. Jahrhunderts vereinigte dasselbe ohne Zweifel die süsse schwärmerische Hingabe und die Sorgfalt und Vollendung der Umbrier in der anziehendsten Frische.[20] Für uns stellt es den Künstler in seiner aufsteigenden Kraft dar, noch immer als echten Peruginer, aber die Kunstweise seiner Landsleute hat hier gleichsam die Augen aufgeschlagen und blickt mit holder Schüchternheit um sich. Die ganze Anordnung ist noch unfrei und in der Ueberlieferung befangen: Maria sitzt in reicher Gewandung auf einem Throne, der durch einen Steinsockel von der anmuthigen Wildniss der Umgebung abgetrennt ist, zwei Engel beten hinter ihr voll Inbrunst und die heiligen Begleiterinnen in ihren reichfarbigen Gewändern stehen in etwas gezwungener Haltung zur Seite; süsse Ruhe ist über Alle ausgebreitet, Unschuld und innere Glückseligkeit spricht aus den stummen Gestalten, die in träumerische Andacht verloren scheinen; sie sind mit klarem Umriss gezeichnet, die Gewänder haben krause Falten, die Säume sind säuberlich mit goldenen Kanten und Edelsteinen besetzt, die Schleier von zartem Gewebe und sanft hingebreitet. Wo die kräftig gefärbten Kleider ihre Innenseite zeigen oder der Ueber-

Paris. Louvre.

---

sari sagt, er sei hingekommen „partitosi dalle estreme calamità di Perugia", was auf den Krieg bezogen werden muss, der gerade damals zwischen der päpstlichen Partei und den Florentinern in Umbrien wüthete.

[18] s. B. III. S. 188, die Urkunde bei Gaye, Carteggio I, 578.

[19] Louvre, Nr. 442, Holz, Durchm. 1,51 M. Das Bild war vorher im Haag und ursprünglich in der Sammlung Corsini in Rom.

[20] Vasari VI, 32 drückt sich über die Wirkung von Perugino's damaliger Kunst so aus: „E bene gli venne fatto conciò sia che al suo tempo le cose della maniera sua furono tenute in pregio grandissimo."

wurf mit dem Unterkleide zusammentrifft, erscheinen Wirkungen von reiner prächtiger Buntheit; und nie ist der lichtgelbe warme Fleischton geschickter mit dem Tempera-Verfahren aufgesetzt oder mit grösserer Geschmeidigkeit in die grauen Schatten vertrieben als hier. Bei alle dem verleugnet sich die Aengstlichkeit des Malers nicht, der das Vollgefühl seiner Kraft erst noch zu erreichen hat: so ist das Kind geziert und ziemlich ausdruckslos, den Gewändern fehlt es an Breite, die Umrisse sind zu scharf und die Formen ein wenig zu hager. Aber Perugia hatte noch keinen Künstler hervorgebracht, der eines Werkes fähig war, wie dieses. Wäre es in dieser Stadt ausgestellt gewesen, es würde ohne Zweifel als Ereigniss gepriesen worden sein und beigetragen haben, den Maler seiner Heimat früher zurückzugeben. Denn mangelhafter Kunstsinn seiner Landsleute war, wie es scheint, nicht Ursache, dass Perugino so lange in der Fremde blieb. Wir haben Künstlernamen ohne Ruf und Aufträge genug, die sie für Perugia in der Zeit übernahmen, während welcher Pietro die ihm in Florenz angetragenen Aufgaben zurückwies; aber wir können uns unmittelbar überzeugen, dass keiner der grossen peruginischen Maler, weder Buonfigli noch Fiorenzo, Perugino oder Pinturicchio in den drei oder vier Sommern vor Schluss des Jahres 1483 öffentliche Anstellung in ihrer Heimathstadt hatten. Für die Kapelle der Stadtbehörde wurde im Jahre 1479 ein Altarbild bei einem unbekannten Maler Pietro di Maestro Galeotto bestellt, der sich zwei Jahr Arbeitszeit ausbedang, aber im Mai 1483 starb, ohne es weiter als bis zur Anfertigung des Rahmens gebracht zu haben.[21] Sechs Monate nachher kam Vannucci zufällig nach Perugia und verpflichtete sich feierlich, das Altarbild im März 1484 fertig zu stellen, ein Stück davon sogar noch in den ersten Wochen des December 1483 zu liefern. Wir erfahren auch den Grund, weshalb das eine Stück eher begehrt wurde. Es waren elf Prioren im Kollegium und nur auf Zeit gewählt. Der halbrunde Aufsatz sollte die gnadenreiche Jungfrau mit den Bildnissen

[21] Der Contract vom 7. Juni 1479, sodann weitere Nachrichten v. J. 1480, endlich der Todtenschein des Pietro di Galeotto bei Mariotti a. a. O. S. 144—146.

der Prioren und des Notars in knieender Stellung unter Maria's Mantel enthalten und die Eitelkeit der damaligen Vorsteher wünschte sich begreiflicher Weise die Vollendung dieses Theiles vor Ablauf ihrer Amtszeit zu sichern. Aber Perugino, der vielleicht im Begriff war, von Florenz nach Rom überzusiedeln, scheint die Absicht gehabt zu haben, den ganzen Auftrag Schülerhänden zu überlassen. Er ging aus Perugia fort ohne die gewünschten Portraits angefangen zu haben und in der Fassung des neuen Vertrages, in dem die Besteller die Vereitelung des vorherigen auseinandersetzen, begegnen uns Spuren ernstlichen Verdrusses. Perugino's Stellvertreter wurde Santi di Apollonio, welcher die Köpfe nach dem Leben zeichnete.[22] Die übrigen Theile aber blieben ungemalt und es stellte sich heraus, dass dieser Santi nicht viel zuverlässiger war, als Pietro di Galeotto und Perugino.

Der Flüchtling war indessen ohne Zweifel unbekümmert seines Weges nach Rom weitergezogen, wo Bilder seiner Hand für einige Zeit den Ehrenplatz in der Sixtinischen Kapelle einnehmen sollten. Freilich für eine Zeit nur; denn eines Tages kam ein grösserer Künstler und er musste weichen. Es ist bekannt, dass Perugino die Altarwand der Kapelle bemalte. Er hatte sie in drei Felder eingetheilt und auf dem Mittelbilde, einer Himmelfahrt, die knieende Gestalt Sixtus IV. angebracht, die Seitenfelder enthielten die Geburt Christi und die Findung Mosis. Wenige Jahre später nahm Michel Angelo's jüngstes Gericht diese Wand in Anspruch und von Perugino's künstlerischer Thätigkeit in der Sistina sind nur die Darstellungen von Mosis Reise mit Zipora, die Taufe Christi und die Verleihung der Schlüssel an Petrus übrig geblieben:

Rom. C. Sistina.

Das erste zeigt im Vordergrunde Moses mit den Seinigen vom Engel aufgehalten, rechts die Beschneidung von Mosis Sohn, im Hintergrund in weiter Landschaft Mosis Abschied von Reguel und Hirtengruppen. — Auf dem zweiten, der Taufe Christi, nimmt die Haupthandlung wieder die Mitte des Vordergrundes ein: Christus, welcher bis auf den Schurz nackt im seichten Flusse steht, empfängt betend das

[22] s. die bezügl. Nachweise bei Mariotti a. a. O. S. 146—148. Perugino's Contract war vom 28. Nov., der des Santi di Apollonio vom 31. Decbr. 1483.

Wasser aus der Schale, die Johannes über seinem Haupte ausgiesst, indem er, die vollen Gewänder aufgeschürzt, auf einen Stein im Jordan tritt. Am Ufer warten links drei Engel mit den Kleidern, rechts ein Täufling, der sich entkleidet und noch Andere, schon zur Taufe bereit, weiter zurück im Hintergrund, in dessen Tiefe die Stadt im felsigen Thale sichtbar wird, während links Johannes, rechts Christus dem Volke predigen; den Vordergrund füllen links und rechts Gruppen Zuschauender im Zeitkostüm, am Himmel erscheint die Halbfigur des segnenden Gott-Vaters von zwei Engeln umgeben. — Auf dem dritten Bilde, Verleihung der Schlüssel an Petrus steht Christus fast im Profil inmitten und reicht dem knienden Petrus die Himmelsschlüssel, der ernst und betheuernd zu ihm aufblickt; rechts und links reihen sich die übrigen 11 Apostel an und 8 Nebenfiguren hinter ihnen. Im Mittelgrund links sieht man die Versuchung Christi mit dem Zinsgroschen, rechts den Anschlag der Pharisäer, ihn zu steinigen; den Hintergrund schliesst ein Tempel, dem rechts und links eine Nachbildung des Constantinbogens zur Seite gestellt ist.

Von neueren Kunstschriftstellern ist das erste Bild dieser Reihe häufig dem Signorelli zugeschrieben worden,[23] jedoch Erfindung und Anordnung der Hauptbestandtheile, wie die Behandlung der landschaftlichen Ferne sind ebenso peruginesk, als die ganze Geberdensprache und Bildung der Figuren. Gleichwohl wird man zugeben müssen, dass die Durchführung, die Gesammtstimmung und die Abwägung der Theile weniger befriedigen, als auf den beiden anderen Darstellungen. Härte und Eckigkeit sind auffälliger, als wir bei Perugino vermuthen, und wenn auch z. B. der Engel, welcher die Schritte des Patriarchen hemmt, entschiedene Bewegung zeigt, so werden doch dagegen die Kindergestalten sehr durch Plumpheit entstellt. Man wird bei diesen Auffälligkeiten der Wahrheit am nächsten kommen, wenn man annimmt, dass der Meister nicht viel eigene Arbeit auf dieses Stück verwendet hat. Die Kinder sind, wie schon angedeutet wurde, wahrscheinlich von Bartolommeo della Gatta gemalt und diesem scheint wieder Pinturicchio zur Seite gestanden zu haben, der sein bescheidenes Talent bei Buonfigli und Fiorenzo di Lorenzo gebildet hatte, dann zu Perugino kam und ihn nachweislich nach Rom begleitete. Er hatte alle Eigenschaften eines tüchtigen Gehilfen und mochte wohl einem grossen Meister, der weitschichtige

---

[23] s. Vasari VI, 113, vgl. oben Cap. I. und II.

Unternehmungen begann, bei Aufsicht und Leitung der Gesellen unentbehrlich werden können. So erklärt sich leicht, dass ihn Perugino zum Genossen annahm und ihm ein Drittheil seiner Einnahme zusicherte.[24] Die Beschaffenheit der sixtinischen Fresken kann die Annahme nicht entkräften, dass ein solches Verhältniss schon im Jahre 1484 zwischen den beiden Malern bestand, und die Arbeiten Pinturicchio's in den Borgia-Zimmern sowie in Araceli können für Bestätigungen gelten. Sie lassen deutlich erkennen, wie sich Pinturicchio durch stete Berührung mit Vannucci und durch verständiges Studium der florentinischen Leistungen in der Sistina zur Selbständigkeit weiterbildete. Auch Perugino selbst hat die florentinischen Nebenbuhler nicht ohne Nutzen betrachtet. Ein starker Eindruck Ghirlandaio's ist unverkennbar; wenigstens gilt das von seiner Darstellung der Taufe Christi, und Pinturicchio wird naturgemäss bei der Aufgabe, die Zeichnungen seines älteren Genossen auszuführen, dieselbe Richtung eingeschlagen haben. — Die Anordnung in Perugino's zweitem Bilde ist wesentlich umbrisch; es ist überfüllt und eintönig, der Gruppenbildung fehlt es an Schluss und Einheit, dem Ausdruck an Einfalt und Natürlichkeit. Dennoch wirken einzelne Theile anziehend genug: die Gestalt Christi ist durch umbrische Weichheit ausgezeichnet; er sowohl wie Johannes haben rein perugineskes Gepräge,[25] während einige der Beistehenden zur Rechten in der Art ihrer Bewegung und Stellung dem grossen Stile Ghirlandaio's entsprechen. Der Körper des Mannes neben dem Täufer, der im Begriff ist, sich zu entkleiden, ist trefflich gezeichnet, der Jüngling an seiner Seite könnte von Pinturicchio herrühren. Die übrigen Bestandtheile des Bildes, die sich auf weitem Plane vor dem Auge ausbreiten, werden ehemals ohne Zweifel sehr schön gewirkt haben, sind aber durch Ausbesserungen um ihre Einheit gebracht worden.[26] Doch ist zweifelhaft, ob die Ausfüh-

[24] Vasari V, 265 und 268.

[25] Die Zeichnung zu den beiden Figuren scheint die in der Handzeichnung-Sammlung des Louvre zu sein.

[26] Der Kopf des Johannes ist durch Flecke entstellt, der sich Entkleidende beschädigt, eine Gruppe im Vordergrund links ebenfalls sehr schadhaft und durch Uebermalung verändert; die Fleischtheile haben fast durchweg die Farbe einge-

rung ursprünglich von gleicher Sorgfalt gewesen ist, wie die des dritten Bildes. Werke, an denen eines Künstlers Eigenthümlichkeiten sämmtlich hervortreten, sind überhaupt selten; Anordnung, Zeichnung, Färbung stehen auch bei Perugino nicht immer auf gleicher Höhe, aber seine Darstellung der Weihe des Schlüsselamtes, wenn sie auch nicht in allen Beziehungen eine Ausnahme bildet, gehört doch ohne Zweifel zu des Meisters vollkommensten Monumentalbildern.

Der Vorgang an sich ist von höchster Einfachheit, gewinnt aber vermöge der Bedeutung, welche er für die römische Kirche hat, eine gewisse feierliche Grossartigkeit; die Haltung der beiden Hauptfiguren ist ganz schlicht, in den Jüngern prägt sich das Vollgefühl ihrer hohen Sendung aus, das Ganze geht nicht im stillen Thal von Galiläa sondern auf stattlichem Platze vor sich, der von zahlreichen Gruppen belebt ist. Der Tempel im Mittelpunkte des Hintergrundes mit zwei Triumphbögen zur Seite scheint die Hoheit der Kirche anzudeuten. Ruhe und Ebenmaass sind die hervorragendsten Eigenschaften der Composition. Den Figuren fehlt es bei aller Zartheit und Hingebung keineswegs an Kraft und Würde der Haltung, Züge in denen wir wieder einer anderen als der heimischen Kunstüberlieferung begegnen. Christus ist eine Gestalt voller Leben, von breiter Körperform und Gewandung und schönen Verhältnissen, der knieende Petrus hat eine offenbare Verwandtschaft mit Signorelli. Durchweg bewegen sich die Linien der Figuren in sanften Bögen, die Gewänder sind geschmackvoll aus Doppelstoff geschnitten, der sich im Winkel der Falte auseinanderzweigt und in schönem Wellenfall herabgleitet. Neben diesen bedeutenden Eigenschaften lassen sich aber auch die Schwächen nicht verkennen, welche dem Künstler die höchste Vollendung versagen. Seine gleichmässige Massenvertheilung hat etwas Gesuchtes; so erhaben er in der Beschränkung wirken kann, für das Weite und Grosse fehlt ihm die rechte Erfindungskraft und seine Schritte scheinen dann ängstlich abgemessen. Herkömm-

Rom. Cap. Sist.

büsst, besonders in den Schatten, welche schwarz geworden sind. Der Hintergrund ist ganz abgerieben.

liche Behandlung der Hauptfiguren stört den Umlauf der Massen und Linien, der die Theile zur Einheit zusammenbindet. Den Gestalten sodann kann bei aller innern Uebereinstimmung und allem Empfindungsgehalte selten genügende Verbindung unter einander nachgerühmt werden; der Maler erreicht den Eindruck der Würde und Anmuth oft auf Kosten der freien Schönheit; manche Haltungen verrathen, dass sie ehemals mit höchster Genauigkeit studirt, aber ohne erneute Berichtigung aus der Natur wiederholt und nicht immer mit zutreffendem Gefühl für die passende Stelle angewandt sind. Dabei sind die Hände auf eine Anzahl gleichmässiger Geberden beschränkt, die Beine haben ihren feststehenden Schritt, die Köpfe sind durchweg geneigt und an den Gewändern meint man die Punkte noch erkennen zu können, wo die Nadeln gesteckt haben, um die Falten zu ordnen. Die Zeichnung der äusseren Gliedmaassen ist häufig unwahr, in Form und Ausdruck verbildet. Alle diese gewöhnlichen Hauptfehler Perugino's gehen in mässiger Stärke durch alle seine Wandbilder in der Sistina hindurch. An den Gebäuden, die er anbringt, ist die Kenntniss der Perspective offenbar, nur stellt er dieselben immer parallel oder im rechten Winkel zur Bildfläche, sodass er nur den Verschwindungs- und den Augenpunkt braucht, um richtig zu messen. Dagegen verzichtet er auf die Vortheile seiner Kenntnisse bei Zusammenstellung der Figuren mit dem Hintergrunde und dem architectonischen Beiwerk. Seine Compositionsweise bleibt sich im Grossen und Ganzen fast immer gleich. Es ist ihm bequem, den Standpunkt des Beschauers sehr hoch zu nehmen, derart, dass die Grundlinien der Gebäude stark über die Vordergrundfiguren hervorragen. Diese ordnet er bogenförmig und meist in sehr steter und ruhiger Haltung; dicht darüber sodann lässt er einen Streifen mit kleinen, gewöhnlich sehr lebhaft bewegten Figuren erscheinen, über welchen dann die Gebäude in rechtwinkeliger Anordnung sich erheben. Auf diese Weise deckt er die Flächenpläne ganz genau, aber ohne die Lücken zwischen ihnen auszufüllen, sodass man den Eindruck des Schematischen nicht los wird. Ghirlandaio stand in der Kenntniss der Perspective weit hinter Perugino, Pietro della Francesca oder Mantegna zurück, aber er wendete seine allgemeinen Erfahrungen in so gesunder Verbindung mit den grossen Compositionsregeln an, dass seine Erfolge bedeutender waren als sie irgend einer jener fachmässig gebildeteren Meister erreichte. Perugino, der sicherlich Ghirlandaio's Meisterwerke gekannt hat, als er seine Schlüsselweihe malte, hatte damals weder dessen Gefühl für Raumvertheilung, noch den Geschmack in der Einordnung der Gestalten in die Bühne der Handlung erreicht. Mehr als das Landschaftliche gibt das Architectonische auf seinen Fresken in der Sistina zur Betrachtung Anlass. An dem achtseitigen Tempel des letzten Wandbildes springt die Verwandtschaft mit den Gebäuden in Perugino's Sposalizio zu Caen und dem Rafaels in die Augen. Der herrschende Stil wird durch die Werke der Baukünstler vertreten, welche unter dem Namen „Bramante“ zusammengefasst sind, und das reinste Beispiel haben wir an der Kirche S. M. della Consolazione zu Todi[27] von Bramante von Urbino, aber ein frühes Vorbild davon findet sich bereits auf der Zeichnung von Baulichkeiten in S. Chiara zu Urbino, welche, wie wir voraussetzen, dem Piero della Francesca angehört. — Perugino zählt zu denjenigen grossen Meistern der Zeit, welche sich nicht auf bauliche Unternehmungen eingelassen haben. In Rom hatte er Gelegenheit genug, mit Männern dieses Faches zu verkehren, und die Wahrscheinlichkeit, dass er es gethan hat, wird durch einige Nebenfiguren auf seinem Bilde der Schlüsselweihe bestärkt. Zu äusserst rechts nämlich sieht man einen Mann in seitlicher Ansicht mit dem Richtscheit in der linken Hand, während er mit dem Zeigefinger der rechten auf den Nachbar deutet, mit dem er spricht, und dieser hält einen Zirkel; links von diesem Paare steht ferner ein Mann in der Kappe und hinter diesem, noch weiter nach der Mitte des Bildes zu, ein vierter in ähnlicher Tracht. Wen wir uns unter jenen beiden Architekten vorzustellen haben, lässt sich nicht sagen, doch wird man einiges Recht zu der Vermuthung haben, dass es die Männer gewesen sind, von denen er die Zeichnung zum baulichen Schmuck seines Hintergrundes entlehnte. Ausser den bezeichne-

[27] Nach Pungileoni. Vita di Bramante S. 20 im Jahre 1504 vollendet.

ten fallen noch 3 oder 4 Nebenfiguren auf, denen man das Bildnissmässige ansieht; sie taufen würde jedoch Willkür sein, und es lässt sich eben nur annehmen, dass sie damalige römische Genossen Perugino's vorstellen oder Männer, welche Werth darauf legten, an so geweihter Stelle im Bilde vertreten zu sein. Pinturicchio oder della Gatta haben wir nicht vor uns, wie denn auch deren Thätigkeit an diesem dritten Fresko weit weniger zu spüren ist, als an dem ersten.[28]

In dem Machwerk seiner Wandbilder in der Sistina folgt Perugino dem Verfahren, welches ihm von seinen Temperagemälden auf Holz geläufig war. Er legt den Fleischton mit dem üblichen blassen Graugrün an, setzt Lichter und Schatten allenthalben darüber, und gibt dann der trockenen Oberfläche eine wirkungsvolle Nachhilfe durch derbe Striche, die leider durch's Alter schwarz geworden sind. Ganz dasselbe Verfahren behält dann Pinturicchio nach Perugino's Weggange in Rom bei. Wir werden diesen Zeitpunkt in das Jahr 1486 zu setzen haben, d. h. nach Vollendung der Kapelle. Ueber die Aufnahme seiner Arbeit erfahren wir Nichts, wir wissen nur, dass er im Herbst jenes Jahres wieder in Florenz war. Ein übler Vorfall gibt die Bestätigung dafür. Perugino und ein Genosse Namens Aulista di Angelo aus Perugia erscheinen nämlich in den Acten des peinlichen Gerichts als überführt, in einer Decembernacht vermummt und mit Stöcken bewaffnet an einer Strassenecke bei S. Pietro Maggiore einem Manne aufgelauert zu haben. Die Beweisführung vor den acht Räthen der Stadtwache in ihren Sitzungen vom Juli 1480 erhärtete sehr schlimme Thatsachen gegen Aulista, der in Rom einen Mann ermordet und mehrere niedergeworfen und verwundet hatte. Es ergab sich ferner, dass er Willens gewesen, seinen und Perugino's gemeinsamen Feind ebenfalls todt zu schlagen, dass aber Perugino die Sache nur durch einen Denkzettel mit der Faust abmachen wollte. Zum Glück für beide Theile wurden sie vor der That abgefasst und Aulista zu ewiger Ausweisung

---

[28] Vasari erwähnt die Bilder VI, 40. 42.

verurtheilt, während Perugino mit einer Busse von zehn Goldgulden davonkam.[29]

Die Zahlung für die Sixtinischen Wandbilder wurde erst vom August 1489 an geleistet, wo Perugino Anweisung erhielt, bei der apostolischen Kammer in Perugia einen Rest von 180 Dukaten zu erheben.[30] In der Zwischenzeit (1488) hatte er ein Altarstück für S. Domenico nach Fiesole abgesandt, welches nicht auf uns gekommen ist[31] und erhielt nunmehr die Einladung, nach Orvieto zu kommen. Seit 44 Jahren d. h. seit dem Weggange Angelico's standen die Gerüste in der neuen Domkapelle (S. Brizio) leer und warteten des Meisters, der sie besteigen sollte. Der Baurath war bis dahin entweder noch nicht im Stande gewesen, einen namhaften Meister zur Vollendung des Werkes auszufinden oder hatte es mit Absicht unterlassen. Als nun aber Perugino nach Orvieto kam, „dessen Ruf nach Vollendung seiner Fresken im päpstlichen Palaste durch ganz Italien erklang,“ hielt man für Pflicht, die Gelegenheit zur Nachholung des langen Säumnisses zu benutzen. Perugino wurde aufgefordert, die Kapelle zu betrachten und sich

[29] Einer Mittheilung Dr. G. Milanesi's verdanken wir folgenden Auszug aus dem Florentiner Hauptarchiv: „Delib. e partiti degli Otto di Custodia e pratica ad annum. Die X. Julii 1457. — Prefati Octoviri adunati etc. actento (?) qualiter Pierus Christofori pictor de Perusia de mense decembris anno proxime preterito 1456, animo et intentione excessum maleficium et delictum committendi, pluries et pluries una cum Aulista Angeli de Perusia nocturno tempore accesserunt armati quibusdam bastonibus in populum Si. Petri maioris de Florentia, ut quemdam percuterent et ferirent dictis bastonibus et qualiter dictus Pierus conduxit Aulistam predictum occasione et causa rei turpis, et predicta et quelibet predictorum vera fuerunt et sunt, prout ex predictorum Pieri et Auliste confessione dicti Octoviri constare asseruerunt; ideo ad faciendum jus et justitiam vigore eorum auctoritatis et balie servatis servandis, et obtento partito, secundum ordinamenta deliberaverunt, sententiaverunt et condemnaverunt dictum et infrascriptum Pierum Christophori pictorem de Perusia in Florenis viginti auri largis de auro dandis et solvendis provisori eorum officii pro expensis dicti officii — salvo quod dictus Pierus per totum diem crastinum dederit et solverit provisori predicto, ut supra recipienti, florenos decem auri largos in auro; tali casu dictus Pierus intelligatur esse et omnino sit liber et absolutus a minori summa predicta.“ — Das Urtheil gegen Aulista erfolgte unterm 12. Juli, weil er: „ . . . in urbe vero Florentie quemdam occisurum se obtulit Piero Christophori pictori de Perusio, et dicto Piero recusante sed volente quod ipse illum pluribus bastonatis percuteret id suscepit et pluries et pluries accessit nocturno tempore armatus et variis et alienis vestibus vestitus ut negotium conficeret etc.

[30] s. Mariotti, Lett. pitt. 150.

[31] s. den Auszug aus der Fiesolaner Chronik im Comment. zu Vasari VI, 67. Er hat mehr als dieses eine für S. Domenico gemalt, wie wir später sehen werden, vgl. Vasari VI, 15. 46.

über ihre Ausschmückung zu äussern. Er that es und aus seiner Erklärung können wir schliessen, wie hoch er seine eigenen Leistungen schätzte; er erbot sich nämlich, die ganze Kapelle für 1500 Dukaten zu übernehmen, wenn ihm Gerüste, Leim, Gold und Ultramarin geliefert würden; dann wolle er Gegenstände nach den ihm anzugebenden Vorschriften wählen und Gesichter und Hände aller Figuren selbst ausführen. Mit weiser Vorsicht beschränkte sich der Baurath für's Erste auf die Deckengemälde, einschliesslich der Theile bis hinab zu den Säulenköpfen und bot dafür als Preis 200 Dukaten bei freier Wohnung und Lieferung der gewöhnlichen Hilfsmittel, mit der Bedingung, dass im April 1490 mit der Malerei begonnen und der ganze folgende Sommer dazu verwendet werde. Perugino ging darauf ein, nahm 10 Dukaten Aufgeld, reiste fort, indem er wahrscheinlich wieder nach Florenz zurückkehrte, und liess das ganze Jahr nichts von sich hören. Vermuthlich hat ihm die Aussicht, dort lohnendere Beschäftigung zu erhalten, die ganze Arbeit verleidet. Zu Anfang des Jahres 1491 tritt der Baurath von Orvieto auf's Neue in Erwägung über den Kapellenschmuck, verliert wiederum mehrere Jahre über der Wahl eines passenden Nachfolgers bis er endlich in Signorelli den Mann fand, der für das lange Warten und die wiederholten Täuschungen reichlich entschädigte.[32] —

Was für Orvieto der Schmuck der Domkapelle, das war für Florenz die Stirnseite von S. Maria del Fiore. Seit Aufbau der Façade nach den Plänen des Neri Fioravante, Benci Cioni, Francesco Salvetti, Orcagna, Taddeo Gaddi und Niccola Tomasi[33] war nichts wieder an dem Gebäude geschehen. Im Jahre 1490 war es Stadtgespräch in Florenz, dass das ganze Aussenwerk des Domes unsicher sei, und in den Büchern der Wollhändlergilde

---

[32] Die Verhandlungen mit Perugino sind aus den Urkunden auszüglich mitgetheilt bei Della Valle, Stor. del Duomo di Orv. S. 315—317., vollständiger und theilweis unter anderen Daten der Protokolle bei L. Luzi, Duomo di Orv. S. 453 — 457. Bei ihm haben die Actenstücke die Zeitangaben: „29. December 1489, 30. December 1489. (drei), 15. Jan. und 28. April 1491.“ vgl. oben Cap. I.

[33] Die Façade war nicht von Giotto begonnen, sondern von den oben erwähnten Meistern, deren Entwurf nach langer Ueberlegung im October 1357 an's Licht trat. s. die Mittheilung von C. Guasti im Archiv Stor. N. Ser. Vol. 17. P. 1. Florenz 1863. S. 140.

wird die Stirnseite ganz unumwunden als ein Zwitterbau bespottet, der allen baukünstlerischen Regeln und Ordnungen Hohn spreche, eine Meinung, die auch Albertini theilte.[34] Ohne Zweifel war es für Lorenzo de' Medici, den thatsächlichen Fürsten der Florentiner, ein Gegenstand des Ehrgeizes, die Hauptkirche seiner Vaterstadt vollendet zu sehen, er unterstützte deshalb die Wollhändlergilde, als sie dem Baurathe (operai) Auftrag gab, die nöthigen Schritte zur Erlangung von Plänen und Geldmitteln für das neue Unternehmen einzuleiten. Die Angelegenheit wurde wie eine allgemeine italienische betrachtet und überall her von Baumeistern, Bildhauern und Malern Gutachten eingefordert. Nach Jahresfrist lagen elf Zeichnungen und ein Modell vor. Am 5. Januar 1491 versammelten sich die Förderer des Unternehmens in S. Maria del Fiore; den Vorsitz führten kraft ihres Amtes die beiden Obmänner der Wollhändlergilde, Silvestro de' Popoleschi und Ridolfo Falconi, und neben ihnen finden wir die angesehensten Namen der Stadt verzeichnet: die Soderini, Niccolini, Giugni, Serristori, Salviati, Cavalcanti, Tornabuoni, Strozzi, Scala, Filicaria, Martelli. Zeichnungen hatten eingereicht: der Canonicus Carolo Benci, Giuliano und Benedetto da Maiano, Francesco di Giorgio, Filippino Lippi, Giovanni (Giuliano ?) Verrocchio, Bernardo Ghalluzzo, Antonio Pollaiuolo, Francescò da Fiesole und Francesco, der Herold des Florentiner Stadtrathes; das Modell war von Jacopo Piattola geliefert. Von den hervorragenden Fachleuten Italiens, welche eingeladen waren, kam die Mehrzahl: Perugino, Vittorio, der Sohn Ghiberti's, Simone Pallaiuolo, Monciatti, Benedetto da Maiano, Francione, Domenico Ghirlandaio, Cosimo Rosselli, Lorenzo di Credi, Giovanni Graffione, Andrea di Monte San Savino, Clemente del Tasso, Andrea della Robbia, Sandro Botticelli, Alesso Baldovinetti, Andrea da Fiesole, Lapo; und über alle hervor ragte die fürstliche Gestalt des Lorenzo

[34] Die Aeusserung der Wollhändlergilde vom 9. Febr. 1490 ist abgedruckt im Comm. zu Vasari VII, 243. Albertini sagt in seinem Memoriale (s. B. II. S. 436): „Decta facciata, la quale Lorenzo de' Medici volea levare e riducerla a perfectione, mi pare senza ordine o misura;" doch war Albertini kein ganz unverfänglicher Beurtheiler, da er selbst ein Modell für die Façade gearbeitet hatte.

Magnifico.[35] Eine solche Versammlung von Männern ersten Ranges war selbst in Florenz eine Seltenheit und der Zeitpunkt für Erledigung der Sache schien der günstigste. Der florentinische Staat erfreute sich des Friedens und wachsenden Wohlstands, eine Gewähr mehr für den eifrigen Betrieb des grossen Bau-Unternehmens, und Lorenzo stand auf dem Höhepunkt seiner Kraft. Wenn man aber die Namen der beim Wettkampf Betheiligten in Erwägung zog, erschien doch zweifelhaft, ob die Summe von Geschick und Erfahrung, welche sie darstellten, genügen würde, und diese Empfindung herrschte, wie man merkt, in der Versammlung selbst. Denn nachdem Tommasso Minerbetti den Bericht über die vorbereitenden Schritte der Werkführer abgestattet, erhob sich mehr als ein Sprecher, um Aufschub und reiflichere Erwägung zu empfehlen, und Lorenzo schloss die Verhandlung mit einem Lob auf die betheiligten Künstler, aber zugleich mit der Erklärung, dass es nicht unziemlich sein werde, einen Gegenstand von solcher Wichtigkeit der Zukunft vorzubehalten. Damit fielen die Hoffnungen für die sofortige Vollendung des Domes zu Boden, die Versammlung trennte sich, Entwürfe und Zeichnungen geriethen in Vergessenheit. — Mit welcherlei Erwartungen Perugino der Sache zugesehen haben mag, wissen wir nicht; was er jetzt zu thun habe, scheint bald festgestanden zu haben; mit Umgehung von Orvieto, wo er in Folge seines Vertragsbruches billiger Weise Verlegenheiten zu erwarten hatte, ging er nach Perugia, erhob dort den Rest seines Guthabens für die sixtinischen Fresken (5. März 1491) und wandte sich wieder nach Rom, um sein Glück von Neuem zu versuchen.

Während seiner Abwesenheit hatte Pinturicchio zusammen mit dem etwas lässigen Filippino Lippi die Leitung des Wandschmuckes fortgeführt und abwechselnd Aufträge von Innocenz VIII. von den Cibò, den Borgia und della Rovere erhalten. Perugino theilte sich mit ihm für einige Zeit in die Aufträge der letzteren und wurde vom Cardinal von Ostia ausersehen, seinen Palast zu schmücken. Die ungestüme und launenhafte Art, mit welcher

---

[35] s. Vasari VII, 245 ff.

Giuliano (später als Papst Julius II.) bei seinen künstlerischen Unternehmungen verfuhr, und die ihn auch als Regenten der Kirche gefürchtet machte, erregte schon damals Klage und Verdruss. Es war seine Leidenschaft, die grössten lebenden Künstler an sich zu fesseln, er sorgte für sie und bezahlte sie königlich, aber machte sich kein Gewissen daraus, sie auf der Stelle zu entlassen, wenn er bessere fand. In jenen Jahren jedoch war Rafael noch ein stiller Anfänger und Perugino genoss der vollen Gunst dieses Mäcen's. Er verbarg ihm nicht, dass er ohne mächtigen Schutz schwerlich den Versuchen der Orvietaner, sich an ihm schadlos zu halten, entrinnen würde; als sich aber der dortige Baurath entschloss, den Maler seiner Verbindlichkeiten zu entlassen, schrieb der Kardinal an Prioren und Domrath einen Brief, wie er nur bei seiner Gemüthsart und Stellung so ungezogen möglich war. Die Behörden von Orvieto hatten in Folge eines ihr vom Kardinal abgenommenen Versprechens während des ganzen Jahres 1491 Ruhe gehalten, aber im folgenden Januar nahmen sie den Handel mit Perugino wieder auf und beschlossen, ihn ein für alle Mal zur Erklärung aufzufordern, ob er kommen wolle oder nicht. Er antwortete im April, dass er, sobald es angehe, bereit sei; da er aber Nichts that, um sein Wort wahr zu machen, so liess man ihn wissen, dass man einen Andern an seiner Statt anstellen werde. Dies gab dem Kardinal Anlass einzuschreiten. Unterm 2. Juni 1492 schrieb er den Orvietanern, sie hätten versprochen zu warten, da sie wohl wüssten, dass Perugino in wenig Monaten für sie zum Malen bereit sei; „nun aber," fügte er hinzu, „sagt mir Meister Pietro, Ihr wolltet einen Andern einschieben, ein Betragen, das man sich merken muss. Wir standen in der Meinung, das Ihr Euch durch Willfährigkeit der Liebe werth zeigen würdet, die ich immer zu Eurer Gemeinde getragen habe. Jetzt ermahnen wir und bitten Euch, dass Ihr dem Meister Pietro den Platz, auf den er Anrecht hat, offen haltet und ihn für die kurze Zeit, in welcher er noch Geschäfte für uns unter Händen hat, mit aller Belästigung verschont."[36]

---

[36] Der Brief ist abgedruckt in: „Alcuni documenti artistici S. 17. Nachweise über die Verhandlungen mit Orvieto bei Della Valle a. a. O. 316—319,

Mittlerweile nun hatten die Orvietaner sich mit Pinturicchio eingelassen, der ihnen seine Hinkunft in dem Augenblick meldete, da sie jenen Brief erhielten.[37] Aus Furcht vor dem Zorne des hohen Gönners folgten sie seinem Verlangen, liessen die Kapelle für Perugino offen und gaben dem Pinturicchio an einer anderen Stelle im Dom zu thun.

Das einzige handgreifliche Gedenkstück aus diesem viel bewegten Zeitraume in Perugino's Leben ist ein Altarbild in der Villa Albani bei Rom; denn der Schmuck im Palaste des Kardinals Giuliano ist untergegangen. Jenes Bild indess, welches die Jahreszahl 1491 führt, gibt genügende Vorstellung von Perugino's damaligem Stil:

Rom. V. Albani. Der Hauptgegenstand ist die Geburt Christi in der Fassung, wie sie Perugino nachmals häufig wiederholt hat, und darüber sind drei Tafeln gesetzt, welche die Kreuzigung, von den Verkündigungsfiguren eingeschlossen, darstellen. Den Stall zu Bethlehem hat er treu nach umbrischer Weise mit einem weiträumigen Hofe umschlossen und mittels auf Halbsäulen ruhender Bögen gegen die Unbill des Wetters geschützt; hinter einem Verschlag an der einen Ecke sind Ochs und Esel angepfählt; auf der Flur inmitten des Vorraumes liegt das Christuskind, die Eltern hinter ihm auf den Knieen, zwischen ihnen zwei betende Engel. Auf den Flügeln sehen wir Georg und Hieronymus, Johannes den Täufer und Michael (letzteren im polirten Stahlharnisch mit dem Medusenhaupte vor der Brust, und mit goldbesetzten Flügeln) knieend und stehend im Gebete. Das aus einer Oeffnung von links herabfallende Licht wirft schöne Schatten auf die saubere Architectur und beleuchtet einen ansprechenden Hintergrund von Hügeln und Seen, welcher durch die Bauglieder hindurch sichtbar wird. Der Gekreuzigte, ebenfalls von einer Landschaft umgeben, wird von Magdalena beweint, welche sich niedergeworfen hat und die Arme um den Kreuzstamm schlingt; rechts und links die klagenden Gestalten Maria's und des Evangelisten.[38] Auf den Säulencapitälen liest man die In-

Luzi a. a. O., und Vermiglioli, Mem. di Pint., append. Seite XXXV—XL.

[37] Im Juni 1492, s. Comment. zu Vasari V, 279.

[38] Die Figuren des Hauptbildes sind halb lebensgross, die der oberen Tafel kleiner. Die Stücke scheinen ein Mal von einander getrennt und später dergestalt wieder zusammengefügt zu sein, dass die oberen Ecken der Mitteltafel abgeschnitten wurden und die oberen Leisten zu weit über die unteren hinübergriffen. Ein Sprung geht durch den Mantel Maria's zum Vordergrunde; das Kissen, worauf das Kind liegt, ist übermalt, dasselbe gilt von dem Gewand des Täufers, den Händen des Michael und den Gewändern des Joseph, der Engel und Maria's. — Die Jahreszahl der Inschrift — 1491 — hat Rumohr (II, 341) irrthümlich 1481 gelesen.

schrift: „PETRVS — DE PERVSIA — PINXIT — MCC°CC°VIIII G° (scil. nonagesimo) PRIMO.

Als Temperastück ist die Geburt Christi, trotz leichten Entstellungen durch Abreibung, Auffrischung und anderlei Unbill, noch immer ein durchsichtiges fein verarbeitetes Bild mit warmen Lichtern und grauen Schatten, welche in der Fleischfarbe mit röthlich grauen Halbtönen sorgfältig zusammengeführt sind. An Frische in der Figurenzeichnung, selbstloser Demuth in der Charakteristik der Geberden und an Zartheit des Gesichtsausdruckes gehört es zu des Meisters anziehenden Werken, und wenn es auch in der Gefühlsweise wie in Sauberkeit der Durchführung der Einzelheiten noch umbrisch erscheint, ist es doch von Uebertreibung und Schwerfälligkeit frei. Michael ist eine jugendliche, bei aller Milde und Inbrunst des Gebetes adlig blickende Gestalt, die an Rafael erinnert. Ebenso anmuthig sind der Täufer und Georg, Joseph und Hieronymus dagegen gewöhnlichere Erscheinungen. In der Haltung der schlanken Maria spricht sich tiefe Weihe aus und die Körperbildung des Kindes ist ein deutlicher Fortschritt aus der altumbrischen Vernachlässigung. Ueberhaupt athmet das ganze Bild innige Empfindung; der Heiland, eine edle Gestalt in schöner Bewegung, erinnert mit der umgebenden Gruppe bereits an Leistungen Fra Bartolommeo's.

Wahrscheinlich durch den Tod Innocenz VIII. und die Stuhlbesteigung Alexanders VI. (Juli 1492) wurde Perugino bestimmt, Rom zu verlassen[39] und nach Florenz zurückzukehren, wiederum ohne sich um Orvieto zu kümmern. Von den Borgias hatte er in der That, wie es scheint, wenig zu erwarten, vielleicht eher Nachtheil zu fürchten, da der nunmehrige Papst den Pinturicchio begünstigte und ihn den Orvietanern empfohlen hatte. Doch war Perugino's Ruf bereits so gross, dass er weniger auf neue Aufträge als auf Erfüllung der alten Bedacht zu nehmen hatte. Auch

[39] Vasari VI. 41 schreibt dem Perugino in Rom Darstellungen von Märtyrerscenen in S. Marco zu. Gegenwärtig ist dort nur noch eine Figur des Marcus erhalten, welche ihm zwar zugeschrieben wird, aber in Wahrheit der venetianischen Schule der Vivarini angehört. — Auch was Vasari ihm im Palast Sciarra Colonna zuschreibt (eine Loggia u. andere Zimmerdecorationen, die ihm viel

sein bürgerliches Ansehen wuchs. Für Mai und Juni 1493 wählte man ihn in den Gemeinderath seiner Vaterstadt Città della Pieve und er soll seine Zeit dort ausgedauert haben.[40] Zwei zu jener Zeit in Florenz gemalte Altarbilder bezeugen seinen unablässigen Fortbildungseifer. Mit feiner Witterung bemerkte er, dass der Geschmack an Temperabildern im Abnehmen begriffen sei und legte sich nun nachhaltiger auf Uebung in der neuen Malweise, deren Geheimnisse ihm ohne Zweifel seit lange schon ziemlich geläufig waren. Tritt man vor das jetzt in den Uffizien[41] aufgestellte, ursprünglich für S. Domenico in Fiesole gemalte Bild der Madonna mit dem Kinde zwischen dem Täufer und Sebastian, das von Vasari ausserordentlich hohes Lob erfährt, so ist zwar unverkennbar, dass der Maler noch keine völlige Sicherheit in dem neuen Verfahren erlangt hatte, da an den licht-olivenfarbenen Fleischtönen immer noch Spuren von Punktirung und Schraffirung auffallen, aber Gruppenfügung und Vortrag weisen durchweg Fortschritt auf. Die umbrische Zierlichkeit der Gestalten ist allerdings auch hier vorwiegend, und Sebastian hat noch die alte Magerkeit der Gliedmassen, allein Maria zeigt schon naturgerechte Verhältnisse und liebliches Antlitz und macht in der Art der Zusammenstellung mit dem derben Kinde auf ihrem Schooss einen sehr erfreulichen Eindruck. Die Heiligen sind entschieden gezeichnet, die Beine mit richtiger Verkürzung, die Gewänder haben schönen Fluss; man bemerkt überall das Streben nach höherem Ziel als blosser Weichheit und Anmuth. Weniger Durchführung und Sorgfalt der Behandlung sowie auch geringern Sinn für Anordnung der Gewänder und für Feinwahl der Gestalten offenbart die Madonna mit Heiligen im Belvedere zu Wien, obgleich sie ein Beispiel aus der nämlichen Zeit ist.[42]

Florenz. Uffiz.

Wien. Belvedere.

Geld eingebracht haben sollen) ist nicht auf uns gekommen.

[40] Nach Angaben von La Fragna bei Orsini a. a. O. 237.

[41] Nr. 1122 Holz, Figuren lebensgross, hinter Maria's Thron breitet sich Landschaft aus; am Sockel desselben die Inschrift (gr. Buchst.): „Petrus Perusinus pinxit AN. MCCCC.LXXXXIII."

[42] Wien, Belved., I. Stock., S. III, Ital. Sch. Nr. 31. Holz, lebensgrosse Figuren. Maria thront zwischen Petrus u. Hieronymus, Paulus und Johannes dem Täufer. Am Thronsockel die Inschrift: „Presbiter. Johannes. Christophori. de. Terreno. fieri fecit M.CCCC.LXXXXIII."
Die Farbe von Oliventon hat bei einma-

Von nun an macht sich Perugino dauernd in Florenz heimisch, gründet eine offene Werkstatt und übernimmt Aufträge auf allen Gebieten seiner Kunstthätigkeit; während er Tafelbilder nach Aussen verkauft, malt er in florentinischen Klöstern in Fresko. Von diesen Wandgemälden ist das gefeiertste das der Gesuati, einer Brüderschaft, welche mit den Fortschritten der Kunst Fühlung hielt. Die Gesuati hatten sich vor Porta a Pinti ein Kloster gebaut und Werkstätten für Glasmalerei aufgeschlagen, betrieben ihr Geschäft mit Schwung und waren fast bei allen grösseren Bauunternehmungen in der zweiten Hälfte des Jahrhunderts betheiligt. Perugino nun, — oder wie man ihn auch nach Albertini jetzt hätte nennen können „Florentino" — zeichnete zahlreiche Vorlagen für sie und malte ihnen Wand- und Tafelbilder; zwei Kreuzgänge bedeckte er mit Fresken und die Klosterkirche erhielt zwei Altarstücke von ihm.[13] Durch die Betheiligung eines solchen Meisters wurden die Arbeiten der Gesuati doppelt berühmt und von Kunstfreunden und Bestellern stark aufgesucht. Als aber das kaiserliche Heer im Jahre 1529 zur Belagerung von Florenz herranrückte, bestimmte die weit vorgeschobene Lage der Anstalt aussen vor der Stadt und der Vortheil, den sie möglicher Weise dem Feinde (Philipp von Orange) bieten konnte, sie zu zerstören. So gingen Perugino's dortige Fresken zu Grunde und was aus dem Schutt gerettet wurde, fand Aufnahme in S. Giovannino della Calza oder in S. Giusto, wo zwei oder drei Bilder verblieben, bis sie später in die Akademie der Künste übertragen wurden.[14] Das älteste davon scheint die Pietà zu sein:

Der todte Christus mit friedlichem Ausdruck im Antlitz liegt der weinenden Mutter im Schoosse, sein Kopf ruht auf den Schultern Joseph's von Arimathia, die Füsse auf den Knieen der sitzenden Mag- Florenz. Akad. d. K

---

ligem Auftrag ziemlich rauhe Fläche behalten. Die Gewandung ist breit. Das Bild ist nicht unberührt. Der gelbe Mantel des Petrus ist neu.

[13] Albertini spricht in seinem Memoriale (s. Bd. II. S. 413) von Malereien Perugino's im ersten u. zweiten Kreuzgang der Ingiesuati und noch von anderen in ihrer Kirche, und auch Vasari VI. 33 ff. beschreibt das Kloster sowie die Fresken und Altarbilder desselben. Aus Urkunden im Archiv des florentiner Doms geht hervor, dass die Gesuati im Jahre 1466 sechs Glasfenster für die Laterne der Kuppel geliefert hatten. s. Guasti, La cupola etc. S. 107.

[14] Vasari VI. 35.

dalena, während Johannes (links) betend gen Himmel blickt, und ein anderer Heiliger (rechts) die gefalteten Hände abwärts gestreckt in stiller Trauer daneben steht. Der Vorgang findet vor einer Säulenhalle statt, die in kühner Perspective mit tiefem Horizont gezeichnet ist.[45]

Wer Francia's feines Lünettenbild in der Londoner National-Gallerie kennt, wird auch die Schönheit dieses Werkes, das in der Behandlung des Gegenstandes übereinstimmt, ergänzen und würdigen können. Unter Perugino's Händen ist der altherkömmliche Stoff seelenvoller und wirksamer geworden und die Behandlung zeigt eine Richtigkeit der Verhältnisse, die bisher noch nicht erreicht war. Die Art wie sich die verschiedenen Figuren je nach ihrem Charakter in der feierlichen Trauerstunde verhalten — die grosse Schwermuth Maria's, welche die Last des entseelten Sohnes trägt, die tiefe Selbstvergessenheit Magdalena's, die völlig in den Anblick der Füsse verloren scheint, welche sie einst gesalbt, das Zartgefühl des Freundes, das aus Joseph von Arimathia spricht, zusammen mit der natürlichen Herbigkeit in der sonst edlen Gestalt des Erlösers — das Alles gibt einen hohen Begriff von Perugino's Künstlerschaft. Er offenbart sich als verständnissvoller Beobachter der Florentiner, ohne doch sein eigenthümlich umbrisches Wesen Preis zu geben, wie die verkürzten Bewegungen zeigen, in denen er an die Schule von Perugia erinnert; (so z. B. in dem sehnsuchtsvoll nach oben gewendeten Gesichte des Johannes); auch den alten Kleiderschnitt behält er bei, aber die klaren Formen, die Linienperspective und der breite Faltenwurf sind Zeichen frischen Lebens und bewussten Gefühls. Es ging ursprünglich Hand in Hand mit Klarheit des Oelfarben-

[45] Florenz, Akad. der Künste, S. d. gr. Gem. Nr. 58. Es wurde nach Richa, Chiese IX. S. 103 von Maria Magdalena von Oestreich in die Villa bei Porta Romana gebracht und dem Kloster S. Giovannino dafür eine Copie gelassen. Diese Copie, welche aus Florenz verschwunden ist, ist möglicher Weise das von den Herausgebern des Vasari (VI, 36) als Wiederholung jenes Gemäldes beschriebene Bild, welches früher der Gallerie Orleans angehörte. Das Original lässt heute wenig mehr von der ursprünglichen Farbenschönheit erkennen. Das Fleisch ist von schönem gelben Ton und blaugrau schattirt, aber das Ganze abgerieben, von der Figur zur Rechten die Hälfte des Kopfes übermalt, Augen und Stirn Maria's nachgebessert und der Hintergrund hat den Zusammenhang in der Farbe verloren.

vortrags, der sich dem Temperaton näherte und in guter Harmonie gehalten war. Nach seiner ganzen Art mochte das Werk starken Eindruck auf Lorenzo di Credi machen, wie es auch Fra Bartolommeo entschieden angeregt haben wird. — Das Jahr 1494 bezeichnet eine neue Erweiterung von Perugino's Kunstvermögen; denn edler noch als der Stil der bisherigen Arbeiten wirkt die Madonna mit Heiligen in S. Agostino zu Cremona, an welcher das Gepräge florentinischer Kunst, wie es die wundervollen Schöpfungen Ghirlandaio's verkörpern, deutlich erkennbar wird:[16]

Vor einem Bogen thront Maria mit dem Kind, welches den links stehenden Jacobus, eine in Körperbau, Bewegung und Farbe sehr schöne Gestalt anblickt, während Maria die Augen dem heil. Augustin (rechts) zuwendet, welcher indem er zur Seite blickt mit der Linken auf Christus zeigt. Am Sockel des Thrones steht: „Petrus Perusinus pinxit MCCCCLXXXXIIII." Cremona. S. Agost.

Die feingebildete Mariengestalt ist zwar noch schmächtig, aber hat wenig mehr von der umbrischen Schlaffheit, das Kind ist noch derb in seiner Fülle, aber vergeistigt, die Geberden haben mehr von der florentinischen Getragenheit, die Gewänder grösseren Fall und der kräftige Ton der Oelfarbe ist mit höherer Meisterschaft und Entschiedenheit behandelt. — Eine Arbeit aus demselben Jahre, ein Bildniss in den Uffizien, wahrscheinlich Vorläufer der beiden Portraits von Vallombrosa-Brüdern in der Akademie der Künste, lehrt uns den Pietro wieder von neuer Seite kennen. Man hat dasselbe bis vor Kurzem für ein Selbstbildniss des Malers gehalten, doch wird sich dies als Irrthum herausstellen:

Es ist ein Mann von gebieterischem Aussehn und feinen Gesichtszügen, kleinen dunkeln Augen unter den fleischigen Brauen, kurzer fein geschnittener Nase und sinnlichen Lippen; die Wangen sind breit, der Nacken stark. Der Schwall buschiger dichter Kraushaare verräth kräftige Gesundheit, und der schmucke Mann scheint eitel auf eine schöne Hand: die linke ruht auf dem Sims, die rechte Florenz. Uffizien.

[16] Es steht auf dem Altar der Familie Roncadelli und hat diesen Platz schon lang inne, wie aus der Erwähnung des Anonymus des Morelli (S. 35) hervorgeht, der jedoch die Jahreszahl irrthümlich als 1492 angibt. Das Bild ist nach Frankreich entführt gewesen, aber zurückgegeben. Die Figuren sind lebensgross, die Erhaltung gut, einige Wurmstiche geschickt zugedeckt.

hält ein Blatt mit der Aufschrift: „Timete deum". Der Anzug besteht in rother Weste über hochschliessendem weissen Hemd, purpurner Schaube mit braunem Vorstoss und kleiner schwarzer Kappe. Die Ferne bildet Hügelland und Wasser.[47]

Einheit der Theile, gussartige Glätte der Oberfläche und kühne reine Pinselführung verbunden mit guter Rundung und Genauigkeit des Umrisses geben diesem Meisterwerke einen Platz neben Antonello da Messina. Es hat mehr Kraft als man bei Francia findet, dem es lange zugeschrieben ist. Die Bildnisse der Vallombrosaner,[48] die nicht wesentlich verschieden sind, haben vermöge ihres frischen Ausdrucks, ihrer lebensvolle Wärme und sauberen Zeichnung lange für Arbeiten gegolten, an denen Rafael die Hand gehabt haben könne.

Florenz. Akad.

Mit der Meisterschaft im malerischen Vortrag mehrte sich Perugino's Ruf in Nord-Italien, wo diese Eigenschaft höher geschätzt wurde als im Süden. Ausser der Madonna für Cremona hatte er 1494 eine Darstellung vom Wunder des Kreuzes für die Scuola di S. Giovanni Evangelista in Venedig geliefert,[49] und erhielt jetzt vom Rathe der Stadt den Auftrag, für den grossen Berathungssaal zwei Wandbilder, die Flucht Alexanders III. und die Schlacht von Legnano zu übernehmen. Man bot ihm 400 Dukaten, ohne eine bestimmte Frist zu setzen; Perugino aber verlangte dreist 800 und so zerschlugen sich die Verhandlungen wahrscheinlich wegen der Höhe der Forderung; denn im Januar 1515 erbot sich Tizian, die für Perugino in Aussicht genommenen Wandflächen für 400 Dukaten und die Zusicherung einer Maklerstelle (Sanseria) an der deutschen Börse (Fondaco de' Tedeschi) zu übernehmen, und wusste sich Etwas damit, dass er nur die Hälfte von dem Preise Perugino's fordre.[50] Für diesen war es damals vortheilhaft,

[47] Florenz, Uffiz. Nr. 287. Auf der Rückseite der Tafel ist folgendes eingegraben: „1494. di lugli. Pietro Perugino pinse piu° die . . . . ." Die Farbe ist etwas umschleiert.

[48] Akad. d. K. S. d. kl. Gem. Nr. 18 Holz, Oel. Beide im Profil und aufschauend, der eine nach rechts gewendet mit der Inschr.: „Blasio Gen. servo tuo succurre", der Andere nach links gewendet: „D. Baltasar monaco S. tuo succurre." Sie rühren beide aus dem Kloster zu Vallombrosa.

[49] Nach Cicogna, Iscrizioni venete, I, 47, gingen diese Bilder durch Feuer zu Grunde.

[50] Die Verhandlung mit Perugino abgedruckt bei Gaye, Carteggio II, 69. 70.

dass er der Nöthigung entging, Florenz zu verlassen, da zeitweilige Abwesenheit ihn leicht um die Früchte seines Fleisses bringen konnte.

Dank seinem rastlosen Eifer hatte er es in der Gruppenbildung und im Streben nach Naturwahrheit immer weiter gebracht. Seine Herrschaft über die Gegenstände, das Vermögen, seinen Gestalten in Erscheinung, Gemüthsbewegung, Handlung und Ausdruck innere Uebereinstimmung zu geben, war gewachsen, und er zählte nun in die Reihe der Männer, denen man in Mittel-Italien auch in der Oelmalerei am meisten zutraute. Seine Pietà von 1495 (in der Gallerie Pitti) sicherte ihm unter den florentiner Kunstgenossen die höchsten Ansprüche. Zu den anziehendsten Eigenschaften dieses Werkes gehört, wie Vasari sagt,[51] die Pracht des Tones und des Hintergrundes, und auch heute noch, trotz aller Unbill der Zeit und der Wiederherstellungen, gehört namentlich das Landschaftliche zum Besten, was wir von Perugino haben. Dass gerade in Florenz diese geschickte Behandlung der Ferne im Bilde bewundert wurde, erklärt sich genügend, da die Florentiner sich bisher meist mit eintönigen Grundflächen begnügt hatten, denen bauliches oder landschaftliches Beiwerk nur flüchtig in Deckfarbe mit sattem Auftrag eingezeichnet wurde, wie denn einer ihrer wackersten Meister, Botticelli, der Landschaft sogar das Anrecht auf strengere künstlerische Behandlung absprach.[52] Indem

---

Tizian bezeichnet in einem Briefe seine Forderung als bescheiden, da sie halb so hoch sei, als die des Perugino. Man hat nun zweifeln wollen, dass der im Vertrag von 1494 angeführte „Pietro Peroxino" und Tizian's „Perusin" wirklich Perugino sei. Doch kann hier keine Unsicherheit entstehen, wie auch Gaye und Cadorin keinen Anstoss nehmen (s. Abh. Cadorin's Dei miei studi etc. in den Atti dell' Ateneo, Venedig 1846). Einen Grund zu der Annahme, dass man es mit einem Venetianer Pietro Perugino zu thun habe, könnte ein früher in der Gallerie Rinuccini befindliches Bild (Marcus zwischen Hieronymus und Gerhard) abgeben, welches die Inschrift: „Pietro Perugino pinx. anno 1512" führte und nicht von Vanucci ist. Dies erklärt sich jedoch genügend; es rührt in der That von einem Venetianer her, von dem wir noch zu sprechen haben. Das Bild hat röthlichen Ton bei sattem Auftrag und lebendige Gewandbehandlung. Die Namen der Heiligen an der Unterleiste ihrer Nischen sind übermalt. Ueber die Inschrift verbreiten wir uns an anderem Orte; hier genügt zu sagen, dass kein zweites Bild mit einer gleichen vorkommt.

[51] Vasari VI, 32.

[52] „Se uno non gli piace li paesi, esso stima quelli esser cosa di brieve e semplice investigazione, come disse il nostro Botticella, che tale studio era vano, perchè col solo gittare di una sponga piena

Perugino durchsichtige Töne und schimmernde Farben in seinen Hintergründen anwendete, lieh er ihnen einen Reiz, den weder die Peselli noch die Pollaiuoli, weder Verrocchio noch Signorelli hervorgebracht hatten. Rührte diese Ueberlegenheit auch zum Theil von der Sicherheit in der Handhabung der Bindemittel her, auf welche jetzt in Florenz besonderes Augenmerk gerichtet wurde, so war sie doch in höherem Grade Folge des den Umbriern überhaupt eigenen Sinnes für landschaftliche Einzelheiten. Perugino nahm die Anlage mit nach Florenz, aber anstatt sich für einen Meister in dieser Richtung zu halten, betrachtete er mit Aufmerksamkeit das Verfahren Masaccio's an seinen Brancacci-Fresken, lernte in Rom von Ghirlandaio's Wandgemälden den Eindruck weitgedehnter Hügel und Wasserflächen schätzen und lauschte ihm dann in Florenz den feinen Geschmack für den Ineinanderbau der Figurengruppen und der Bühne ihrer Handlung ab, wofür die Cappella Sasseti und der Chor von S. M. Novella vollendete Beispiele bieten. In seiner Darstellung der Pietà legt Perugino den Schneidepunkt der Gesichtslinien weder in die Mitte des Bildes, noch befolgt er die Anordnung seines Fresko's der Schlüsselweihe in Rom, die er nachmals in den Tagen absteigender Kraft so oft wiederholt hat, sondern er legte den Punkt an die eine Seite und schob die Landschaft zu einfachen aber reizvollen Ueberschneidungen und Wellenlinien zusammen, um am Horizont verschiedene Wasserflächen, lichten Schein um die Säume der Städte und ähnliche Feinheiten anbringen zu können. Bäume und Büsche fügte er so geschickt ein, dass der Eindruck, aller Berechnung zum Trotz, die er voraussetzt, der eines unmittelbaren Naturerzeugnisses ist. Und mit dieser Ausstattung eines einzelnen Theiles begnügte er sich nicht, sondern zieht seine Landschaftslinien so, dass sie die der Figurengruppen ergänzen, und diese wiederum, frei von dem ängstlichen Ebenmaass der Umbrier, gliedern sich in der pyramidalen Form, welche die früheren Vorgänger zur Regel gemacht:

di diversi colori in un muro, essa lasciava in esso muro una macchia, dove si vedeva un bel paese.“ s. Lionardo da Vinci, Trattato della Pittura. Ed. Manzi S. 56 f.

Der Körper des Heilands, noch voll Biegsamkeit des Lebens, aber im Tode ausgestreckt, ruht auf dem Bahrtuch, das über einen Stein gebreitet ist, und wird von dem knieenden Joseph von Arimathia gehalten; Magdalena hat das Haupt Christi emporgerichtet, die Mutter hält seinen linken Arm, und Maria Kleophas schliesst, über beide hinwegschauend, mit schreckhaft erhobenen Händen die Höhe des Figurenaufbaus, während Maria Salome zur Seite (rechts) zwischen der Jungfrau und einem jungen Manne im Turban kniet, der das untere Ende des Bahrtuches gefasst hat und die Füsse des Leichnams sanft zu Boden setzt. Johannes, dicht hinter ihm, die gefalteten Hände abwärtsstreckend, blickt sprachlos aus dem Bilde; neben ihm steht das Weib des Zebedäus mit den Nägeln des Kreuzes in der Hand, die sie mit Nikodemus schmerzvoll betrachtet. Diesen Dreien gegenüber, auf der linken Seite des Bildes, steht ein Jünger das Haupt auf die Hand stützend und ein Weib, das die gefalteten Hände ans Kinn erhebend in Thränen ausbricht. Auf dem Steine, welcher dem Leichnam zur Stütze dient, liest man: „PETRVS PERVSINVS PINXIT. A. D. MCCCCLXXXXV."[53] Florenz. Gall. Pitti.

Die Anordnung ist untadelhaft, jeder Theil mit einer Ueberlegung und Angemessenheit behandelt, wie man sie nur bei den höchsten Meistern der Composition gewohnt ist; Masaccio und Ghirlandaio haben deutlich vorgeschwebt, ohne doch unselbständig nachgeahmt zu sein, denn überall ist die individuelle Empfindung des Malers ausgesprochen. Maria enthüllt uns ihren mütterlichen Schmerz, der zu gross ist für irgend welche äusserliche Geberde, indem sie mit dem Sohne im Tode noch leise zu reden scheint; Magdalena spricht innige Liebe und den tiefen Gram, der wieder zur Ruhe wird, in Antlitz und Geberde aus; bei M. Salome begleiten die zusammengelegten Hände die Stimmung des Gebets. Joseph wendet sich ab von Leid überwältigt, während der Jüngling zu Christi Füssen nur stillen Antheil zeigt. In dieser Abstufung der Empfindungen und in der Ausprägung der einzelnen Charaktere liegt eine Kraft der Ursprünglichkeit, welche berufen scheint, die herbe Grösse der einen oder die Naturderbheit der anderen florentiner Kunstgenossen zu mildern und auf dem Pfade zusammenzuführen, der zu Rafael leitet. Als Studium nach

[53] Gall. Pitt., Nr. 164, ursprünglich in S. Chiara in Florenz. Die Farbe hat offenbar durch sorglose Behandlung des Bildes eingebüsst. Der Kopf des Alten, welcher rechts von Nicodemus betet und ebenso das Gesicht der Maria Kleophas ist im Ton verändert.

dem Nackten ist der Körper des Heilandes schön gebaut, unberührt von den stehenden Gewohnheiten früherer und späterer Maler in der Zeichnung der Hände, Füsse und der Glieder überhaupt. In Allem erscheint Perugino's Werk als die Voraussetzung der Pietà des Fra Bartolommeo, die in der grösseren Ursprünglichkeit und Kraft der Empfindung doch auf die glückliche Einwirkung Perugino's zurückweist. — So bildet das Jahr 1495 für den Entwickelungsgang Perugino's sowohl wie für die italienische Kunstgeschichte einen wichtigen Markstein: ein Umbrier war es, welcher erfüllt von den durch zwei Jahrhunderte, seit dem Auftreten Giotto, langsam ausgebildeten künstlerischen Grundsätzen die Gruppenbildung in stilvoller Weise handhabte und dabei mit der Würde florentinischen Vortrags Ruhe und Sanftmuth verband, sodass er vermöge seines Einflusses auf Fra Bartolommeo und Rafael die fromme Wunderseligkeit, die seit Angelico verloren gegangen war, so weit wieder zu Ehren brachte, als es künstlerisch und sittlich möglich war. Der Geist dieser Zeit war nicht danach, dass einem Künstler die Wiedererweckung der alten einfachen Klosterkunst oder einem sittlichen Neuerer selbst von der hinreissenden Ueberzeugungskraft Savonarola's die Rückführung des religiösen Sinnes gelingen konnte, der mit den Lebensbedingungen der damaligen republikanischen Entwickelung in unlösbarem Widerspruche stand, aber für die Umwandlung der ernsteren und gewaltigeren Sprache der Giotto, Orcagna, Traini und Fiesole in Wohllaut und Reinheit des Seelenausdrucks bei überwiegender Schönheit — dafür war diese Zeitgenossenschaft empfänglich genug.

Als die Clarissinnen, für welche die Pietà gemalt war, das Bild bekommen hatten, bot ihnen ein reicher Florentiner Namens Francesco del Pugliese den dreifachen Preis, wenn sie ihm gestatteten, es gegen ein Bild desselben Meisters einzutauschen, aber die Erbietung wurde abgelehnt, weil die Nonnen nach Perugino's eigener Aussage erklärten, er getraue sich nicht, noch einmal das Gleiche zu liefern.[54] Er mochte den Muth zur Wiederholung eines

[54] Vasari VI, 33.

Bildes, das ganz von seiner eigenen Hand herrührte, deshalb nicht haben, weil er fürchtete, dass seine Schüler die Copie dem Originale nicht ebenbürtig machen würden, und zog vor, neue Gegenstände zu behandeln. So entstanden um diese Zeit die Darstellung des Heilands am Oelberg für die Gesuati, die Kreuzigung für S. Girolamo delle Poverine in Florenz, die Madonna mit Heiligen für die Stadtbehörde und die Madonna mit Kind für S. Pietro Martire in Perugia. In jeder Hinsicht hält er sich auf der gewonnenen Höhe und zeigt seine ganze Kraft der Farbengebung. Es ist ein seltenes Geschenk des Glückes, dass wir diese Arbeiten in ihrem ursprünglichen Reiz noch besitzen; sie geben uns Einblick in Perugino's Vervollkommnung auf dem Felde der Oelmalerei, was uns die Schadhaftigkeit der eben beschriebenen gleichzeitigen Arbeiten bei aller ihrer Schönheit versagt:

Die Darstellung Christi am Oelberg, jetzt in der Akademie der Künste zu Florenz,[55] zeigt den Heiland auf einer Erhöhung knieend im Gebet, während der Engel den Kelch bringt. Die drei Apostel liegen schlafend im Vordergrund; in der Ferne naht Ischarioth mit den Häschern, die sich in zwei Haufen vertheilt haben und von beiden Seiten nahen, während in der Ferne Jerusalem sich ausbreitet. Die durchdachte Erfindung und die Lebensfrische der Gestalten bekommen noch einen eigenthümlichen Reiz durch die Weise, in welcher Perugino die Stunde des Vorganges ausgedrückt hat. Die Sonne ist schon gesunken, nur auf den Hauptfiguren liegt noch kräftiger Wiederschein, sodass sie sich im Halbdunkel vom bleichen Horizonte abheben. Die Formen sind in diesem Zwielichte sehr schön und mit tüchtiger Körperwirkung ausgebildet. Florenz. Akad. d. K.

Auf der Kreuzigung steht Maria und Hieronymus zu den Seiten des Kreuzes in einer Landschaft; es ist ebenfalls Abend und um den Eindruck der schwermüthigen Stimmung zu steigern, hat Perugino dem Himmelssaum eine geheimnissvolle Dunkelheit in warmem Farbenspiel gegeben, wodurch allerdings zugleich die Mängel der Figuren etwas verhüllt werden, die mit geringerer Sorgfalt und Gewissenhaftigkeit behandelt sind.[56] Florenz. Akad. d. K

Die Madonna mit Heiligen aus dem Jahre 1496, ursprünglich für die Stadtbehörde von Perugia gemalt, jetzt in der Gallerie des Rom. Vaitcan.

[55] Saal d. gr. Gem., Nr. 53, aus der Kirche della Calza stammend, von Vasari erwähnt VI, 35.

[56] Florenz, Akad. d. K., Gall. d. gr. Gem., Nr. 56, von Richa, Chiese Fior. II, 301 an seinem ursprünglichen Standort im Hieronymus-Kloster (delle Poverine) in Florenz erwähnt.

Vatican, ist, unähnlich den beiden vorigen, im vollen Tageslicht gehalten: Maria thront vor einer Säulenhalle auf einem Sockel umgeben von den vier Schutzheiligen Perugia's; ihr Wuchs ist schlank, die ganze Erscheinung überaus zierlich, die Heiligengestalten zeichnet Ruhe und hingebende Zartheit aus. Die Färbung ist kräftig und meisterhaft, von ansprechender Reichheit im Fleischtone, welcher in das bei Antonello und Bellini so anziehende freundliche Roth sticht, das auch in den früheren Bildern Giorgiones begegnet; die Gewänder sind mit vollendetem Verständniss der Wirkungsgesetze angelegt und übermalt und zeigen hohe Handfertigkeit. Am Sockel die Inschrift: „Hoc Petrus de Chastro plebis pinxit.“[57]

Perugia. Gall. Das im Jahre 1489 für S. Pietro Martire gemalte Madonnenbild, welches sich jetzt in der Gallerie zu Perugia befindet,[58] stellt Maria in einer Landschaft sitzend dar, von zwei fliegenden Engeln umgeben, das Kind in ihrem Schoosse haltend, welches sechs weissgekleideten im Vordergrund knieenden Ordensbrüdern den Segen gibt. Der Knabe ist etwas steif und derb, die Züge der Mutter nicht gerade edel, aber Ausdruck und Haltung haben etwas mild Sinniges, und diese Stimmung wird unterstützt durch den stillen Abendglanz, welcher sich über die Gruppe breitet und nicht in der Farbenkraft wie auf dem Gebet am Oelberg, sondern in klarerem, sanfterem Rothbraun von emailleglattem Auftrag gehalten ist.

Diese Bilder sind ebenso viel Beweise für Perugino's Kunst, seine handwerkliche Fertigkeit zum Ausdruck eigenthümlicher Stimmungen zu benutzen, die mehr durch die Farbe als durch die Form zu erlangen sind, ähnlich den Venezianern, welche ihre Farbentöne dem Inhalte ihrer Darstellung anmessen. Perugino's technisches Verfahren ist hier durchweg eine Vollendung dessen, was von den Peselli und Pollaiuoli zuerst geübt und dann von Verrocchio und seiner Schule weiter gebildet wurde. Es war weder einfach noch auf einmal erlernbar. Perugino legt die Fleischpartien mit warmem braunem Tone an, den er Schicht auf Schicht allmälig abrundet, indem er die hohen Lichter der letzten

[57] Das Bild wurde zertheilt und von den Franzosen nach Paris geschleppt: Der Rahmen sowie eine im Aufsatzstück angebrachte Pietà blieb im Saale des Magistrates in Perugia zurück und ist jetzt Nr. 32 der Stadtgallerie daselbst. Das Hauptbild wurde 1815 zurückerstattet, aber nicht nach Perugia, sondern nach Rom. vgl. Vasari VI. 41.

[58] Perugia, Gall. Nr. 35. Die Brüderschaft von S. Pietro Martire hiess ursprünglich: Confraternità di S. M. Novella, später della Consolazione. Mariotti a. a. O. S. 156 bringt den Nachweis bei, dass das Bild im März d. J. 1489 gemalt war.

Hand vorbehält.[59] Diese Schichten waren von zunehmend lichterer Farbe, aber vollerem Körper als die letzte, sodass der letzte und satteste Auftrag die hohen Lichter bildet, welche im Bilde den kleinsten Raum bedecken. Dabei war es Aufgabe der Sorgfalt, den ersten Auftrag nicht ganz im zweiten zu ertränken, sondern ihn durchschimmern zu lassen. Hierin haben wir in der Kürze auch das Verfahren der van Eycks. Es erzeugt Fleischtöne, deren Theile in dem Maasse, als sie an Schatten zunehmen, an Körper verlieren, das Licht erhalten sie von Aussen, die Durchsichtigkeit von Innen. Die Folge war eine ziemlich ebenmässige Oberfläche mit ungenügendem Halbton; doch diesem Nachtheil wusste Perugino zuweilen beizukommen, z. B. an seinem Madonnenbilde im Vatican durch Kräftigung der dunkelsten Stellen mittels eines letzten Nachstrichs, welcher auf dem Bilde körperhafter blieb, als das Uebrige; so erreichte er eine klare leuchtende schmelzartige Fläche, welche weniger von den Geheimnissen des Handwerks verrieth, als das Verfahren der früheren Künstler. Ein Bild mit diesen Mitteln zu vollenden war eine Sache des Feingefühls und der Berechnung und verlangte eine sehr sichere Hand, da durch einen einzigen falschen Schritt oftmals Alles verfehlt wurde. Perugino war mit dem Verfahren völlig vertraut und beobachtete es unveränderlich während seines Fortschreitens aus der eben charakterisirten Stufe zu der höheren, als deren Zeugniss das Altarbild der National-Gallerie zu London gelten kann. Bei der Behandlung der Gewänder verfuhr man etwas anders. Alle kalten Mischungen wurden zuerst warm untermalt, dann wie die Fleischtöne übergangen und lasirt;[60] ebenso setzte man andrerseits warme schimmernde Farben auf kalten Unterlagen auf, und diese Weise hielt man auch beim Auftrag schillernder Farben als Regel fest. Nur die rothen und

---

[59] Vasari VI, 37, bezieht sich ohne Zweifel hierauf, wenn er bei Erwähnung der Sprünge in Perugino's Bildern bei den Gesuati sagt: „ciò avviene perchè quando si lavora il primo colore che si pone sopra la mestica (perciocchè tre mani di colori si danno, l'un sopra l'altro) non è ben secco, onde poi, col tempo nello seccarsi tirano per la grossezza loro e vengono al aver forza di fare que' crepati."

[60] Die Anwendung von Grünspan und Asphalt in den Gewandlasuren ist schuld, dass viele so behandelte Stellen auf Perugino's Bildern schwarz geworden sind.

14*

die Lackfarben wurden zuweilen auf kühler Untermalung in halbsattem Auftrag verwendet, bekamen hoch aufgesetzte Lichter und Schatten und wurden lasirt, wobei die Lasur das eine Mal dem Licht- und Schatten-Auftrag voranging, ein ander Mal die Lichter durch den unteren Ton erzeugt wurden. Im allgemeinen waren sämmtliche Farben, ausgenommen die lackrothen, dunkel und von kräftigem Körper, erhielten ihr Licht von Innen und die Schatten als Uebermalung, gelegentlich mit Schraffirung der vortretenden Theile. Die kräftigsten Schatten wurden stets im Vordergrund angewendet, schillernde Farben für Mittel- und Hintergrund.[61] —

In der ganzen Zeit, bis zum Beginn der Arbeiten im Wechselgericht (Cambio) zu Perugia blieb Vannucci in Florenz wohnen und besuchte Perugia nur gelegentlich, um ein Bild fertig zu machen oder neue Aufträge in Empfang zu nehmen. Bei einem dieser Besuche wurde die vaticanische Madonna, die er 1483 versprochen, ein zweites Mal bei ihm bestellt (6. März 1496 n. St.);[62] die Bildnisse des Rathscollegiums, welche Santo di Apollonio 1483 gemalt und welche seit 12 Jahren in einem geschlossenen Verschlag aufbewahrt worden waren, wurden vom Rathe des Jahres 1496 abgethan[63] und Perugino lieferte an ihrer Stelle eine Pietà. Er hatte das Ganze binnen 6 Monaten vom Tage des Vertrags-Abschlusses zu liefern und hielt dies ohne Zweifel inne; aber die Arbeit war ihm nicht genug; zwei Tage später verpflichtete er sich dem Prior der Benedictiner von S. Pietro, binnen zwei Jahren eine Himmelfahrt[64] zu malen, und es ist nicht unwahrscheinlich, dass er zu derselben Zeit auch noch den Vertrag über die Madonna für S. Pietro Martire eingegangen ist. Bei seiner Rückkehr nach Florenz und nach Vollendung des Altarstückes für die Stadtbehörde legte er eine Summe Geld in Grundbesitz in der Pfarre S. Piero Maggiore an, wo er gewöhnlich wohnte, und er

---

[61] vgl. Vasari VI, 39.

[62] s. den Contract bei Mariotti, Lett. pitt. S. 157.

[63] ibid.

[64] Am 24. Novbr. 1496 verhandelte er in Perugia mit den Benedictinern v. S. Pietro wegen des Rahmens und einiger darauf anzubringender Prophetenfiguren für das Bild der Himmelfahrt. s. Mezzanotte a. a O. 297 ff.

scheint sonach dort dauernd haben bleiben zu wollen.[65] Mitten in anderen Arbeiten fand er Musse, verschiedenen Berathungen über Kunstangelegenheiten beizuwohnen: im Januar 1497 begleitete er den Benozzo Gozzoli, Cosimo Rosselli und Filippino Lippi bei Abschätzung der Wandgemälde Alesso Baldovinetti's in der Dreifaltigkeits-Kirche in Florenz, wobei er sich in Ausdruck und Schreibung seines Gutachtens als den ungelehrtesten aller Vier ausweist.[66] Im Juni 1498 finden wir ihn dann bei einer ernsthafteren Berathung betheiligt. Beim Tode des Lorenzo Medici hatte das geängstigte Gemüth des Volkes verschiedene bedenkliche Vorzeichen wahrgenommen, die Schlimmes zu verkündigen schienen; das Augenfälligste war die Zerstörung der Laterne von S. Maria del Fiore durch den Blitz, welche nach Macchiavelli's Glauben den Untergang des Freistaats bedeutete.[67] Die Beschädigung des Domgipfels war an sich kein unverbesserliches Unglück und wenn auch Monate über der Wiederherstellung hingingen, so wurde sie eben doch vollendet, aber Simone Pollaiuolo, der Werkmeister des Domes, fühlte sich entweder auf Veranlassung der Wollhändlergilde oder aus eigener Sorge gedrängt, seine Verantwortlichkeit durch Beiziehung des Rathes von Baumeistern, Bildhauern und Malern zu erleichtern, und bei dieser Gelegenheit waren Filippino Lippi, Lorenzo di Credi und Perugino zugegen.[68] Es mögen in der That wenig solche Berathungen ohne Perugino abgehalten worden sein und er hat, wie es scheint, ein entsagungsvolles Leben geführt, in welchem ein Bett nicht zu den täglichen Wohlthaten gehörte und die Nacht häufig zum Studium verwendet ward;[69] aber wie es bei Männern, welche sich stark abgemüht haben, oft vorkommt, so schätzte auch Perugino den Erwerb so hoch, dass ihm bald der Gewinn mehr am Herzen

---

[65] s. Vasari VI, 50. Anm. Er heisst in der Urkunde: „Habitator in populo S. Petri Majoris."

[66] Die Urkunden abgedruckt in: „Alcuni documenti," s. Nozze farinola Vai, S. 18.

[67] Macchiavelli, Istorie Fior. (Ed. Niccolini Florenz 1848) S. 413.

[68] Die Einzelheiten über die Sitzung siehe bei Guasti, La cupola etc. S. 119—121. Perugino ist dort als „Florentiae degens" aufgeführt.

[69] Vasari VI, 29.

gelegen zu haben scheint, als die Erhaltung seines künstlerischen Rufes, und damit beginnt eine Vielgeschäftigkeit, bei welcher seine Schüler und Handlanger ebensoviel zu thun bekamen, wie er selbst und wo die durch seinen Namen gedeckte Mittelmässigkeit den Meister in der öffentlichen Schätzung sinken machte. Diesen Niedergang der künstlerischen Leistungen gewahren wir schon in dem Bilde der Himmelfahrt für S. Pietro in Perugia, welche von den Franzosen nach Paris geschleppt und nur theilweise wieder erstattet worden ist: das Mittelbild nämlich befindet sich im Museum zu Lyon, das darauf gehörige Halbrund in St. Gervais in Paris, die Staffel im Museum zu Rouen, drei Flachsäulen mit Heiligen sind in den Vatican gekommen und nur die übrigen fünf in die Sacristei der Kirche, für welche das Bild gemalt war:[70]

Lyon. Paris. Rouen. Rom. Perugia. Die Himmelfahrt hält sich in herkömmlicher Auffassung:[71] Christus ist aufwärts bis zur Hüfte bekleidet und weist mit beiden Händen nach oben, um anzudeuten, dass die beiden Engel, welche seine aus Cherubköpfen gebildete Glorie tragen, ihn emporgeleiten in den Himmel, wo zwei Seraphim die in ähnlicher Glorie mit segnender Geberde auf einer Wolke schwebende Erscheinung Gott-Vaters begleiten.[72] Die Freuden der himmlischen Schaaren sind durch vier Engel versinnlicht, welche paarweise zu Seiten des Heilandes spielen. Maria im Vordergrund der Landschaft, über welcher der Heiland schwebt, hat den Kopf emporgewandt, ebenso Petrus, Paulus und die Versammlung der Apostel, die in verschiedenen Geberden ihr Staunen

---

[70] Der bezügl. Vertrag abgedruckt im Anhang zu Mezzanotte a. a. O. S. 295 und 297, die Beschreibung des Bildes in seiner ursprünglichen Beschaffenheit in S. Pietro und der Staffel nebst Pilastern, wie sie am Ende des vor. Jahrhunderts in der Sacristei der Kirche bewahrt waren, in Constantini's Guida di Perugia. 2. Ausg. 1818. S. 41. und bei Orsini, Vita di Perugino, S. 160.

[71] Lyon, Museum Nr. 156. Figuren fast lebensgross. Das Bild wurde 1815 zurückgefordert, aber von Pius VII. der Stadt Lyon überlassen, es ist auf Leinwand übertragen und zeigt die Spuren von 2 senkrechten Sprüngen, die durch Punktirung in rother Farbe ausgebessert sind. Die hellen Partien des Fleisches sind bleich und kreidig infolge der Abreibung, besonders an Maria's Gesicht und dem Rumpf Christi: Das Himmelblau ist beschunden, hergestellt u. ohne Stimmung, der Hintergrund so sorglos übermalt, dass die Umrisse einiger Köpfe von Vordergrundfiguren mit zugeschmiert sind. Die Lasuren auf den Engelsgestalten sind beseitigt.

[72] Nur der obere Theil der Gestalt sichtbar, das Stück hat durch Reinigung u. neuen Schmutz gelitten u. ist durch einen Sprung der Länge nach getheilt. Das Prisma der Glorie war, als wir das Bild zuletzt gesehen haben, durch Abreibung der übrigen Farben blau geworden.

ausdrücken. — Von den Staffelbildern[73] ist die Anbetung der Könige reich an Nebenfiguren in der Ferne, die Taufe unfrei, doch die Gestalt Christi schön gezeichnet; bei der Auferstehung ist die gewöhnliche Zahl schlafender Soldaten am Grabe angebracht, auf dessen Rande Christus mit der Fahne steht, doch sind die Verkürzungen mit wenig Geschick gegeben und lassen den Perugino in der Darstellung schwieriger Ansichten hinter Signorelli zurücktreten. Die Halbfiguren auf den Flachsäulen in Perugia und in Rom — dort die Heiligen Scholastica, Herculan, Petrus der Abt, Constanz und Maurus, hier Benedict, Placidus und Flavia[74] — erfüllen ihre Bestimmung geziemend. —

Einzelheiten aus der Bildergruppe wie auch die Anordnung als Ganzes sind häufig von Perugino wiederholt worden; so die B. S. Sepolc. Himmelfahrt ohne Lünette und Staffel für den Dom in Borgo S. Sepolcro, offenbar ganz von Schülerhand ausgeführt;[75] die Glorie Gott-Vaters ferner finden wir auf's Neue an dem bogenförmigen Himmel auf der Himmelfahrt in der Akademie der Künste zu Florenz wieder, wo auch die spielenden und die beiden stützenden Engel vor der Glorie Christi (ohne Rollen) angebracht sind; der Gott-Vater endlich ist ohne Veränderung in das Wandbild der Sibyllen und Propheten im Cambio zu Perugia herübergenommen; auch der Engelglorie und einigen Heiligen begegnen wir in Florenz. dem Altarstücke der Annunziata de' Servi in Florenz und etwas veränderten Nachbildungen davon auf der Himmelfahrt in der Pfarrkirche von Corciano bei Perugia und in dem Tafelbild des Corciano. Cardinals Caraffa im Dom zu Neapel.[76] Die Behandlung des ersten Neapel. Bildes in S. Pietro zu Perugia war ursprünglich kühn und frei, jedoch in Erfindung und Ausführung weder von der Einheit noch von

[73] Rouen, Museum Nr. 288, Anbetung des Kindes. 289. Taufe und 290. Auferstehung, unter Rafael's Namen. — Auf dem ersten Bilde sitzt Maria rechts mit dem Kinde auf den Knieen, die Könige vorn links, der vorderste knieend und die Hände über der Brust gekreuzt, hinter Maria Joseph; links das Gefolge der Könige mit Pferden u.a., in der Ferne rechts die Verkündigung an die Hirten. Auf dem Bilde der Taufe steht Christus im Mittelpunkt, um ihn vier anbetende Engel, zu beiden Seiten des Vordergrundes zwei andere Figuren. An der dritten und an der zweiten Tafel ist ein Streifen des Vordergrundes erneut.

[74] Die drei letzten in der Gallerie des Vatican Nr. 14; alle acht Stücke in schöner Erhaltung von tiefem bräunlichem Ton mit fett aufgesetzten Schatten.

[75] Das Bild, in Florenz gemalt und von dort verschickt, ist noch an seinem Bestimmungsorte, aber schlecht erhalten, s. darüber Vasari VI, 40.

[76] s. Vasari VI, 40.

dem Reiz des zu derselben Zeit gemalten Christus am Oelberg und der Madonna mit Heiligen im Vatican. Es steht in dieser Rücksicht auf gleicher Stufe mit dem Marienbilde von 1487 in S. M. Nuova zu Fano:

Fano. S. M. Nuova. Hier thront Maria, das Kind stehend auf dem Knie, umgeben von Johannes, einem Bischof und Franciscus links, Petrus, Paulus und Magdalena rechts; in der Lünette Christus von Joseph von Arimathia und Nicodemus getragen, links Maria, rechts der Evangelist; in der Staffel Maria's Geburt (acht Figuren von florentinischem Charakter), die Darstellung im Tempel ansprechend angeordnet (elf Figuren) an die Darstellung des jungen Rafael erinnernd, das Sposalizio (zehn Figuren), die Verkündigung (vor einer langen Säulenhalle mit perspectivischer Verjüngung), die Himmelfahrt mit der Gürtelspende.[77]

Zwar ist dem Ganzen eine Verbindung umbrischer Zartheit mit dem Adel florentinischer Verhältnisse nachzurühmen und unter den Staffelbildern sind Compositionen besten Stiles, aber die Zeichnung des Christus auf dem Grabe ist unrichtig, der nackte Körper derb. Etwas tiefer wieder als das eben beschriebene steht das Verkündigungsbild, angeblich vom Jahre 1498 in derselben Kirche und diesem gesellt sich ein schadhaftes Madonnenbild mit Kind und Heiligen in S. Maria delle Grazie bei Sinigaglia:

Fano. In Fano bildet den oberen Theil wieder die Darstellung Gott-Vaters in runder von Cherubköpfen gebildeter Glorie. Die Gestalt Gabriels ist recht frisch, der Gesammtton schwächlich rosig.[78] — Sinigaglia. Das Bild in Sinigaglia enthält die thronende Maria mit dem Kind zwischen dem Täufer, Ludwig und Franciscus (links), Petrus, Paulus und Jacobus dem Aeltern (rechts); den Grund bildet eine Säulenhalle, durch welche man auf Landschaft hinausblickt.[79]

---

[77] Holz, Oel, auf den Thronstufen die Inschrift: „Durantis Phanen. ad intemerate Virginis laudem tercentum aureis alq. Do. hujus templi Bono centū superaditis hanc solerti cura fieri demandavit. Mateo de Martinotiis fidei commissario procuranti M.CCCC 97 ..... Petrus Perusinus pinxit". Das Bild hat zwei senkrechte Sprünge, die Oberfläche ist dunkel geworden. Die blauen Farben und die Schatten haben durchgehends starken Körper. — Drei Stück schwache Copien der Geburt Christi, des Sposalizio und der Himmelfahrt befinden sich in der Gall. Ogioni in der Brera zu Mailand.

[78] Ein senkrechter Sprung geht durch die Mitte, Maria hat eine neue silberne Krone, an mehreren Stellen ist die Farbe abgerieben. Am Pulte die folgende verstümmelte Inschrift: „S. A. T. .... calc ... ttique Patrui olim pon ... enerii hac tabula cr .. gi in ... ohe tura a ....... VII. MCCC ..... III.-? 1498 Petrus de C ... tro pl ..."

[79] Holz, die Figuren lebensgross. Auf

Aus derselben Zeit rührt ohne Zweifel das grosse Wandbild im Cisterzienserkloster S. Maria Maddalena de' Pazzi in Florenz. Wenn auch an Feinheit der Empfindung und Weihe der Stimmung nicht so ergreifend wie die Pietà von S. Chiara, hat diese Kreuzigung ihren künstlerischen Werth vorwiegend in der grossartigen durchgeistigten Formgebung, wie wir sie ähnlich an einem späteren Altarbild in Vallombrosa wiederfinden. Indem Perugino die Figuren nach umbrischer Gewöhnung scheinbar als durch die Bogen einer offenen Halle gesehen anordnete, folgte er vielleicht keinem höheren Antrieb, als eben dem Herkommen und man kann bedauern, dass sich eine so erstaunliche Leistungskraft in so enge künstlerische Grenzen einschränkte, aber was unter diesen Bedingungen zu leisten war, ist immerhin bewunderungswürdig:

Die Darstellung, in drei ganz gleiche Abtheilungen eingetheilt, die mit Säulen und Bögen überspannt sind, bedeckt eine ganze Wand im Kapitelsaale des Klosters. Durch den Mittelbogen sieht man den Gekreuzigten von Magdalena angebetet, die rechts mit gefalteten Händen neben dem Kreuze kniet; unter dem Bogen zur Linken steht Maria, die gesenkten Hände faltend, neben ihr der knieende Bernhard im Gebet; die rechte Seite enthält Johannes, der die Arme hingebend zur Seite breitet und voll Sehnsucht aufblickt; neben ihm, wieder knieend, der bärtige Benedict. Ein durchlaufender landschaftlicher Hintergrund mit Thälern, Fluss und Hügelland, Ortschaften und schlanken Bäumen belebt, verbindet die drei Bilder. Florenz. S. M. M. de' Pazzi.

Unter Perugino's Heiligen-Darstellungen wird sich kaum eine finden, in welcher die Heilandgestalt edler und würdiger behandelt wäre. Niemals hat er mit glücklicherem Gelingen Formen und Körperverhältnisse Lionardo's mit dem Ausdruck der Selbstentäusserung Fiesole's verbunden. In der Kopfneigung und in dem gesenkten Blick liegt unaussprechliche Demuth; der Umriss zeigt die meisterhafteste Sicherheit und Klarheit und die ganze Gestalt

dem Thron steht eine Vase und darunter ein Wappenschild. Das Bild ist sehr schadhaft u. blättert in Folge des starken Firnisses ab. Sehr gelitten hat die Gestalt Ludwigs sowie der rechte Arm und Stücke des linken Beines von Johannes, ebenso Theile vom Kopfe des Kindes. Das Bild wurde 1857 von einem gewissen Romano aufgebessert.

hat in allen Theilen so viel natürliche Einfachheit, dass man staunen muss, wenn man an Perugino's sonstige so oft durch Nachlässigkeit beeinträchtigte Formen denkt. Die vier Nebenfiguren der Seiten sind ganz in der tiefen Trauer und Selbstvergessenheit gehalten, die Perugino's Charakter überhaupt auszeichnen, doch zeigen sie so viel biegsame Kraft der Geberde, so viel an sich gehaltene Empfindung und Wahrheit des Ausdruckes, dass wir uns fast über die Grenze von Perugino's Kunstvermögen hinausgehoben fühlen. Körpergepräge, Gesichter und Gewandung sind durchweg von mildester Schönheit, und in dem knieenden Bernhard offenbart sich uns eine jener auf's Tiefste erfüllten Gestalten, wie wir sie dann bei Rafael wiederfinden, eine Erscheinung den Valombrosaner Mönchen in der florentinischen Akademie ebenbürtig, die von Kunstforschern wirklich für Rafael's Arbeit gehalten werden; ebenso erinnert die mächtige Gestalt des knieenden Benedict in Haltung und Antlitz in hohem Grade an den Hieronymus auf Rafael's Madonna di Foligno. Vasari's Lob der Landschaften Perugino's ist auch hier vollkommen im Rechte, und auf keinem Wandbilde hat der Meister schönere Farbenwirkung erreicht wie hier. Die Töne sind klar, aber dabei reich und schmelzend und heben sich in kräftiger Körperlichkeit von dem hellen Grunde des Himmels und der Landschaft ab; von trockener Uebermalung ist weniger zu merken als gewöhnlich.[80]

Zählt man die Masse von Arbeiten, welche Perugino in einer kurzen Reihe von Jahren lieferte, so kann es nicht auffallen,

[80] Das Bild — erwähnt bei Albertini (s. B. II, S. 439), Vasari VI. 45 — war bis in die neueste Zeit fast unnahbar, da die Erlaubniss zum Eintritt in den Kapitelsaal nur selten gewährt wurde. Rumohr erfuhr diese Vergünstigung 1818 und berichtet in seinen Ital. Forsch. II. S. 344 darüber. Es ist nicht unbeschädigt geblieben und hat unverständige Wiederherstellung erduldet. So steht das Kreuz jetzt auf der Vordergrund-Linie auf, während es ursprünglich weiter zurückstand; diese Veränderung stört den Eindruck, da Magdalena in Folge dessen ein gutes Stück hinter den Platz zurückgerückt ist, den sie eigentlich einnehmen müsste. Der Kreuzstamm schneidet jetzt den Zipfel ihres Gewandes ab. — Längs der ganzen Fläche des Wandbildes ist der unterste Streifen ergänzt. Magdalena's rother Mantel und das Futter desselben, schon in älterer Zeit aufgefrischt, ebenso die Farbe ihrer Pupillen ist abgeblättert; die Ferne oberhalb und hinter Benedict ist übergangen, so dass die Umrisse der Gestalt des Johannes dadurch Eintrag erfahren. Das Gewand des Heiligen ist mit Ausnahme der Aermel ebenfalls übermalt.

wenn eine minder gut ausfiel als die andere oder wenn Einzelnes den Vorzug vor dem übrigen verdient; aber es wird lange gedauert haben, bis der Meister durch übertriebene Verwendung von Gehilfen oder durch die Unsitte der Selbstwiederholungen sich ernstlich schädigte. Sein Kunstruf war noch unberührt, als im Jahre 1498 die Orvietaner, des Wartens noch immer nicht müde, ihn auf's Neue zur Besichtigung ihrer Domkapelle einluden und als die Wechslerzunft von Perugia sich wegen Ausschmückung ihrer Gerichtshalle an ihn wandte. Zwei solche Anträge auf einmal konnte allerdings seinem Stolze schmeicheln; wo mehr Ehre einzulegen sei, war kaum zweifelhaft. Florenz zu verlassen, war er in beiden Fällen genöthigt; ging er nach Orvieto, so entfernte er sich auch von seiner Heimath weiter, während er von Perugia aus bequem dahin gelangen konnte, um sich unter seinen Landsleuten des mittlerweile erworbenen Ruhmes zu erfreuen. Er entschied sich also für Perugia und schrieb nach Orvieto, dass er anderweit beschäftigt sei. Hier begann im April 1499 Signorelli die Arbeit in demselben Zeitpunkte, in welchem Perugino seine gleich wichtige Aufgabe dort in Angriff nahm.[81]

Die Rathshalle der Wechsler- oder Bankhaltergilde in Perugia wurde im Jahre 1453 erbaut und ohne allen malerischen Schmuck der Benutzung übergeben.[82] Sie ist ein Würfel mit halbgetheilten Seiten und mit elliptischen Bogen überspannt, sodass eine reiche Gliederung der Decke entsteht, welche dem Maler dankbare Flächen darbietet. Die Wahl der Gegenstände scheint dem Perugino nicht überlassen gewesen, sondern im Auftrage der Auditoren von Francesco Maturanzio, Professor der Rhetorik in Perugia und Schriftführer des Raths der Zwölfe, angegeben worden zu sein.[83] Es wurde vereinbart, dass in der Wölbung die sieben

---

[81] Ueber die Verhandlungen mit Orvieto s. oben unter Signorelli.

[82] s. Raf. Marchesi, il Cambio di Perugia, Per. 1853, S. 111 und Mariotti, Lett. pitt. S. 157. 158.

[83] Man kann dies daraus schliessen, dass die Inschriften auf den Täfelchen der Wandbilder sich in den Dichtungen des Maturanzio wiederfinden, welche als Handschrift in der Stadtbibliothek zu Perugia bewahrt sind. Maturanzio scheint einige der Gegenstände aus der ebendort befindlichen Handschrift des Cicero entnommen zu haben, welche Miniaturen der Prudentia, Justitia, Fortitudo und Temperantia mit den um dieser Tugen-

Perugia. Cambio. Planeten und die Zeichen des Thierkreises angebracht würden, die Wand der Eintrittsthür gegenüber war für Geburt und Verklärung Christi, die zur Linken für Gerechtigkeit, Weisheit, Mässigkeit und Tapferkeit nebst bezüglichen Heldenbildnissen, und die rechts für Gott-Vater, die Propheten und Sibyllen bestimmt; ein Wandfeld dicht am Eingange sollte den Cato als Vertreter der Weisheit aufnehmen. Eine leere Hälfte wurde dem geschickten Holzschnitzer Antonio di Mercatello von Massa überlassen, der seine Arbeiten unmittelbar nach Perugino beendigte, die vollen Wandsäulen in den Ecken sollten Arabeskenschmuck bekommen und die Abtheilungen gemalte Flachsäulen in gleichem Stil. Bei Verarbeitung dieser Aufgaben kam es weniger auf die Erfindung des Malers als auf das Geschick der Raumtheilung und Verzierung an. Mit Ausnahme der Geburt Christi und der Verklärung war keine grössere Composition erfordert, und in der Fassung des ersteren Gegenstandes hatte Perugino nichts Neues mehr auszudrücken. Er versuchte auch nicht gründliche Veränderungen anzubringen, da er den Gegenstand mit dem Altarbilde der Villa Albani für abgeschlossen halten mochte; die einzige Veränderung war, dass er an Stelle der beiden Engel zwischen Maria und Joseph zwei Hirten einsetzte und am Himmel drei singende Seraphim hinzufügte. Er hielt dafür,[81] dass eine Erfindung, die einmal mit Beifall aufgenommen worden war, auch in der Wiederholung bewundert werden würde, und so hat er denn an der Fassung der Geburt Christi sein Leben lang nichts Wesentliches mehr geändert. Wenn er diesen Gegenstand zu malen bekam, nahm er die alte Zeichnung hervor; so hat er die Kirche in S. Francesco in Montefalco und S. Francesco al Monte in Perugia ohne neuen geistigen Aufwand versorgt. — Anders war es bei der Verklärung. Sie konnte zu frischer Entwickelung der Fähigkeiten Anlass geben, für welche die Pietà in S. Chiara ein so bedeutendes Zeugniss ablegt, hätte nicht der Erfolg die Erfin-

---

den willen gefeierten antiken Helden enthält, s. Marchesi a. a. O. S. 357 u. 358.

[81] Vasari VI, 47.

dungskraft Perugino's bereits abgestumpft: Christus steht aufrecht auf den Wolken, durch seine Gewänder spielt ein leichter Luftzug, und er hört mit heiterer Würde den himmlischen Worten zu, während Moses und Elias sich demüthig im Gebete zu den Seiten seiner Glorie niederbeugen; diese Figuren stehen zu denen der verwunderten Apostel unten in einem Misverhältniss, welches man wohl bei einem Maler des 14. Jahrhunderts, nicht aber in Perugino's Zeit verzeihen kann, und die Haltung des Petrus ist auch für Vannuci zu geziert. Gleichwohl wurde auch diese Darstellung der Transfiguration für späteren Gebrauch aufgespart und mit geringer Abweichung auf einem Bilde in S. Maria Nuova in Perugia wiederholt. Durch Pracht der Farbe, Reiz des Vortrages und Wärme der Empfindung behaupten sich freilich auch diese Darstellungen ebenso wie ihre Seitenstücke in Cambio als höchst ansehnliche Leistungen. Bei dem Triumph der Religion und bei den Cardinaltugenden hat Perugino die einfachste Anordnung beibehalten, die sich finden lässt: Perugia. Cambio.

Man sieht Gott-Vater von zwei Engeln begleitet Segen spendend in der Glorie; er überhöht die unter ihm sich aneinanderreihenden Gruppen der Sibyllen und der Propheten und Gesetzgeber des alten Testaments, letztere links in zwei Reihen hintereinander unter Führung des Salomo (es sind ausser diesem Moses und David vorn, Jesaias, Daniel und Jeremias zurückstehend), jene ebenfalls in zwei Reihen unter Führung der Erythräischen (neben ihr vorn die Cumäische und Tiburtinische, in zweiter Reihe die Persische, Libysche und Delphische). Die Figuren, von welchen jede mit einem Spruchbande versehen ist, sind sämmtlich von der durchdachten und empfindsamen Zierlichkeit, die Perugino überall wiederzugeben versucht, dabei von schönen Verhältnissen und jede von eigenthümlicher Grossartigkeit. — Die Tugenden sitzen gleichfalls auf Wolken, jede mit entsprechenden Zeichen; zu ihrer Verherrlichung sind eine lange Reihe von Helden vorgeführt: in Fabius Maximus, Socrates und Numa ist die Weisheit, in Furius Camillus, Pittacus und Trajan die Gerechtigkeit, in Lucius Licinius, Leonidas und Horatius Cocles die Tapferkeit, in Scipio, Pericles und Cincinnatus die Mässigung vertreten.[85] Perugia. Cambio.

---

[85] Ueber die jetzige Beschaffenheit bemerken wir: in dem Bilde der Geburt Christi ist die Ferne und die Architectur sehr durch Uebermalung entstellt; in der Verklärung Christi ist die beste Figur der Johannes, welcher sich mit

Ohne jeden Unterschied der Volksherkunft, der Zeit und des persönlichen Gepräges sind alle diese Bildnissfiguren mit derselben ruhigen Hingebung und sanften Bewegung ausgestattet. An Licinius wiederholt Perugino die Haltung, die er in vielen seiner Heiligendarstellungen dem Georg oder Michael zu geben pflegt und erreicht hier in höherem Grade als gewöhnlich das kräftige Vorbild Donatello's. Offenbar haben ihm Ghirlandaio's Heldengestalten im Stadthause zu Florenz vorgeschwebt und wenn er auch die Erhabenheit und den Adel jener klassischen Rittergestalten nicht erreicht, so hat doch die Erinnerung an sie seinen Gebilden etwas mehr Männlichkeit verliehen. Bei Darstellung der Tugenden lehnt er sich an andere Florentiner, wie denn z. B. die Fortitudo von Botticelli abgesehen ist. Die Ausführung zeigt all seine Handwerkskunst in verschwenderischem Maasse, der Stil dehnt sich zum breiten Vortrag aus, die Zeichnung der Formen ist höchst sicher, vollendet und bewusst, die Verhältnisse meist gut und die Geberden so natürlich als die gezwungene Anmuth seines Ideals es irgend zulässt; der Fall der Gewänder ist sehr wohlgefällig und im Ganzen das künstlerische Verdienst unverkennbar.

Perugia. Cambio. Die Decke ist derart gegliedert, dass ein den vierten Theil der ganzen Fläche einnehmendes Rautenfeld ein Rechteck umschliesst, in welchem wir Apollo auf seiner Biga von verschiedenfarbigen Rossen gezogen dahinfahren sehen; die Bewegung ist sehr eilig, wie die rollenden Räder und die im Winde flatternden Bänder anzeigen. Der

---

der Linken die Augen bedeckt, indem er sich auf den rechten Arm stützt. Der Himmel ist übermalt und die Worte: „Bonum est, nos hic esse," sind theilweis bedeckt. Bezüglich der Sibyllen u. Propheten ist zu bemerken, dass jene weder von Ingegno noch von Rafael herrühren; auch die Annahme, dass der Daniel das Bildniss Rafael's darstelle, ist Willkür. Die Ausführung dieses Fresko ist meisterhaft. Man kann noch die Bause erkennen. Der Himmel ist neu. Bei der Prudentia ist das Gesicht entfärbt und bei Justitia die Stirn abgerieben; das ganze Bild ist das dunkelste in der Halle. Neben den Gestalten der Tugenden auf diesem und dem nächsten Stück sind Inschriften auf Tafeln angebracht, welche von zwei nackten Kindergestalten gehalten werden. Bei Fabius, Socrates und Numa sind die Köpfe sehr schadhaft. Bei Fortitudo und Temperantia ist der Himmel durch Uebermalung theilweise verdunkelt, theilweise durch Firniss beschmutzt. Die Köpfe des Cocles, Pericles und Cincinnatus sind schlecht erhalten, Cato hässlich, durch Zeit und Verdunkelung entstellt. — Die Bilder beginnen ungefähr in der Höhe von 6' vom Boden. Sibyllen, Propheten u. Helden sind lebensgross.

Gott selbst scheint zu hüpfen, indem er die Last seines Körpers auf den einen Fuss legt und den andern zum Gegengewicht nach hinten erhebt. Er ist sehr schmächtig und jugendlich von Gestalt, sein Kopf scheint von antiken Vorbildern genommen. Die 6 Dreiecksfelder, welche das mittlere Rautenfeld umgeben, enthalten in eingesetzten Rundbildern die Gottheiten der Planeten: in dem ersten ist Jupiter auf seinem von Adlern gezogenen Wagen dargestellt, wie er von einem Jüngling die Nektarschale empfängt; in einem zweiten sitzt Mars im Helm und Harnisch, zwei muthwillige Rosse bändigend; ferner sieht man den Saturn mit der Sichel, gemächlich von zwei Schlangen gezogen; Venus schwebt auf ihrem Thron mit einem Taubenpaare durch die Luft, von Amor bedroht, welcher seinen Pfeil aus den Wolken herabsendet; Luna mit nacktem Oberkörper lässt sich von zwei Nymphen ziehen; Mercur, auf einem Beine stehend, hält den Schlangenstab und durchschneidet von Hähnen gezogen die Luft. An den Rädern der Wagen sind die Zeichen des Thierkreises angebracht und phantastisches Zierwerk von Ungethümen, Thieren, Vasen und Blumengewinde rankt sich um die eckigen Flächen, während die Rundfelder sehr geschmackvoll und harmonisch mit den Regenbogenfarben eingefasst sind.[68]

Zu den Deckenbildern hat Perugino nur die Zeichnungen geliefert, die Ausführung Schülerhänden überlassen. Das ist nicht blos eine Beobachtung der innern Stilkritik, sondern wird durch sehr starke Gründe wahrscheinlich gemacht. Die Decke des Cambio gehört zu den vollkommensten Beispielen eines Decorationsgeschmackes, für welchen die umbrische Schule berühmt war. Es stellt sich als ein höchst phantasiereiches und in der Anordnung bewunderungswürdiges Muster dar, doch hat der Entwurf des Meisters bei der Ausführung verloren, welche sorgsam und ängstlich, wie sie ist, des Schwunges und der Kraft eines vollendeten Künstlers entbehrt. Die Magerkeit der Apollogestalt wiederholt sich bei den übrigen Gottheiten, deren nackte Körpertheile die Gewissenhaftigkeit einer vielversprechenden, aber noch jugendlich unreifen Hand bekunden. Jupiter zwar ist mit ziemlichem

---

[68] Die ganze Deckenfläche fasst ungefähr 580 □Fuss. Die Beschädigungen sind nicht unbeträchtlich: bei Apollo der Kopf fleckig u. theilweis abgesprungen, beim Jupiter die Fleischtheile, der Adler und das Gewand des Ganymed geschwärzt oder erneuert. Das Uebrige ist an vielen Stellen übergangen, hauptsächlich um die Sprünge auszufüllen, wodurch die Farbe sehr an Frische verloren hat. Die Ausbesserung geschah in den 30ger Jahren durch Carrattoli.

Naturgefühl behandelt, Luna, selbst freilich ohne schönes Körper-Verhältniss und geziert, ist von schönen Nymphen in guter Beweglichkeit begleitet, jedoch bei Mars und Saturn wird die Schlankheit noch durch Steifheit erhöht, bei der Venus die Anmuth des schmächtigen Körpers durch eine der Tanzbewegung abgelauschte gezogene Haltung verdorben, und ähnliche Schwäche hat auch Mercur, obgleich seine Haltung an sich der gut durchgebildeten Figur und der ansprechenden klassischen Kopfform günstig ist. Durch enge Anschmiegung der Gewänder wird die Magerkeit der Körper noch auffälliger; die Falten liegen straff an, haben strähnigen Zug und scharfe Ecken; durch das Ganze geht eine gewisse Trockenheit des Machwerkes, aber es hat einen unverkennbar poetischen Hauch und so viel Empfindung, dass die Frage nach dem Maler angelegentlich beschäftigen kann. In Perugino's Werkstatt bietet sich uns manches aufstrebende Talent dar, dessen Erstlingsleistung wir hier vermuthen können; so mag z. B. Spagna in dieser Weise gezeichnet haben: sind auch die ersten Schritte der Anfänger in der Regel einander ziemlich ähnlich, so werden doch nur wenige der jungen Leute so viel Reinheit und Sorgfalt mit so viel Gefühl verbunden haben, und die Art, wie Perugino's Entwürfe und Absichten hier zur Geltung gebracht sind, ist des jungen Rafael keineswegs unwürdig.[87] — Der Unterschied in dem Mal-Verfahren bei Decken und Wandbildern ist nicht schwer zu erkennen. An diesen zeigt sich Perugino's grosse Handwerkserfahrung in dem Geschick des Farbenauftrags, in der sichern Behandlung der Uebergänge von Licht zu Schatten, in der Kraft und Zusammenstimmung der Töne, bei den oberen Bildern dagegen ist die Fläche infolge der mit Deckfarben aufgesetzten rothen und dunkleren Schatten auf graugrüner Untermalung uneben und blasig geworden.

Perugia. Cambio. Auf der mittleren Flachsäule der Halle des Cambio hat uns Perugino sein eigenes Bildniss hinterlassen. Es ist ein Brustbid in gemaltem Rahmen, welcher an einer Perlenschnur von einem Nagel

[87] Wir werden uns darüber später noch näher zu erklären haben.

herabhängt, und zeigt den Kopf eines Mannes von ziemlich gewöhnlichem Anselm mit etlichen Runzeln über der Stirn, unter welcher kleine Augen nicht ohne Tücke aus geschlossenen Brauen hervorblinzeln, aber anscheinend vollblütig und gesund; ein fester Büschel Haare starrt unter der blutrothen Mütze hervor. Darüber liest man die Ziffer 1453, welche uns die Zeit der Vollendung des Gebäudes nachweist, wogegen Perugino's Name unterhalb des Bildrahmens und der Zusatz „Anno salut. M. D." an der gegenüberliegenden Flachsäule Urheber und Ausführungszeit des Bilderschmuckes bezeugen.[88]

Aus der letzten Quittung Vannucci's über Geldempfang im Jahre 1507 dürfen wir schliessen, dass er je nachdem es ihm passte, Summen auf die Auditoren des Cambio zog und dass seine letzte Empfangsbescheinigung diese Raten und einen kleinen Rest inbegriff, welcher ihm noch zukam. Perugino's bezügliche Urkunde[89] ist nicht die einzige, welche über das Geschäft vorhanden ist. Auch der „Juror des Cambio," Alberto de Mansueti, hat ein Zeugniss darüber hinterlassen und thut sich etwas darauf zu Gute, in der Matrikel seiner Gilde anmerken zu können, dass er es gewesen sei, der Pietro's Angelegenheit geordnet hatte.[90]

Für die Vollendung des Wandschmuckes dürfen wir das Jahr 1500 umso bestimmter annehmen, da wir handgreifliche Beweise haben, dass Perugino in demselben Jahre Zeit fand, andere wichtige Arbeiten zu vollenden.

Die vornehmste ist die Himmelfahrt für das Kloster von Vallombrosa, jetzt in der Akad. d. Künste in Florenz:

Die Darstellung ist nicht eigentlich die Himmelfahrt, sondern die Verklärung Maria's. Sie sitzt, die Hände betend zusammengelegt, auf Wolken innerhalb einer mandelförmigen Glorie, die von Seraphköpfen umgeben ist, zwei fast völlig gleiche Engel am unteren Ende der Mandorla deuten mit der einen Hand empor, während vier andere zur Seite auf Harfe, Geigen und Laute musiciren; Maria's Blick ist Florenz. Akad. d. K

[88] Der Name ist folgendermassen verherrlicht: „Petrus Perusinus egregius pictor. Perdita si fuerat, pingendo hic retulit artem: Si nunquam inventa esset (?) hactenus, ipse dedit." Die Inschrift ist ohne Zweifel ebenso wie die Gegenstände des malerischen Schmuckes angegeben.

[89] Mariotti, Lett. S. 158. Anm.

[90] Die Empfangsbescheinigung Perugino's war vom 15. Jan. 1507. s. den Nachweis bei Marchesi, il Cambio S. 117 Anm.

nach oben gerichtet, wo Gott-Vater (halbe Fig.) in runder, ebenfalls von Seraphköpfen erfüllter Glorie, in der Linken die Weltkugel, segnend erscheint, zur Seite zwei wieder gleichartige Engel auf Wolken in einer halb im Fluge, halb im Lauf erstarrten Haltung anbetend. Unten stehen von links nach rechts der heil. Bernhard (der Uberti) in Kardinalstracht mit dem Buche, der heil. Giovanni Gualberto im Ornat mit dem Kreuze, Benedict in der Kutte und mit der Palme, und Michael geflügelt und in Stahlrüstung und Barett, in der Rechten einen Commandostab, die Linke auf den Schildrand gestützt; die beiden äusseren Figuren blicken aus dem Bilde, die beiden mittleren andächtig empor. Die Landschaft des Hintergrundes ist ein weites Thal mit gewundenem Pfad, Wasser und fernen Hügeln. Unten steht: „PETRVS PERVSINVS PINXIT A. D. M.CCCCC."[91]

Das Bild gehört nun zwar zu denjenigen Arbeiten, an denen dem Meister mehrere Selbstwiederholungen nachzuweisen sind — so stimmen z. B. die Seraphim zur Seite Gott-Vaters mit denen des Bildes in S. Pietro Martire überein und die zu Maria's Seite und zu Maria's Füssen sind den Zeichnungen des Lyoner Bildes entnommen — dagegen erhebt er sich in seiner Darstellung Gott-Vaters fast auf die Stufe des späteren Rafael, die aufblickende Maria ferner ist an Gestalt, Antlitz und Geberde eine der schönsten weiblichen Figuren, die Perugino überhaupt hervorgebracht hat, und die vier Heiligen des Vordergrundes (S. Bernhard, S. Johann Gualberto, Benedict und Michael) sind als Einzelfiguren betrachtet ausserordentlich schön. — Die Zeit, in welcher Vannucci die feineren Kräfte seiner Kunst der mechanischen Eile opferte, war noch nicht gekommen; noch stand er auf der Höhe des Lebens und sein Schönheitssinn war unverändert, das Vermögen, seinen Absichten in der Darstellung gerecht zu werden, wuchs noch und eben dies war der glückliche Zeitpunkt, in welchem Rafael die wichtigste Unterweisung empfing. Wir denken ihn uns bei der Entstehung der Fresken im Cambio gegenwärtig und mitthätig. Er konnte kaum zu günstigerer Zeit mit Perugino zusammentreffen, nicht blos weil er sich in so jungen Jahren in die Er-

[91] Florenz, Akad. d. K., S. d. gr. Gem., Nr. 55. Holz. Oel. Figuren lebensgross. Es hat einen Sprung und ist oft gereinigt und übermalt worden, stellenweise bis auf die Untermalung beschunden. An anderen Stellen ist die Farbe blasig und droht abzuspringen.

fahrungen eines erprobten Künstlers mit einlebte, sondern weil er an Ort und Stelle Gelegenheit hatte, die Arbeiten seines Meisters mit denen des Pinturicchio, der sich auch in Perugia niedergelassen hatte, oder mit Fiorenzo di Lorenzo, Bartolommeo Caporali und Giannicola Manni zu vergleichen. Keiner von diesen hat sich bis zum Wetteifer mit Vannucci aufgeschwungen, sie waren im Gegentheil bereit, ihm Hilfsdienste zu leisten und von ihm zu lernen. Ausser ihnen war eine stattliche Reihe junger Leute von dem Wunsch erfüllt, Nutzen aus dieser Gelegenheit zu ziehen; sie erboten sich zu Gesellen und wurden in die Werkstatt aufgenommen; auf diese Weise hat ohne Zweifel Rafael die Aufmerksamkeit Pinturicchio's auf sich gezogen und sich mit Spagna, Domenico Alfani und vielleicht auch mit Genga in Freundschaftsverkehr gesetzt. Die Gesellen, welche Perugino zur Anstellung bekam, wurden so zahlreich, dass er noch so viel Aufträge hätte annehmen können, ohne bezüglich der Ausführung bange zu werden. Wie wenig er aber der hierin liegenden Versuchung widerstand, lehren die Arbeiten aus den ersten Jahren des neuen Jahrhunderts, die vielfach die Spuren fremder Beihilfe an sich tragen. Dazu kam, dass er durch besondere Umstände auf ausgedehnte Benutzung untergeordneter Hilfsleistungen angewiesen wurde. Im Januar und Februar 1501 finden wir ihn unter den Prioren der Stadt Perugia, ein Amt, welches wesentlichen Aufenthalt in der Stadthalle und tägliche Theilnahme an den bürgerlichen Geschäften erforderte, die allen anderen vorzugehen hatten.[92] In den Wintermonaten 1501 auf 1502 beaufsichtigte er überdies die Erbtheilung der Güter, welche ihm und seinem Neffen Angelo di Giacomo di Giovanni von Città della Pieve von seinem Oheim Giovanni vermacht worden waren.[93] Trotz dieser Geschäftslast übernahm er die Ausführung eines Altarbildes für die Kapelle der S. Josephs-Brüderschaft in S. Lorenzo zu Perugia; unterm 10. Septbr. 1502

[92] s. Mariotti. Lett. S. 164. Orsini a. a. O. S. 237. Die Prioren hatten diese Verpflichtung, weil sie einen Gehalt aus dem Stadtsäckel bezogen. s. Marchesi. il Cambio etc. S. 38.

[93] s. della Fargna bei Orsini a. a. O. S. 237. Ueber diese Erbtheilung haben wir zwei urkundliche Nachrichten, die eine vom 11. Decbr. 1501, die andere vom 24. Febr. 1502.

15 *

ferner verpflichtete er sich dem Guardian des Klosters S. Francesco al Monte, Heilige und Engel als Umgebung einer Heilandsfigur und ausserdem eine Krönung Maria's zu malen;[94] und am 10. October versprach er dem Florentiner Baccio d' Angolo Zeichnungen für die Chorstühle in S. Agostino zu liefern und verbürgte sich für dessen Sicherheit,[95] endlich übernahm er die Ausführung eines Bildes der Geburt und der Taufe Christi für die Kirche S. Agostino.[96] Je grösser der Zeitabstand wurde, der ihn von dem Aufenthalte in Florenz trennte, desto mehr bekommen wieder alte heimische Kunstgewöhnungen Macht über ihn und es ist auffallend genug, wie er in seinem Sposalizio längst überholte Eigenheiten seines früheren Stiles zur Schau trägt:

Caen. Museum. Dieses als Altarstück für die Brüder S. Giuseppe in S. Lorenzo zu Perugia gemalte Bild befindet sich jetzt im Museum zu Caen in der Normandie.[97] Es enthält in lebensgrossen Figuren genau inmitten des Vordergrundes den Priester, welcher die Hände der Verlobten erhebt, sodass Joseph Maria den Ring an den Finger steckt. Er steht mit dem blühenden Stab in der Linken (auf der linken Seite vom Beschauer) und hinter ihm eine Gruppe von sechs Männern und Jünglingen, von denen einer als verschmähter Freier einen Stab über dem Knie zerbricht; hinter Maria, auf der rechten Seite des Vordergrundes, fünf Genossinnen. Im tieferen Mittelgrunde sind mehrere Gruppen kleiner Figuren verstreut, und hinter diesen wieder als Abschluss des Ganzen erhebt sich auf Stufen ein hoher achtseitiger Tempel mit Kuppel-Loggien zur Seite.

Die Anordnung hat eine Reihe wesentlicher Züge mit dem Wandbild der Schlüsselweihe in der Sistina gemein und unterliegt auch denselben Ausstellungen. Merkwürdig nur, dass eine so kunstlose Anordnung, welche die drei Pläne, durch deutliche Zwischenräume getrennt, hintereinander reiht, von Rafael so

---

[94] s. den Vertrag bei Mariotti S. 164. Die Bezahlung, 150 fl., sollte ratenweise erfolgen.

[95] Mariotti, Lett. S. 168.

[96] ibid. S. 165. 177. 182.

[97] Die Brüderschaft von S. Giuseppe erhielt unterm 22. Februar 1497 eine Geldunterstützung von der Stadtbehörde zur Bestellung eines Altarbildes (s. Mariotti, Lett. S. 155). Aber neuere Nachweise aus dem Archiv in Perugia stellen fest, dass das Gemälde im Novbr. 1500 noch nicht begonnen war (Mittheil. von Ad. Rossi in Marchesi's Cambio S. 320). Das Bild wurde nach Frankreich entführt und nach dem Frieden von Tolentino nicht zurückerstattet. Im Museum zu Caen hat dasselbe die Nr. 1.

Zu B. IV. S. 228.

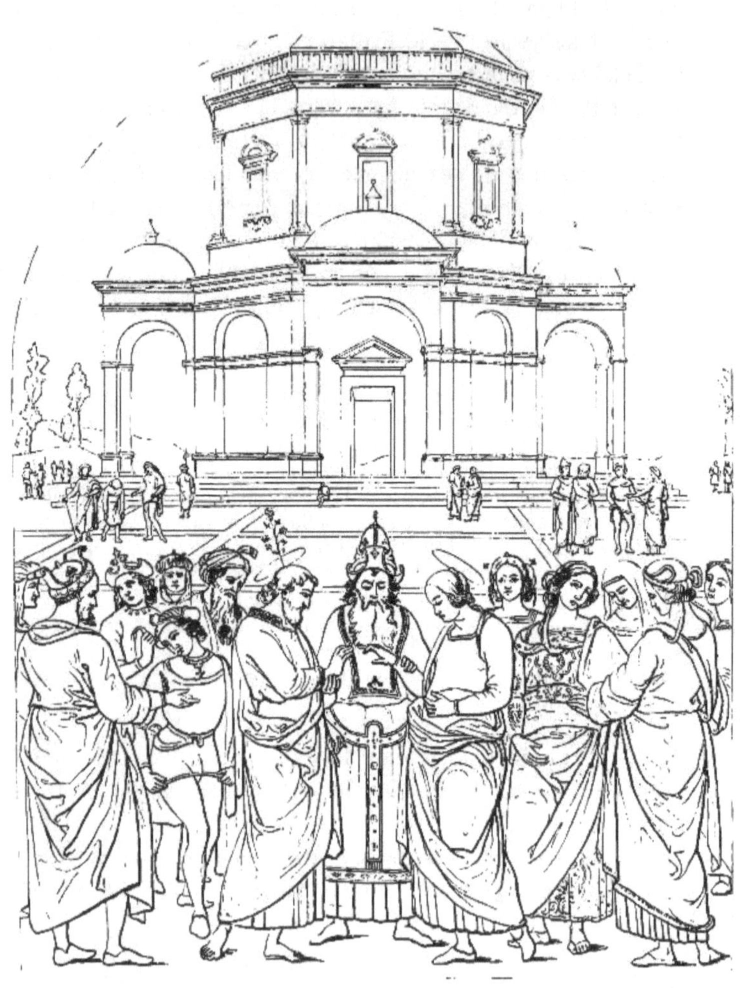

Verlobung Maria's. Tafelbild des Pietro Perugino im Museum zu Caen.

peinlich beibehalten werden konnte, wie auf seinem Sposalizio vom Jahre 1504, welches von Perugino's Anordnung nur darin abweicht, dass es die linke Gruppe nach rechts, die rechte nach links versetzt. Aber man darf nicht vergessen, dass Rafael bis zu seiner Uebersiedelung nach Florenz durchaus in Geschmack und Empfindung Umbrier blieb. Ihm war die neue Kunstwelt noch nicht aufgegangen, während Perugino ja schon längst die Werke Ghirlandaio's und darunter auch dessen grossartige Darstellung desselben Gegenstandes in S. M. Novella zu Florenz kennen gelernt hatte. Setzt man sich über diesen eigenthümlichen Rückfall Perugino's hinweg, so wird man das Sposalizio zu Caen nicht unterschätzen. Die entschiedene wohlgestimmte Farbe ist licht und durchsichtig und bekundet einen neuen Fortschritt in der Behandlung des Bindemittels,[98] aber die Töne selbst haben nicht mehr den reizvollen Schimmer der Bilder aus der ersten florentiner Zeit und die Formen sind weniger biegsam als früher. Das Ganze macht den Eindruck von Perugino's eigener Hand, was bei dem Bilde für S. Francesco al Monte nicht der Fall ist:

Auf diesem Doppel-Altarstück sieht man auf einer Seite den Heiland, wie er die Mutter krönt, in mandelförmiger Glorie, darum vier mit Perl- und Blumenschnüren spielende Engel, unten im Vordergrunde die emporschauenden Apostel. Auf der anderen Seite den Gekreuzigten in Relief, darüber Sonne und Mond gemalt. Ein Engel in Seitenansicht hält eine Schale unter die Handwunden. Maria und neben ihr Magdalena auf der linken Seite blicken empor; Franciscus (rechts) schaut mit auf der Brust gekreuzten Armen nach dem Heiland, Johannes steht in ziemlich verschränkter Haltung daneben. S. Francesco al Monte.

Hier erkennt man sofort die Hand wieder, welche uns an den Deckenbildern des Cambio auffiel: Maria's Kopf scheint nach denen des Apollo oder der Luna gebildet, ihr Wuchs so über-

[98] Die Untermalung ist fast an allen Stellen des Bildes bemerkbar u. die Zeichnung ist durch die graugrüne Schattenfarbe hindurch sichtbar; auch die warmen röthlichen Halbtöne sind von gleicher Helligkeit. Das Ganze ist ohne viel nachträgliche Zurichtung vorgetragen. Der Grund ist von stärkerem Körper als die Figuren und die Gewänder stärker als das Fleisch. Der Gesammteindruck hat nicht so viel Reiz wie die Bilder des Christus am Oelberg und der Madonna in S. Pietro Martire in Perugia. —

schlank, die Geberde derart, dass man nur eine grillenhafte Nachahmung der Natur wahrnimmt, aber bei aller Ueberschwänglichkeit ist sie höchst zart und seelenvoll. Die Engel scherzen auf's anmuthigste und die Apostel haben jugendliche Köpfe mit kleinen Gesichtszügen, aber lange Gestalten und ausgebildete Gliedmaassen. Die Zeichnung ist nicht unbedingt fehlerfrei, doch begegnet uns allenthalben der Gefühlsausdruck eifriger Jugend, und der Eindruck stimmt durchaus mit Rafaels Sposalizio überein. Auch der temperaartig aufgetragene rosige Fleischton, die straffe Gewandung mit ungenauem Faltenwurf lassen einen Anfänger vermuthen. Hätte Perugino den Carton in der wirklichen Grösse selbst gezeichnet, so würde der ausführende Gehilfe in der Zeichnung nicht so weit haben abweichen können; aber auch die kleine Zeichnung, die sich bis vor Kurzem in der Sammlung des Dr. Wellesley in Oxford befand und nach welcher das Bild der Krönung Maria's vergrössert worden, ist nicht eigenhändige Arbeit Perugino's, sondern aller Wahrscheinlichkeit nach eine geglättete Ausführung nach dessen ersten Entwürfen.[99] Die Gegenseite ist in gleicher Weise auffällig: die ruhige einfache Landschaft des Hintergrundes und der temperaartige Vortrag wirken ganz ähnlich wie auf Rafael's Kreuzigung in Dudley-House; wenn hier auch die Heiligen in Wahl und Anordnung nicht übereinstimmen, noch auch die Eigenthümlichkeiten der Ausführung völlig dieselben sind, so glauben wir doch auch hier Rafael's oder wenigstens Spagna's Hand zu erkennen; jedenfalls wird man ihm einen gewissen Antheil schwerlich absprechen können. Und dies ist nur eins von vielen Beispielen, aus denen Rafael's Mithilfe an Werken hervorgeht, für welche Perugino die künstlerische Verantwortung trug. Die

Rom. Vatican. aus S. Francesco zu Perugia in die Gallerie des Vatican übergegangene „Auferstehung Christi" wurde an ihrem früheren Standort unveränderlich dem Perugino zugeschrieben, obgleich die Ue-

---

[99] Dieser Carton (15½" zu 11½" gr.) ist entfärbt, stellenweise abgerieben und bildet kein Ganzes mehr, doch hat er keine Nachbesserungen. Die Zeichnung ist von derselben Hand, welche das Tafelbild in S. Francesco al Monte gemalt hat. Sonach rührte von Perugino wahrscheinlich nur der Entwurf her, welchen der Schüler dann nachzeichnete u. selbst auf die Bildfläche vergrösserte.

berlieferung dem Rafael Antheil zusprach;[100] jetzt gilt das Werk für die gemeinschaftliche Arbeit Beider und man erklärt ferner den schlummernden Soldaten rechts für das Bildniss Rafaels, den fliehenden für das Perugino's, ohne für die letztere Angabe haltbare Gründe anzuführen. Wahrscheinlich hat er die Composition dem Schüler anvertraut und sie scheint nach seiner Vorlage ganz von Rafael ausgeführt zu sein. Gezwungenheit und Steifheit in der schmächtigen, mit überlangem Oberkörper gezeichneten Heilandsfigur verbinden sich mit dürftiger Gewandung; die Beine der beiden Schlafenden im Vordergrund sind schwach und unvollkommen verkürzt, etliche Theile der Figur jedoch richtig gezeichnet, sodass eine eigenthümliche Mischung unzulänglicher Kenntniss der allgemeinen Verhältnisse und der Verjüngung mit fleissiger Durchbildung und natürlichem Gefühl im Einzelnen hervortritt, in welcher wir Perugino's gereiftes Kunstvermögen nicht wiederfinden, sondern im Gegentheil die Arbeit eines jungen aufstrebenden Talentes, welches wir mit um so grösserem Rechte für Rafael ansprechen dürfen, als die Jugendlichkeit der Gesichter und Formen, ihre Frische und Zärtlichkeit, die gewissenhafte Ausführung und die Fülle durchsichtiger Wirkung in den flachen strahlenden Tönen an andere unzweifelhaftere Leistungen seines Pinsels erinnert. So haben z. B. die Hände des jungen Soldaten die eigenthümliche Fettheit, welche später bei Rafael wiederkehrt, und auch die durch den satten schmelzenden Auftrag erzielte Prächtigkeit entspricht weniger der Weise Perugino's als der seines grossen Schülers. — Ein treffliches Beispiel derselben Gattung gibt uns die jetzt in Alnwick Castle[101] befindliche Doppeltafel mit

Alnwick.

---

[100] Es hing lang über der Thür einer Kapelle in der Nähe des Chores. s. Orsini a. a. O. S. 64, Constantini, Guida di Perugia. S. 306. Auch Vasari erwähnt das Bild unter Perugino's Werken, VI. 42. Jetzt ist das Bild Nr. 26 in der Gall. des Vaticans. Die Tafel hat drei senkrechte Sprünge, einer geht durch den Mittelpunkt, die andern durchschneiden zwei Vordergrundfiguren. Linker Fuss und rechte Hand des Engels auf der rechten Seite sind verdorben und übermalt.

[101] Das Bild war früher in der Sammlung Cammuccini in Rom, wohin es aus S. Fortunato in Perugia gekommen ist. Constantini (Guida etc. S. 134) erwähnt es dort. Maria von Aegypten steht auf dem linken Fusse, der Kopf in voller Seitenansicht, und betet mit zusammengelegten Händen; Katharina hält Rad u. Buch; den Hintergrund bildet bei bei-

Maria von Aegypten und Katharina. Auch sie ward früher unbezweifelt zu Perugino's Arbeiten gezählt, ist jetzt aber ganz geziemend dem Rafael zugeschrieben, da sie mit dem perugineskeu Familienzug Santi's holde Einfalt und seelenvolle Hoheit vereinigt und (besonders in der Gestalt Katharina's) Natur mit Würde durch zarten Geschmack verbindet. Die Weichheit und Reinheit seiner Jugendgebilde und die zauberhafte Leuchtkraft seiner Farbe erzeugen einen Reiz, der namenlos wäre, wenn wir ihn nicht Rafael nennen müssten.

Wir stehen aber hier an dem Wendepunkt, in welchem Rafaels Schülerverhältniss zu Ende ging und er sich anschickte, seiner eigenen Kraft zu vertrauen. Nach Perugino's Weggange war Lionardo da Vinci wieder nach Florenz zurückgekehrt. Eine neue Bewegung wurde in der künstlerischen Welt bemerkbar: der Name Michel Angelo's war auf allen Zungen. Der Mann, den Perugino vor Jahren im mediceïschen Garten oder in der Brancacci-Kapelle hatte studiren sehen, war aus Rom gekommen und hatte fast zu gleicher Zeit Auftrag für zwei plastische Darstellungen des David erhalten: die eine, über lebensgross in Marmor für S. Maria del Fiore, die andere in Erz für den französischen Fürsten, welcher kurz vorher den Eroberungszug nach Italien geleitet hatte. Die Marmorarbeit war schon beinahe fertig und Michel Angelo sollte nun auch die zwölf Apostel ausführen. Die Wollhändlergilde hatte ihm ein eigens für ihn gebautes Haus zur Wohnung angeboten und seit Giotto's Tagen stand kaum ein Mann in höheren Ehren als er. Von urtheilsfähigen Männern wurde gepriesen, dass Michel Angelo der Bildhauerei eine neue reiche Welt erschloss, indem er die kräftige Naturwahrheit Donatello's wieder auffrischte und steigerte und der Kunstrichtung seines Heimathlandes den Trieb zum männlich Gewaltigen gab. Perugino konnte der Versuchung nicht widerstehen, diesen Werken, welche von den Fachgenossen jener Tage nicht hoch genug gelobt werden konnten, in's Auge zu schauen.[102]

---

den Figuren Landschaft. Auch Passavant I. 64. erklärt es mit Anderen für Rafaels Arbeit.

[102] Vasari VI. 46.

Er mochte auch Verlangen tragen, Lionardo wiederzusehen, dessen Fleiss und Erfindungskraft fast ganz auf die Vervollkommnung der Oelmalerei gerichtet schien; möglich auch, dass ihm der Aufenthalt in Perugia durch Pinturicchio verleidet wurde, der die meisten seiner Gesellen zu sich nach Siena zog; — auch Rafael ging dorthin und die übrigen Gehilfen und Schüler zerstreuten sich nach und nach in Umbrien; — kurz Perugino gab seinen Wohnsitz fürerst auf, liess die Väter von S. Agostino im Stich und vollendete nur im October 1503 die Wappenschilder seines alten Gönners Giuliano della Rovere, jetzt Papst Julius II., am Rathhause und an sieben Thoren der Stadt.[103] Er war kaum in Florenz angelangt und hatte in der Pinti-Vorstadt Wohnung genommen, als eine Versammlung Sachverständiger (25. Januar 1504) berufen wurde, um den geeigneten Platz für Michel Angelo's David zu bestimmen.[104] Das Werk war bisher vom Meister mit grösster Eifersucht gehütet worden; man wusste nur, dass es riesenmässige Verhältnisse habe. Als es enthüllt ward, entstand lebhafter Streit. Giuliano da S. Gallo war dafür, es in der Loggia de' Signori aufzustellen und Lionardo da Vinci fiel ihm bei, Perugino, der ebenfalls betheiligt war, wird sicherlich auch der Ansicht seines Freundes gewesen sein, Michel Angelo selbst aber war anderer Meinung und wählte die linke Seite des Thorweges am Palazzo Vecchio. Sein Widerspruch gegen das Gutachten solcher Künstler erzeugte im Stillen wohl Verstimmung; es bildete sich in der That eine feindlich gesinnte Partei, und als der marmorne Riese an seinen Platz gestellt war, wurde er wegen verschiedener Mängel angegriffen, die Aufsichtsdiener durch allerhand Unfug geneckt. Perugino gab öffentlich keinerlei Missfallen über Michel Angelo's Stil zu erkennen, aber Vasari versichert, er habe in dem Gefühl, wie stark das Licht des neuen Gestirns sein eigenes verdunkelte, einen Groll auf die Florentiner insgesammt geworfen und ihn zu Zeiten laut werden lassen. Einen Hauptversammlungsort der Kunstgenossen bildete der Laden des

---

[103] s. Mariotti, Lett. S. 170.

[104] s. den Nachweis bei Gaye, Carteggio II, 455 ff.

Baccio d' Angolo. Dort pflegten die San Galli, Cronaca, Filippino, Granacci zusammen zutreffen und auch Buonarotti gesellte sich zuweilen hinzu. Im Eifer des Gespräches mochte derselbe eines Tages gegen Perugino das harte Wort geäussert haben, seine Kunst sei abgeschmackt und veraltet.[105] Das brachte Perugino derart auf, dass er, wie uns erzählt wird, die Thorheit beging, seinen jüngern Kunstgenossen wegen Beleidigung beim Rath der Acht zu belangen. Es konnte nicht fehlen, dass die Sache zu seinem Ungunsten ausschlug und er sich lächerlich machte. Aber er war so vernünftig, aus der bösen Bemerkung eine Lehre zu ziehen und beschloss daher, seinen Gegnern zu zeigen, dass er, wenn auch der Richtung abhold, die Michel Angelo vertrat, doch noch Manns genug sei, um es mit künstlerischen Eigenthümlichkeiten Lionardo's aufzunehmen. Dieser Zeit schreiben wir seine für die Certosa in Pavia gemalte Madonna mit Heiligen zu, welche jetzt Eigenthum der National-Gallerie in London ist:

London. Nat.-Gall. Die Jungfrau kniet mit gradaufgerichtetem Kopfe vor dem Kinde, das von einem Engel gehalten am Boden auf weissem Kissen sitzt; es ist als hätte sie eben ein Dankgebet gesprochen und blickte nun nach dem theuren Geschenke zurück, das ihr durch himmlische Gnade geworden. In der Luft über ihr stehen drei schöne jugendliche Engelgestalten auf leichtem Gewölk, die mit Notenstreifen in der Hand den Lobgesang anstimmen, den Hintergrund bildet ein weites Thal, durch welches sich an Ortschaften vorüber ein Fluss schlängelt, rechts und links durch schlanke federartige Bäume eingesäumt. — Das Flügelstück links vom Beschauer enthält den Erzengel Michael in vollem polirten Stahlharnisch, in einer Haltung, welche dem Licinius im Cambio zu Perugia und dem Michael in Vallombrosa entspricht: die eine Hand auf den Schildrand gestützt, in der anderen einen Stab, steht der jugendliche Kämpe fest auf beiden Füssen und blickt schwärmerisch nach Aussen. — Gegenüber steht der Erzengel Rafael mit dem Salbgefäss in der einen Hand, während er mit der anderen in zartester Berührung den jungen Tobias leitet, der zu ihm aufblickt. Dieser im Pagenkostüm mit dem Fisch am Arm ist eine nicht glücklich erfundene Figur, aber von überaus inbrünstigem Ausdruck. Auch die Seitenbilder haben landschaftlichen Hintergrund.[106]

---

[105] Vasari IX. 224 und VI. 46. Er soll ihn „goffo nell' arte" genannt haben.

[106] London, Nat. Gal. Nr. 288. Holz, jede Tafel hoch 4' 2", die mittlere 2'

Auf dem linken Flügelstück unten steht die Inschrift: „PETRVS PERVSINVS PINXIT."

Die Gruppe ist von grösstem Liebreiz, der Knabe, der mit ganz kindlicher Geberde das Händchen zum Munde führt, ungewöhnlich wohlgebildet, die Engel seelenvoll und lieblich im Ausdruck, Maria selbst das vollendetste Antlitz, was wir von Perugino's Hand kennen; die einfach saubere Anordnung des Haares mit Netz und Schleier kann die Vermuthung erwecken, dass der Meister uns hier ein Abbild seiner Frau[107] gegeben hat, von der Vasari erzählt „sie sei so reizend gewesen und der Gatte habe sie so gern in kleidsamem Putz gesehen, dass die Rede ging, er habe ihr die Kleidung oft mit eigenen Händen geordnet." Zu verschiedenen Malen versuchte Perugino den Gegenstand zu wiederholen, aber es ist ihm nie in gleicher Weise gelungen; dies gilt ebenso von der Madonna in der Gallerie Pitti,[108] die eine dieser Selbstwiederholungen ist, aber entschieden hinter der ersten zurücksteht, wie auch von den nur in Nebensachen abweichenden Hauptfiguren der höchst anziehenden kleinen Tafel im Besitz des Freiherrn v. Friesen (aus der ehemals v. Quandtschen Sammlung) in Dresden, einem wohl unter Perugino's Augen entstandenen feinen Schulbild.[109]

Florenz.

Dresden.

Die londoner Altartafel bildet in Bezug auf Vollkommenheit der Oelfarbenbehandlung und an Zauber des Empfindungs-Aus-

---

1' 2". die Flügel 1' 10' 2" breit (engl.). oben rund. Das einzige Stück des Altarbildes, welches in Pavia zurückgeblieben ist, enthält den sitzenden Gott-Vater, dessen Füsse auf Wolken ruhen, umgeben von Cherubim, und ist von gleicher Schönheit wie die anderen Theile. Die zugehörige Verkündigung ist abhanden gekommen. An jeder der Tafeln in London ist ein Stück des obern Theiles neu und an die Mitteltafel ist etwas angesetzt. Die drei Engel über Maria sind auf den blauen Himmel aufgemalt und die untere Farbe dringt jetzt durch den schwachen Auftrag hindurch. Die Erhaltung ist im Ganzen ausserordentlich gut. Die Bilder sind 1856 in Mailand von Duca Melzi gekauft. „Ueber das Bild vgl. Rumohr, Ital. Forsch. III. S. 27. Passavant, Rafael I. S. 59. Die Originalzeichnung Perugino's zu dem rechten Flügelstück (Tobias mit dem Engel) befindet sich im British-Museum und ist eine schöne Arbeit in Bister schattirt mit fein aufgesetzten weissen Lichtern. Eine Copie nach dem Mittelbild der Madonna von Pavia befindet sich in der Sacristei des Domes zu Trient, sie gilt für Perugino's Arbeit, ist aber aus dem Ende des XVI. Jahrhunderts.

[107] s. Vasari VI. S. 50. Ihr Name ist nicht bekannt geworden.

[108] Florenz, Pitti Nr. 219. Holz, durch Uebermalungen sehr entstellt.

[109] Holz, h. 0,43, br. 0,34 M.

druckes Perugino's Höhepunkt. Das Werk ist so hervorragend, dass man gezweifelt hat, ob es allein von seiner Hand herrühren könne. Eine Zeichnung zu der Gruppe des Tobias mit dem Engel in Oxford wird dem Rafael zugeschrieben,[110] dem man überhaupt das Beste an dem Werke hat beimessen wollen. Doch dies ist Willkür: fest steht, dass das Machwerk in allen Theilen dasselbe ist; es bekundet einen Maler von langer Erfahrung im Gebrauch der Mittel, von innigster Vertrautheit mit allen handwerklichen Erfordernissen, und darin schon liegt ebensoviel Grund für Perugino wie gegen Raphael, von dessen damaligem Entwickelungsstande das Sposalizio vom Jahre 1504 genügendes Zeugniss ablegt; nur hat Perugino hier alle Seiten seiner künstlerischen Begabung, Formverständniss, Durchführung, Farbeneinklang und Feingefühl für Zusammenstimmung der Gegenstände unter sich und mit dem Gesammtton meisterlicher vereinigt als irgendwo. Es ist keine feinere Wirkung zu denken als der Goldfluss der Fleischfarbe, den der sanfte Duft des Hintergrundes träumerisch umfängt; der Künstler lässt uns die höchste ihm erreichbare Steigerung der Reize geniessen, für welche einerseits die Madonna im Vatican, andrerseits sein Christus am Oelberg und das Marienbild von S. Pietro Martire Vorspiele sind. Wir haben hier die erste klassische Leistung des als mittelitalisch zu bezeichnenden Geschmacks, welcher manche Züge der Van Eycks und des Antonello da Messina, zum Schmelze der Bellini und Giorgione ausgereift, sich zu eigen macht. An Farbenschönheit hat in der That weder Fra Bartolommeo noch Rafael die Jungfrau von Pavia übertroffen.

Ungefähr in dieselbe Zeit setzen wir die Entstehung der „heiligen Familie“ in Nancy, eines Bildes, in welchem sich rafaelische Anmuth und Unschuld des Ausdrucks mit einer offenbar von Lionardo entlehnten Gruppirungsweise verbinden:[111]

[110] Oxford, Randolph-Gall. Der Originalentwurf Perugino's zu der Gruppe des Rafael mit Tobias befindet sich im British Museum, eine reizvolle Handzeichnung in Bister schattirt mit leicht aufgesetzten weissen Lichtern.

[111] Nancy, Museum Nr. 28, Holz. Das Bild gehört offenbar zu denen, die vor den Revolutionskriegen nach Frankreich gekommen sind. Es befand sich zu Ludwigs XVI. Zeit in der Sammlung Brissac und wurde, als der Eigenthümer aus-

Maria kniet in voller Ansicht, den rechten Arm um die Schulter des Johannesknaben geschlungen, der mit zusammengelegten Händchen das auf einem Kissen liegende heilige Kind anbetet, und so entsteht ein pyramidenartiger Aufbau, der nur durch die beiden Engel etwas Eintrag erleidet, welche seitwärts auf den Knieen liegen. Antlitz und Seelenausdruck der Jungfrau sowie die sanft wogende Bewegung der Linien sind überaus reizvoll; nur Lionardo hätte feinere Grazie erreicht, wie er auch die ein wenig krampfhafte Haltung der linken Hand vermieden haben würde. Der kleine Jesus erinnert sowohl an Fra Bartolommeo als auch an Rafael. Hinter den beiden schlanken Engelfiguren verliert sich eine liebliche Landschaft mit fein befiederten Bäumen und Hügelwellen, auf denen Licht und Schatten in meisterhaftem Spiele wechseln. Die helle Färbung des Rasens und Bodens, worauf Christus liegt, mahnt an Rafaels florentinische Zeit. Die Gruppe hebt sich in kräftigen Tönen deutlich vom Hintergrunde los, der genaue Beobachtung der Verjüngungsgesetze zeigt und den Eindruck florentinischer Vorbilder auf den Meister noch offenbarer macht, mit denen er durchweg erfolgreich Fühlung hält, wenn er auch ihre grösste Stärke, die in der Massenvertheilung liegt, sich nicht in gleichem Maasse anzueignen vermochte wie andere Vorzüge. Nancy. Museum.

Wenig über ein Jahr war Perugino wieder in Florenz gewesen, als ihn Geschäfte nach Perugia zurückriefen. Im Februar 1505 wurde er dort vom Syndikus der Disciplinati in Città della Pieve gefragt, zu welchem Preise er eine Darstellung der Anbetung der Könige für jenen Ort malen wollte. Der Meister antwortete in einem sehr schlecht geschriebenen Briefe, dass sich die Kosten auf 200 Gulden belaufen würden, doch erklärte er sich bereit, weil es seine Heimath sei, für die das Bild verlangt wurde, es für die Hälfte zu liefern. Darauf folgte weiterer lebhafter Briefwechsel, da der Syndikus hoffte, der Meister werde sich aus Anhänglichkeit für die Vaterstadt noch weiter herabstimmen lassen; doch er blieb fürerst dabei stehen, bis er unterm 1. März von den 100 Gulden wirklich noch 25 nachliess.[112] Es

---

wanderte, mit Beschlag belegt (s. De Ris. Les musées des provinces Vol. 1. S. 315). Wenn auch arg beschädigt und aufgemalt, ist es doch nicht völlig abgeschabt worden und einzelne Theile lassen den ursprünglichen Reiz noch erkennen. Neu ist der Himmel und die Hälfte vom Gesicht des Engels zur Rechten, das Gesicht Maria's fleckig. Die Malweise kann man jedoch noch verfolgen; durch die Farben des Hintergrundes schimmert der weisse Kreidegrund; die Fleischtöne haben satten Auftrag, noch kräftigeren die Gewänder. Unter den Füssen des kleinen Johannes finden sich Ueberbleibsel der Inschrift: „P . . . . P . . . .“

[112] Zwei in dieser Angelegenheit geschriebene Briefe sind auf höchst selt-

war ein sehr ausgedehntes Werk, das er, gegen seine Gewohnheit, zu so bescheidenen Bedingungen unternahm, die überdies noch durch überlange Verschleppung der Zahlungen gemindert wurden,[113] aber er hielt sich auf seine Weise schadlos; da er seinen Landsleuten weniger Kunsturtheil zutraute als den Florentinern, arbeitete er auch darnach, indem er viel seinen Schülern überliess.

Das Fresko in der Kapelle der Disciplinati nimmt eine Fläche von nicht weniger als 25 Fuss Breite ein, enthält ungefähr 30 lebensgrosse Figuren und ist in unglaublich kurzer Zeit vollendet; denn unterhalb der Mariengestalt liest man noch die Jahreszahl A. D. MDIIII, woraus wahrscheinlich wird, dass die Arbeit noch vor dem 25. März beendet war, an welchem Tage das Jahr damaligen Stiles ablief:

Città d. Pieve Discipl.

Die Anordnung hält sich in der bei den Umbriern beliebten Form: inmitten Maria und das Kind mit dem knieenden König, Joseph und der jüngste der Waller wie Schildwachen zur Seite, rechts und links sodann dichtgeschaartes Gefolge; als Hintergrund eine gleichmässig gezeichnete Ferne, bei welcher der Eindruck der Tiefe durch zahlreiche auf einer mittleren Linie angebrachte kleine Figurengruppen unterstützt wird; im Ganzen ein Gemälde, das auf den ersten Blick ansprechend wirkt, aber in der Nähe sich ziemlich derb erweist. Die Massenvertheilung ist gut, aber die Ausführung hastig und insofern ungenügend. Der Sockel, erst kürzlich wieder aufgedeckt, ist steinfarbig auf gelbem Grunde.[114]

Mit gleicher Eile und wohl ebenfalls gegen geringen Preis schmückte er die Kirche S. Sebastian zu Panicale mit einer Darstellung der Marter ihres Namens-Heiligen, bei welcher Arbeit er

---

same Weise zum Vorschein gekommen. Im Jahre 1835 stiess Giuseppe Bolleti aus Città della Pieve bei Beseitigung der Erdschicht, welche die Wände des Gebäudes der Disciplinati feucht machten, auf eine Anzahl Maltöpfe und eine Zinnröhre von ungefähr 4 Ellen Länge und in dieser fanden sich jene Briefe, die sonach wahrscheinlich mit Absicht verscharrt worden waren und sich drei Jahrhunderte hindurch unbeschädigt erhalten hatten, s. Mezzanotte a. a. O. S. 114 ff. und Marchesi, Cambio S. 482. 483. —

[113] Die Bezahlung sollte in Jahresraten von 25 Gulden geschehen, aber die Besteller waren sehr harthörige Schuldner und trugen den Rest erst 1507 bei Gelegenheit eines Hausverkaufes ab. S. die Urkunden vom 29. März d. J. bei Orsini, Vita etc. S. 218.

[114] Das Fresko hat durch Feuchtigkeit der Wand gelitten, besonders die Gewänder der ersten Figur im Vorder-

allem Anschein nach den grösseren Theil der Ausführung einem Gesellen überliess, der nach den hellen gilblichen Fleischtönen mit den schwachen blassen Schatten wie nach dem sorgsam strichelnden Auftrag und der weichlichen Farbenfügung überhaupt zu schliessen Spagna gewesen sein wird:

Die schlanke Gestalt des Heiligen steht auf einem Steinsockel inmitten des von reichem heiteren Hallenbau mit farbigen Zierrathen umschlossenen Hofes; vier schmächtige Schützen umkreisen ihn in überaus gezierter tänzelnder Bewegung; die Zuschauer, nur sechs an der Zahl (jetzt meist verlöscht), sind in zwei Gruppen im Hintergrund angebracht. In einem Dreiecksfelde oberhalb der Hauptdarstellung zeigt sich Gott-Vater mit der gewöhnlichen Segnungsgeberde innerhalb runder Glorie von Cherubim zwischen zwei Engeln in schneller Flugbewegung. In einem Ornamentausschnitt am Sockel des Heiligen steht: „P . . . de Castro . . ., auf den Leisten zweier Pfeiler die Zahl „A. D. M.DV.“[115] *Panicale. S. Sebast.*

Dass Perugino hier den Spagna beschäftigt hat, ist umso wahrscheinlicher, weil, abgesehen von den Eigenthümlichkeiten der Arbeit selbst, ein schadhaftes Wandgemälde der Himmelfahrt Maria's in S. Agostino zu Panicale sehr entschieden auf den spanischen Gehilfen des Meisters hinweist.[116] Er weilte, wie es scheint, gern an dem Orte und hinterliess in der Landschaft auf dem Sebastiansbilde eine Ansicht des Hügellandes in der Umgebung des thrasimenischen Sees. Indess auch Perugino bewahrte Erinnerungen an diese Oertlichkeit in seinem Skizzenbuche und wendete eine der Landschaften auf einem Tafelbilde aus jener Zeit an, das lange Bestandtheil der Gallerie Lord North-

---

grund rechts. der Maria, des Jünglings mit dem Schwert und des anderen mit der Krone links; der Mann mit Krone zur Rechten ist fleckig.

[115] Eine farbige Abbildung findet sich unter den Veröffentlichungen der Arundel-Society.

[116] Orsini a. a. O schreibt dies Wandbild dem Perugino zu: Maria schwebt in mandelförmiger Cherubglorie. 4 spielende Engel zur Seite, 2 hoch oben die Krone über ihrem Haupt haltend. Unterhalb sieht man Spuren eines Bischofs und eines zweiten Heiligen. Die Gestalten sind hager und im Stile denen zu Todi und Trevi gleich, eine Mischung der umbrischen Vortragsweise Perugino's und Pinturicchio's mit Spagna's bleichgelbem Ton. Er ist eine selbständige Arbeit, nicht für Spagna, sondern wahrscheinlich von ihm selbst erfunden und gezeichnet. Der Zustand ist sehr schlecht, sodass es nicht mehr lange wird bestehen können. Der Vordergrund sowie der eine Engel mit der Krone sind bereits verschwunden, am besten sind noch die musicirenden Engel sichtbar.

wicks und dort mit Rafaels Namen bezeichnet war, aber, wenn nicht vom Meister selbst, dann von einem andern Schüler als Rafael herrührt und jedenfalls in seiner nächsten Nähe gemalt ist; es stellt in echt umbrischer Empfindungsweise die Geisselung Christi dar und besteht nur aus drei Figuren:

Northwick. Christus, auf niedrigem Steinblock, in sehr schöner Haltung an die Säule gebunden, zu jeder Seite ein Henker, welche mit ziemlich akademischer Geberde die Knute schwingen und in gleichem Stil gezeichnet und mit den nämlichen seltsamen Kopfbedeckungen versehen sind wie auf dem Fresko in Panicale. Die Oertlichkeit ist ein Schlosshof, durch dessen Bögen man eine Ansicht von Castiglione del Lago erblickt.[117] —

Indess Perugino's Gehilfen über Vollendung der ausgedehnten Wandbilder in Città della Pieve und Panicale arbeiteten, ging er selbst eilig nach Florenz zurück. Im Juni 1505 konnte er der Herzogin von Mantua, Elisabetta Gonzaga, den Empfang von 80 Dukaten anzeigen, die er für den in Deckfarbe ausgeführten, jetzt in der Sammlung des Louvre befindlichen zwar flüchtig, aber meisterhaft gezeichneten Entwurf des Kampfes zwischen Amor und Paris. Louvre. Keuschheit erhalten hatte.[118] Mit dem Selbstbewusstsein, das ihm sein Künstlerruf gab, versicherte er der hohen Bestellerin, er habe hinreichende Sorgfalt aufgewendet, um ihren Wünschen und seiner Ehre zu genügen; er fügt hinzu, es sei Deckfarbe gewählt, weil Messer Andrea Mantegna sich dieses Malverfahrens mit Vorliebe bediene, und empfiehlt sich sodann zu weiteren Aufträgen ähnlicher Art; aber es schien ihm doch nicht wohlanständig, einer so hochgestellten Dame in seiner eignen ungehobelten Ausdrucksweise zu schreiben, sondern er verbessert sich hier durch dasselbe Mittel, durch welches er seine Gemälde verschlechterte: durch Gebrauch eines Gehilfen.[119] Zwei Wochen später traf er mit Lorenzo di Credi und anderen Kunstgenossen im florentiner

[117] Das Bild hatte in der Sammlung Northwick die Nr. 388, gr. 1' 9'', br. zu 1' 6'' engl. Die Figuren sind schlank, aber von gutem Verhältniss. Der Pfeiler ist neu, die Brust der Hauptfigur übermalt, ebenso der Fuss des Geisslers rechts, auch die Ferne übermalt.

[118] Catal. d. Louvre Nr. 445.

[119] Der Brief steht bei Gaye, Carteggio II. 68 u. im Archivio stor. II, 324.

Dom zusammen, um den Werth zweier Köpfe in Mosaik gegeneinander abzuschätzen, die von den Miniatoren Monte und Gherardo für den Schmuck der Zanobius-Kapelle geliefert waren.[120]

Von den Kunst- und Zeitgenossen, mit denen Perugino in freundschaftlicher Beziehung gestanden hatte, war einer, Filippino Lippi, eben damals gestorben; er war in seinen letzten Lebensjahren von den Serviten-Brüdern der Annunziata mit einer Doppel-Altartafel beauftragt gewesen, hatte aber die, zuerst 1503 bei ihm bestellte Arbeit[121] in wohlwollender Absicht dem Lionardo überlassen. Da dieser jedoch die Sache vernachlässigte, wendeten sich die Besteller von neuem an Filippino; bei seinem Tode (April 1504) hinterliess er diese Kreuzabnahme im obern Theile fertig, im unteren jedoch nur angelegt; im Sommer des Jahres 1505 nun ersuchte man Perugino, das Bild zu vollenden und als Gegenstück dazu eine Himmelfahrt Maria's zu malen. Er entledigte sich der ersten Anforderung eigenhändig und mit lobenswerther Pünktlichkeit. Das Bild befindet sich in der Akad. d. K. in Florenz:[122]

Das Kreuz steht gerade vor dem Beschauer: Joseph von Arimathia und ein Zweiter sind auf der einen Leiter hinaufgestiegen und halten, unterstützt von einem dritten Freunde, der auf der zweiten Leiter steht, den bereits losgelösten herabgleitenden Leichnam an den Armen und am Leibe fest; ein Vierter stützt die Beine unterhalb der Knie, ein Fünfter unten zur Rechten steht die Hände ausbreitend bereit, um zuzugreifen. Unterm Stamm des Kreuzes kniet, mit dem Rücken nach dem Beschauer, Magdalena, welche betend emporblickt, im Vordergrunde links wird die ohnmächtig zusammensinkende Maria von drei Frauen gehalten. Akad. d. K. Florenz.

Perugino's Antheil, die Gruppe mit Maria, gehört zu seinen edleren Leistungen und erinnert an die Darstellung desselben Gegenstandes auf Masaccio's Kreuzigung in S. Clemente zu Rom; Rafael entlehnte sie in verschönter Form für sein Staffelbild

[120] Die Urkunden über den Wettstreit befinden sich im Anhang zum Vasari-Lemonier VI, 341 u. 342. Die Entscheidung zu Gunsten Monte's fiel am 30. Juni 1505.

[121] Die Beweise dafür s. bei Vasari XI, S. 200. Anm. zum Leben des Bastiano da S. Gallo.

[122] Akad. d. K. Gr. Gem. Nr. 57. Filippino war am 18. April 1504 gestorben. s. die urkundliche Nachricht im Index zu Vasari S. XXIV.

zur Madonna für S. Antonio zu Perugia,[123] dessen hier in Rede stehendes Stück jetzt der Sammlung Sir William Miles' in Leigh Court angehört. Die Behandlung an Perugino's Gruppe ist massig und lebensvoll; er hat verstanden, sich mit Filippino's Eigenthümlichkeit in Einklang zu setzen, indem er umbrische Milde und florentinische Wucht verbindet und seine Figuren mit satter Färbung und breiter Pinselführung vorträgt.[124] — Die Himmelfahrt

Florenz. S. M. d. Servi. (jetzt in der Cappella de' Rabatta der Servitenkirche) ist so abweichend behandelt, dass man sie sich schwer zu gleicher Zeit entstanden denken kann. In der Anordnung zeigt sie Rückschritt zu dem lyoner Bilde desselben Gegenstandes, bis auf die Wiederholung der sechs Engel; an dem übrigen haben wir wohl, wenn überhaupt irgendwo an Perugino's Bildern, die Hand des Giannicola Manni zu erkennen. Stücke der Altartafel befinden

Altenburg. Florenz. sich in der Lindenau-Gallerie zu Altenburg[125] und in Florenz in Privatbesitz. Vasari berichtet uns, dass Perugino für die Selbstvernachlässigung, die er sich bei dem Werke zu Schulden kommen liess, der gerechten Missbilligung von Seiten der künstlerischen Zeitgenossen nicht entging. Besonders die Wiederholung eigener früherer Arbeiten tadelte man lebhaft; des Meisters Einwand, er habe ja nur wiederholt, was bereits öffentlichen Beifall gefunden, hielt nicht Stich und Perugino hat sich von der Ehrenschädigung, die ihm auf diese Weise widerfuhr, nie wieder erholt.

---

[123] Dieses Bild, vor nicht langer Zeit im Palazzo Reale zu Neapel, war im J. 1870 in Paris im Louvre zum Verkauf ausgestellt.

[124] Nach Vasari VIII, 253 hätten Andrea del Sarto und Francia Bigio die Kreuzabnahme copirt. Sie wird in Albertini's Memoriale (Bd. II. S. 438) erwähnt und Richa (Chiese Fior. VIII, 32) sagt, sie sei auf Kosten eines Malteserritters Jacopo Federighi gemalt gewesen.

[125] In Altenburg Nr. 118 und 119. 2 Flügelstücke mit lebensgrossen Heiligenfiguren in Nischen, auf Holz h. 1,58 M. br. 0,64 M.: das eine die heil. Helena, in Oel, das andere Antonius von Padua in Tempera, ansprechende Arbeiten aus Perugino's späteren Jahren, flüchtig in Vortrag u. Ausführung; die Spitzen der Nischen sind abgeschnitten. Herr v. Lindenau kaufte sie vom verstorbenen Metzger in Florenz, dessen Sohn noch die zugehörigen Gegenstücke besitzt: die heil. Lucia mit dem Feuer und Johannes den Täufer. — Wir erwähnen im Anschluss hieran in der Servitenkirche noch (auf einem der Altäre) ein peruginisches Schulbild: Maria mit Kind, thronend zwischen vier Heiligen; die Oberfläche sehr durch Ausbesserung entstellt, der rauhe Ton durchs Alter verdunkelt, der Charakter sanft, Sockel u. Aufsatzlünette sind leer. Richa a. a. O. VIII, 41 weist das Bild dem Perugino selbst zu.

Seine Werkstatt, in früheren Tagen der Sammelplatz aller begabten jungen Fachleute, wurde leer, Bastiano da S. Gallo, der erst kürzlich eingetreten war, verliess ihn wieder, um zu Michelangelo überzutreten,[126] an Anderen machte er vermuthlich dieselbe schmerzliche Erfahrung, und wir dürfen annehmen, dass Perugino seitdem ernstlich daran dachte, Florenz zu verlassen. Sein Name steht im Jahre 1506 im Register der Malergilde zu Perugia, während er in der florentinischen erlischt.[127]

In Perugia begann er damit, Aussenstände für alte Aufträge einzuziehen: von den Disciplinati in Città della Pieve hatte er noch eine Restzahlung von 25 Gulden zu bekommen;[128] von der Stadtbehörde in Panicale forderte er 11 Gulden, bei deren Empfang er 14 kleine Fähnchen mit selbstgemalten Figuren mit der Bestimmung in Kauf gab, dass sie bei der Frohnleichnams-Feier verwendet würden;[129] auch bei der Wechslergilde in Perugia hatte er, wie wir sehen, noch 350 Dukaten für seine Malereien gut, die ihm damals gezahlt wurden. Als er seine Geschäfte dergestalt in Ordnung gebracht hatte, ging er daran, den Undank der Florentiner über neuer Thätigkeit zu vergessen. Wieder bewies er, dass er es, wenn er nur selbst Hand anlegte, seinen früheren Werken wohl gleichzuthun im Stande war. Die jetzt im Palast Penna befindliche, für die Bevollmächtigten eines Schuhmachers zu Perugia gemalte Madonna mit Hieronymus und Franciscus, Perugia. Gall Penna. welche er damals geliefert hat, macht ihm alle Ehre.[130] Während

[126] Ueber diese Wirkungen spricht Vasari XI, 240.

[127] s. Mariotti, Lett. pitt. 85 u. Anm. zu 121 und Comment. zu Vasari VI, 70.

[128] Die Schuld wurde am 29. März durch Veräusserung eines Hauses getilgt. s. Orsini a. a. S. 218.

[129] s. Mariotti a. a. O. S. 172 u. 173.

[130] Perugia, Gall. Penna, Holz, lebensgrosse Figuren, gut erhalten: Maria steht auf erhabenem Sockel in einer Landschaft; 2 Engel halten die Krone über ihr. Franciscus ist schwächlich, die Engel, wenn auch reizvoll von Antlitz, etwas straff und steif in der Haltung. Das Bild ist als Ganzes so schön, dass man es gewöhnlich in eine frühere Zeit des Meisters zurückversetzt hat, allein Prof. Adamo Rossi in Perugia hat uns aus den von ihm in den „Annali decemvirali“ für 1507 aufgefundenen Nachweisen mitgetheilt, dass unterm 8. Juni 1507 die Bevollmächtigten eines Giovanni, Schusters zu Perugia, bei dem damals in der Stadt anwesenden Perugino ein Bild der Maria bestellten, die aufrechtstehend mit dem Kinde, „ähnlich der von Loreto“ gemalt werden sollte mit Hieronymus als Kardinal und Franciscus zur Seite, für den Preis von 47 Gulden. Wir haben in diesen Bestimmungen offenbar die Beschreibung des Bildes der Gall. Penna.

er kurz zuvor bei Arbeiten an öffentlichen Stellen so leichtfertig verfahren war, malte er für diese unbekannten Auftraggeber ein Meisterwerk an Schönheit der Verhältnisse, Natürlichkeit der Bewegung, umbrischer Sanftheit bei doch leichter Pinselführung, Wohllaut der Umrisse und strahlend warmer Farbe. Niemals sogar ist ihm derjenige Ausdruck des Christuskindes, den man „rafaelisch“ zu nennen liebt, oder die Gruppirung Maria's mit dem Knaben, der in ihre Arme hüpfend sich nach Hieronymus umschaut, besser gelungen als hier. — An dem Fresko, womit er die Halb-Kuppel der S. S. Annunziata (Nunziatella) zu Foligno ausschmückte, lässt sich wieder beschränkte Benutzung fremder Hülfe wahrnehmen. Perugino begnügt sich zwar hier in seiner Darstellung der Taufe Christi in lebensgrossen Figuren mit der wiederholt auf Staffelbildern angewandten Fassung, doch ist die Heilandsgestalt schön gezeichnet und die Köpfe auf dem Bilde sind ansprechend, die allgemeinen Verhältnisse schlank.[131] In diese und die nächstfolgende Zeit werden vermuthlich zahlreiche Wand- und Tafelbilder ohne Jahreszahl gehören, wir ziehen jedoch vor, dieselben später zu verzeichnen, um die letzten Jahre von Perugino's künstlerischer Thätigkeit an der Hand und in der Folge bestimmter Lebensnachrichten zu überblicken.[132]

Foligno. Nunziatella.

---

[131] Dem Werk ist schlimm mitgespielt worden. Die Lünette (Gott-Vater segnend mit der Weltkugel in der Hand zwischen zwei Engeln) ist von Copistenhänden quadirt worden. Für beide Engel ist derselbe Carton links u. rechts benutzt worden; ebenso für zwei andere in Flugbewegung oberhalb des Heilands. Christus, Johannes und vier Engel in ihrer Umgebung sind mit Holzkohle umrissen. Dazu hat noch die Zeit das Ihrige gethan: auf den Gewändern ist die Vergoldung verkratzt, das Blau dunkel geworden, die ganze untere Hälfte des Bildes hat durch Feuchtigkeit gelitten, wodurch die Gestalt des Täufers schadhaft, die Beine Christi verdorben worden sind. Letztere Figur ist überdiess gefirnisst. Der Himmel ist verunstaltet, und die Lünette vom untern Bild durch einen Streifen getrennt, auf welchem die Inschrift steht: „Deo et Beato Joanni Battistae sacrum pietate Joannis Baptiste ....“ Dann folgen Spuren einer Jahrzahl, deren Ziffern jedoch nicht mehr kenntlich sind.

[132] Vasari VI, 48 erwähnt ein Bild in Montone, welches Orsini (a. a. O. S. 208) als Madonnenbild mit Johannes d. Täufer und Gregor, Johannes dem Evangelisten u. Franciscus u. mit einer Predella beschreibt, die Maria's Geburt, Verlobung und Himmelfahrt enthalten habe; auf der Thronstufe die Inschrift: „A. D. M.DVII.“ Das Bild ist abhanden gekommen, die Staffel kam 1787 in Besitz des Marchese Odoardi in Ascoli. — Ferner spricht Vasari a. a. O. von einem Gemälde in La Fratta, welches Orsini ebenfalls kannte u. beschreibt; der Gegenstand ist die Krönung Maria's, der Maler jedoch nicht Perugino, sondern Pinturicchio, s. später.

Es macht den Eindruck als hätte Julius II. den Künstler für sein in Florenz eingebüsstes Ansehn entschädigen wollen, indem er ihn um 1507 oder 8 nach Rom berief. Dort waren Bazzi und Peruzzi ebendamals im Vatikan thätig; während dieser im sogenannten Heliodor-Zimmer malte und jener die Camera della Segnatura übernommen hatte, ward dem Perugino das Zimmer des Burgbrandes überwiesen. Er traf hier mit seinen alten Freunden und Kunstgenossen Signorelli und Pinturicchio wieder zusammen und speiste mit ihnen in Bramante's Haus. Dort führte er den Giambattista Caporali ein und lernte den jungen Sansovino kennen, der wie Perugino seine Wohnung im Palazzo S. Clemente hatte, wo Domenico della Rovere Hof hielt.[133]

Schon in Florenz hatte Perugino den aufsteigenden Talenten des neuen Kunstzeitalters weichen müssen; hier auf's Neue vertrieb ihn ein grösserer Genius, der zugleich sein Schüler war. Nur mit Theilnahme wird man sich die ängstliche Empfindung des alternden Meisters vorstellen können, der den Boden unter den Füssen wanken fühlen mochte, indem ihm die Wand fast unterm Pinsel hinweggezogen ward. Gleichviel, wie er über die Erhöhung seines Schülers dachte, wir begreifen, dass es ihn grämte, als dieser ihm nicht blos vorgezogen, sondern auch angewiesen wurde, seine Arbeit noch einmal zu machen; aber man kann

---

[133] Aus zahlreichen Nachweisen bei Vasari und anderen Schriftstellern geht hervor, dass Perugino 1507 oder 8 in Rom war; Temenza z. B. sagt in seinem Leben Sansovino's (Vita di Jacopo Sansovino, 4°, ohne Druckort. S. 6), dass dieser mit Giuliano da S. Gallo unter der Regierung Julius II. nach Rom gekommen sei u. im Palazzo S. Clemente gewohnt habe, wo Perugino ebenfalls ein Zimmer inne hatte, während er im vaticanischen Palaste (Camere) beschäftigt war. Dort machte Sansovino die Bekanntschaft Signorelli's, Bramantino's v. Mailand, Pinturicchio's, Cesare Cesariano's und Anderer. Dieselben Angaben wiederholt Vasari XIII, 173. An anderen Stellen (VIII, 40. 41, und XI, 146) erzählt er, Bazzi (Soddoma) sei nach Rom geholt worden, als Julius II. den Perugino zur Ausschmückung der Stanzen angestellt habe und er sei mit diesem entlassen, als Rafael gekommen wäre. Ferner sagt Giambattista Caporali (geb. ungefähr 1476, Schüler Perugino's) in einer Anmerkung zu seiner Vitruv-Ausgabe, welche nach der des Cesare Cesariano wieder abgedruckt ist: „Finalmente Iulio sommo pontefice per singulare amore quasi contra la voglia di esso Bramante... lo fece ricco ... e con questo insieme con Petro Perugino, Luca di Cortona et ... Pinturicchio ne siamo ritrovati in casa sua da esso invitati ad una cena.“ s. diese Stelle ausführlich bei Vermiglioli. Pintur. S. 5. Vasari zählt sodann als Arbeiten Perugino's in den Stanzen die Gegenstände auf, die wir noch heute dort finden.

sich bei einem Auftraggeber wie Julius über den Entschluss ebenso wenig wundern, wie man ihn vom Standpunkt der Kunstgeschichte missbilligen darf. Oft ist die Rücksicht gelobt worden, welche Rafael gegen seinen Lehrer bewiesen habe, indem er dessen Malereien im Burgbrand-Zimmer stehen liess, und wir glauben gern, dass der junge Meister sich dieser Pietätshandlung aufrichtig gefreut hat, doch muss man nicht vergessen, dass er ebenso viel für Bazzi und Peruzzi that. Wenn man billig urtheilt, wird man Perugino's Deckenbilder nicht zu den Werken zählen, die seinen Namen verherrlichen, denn die Hauptdarstellungen sind ziemlich nachlässig gemalt und die umgebenden grau und grün gehaltenen Rahmen mit eingestreuten Köpfen von Frauen und römischen Kaisern in Rundfeldern sind schwerer und von gröberem Geschmack als die im Cambio zu Perugia:

Rom. Vatican. Es sind vier Rundfelder, das erste enthält Gott-Vater in einer Glorie von Cherubköpfen, unterhalb zwei knieende Engel, links ein betendes Weib, rechts ein anderes mit Schwert und Wage; das zweite: Gott-Vater, der Segen spendend zwischen zwei Engeln sitzt; das dritte: Gott-Vater zwischen zwei Engeln, unten links Christus mit dienenden Engeln, rechts Satan als Versucher mit Bart und Hörnern, ein Brod in der Hand; das vierte: Gott-Vater, darunter Christus segnend unter den knieenden Aposteln und die Taube des heiligen Geistes. —

Zusammen mit Signorelli und Pinturicchio verliess Perugino Rom wieder und wendete sich auf mehrfachen Umwegen in die Heimath zurück. Vermuthlich blieb er zunächst einige Zeit in Assisi, um die Aussenwand am Heiligthum des Franciscus in der Chiesa degli Angeli mit einer Kreuzigung zu schmücken, welche jedoch fast gänzlich zerstört ist,[134] und ging dann nach Siena. Dort ver-

[134] An der dem Chor gegenüberliegenden Seite der Portiuncula-Kapelle ist das Stück einer Kreuzigung aus der Tünche aufgetaucht, während der untere Theil nach Angabe des Verfassers der „Glorie della Sacra Porziuncula oder des Compendio storico di S. M. degli Angeli" (Perugia 1858 S. 78) bei Abräumung der Chöre zerstört wurde. Die Ueberbleibsel enthalten die Gruppe der ohnmächtigen Maria mit den Frauen, die in der Anordnung dem Zusatz Perugino's zur Kreuzabnahme des Filippino in der Servitenkirche zu Florenz entspricht (s. oben S. 241), aber noch mehr Beweglichkeit hat; die Figuren sind weich charakterisirt. Ein anderes Bruchstück an derselben Stelle — die Jungfrau lesend — ist zu sehr beschädigt, um genau beurtheilt werden zu können, scheint jedoch umbrischer Herkunft; darunter liest man: „A. P. 1830 Antonius Castellani restauravit."

kaufte er ein umfangreiches Gemälde an die Familie Vieri, das bei der Vollendung am 5. September 1510 von Girolamo di Benvenuto, Pacchiarotti, Genga und Pacchia abgeschätzt wurde,[135] und eine Kreuzigung für den Altar des Fürsten Chigi in S. Agostino, das infolge schlechter Erhaltung kaum einen Schluss auf die damalige Handweise zulässt, aber trotz der Gewöhnlichkeit der Anordnung immerhin sehr empfindungsvolle Köpfe und Figurengruppen von gutem Verhältniss und ansprechender Bildung aufweist.[136] — Von dort besuchte Perugino, wenn wir Vasari Glauben schenken, noch einmal Florenz und schätzte daselbst 1510 ein Verkündigungsbild von Mariotto Albertinelli ab;[137] dann soll er eine Madonna mit Kind zwischen Petrus und Paulus für den Bischof von Perugia Agostino Spinola von Savona gemalt haben.[138] 1512 legte er seine Ersparnisse in Land- und Hausbesitz zu Perugia an, aber für die Zwischenzeit von 1510—12 haben wir leider keine Nachweise über seine Thätigkeit.[139]

Siena S. Agostino.

Das nächste künstlerische Zeugniss, das uns Perugino hinterlassen, ist das Weih-Bild eines Kriegers zur Erinnerung an überstandene Noth. Während des Kampfes unter Gaston de Foix im Jahre 1512 um den Besitz der Romagna war ein Feldhauptmann der Baglioni, der Peruginer Boto da Maraglia, in französische Gefangenschaft gerathen; nach seiner Auslösung bestellte er das

---

[135] Die Urkunden in Doc. Sen. III, 47. Das Bild ging 1655 in S. Francesco zu Siena bei einem Brand zu Grunde. vgl. auch Fineschi, Guida di Siena S. 162.

[136] Beide Stücke bei Vasari VI, 38 erwähnt. Die Heilandsfigur auf der Kreuzigung ist übermalt, wodurch Schatten und Umrisse schwarz und hart geworden sind, die Verhältnisse sind jedoch schön und naturwahr. Zu jeder Seite des Kreuzes knieen zwei heilige Frauen, rechts sieht man Johannes den Evang. aufrecht in Trauer, den Täufer aufwärts auf Christus deutend und Hieronymus mit dem Stein in der Hand, niedergeworfen und ebenfalls aufschauend; links Maria stehend, eine der Frauen hinter ihr, vorn einen Mönch auf den Knieen. Zwei Engel in fliegender Haltung fangen rechts und links das Blut Christi in Gefässen auf. Den Hintergrund bildet reiche Landschaft. Das Ganze, obwohl aufgefrischt, droht abzublättern. — (Lebensgrosse Fig., Oel auf Holz.)

[137] Vasari VII, 185.

[138] s. Ratti bei Orsini in Mezzanotte's Vita di Perugino. S. 130.

[139] s. Mariotti, Lett. pitt. S. 177 und S. 171, wo eine Urkunde mitgetheilt ist, nach welcher P. die Zeichnung zu einem in Silber auszuführenden Schiff mit Zierrathen von Rossen und Blattwerk und 19 Figuren geliefert haben soll.

Gemälde, welches Perugino mit schneller Hand in Deckfarben auf Zeug gemalt hat und das noch heute in der Minoritenkirche zu Bettona bewahrt wird, wo noch ein zweites Bild des Meisters sich befindet:

Bettona. Boto kniet baarhäuptig und blickt zu dem lebensgrossen Antonius empor, der in einer Hand das Feuer, in der andern das Buch hält. Weihschrift, Jahrzahl und Perugino's Name stehen am untern Ende: „Petrus pinxit de castro Plebis.“ [140] — Das andere Stück ist eine Tafel mit der gnadenreichen Jungfrau, die Männer und Frauen unter dem Kleide birgt; zur Seite die Heiligen Manno und Hieronymus. Maria hat naturwahren Ausdruck, Manno angenehme Jugendlichkeit; Hieronymus kniet mit gekreuzten Armen. Im linken Vordergrund eine ältliche Stifterfigur in grauer Kleidung und Mütze, hinter Hieronymus die Stifterin in Schwarz. [141]

Beide Bilder sind einander sehr ähnlich und vertreten diesen Zeitpunkt der Entwickelung des Meisters gut. Sie sind mit leichter Temperafarbe gemalt, die Figuren schön gezeichnet in guten Verhältnissen und mit geschmeidiger Geberde, aber die alte Sorgfalt der Durchführung macht sichtlich einem nachlässigeren Verfahren Platz.

Damals trat nun Perugino auf's Neue mit den Mönchen von S. Agostino zu Perugia in Verhandlung, für deren Kloster er vor 10 Jahren ein Altarbild hatte malen wollen; [142] bis zum Jahre 1514 beschäftigte ihn dieses umfangreiche Stück anhaltend, blieb aber schliesslich doch unvollendet, als der Meister mehrere andere Aufträge für seine Vaterstadt bekam. Dorthin lieferte er für den

---

[140] Vorausgeht: „Boto de Maraglia de Peroga quando fo pregione de Franciose che fo adi XI de febraio MDXII.“ Die Oberfläche ist verfärbt, der Himmel abgeschabt, der untere Theil der Beine des Ritters (in rothen Hosen) zerstört.

[141] Zwei senkrechte Sprünge zertheilen die Mariengestalt und den heil. Hieronymus; Maria's blauer Mantel ist nur theilweise im alten Zustand, durch's Alter verdunkelt, die rothe Tunica ist übermalt, die Köpfe der drei Hauptfiguren beschädigt. Von den beiden fliegenden Engeln über Maria ist einer theilweise entstellt, vom Himmel Einiges erneut. Das untere Stück der Tafel, die in Oel gemalt ist und $6^{1}/_{3}$ zu $4^{1}/_{2}$ Fuss misst, neu aufgemalt.

[142] Wir besitzen eine schriftliche Nachricht v. 30. März 1512 von Perugino's eigener Hand und in seiner fehlerhaften Weise abgefasst, die mit anderen Papieren in Città della Pieve gefunden worden ist und worin er den Prior von S. Agostino bittet, seinem „garzone“ Bartolommeo einen Sack Getreide gegen dessen Quittung zu liefern. Das Facsimile des Originals gibt Mezzanotte a. a. O., 300.

Prior von S. Gervasio eine schwache Darstellung der glorreichen Jungfrau mit anbetenden Heiligen[143] und sodann als Fresko für S. Antonio[144] den thronenden Antonius Abbas mit heiligen Genossen und Gott-Vater im Bogenfeld darüber:

Maria ist von einer Glorie von Cherubköpfen umgeben, zur Seite zwei betende Engel in fliegender Bewegung; unten die Heiligen Petrus und Paulus, Protasius und Gervasius, letztere Fahnen mit dem Stadtwappen von Città della Pieve tragend. An einer Wand hinter den vier Heiligen steht: „Petrus Cristofori Vannutii de Castro Plebis pinxit MD.XII.I. — Der Antonius (jetzt in S. Agostino) sitzt in riesiger Grösse segnend mit dem Stab in der Linken; Zierwerk von nachgeahmtem Marmor umsäumt Hauptbild und Lünette, welche Gott-Vater in mandelförmiger Glorie enthält. Rechts und links neben dem Throne des Heiligen sieht man den Himmel. Città d. P. Dom. S. Agostino.

Gleiche Freiheit und Hast des Machwerks stellen die Ueberbleibsel einer Kreuzabnahme mit der Jahreszahl 1517 in S. Maria de' Servi (früher Compagnia della Stella) in Città della Pieve zur Schau, wo die Gruppe der ohnmächtigen Jungfrau in den Armen der Marien erkennen lässt, wie sehr Perugino überzeugt gewesen ist, in der Behandlung desselben Gegenstandes auf dem Bilde Filippino's sein Bestes gethan zu haben; doch hatten die Jahre sein Gefühl noch nicht abgestumpft.[145] — Das Martyrium des heiligen Sebastian von 1518 in der Gallerie zu Perugia[146] ist wohl als eine Schülerarbeit anzusehen und jeden- Città d. P. Servi. Perugia. Gall.

[143] Das Bild befindet sich jetzt im Dom zu Città della Pieve. Es wurde 1513 vom Prior Marchisino Cristophori Manni und Anderen mit der Bestimmung bestellt, dass es gegen 120 Gulden zu 11 Bolognini binnen Jahresfrist vollendet würde. s. Orsini a. a. O. 122. Es ist in Oel auf Holz gemalt.

[144] Jetzt von der Wand abgenommen, auf Leinwand übertragen und nach S. Agostino versetzt, da die Mauer der Kirche S. Antonio durch das Erdbeben von 1860 gelitten hatte.

[145] Das Gebäude, worin die Ueberreste von Perugino's Fresken noch sichtbar sind, ist durch Einbau von Zwischenböden sehr verändert worden. Infolge dessen ist der untere Theil des Bildes, das allein übrig geblieben, nur mit Laternenlicht zu sehen. Auf der einen Wand bemerkt man links die erwähnte Mariengruppe, dann folgt der Kreuzstamm mit zwei Leitern, jede von einem Mann gehalten und auf jeder noch die Beine eines Mannes, rechts vier Figuren. Auf der rechtwinklig an diese stossenden Wand sieht man (fast ganz zerstört) Spuren einer Himmelfahrt mit folgender Inschrift darunter: ... . esta hopera fero depengere la compagnia della S... Cossi data in li anni dñi MDXVII." Nach Prof. Rossi (s. Marchesi's Cambio S. 323) folgte noch „Petr", doch ist diess jetzt nicht mehr kenntlich. — Gewöhnlich werden diese Fresken ins Jahr 1514 gesetzt. s. Comment. zu Vasari VI, 63.

[146] Nr. 164, Holz. Ursprünglich für S. Francesco de' Minori Conventuali in

falls sehr schadhaft. — Aus dem Jahre 1521 haben wir zunächst die 6 Heiligengestalten aufzuführen, mit welchen Perugino das im Jahre 1510 von Rafael in S. Severo zu Perugia gemalte Freskobild der Dreifaltigkeit vervollständigte: sie nehmen den unteren Streifen der Wand zu den Seiten einer Nische mit der plastischen Mutter Gottes ein, sind aber jetzt in so traurigem Zustande,[147] dass über den künstlerischen Werth keine Rechenschaft mehr gegeben werden kann. — Anders ist es mit Wandbildern aus der nämlichen Zeit in S. Maria Maggiore zu Spello, welche noch immer grosse Achtung vor der Künstlerkraft des bereits in die Mitte der 70ger Jahre vorgeschrittenen Meisters einflössen, wenn auch die Frische und Handfestigkeit vergangener Tage nachgelassen hat:

Perugia. S. Severo.

Spello. S. M. Magg.

Unter den Fresken in der Collegiatkirche S. M. Maggiore hat den meisten Anspruch auf Echtheit die Pietà an einer Flachsäule nahe dem Hochaltar, welcher (auf zwei vom Thronhimmel herabhängenden Bändern) Perugino's Name mit der Jahreszahl 1521 beigefügt ist: Maria sitzt, den Leichnam des Sohnes auf dem Schoosse, Magdalena und Johannes stehen trauernd seitwärts im Vordergrund; über einen niedrigen Verschlag hinter dem Throne erblickt man Himmel und Landschaft; an jeder Ecke des Throndaches ist ein Cherubkopf, vor Magdalena eine Vase auf buntfarbigem Marmorgetäfel angebracht. Gesichter und Ausdruck der Hauptfiguren sind schön und voll Schwermuth, aber die schmalen Schultern und der mangelhaft verkürzte linke Arm des Heilands sowie die Vernachlässigungen in der Gewandzeichnung und in den zur Charakteristik des Schmerzes eckig gebildeten Augen und andererseits die straffen, aber zitternd gezogenen Umrisse deuten allerdings unverkennbar auf Abnahme des Darstellungsvermögens und der Sicherheit des Striches. Dagegen ist die Färbung kühn und geschickt. Die Inschrift lautet: „PETRVS DE CHASTRO PLEB — PINSIT A. D. MDXXI.[148] Das Gegenstück am Pfeiler der

---

Perugia gemalt. Es enthält drei halblebensgrosse Figuren (den Heiligen und zwei Schützen); die Oertlichkeit ist ein Säulenhof, durch den man auf Landschaft hinausblickt. Am Sockel des Sebastian die Inschrift: „An D. 1518."

[147] Es sind nach Angabe und Schreibart der Unterschriften in der Reihenfolge von links nach rechts: „S. Scholasticha, S. Hyeronimus, S. Gio. Evangelista, S. Gregorio magno, S. Bonifatius M., S. Marta V. M." Auf sie bezieht sich die seitliche Inschrift oben rechts: „Petrus de Castro Plebis Perusinus tempore domini Silvestri Stephani Volaterrani a destris et sinistris div. Christipherae sanctos sanctasque pinxit AD. MDXXI." Im Städel'schen Institut zu Frankfurt a. M. befindet sich (N. XVII.) eine Aquarellzeichnung von J. A. Ramboux nach dem Fresko von S. Severo, welches die frühere Beschaffenheit des Werkes vor Augen stellt.

[148] An der Thronstufe steht ferner: „Michāl āgelus Andinez."

anderen Seite stellt nur die Jungfrau mit dem Kinde zwischen Katharina mit Palme, Buch und Rad und Blagius dar und bezeichnet dieselbe Stufe von Perugino's absteigender Kunst; die Bildung der Hauptfiguren ist schwach und fehlerhaft, die Umrisse verrathen ebenfalls zitternde Hand.[149]

Ist der Vortrag des ersteren Bildes bei der überaus dünnflüssigen Farbe schon so leicht, dass die Oberfläche nur schwach gedeckt wird und die Linien der Bause überall durchscheinen, so verräth das zweite, bei welchem der Wandbewurf für die Lichter der Fleischtöne benutzt ist, eher noch grössere Flüchtigkeit. Die hier bemerkten Schwächen werden nun vorstechendes Merkmal eines gleichzeitig entstandenen Bildes der Anbetung der Könige in der Madonna delle Lagrime zu Trevi, wohl der oberflächlichsten Arbeit, die je unter des Meisters Namen in die Welt gegangen ist:

Maria sitzt vor der Hütte, zwei Könige knieen links und rechts ihre Gaben reichend, der eine von der Jungfrau, der andre vom Kinde begrüsst, Joseph steht rechts etwas zurück; links von der Hütte der Stall mit den Thieren und in der Ferne die Verkündigung an die Hirten; auf jeder Seite noch eine Gruppe. Das Ganze sieht man durch ein Bogen-Portal, an dessen Seiten Petrus und Paulus stehen. In dem Zwickel des Bogens die Verkündigungsfiguren. Das ganze Wandbild ist von rechtwinkligem Rahmen mit erhabenem Zierwerk umschlossen. An der Thronstufe die Inschrift „Petrus de Castro Plebis pinxit.[150] Trevi Mad.d.Lagr.

Während Perugino über dem Bilde arbeitete (im Sept. 1521) theilte der Vice-Legat von Perugia dem Podestà zu Trevi brieflich mit, der Prior von S. Agostino habe einen Sachverständigen zur Abschätzung des nicht lange zuvor überm dortigen Hochaltar

[149] Maria's Kopf ist rund und ruht auf sehr dünnem Halse, das Kind hat ältliche Züge und die Gruppe ist überhaupt schwach; der Mantel M's. schadhaft. Katharina zeigt anmuthige Haltung und hat einen schönen Kopf. Auf dem Getäfel des Thrones steht: „EX SPEIS IOANNE BERNARDELLI AD MDXXI DIE XXV APRILIS."

[150] Die linke Gruppe wie auch die Gestalt des Petrus ist sehr beschädigt, das Christuskind buckelig mit vortretendem Unterleib, die Figuren insgesammt ärmlich; am besten noch Maria und Joseph. Der Grund dient als Licht, die Schatten sind grünlich-grau unterlegt, nur hier und da mit unsichern Strichen übergangen. Die äussern Gliedmaassen sind fehlerhaft gezeichnet, die Nägel z. B. an falschen Stellen, die Fleischtöne plump und durch übermässige Anwendung von Roth entstellt.

aufgehängten Bildes ernannt, was dem in Trevi weilenden Meister gemeldet werden möchte, — ein werthvoller Brief, welcher über die Entstehung des uns hier beschäftigenden Gemäldes in Trevi belehrt und auch für die Bestimmung des jetzt in S. Agostino zu Perugia befindlichen als Urkunde wichtig ist.[151] Das letztere, ein sehr umfangreiches Werk in Oel mit lebensgrossen Figuren kann heute nur noch mit Schwierigkeit zusammengestellt werden, da seine Theile in alle Welt verstreut sind:

Perugia. Es hatte ursprünglich zwei Vorderseiten: das Mittelstück der ersten bildete die Geburt Christi[152] (Maria und Joseph zu beiden Seiten des am Boden liegenden Kindes knieend, zwei Engel über der Hütte, in der Ferne die Verkündigung an die Hirten) und eine Pietà[153] (Christus auf dem Rande des Grabes sitzend von Joseph von Arimathia gestützt, die Arme von Maria und Johannes knieend gehalten); die Flügel enthielten die Heiligen Sebastian und Irene,[154] Hieronymus

Grenoble. und Magdalena.[155] — Das Hauptstück des zweiten war die Taufe Christi[156] an Form und Gepräge der Geburt gleich, doch mit schlankeren Figuren und sehr aufgefrischt; zu den Seiten je ein Engel in der Landschaft, am Himmel die Taube zwischen zwei Seraphim), da-

Toulouse. rüber Gott-Vater in der Glorie; auf den Flügeln Augustin und Johan-

Lyon. nes der Evangelist,[157] Jakobus der Jüngere und Gregor.[158] Zehn Rund-

---

[151] Mittheilung des Hrn. Prof. Adamo Rossi in Perugia.

[152] Jetzt in der Gall. zu Perugia, Nr. 23. Ziemlich schwach und von blassem Ton, der weisse Kreidegrund schimmert durch die Fleischfarbe.

[153] Jetzt in S. Pietro zu Perugia. Wie Mezzanotte a. a. O. S. 144 berichtet, gelangte es dorthin nach dem Frieden von 1815 in Tausch gegen die Himmelfahrt. Es hängt an einer Wand links beim Eintritt in die Kirche. Die Farbe ist so dünn und durchsichtig, dass man die Grundirung erkennt; bei den Füssen u. an anderen Theilen ist diese als Licht benutzt.

[154] Diese beiden in der Gall. zu Grenoble Nr. 51, nicht von den Verfassern gesehen.

[155] Jetzt in der Gall. zu Perugia Nr. 56: Hieronymus stehend und die Brust mit dem Steine schlagend, der Löwe zu Füssen; Magdalena mit dem Salbgefäss. Hier ist der gelbe Vordergrund von stärkerem Farbenkörper als die übrigen Theile, die Farbe von sattem Auftrag in Schatten und Gewändern, und von halbem Körper in den Lichtern, hier und da mit strichweiser Nachhilfe in den Fleischtönen. Die Füsse sind leicht gefärbt, Einzelheiten, wie Nägel, voll aufgesetzt, die Zeichnung ziemlich nachlässig und gewöhnlich.

[156] Gall. zu Perugia Nr. 41. Der Himmel frisch aufgemalt. —

[157] Jetzt in der Gall. zu Toulouse Nr. 42: Augustin in grossartiger Haltung im Ornat mit Buch und Kreuzfahne, Johannes auf eine Bibelstelle deutend, beide aufrecht in einer Landschaft. Die Behandlung dem Bilde Nr. 56 in der Gall. zu Perugia gleich. Senkrechter Sprung.

[158] Im Museum zu Lyon Nr. 155: Auf dem Banner Gregor's das Wappen von Perugia: Behandlung gleich dem vorigen Heiligenpaare; ebenfalls senkrecht gesprungen.

bilder mit den Evangelisten, vier Propheten[159] und den Verkündigungsfiguren,[160] sowie zwei Doppelstaffeln links und rechts[161] vollendeten das Ganze. Nantes. Strassburg.

Keine dieser Tafeln vertritt Perugino's früheren Stil; den beiden Hauptbildern (Geburt und Taufe Christi) fehlt es zwar nicht an Grossheit der Erfindung und Zeichnung, aber die flache Farbe und die schwache Rundung der Figuren erinnert an die Madonna in Bettona von 1512, und man würde unsere Bilder unbedenklich diesem Zeitraum zuweisen können, wenn die vielfache Uebermalung das Urtheil nicht unsicher machte. Die übrigen Theile, mit Ausnahme der Staffel und der Evangelisten, sind unter einander gleich; sie haben alle kräftigen Ton und lassen noch wenig von der Lahmheit bemerken, welche die Werke in Spello und Trevi kennzeichnet; sie haben Verwandtschaft mit den Arbeiten in der Compagnia della Stella in Città della Pieve. Die Pietà verdient wegen der leuchtenden Durchsichtigkeit der Farbe und um der meisterhaften Leichtigkeit willen hervorgehoben zu werden, mit welcher die Umrisse schliesslich mit dem Pinsel nachgezogen sind. In der Anordnung ähnelt das Bild einer Darstellung Fra Bartolommeo's und Mariotto Ablertinelli's: der nackte Körper ist so geschmeidig und die Verhältnisse so bestimmt wie man sie auch bei Perugino nicht häufig antrifft. Die Gestalt des seg-

[159] Zwei davon, Daniel u. David, Nr. 42 und 24, in der Gall. zu Perugia, die beiden anderen sind wahrscheinlich die in der Gall. zu Nantes.

[160] Das Original der Annunziata (fälschlich als „S. Appollonia", bei Passavant, Rafael III, 173 als „S. Apollinara" bezeichnet) befand sich im Museum zu Strassburg und ist dort bei der Beschiessung im Kriege von 1870 zu Grunde gegangen. Eine Copie des Bildes (von Sanguinetti) ist in S. Agostino in Perugia zurückgeblieben. Hier am ursprünglichen Standort befinden sich noch die 4 Evangelisten (jetzt im Chor, sehr schwach) und Gott-Vater in der Glorie. Letzteres Stück (jetzt im rechten Quer-Schiffe der Kirche über einer Thür) besteht aus 5 Theilen ohne Naht, (? im Gipsgrund: Gott-Vater sitzt auf einer Wolke in mandelförmigem aus Cherubköpfen gebildeten Heiligenschein, umgeben von allerlei himmlichen Schaaren. Erwähnt ist das Altarbild von Vas. VI, 44.

[161] Die jetzt in der Gall. zu Perugia befindlichen Predellenstücke sind: Anbetung der Könige (Nr. 247), Predigt Johannes des Täufers (ohne Nr.) Hochzeit zu Kana (ohne Nr.), Beschneidung (Nr. 237); das erste besser erhalten als die übrigen, das zweite sehr schadhaft, das dritte und vierte sehr schwach und stark beschädigt. — Ausserdem besitzt dieselbe Gallerie noch 8 kleine Tafeln mit Heiligen, zweifelhaft, ob ursprünglich Bestandtheile der Altartafel, aber von gleicher Hand wie die Staffelbilder: es sind Nicolaus von Tolentino, Laurentius, Augustin, Monica, Lucia, Hieronymus, Herculan und Agatha.

nenden Gott-Vaters mit der Weltkugel zeichnet sich durch Adel der Formen und der Haltung, kühne und doch naturgerechte Zeichnung aus; auch der Gegensatz von Licht und Schatten und das in entschieden warmer Färbung gehaltene Fleisch ist sehr wirksam. Aehnliches Lob verdienen die Heiligen-Paare, dagegen wird man es in den Staffelstücken und den Evangelisten wohl mit Schülerarbeiten zu thun haben, die nach Perugino's Tode hinzugesetzt sind, und vielleicht darf man sie am füglichsten als Leistungen des Manni oder des Eusebio di S. Giorgio ansprechen; nur sind sie durch Einflüsse des Alters sehr beweislos geworden. Im Ganzen erwogen muss die Entstehung des Altarbildes von S. Agostino in die Jahre zwischen 1512 und 1517 gesetzt werden. Es beweist, dass Perugino's eigenhändige Malereien dieser Zeit künstlerischen Verdienstes durchaus nicht ermangeln.

Je weiter wir aber nun der Altersthätigkeit des Meisters nachgehen, desto spärlicher werden zuverlässige Nachrichten. Bis sie uns eines Besseren belehren, möchten wir das Bild im Museum zu Marseille derselben Zeit zuweisen, welcher die Hauptbestandtheile des Altarstückes von S. Agostino angehören. Das Gemälde, erst lange im S. Annen-Kloster in Perugia und im 18. Jahrhundert nach S. Maria fra Fossi versetzt,[162] enthält eine höchst seltsame Familiengruppe: die Marien der heiligen Schrift als Mütter mit Jesus und mehreren Aposteln als kleinen Kindern:

Marseille Museum.

Inmitten auf hohem Throngestell, das in einer offenen Halle mit Ausblick auf Landschaft angebracht ist, sitzt Maria das Kind auf ihrem Schoosse am rechten Aermchen fassend, während die heilige Anna hinter ihr stehend ihr die Hände schirmend auf beide Schultern legt; zur Linken eine Gruppe, bestehend aus Maria Kleophas mit dem kleinen Jacobus minor, der sich an die Mutter schmiegt, daneben am Boden stehend Josephus Justus und hinter ihm der heilige Joseph; die Gruppe rechts umfasst Maria Salome mit Johannes im Arm, am Boden Jacobus den Aelteren, im Hintergrunde Joachim; auf der untersten Thronstufe sitzen Simon und Thaddäus scheinbar im Gespräch und miteinander spielend; die Kinder sämmtlich nackt oder nur mit Wickelbändern versehen. Am Thronsockel die Aufschrift: „PETRVS

---

[162] s. Mezzanotte a. a. O. S. 150.

DE CASTRO PLEBIS PINXIT."[163] — Die Figuren sind lebensgross, die ganze Anordnung ansprechend und innig und von trefflichem Verhältnissgefühl, die Zeichnung ist grossartig, der Vortrag frei und kühn, die Farbe von mässigem Körper (sodass die Zeichnung durch die Fleischtöne schimmert) aber mit sehr breiter Pinselführung und in einmaligem Strich aufgesetzt.

Die beiden letzten Wandbilder Perugino's, ehemals im Kloster S. Agnese zu Perugia und in der Kirche zu Fontignano (dieses aus dem Jahre 1522) sind von der Mauer abgesägt. Letzteres ist nicht einmal in Perugia geblieben, sondern in das Kensington-Museum nach England gekommen, wo es als naher Nachbar der Madonna von Pavia in der Nationalgallerie von dem grossen Abstand zeugt, der den Höhepunkt der Künstlerkraft des Meisters von den Erzeugnissen seines Greisenalters trennt:

Die 8 Figuren dieser Anbetung des Kindes sind lebensgross und in ganz symmetrischer Anordnung, immer eine knieend und eine stehend, ohne alle Gruppirung nebeneinandergereiht, in ihrer Mitte der Knabe, hinten das Balkenhaus mit Ochs und Esel und zwei fliegenden Engeln darüber (jetzt nur noch Umrisse).[164] Kensington. Museum.

Das Fresko von S. Agnese zu Perugia (jetzt ebenfalls abgenommen und in der Cappella della Consolazione bewahrt) stellt Maria aufrecht mit erhobenen Armen dar, über ihr zwei Engel, unterhalb die heil. Elisabeth von Ungarn und von Portugal, und in Nischen zur Seite eine gute Figur des heil. Antonius Abbas und Antonius von Padua.[165] Perugia.

Während man für die ärmliche Leistung in S. Agnese nicht unbillig den Eusebio da S. Giorgio wird verantwortlich machen dürfen,

---

[163] Marseille, Mus. Nr. 169, auf Holz. Die Namen der einzelnen Figuren sind in ihre Heiligenscheine eingeschrieben. Die Kinder haben durchgehends etwas schwere Formen, besonders Simon u. Thaddäus. Das Bild hat zwei oder drei senkrechte Sprünge, etliche Köpfe sind fleckig, die landschaftliche Ferne zum grossen Theil übermalt. — Eine alte Copie des Bildes befindet sich in der Gall. Castelbarco in Mailand, eine Nachbildung der Gruppe des Simon und Thaddäus auf Leinwand in der Sacristei von S. Pietro in Perugia wird dem Rafael zugeschrieben (s. Passavant II. S. 4). Eine zweite Copie des ganzen Bildes (Papier auf Leinwand gezogen) besitzt die Sammlung des Herzogs v. Northumberland zu Alnwick.

[164] Das Bild, aus der Hospitalkirche zu Fontignano, wurde auf Leinwand übertragen und stand bis 1862 zu Kauf bei Herrn Angelo Morrettini in Perugia. Auf einer von Ramboux gezeichneten Aquarellskizze der ganzen Wand sicht man noch die Heil. Rochus und Sebastian, welche ehemals unterhalb an den Seiten angebracht waren und in den Besitz des Conte della Porta gekommen sein sollen.

[165] Die Umrisse der Madonnengestalt sind schlecht, die Geberde unnatürlich, die Figuren, mit straffen Strichen

erscheint das Fresko aus Fontignano gleichsam als letztes Aufleuchten einer ersterbenden Flamme, obgleich die Spuren der Hinfälligkeit überwiegen; so wirkt neben der schönen Mariegestalt das plumpe Jesuskind, ferner der stellenweis unterbrochene und dann mit unsicherer Hand wieder aufgenommene Faltenzug, endlich das mühsame Verfahren im Auftrag der Grundfarben; das Ganze ist eine schadhafte Reliquie, steht aber doch an künstlerischem Werth noch über der Anbetung des Kindes in Trevi. —

Als der greise Meister, bis zuletzt von unermüdlicher Betriebsamkeit, in Fontignano arbeitete, brach in der Landschaft von Perugia eine Seuche aus, die überall Schrecken verbreitete. Es wurde angeordnet, dass bei Todesfällen infolge der Ansteckung die kirchlichen Gebräuche unterbleiben sollten.[166] Dieses Ausnahmegesetz traf auch den Künstler, der ein langes fruchtbares Leben an die Verherrlichung heiliger Geschichten gesetzt: Perugino starb und wurde im freien Feld bei Fontignano begraben. Seine Söhne[167] erbaten von den Mönchen in S. Agostino (1524), dass sein Leichnam ausgegraben und auf geweihtem Boden zur Ruhe gelegt würde;[168] zum Dank dafür setzten sie einen Geldbeitrag zur Vollendung der unfertigen Theile am Altarstück ihres Vaters aus.[169] Wenn ihre fromme Absicht in der Unruhe der folgenden Zeit unerfüllt blieb, so verliert ihre Handlungsweise dadurch nicht an Werth. Die sterblichen Reste Perugino's aber blieben in dem Boden, den die Noth des Augenblicks angewiesen, und heute weiss Niemand mehr die Stelle, wo der grosse Meister ruht.[170]

---

gezeichnet, stehen unsicher auf der Bildfläche, die Gewandung ist stillos. Mezzanotte a. a. O. S. 163 behauptet, an Maria's Mantelsaume die Inschrift „Petrus pinsit" gelesen zu haben und darunter die Jahrzahl 1522. — In der Cappella della Consolazione sieht man ein zweites Bild von gleichem Stil: Maria und Johannes den Evangelisten zu den Seiten eines Holzkreuzes, und 2 Engel oberhalb (lebensgr. Figur.), ferner einen Sebastian von kleinerem Körpermaass, von mangelhafter Bildung, aber mit belebter Geberde, dann einen heil. Rochus und Gott-Vater.

166 s. Mezzanotte, S. 184 und Tranquilli bei Mariotti a. a. O. 189.

167 Perugino hinterliess 3 Söhne: Francesco, Michel-Angelo und Giovanni Battista. Den Stammbaum der Familie gibt Orsini a. a. O. 237.

168 Perugino hatte sich im J. 1515 die Kirche S. Maria de' Servi in Florenz zur Ruhestätte für sich und die Seinigen ersehen. s. die Urkunden bei Gualandi, Memorie, Ser. IV. S. 115.

169 Der Beleg darüber ist mitgetheilt bei Mariotti, Lett. Anm. zu S. 182 ff.

170 Der Behauptung Vasari's (VI, 51), dass Perugino kirchliches Begräbniss er-

Seine Ansprüche auf Unsterblichkeit aber beschränken sich nicht auf die Werke, die wir im Laufe der Lebensschilderung beleuchtet haben; noch zahlreiche Bilder, die theils urkundlich oder sonst mit Grund, theils ohne Recht ihm zugeschrieben werden und deren Hauptmasse wir im Folgenden überblicken, sind in Kirchen und Gallerien in und ausserhalb Italiens vorhanden.

Versch. Bilder.

Perugia, ehemals in S. Maria Nuova, jetzt in der Stadtgall. Nr. 2: Verklärung Christi, Temp. auf Holz, eine Verkleinerung (Umdrehung von rechts nach links) von der Zeichnung zum gleichen Bilde im Cambio (es hat durch alten Firniss einen krystallartigen röthlichen Ton angenommen, auch ausgedehnte Auffrischung erfahren). Die Staffel dazu (ebenda ohne Nr.) enthält die Geburt Christi und daneben Verkündigung und Taufe. Die Schönheit und Frische dieser Temperastücke gewährt höchst vortheilhaften Rückschluss auf die ursprüngliche Beschaffenheit des Hauptbildes. Die Anordnung ist die gewöhnliche, die Geburt Christi erinnert an die Altartafel in Fano; Maria's Geberde deutet auf florentinische Vorbilder. Die Darstellung der Taufe weicht nur dadurch von dem genannten ab, dass auf der rechten Seite der Hauptgruppe zwei nackte Figuren hinzugefügt sind. — Hauptbild und Staffel müssen in Perugino's beste Zeit gesetzt werden.[171]

Perugia, ehemals in S. Francesco de' Minori Conventuali, jetzt ebenfalls in der Gall. Nr. 33: Franciscus zwischen Johannes dem Täufer und Hieronymus, Sebastian und Antonius von Padua (Holz, Oel, lebensgr. Fig.). Es hat seine Klarheit und Durchsichtigkeit eingebüsst; Johannes und Hieronymus am besten erhalten und der Stilweise Perugino's verwandter als die drei übrigen Figuren, welche frische Farbe bekommen haben; ob das Bild vom Meister selbst oder von seinen Schülern herrührt, ist jetzt schwer zu entscheiden.

Perugia, früher in der Confraternità di S. Bernardino, jetzt in der Gall.: Maria mit dem Kinde sitzt in der Glorie zwischen zwei Engeln, zwei Cherubim zu Häupten, drei andere als Stützen der Wolke, worauf sie ruht; zwischen den Heiligen Franz und Bernhardin acht Brüderschafts-Genossen in einer Landschaft, deren Ferne eine Ansicht von Perugia bietet (lebensgr. Fig., Oel auf Leinwand). Das Bild hat ausserordentlich gelitten, ist aber voll Weichheit und Empfindung, das Figurengepräge gleicht dem auf Perugino's Arbeiten aus dem Jahre 1495, wenn das vorliegende Werk auch vielleicht von späterer Entstehung ist. —

---

halten habe, widerspricht die Angabe in den Memorie des Giacomo Giappesi bei Mariotti a. a. O. 186.

[171] Die Darstellung der Anbetung der Könige, welche Vasari VI. 42 in S. M. Nuova in Perugia kannte, haben wir bereits unter Fiorenzo di Lorenzo erwähnt; s. oben S. 166.

Perugia, S. Francesco al Monte, ehemals Wandbild im Bogenfeld, jetzt auf Leinwand übertragen: Geburt Christi nach der Zeichnung zur gleichen Darstellung im Cambio (Fig. halb lebensgr.), zur Hälfte zerstört und die Farbe durchweg abgerieben. Ueberbleibsel einer Anbetung der Könige (ebenfalls von der Wand auf Zeug übertragen) bieten nur wenige Köpfe, das übrige ist unkenntlich (einige Stücke davon jedoch im Besitz des Sign. Fantacchiotti in Perugia). Ein drittes Bogenfeld, enthaltend die Verzückung des Franciscus, roh behandelt, von rothem Farbenton und schadhaft, aber entschieden von Perugino, befindet sich in der Sakristei. Ein viertes gleichartiges Stück (erwähnt bei Vasari VI, 42) — Franciscus vor dem Sultan — ist ganz zerstört.

Perugia, Gall. Connestabili, Ueberbleibsel von Freskoarbeiten: Maria mit Kind (fast lebensgr.) zwischen zwei Engeln in einer Landschaft; ein heil. Herkulan und ein Wappenschild von zwei Kinderfiguren gehalten; sämmtlich sehr schadhaft, aber von perugineskem Gepräge.[172]

Perugia, Stadtgall. Nr. 6: Die Gestalt des Giacomo della Marca, Deckfarbe auf Leinwand, von Perugino, ungefähr aus dem Jahre 1512. — Nr. 38 (früher in S. Martino): Der heil. Hieronymus (Leinwand) von gleicher Art wie der Vorige. — Nr. 7 (ursprünglich in der Küche des Pal. pubblico): drei Halbfig. der Madonna mit K. zwischen dem heil. Joseph und einem Andern (etwas unter Lebensgrösse) von lichtrother Färbung mit spärlicher Schattirung, gehört zu den spätern schwachen Arbeiten des Meisters.

Perugia, S. Agostino (oberhalb der Sakristeithür): Tafelbild der Madonna zwischen Bernhardin und Tommaso da Villanuova, von Vasari VI, 45 als Perugino's Werk bezeichnet, aber vielleicht von Manni (s. später).

Corciano bei Perugia, Pfarrkirche, Chor: Himmelfahrt Maria's, (Holz, lebensgr. Fig., Oel.): Maria von plumper Bildung und kurzem Wuchs, die Engel in den Bewegungen nur wenig verschieden von denen auf dem Altarbilde des Kardinals Caraffa in Neapel; der Fleischton flach und rosig, ohne Helldunkel. Einige unfeine Züge lassen vermuthen, dass Schülerhände das Meiste daran gethan haben. Unten kniet Thomas mit den Aposteln, welche zum grossen Theil nach den Vorbildern des Gemäldes in Lyon behandelt sind. — In der Sakristei derselben Kirche ferner das Stück einer Staffel mit der Anbetung der Hirten und der Verkündigung; Joseph auf dem ersten Bilde ist neu.

Borgo S. Sepolcro, Dom, im linken Querschiff: Himmelfahrt, gute Wiederholung des Lyoner Bildes, sehr aufgefrischt und demzufolge roth. Holz, Oel.[173]

---

[172] Die Stücke scheinen Bestandtheile einer Reihe von Wandgemälden zu sein, welche von Perugino's Schüler Berto di Giovanni gemalt waren. s. Ruhland's Katalog der Samml. Connestabili, Florenz 1871.

[173] Nach Vasari VI. 40 war das Bild in Florenz gemalt.

Neapel, Dom: Himmelfahrt Maria's[174] (Oel auf Holz, oben rund): Maria in schöner Haltung in mandelförmiger Glorie zwischen vier spielenden Engeln, zwei andere halten die Krone über ihrem Haupte, vier mit Instrumenten zu ihren Füssen; unten Thomas mit den Aposteln und Paulus (rechts) mit dem Schwert, links knieend Kardinal Caraffa vom heil. Januarius geschützt. Der untere Theil der Vordergrundfiguren gänzlich erneut, ebenso Landschaft und Himmel. Perugino hat sich offenbar bei dieser grossen Arbeit in ausgedehntem Maasse der Schülerhände bedient.

Neapel, Museum Nr. 267: Maria in einer Landschaft auf einem Rasenhügel sitzend, dahinter die Könige gruppirt (Oel auf Holz). Maria hat im Verhältniss zum Kopf etwas zu breite Schultern und ist in Haltung und Ausdruck ziemlich geziert; die braune Färbung ist ausserordentlich fein verarbeitet, die kleinen Hintergrundfiguren gleichen vielen in späterer Zeit von Rafael und Spagna gemalten.

Montefalco, S. Francesco, Fresko der Geburt Christi,[175] oberhalb Gott-Vater; an den Gewändern und anderen Theilen viel Uebermalung, besonders an dem Engel zur linken Seite Gott-Vaters, an Maria, dem Kinde und Joseph; auch der Vordergrund ist neu. Oberhalb des Bogenfeldes befinden sich von derselben Hand Maria und der Verkündigungsengel rechts und links von einem Ungeheuer. Der Behandlung nach ist dieses Wandbild nicht von Perugino, denn Farbe und Zeichnung sind hart und trocken (s. später Melanzio).

Castiglione del Lago, S. Agostino: Fresko, abgesägt und aufgespannt: Maria mit Kind auf Wolken und zwei Engel mit der Krone; schadhaftes Ueberbleibsel, dem Perugino zugeschrieben, im Charakter seiner Schule.[176]

Florenz, Gall. Pitti Nr. 42: Brustbild der Maria Magdalena, eine Hand auf die andere gelegt, von kraftvollem Ton mit starken braunen Schatten (Holz, Oel), schöne Arbeit aus der Zeit von 1496 bis 1500. — Nr. 340: Maria mit Kind, zwei weibliche Heilige im Hintergrund (Oel, Holz), alte Copie nach Perugino's echtem Tafelbilde in Wien.[177]

Florenz, Chiesa della Calza: Der Gekreuzigte mit Magdalena am Stamme des Kreuzes, an den Seiten Hieronymus, Franciscus, Giovanni Colombini und Johannes der Täufer (Holz, Oel).[178] In dem

---

[174] Für Kardinal Oliviero Caraffa gemalt und aus Florenz nach Neapel geschickt. Vas. ibid.

[175] Ersteres erwähnt bei Aufzählung der Wiederholungen von Compositionen im Cambio zu Perugia s. S. 220), letzteres nach der Zeichnung zum Bilde in der Nunziatella zu Foligno (S. 241).

[176] Fresken sowie ein Crucifix von Perugino sollen sich auch auf Isola Maggiore im Osservantenkloster und in der Kirche S. Angelo nel Campo befinden. — Eine heil. Familie, früher in Cantiano (in der Nähe von Gubbio u. Cagli), nicht von den Verfassern gesehen, ist kürzlich verkauft worden

[177] Belvedere, Zim. III, Nr. 12, röm. Schule.

[178] Aufgeführt bei Vasari VI, 36.

nach dem Kreuze deutenden Täufer, in Giovanni Colombini und Franciscus ist perugineske Stil, in Hieronymus und Magdalena mehr von Signorelli; Magdalena ist die vorzüglichste Figur. Das Bild hat satten Farbenauftrag, stellenweise mit aufgesetzten Strichen in den Schattentheilen, aber die Farbe ist harsch und rauh und dem Perugino unähnlich. Die Derbheit der Christus-Gestalt erinnert an Raffaellino del Garbo. Es bleibt die Wahl zwischen Perugino und Signorelli. —

Florenz, ehem. Kloster S. Onofrio (jetzt Museo egiziaco): Fresko, letztes Abendmahl (lebensgr. Fig.) die Apostel an drei Seiten des Tisches um Christus sitzend in folgender Reihe von links nach rechts: Jacobus der Jüngere, Philippus, Jacobus der Aeltere, Andreas, Petrus, (Christus), Johannes, Bartholomäus, Matthäus, Thomas, Simon und Thaddäus; auf der Langseite vorn allein Judas. Die Anordnung ist florentinisch nach dem Vorbilde Dom. Ghirlandaio's in S. Marco, aber die Ausführung peruginesk, besonders der Hintergrund, welcher Christus in Gethsemane zeigt. Augenscheinlich ist das Bild überarbeitet; es war vor etlichen Jahren so düster, dass es fast unkenntlich wurde. Die Farbe des Tisches ist theilweise abgekratzt, theilweise frisch, auf dem Tischtuch sieht man die Umrisse der Tafel, die grüne Stickerei am Teppich ist neu und stimmt nicht mehr zum Uebrigen, die Umrisse sind schwarz geworden. Die Fleischtheile haben starken Farbenkörper von röthlichem Ton und sind frei und mit sattem Pinsel aufgetragen; die Zeichnung ist mager, die Unterbeine schwach, Finger und Zehen ungenau. Die Figuren sind ihrem Gepräge nach sehr ungleich an Werth, etliche ragen entschieden hervor, Thomas hat gradezu etwas Rafaelisches. Eine Inschrift auf seinem Kleidsaum ist mit einiger Gewalt zu dem Geständniss „Ra...ll. anno MDV" zu bringen.[179] Die Köpfe des Thaddäus, Jacobus und Johannes sind peruginisch mit Anklang an Rafael, die des Andreas und Philippus nicht ohne Schönheit; und die übrigen haben doppelt gewölbte Stirn, vortretende Wangen, gespaltenes Kinn mit rundlichen Umrissen, übertrieben bei Petrus; die straff gezogenen Gewänder erinnern an die Florentiner, doch sind sie nicht stilvoll genug. Die Färbung verräth eine geübte und derbe Hand, was weder zu Perugino noch zu Rafael stimmt. Von den Künstlern, an die man angesichts der Hauptmerkmale erinnert wird, kommen aus Perugino's Schule Giannicola Manni, Eusebio und Gerino da Pistoia am meisten in Frage: die hohe Stirnbildung, die auseinandergezogenen Augen und die geschwollene Zeichnung des Christuskopfes erinnern an Manni, z. B. an seine Arbeiten in der Gall. zu Perugia und im Cambio; Eusebio verbindet Eigenthümlichkeiten Manni's mit Nachahmung Rafael's, führt markigen Strich und liebt grelle Fleischtöne; am scheinbarsten ist uns jedoch hier die Thätigkeit des Gerino. Obgleich Vasari ihn als Lehrling

[179] Zwischen D und V ist ein Kreuz, die V selbst hat einen Strich am rechten Schenkel und die Buchstaben sind übergangen.

Pinturicchio's bezeichnet, offenbaren seine Tafelbilder in Pistoia doch den Schüler Perugino's; auf seinem Bilde von 1509 in S. Pietro zu Pistoia erinnern viele Figuren an Rafael's Jugendstil und ebenso stark an das Fresko in S. Onofrio; auch die Farbe ist von rothem Ton wie dort. Ferner sind die Zeichnungen zu vier Figuren aus dem Abendmahl erhalten und neben ihm ausgestellt; sie sind auf farbigem Papier mit weisser Höhung ausgeführt und sprechen ebenso sehr für Gerino wie gegen Rafael. — Das Fresko wird von einem gemalten Rahmen mit eingestreuten Mönchsköpfen umschlossen, von denen die drei obersten florentinisch und von früherer Entstehung sind als die beiden anderen und als das Hauptbild selbst. Dies führt zu der Vermuthung, dass Gerino, wenn er anders der Maler ist, hier eine Darstellung wiederholt hat, welche sich zuvor bereits an derselben Wand befunden, und diese Annahme wird verstärkt durch einen Stich in der Bibliothek zu Gotha, der von Passavant (III, 161) für Nachbildung einer Composition Perugino's, und zwar der Cena von S. Onofrio in ihrer gegenwärtigen Beschaffenheit angesehen wurde, aber in Wahrheit florentinischen Ursprungs ist und aus dem Ende des 15. Jahrhunderts herrührt: er gibt die Haltung, Geberden und Gliedmaassen des Wandbildes von S. Onofrio, wie sie jetzt noch sind, nur in florentinischer, nicht in umbrischer Stilisirung; die Oertlichkeit ist nicht Säulenhalle mit Tapetenwand, sondern ein geschlossenes Zimmer mit Fenstern; am Schlussbret der Bänke sieht man einen Reiter mit einem Bogen und die Gefangennahme Christi, welche Darstellungen im Fresko durch sternartige Verzierungen ersetzt sind. Die Frage bleibt also: wo ist das Urbild des gothaischen Stiches zu suchen? und ist es das ursprünglich in S. Onofrio befindliche Wandbild gewesen, das von einem peruginischen Schüler nachmals unter Anweis des Meisters neu hergestellt sein mag, während der Auftrag ihm selbst ertheilt war?[180]

Rom, Palazzo Sciarra, Zimmer IV, Nr. 26: Sebastian am Pfeiler festgebunden, Hintergrund Säulenhalle, durch welche man auf Landschaft hinausblickt (Oel auf Holz, lebensgross). Am Sockel die Inschrift: „Sagittē tuē infixē sunt michi.“ Echtes Werk Perugino's.

Rom, Pal. Colonna: Der büssende Hieronymus in einer Landschaft (Oel auf Holz, sehr beschädigt), in Perugino's Weise behandelt, vielleicht aber von Spagna.[181]

Rom, Gall. Doria, Zimmer II, Nr. 80: Sebastian am Pfeiler (halblebensgross), dem Perugino zugeschrieben, in Wahrheit jedoch eine schöne Arbeit des Marco Basaiti.

---

[180] Vasari erwähnt VI, 39 eine Pietà (Leichnam Christi mit Maria und Johannes) in S. Piero Maggiore, von welchem Bilde Borghini (Riposo II. Anm. zu S. 151) berichtet, es sei zu seiner Zeit in die Cappella Medici gekommen; nach Angabe der Herausgeber des Vas.-Lem. (VI, 39) befindet es sich jetzt im Palazzo Albizzi in Borgo degli Albizzi in Florenz.

[181] Vermiglioli, Mem. di Pint. S. 113, schreibt es dem Pinturicchio zu.

Rom, Gall. Borghese, Zimmer I, Nr. 34: Maria mit dem Kinde aufrecht auf dem Knie (Oel auf Holz), angeblich von Perugino, doch lassen die Härte der Ausführung und die glasige Farbe es eher als Arbeit des Giov. Battista Bertucci von Faenza erscheinen.

Rom, Gemäldegall. des Capitol, Nr. 78: Maria mit Kind in einer Nische, umgeben von den Heiligen Joh. dem Täufer, Paulus und Petrus, Joh. dem Evangelisten, Andreas und Franciscus (Oel auf Holz, Fig. unter Lebensgr.), nicht von Perugino, sondern an die Maler von Bologna und den Marken erinnernd, Mischung von Francia und Cotignola. Die drei Heiligen Joh. der Täufer, Petrus und Paulus sind von andrer Hand als das Uebrige. Eine lange Inschrift schliesst mit der Jahreszahl 1513. — Ebenda, Nr. 127: Rundbild der Madonna mit Kind, schwach und von rothem Ton, angeblich von Perugino, in Wahrheit von einem Nachahmer des Lorenzo di Credi.

Bologna, Gall. Nr. 197: Maria in Glorie (Oel auf Holz, lebensgrosse Figuren).[182] Maria, eine liebliche Gestalt, hält das nackte Kind mit reizender Bewegung; ihre aus Cherubköpfen bestehende Glorie ruht auf Wolken; zwei Engel fliegen ihr zur Seite, die Heiligen Michael, Katharina von Alexandrien, Appollonia und Johannes der Evangelist stehen anbetend unten. Michael, etwas schlank und steif, aber von ansprechendem Gesicht, die Kopfbewegung Katharina's schön verkürzt, der Evangelist von grossartiger Haltung, ähnlich wie im Cambio. Die Fleischtöne sind kräftig und schön verarbeitet, ihre Farbe ist flacher als die der Gewänder. Das Bild gehört in Perugino's gute Zeit; es ist von strahlenderer Farbe als das Altarstück von 1496 im Vatican und brauner als die Madonna von S. Pietro Martire von 1498. Der Bau der Hauptgruppe ist höchst anziehend und eigenthümlich, der Zustand trefflich. Die Inschrift lautet: „Petrus Peruginus pinxit."

Bologna, S. Martino Maggiore: Himmelfahrt Maria's, nicht von Perugino,[183] sondern von Lorenzo di Credi.

Venedig, Akad. Nr. 265 (früher in der Sammlung Manfrini): Christus den Aposteln die Füsse waschend; entschieden nicht von Perugino, sondern lombardisch, mit Zügen von Boccaccino.

Venedig, Sammlung Manfrini Nr. 322: Rundbild der Maria mit dem Kinde, welche in dem von einem Engel gehaltenen Buche liest, ein zweiter Engel dahinter (Oel auf Holz); von geringem Kunstwerth, Arbeit eines schwachen Nachfolgers von Perugino, der Schule des Manni und Eusebio verwandt.

Venedig, ehemalige Sammlung der Herzogin von Berry: Rundbild der Madonna mit Kind und dem kleinen Johannes; schwach und nicht von Perugino.

---

[182] Ursprünglich in der Cappella Vizzani in S. Giovanni in Monte, s. Vasari VI, 40 und Orsini a. a. O. 197.

[183] Diesem wird das Bild von Mezzanotte a. a. O. 37, 38 und von Orsini a. a. O. 199 zugeschrieben.

London, National-Gall. Nr. 181: Maria mit dem Kinde und dem kleinen Johannes (dieser und Maria Halbfigur; Holz, Tempera), in der Ferne Landschaft.[184] Das Bild, von klarem bleichen Ton, sehr sorgfältig ausgeführt, hat am Saume von Maria's Mantel in Gold die Aufschrift:

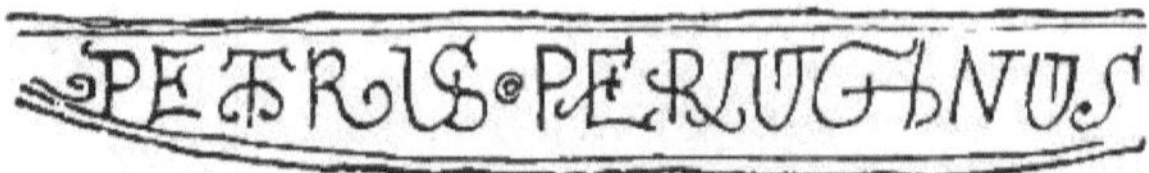

doch wird man dem Spagna Antheil daran zuschreiben dürfen, vorausgesetzt, dass wir ihn mit Recht als Genossen Rafael's in Perugino's Lehre zu suchen haben; die Malerei zeigt mehr Ueberlegung als Freiheit der Hand, hat aber dennoch viel vom Geiste des Meisters.

London, bei Lord Taunton: Der todte Heiland auf dem Grabe gehalten (Holz, Oel), an die Darstellung für S. Agostino in Perugia erinnernd; Inschrift: „Sepulcrum Christi. Petrus Perusinus pinxit."[185] Vor der gänzlichen Uebermalung gewiss eine der guten Arbeiten Perugino's.

London, Sammlung des Herrn Alex. Barker: Fünftheiliges Staffelbild auf Leinwand in Tempera (in Manchester unter Nr. 70—74): Noli me tangere, nicht in der religiösen Empfindungsweise der früheren Periode Perugino's; Christus auf dem Wege innehaltend stützt die Linke auf einen Stock und hört Magdalena an, welche im Gebet kniet; in der Ferne zwischen beiden Figuren das Grab von Engeln bewacht, rechts und links ein Paar im Gespräch. Hier ähnelt der warme Temperaton dem Staffelbilde zur Verklärung Christi in der Gall. zu Perugia (ohne Nummer) und dem Deckfarbenbild im Louvre vom Jahre 1505. Die Auferstehung: Christus erhebt sich mit dem Kreuzbanner aus dem Grabe, wie auf dem Staffelstück in Rouen, in der Ferne links die fliehenden Wachen, wie in dem Auferstehungsbilde des Vatican und auf dem Staffelbilde in München, wo jedoch die Anordnung umgekehrt ist; in der Ferne rechts ein schlafender Soldat, der die Hand auf den Schild stemmt; im Vordergrunde rechts ein schöner schlafender Jüngling auf seinen Schild gelehnt, Gegenstück der Figur im Vatican, welche für Rafael's Bildniss gilt, aber mit geringer Abweichung, gleich der Figur in München, auf deren Schilde zweimal der Name „Rafael Santius" steht; im Vordergrund links ein junger Soldat in Helm und Halsberg wie auf dem vaticanischen und dem münchener Bilde, nur mit einem Schild am linken Arm, während er ihn auf dem münchener Stück am rechten Arm trägt, auf dem va-

[184] H. 2' 2½", br. 1' 5½" engl., 1841 durch Mr. Beckford in Perugia angekauft.

[185] Früher in Stoke Park, ursprünglich in Venedig. vgl. S. 252 Anm. 153.

ticanischen keinen Schild hat. — Jesus und die Samariterin am Brunnen: Christus hier gewöhnlich und unschön erfunden, das Weib dagegen von anmuthiger Bewegung. — Taufe Christi, in der gebräuchlichen Anordnung, aber hierdurch und vermöge der Figurenverhältnisse von bestimmter Aehnlichkeit mit dem Wandbilde in der Nunziatella zu Foligno (S. 244); der Hintergr. eine schöne Landschaft. — Geburt Christi, in der herkömmlichen Fassung, Maria von lieblicher Erscheinung, die Färbung warm, die Behandlung sicher.

London, weil. Sammlung Northwick Nr. 257 (in Manchester unter Nr. 75, aus Lucca stammend): Maria mit dem Kinde unter einem mit Korallen und Blumen geschmückten Throndache, an den Seiten Hieronymus und Petrus (Temp. auf Holz, lebensgrosse Figuren). Schnell hingeworfene Malerei von bräunlich-rother Gesammtfärbung und durchs Alter etwas verdunkelt; Maria's Ausdruck ist unbedeutend (ihr Mantel sehr übergangen).

London, Dudley House: Zwei Rundbilder der Maria und Johannes des Evangelisten mit neuer Aufschrift: „Petrus Perusinus pinxit"; unbedeutend, Schularbeiten.

London, Sammlung weil. H. A. I. Munro's (Mrs. Butler Johnstone): Kreuzigung mit Maria und Johannes, Hieronymus und Franciscus zu den Seiten knieend (klein, Oel auf Holz); dem Perugino zugeschrieben, aber mit Eigenthümlichkeiten des Tiberio von Assisi. — Ebenda: Franciscus die Wundmaale empfangend, kleines Bild im Stile des Timoteo Viti.

Hampton Court Nr. 355: Weibliches Brustbildniss (Holz, Oel), Schule des Francia und des Lorenzo Costa, an den Bolognesen Boateri erinnernd, obgleich sein Machwerk geringer.[180] — Ebenda Nr. 233: Weibliche Heilige ein Kreuz tragend (Holz, Oel, die Fleischtöne abgerieben), ebenfalls bolognesischen Ursprungs, erinnert an die Malweise des Chiodarolo, eines anderen Nachfolgers des Francia und Costa. — Ebenda Nr. 582: Bildniss eines Mannes in schwarzer Kleidung mit einem Pferdegebiss in der Hand (klein), volle Vorderansicht; weder von Perugino noch überhaupt italienisch.

Dulwich, Gall. Nr. 306 und 307: Die Heiligen Antonius von Padua und Franciscus, Staffelstücke, welche zu Rafael's Altartafel für S. Antonio in Perugia gehören und jetzt auch unter seinem Namen verzeichnet sind, während sie früher als Arbeiten Perugino's aufgeführt waren.

Bowood, Landsitz Lord Lansdowne's: Maria mit Kind (Holz, Oel, Halbfiguren), sehr durch Ausbesserung entstellt, schwache Arbeit von Perugino's Nachfolgern.

Panshanger, Landsitz Lord Cowpers: Bildniss eines Mannes von ungefähr 50 Jahren mit schwermüthigem Ausdruck, aber regel-

[180] Vergl. die heilige Familie von diesem seltenen bologneser Maler in der Gall. Pitti.

mässigen Zügen und etwas gestreckter Gestalt; er steht indem er beide Hände auf ein im Fenstersims liegendes Buch stemmt, Hintergrund Landschaft (Holz, Oel, Halbfigur, lebensgross). Das Bild, auf den ersten Blick an Ridolfo Ghirlandaio erinnernd, ist hart gezeichnet und ohne Leuchtkraft und Durchsichtigkeit, von tiefem bleichen Ton, die Schatten dunkel und ins Purpurne stechend mit schroffem Uebergang in die Lichter, Merkmale, welche auf Innocenzo da Imola deuten.

Gosford House, Landsitz von Earl Wemyss in Schottland: Maria mit den Kind und dem Knaben Johannes (Holz, Oel, lebensgrosse Figuren) sehr schadhaft, anscheinend von einem Nachahmer Perugino's.

Paris, Louvre Nr. 443: Maria mit dem Kinde zwischen Joseph und Katharina (Halbfiguren), mit Ausnahme des Joseph Wiederholung der Bildes im Belvedere zu Wien Saal III. ital. Schulen Nr. 12; im unteren Theile beschädigt, aber warm gefärbt und breit vorgetragen. — Ebenda Nr. 444: S. Paulus, Rundbild, hastig gemalt und schwach, aus des Meisters später Zeit. — Ebenda Nr. 441: Geburt Christi (Holz), die Anordnung, wohl nach einem Entwurfe Perugino's, gleicht der unter dem Namen „Presepio della Spineta" bekannten Darstellung der Geburt Christi im Vatican, welche dem Perugino, Pinturicchio und Rafael gemeinschaftlich zugeschrieben wird, aber offenbar von Spagna ist; auf dem Bilde im Louvre ist die Zeichnung umgekehrt und es entspricht dem Charakter nach dem Bilde der Anbetung der drei Könige im Museum zu Berlin, welches unter Rafael's Namen steht.[187] Gleiches gilt von den Bildern mit der Bezeichnung „Schule Perugino's" Nr. 447, 448 und 449 im Louvre.

Paris, Louvre, Musée Nap. III (weil. Campana) Nr. 196: Elf Apostel in einem Kahn (jetzt der umbrischen Schule zugewiesen, in Rom als Perugino's Arbeit bezeichnet), mit venetianischen Eigenthümlichkeiten, wie der Katalog richtig bemerkt.

Caen, Museum Nr. 2: der büssende Hieronymus in einer Landschaft (Holz, Oel, unter Lebensgrösse); am Fusse des Kreuzes vor welchem der Heilige kniet die Inschrift (schwer lesbar) „Petrus Perusinus pinxit." Das Bild ist gänzlich abgerieben.

Nantes, Museum, zwei runde Tafeln mit den Propheten Jeremias und Jesaias, wahrscheinlich Theile des Altarstückes von S. Agostino. Nicht von dem Verf. gesehen, vgl. Anm. 160.

Bordeaux, Museum Nr. 411: Maria mit Kind zwischen Hieronymus und Augustin. Nicht von den Verf. gesehen.[188]

---

[187] Nr. 443. h. 0,80. br. 0.65. — Nr. 444: rund 1,02. — Nr. 441: h. 1,50, br. 1,36. — Nr. 447—449: Durchm. h. 0,36. br. 0,34 M.

[188] Vermuthlich das von Constantini, Guida S. 138, in S. Agostino zu Perugia beschriebene Bild, welches von ihm als Werk eines Schülers von Perugino bezeichnet wird.

S. Petersburg, Sammlung des Grafen Sergei Stroganoff: Die Jungfrau mit dem auf ihrem Knie stehenden Knaben in einer Landschaft (Halbfigur, auf Leinwand übertragen), nett und anmuthig, nach der Zeichnung Perugino's, aber in einem von Perugino und Rafael entlehnten Zwitterstil von einem jüngeren Schüler wie Eusebio di S. Giorgio da Pistoia in seiner Jugend; am ähnlichsten der Malweise des Letzteren in seinem Altarbilde vom Jahre 1509 in Pistoia (s. später unter Gerino).

S. Petersburg, Sammlung der Grossfürstin Maria verw. Herzogin von Leuchtenberg: Maria und Kind, gruppirt wie das vorige Bild (Holz, Figur 1/3 Lebensgrösse), offenbar aus Perugino's Schule (schadhaft). — Ebenda: Christus im Grabe von zwei heiligen Frauen und Johannes dem Evangelisten gehalten (Holz, klein); die Anordnung von Perugino, die Ausführung von einem Gesellen.

Wien, Gall. des Bevedere, Saal III, ital. Schulen Nr. 12: Maria mit Kind und zwei weiblichen Heiligen (Holz, Oel), Wiederholung des Bildes 443 im Louvre (mit Ausnahme der Heiligen links von Maria), bez: „Petrus Perusinus pinxit.“ Die Farbe ist leuchtend und kraftvoll.[189] — Ebenda Nr. 19: Taufe Christi (klein, Holz), verhältnissmässig junge Copie.

Wien, Gall. Lichtenstein: Geburt Christi: Maria betend auf den Knieen vor dem Kinde, welches auf einem Sack liegt und von einem knieenden Engel gehalten wird; rechts tanzen die Hirten (rund, Oel auf Holz); von gleicher Gruppirung wie die Madonna von Pavia in der National-Gall. zu London und in dem Bilde Nr. 219 der Gallerie Pitti; die Landschaft mehr in Rafael's als Perugino's Weise, die Formbildung klar, die Gesichter von schönem Ausdruck, die Behandlung sorgfältig, wenn sie auch nicht auf Perugino's Höhe steht und sich mehr der Weise des Eusebio und des Domenico Alfani nähert. Am Boden rechts steht in Gold die Inschrift: „Petrus Perusinus P.“

Wien, Gall. Harrach Nr. 235: Madonna mit Kind, Magdalena und einer zweiten Heiligenfigur (rund, Holz); in der Anordnung demselben Gegenstande der Gallerie des Louvre Nr. 443 ähnlich; übermalt; es ist Nachahmung Perugino's mit der neuen Aufschrift „Petrus Peruginus fec. MDVIII.“

Dresden, Museum Nr. 22: Kopf des jungen heil. Crispin, rohe Arbeit in der Weise des Melanzio. — Ebenda Nr. 23: der heil. Rochus, ein hübsches kleines Bildchen, aber nicht von Perugino.[190]

Berlin, Museum Nr. 146: Maria thronend mit dem segnenden Kinde, umgeben von Jacobus dem Jüngern und Antonius dem

---

[189] Eine zweite alte Wiederholung jenes Bildes befindet sich in der Gall. Pitti in Florenz unter Nr. 340.

[190] Holz. H. 1' 3", br. 10". Das Bild der ehem. v. Quandt'schen Sammlung in Dresden ist S. 235, die Bilder in Altenburg S. 242 erwähnt.

Einsiedler, Franciscus und Bruno, nach Perugino's Zeichnung und Formgebung von einem Genossen der Werkstatt ausgeführt, blöd und hart in der Farbe, vielleicht von Tiberio d' Assisi.[191] — Ebenda Nr. 138: Geburt Christi, besser als Nr. 140, aber immer noch roh und unbedeutend, aus Perugino's Schule.[192]

München, Pinakothek, Cab. Nr. 571: Taufe Christi, an jeder Seite ein segnender Engel,[193] gewöhnliche Anordnung; sehr schadhaft und übermalt, aber echt. — Ebenda, Cab. Nr. 593: Auferstehung, Christus steht auf dem Rande des Grabes (wie auf dem Bild im Vatican und auf der Staffel in Barker's Sammlung); rechts ein entfliehender Wächter, im Vordergrund rechts ein schlafender Soldat, auf dessen Schildrand zweimal „Rafae Santius" steht (die Inschrift ist von zweifelhaftem Werth,[194] da das Bild sehr gelitten und Aufbesserungen erfahren hat); der schlafende Soldat links genau wie auf Barker's Bilde. Perugino. — Ebenda, Saal Nr. 590: Maria das Kind anbetend, zu den Seiten hinter dem vorn liegenden Kinde stehen die Heiligen Johannes der Evangelist und Nikolaus;[195] schöne Arbeit von andachtvollem Ausdruck und leuchtender durchsichtiger Färbung; das Kind jedoch schwerfällig. — Ebenda, Saal Nr. 550: Maria mit dem Kinde auf dem Schooss,[196] von unschöner Gesichtsbildung; keine gute Arbeit des Meisters.

Frankfurt a. M., Städel'sches Institut Nr. 39: Maria hält das Kind auf dem Schoosse, welches nach dem links stehenden kleinen Johannes blickt, von dem es angebetet wird; die Figuren sind von schönen Verhältnissen und edler Zeichnung; Maria hat den schläfrigen Blick, die Kinder eine Innigkeit ähnlich dem Ausdruck auf Rafael's Madonna Terranuova in Berlin.[197]

Brüssel, Museum Nr. 334: Maria mit dem Kinde und dem

---

191 H. 5' 6", br. 5' 4".

192 Rund. Durchm. 2' 6½".

193 Temp. Holz, unter Rafael's Namen. H. 11" 10"', br. 1' 3" 6"'. Aus dem Nachlass Inghirami's in Volterra 1818 für den Kronprinzen Ludwig (I.) angekauft. — Unter den Handzeichnungen des Städel'schen Instituts in Frankfurt a. M. befindet sich eine Taufe Christi mit einem Engel rechts und links, welche dem Perugino zugeschrieben wird und ein wenig vom münchener Bilde abweicht. Auf der Rückseite des Blattes ist der heil. Martin zu sehen, wie er seinen Mantel mit dem Bettler theilt (letzterer trägt Teufelshörner); diese Figuren sehen aus wie Zeichnungen aus Rafael's Jugend, welchem sie Passavant III. 7 auch zuschreibt, doch liegt darin kein Grund, das Bild in München ihm ebenfalls zuzuschreiben, welches offenbar von Perugino ist.

194 Obgleich Passavant (Raf. I. 64) sie für echt nimmt, kann sie Nichts beweisen, da die Ausführung durchaus auf Perugino deutet. Holz, H. 11" 10"', br. 1' 3" 6"'.

195 Holz, Oel. H. 6' 3" 2"', br. 4' 10". In Paris 1815 gekauft.

196 Holz. Oel, durch Reinigung entstellt. H. 2' 7" 9"', br. 2'; 1831 für König Ludwig in Florenz gekauft.

197 Maria, Halbfigur, Holz, h. 0,68, br. 0,52 M. 1852 von Trautmann in München gekauft. Der Himmel ist etwas beschädigt.

Knaben Johannes;[198] nicht in Perugino's Weise. — Ebenda (ohne Nummer) Madonna mit dem Kind und Johannes, fast lebensgross, sehr gering und nur mit Unsicherheit einem Nachfolger des Giannicola Manni zuzuschreiben.[199]

---

198 Holz, oval, h. 0,69, br. 0,60 M.; aus der Sammlung des Fürsten de Conti in Florenz.

199 Folgende Werke Perugino's sind verloren gegangen oder verschollen: In Florenz, S. Martino delle Monache: Fresken (s. Vasari VI, 32); in S. Croce, am Altar der Serristori: Tafelbild der Pietà mit Verzierungen auf einem Rahmen von Andrea di Cosimo (s. Vas. VI, 39 und IX, 110 und Albertini, Memor. B. II. S. 441); in Camaldoli: Fresko, Darstellung des heil. Hieronymus vor dem Crucifix (Vas. VI, 32); eine Copie desselben Bildes auf Holz für Bartolommeo Gondi (Vas. VI, 32 [s. darüber unter Caen im Text]); in Casa Filippo Salviati: Rundbild der Madonna mit Kind, theils von Perugino, theils von Rocco Zoppo (Vas. VI, 51); in S. Jacopo fra Fossi: büssender Hieronymus (s. Borghini, Riposo II, 150); in S. Marco, Cap. de' Martiri: verschiedene Bilder (s. Richa, Chiese fior. VII, 120); in Gualfonda, Citadelle: Pietà und andere Fig. (Richa IV, 15); im Besitz von G. D. B. Deti: ein umfangreiches Bild der Verlobung Katharina's (Borghini a. a. O. II, 151). — In Perugia, im Dom: Fresken der Cap. de' Oradini, im J. 1795 zerstört (s. Orsini, Vita etc. S. 185). — Perugino's Gewissenlosigkeit in Verwendung fremder Hände bei Bildern, die er zu malen übernommen und mit seinem Namen bezeichnete, hat die ebenso natürliche wie für seinen Ruhm schädliche Folge gehabt, dass er massenhaft nachgeahmt und in schlechten Nachahmungen Gegenstand ästhetischer Beurtheilung geworden ist. Wie führen als Beispiel einer stümperhaften Nachahmung das Bild im Museum zu Stuttgart Nr. 318 auf, welches dort als „Schule Perugino's" bezeichnet ist und in zwitterhafter Weise perugineske Composition mit flauem spätflorentinischen Vortrag und allerhand anderen Einflüssen unerfreulich verbindet. Es ist ein Rundbild der heil. Familie (Holz, Durchm. 3' 5"): Maria betet knieend das am Boden liegende Kind an, welches der rechts sitzende Joseph nachdenklich betrachtet; rechts Ochs und Esel am Trog, auf welchem in Goldbuchstaben (aufgefrischt oder neu) die Inschrift steht: „PETRVS PERRVSINVS (sic) P."

## ACHTES CAPITEL.

### *Bernardino Pinturicchio.*

Mit ungewöhnlicher Härte schreibt Vasari die 'Kunsterfolge Pinturicchio's in weit höherem Grade der Gunst des Glückes als der natürlichen Begabung und Erziehung zu.[1] Rumohr mildert dieses Urtheil auf Kosten der Gesinnung des Künstlers, wenn er den Unterschied betont, der zwischen den frischen Leistungen seiner Jugend und der leeren Fertigkeit der Werke aus späteren Jahren auffällt, bei deren Entstehung Gewinnsucht die Haupttriebfeder war.[2] Allein die Werke aus der früheren Zeit fehlen uns[3] und wir vermögen keine selbständigen Leistungen von Pinturicchio aufzuweisen, welche älter sind als die Fresken der Sixtinischen Kapelle. Ueber das Geburtsjahr Pinturicchio's sind wir in Unsicherheit und müssen uns vorläufig an Vasari's Angabe halten, wonach er 59 Jahr alt geworden ist;[4] danach wäre er 1454 geboren und hätte in seinem 30. Jahre auf eigene Hand zu arbeiten begonnen. Neben seinen Taufnamen Bernardino Betti (Benedieti) Biagi führte er unter den Freunden wegen seiner Taubheit und

---

[1] Vasari V, 264.

[2] Rumohr, Ital. Forsch. II, 331.

[3] Rosini, Stor. della pitt. III. S. 182, schreibt der Jugendzeit Pinturicchio's eine Figur des heil. Ansanus in S. S. Antonio e Jacopo (S. Caterina) in Assisi zu. Diese Gestalt sowie zwei andere neben einem Wandbilde, welches einen Vorgang aus der Geschichte des Jacobus darstellt, sind jedoch von einem Maler, der nach Pinturicchio gelebt hat (s. o. unter Pier Antonio S. 135).

[4] Vasari V, 274.

seines hässlichen Aussehens den Spitznamen Sordicchio;[5] am bekanntesten aber war er als „Pinturicchio," und er selbst mag diese Bezeichnung deshalb vorgezogen haben, um von einem anderen Peruginer Namens Bernardino unterschieden zu werden, dessen mittelmässige Malereien oft mit den seinigen verwechselt wurden.

Pinturicchio ist der erste Vertreter peruginischer Kunst auf der Stufe, zu welcher sie Buonfigli und Fiorenzo di Lorenzo erhoben hatten. Mit den Schwierigkeiten der Oelmalerei hat er sich nie eingelassen, sondern blieb unverändert bei der Tempera und bei dem Verfahren der alten Umbrier stehen. Als eins der ersten Verbindungsglieder, welches seine Handweise mit derjenigen der Vorläufer verknüpft, stellt sich das Madonnenbild in der
London. Stirling. Sammlung weiland Sir Anthony Stirling's in London dar, wie es auch das früheste Werk von ihm ist, das wir kennen lernen. Formgebung, Figurengepräge, Stil der Zeichnung und Behandlungsweise weichen nur durch Verfeinerung von Fiorenzo ab: sie offenbaren mehr Anmuth in Verbindung mit grösserer Genauigkeit der Ausführung, bessere Zeichnung bei ansprechenderer Farbe.

Nach Rom kam Pinturicchio als Perugino's Genosse; die Angabe Vasari's, der die beiden Maler in der Sixtinischen Kapelle in Gemeinschaft arbeiten lässt, fanden wir bereits durch die Thatsachen bestätigt.[6] Wahrscheinlich noch vor der völligen Vollendung dieser Wandmalereien gewann Pinturicchio die Gunst des Kardinals Domenico della Rovere, der seit Empfang des Purpurs (1479)[7] mit Eifer den Bau seines Palastes im Borgo Vecchio betrieb, an dessen Stirnseite Pinturicchio sein Wappen malte.[8] Sein nächstes künstlerisches Anliegen galt der Ausschmückung einer dem heiligen Hieronymus gewidmeten Kapelle, der ersten ihrer

[5] s. Francesco Maturanzio's Chronik bei Vermiglioli Memoria di B. Pinturicchio S. 29.

[6] Vas. V, 268. vgl. oben S. 187.

[7] Am 3. Febr. 1478 alt. Stils.

[8] s. Vas. V, 268. Dicht an diesem Palast baute nachmals Bramante die Wohnung Rafael's an der Piazza Rusticucci. s. das Breve Leo's X., worin er im Jahre 1520 den Kauf von Rafael's Hause bestätigt und woraus die Lage von Domenico's Palast klar wird (Giornale degli Arch. Tosc. IV, 248—253).

Art in der von Sixtus IV. nach den Plänen Baccio Pontelli's umgebauten Kirche S. Maria del Popolo:[9]

Dort malte Pinturicchio an der Altarwand die Anbetung der Hirten mit dem Bildniss des Stifters, der in vollem Ornat vor dem Christkinde kniet. Rechts steht die Hütte mit Ochs und Esel, aus dem Hintergrunde her bewegt sich der Zug der heiligen Könige. Die fünf Bogenfelder enthalten Darstellungen aus dem Leben des heil. Hieronymus.[10] Rom. S.M.del Pop.

Die Fülle schlanker Figuren in den Lünetten entsprechen durchaus dem Grade von Fertigkeit, den man bei einem in Perugino's unmittelbarer Nähe ausgebildeten Maler erwartet; das Christkind in seiner anmuthigen Bewegung und schönen Form begegnet uns später in Spello und an anderen Orten wieder; die Landschaften, ein Gemenge von durchhöhlten Felsen mit spärlichem Grün, sind die Muster nachfolgender Arbeiten und gehören den Umbriern überhaupt als Eigenthümlichkeit an. — Um die Zeit der Vollendung dieser Fresken (1485) starb Giovanni della Rovere, Herzog von Sora und Sinigaglia, nachdem er sich ebenfalls in S. Maria del Popolo ein Oratorium als Grabstelle erbaut hatte. Sein Denkmal sowie der übrige Raum der Kapelle wurde vermuthlich auf Veranlassung Domenico's oder des Kardinals Giuliano, des Herzog's Bruder, von Pinturicchio ausgemalt:

Am Altar sieht man Maria mit dem Kinde thronend zwischen Franciscus und Augustin und zwei anderen Mönchen, im Halbrund darüber die Halbfigur des segnenden Heilands, das Ganze umschlossen von weissem Marmortabernakel mit dem Wappen der Rovere. Zur Linken ist Maria's Himmelfahrt (sie wird in mandelförmiger Glorie aus Cherubköpfen von zwei Engeln emporgetragen, denen vier andere musicirend zur Seite stehen), darunter die Apostel am Grabe dargestellt, Hintergrund Landschaft. In der spitzbogigen Nische des Denkmals selbst sieht man Christus von zwei Engeln bestattet; die übrigen Bogenfelder enthalten fünf Bilder aus dem Leben Maria's: Rom. S.M.del Pop.

---

[9] Albertini sagt in seinem Opusc. de mirabil. Romae: „Ecclesia S. M. de populo a Syxto IIII fuit ab ipsis fundamentis cum claustro instaurata.“

[10] Maria's Mantel ist übermalt, das blaue Gewand des einen Schäfers und das gelbe des andern sowie sämmtliche Köpfe sind zerstört. Der neu übermalte blaue Himmel mit den Sternen steigert den üblen Eindruck des Ganzen. Auch die Bilder zur Lebensgeschichte des Hieronymus sind sehr schadhaft.

Geburt Christi, Darstellung im Tempel, Verlobung Maria's, Heimsuchung und Maria zwischen Engeln sitzend. Sie sind von Rahmen gemalter Architektur umschlossen, mit Säulen, welche einen wirklichen Sims tragen und auf nachgeahmten Basen ruhen, deren Sockel mit grau in grau gemalten Darstellungen geschmückt ist. Zwischen die Säulenfüsse ist gemaltes Getäfel eingesetzt, welches ebenfalls flach erhabene grau in grau gemalte Bilder trägt: Petrus vor dem Kaiser in Rom und seine Kreuzigung, Augustin von verschiedenen Gestalten umgeben, der Märtyrertod der heil. Katharina, die Anklage und Enthauptung des Paulus. Innerhalb des ehemals reichen Zierwerks von Blättern und Kinderfiguren an der Deckenwölbung sind noch Ueberbleibsel von vier Propheten in Brustbildern und einem spielenden Engel in Rundfeldern übrig.[11]

Während hier in der kraftlosen Gestalt Maria's mit abgleitenden Schultern die Schwächen Fiorenzo's wiederkehren, lässt andrerseits die Kleinheit der Köpfe und die magere Formgebung sowie die bruchige Gewandung der Engel auf dem Bilde der Himmelfahrt eine geringere Schülerhand vermuthen. Die Geburt Christi finden wir nach diesem Vorbilde häufig von Pinturicchio's Schülern in Siena wiederholt. Die besten Stücke in Bezug auf Anordnung, Lebendigkeit und Figurenbau sind die grau gemalten Legendenbilder, aus denen Pinturicchio's Berührung mit Signorelli und sogar eine vereinzelte Uebertragung einiger kraftvoller Züge des Cortonesen in die schwächeren Körperhüllen des peruginischen Zeitgenossen spricht. — Auch für Kardinal Costa, der ebenfalls eine Kapelle in S. Maria del Popolo gegründet hatte, war Pinturicchio beschäftigt, aber die Halbfiguren der vier Kirchenväter und das von Putten gehaltene Wappenschild des Bestellers in den fünf Halbrundfeldern sind durch Unbill der Zeit arg mitgenommen.[12] Das an Umfang und künstlerischem Werth bedeutendste Werk des Malers in dieser Kirche ist der Schmuck

---

[11] Die Bilder, besonders die Decke, haben sehr gelitten. Die Gestalt Augustin's und seines Ordensbruders zur Rechten sind schwarz und in Folge von Ausbesserungen fleckig geworden. Die schwache Behandlung der Engelgestalten könnte auf Pinturicchio's Schüler Matteo Balducci deuten. Auf der Darstellung der Pietà am Denkmal ist der landschaftliche Hintergrund beschädigt und übermalt. Das Bild der Heimsuchung ist durch Feuchtigkeit entstellt.

[12] Costa gründete die Kapelle 1479 nach seiner Erhebung zum Kardinal. s. Plattner und Bunsen, Beschr. Roms III, 3. Abth. S. 217.

der Chordecke, den er im Auftrag Giuliano's della Rovere mit meisterhafter Raumvertheilung und in sehr ansprechender Färbung ausführte:[13]

Die Krönung Maria's in dem grossen mittleren Rundfeld und die in den Ecken angebrachten stehenden Gestalten der vier Kirchenväter mit den liegenden Sibyllen in Dreiecksfeldern darüber, sowie die zwischen den Sibyllen eingesetzten Rundbilder der Evangelisten zeigen aufs Vortheilhafteste, in wie hohem Grade Pinturicchio den umbrischen Decorationsgeschmack besass, wenn ihm auch die höchste künstlerische Leistungskraft versagt war. Rom. S. M. del Pop.

Seine letzte Arbeit in S. Maria del Popolo ist die Malerei für die Kapelle des Lorenzo Cibo, welche 1486 gestiftet, aber nachmals von einem zweiten Kardinal desselben Namens erneuert wurde. Die Cibo gehörten damals zu den einflussreichsten Geschlechtern in Rom, da einer ihrer Angehörigen die dreifache Krone trug. Und Innocenz VIII. war kaum weniger baulustig als sein Vorgänger Sixtus IV.; er war es, der den Palast des Belvedere von Grund aus aufführte, und in den Räumen, welche später von Pius VII. zum Museo Pio-Clementino eingerichtet wurden, hat Pinturicchio in seinem Auftrag die Wände mit Bildern geschmückt, unter denen Vasari Ansichten der Hauptstädte Italiens und eine Madonna oberhalb der Eingangsthür erwähnt.[14] Infolge der vielfachen Veränderungen sind in dem Raume nur geringe Spuren des ursprünglichen Bilderschmuckes übrig geblieben, aber sie genügen doch, um die Urheberschaft Pinturicchio's erkennen zu lassen:

In dem Theile des Palastes, welcher zur Aufstellung antiker Sculpturwerke dient, sind mehrere Halbrundfelder auf sehr geschickte Weise mit Malereien gefüllt. In dem einen sieht man einen Pfau zwischen zwei Engeln, in einem andern das Wappen des Papstes Innocenz Rom. Vatican.

[13] s. Albertini, Opusc. de mirab. Romae: „S. Maria de Populo. Sunt multae capellae variis picturis et marmoribus exornatae, majorem vero capellam tua beatitudo (scil. Julius II.) fundavit, ac variis picturis exornavit manu Bernardini Perusini etc.“ Wir erkennen nicht, aus welchen Gründen L. Urlichs (Zeitschr. f. bild. K. V. S. 50) die Decoration des Chores in das Jahr 1509 setzt. vgl. darüber auch Vögelin, Mad. von Loretto, Zürich 1870, S. 8.

[14] Vas. V. 266. Die Städte-Ansichten und das Madonnenbild sind nicht mehr vorhanden.

von zwei Putten getragen, andere wieder enthalten paarweis Halbfiguren von Propheten, und das grösste der Felder acht Knaben, welche aus Büchern singen. In den Ecken der Decke sieht man in Lünettenabschnitten Engel mit weiblichen allegorischen Figuren abwechselnd, welche Füllhörner tragen, und an einem der Deckenräume liest man Stifternamen und Entstehungsjahr: „INNOCEN CIBO GENVEN P. P. VIII. FVNDAVIT. 1487.“

Noch schlimmeres Schicksal als die eben erwähnten haben andere Wandbilder Pinturicchio's erfahren, welche er für Sciarra Colonna im Palazzo di S. Apostolo ausführte, und nicht besser ist es einem Altarbilde für Innocenz VIII. in einer Kapelle zu S. Pietro ergangen.[15] Mitten in diesen Arbeiten, im Frühjahr 1491, wurde Pinturicchio durch die Rückkehr Perugino's nach Rom überrascht, der wie wir wissen von Giulio della Rovere mit Aufträgen versehen war und dessen fruchtlose Unterhandlungen mit Orvieto zur Folge hatten, dass Pinturicchio dorthin gerufen wurde und zwei Propheten und zwei Kirchenväter nahe am Chor des Domes zu malen übernahm. Dass er sie, obgleich sie heute nicht mehr zu sehen sind, doch ausführte, kann man aus einem bezüglichen Zahlungsnachweis über 50 Dukaten zu 10 Carolin schliessen. Dann wurden ihm weitere Malereien in der Tribuna überlassen, die eine so grosse Menge Ultramarin und Gold in Anspruch nahmen, dass die Baubehörde bald mit Verdruss ihre zu diesem Zweck bestimmten Mittel erschöpft sah. Ohne diese unentbehrlichen Hilfsmittel weigerte sich Pinturicchio die Arbeit fortzusetzen und erklärte (17. Nov. 1492) in aller Form, dass er sich von jeder Verantwortlichkeit lossage, falls sein Contract nicht in der bestimmten Zeit zur Ausführung kommen könne. In dem Baurath zu Orvieto fehlte es nicht an einer Stimme, welche den Maler der Vergeudung und Unfähigkeit zeihen und von der Arbeit hinwegtreiben wollte, doch vernünftigere Erwägungen drangen durch und Pinturicchio blieb. Aber nach drei Wochen erst (14. Decbr. 1492) wurde der Erlass in's Reine gebracht, welcher die Beschaffung von Geldmitteln zum Ankauf von Ultramarin und

---

[15] Vasari V. 268.

Gold für die Deckengemälde anordnete; wahrscheinlich um nicht so lange zu feiern, machte sich Pinturicchio auf und kehrte in seine frühere Heimath nach Rom zurück.[16]

In der Zwischenzeit war Papst Alexander VI. Borgia als Nachfolger Innocenz VIII. zur Regierung gekommen und liess sich eine Reihe Zimmer im Vatican für seinen eigenen Gebrauch herrichten. Pinturicchio wurde sofort in Anspruch genommen, das erste Zimmer, welches fertig war, auszuschmücken und vollendete nicht nur dies, sondern noch fünf andere binnen zwei Jahren. Diese unter der Bezeichnung „Apartamento Borgia" bekannte Zimmerflucht hat seitdem wenig Veränderungen erfahren. Aus dem ersten Raum oder Sala zwar, welcher an das Constantin's-zimmer stösst, wurden Pinturicchio's Fresken auf Befehl Leo's X. entfernt, um durch Malereien des Giovanni da Undine und des Perino del Vaga ersetzt zu werden,[17] die fünf anderen aber, welche jetzt als Bibliothek dienen, sind noch im ursprünglichen Zustande. Drei von diesen, durch die Sala mit einander verbunden, bekommen ihr Licht je durch ein Fenster, welches sich nach dem Cortile des Belvedere öffnet, und sind der Länge nach durch einen auf Flachsäulen ruhenden Bogen getheilt. Das vierte Zimmer hat ebenfalls ein Fenster nach dem Cortile heraus, aber keine Quertheilung; das fünfte stösst unter weniger stumpfem Winkel an den Cortile an. Der Schmuck ist folgendermaassen vertheilt:

E r s t e s  Z i m m e r (neben dem Saal des Giovanni da Udine und Perino). An der Wand dem Fenster gegenüber, auf zwei Lünetten vertheilt: die Verkündigung und die Geburt Christi, dazwischen in einer Rosette von drei Engeln gehalten das päpstliche Wappen. Auf den zwei Lünetten rechts: Anbetung der Könige und Auferstehung, auf letzterer eine schöne knieende Figur Alexander's VI. im Gebet. In einer weiteren Lünette links: Maria's Himmelfahrt, darunter an dem Grabe, welches die Apostel umstehen, ein knieender Kardinal. In einer Lünette über dem Fenster die Himmelfahrt Christi. Auf den Rom. Vatican.

[16] Vas. Comment. zu V, S. 271. Della Valle, Duomo di Orv. 218 f. Vermiglioli Mem. di Pint. append. XL ff. und L. Luzi, Duomo di Orv. S. 458 ff. Letzterer gibt noch verschiedene kleine Zahlungen an, welche im J. 1492 an Pinturicchio geleistet wurden.

[17] s. Vas. X, 144.

Rom. Vatican. beiden Deckenräumen geschmackvolle Zierrathe von Thieren und Sprüchen auf blauem Grund nebst acht Halbfiguren in Rundbildern. (Keine der Compositionen ist hervorragend, einige, z. B. Geburt und Himmelfahrt, sogar von schlechter Anordnung. Eine gewisse Breite der Gewänder an der Gestalt des Gabriel spricht für Pinturicchio's Bekanntschaft mit florentinischen Arbeiten wie denen Ghirlandaio's oder Lippi's. Auf dem Bilde der Geburt Christi fallen manche Derbheiten der Formen auf, durch die ganze Behandlung geht eine gewisse Rohheit und der trübe graue Ton wird durch Licht und Schatten nur gering in Wirkung gesetzt. Farbe wie Figuren auf der Anbetung der Könige sind kalt und leblos, in der Auferstehung sind die Gewänder ohne Stil und mit kleinlicher Durchführung der Nebensachen behandelt, die Christusgestalt ist ärmlich erfunden. Die Himmelfahrt, die im Dunkel steht, ist zweifellos von Gehilfen.)[18]

Zweites Zimmer: Die Wand dem Fenster gegenüber wird von der Darstellung der vor Kaiser Maximian redenden Katharina ausgefüllt. (Ersterer eine Figur von schönen Verhältnissen, Letztere zart und weihevoll, die Handlung bei Beiden nicht allzu geziert; unter den Zuhörern in Turban und seltsamen Trachten deutet einer, welchen man von hinten sieht, auf eine Stelle in dem Buche, das von knieenden Pagen gehalten wird; die meisten Köpfe sind bildnissmässig, die Gewänder haben schlechten Wurf und sind überall mit zusammengerafften steifen Falten ausgestattet; die Gebäude des Hintergrundes sind vergoldeter Stuck und ein Bogen tritt erhaben hervor.) — In zwei Lünetten an der Wand rechts sind die Heiligen Antonius, Brod vertheilend, mit Paulus dem Eremiten und die Heimsuchung dargestellt. (Das erste der Bilder schön zusammengefügt und kräftig gefärbt, die Bewegung des Brod brechenden Heiligen natürlich und lebensvoll; in dem zweiten Bilde ist mehr Fleiss auf die einzelnen Gruppen der spinnenden und nähenden Frauen, als auf die Einheit des Ganzen verwendet; eine alte sitzende Frau und ein Mädchen, das im Gehen eine Garnwinde trägt, sind besonders auffällig.) — Die Wand links enthält den Tod der heil. Barbara und Juliana und die Darstellung der Flucht Barbara's von ihrem Vater. (Auf ersterem Bilde ein erhaben gearbeiteter und vergoldeter Brunnen, die Barbara auf dem zweiten Bilde anmuthig, schlank und empfindungsvoll.) — Ueber der Thür an derselben Wand befindet sich eine Halbfigur Maria's von Cherubköpfen umgeben auf Goldgrund; (sie lehrt das Kind lesen; der Kopf gilt für das Bild der Giulia Farnese).[19] — Ueber dem Fenster ist eine

---

[18] In der Erhaltung ist die Anbetung der Könige das beste Stück, die Auferstehung das schlechteste.

[19] Das Bildniss Alexander VI. in Anbetung, welches Vas. V. S. 269 ausserdem auf dem Bilde erwähnt, ist in Wahrheit nicht vorhanden.

klare und guterfundene Darstellung des heil. Sebastian angebracht, die Fleischtheile nicht ohne Breite, aber sehr ausgebessert.[20] Rom. Vatican.

Drittes Zimmer: Hier sind die Bogenfelder rundum mit allegorischen Darstellungen der sieben freien Künste gefüllt (Grammatik, Dialektik, Rhetorik, Geometrie, Arithmetik, Musik und Astrologie), welche sämmtlich in höherem Kunstgeschmack vorgetragen sind, als die übrigen und hier und da Züge von Perugino an sich tragen. (Dem Perugino am verwandtesten ist eine Figur mit dem Schwert in der rechten und einer goldener Kugel in der linken Hand, deren Kopf an die aus dem Haag in den Louvre gekommene Madonna erinnert. Viele der Köpfe sind in der Wahl des Typus sehr glücklich, die Gewänder oft von bedeutendem Zug, doch erkennt man nichtsdestoweniger in den meisten Theilen den Schüler des Fiorenzo. Im Vordergrund sind Kinder und Erwachsene, unter Letzteren ein bärtiger, in flatternden Mantel nach Perugino's Weise eingehüllter Mann. Die Musik hat sehr verfeinerte Formen; sie sitzt auf dem Throne und spielt die Geige, während zwei Engel hinter ihr einen Teppich halten; zwei auf den Thronstufen spielende Knaben sowie andere in der Umgebung ähnlich beschäftigte sind schöne perugineske Erfindungen.)[21] — Die Darstellungen in der Wölbung des Bogens — Abschied Jacob's von Laban, Lot's Flucht aus Sodom, eine Allegorie der Gerechtigkeit, Trajan mit der Wittwe und ein fünftes Bild — sind nicht in Pinturicchio's Weise, und wenn sie wirklich ursprünglich von ihm herrühren, so sind sie durch einen Ueberarbeiter aus dem Ende des 16. Jahrhunderts entstellt. In den Zwickeln zwischen den Lünetten, die sich paarweis an jeder Wand befinden, ist das Wappen des Papstes angebracht.

Viertes Zimmer: Die Fresken dieses Raumes sind bisher, und zwar allerdings mit gutem Grunde, nicht in das Verzeichniss der Werke Pinturicchio's aufgenommen. Es sind im Ganzen 24 Halbfiguren von Sibyllen und Propheten[22] in ansprechender Zusammenstellung mit den Zeichen des Thierkreises und verschiedenen Allegorien und haben sehr viel Aehnlichkeit mit Arbeiten des Peruzzi oder seiner Schüler. Im Mittelpunkt der Decke liest man: „Alexander Borgia P. P. VI. fundavit," und auf einem Cartello in den Zierrathen die Ziffer MCCCCLXXXXIIII.

Fünftes Zimmer: Von den drei Lünetten, in welche dasselbe

[20] Dieses Bild hat von allen Gemälden der Borgia-Zimmer, die durchweg mehr oder minder übermalt sind, die meiste Nachhilfe erfahren.

[21] Dieses Wandbild allein könnte zum Beweis dienen, dass Pinturicchio dem Perugino bei seinem Fresko aus der Geschichte des Moses in der Sixtina zur Hand gegangen ist. Die Gestalt der Geometrie ist das Besterhaltene dieser Freskenreihe, die der Astrologie, deren Kopf und Hände durch Uebermalung zugedeckt sind, das Schlechteste; doch haben sämmtliche Figuren durch Nachbesserung gelitten. Der Hintergrund derselben ist blau.

[22] Zwei derselben sind von der Wand abgesägt und in einem Vorzimmer nahe dem Eingang der Bibliothek aufgestellt.

Rom. Vatican. getheilt ist, enthält jede ein Paar, Mann und Frau im Gespräch, bis an die Knie sichtbar.[23] In den Zwickeln des Deckenbogens sind die Planeten mit kleinen bezüglichen Darstellungen darunter angebracht, z. B. bei Luna Fischer, bei Mercur Leute lesend und sprechend, bei Venus, Apollo, Mars, Jupiter und Saturn ferner eine Hochzeit, Papst und König sitzend, Kampf um den Besitz eines Weibes, eine Falkenbeize und eine Würgscene. (An Schönheit der Composition nehmen es diese Darstellungen, soweit sie unbeschädigt sind, mit denen im Cambio zu Perugia auf, wie sie auch mit gleichem Geschmack verziert sind.) In kleinen Rundfeldern sieht man das päpstliche Wappen und anderweiten malerischen Schmuck, Zusätze, die an künstlerischem Werth nur wenig von den übrigen Bildreihen abweichen. Die Aufschrift: „A. P. M. VI." (Alexander Pontifex Maximus VI.), welche auf einem Zettel in einem der Bögen zu lesen ist, weist sie derselben Zeit zu, und man wird sie wohl auch für Pinturicchio's Arbeiten zu halten haben.

Trotz ihrer Ausdehnung und Massenhaftigkeit wurden diese Wandmalereien in der Zeit zwischen dem Ende des Jahres 1492 und dem Sommer 1494 vollendet, eine Frist, die für einen einzelnen Maler fast zu knapp gemessen scheint, selbst wenn man sich ihn ununterbrochen an der Arbeit denkt; aber Pinturicchio hatte noch Musse übrig. Die Baubehörde von Orvieto suchte ihn in ähnlicher Weise heim wie den Perugino, und obwohl ein Breve Papst Alexander's vom März 1493 beim Domrath Aufschub verlangte, bis „sein Palast vollendet sei,"[24] gelang es doch, den Künstler wenigstens für einige Zeit nach Orvieto zurückzuholen, sodass der Papst genöthigt war, im März 1494 nach ihm zu schicken.[25] Während dieses und des nächsten Jahres bekamen die Zimmer des Vatican ihren letzten Schmuck. Von der langen Bildreihe, welche ausserdem damals in der Engelsburg gemalt wurde, ist nichts übrig geblieben.[26]

Das Geheimniss von Pinturicchio's Fruchtbarkeit lag, wie Vasari ganz richtig bemerkt, in der grossen Erfahrung und in dem Geschick bei Anstellung zahlreicher Gehilfen;[27] dies ermöglichte ihm ausgedehnte Aufträge schnell auszuführen und machte

[23] Die meisten derselben sind übermalt.

[24] s. Della Valle a. a. O. und Vermiglioli a. a. O. append. XI.

[25] s. Anm. zu Vas. V, 271.

[26] s. Vas. V, 269 u. 270.

[27] s. Vas. V, 264.

ihn infolge dessen besonders solchen Kunstfreunden werthvoll, die wenig Geduld hatten. Was er in Rom gearbeitet hat, bekundet einen Mann von geringer Geisteskraft, welcher den Vortheil hatte und benutzte, in einer Zeit zu leben, in welcher bedeutende Vorbilder gewissermaassen zum Gemeingut geworden waren. In der Gruppenbildung hatte er wenig Erfindungskraft, zu verschiedenen Zeiten wirkten verschiedene Einflüsse auf ihn ein, ohne doch völlige Beseitigung seiner Mängel herbeizuführen. Im Ganzen herrschen Fehler und Tugenden des Fiorenzo di Lorenzo bei ihm vor, nur dass sie später infolge der Gemeinschaft mit Perugino sich veränderten. Ihm verdankte er die ansprechendere Behandlung der Landschaft und die sinnigere Charakteristik der Gestalten, aber ernstlich mit ihm wetteifern konnte er nie; auch seine gelungensten Landschaften leiden an Ueberladung und Kleinarbeit im Vortrag, sodass seine Zeitgenossen, die sicherlich kaum besondere Vorliebe für die Niederländer hatten, seine Manier als flämisch bezeichneten.[28] Seine Mariengestalten sind wie bei Fiorenzo schlank ohne Leichtigkeit, bescheiden und scheu ohne eigentliche Feinheit; dasselbe gilt von seinen Kindern und Engeln, welche trotz der Empfindsamkeit schwer erscheinen und stets übertrieben üppigen krausen Haarwuchs haben. Die umbrische Formbildung haftet ihm als Gewohnheit an, und wenn er ihr auch dann und wann anmuthige Zartheit verleiht, so fehlt doch der seelenvolle Inhalt, den wir stets bei Rafael antreffen. Dagegen ist Pinturicchio ein vorzüglicher Bildnissmaler, höchst treu in Auffassung der Formen und des Ausdruckes. Seine Gewänder sind sehr voll, aber selten von tadellosem Wurf, und es kommt oft vor, dass die Falten massenhaft, jedoch an unmöglichen Stellen angebracht sind. Die Zeichnung, gebrochen wie sie ist, umschreibt die Formen weniger durch Bogenlinien als durch häufige Ueberschneidungen in stumpfen Winkeln; in der Kenntniss der Perspective lernte er dem Perugino sein Verständniss ab; er folgte den Vorschriften der Zeit besonders als Monumentalmaler, Zierwerk wendete er mit viel Geschick an, doch

[28] s. Vas. V, 268.

ist die Verbindung von vergoldeter Stuckarbeit mit Schein-Relief künstlerisch nicht eben löblich.[29] Mit weit weniger Rechtfertigung als Crivelli setzte Pinturicchio die alte durch die Zeit geheiligte Kunstübung der Umbrier zu einer Zeit fort, als die allgemeine Geistesrichtung längst damit in Widerspruch getreten war. Diesem alterthümlichen Geschmack zufolge putzt er z. B. seine Gewänder auf übertriebene Weise aus. Er war viel zu beschäftigt um sich gründlich mit der Oelmalerei einzulassen, und da es ihm hierzu an Musse fehlte, hat er sie auch nur selten angewandt; er begnügte sich daher, Wände wie Tafeln nach der Manier des Fiorenzo und Buonfigli zu bemalen, durchaus ohne Perugino's feinen Farbensinn. Heitere Buntheit oder Düsterheit sind die Gegensätze, in denen sich seine Färbung bewegt. Das Bindemittel ist satt und reichlich aufgetragen; der Fleischton auf graugrünem Grund aufgesetzt und selbst an den äusseren Umrissen mit Roth angefrischt, ganz nach dem ältesten Tempera-Verfahren.

Der kunstgeschichtliche Rang Pinturicchio's ist ungefähr derselbe, den wir dem Spagna einzuräumen haben, nur dass Spagna als der Jüngere den Vortheil und die Fähigkeit hatte, die von Pinturicchio vernachlässigten Fortschritte der Malweise sich anzueignen, und andrerseits von keinerlei Ueberlieferung darin gestört wurde, durch Nachahmung Rafael's zu lernen.

Für den Fleiss, womit er im Vatican und der Engelsburg gemalt hatte, wurde Pinturicchio im Jahre 1495 durch eine Pachtung in Chiugi bei Perugia belohnt, wofür er als Zins 30 „Corbe“ Getreide zu liefern hatte, eine Abgabe, welche später geändert wurde.[30] In dieser Zeit oder ein wenig später malte er eine

[29] vgl. den Tadel Vasari's V, 269.

[30] Die Urkunde über die Pacht befindet sich bei Vermiglioli a. a. O. append. S. VII, hat jedoch weder Bestimmung des Tages noch des Monates der Ausstellung; die Abänderungs-Bestimmung, wodurch als Zins auf 3 Jahre 2 Pfund weisses Wachs zu entrichten waren, steht ebenda S. X und ist vom 28. Juli 1497. Ein drittes Breve vom 24. Oct. desselben Jahres hat den Zweck, den päpstlichen Beamten an Ort und Stelle diese Abänderung mitzutheilen, ein viertes vom 16. Mai 1498 spricht dem Pinturicchio den Besitz des Landes und der Einkünfte auch in dem Falle zu, dass seine Zahlungen nicht inne gehalten würden, ein fünftes endlich vom 14. Februar 1499 erstreckt die Pachtbestimmungen vom Juli 1497 auf weitere Jahre hinaus. s. ibid.

Kapelle in der Kirche Araceli in reinerem Stile aus als irgend sonst ein Werk von ihm in Rom ihn aufweist. Genau ist die Entstehungszeit nicht zu bestimmen, wir wissen nur, dass die Kapelle angeblich zum Gedächtniss an die glückliche Beendigung eines Familienzwistes gestiftet war.[31] Sie heisst noch heute die Cappella Bufalini und ist vielleicht auf Bestellung eines Gliedes dieser Familie ausgemalt worden, das in Rom in päpstlichem Amte stand; wenigstens finden wir den Namen auf der oben erwähnten Pachturkunde für Pinturicchio.[32] Die Gegenstände sind dem Leben des heiligen Bernhardin entnommen:

Rom. Araceli.

Rechts beim Eintritt sieht man den heil. Bernhardin mit dem Hüftschurz bekleidet im Gebet, umgeben von einer Anzahl Anhänger, welche sich vorbereiten, das Franciscaner-Gelübde abzulegen; der Vorgang ist in das Innere eines Klosters versetzt, und auf dem Schildbogen einer Wand desselben sieht man einen Engel mit Stierkopf als redendes Wappen der Bufalini; in einem Rundfeld über den Bögen Maria mit dem Kinde, und in einer fensterartigen Oeffnung darüber den segnenden Gott-Vater von Engeln umgeben. Auf dem benachbarten Felde (am nächsten Kapellenfenster) ist der Heilige dargestellt, wie er, zum Himmel deutend, zu vier Brüdern und Anhängern redet, welche völlig bildnissartig behandelt sind; daneben wieder sieht man ihn in Begleitung eines Ordensbruders in Verzückung die Vision des Gekreuzigten erblickend; oberhalb in der Oeffnung auf der Fensterbank einen Pfau. — Auf der Wand zur Linken ist der Heilige im härenen Büssergewand in der Wildniss dargestellt und wird, indem er liest, von einem Haufen Volks vom Vordergrunde aus beobachtet; darunter sieht man seinen Leichnam auf der Bahre ausgestellt, links von Frauen, rechts von Männern umgeben, unter denen der Ueberlieferung nach sich die Bildnisse Bufalini's und seines Sohnes befinden. Auf der Altarwand erscheint Christus in der Herrlichkeit von zwei Seraphim begleitet, seine Wundmaale zeigend, während unterhalb vier auf Wolken stehende Engel musiciren und noch tiefer zwei andere eine Krone auf das Haupt des heil. Bernhardin herabsenken, welcher predigend zwischen den heil. Antonius von Padua und Ludwig steht; die Handlung vollzieht sich in der Gegend von Siena, wie die Stadt-

[31] s. Plattner und Bunsen. Beschr. Roms III. 1. Abth. S. 355. Keine Wandmalerei Pinturicchio's ist so frei von erhabenem Zierrath wie diese.

[32] Die Urkunde von 1495 ist u. a. unterschrieben: „Visa . . V. Bufalinus apostolicae camerae clericus.“ s. Vermiglioli a. a. O., welcher für wahrscheinlich hält, dass der Bufalino, welcher die Fresken bestellte, ein Lodovico von Città di Castello gewesen sei, der advocato consistoriale in Rom war und 1506 dort starb. s. das. S. 68.

Rom. Araceli. ansicht beweist, welche einen Theil des Hintergrundes füllt. — In den Dreieckfeldern der Decke sind die vier Evangelisten angebracht und auf dem Sockelstreifen längs der ganzen Bildreihe grau in grau gemalte halb erhabene Darstellungen: ein Siegeszug, Reiter, nackte Frauengestalten von Wachen gehalten, nackte Gefangene in Banden und ein Kaiser auf dem Triumphwagen; in die nebenher laufenden Zierrathe sind ebenfalls Kaiserköpfe eingestreut; zwei Engel halten die Bänder einer Tafel, auf welcher der Name „Jesus" steht.[33]

Augenfälliger als alle anderen Wandgemälde Pinturicchio's bekunden diese die Empfänglichkeit desselben für Eindrücke andrer gleichzeitiger Meister. Die Gesichter erinnern durchweg an Fiorenzo und Perugino, einzelnes verräth die Anlehnung an Signorelli (so z. B. die Bewegung des geigenspielenden Engels zu äusserst rechts auf dem Bilde der Erscheinung Christi) und die Verwandtschaft mancher Figuren mit solchen auf Perugino's Fresko der Reise des Moses in der Sixtina mag Ursache gewesen sein, dass man den ganzen Wandschmuck der Kapelle für Signorelli's Arbeit gehalten hat, welchem man irrthümlicher Weise jenes Bild der Sixtinischen Kapelle zuschrieb. Signorelli's Einfluss spricht am deutlichsten aus den grau in grau gemalten Bildern. Die Evangelisten, welche man ohne Grund dem Francesco di Città di Castello zugetheilt hat,[34] sind zwar keineswegs frei von Fehlerhaftigkeiten in der Formbildung und Gewandung, aber die theilweise Plumpheit des ersteren sowie die Formlosigkeit des zweiten können doch weder über des Malers Eigenthümlichkeit, noch über seine Abhängigkeit von Fiorenzo's Stilweise täuschen. In dem Bilde der Verherrlichung Bernhardin's wird man oft an Alunno erinnert. Die Gewandbehandlung ist sehr ungleichartig, bald von massigem Wurf, bald von natürlich flatternder Bewegung, bald wieder grob und häss-

---

[33] Der Zustand der Wandmalereien im Allgemeinen ist verhältnissmässig gut, wenn auch manche Theile durch Einfluss der Zeit und der Nachbesserungen gelitten haben. Von dem Evangelisten Johannes an der Decke ist der untere Theil zerstört, die beiden Engel zu Seiten des Heilandes sehr beschädigt, dem ersten der vier darunterstehenden fehlt der Kopf. Der Engel zur Linken, welcher die Krone hält, ist sehr wohlgefällig, weniger der zur Rechten; die Gewandung des Antonius ist geschmackvoll geordnet. Am breitesten in der Behandlung ist das Lünettenbild, welches den Heiligen in der Wüste enthält.

[34] Lanzi, a. a. O. I. S. 340.

lich; auch in der Behandlung der Figuren kehren solche Gegensätze wieder: so ist die Gestalt des Antonius von Padua von überraschender Naturwahrheit, dagegen die Bewegung Anderer, wie z. B. des knieenden Bernhardin im Hüftkleid, durch Herbheit und knochige Trockenheit abstossend. Im Ganzen sind dennoch die Bilder von Araceli besser behandelt als gewöhnlich, nur dass die Hauptfiguren trotz ihrer geschickteren Anordnung an Steifheit und Strenge leiden. Die düsteren grauen Schatten der Fleischtheile und der satte Farben-Auftrag haben mehr mit Alunno als mit Fiorenzo gemein. — Von Wandmalereien unbekannten Ursprungs, die man sonst noch in Rom für Pinturicchio ansprechen kann, treten diejenigen von S. Cecilia in Trastevere und in S. Lorenzo Fuori le Mura am meisten hervor:

Dort sind es Darstellungen Gott-Vaters und der Evangelisten an den Deckenfeldern einer Kapelle, deren Eintheilung derjenigen des Cambio zu Perugia entspricht,[35] hier eine Madonna mit Kind und den Heiligen Stephan und Laurentius im Chor, umgeben von Zierwerk (Brustbildern von Heiligen und Wappen in Rundfeldern), welche wie jene dem Stil der Malereien in den Borgia-Zimmern entsprechen.[36] Ferner findet sich in S. Croce in Gerusalemme eine Halbkuppel mit Darstellungen aus dem Leben der heiligen Helena und des segnenden Gott-Vaters, in S. Onofrio in der Tribuna eine Krönung Maria's mit Darstellungen aus der Legende vom wahren Kreuz, welche ohne nähere Prüfung ebenfalls auf Pinturicchio zurückgeführt worden sind, doch rühren letztere nach Vasari's hier sehr glaubwürdigem Zeugniss von Peruzzi her[37] und die erstgenannten Malereien scheinen uns zu entschieden das Gepräge Fiorenzo's und seiner Schulgenossen zu

Rom. S. Cecilia. S. Lorenzo f.

Rom. S. Cr. in Ger.

S. Onofrio.

---

[35] Im mittleren Rautenfeld in einer Cherubglorie der sitzende Gott-Vater (übermalt), in sechs Dreiecksfeldern, welche sich an das Mittelfeld anschliessen, die vier Evangelisten und das Wappen eines Stifters in Zierleisten von Arabesken und Figuren. Das Wappen gilt für das der Ponziani, aber die Kirche war von Lorenzo Cibo während seines Kardinalates ausgebessert, und die schadhafte Deckenmalerei stimmt im Stile mit den vaticanischen Arbeiten Pinturicchio's überein; vgl. Plattner u. Bunsen a. a. O. III, 3. S. 639 u. 644.

[36] Die Ornamentrahmen ebenso wie die Gestalt des heil. Stephan sind durch Uebermalung entstellt.

[37] Vas. VIII, 221.

haben, als dass wir Pinturicchio geradezu dafür verantwortlich machen möchten.[38]

Als Pinturicchio um den Beginn des Jahres 1496 Rom verliess und nach Perugia zurückkehrte, übernahm er dort die Bestellung eines Altarstückes, welches er binnen zwei Jahren für das Kloster S. Maria fra Fossi (jetzt S. Anna) zu liefern versprach.[39] Vier Wochen später (am 15. März) war er in Orvieto, um in der grossen Tribune des Domes zwei Figuren von Kirchenvätern zu malen; er blieb bis zum 5. November dort, an welchem Tage er die letzte Zahlung erhielt und entlassen wurde.[40] Obgleich er die Ehre des Künstlerwortes, welche durch Perugino's Betragen in Orvieto arg geschädigt war, wiederherstellte, indem er seine Verbindlichkeiten gewissenhaft erfüllte, ist doch von den Arbeiten selbst, die sich an verschiedenen Orten im Dome befanden, auffallend wenig übrig geblieben. Ueberblickt man den Chor und die Vierung, so tragen unter den Darstellungen zum Leben der Jungfrau von Ugolino d' Ilario nur ein heiliger Gregor und einige Propheten und Engelfiguren das Gepräge seiner Hand, und diese sind so roh vorgetragen und von so stumpfem düsteren Tone, der nicht blos von späterer Unbill, sondern auch von ursprünglicher Vernachlässigung herrührt, dass man, wenn keine ausdrücklichen Urkunden darüber vorlägen, zu der Meinung kommen würde, Pinturicchio sei überhaupt nie in Orvieto gewesen.[41] — Ebenso verderblich ist das Alter den Wandgemälden geworden, welche er in einer kleinen Kapelle des Domes zu Spoleto gemalt hat:

Orvieto. Dom.

Spoleto. Dom.

Hier (erste Kap. rechts) findet sich an einer kleinen Tribune Gott-Vater segnend auf Wolken in mandelförmiger Glorie von Engeln

[38] s. darüber später unter Giambattista Caporali; vgl. oben unter Fiorenzo, S. 167.

[39] Der Contract vom 14. Februar 1496 bei Vermiglioli a. a. O. append. S. IV.

[40] Die Arbeit war zu 50 Dukaten verdungen mit der üblichen Zulieferung von Wein und Getreide. Unterm 11. (April?) hatte er Vorschuss bekommen, um nach Perugia zu reisen. s. Luzi, Duomo di Or. S. 462 und Vasari. Comment. zu V. S. 271 und 279 und IX. S. 104.

[41] Eine Verkündigung und eine Heimsuchung auf derselben Wand scheinen von einem Nachahmer Pinturicchio's aus dem Ende des XVI. Jahrhunderts herzurühren. Aehnliche Verwandtschaft mit ihm haben auch zwei Engel mit dem Wappen der Opera an der Schlusswand des rechten Schiffes.

umgeben, sodann eine Maria mit Kind zwischen Johannes dem Täufer und Stephan und ein Ecce homo, alles unrettbar verstümmelt.[42]

Das Altarbild für S. Maria fra Fossi (jetzt in der Akademie der Künste in Perugia), dessen Ablieferung auf den März 1498 festgesetzt war, beweist, dass es damals an Sauberkeit und Durchführung Wenige dem Pinturicchio gleich thaten. Erwägt man die Kürze der Zeit, in der dieses Meisterbild entstand, und die zahlreichen anmuthigen Wandelungen, welche der Gegenstand gerade damals durch Perugino und Rafael unter stiller Einwirkung Lionardo's erfahren hatte, so muss man über den Grad der Durchführung und über die alterhümlich umbrische Auffassungsweise staunen:

Die Jungfrau sitzt in weiter reich verzierter Nische, welche mit „Grotesken", wie man es damals nannte, verziert ist: im Schlussstein des Bogens ein Medusenhaupt, an den Thronlehnen ein Greif und ein Satyr, auf den Karniesen der Wandsäulen Prachtleuchter mit herabhängenden Korallen; mit empfindsamer Beugung des kleinen verschleierten Hauptes beobachtet Maria das Kind, welches auf einem in ihrem Schoosse liegenden Kissen steht, einen Granatapfel in der Linken haltend und mit der Rechten das dünne Kreuz ergreifend, welches der Knabe Johannes ihm reicht. Die Haltung des Johannes, welcher in gelber Tunica mit Strümpfen und Stiefeln bekleidet ist und sich steif vorwärts bewegt, hat etwas unangenehm Geziertes. Am Boden liegt ein Buch und ein Haufen Aepfel und Nüsse. Die Flügelstücke enthalten die Heiligen Augustin und Hieronymus, jenen in vollem Ornat mit Kreuzstab und Herz, (die Apostelgestalten auf seiner Stola nachgeahmte Stickerei von höchst zierlicher Arbeit); Hieronymus hat den Löwen zu Füssen und ein Buch in der Hand. Oberhalb ist die Verkündigung in Halbfiguren (Gabriel, eine jugendliche sehr gelungene Figur, erinnert an den Verkündigungsengel von Alunno in La Bastia, Maria ist durch Zartheit und Liebreiz ausgezeichnet); zwischen den Verkündigungsfiguren eine Pietà: zwei Engel halten links und rechts die Arme des todten Heilands, aus dessen Seitenwunde Blut strömt; sie sind mit reicher Lockenfülle ausgestattet, wie man sie bei Fiorenzo findet, und tragen Halsbänder von Perlen. Die Staffel enthält sechs Halbfiguren der Evangelisten und anderer Hei- Perugia. Akad. d. K

[42] Die Figur Gott-Vaters hat Pinturicchio's Weise und ist von weicher Färbung; von den beiden Engeln zur Seite ist einer fast ganz zerstört, das Kind und die Heiligen auf der zweiten Darstellung ebenso, das Ecce homo kaum zu unterscheiden. — Die Wandmalereien in der Taufkapelle zu Spoleto sind von andrer Hand. s. später unter Spagna und Jacopo Siculo.

liger (Marcus, eine sehr charaktervolle Gestalt, Johannes dagegen schwer und derb).

Das Antlitz der Hauptfigur ist jugendlich, ihr Haar fällt in reichen Flechten über die schmal gebauten Schultern, die Arme sind unverhältnissmässig kurz, die Kleidung reich aufgeputzt bricht in gabelnden Falten; die Kinder sind derb mit schwerem Kopf und wucherndem Haar. Trotz der vorgerückten Jahre, in denen Pinturicchio das Bild gemalt hat, findet man hier in Charakteristik, Formgepräge und Zeichnung die Stilweise Fiorenzo's festgehalten. Dabei ist das Bild von warmem Tone, in den Fleischtheilen sehr geschickt verarbeitet, sauber vollendet und bei aller Kraft der Gegensätze in den Farben der Gewänder gut gestimmt, doch fehlt es der Anordnung an Einheit; in der Landschaft, die mit einer an Memling streifenden Liebe behandelt ist, sind die Bäume des Hintergrundes mit Gold befangen. Das Machwerk ist Tempera mit sehr fettem Auftrag auf Grund von grüner Erde, in den Lichtern mit Gelb, in den Halbschatten mit Roth bearbeitet. Heiterer bunter Ton herrscht auch in den übrigen Stücken vor und das Ganze ist als das durchgeführteste Tafelbild Pinturicchio's und zugleich als das empfindungsvollste zu rühmen. — An die Seite stellen lässt sich ihm die vermuthlich gleichzeitige Madonna mit Kind im Dome zu Sanseverino, welche nur wegen der Rauhheit des Deckfarben-Auftrages etwas zurücksteht:

S. Severino. Dom. Hier sitzt Maria nicht ganz bis an die Füsse sichtbar in reicher Gewandung, das mit Aermelkleid und Mantel ausgestattete krauslockige Kind haltend, welches ebenfalls auf dem Kissen steht und in der Linken eine durchsichtige Weltkugel trägt, während es mit der Rechten den Stifter segnet, der bartlos und mit Tonsur betend kniet. Hinter Maria stehen zwei jungfräuliche Engel in Andacht, den Hintergrund bildet felsige Landschaft mit durchwachsenden Bäumen und einem Zug von Reitern und Fussgängern. Im Bogenfeld darüber sieht man Gott-Vater segnend (Kniestück) in mandelförmiger Glorie mit vier Cherubköpfen.[43]

[43] Mehrere andere Bilder in Sanseverino sind von einem anderen Bernardino von Perugia, welcher Pinturicchio's Zeitgenosse war; s. Schluss des Kapitels.

Die Gesichter sind hier voll und fleischig behandelt und durch das Ganze geht ernste Würde ohne besonders feinen Geschmack; die Stifterfigur ist streng bildnissmässig und die Landschaft von ganz erstaunlicher Durchführung. So sehr man auch in Allem die Ableitung von Pinturicchio's Stil aus Fiorenzo's Weise wahrnimmt, so deutlich offenbart sich doch zugleich die Vervollkommnung, welche Folge der Berührung mit Perugino war. Beide Bilder sind vermuthlich in Perugia gemalt, wohin sich Pinturicchio, nachdem er Landbesitzer geworden war, wieder zurückgewendet hatte, da er von hier aus sowohl seinen künstlerischen Aufträgen, als auch der Verwaltung seines Eigenthums am besten obliegen konnte. Wir sahen, dass er die Nutzung der ihm übertragenen Ländereien überschätzt hatte, doch war er so glücklich, durch Vermittelung des Kardinals von S. Giorgio Ermässigung seiner für das päpstliche Lehen ausbedungenen Zinsen zu erreichen.[44] Während seines Aufenthalts in Rom und bei seinem langjährigen Verkehr mit kirchlichen Würdenträgern mochte er sich überzeugt haben, dass ihre Geldbewilligungen oft mit Verzug und Verdruss verbunden waren. Jetzt machte er die Erfahrung, dass die päpstlichen Beamten sein Anrecht auf das geschenkte Land nicht anerkennen wollten; indess auch dieser Anstoss wurde beseitigt und schliesslich ward er für alles Aergerniss durch Ueberlassung der übertragenen Ländereien zu erblichem Besitze belohnt. Bei so befestigten Verhältnissen beschloss er, sich ein eigenes Haus zu bauen und auch hierbei sollte er wieder die Gunst der Borgia erfahren. Als Cesare Borgia, Herzog von Valentino, im Jahre 1500 die Romagna überzog, besuchte ihn Pinturicchio in seinem Feldlager zu Diruta und erlangte von ihm unter'm 14. October 1500 einen Erlass, welcher dem Viceschatzmeister Alfani auftrug, dem Maler Erlaubniss zur Anlage einer Cisterne in seinem Hause zu Perugia zu erwirken. Wir erfahren aber aus diesem Schreiben noch ferner, dass Cesare laut seines Schreibens „den Bernardino Pinturicchio von Perosa, den er stets wegen seiner hohen Be-

[44] Der bezügliche Brief des Kardinals ist vom 28. Juli 1497. s. die Urkunden bei Vermiglioli a. a. O.

gabung geschätzt, wiederum in Dienst genommen" und in allen Dingen als „einen der Unseren" betrachtet wissen wollte.[45] Hieraus ist abzunehmen, dass Pinturicchio in Rom durch Alexanders VI. Sohn beschäftigt worden war, ob er jedoch weiteren Vortheil aus dieser Verbindung gezogen, ist um so zweifelhafter, da der tolle Herzog von jener Zeit an durch seine Ehrsucht viel zu tief in Kämpfe verwickelt wurde, die ihm wenig Musse für künstlerische Unternehmungen gelassen haben werden.

Das Verhältniss zu Perugino während dieses Aufenthalts in seiner Heimath wird durch Nachrichten nicht deutlich, nur stand Perugino unzweifelhaft höher im Rang als sein Freund, da seine Berufung zur Ausschmückung des Cambio in Perugia in dieselbe Zeit fällt, in welcher Pinturicchio dort schon thätig war; dagegen findet sich andrerseits aber auch keine Angabe, welche auf Eifersucht oder Neid unter ihnen schliessen liesse. Beide hatten ihre Gönner und oft mehr zu thun, als sie mit Bequemlichkeit ausführen konnten. Während Perugino jene Wandmalereien vollendete, begann Pinturicchio eine ähnliche Arbeit für Troiolo Baglioni, Protonotar und Prior der Collegiatkirche S. M. Maggiore zu Spello in der sogenannten „Cappella bella."[46] Seine Malereien an diesem abgelegenen Orte, den 20 Jahre später auch Perugino besucht hat, sind im höchsten Grade lehrreich für die Art des Meisters, gehen aber leider infolge der Feuchtigkeit langsam dem Untergange entgegen:[47]

Spello. S. M. Magg. Die Gegenstände, sämmtlich auf oben abgerundeten und mit Architektur-Zierrathen und Grotesken eingesäumten Feldern, sind: die Verkündigung, die Geburt und Christus im Tempel (an der Wand), vier Sibyllen an der Decke.[48] Die Anordnung in dem ersten Bilde ist

---

[45] s. diesen Erlass im Kunstblatt für 1850, Nr. 47, veröffentlicht durch A. von Reumont, welcher ihn durch Vermittelung des Grafen Giancarlo Connestabile della Staffa aus dem Archiv Connestabile-Alfani in Perugia erhalten hatte.

[46] s. bei Vermiglioli a. a. O. S. 88 und 242 die Urkunden aus dem Archiv von S. Maria Maggiore di Spello.

[47] Der zur Ableitung der Feuchtigkeit aussen an der Kapelle gezogene Graben verspricht wenig Erfolg.

[48] Die Verkündigung ist das verhältnissmässig besterhaltene der Bilder. Die Gewänder sind durchgehends mit Gold befangen, die Uebermalung in den Schatten der gelben und blauen Theile ist durch die Feuchtigkeit schwarz geworden, der untere Theil und die linke Seite am schadhaftesten. Vom Hintergrund und anderen Theilen ist vieles abgeblättert.

echt umbrisch und entspricht in ihrem überladenen baulichen Schmuck besonders der Schule von Perugia; die Färbung ist prächtig und von sorgfältiger Ausführung. In einer weiten Halle, durch deren hohe Bogen man über ein sauber gepflegtes Gärtchen hinweg auf die Umgebung von Spello blickt, wird die Jungfrau, die stehend an einem hohen Pulte gelesen, vom göttlichen Boten überrascht; ihre Geberde ist keusch und sittig, ihre Züge wohlgefällig, sie hat regelmässige Stirn, leicht gekrümmte Nase und zierlichen Mund, der Wuchs ist etwas hager, aber fast untadelhaft in den Verhältnissen. Gabriel, eine anmuthige Erscheinung, die an die Engel im Altarstück von 1496 erinnert, stellt sich als verschönerter Abkömmling der Gestalten Buonfigli's und Fiorenzo's dar, doch ist er bunt und verschwenderisch gekleidet. Der Ausdruck Gott-Vaters, welcher oben in halber Figur sichtbar von Cherubköpfen umschlossen aus Wolken herabschwebend die Taube entsendet, hat etwas Weichliches, das lange dünne Gesicht mit straff herabfallendem Haar mahnt an Alunno; im Ganzen herrscht in allen Nebensachen einheitliche Farbenstimmung. — Weniger gelungen ist die Darstellung der Geburt Christi. Sie lässt erkennen, dass Pinturicchio in Verlegenheit war, wie er den Raum geziemend ausfüllen sollte. Der Platz vor der auf verzierten Säulen ruhenden Hütte ist überladen, aber die Figuren stehen unter einander nicht in fühlbarer Beziehung: der stehende Joseph, Maria, zwei Engel und drei Schäfer knieend bilden den Halbkreis um das inmitten liegende Kind, welches an sich von anmuthiger Bildung die dünnen Arme nach der Mutter ausstreckt. Um die Stille dieser Gruppe zu beleben, ist ein Jüngling hinzugefügt, der mit hurtigem Schritt von links einen Widder herbeizieht als Zugabe zu dem Korb mit Eiern, welchen sein Genosse darbringt. Aus der Ferne naht der Zug der Könige, während andere Vorgänge, z. B. die Verkündigung an die Hirten, in der Landschaft verstreut sind und auf Wolken zehn schlanke Engel dichtgedrängt stehend im Chor singen. Eine Menge verstreuter Einzelheiten, z. B. ein Packsattel, ein geschnürtes Reisebündel, Stöcke, auf dem Dach der Hütte ein Pfau u. a. m. machen das Bild unruhig. Die Landschaft, welche in der Ferne Stadt und See enthält, ist mit fast niederländischer Sorgfalt ausgeführt. Die singenden Engel und die Madonna mit dem Kinde ausgenommen, überwiegen im ganzen Bilde die steifen und ungelenken Geberden; Goldschmuck und anderes Zierwerk erscheint daher hier noch aufdringlicher als sonst und in der Behandlung der Landschaft ist die Massenwirkung der Kleinkrämerei aufgeopfert. — Die Darstellung Christi unter den Schriftgelehrten zeigt eine neue künstlerische Verdolmetschung der Schriftworte: der Knabe steht mit lehrhafter Geberde inmitten der dichtgedrängten Männer auf einem Flur von buntfarbigem Marmorgetäfel, welches ebenso wie der beliebte achtseitige Kuppelbau im Hintergrund, dem hier Marmorfiguren in den Seitenhallen eingefügt sind, von Perugino's sixtinischem Wandbild entlehnt ist. Zwischen den beiden Reihen der Zuhörer,

Spello. S. M. Magg.

Spello. S. M. Magg.

unter denen auch Frauen und Kinder sind, liegen Bücher am Boden; der Schriftgelehrte, welcher mit Jesus spricht (links), wendet dem Beschauer den Rücken; in seiner Nähe steht zuhörend der Stifter Troiolo Baglioni mit einem Begleiter, der einen Beutel hält. Baglioni, ein Mann von etwa 50 Jahren, in dunklen Purpur gekleidet und mit gleichfarbiger Mütze, verzieht den Mund zum Lächeln. Rechts eine andere Gruppe, vor welcher Joseph steht, der vorwärts schreitend der Maria den Sohn zeigt. Eine gewisse Grösse der Formgebung in der Mariengestalt erinnert an Signorelli, während ihr Ausdruck sittsam und ruhig ist; Joseph ist dagegen durch plumpe Nase und abgezehrtes Aussehen entstellt. Die zweite Figur in graugelbem Gewande rechts von Jesus trägt eine Rolle mit der Aufschrift: „Pintorichio," doch ist das Gesicht nicht das des Malers. Dieses findet sich ausdrücklich auf dem Bilde der Verkündigung, in der Ecke rechts auf eingerahmter Tafel, die unterhalb eines mit Büchern, Lichtern und anderem Geräth besetzten Wandbretes mittels eines Schleiers befestigt ist. Darunter liest man auf einem Bretchen, von welchem an Korallenschnuren Pinsel und anderes Handwerkszeug herabhängt, die Inschrift: „BERNARDINVS PICTORICIVS PERVSINVS." An den Pfeilern nebenan steht auch die Jahreszahl „M°CCCCC°I°."[49] — Die Ausschnitte der mit Zierwerk auf Goldgrund gesäumten Decke tragen Sibyllengestalten, welche auf Thronen sitzen, hinter denen der Himmel sichtbar wird; auf einem antiken Altar neben der Erythräa, welche liest, ist eine jetzt unlesbare Inschrift; die zweite hat die Hände zum Gebet erhoben, die dritte blickt empor, die tiburtinische spricht in tanzender Bewegung.

Es scheint als wäre es dem Pinturicchio hier in Spello darauf angekommen, sich deutlich als Nebenbuhler Perugino's hinzustellen, so genau ahmt er diesen in Behandlung der Landschaft und der Nebendinge nach. Gleichwohl kann man kaum einen entschiedeneren Gegensatz finden, als den, welcher zwischen den Selbstbildnissen der beiden Maler besteht: Perugino (im Cambio) ist gesund und fleischig, Pinturicchio in (Spello) blass und trübe, aus seinen Zügen spricht die Gewöhnung an körperliche Leiden; das Auge ist klein und tiefliegend, die Nase breit aber an der Spitze etwas gespalten, die Wangen gehöhlt und in wenige scharfe

---

[49] Vor der Thür des Tempels vier kleine Figuren; die Perspektive ist hier wie auch auf den andern Bildern gut. Die Vordergrundgestalten der linken Seite haben durch die Nässe am meisten gelitten, doch sind zu den natürlichen Beschädigungen auch noch andere hinzugekommen. Die ganze Kapelle war nämlich aufgefrischt worden. Nachbildungen der Fresken von Spello in Farbendruck sind durch die Arundel-Society veröffentlicht worden.

Falten zusammengezogen, die Oberlippe kurz, das Kinn lang und mit Bartstoppeln bedeckt; das schwermüthige Aussehen des Kopfes mag jedoch zum Theil durch die Abreibung der Farbenfläche hervorgebracht sein.

Die Fresken dieser Kapelle sind nicht das Einzige, was Pinturicchio in Spello hinterlassen hat. Er malte in S. M. Maggiore ausserdem an der Vorderseite der Kanzel eine Halbfigur des segnenden Heilandes, die sich durch empfindungsvollen Ausdruck vortheilhaft vor seinen meisten Figuren auszeichnet, sodann zwei Halbfiguren der Jungfrau mit dem Kinde, die eine über einem Altar in der Sakristei, die andere über einem Altar in der Kirche, beide ein wenig unter Lebensgrösse und der grossen Bildreihe stilgleich. Noch andere weniger wichtige Aufträge für verschiedene Orte in Spello überliess er seinen Gehilfen.[50] Auch in bürgerlicher Hinsicht trat Pinturicchio in Perugino's Fusstapfen, indem er am 1. April 1501 als dessen Nachfolger in den Rath der Zwölf in seiner Vaterstadt gewählt ward.[51] Er hat sonach jene Fresken entweder in der Zeit vor seinem Amtsantritt oder nach Schluss desselben (1. Juni d. J.) gemalt. Kurz nach ihrer Vollendung wurde er

Spello. S. M. Magg.

[50] So die Malereien an der Vorderseite eines Hauses (Nr. 30) gegenüber dem ehemaligen Franciscanerkloster in Spello, wo ein Madonnenbild in Fresko angebracht ist, zwar sehr beschunden, aber doch an Pinturicchio's Stil erinnernd und jedenfalls aus der Peruginer Schule. — In dem ehemaligen Kloster des heil. Hieronymus auf den Hügeln bei Spello befindet sich im Chor der Kirche ein Wandbild des Sposalizio in der gewöhnlichen peruginischen Behandlungsweise und mit einem Tempel im Hintergrunde mit der Aufschrift: „Cappela Scī. Josepi." Die Figuren sind schwach, rundköpfig, mit kleinen runden Augen, durchweg bleich gefärbt und ohne Formwirkung, Gewänder und Haare zeigen Pinturicchio's Vortragsweise und die spärlich angebrachten Schatten schielen ins Röthliche. Wir haben hier eine untergeordnete Leistung, wie man sie etwa dem Matteo Balducci zuschreiben kann, mit einigen Charakterzügen des Gerino von Pistoia. — In der Kapelle des Kreuzganges ferner befindet sich eine Darstellung der Geburt Christi von einem Nachahmer der Schule Pinturicchio's, roher als das vorgenannte: ausserdem eine Maria, etliche Heilige, Sebastian und andere Figuren. Im Hintergrund einer anderen Kapelle fast zerstörte Fresken. — In der Nähe von S. Girolamo enthält ein Raum, welcher früher als Sakristei zur Kirche S. Andrea gedient hat, jetzt aber als Laden zum Holzverkauf gebraucht wird und dem ehemaligen Kloster angehört, eine Maria in der Anbetung vor dem Kinde, welches auf ihren Knieen liegt, umgeben von den Heil. Hieronymus und Sebastian, eine untergeordnete Wandmalerei aus Perugino's Schule, im Stil eine Mischung von Pinturicchio und Spagna. Im Kreuzgang ferner eine Sebastiangestalt, von der nur der Kopf übrig ist; ebenso eine Madonna mit dem Kinde und dem heil. Rochus, grobe Arbeit, welche an Tiberio d' Assisi erinnert.

[51] Mariotti, a. a. O. S. 218.

vom Kardinal Francesco Piccolomini nach Siena berufen, um dort die Ausschmückung der Chorbibliothek des Domes vorzubereiten.

Seit Erhebung des Aeneas Sylvius Piccolomini zur päpstlichen Würde hatten die Sienesen, wenn nicht das Misstrauen gegen seine Familie, so doch die Rechtsbeschränkungen aufgegeben, welche die demokratische Stadtverfassung ihr und dem gesammten Adel auferlegte. Die Piccolomini hatten ihre Besitzungen und ihren Einfluss erweitert; besonders zeichnete sie die Neigung nach kirchlichen Würden aus und sie übten dadurch oft leitende Gewalt ebenso in Rom wie in Siena. Francesco Piccolomini, der Neffe Pius II., lebte lange Zeit in Rom, wo sein Palast neben dem der Orsini namentlich aus dem Grunde Gegenstand der Bewunderung wurde, weil in ihm die antike Gruppe der drei Grazien aufgestellt war.[52] Bereits 1485 baute der Kardinal eine Kapelle im sieneser Dom und liess dieselbe mit ligurischem Marmor täfeln, den der Mailänder Andrea Fusina eigens für ihn zugerichtet hatte;[53] im Jahre 1501 ferner erhielt Michel Angelo den Auftrag, fünfzehn Bildsäulen (Christus, die Apostel und zwei Engel) zum Innenschmuck zu liefern.[54] An diese Kapelle nun liess Francesco seit 1495 eine Bibliothek anbauen,[55] in welcher alle von der Familie Pius II. erworbenen Bücher aufgestellt werden sollten; der Marmorschmuck des Einganges an der Stirnseite des Gebäudes wurde bei dem sienesischen Bildhauer Lorenzo di Mariano bestellt, die Erzthüren (1497) bei Antonio Ormanni,[56] die Holzschnitzerei der Innenbe-

---

[52] s. Albertini's Opusculum: „Dom. Rev. Francisci Piccolominei Car. Sen. non longe est a praedicta (scil. domo in qua erant statuae graciarum positae). Ueber die Einwirkung Pius II. auf Siena und seine Verfassung s. G. Voigt, Enea Silvio III, Berlin 1863.

[53] vgl. den Brief des Platina an Lorenzo de' Medici, worin derselbe den Andrea empfiehlt und auf diese Arbeit desselben hinweist. s. Doc. Sen. II, 376 und die Anmerkung dazu. Aus dem Testament des Francesco Piccolomini (s. Pungileoni's Elog. stor. di Raf. S. 59) geht hervor, dass der Bau der Kapelle dem Andrea zu dem Preis von 2000 Goldgulden verdungen war.

[54] s. den Lieferungs-Vertrag in Doc. Sen. III. S. 19 ff.

[55] Der Zeitpunkt des Beginnes der Bauarbeit geht aus einer Urkunde des sienesischen Archivs vom J. 1495 hervor, laut welcher der Zufuhr des Baumaterials zu dem Gebäude zollfreier Eintritt in die Stadt gewährt wurde. s. Vermiglioli a. a. O. S. 250 Anm. und Vasari V. S. 282, Comment.

[56] Ueber diese beiden Bestellungen s. Doc. Sen. III, 77 und II, 458.

kleidung (1496) bei Antonio Barili,[37] und Pinturicchio erhielt den Auftrag, Wände und Decken mit Schildereien zu versehen, eine Arbeit, zu welcher er sich in dem Vertrag vom 29. Juni 1502 verpflichtete. Es fällt schwer, die Einheit des Geschmackes bei diesen künstlerischen Unternehmungen des Kardinals sich vorzustellen; denn er hätte kaum grössere Gegensätze finden können, als die hier beschäftigten Künstler vertraten. Dass ein Mann, welcher die klassische Bildhauerei bewunderte und ein Kleinod derselben, die Grazien, die er selbst besass, in die sienesische Bibliothek überzuführen gedachte, an den Werken Michel Angelo's Gefallen fand, ist begreiflich, dass er aber zu gleicher Zeit durch die Anstellung Pinturicchio's seine Vorliebe für den eigenthümlich umbrischen Stil der Malerei bekundete, ist ein Widerspruch.

Zu den ersten Bedingungen, welche Pinturicchio bei Uebernahme des Auftrages einging, gehörte das Versprechen, von Beginn seiner Abeit an weder ausserhalb noch innerhalb Sienas etwas Anderes vorzunehmen. Die Decke sollte so prächtig und heiter als möglich mit allerhand Erfindungen in groteskem Stile ausgemalt und in den Schlussteinen mit den Wappen der Piccolomini geschmückt werden; für die Wände waren 10 Gegenstände aus der Lebensgeschichte des berühmten Hauptes der Familie Piccolomini Pius II. bestimmt, „a fresco anzulegen und dann a secco zu übermalen;“ die Zeichnung dazu und ihre Uebertragung auf die Wände sowie die Ausführung sämmtlicher Köpfe hatte Pinturicchio mit eigener Hand zu liefern. Unter dieser Voraussetzung wies der Besteller 200 Dukaten zum Einkauf von Gold und Farben in Venedig an, 100 Dukaten in Perugia für den Umzug der Hilfsmittel und zur Anstellung von Gehilfen, 50 Dukaten waren nach Vollendung jedes Wandstückes und der Rest nach Beendigung des Ganzen fällig. Ausserdem aber stellte er dem Pinturicchio ein Haus in der Nähe des Domes zur Wohnung sowie das Holz für die Gerüste nebst Leim und Sand und gewährte ihm an Korn, Wein und Oel, was er zum Lebensbedarf gebrauchte.

[37] s. Vasari VIII, 93 Comment.

Pinturicchio hatte seinerseits zunächst nur Bürgschaft für einen Vorschuss von 300 Dukaten zu leisten, nach deren Empfang er, versehen mit den näheren Angaben von Seiten des Kardinals, nach Perugia zurückkehrte.[58] Dort hatte er nun nichts Eiligeres zu thun, als seine Familie und sein Handwerkszeug nach Siena zu verladen und sich nach geeigneten Gehilfen umzuthun. Es ist durchaus glaubwürdig, wenn uns Vasari berichtet, dass er bei der Anwerbung von Hilfskräften eine gute Zahl aus Perugino's Werkstatt abspenstig machte,[59] und wahrscheinlich befand sich der junge Rafael unter diesen. Die Vorbereitungen nahmen viel Zeit in Anspruch, sodass das Frühjahr 1503 herankam, ehe die Malerei in Siena begann. Zuerst wurde die Deckenmalerei vorgenommen. Die Herstellung der erhabenen Arbeit und der Ausmalung von Gurten und Rahmen, auf denen allerhand mythologische Darstellungen grau in grau angebracht wurden, nahm mehrere Monate in Anspruch; nach Bestimmung des Bestellers wurden die Wappenschilde der Piccolomini eingesetzt; die Krönung derselben mit dem Kardinalshute hilft die Zeit der Ausführung bestimmen; Francesco nämlich ging aus dem Conclave vom 21. September 1503 als Papst Pius III. hervor. Wäre sein Wappen nach diesem Zeitpunkte in der Bibliothek angebracht worden, so würde es die dreifache Krone und nicht den Hut tragen.[60] In einem bereits unterm 30. April 1503 aufgesetzten Testamente spricht der Kardinal den Wunsch aus, „dass die dem Pinturicchio verdungenen Arbeiten durch seine Erben fortgesetzt werden sollten, wenn er selbst die Vollendung nicht erlebte," was auch wirklich eintrat.[61] Sonach lässt sich die Arbeit der Deckenmalerei in die Zeit vom Mai bis September 1503 festsetzen. Der baldige Tod Pius III., am 18. October d. Js., unterbrach zunächst die Fortsetzung des Unternehmens, aber Pinturicchio hatte

---

[58] Dieser höchst interessante Contract vom 29. Juni 1502 befindet sich in Doc. Sen. III, S. 9—13.

[59] Vas. V. 265.

[60] s. diese Bemerkung bereits bei Pungileoni, Elog. di Raf. Anm. zu S. 60 und nach ihm bei Passavant, Rafael I, S. 72 und 73.

[61] Den Auszug aus dieser letztwilligen Bestimmung gibt Passavant a. a. O. I, S. 73, vgl. auch Vas. V, S. 291 Anm.; ausführlicher Pungileoni am a. a. O. S. 59 Anm.

das Glück, in Alberto Aringhieri, einem Rhodiser-Ritter, welcher damals die Würde eines Rectors am Dom zu Siena bekleidete, Ersatz zu finden. Für diesen hat er um die Mitte des Jahres 1504 eine Reihe von Wandmalereien in der runden Taufkapelle S. Giovanni im Dome ausgeführt:[62]

Er malte am Eingang der Kapelle nach Wunsch des Bestellers dessen Bildniss zweimal in knieender Haltung: links als jungen Mann mit dem Ordenskleide des Johanniters und gegenüber im Alter und bärtig in bürgerlicher Kleidung. Dazwischen sind zwei Darstellungen, die Geburt Christi und die Enthauptung des Johannes (von Andrea Vanni?) eingeschoben, ein oberer Wandstreifen enthält Johannes den Täufer in der Wüste und die Busspredigt, in deren Mitte wiederum von anderer Hand die Taufe Christi und die Heimsuchung.[63] Siena. Dom.

Noch während Pinturicchio über diesem Wandschmucke beschäftigt war und auf die Entschliessung der Familie Piccolomini in Betreff der Bibliothek wartete, malte er für Andrea, den Bruder Pius III., eine Darstellung der Geburt Christi in der Piccolomini-Kapelle zu S. Francesco, zu welcher Rafael die Staffel lieferte.[64] Das Bild wurde im September fertig und am 8. November 1504 bei seiner öffentlichen Aufstellung Gegenstand eines grossen Aergernisses. Pandolfo Petrucci nämlich zwang die Geistlichkeit an dem Altar Messe zu lesen, obgleich die Stadt noch im Bann Julius des II. lag.[65] Mittlerweile hatten sich Andrea und Giacomo Piccolomini über die Erfüllung der letztwilligen Bestimmungen ihres Bruders geeinigt; im Septbr. 1504 erneuerten sie den Vertrag mit

[62] Die Arbeit war am 14. August 1504 vollendet und hatte 700 Lire gekostet. s. den Beweis aus dem Domarchiv von Siena bei Vasari V, 291 Anm. Der Name des Stifters wird von Landucci in seinen handschriftlichen Aufzeichnungen in der Bibliothek zu Siena CII, 30, S. 82 mitgetheilt und geht auch aus folgender im Flur der Kapelle angebrachter Inschrift hervor: „D. O. M. Quidam D. Albertus d. Francisci Aringherii Eques Rhodi nitidae templi hujus decorationi instaurationique solerti cura ac industria Operarii officio functus IIII et XX annis. Insudans, sacellumque hoc divo Bapt. Joanni Extruens. Hoc sibi ut ergastulum vivens liber Tradatur, sponte curavit. A. D. MDIIII.“

[63] Nach Landi's handschriftlichen Aufzeichnungen waren die Bilder der Enthauptung des Johannes, der Taufe Christi und der Heimsuchung am Ende des XVI. Jahrhunderts derart im Verfall, dass man sie im Jahre 1608 durch Francesco Rustici erneuern liess. Trotzdem sind sie heute in noch schlechterem Zustande, als die von Pinturicchio ursprünglich selbst ausgeführten Stücke.

[64] s. Pungileoni, Raf. S. 56, Anm. Das Bild wurde 1655 durch Feuer zerstört.

[65] s. d. Angabe von Tizio bei Della Valle, Lett. San. III. S. 9.

Michel Angelo bezüglich der Bildsäulen für die Domkapelle[66] und wahrscheinlich verfuhren sie mit Pinturicchio ebenso.[67] Aber die Fresken der Dombibliothek, wenn er sie anders im Frühjahr 1505 wieder aufgenommen hat, nahmen ihn nicht ausschliesslich in Anspruch, denn unterm 13. März lieferte er eine Zeichnung der Fortuna für den Flur des Domes.[68] Ueberdies erlitt die Unternehmung der Piccolomini neue Störungen, da auch Andrea sehr bald (im Juni dieses Jahres) starb, und man darf zweifeln, ob Pinturicchio in der zweiten Hälfte des Jahres 1505 überhaupt in Siena geblieben ist.[69] Ein Lehen in der Gemarkung von Chiugi, welches er im Juli 1505 auf Befehl Julius II. erhielt, lässt eher annehmen, dass er damals nach Rom oder Perugia gereist ist,[70] und dass er den Wunsch festhielt, in seiner Heimathsstadt wohnen zu bleiben, wird dadurch bestätigt, dass er sich eben in dieser Zeit in die dortige Malergilde einschrieb.[71] Den Sommer und Herbst über ist er jedoch in Siena gewesen, wo ihm im November ein Sohn geboren wurde, dem er nach einem peruginischen Rechtsgelehrten dieses Namens, an welchen er nachmals sein Grundstück in Chiugi verkaufte, den Namen Julius Cäsar gab. Von dieser Zeit an scheint er wieder ernstlich bemüht, sich in Siena festzusetzen.[72] Dazu mag die hohe Schätzung beigetragen haben, die er dort erfuhr. Er wurde in der Malerei dem Perugino geradezu vorgezogen, so wenig man sich auch über die geringere geistige Begabung und über die Inhaltlosigkeit seiner Aeusserungen täuschte.[73]

---

[66] Der neue Contract vom 15. September 1504 ist die Wiederholung des ersten von 1502.

[67] Dass Andrea Piccolomini einen neuen Vertrag mit ihm abgeschlossen hatte, beweist eine Urkunde vom 18. Januar 1509, woraus hervorgeht, dass er die Restzahlung für die Wandmalereien der Bibliothek empfangen hatte; s. Doc. Sen. III. S. 14: „Cum hoc sit quod Bernardinus etc. . . . . fecerit multa opera et picturas olim magnifico domino Andree olim dom. Nannis de Piccolominibus, et ejus heredibus videlicet Librariam in ecclesia catedrali Senensi . . . . etc.“

[68] Doc. Sen. III, 13 und Comment. zu Vasari V, 291.

[69] Er kaufte im Jahre 1504 Landbesitz von den Erben des Neroccio, s. Vermiglioli a. a. O. S. 134.

[70] Der Lehnsbrief, vom 18. August 1506, ist in Perugia ausgestellt und enthält einen Beischluss aus Rom vom 19. Juli. s. Vermiglioli a. a. O. append. S. XXXII.

[71] s. Mariotti, Lett. pitt. S. 218 und Vermiglioli S. 135 und 200.

[72] s. Vasari V, 280 Comment.

[73] Tizio (bei Pungileoni, Raf. S. 63, Anm.) sagt von ihm: „Petrum enim Bernardinus ipse superasse in pictura fertur, minoris tamen sensus atque prudentiae quam Petrus visus est atque insipidi sermonis.“

Für den läppischen Umschweif seiner Ausdrucksweise zeugt ein Schriftstück, welches er im März 1507 an die Baliä zu Siena richtete, um Steuerfreiheit zu erlangen: „Bernardino Pinturicchio, der sich mit Gegenwärtigem an die hochehrwürdigen Beamten (der Baliä) wendet, ist Ew. Herrlichkeiten Diener und nicht der letzte unter den namhaften Malern, aus denen sich, wie Cicero geschrieben hat, die Römer in alten Zeiten wenig machten; aber bei dem Wachsthum ihres Reiches infolge ihrer Siege im Osten und der Eroberung griechischer Städte riefen sie die besten aus aller Welt herbei, eifrig bedacht alle vortrefflichen Gemälde und Bildhauer-Werke, die sie entdecken konnten, an sich zu bringen. Sie hielten die Malerei nun sehr hoch, ähnlich den freien Künsten, und stellten sie in gleichen Rang mit der Dichtkunst. Und sintemal die Künstler von denjenigen hochgeachtet werden, welche die Freistaaten regieren, so hat der genannte Bernardino die Stadt Siena zu seiner Heimath gewählt und hofft dort zu leben und zu wohnen; er thut das mit dem Vertrauen auf das Wohlwollen Ew. Herrlichkeiten und in Erwägung der unfreundlichen Zeitverhältnisse, der Knappheit und Minderung alles Erwerbs und im Hinblick auf die Zahl seiner Familie; und weil er in Erfahrung gebracht, dass Werkmeister, welche sich dahier niederlassen, Vergünstigungen und Steuererlasse erhalten, erbittet er Befreiung von allen Taxen, wie sie heute bestehen und künftig auferlegt werden auf einen Zeitraum von 30 Jahren und s. f." Sein Gesuch wurde, wahrscheinlich Dank dem Einflusse der Piccolomini und vielleicht auch infolge der Begünstigung von Seiten des Pandolfo Petrucci wohlwollend von der Baliä aufgenommen,[74] ja die Erfüllung desselben war nicht einmal die einzige Auszeichnung, die ihm in Siena zu Theil wurde, denn bereits im Jahre 1506 hatte man ihm eine Landnutzung in Montemassi überwiesen.[75]

In diesen Jahren 1506 und 1507 gelangte Pinturicchio nun auch dazu, die Freskenreihe in der Dombibliothek auszuführen.

---

[74] Die Bittschrift und die Verhandlung darüber vom 26. März 1507 in Doc. Sen. III. S. 33 und 34.

[75] s. Vermiglioli a. a. O. S. 135.

Sie erzählen die Hauptzüge aus der Lebensgeschichte Pius des II. nach Auffassung der Familienlegende:

Siena. Dom-bibliothek. Erstes Bild — Abreise des Aeneas Sylvius zum Baseler Concil — schildert den Beginn der grossen Laufbahn des nachmaligen Papstes, der im Jahre 1431 durch den schismatischen Capranica in Siena zum Sekretär gewählt worden war und sich mit ihm in Piombino einschiffte. Man sieht eine felsige Hafenstadt mit dem Ausblick aufs offene Meer, das von allerhand Schiffen belebt ist. In dem Zug der Reisenden, die auf Rossen und Mauleseln dem Abfahrtsplatze zureiten, begleitet von Soldaten und Dienerschaft, nimmt der junge Piccolomini auf starkem Zelter die Mitte des Vordergrundes ein. Er trägt weltlichen Ornat, in der rechten Hand hält er einen Brief und wendet sich, indem er im Begriff ist, in die Tiefe des Bildes zu lenken, nach dem Beschauer um, sodass man sein feines jugendliches Gesicht sieht. Am Himmel zieht sich drohendes Unwetter zusammen, welches das Unglück der nachfolgenden Reise andeuten soll.[76]

Zweites Bild: Aeneas Sylvius vor König Jacob in Schottland. Im Jahre 1435 war Aeneas vom Baseler Concil mit einer diplomatischen Sendung an den König von Schottland betraut worden, den er nach gefahrvoller Seereise in Edinburg erreichte. Man sieht in offener Halle den Thron aufgerichtet, auf welchem der greise König sitzt; Würdenträger seines Reiches füllen den Mittelgrund, Räthe und Schreiber reihen sich zur Seite, während der Vordergrund offen gelassen ist. Aeneas steht in schönem vollen Gewande links, seine Haltung hat feine peruginische Biegsamkeit, reiche Locken fallen tief auf die Schulter hinab; die Hände begleiten anmuthig die an den König gerichteten Worte, welcher jedoch eine ablehnende Geberde zu machen scheint. Ueber die Brüstung des Hintergrundes sieht man durch Säulen und Bäume auf die Stadt und den von steilem Ufer gesäumten Meeresarm.[77]

[76] Ueber das Geschichtliche des Bilderinhalts, das in den Darstellungen selbst nicht immer richtig wiedergegeben ist, vgl. G. Voigt, Enea Silvio I. Die Unterschrift unter dem ersten Bilde lautet: „Aeneas Silvius Piccolomineus natus est patre Silvio matre Victoria XVIII. Oct. Ann. MCCCCV. Corsiani incundis (?) gentilitiis Basileam ad concilium contendens vi tempestatis in Libyam propellitur.“ — Das Bild ist gut erhalten, nur einige Stellen des Meeres im Hintergrunde sind übermalt, ebenso der grüne Aermel des Soldaten mit der Lanze. Die Ausführung entspricht genau dem Contract: es ist Fresko mit Uebermalungen letzter Hand a secco.

[77] Unterschrift: „Aeneas Silvius a Basiliensi concilio in ulteriorem Britanniam orator ac Scotiam ad regem Calexium missus a tempestate in Norvegiam pulsus et per Britanniam regios speculatores eludens Basileam revertitur.“ — Das blaue Gewand der Vordergrundfigur zur Linken ist abgeschabt, wie überhaupt die blauen und grünen Gewänder durchgehends mehr oder weniger Nachhilfe bedurft haben; auch die Täfelung der Fussböden ist an den meisten Stellen verblichen und die weissen Gewänder sind durch Abreibung etwas rauh geworden.

Drittes Bild: Aeneas Sylvius während des Reichstags zu Frankfurt im Jahre 1442 als Dichter gekrönt. Der Vorgang ist in einen weiten Hofraum verlegt, an dessen linker Seite der auf breiten Stufen ruhende Thron aufgerichtet ist. Der deutsche König Friedrich III. drückt dem knieenden Piccolomini mit eigener Hand den Lorbeerkranz ins Haar, zahlreiche Würdenträger, Gesandte und Genossen des Italieners, Wachen und Pagen umstehen in weitem locker geordnetem Kreise als Zuschauer den Thron, den Hintergrund schliesst ein auf hohen Stufen sich erhebender italienischer Hallenbau, der von Gruppen kleiner Figuren, Soldaten und Hausbewohnern, belebt ist und durch dessen Bögen man auf freundliches Hügelland blickt.[78]

Viertes Bild: Aeneas leistet die Gehorsamserklärung für sich und den Kaiser (1447). In weiter Halle sieht man die römische Curie in feierlicher Versammlung; auf dem Thron, welcher von zahlreichen Zeugen umgeben ist, sitzt Eugen IV. mit segnender Geberde, während der vor den Stufen knieende Aeneas ihm den Schuh küsst. Draussen im Hintergrund ist links die Priesterweihe des Aeneas durch den Papst, rechts eine Gruppe Beisteher und Söldner auf dem Flur des Hofes sichtbar, der in hügeliger Landschaft verläuft.[79]

Fünftes Bild: Verlobung Friedrichs III. mit Eleonore von Portugal durch Aeneas Sylvius in Siena. Im Auftrage des deutschen Königs hatte Aeneas die Brautwerbung geleitet und führte ihm die Infantin am 24. Februar 1452 in Siena zu. Die Ceremonie begibt sich vor dem Camollischen Thore; im Mittelgrunde des Bildes steht die korinthische Säule mit den Wappen des königlichen Paares, welche die Stadt Siena nachmals zum Gedächtniss dieses Festes errichten liess; um dieselbe gruppiren sich Soldaten zu Fuss und zu Ross, an welche sich weiter nach vorn das deutsche und portugiesische Gefolge anschliesst. Im Vordergrunde sieht man links den König Friedrich mit Tiara und königlichem Schmuck inmitten seiner Begleiter; er ist vom Pferde gestiegen und mit schnellem Schritt der Braut entgegengeeilt, welche von ihren Hofdamen geleitet in züchtiger Haltung ihm die Hand reicht, während Aeneas im Bischofsornat ihnen bekräftigend die Hände auf die Schulter legt.[80]

[78] Unterschrift: „Hic Aeneas a Foelice V. antipapa legatus ad Federicum III. caesarem missus laurea corona donatur et inter amicos eius ac secretarius annumeratur et praeficitur."

[79] Unterschrift: „Aeneas a Federico III. imp. legatus ad Eugenium IIII. missus non solum ei reconciliatus est sed hippodiaconus et secretarius, mox Tergestinus, deinde Senensis antistes creatus." – Die Obedienzleistung fand in Wahrheit erst am Krankenbette Eugens und dann nochmals in feierlicher Versammlung der Curie statt, der jedoch der kranke Papst nicht beiwohnte. Der Schluss der Unterschrift bezieht sich auf die bald nachher erfolgte Erhebung des Aeneas zum Bischof von Triest und zum Kardinal von Siena.

[80] Unterschrift: „Aeneas Federico III. imp. Leonoram sponsam exhibet et puellae laudis ac regum Lusitanorum complectitur."

Siena. Dom-bibliothek. Sechstes Bild: Papst Calixt III. erhebt Aeneas Sylvius zum Kardinal. Als Frucht seiner ehrgeizigen Bestrebungen wurde dem Aeneas Sylvius im December 1456 der Kardinalshut unter dem Titel S. Sabina zu Theil. Im Chor einer Kirche, auf deren Altar ein feines perugineskes Madonnenbild mit zwei Heiligen prangt, thront zur Linken Calixt, im Begriff, dem knieenden Aeneas den Kardinalshut aufzusetzen; gegenüber rechts sitzen vier geistliche Kollegen, andere Zeugen der Feierlichkeit stehen im Vordergrunde, alle mit lebhaftem Ausdruck der Freude; den Hintergrund füllt eine zahlreiche Schaar von Zuschauern geistlichen und weltlichen Standes.[81]

Siebentes Bild: Aeneas Silvius zum Papst gewählt. Im August 1458 fand in der Nikolaus-Kapelle der Peterskirche das Conclave statt, in welchem Pius II. Piccolomini gewählt wurde. Es scheint der Augenblick der ersten Begrüssung des Neugewählten dargestellt: Pius sitzt im vollen päpstlichen Schmucke links auf dem Tragsessel und hält unter dem mit dem päpstlichen und seinem Familienwappen geschmückten Thronhimmel den feierlichen Umzug. Vor ihm kniet mit dem Stab in der Rechten ein Kleriker (vermuthlich Bessarion), welcher die Ansprache vollendet hat und von Pius den Segen erhält; Mittel- und Hintergrund sind mit dem Zuge der nach dem hohen Chor vorausziehenden Kardinäle und mit einer dichten Volksmenge angefüllt, die zu beiden Seiten der Procession Platz macht.[82]

Achtes Bild: Pius auf dem Fürstentag zu Mantua. In hoher Loggia, welche durch eine mit Teppich beschlagene Brüstung geschlossen ist und in deren Mitte auf Stufen der päpstliche Stuhl steht, sind die geistlichen und weltlichen Beisitzer des Kongresses versammelt, welchen Pius II. im Sommer 1559 nach Mantua geladen hatte. Gegenüber dem Papste, welcher mit eindringlicher Geberde redet, stehen hinter einem mit Geräthen, Büchern, Sanduhr u. s. w. bedeckten Tische die Gesandten der Mächte, mit lebhafter Bewegung zuhörend, während im Vordergrund zwei sitzende und zwei stehende Gestalten, vermuthlich Mailänder und Ungarn, mit Erregung zu ihm hinaufschauen. Ausserhalb der Umzäunung sind verschiedene Zuhörer sichtbar und über sie hinweg blickt man auf See mit felsigem Ufer.[83]

Neuntes Bild: Heiligsprechung der Katharina von Siena. Im Jahre 1461 vollzog Pius im Petersdom die Erhöhung seiner im Jahre 1380 verstorbenen berühmten Landsmännin in den Chor der Heiligen. Das Innere der Kirche ist durch einen Aufbau in zwei Stockwerke getheilt: auf dem oberen sitzt Pius von zahlreichen Geistlichen umge-

[81] Unterschrift: „Aeneas Senen. antistes ad Calistum III. orator a Federico imp. III. missus pont. ad bellum asiaticum armat et patrum principumq. omnium rogatione Card. efficitur."

[82] Unterschrift: „Calisto mortuo Aeneas cardinalis Senen. acclamatione patrum apertisque suffragiis Pont. deligitur et Pius II. nominatur."

[83] Unterschrift: „Pius II. Pont. Max. a Ludovico Mantuano principe classe in naumachie speciem exceptus VI. Calen. Iunias Mantuam ad indictum de expeditione in Turcos conventum ingreditur."

ben auf dem päpstlichen Stuhl, indem er mit segnender Geberde zu der am Boden niedergesetzten Bahre blickt, auf welcher der Leichnam Katharina's, mit einem in die Wunde ihrer rechten Hand gesteckten Lilienstengel geschmückt, ausgestreckt liegt. Den unteren Raum nehmen Dominikaner-Mönche und andere Zuschauer, fast sämmtlich Kerzen tragend, ein, unter denen man im Vordergrunde links einen schönen Jüngling und einen Mann neben ihm gewahrt, der jenen mit Theilnahme betrachtet, Figuren, die man als Bildnisse Rafael's und Pinturicchio's erkennt.[84] Siena. Dom-bibliothek.

Zehntes Bild: Tod Pius II. in Ancona. Um an dem mit allen Mitteln von ihm betriebenen Kreuzzug gegen die Türken selbst Theil zu nehmen, hatte sich Pius II. im Juni 1464 nach Ancona begeben, von wo er sich auf der venezianischen Flotte mit dem Kreuzheere nach Griechenland einschiffen wollte. Aber vor Ausführung des Unternehmens ereilte ihn der Tod; zu seiner Verherrlichung ist der festliche Einzug in die Stadt gewählt: der Papst sitzt auf dem von Männern und Jünglingen im Kriegskleide getragenen Sessel, geleitet von zahlreichen Verehrern, auf welche er segnend herabschaut; im Vordergrunde kniet rechts ein Ungar, links der Doge von Venedig, welchem ein Page die Herzogskrone hält. Den Hintergrund bildet die Hafenstadt Ancona mit dem Ausblick ins offene Meer, auf welchem eine Flotte von Galeeren zur Abfahrt bereit steht.[85] —

Jedes Fresko ist von einem Bogen umschrieben, dessen Wölbung perspectivisch behandelt ist und auf gemalten Wandpfeilern mit Sockelsteinen und Karniessen von vergoldetem Stuck ruht. Die Verbindung zwischen den Bildern wird in sehr ansprechender Weise durch nackte oder nur wenig bekleidete Engelknaben hergestellt, welche mit anmuthig spielenden Geberden auf den Sockeln stehend die Aufmerksamkeit des Beschauers auf die unten angebrachten Wappenschilde lenken. — An einer Wandsäule im ersten Bilde links und auf zwei Schriftrollen an der Wölbung oberhalb des siebenten und achten Bildes liest man die Buchstaben: „B. R."[86]

Der Wandschmuck der Dombibliothek ist vortrefflich erhalten; einige leichte Uebermalungen und stellenweise Entfärbungen abgerechnet, gehört er zu den wenigen Monumental-Werken Italiens, welche ihre ursprüngliche Erscheinung bewahrt haben. Das best-

[84] Unterschrift: „Pius pontifex maximus Catherinam Senen. ob innumera eius miracula inter divas retulit."

[85] Unterschrift: „Pius cum Ancon. expeditione in Turcos acceleraret ex febre interiit cuius animam heremita Camaldulen. in coelum efferri vidit, corpus vero patrum decreto in Urbem reportatum est."

[86] Man hat diese Buchstaben auf „Bernardino" und „Rafael" deuten wollen, doch sollen sie wahrscheinlich das Gedächtniss des „Romano Bembo," eines Gehilfen des Pinturicchio, verewigen. s. darüber Comment. zu Vasari VII. S. 181.

Siena. Dom-bibliothek. gruppirte Bild ist das der Abreise des Aeneas Sylvius zum Concil nach Basel; die Gestalt des jungen Piccolomini zu Pferde, die man früher sogar für ein Selbstbildniss Rafael's hat ausgeben wollen, ist höchst stattlich, und die Nebendinge, z. B. Gras und Blumen am Boden im Vordergrund, sind mit ausserordentlicher Sorgfalt behandelt. Die Darstellung der Gesandtschaft bei König Jacob zeichnet sich ausser der Reichheit und Fülle noch besonders durch die grosse Liebe aus, mit welcher die Landschaft vorgetragen ist. Einige Gesichter und selbst ganze Figuren erinnern an Perugino's Bilder im Cambio. Feine Haltung und rafaelische Frische ist an den meisten Figuren auf dem Bild der Dichterkrönung zu loben, wenn auch andere ungenügende Festigkeit in Schritt und Tritt verrathen, ein Mangel, der jedoch theilweise durch die geschmackvolle Anordnung verdeckt wird. Auch die Scene des Fussfalles vor Eugen IV. gehört zu den gelungenen Stücken, nicht minder ist die Verlobung des Kaisers kunstvoll gegliedert, namentlich die Anordnung der mittleren Gruppe von ansprechender Lebendigkeit, nur stört hier allerdings der Ueberfluss an Goldzierrathen. In der Kardinalsweihe verräth sich als Vorbild Benozzo Gozzoli's Darstellung des heiligen Augustin in Cathedra (in S. Agostino zu S. Gimignano). Die übrigen Bilder stehen etwas zurück. Die Putten, welche dieselben unter einander verbinden, sind trotz ihrer verhältnissmässigen Plumpheit, die man hier aus der Anwendung von Schülerhänden wird erklären müssen, eine recht geschmackvolle Zugabe. Der allgemeine Farbenton ist licht, doch fehlt ihm Masse und Kraft, sodass er die Wirkung nicht erreicht, deren Perugino fähig war. Es herrscht durchgehends heiterbunte Stimmung, die Farbenfläche ist rauh und durch die Unart der Anwendung erhabenen Zierwerks beeinträchtigt. — Bei so ausgedehnten Bildreihen werden sich stets Ungleichheiten der Behandlung bemerkbar machen, denn es ist ein Unterschied, ob solche Arbeiten auf einmal durchgeführt werden, ob die Leistungskraft des Meisters stetig bleibt, ob die Uebertragung der Zeichnungen auf die Wand immer gleich tüchtigen Händen anvertraut wird oder nicht. So wenig sich aber auch hier störende Einflüsse verkennen lassen, so haben die Bilder trotzdem den Werth der wirkungsvollsten Leistungen peruginischer Kunst im engern Sinne. Den Stempel der Ortsangehörigkeit des Meisters verläugnen sie nirgends, überall fühlt man die Buonfigli und Fiorenzo durch. Wenn uns in der Entwickelung des ersteren Anläufe zu der breiteren Vortragsweise der Florentiner zu begegnen schienen, so hatten dieselben doch in Umbrien keinen Boden gefunden, denn Fiorenzo kehrte Schritt für Schritt zu der weicheren und sinnigeren Auffassung der Form zurück, wie sie seinen Landsleuten eigen war. Pinturicchio nun, der Gelegenheit gehabt hatte, die Werke der Ghirlandaio, Botticelli und Lippi kennen zu lernen, blieb zwar, so lange er sich in Rom aufhielt, nicht unberührt von ihrem Einflusse, aber die Wirkung hörte auf, als er von dannen ging; er ist in der That in Siena, der Nachbarschaft von Florenz, entschiedenerer Umbrier, als er es in Rom gewesen war. Die eigene Erfindungskraft war sehr karg in ihm, um so leichter fliegen ihm ansprechende Einzelheiten an, die sich angesichts der künstlerischen Arbeiten Perugia's am Beginn des 16. Jahrhunderts aufdrängten. Es überrascht, wie viel Frische und Liebreiz er bewahrt und wie viel er von den frühesten Arbeiten Rafael's annimmt. Diesen Eindruck hatte offenbar auch Vasari, als er die Dombibliothek in Siena betrat, und zwar empfand er es so stark, dass er „Zeichnungen und Cartons“ schlechthin dem Urbinaten zuschrieb.[67] Es waren ihm Handzeichnungen von Beiden bekannt, die er als Rafael's ausschliessliches Eigenthum betrachtete und dies bestärkte sein Urtheil, aber er hatte sie nicht mit den Wandbildern verglichen, sonst würde er erkannt haben, dass diese in der Gesammt-Auffassung und jedenfalls im Machwerk völlig dem Pinturicchio entsprechen. Was wir von Pinturicchio's künstlerischer Gesinnung wissen, widerstrebt der Annahme nicht, dass er sich eines so frühreifen Talents, wie Rafael war, gern bediente,

[67] Im Leben des Pinturicchio (V. S. 265) schreibt Vasari sämmtliche Zeichnungen und Kartons dem Rafael zu, im Leben Rafael's (VIII. S. 5) beschränkt er es auf etliche. Vasari's Beschreibung der Bilder (V. 265) bekundet überhaupt eine Nachlässigkeit, welche auch durch seine Abneigung gegen Pinturicchio's Stil nicht entschuldigt wird. So führt er z. B. als einen der dargestellten Gegenstände die Geburt des Aeneas Sylvius auf, welche gar nicht vorhanden ist.

wenn auch vielleicht nur zur Anfertigung erster Entwürfe, nach denen er dann die genaueren Zeichnungen selbst machte; die Stilverwandtschaft zwischen den jetzt in Venedig aufbewahrten Zeichnungen des jungen Rafael und anderen, auf welchen Gegenstände aus den Fresken der Dombibliothek wiederkehren, bestätigt diese Ansicht. Von letzteren befindet sich eine, welche das Bildniss der Abreise des Aeneas Sylvius mit Kardinal Capranica darstellt, in der Handzeichnungssammlung der Uffizien: sie ist mit Blei auf weisslich grauem Papier gezeichnet, mit Feder umrissen, leicht in Bister schattirt und mit Weiss gehöht; die Netzlinien, mittels deren der Entwurf auf den Carton übertragen worden, sind noch auf der Oberfläche zu sehen. Zwischen diesem hochvortrefflichen Stück und dem Wandbilde ist, ausgenommen höchstens die Landschaft, wenig Unterschied. Eine andere Zeichnung von ähnlicher Ausführung dagegen, (die Verlobung Kaiser Friedrich III.) aus vier Stücken zusammengesetzt und etwas verrieben (im Besitz des Herrn Baldeschi in Perugia) weicht in nicht wenig Einzelheiten vom Fresko ab: so ist z. B. die Haltung des Aeneas zwischen dem Kaiser und der Infantin verändert und statt des Camollia-Thores von Siena sieht man hier im Mittelgrunde Figurengruppen, hinter denen Hügel angedeutet sind.[88] Eine dritte, welche Aeneas Sylvius vor Eugen IV. darstellt, befindet sich in Chatsworth.[89] Hätte man Rafael's Namen mit diesen Zeichnungen irrthümlich in Verbindung gebracht, so müsste ein ganz neues Verzeichniss seiner Arbeiten dieser Art angefertigt werden. Die Figuren in Venedig erscheinen als Seitenstücke zu den eben beschriebenen. Die Hand ist in allen dieselbe; nur eins bleibt dunkel: man kann nicht nachweisen, was aus Pinturicchio's Zeichnungen geworden ist. Er muss sehr viel gemacht haben, aber von allen, die man ihm zuschreibt, ist an Handfer-

[88] Am Himmel liest man: „Questa è la quinta . . .“ (das Bild ist das fünfte der Reihe), wozu frühere Schriftsteller noch hinzufügen: „Nr. V. . . . afac“ (s. Comment. zu Vas. V, 296), doch hat man Grund, die Schriftzüge für neuer zu halten als die Zeichnung. Mündler (Beiträge S. 19) hat neuerdings Zweifel an der Urheberschaft Rafael's ausgesprochen.

[89] Eine seltsame Verwechslung hat die Verfasser um den Anblick dieser Zeichnung betrogen. Sie ist beschrieben in Waagen's Treasures III. S. 454.

tigkeit keine gut genug, um dafür angesehen zu werden. — Aehnliche Vergleichungspunkte bieten sich auch bei anderen der Wandbilder. Die Darstellung der Dichterkrönung des Aeneas hat in manchen Theilen viel von der Weichheit und zierlichen Anmuth, welche sowohl das venezianische Skizzenbuch als auch die Gemälde Rafael's von 1501—1504 kennzeichnet. Das Staffelbild im Vatican, welches zu Rafael's Krönung der Maria gehörte, bietet die schlagendsten Uebereinstimmungen: nicht genug, dass die Gruppe hinter dem jungen König auf der Anbetung der Weisen in Rafael's Predella den Figuren zur Rechten im Bilde der Dichterkrönung des Aeneas entspricht, beide Bilder haben ausserdem die Figur des Jünglings in hellem Gewande gemein, der mit dem Rücken nach dem Beschauer die Hand auf einen Stock gestützt sich umschaut. Noch andre Figuren auf beiden Bildern zeigen durchaus rafaelische Auffassung; der knieende König auf der Predella ist eine ganz nach Fiorenzo's Vorbild mit Anklang an Perugino und Pinturicchio geformte Erscheinung, mit einem gerade diesen Künstlern eigenthümlichen Faltenwurf. — Man kann hiernach einige Schlüsse nicht abweisen: Rafael steht sichtbarlich in Beziehung zu den Wandgemälden in Siena, er muss auch in Verbindung mit Pinturicchio gearbeitet haben; blos Zeit und Ort sind fraglich. Will man ihn nicht geradezu aus der Schule Perugino's hinweg in die des Pinturicchio versetzen, so muss man Zufälligkeiten annehmen, die es möglich machten, dass der jüngere Kunstgenosse mit dem älteren in Siena zusammentraf. Möglich ist auch, dass sie schon vorher vereinigt waren, dass also Pinturicchio, als er an der Decke der Bibliothek arbeitete, seine rohen Entwürfe stückweise dem Gehilfen übergab, damit dieser sie dann in der von Vasari so umständlich beschriebenen Weise mit Hilfe von Naturstudien für einzelne Figuren und Gewandtheile zustutzte. So fähig Rafael zu derartiger Dienstleistung war, so geneigt wird Pinturicchio gewesen sein, sie in Anspruch zu nehmen; denn die Erfahrungen, die der Jüngling während der Malereien seines Meisters im Wechselgericht zu Perugia gemacht hatte, konnten der Arbeit Pinturicchio's nur zu Gute kommen. Und der Vortheil schien auf beiden Seiten: mochte doch Rafael,

der sich am Beginn seiner Laufbahn mehr durch Reinheit des Gefühls als durch Handfertigkeit auszeichnete, nach einer Gelegenheit geizen, seine Kunsterfahrungen durch Verbindung mit
Perugia. Gall. anderen Meistern zu erweitern. Es gibt Bilder in Perugia, wie z. B. die Madonna mit Kind und Heiligen aus S. Girolamo (jetzt in der Gallerie), welche nicht blos die Beziehung Rafael's zu Pinturicchio, sondern auch Beider zu Spagna bezeugen; wie denn das Bild begreiflicher Weise jedem der drei zugeschrieben worden ist: die Hauptfigur hat die ganze Empfindungsfrische Rafael's, der Engel zur Linken nähert sich dem Perugino, der zur Rechten sowie der Franciscus ähneln dem Spagna, das Uebrige einschliesslich der Landschaft dem Pinturicchio. Das Machwerk jedoch ist nicht das alte Tempera-Verfahren, dem Pinturicchio sein ganzes Leben lang treu blieb, die Farbe ist vielmehr mit Oel verquickt und in der Art aufgetragen, die wir bei Rafael kurz vor dem Zeitpunkt antreffen, wo er sich die florentinische Weise zu eigen machte, also in der Zeit, in welcher Rafael und Pinturicchio sich austauschen mochten und jener von diesem den trockenen hagern und etwas knochigen Formen-Vortrag annahm, der in dem Sposalizio in Mailand noch zu finden ist. — Das entschiedenste Zeugniss aber für die Gemeinschaft der beiden Künstler ist dies: als Kardinal Francesco Piccolomini den Bau der Dombibliothek (ausschliesslich der Wandmalereien) vollendet sah, liess er die drei Grazien nach Siena bringen.[90] Sie blieben geraume Zeit als Schmuck in dem Gebäude stehen bis sie in die Akademie der Künste versetzt wurden. Sie sind derart verstümmelt, dass die mittlere den Kopf und das linke Bein von der Wade abwärts, die rechte und die linke jede einen Arm verloren hat. Rafael nun zeichnete zwei derselben; er behandelt die Form mit einer gewissen Freiheit, gibt aber die Bewegung ganz genau wieder;[91] etwas später malte er bekanntlich die drei Grazien (jetzt in Dudley-House) nach dem antiken Vorbild. Daraus nun wird

[90] s. Vas. V, 267. Albertini sagt in seinem 1508 geschriebenen Opusculum: die Gruppe sei im Palast Piccolomini in Rom gewesen.

[91] Die Zeichnung, aus dem Skizzenbuch entnommen, befindet sich in der Handzeichnungs-Sammlung der Akademie zu Venedig.

im hohen Grade wahrscheinlich, dass Rafael und Pinturicchio im Jahre 1503 in Siena zusammengetroffen sind[92] und dass sie sich vor Beginn der Hauptarbeit an den Wandmalereien trennten. Denn für die spätere Vollendung der Bilder zeugt die wiederholte Anwendung des Wappens der Piccolomini, theils mit der päpstlichen Krone, theils mit den Schildzeichen von Castilien und Aragon, welche dem Giacomo und Andrea, Brüdern Pius III., von den Königen Ferdinand und Heinrich verliehen worden waren.

An der Aussenseite der Kapelle links am hohen Portale des Domes ist die Verherrlichung der Familie Piccolomini durch eine Darstellung der Wahl Pius III. weiter fortgesetzt, ein Bild, welches bei günstiger Beleuchtung betrachtet mehr eigenhändige Arbeit Pinturicchio's erkennen lässt, als wir in der Regel finden:

Im Innern einer Halle, die mit allerlei Volk angefüllt ist, dessen vorderste Gruppen durch einen Hellebardenträger auseinander gedrängt werden, während andrerseits Reiter die Ordnung aufrecht halten, verkünden Trompeter die vollzogene Wahl Pius III. Die Hauptfigur ist zwar leblos, aber das Uebrige recht tüchtig.[93] Siena. Dom.

Als Nachweis für Pinturicchio's Abreise von Siena am Ende das Jahres 1507 oder Anfang 1508 dient das Facsimile eines Briefes, dessen Abschrift er selbstgefällig genug seinem Altarbilde in der ehemaligen Minoritenkirche zu Spello beigefügt hat. Spello. Es ist ein Schreiben des Gentile Baglioni aus seiner Burg Rocca di Zocco vom 8. April 1508, worin Pinturicchio gedrängt wird, nach Siena zurückzukehren, da Pandolfo Petrucci ihn begehre. Wir erfahren auf diese Weise, dass das Bild für S. Andrea zu Spello im Sommer jenes Jahres gemalt wurde. Es ist als

[92] In H. Grimm's „Künstler und Kunstwerke" II. S. 115 f. ist eine Notiz Rafael's vom 5. März 1508 (Original ehemals im Besitz des Herrn Kühlen in Rom) mitgetheilt, worin er ein Guthaben von zweimal 94 Dukaten als rückständige Zahlung für seine Leistungen im Juli und December 1502 bei „Mess. bernardo de biny" erwähnt, welchen Namen H. Grimm bei der Undeutlichkeit der Schriftzüge „de Bettj" (d. h. Pinturicchio) lesen zu dürfen glaubt, sodass dadurch die Gemeinschaft der Künstler in dieser Zeit bestätigt würde.

[93] Die Erhaltung ist gut, nur einige Stellen des Vordergrundes sind verblichen. Unter den Zuschauern befindet sich ein Mann mit einem Hunde, woraus Tizio auf Pandolfo Petrucci schliesst, der Hundeliebhaber gewesen sei. s. Vermiglioli S. LXIII.

20*

künstlerische Leistung unerheblich; denn so sorgsam die Durchführung, so mangelhaft und dürftig sind Luftperspektive und körperliche Rundung ausgefallen (s. Schlussverzeichniss). Jedenfalls hatte Pinturicchio in früheren Jahren Besseres geleistet, das beweisen u. a. seine heilige Familie, jetzt in der Akademie zu Siena, die Madonna für Mont' Oliveto bei San Gimignano und

Rom. Neapel. die beiden Darstellungen der Himmelfahrt Maria's, jetzt in Rom und in Neapel.[94]

Ueber die Wahrscheinlichkeit einer zweiten Reise Pinturicchio's nach Rom im Jahre 1508 ist bei Gelegenheit Signorelli's und Perugino's bereits gesprochen worden.[95] Als er 1509 mit seinem Gevatter Signorelli nach Siena zurückkehrte,[96] erhielt er von den Erben der Piccolomini eine kleine Restzahlung von 14½ Dukaten, die er noch von seinen Malereien her gut hatte.[97] Darnach ist er wahrscheinlich in Petrucci's Dienste übergetreten, in dessen Schlosse er einige Wandbilder im Anschluss an ähnliche Arbeiten des Signorelli und Genga ausgeführt hat. Sie geriethen später in Verfall und wir haben mehrere Ueberbleibsel davon bereits früher

London. als Bestandtheile der Sammlung Barker in London erwähnt; zu ihnen gehört auch eine Darstellung der Penelope, welche von Pinturicchio herrührt.[98]

Mailand. Pal. Borrom. Die letzte beglaubigte Arbeit des Meisters ist eine vorzügliche Miniatur-Darstellung des Heilands auf dem Wege nach Golgatha, jetzt im Palast Borromeo in Mailand. Das Bild war 1513 gemalt und in diesem Jahre, am 11. December, starb Pinturicchio in Siena und wurde in S. S. Vincenzo ed Anastasio (jetzt Oratorio della Contrada dell' Istrice) bestattet. Es ging die Rede, er sei der

---

[94] s. die Beschreibung dieser Bilder im Schlussverzeichniss.

[95] s. oben S. 29 und 245.

[96] Pinturicchio's Sohn Camillo Guilano war am 7. Januar 1509 geboren. s. Comment. zu Vasari V, 280.

[97] s. die Quittung in Doc. Sen. III. S. 13 und 14. Vermiglioli a. a. O. S. 182 führt noch eine Urkunde aus demselben Jahre an, laut welcher Pinturicchio damals in der Contrada S. Vincenzo wohnte. Am 8. October d. J. verkauft er ein Besitzthum an Pandolfo Petrucci (Comment. zu Vas. V. S. 280), im Jahre 1511 verkauft er seine Felder in Chiugi und kaufte sich dann in Siena von Neuem an. (Vermiglioli append. XLIV. und S. 182, Mariotti, Lett. pitt. S. 219.)

[98] vgl. oben S. 18 und die Beschreibung im Schlussverzeichniss.

Bosheit seines Weibes Grania zum Opfer gefallen und verhungert; was jedoch darüber beigebracht wird, ist völlig ungenügend, einen solchen Verdacht zu begründen.[99]

---

Vereinzelte Bilder Pinturicchio's, die sich nicht bestimmt in die Zeitfolge der Lebensschilderung einordnen, haben wir in folgendem Verzeichniss nachzutragen:

Spello, ehemalige Kirche der Minoriten. Altarbild auf Holz: Madonna mit Heiligen vom Jahre 1508: Maria hält das nackte Kind auf dem Knie, welches mit der linken Hand an ihr Mieder fasst und den rechten Arm um ihren Hals schlingt; zur Seite sind zwei Cherubköpfe und zwei betende Engel im Fluge angebracht. Der kleine Johannes sitzt mit Rohrkreuz und Tintenfass in gezwungener Weise schreibend auf der Stufe des Thrones, welcher überall mit reichem Zierwerk geschmückt ist; vor ihm steht ein Pult mit einer Zange und anderen Geräthschaften (hier auch der oben S. 307 erwähnte Brief Baglioni's); rechts steht Franciscus, eine gute Figur, und Laurentius lesend mit dem Rost (auf seinem Ornat reiche Stickerei mit einer Darstellung des Gekreuzigten); links die Heiligen Andreas und Ludwig im Gebet. In der Ferne Landschaft. Maria's Gesicht ist im Verhältniss klein, der Knabe lang und schmächtig und von straffer Haltung; ansprechender ist der Kopf des fliegenden Engels links. In der Art der Zeichnung erinnert das Bild an Perugino; die Farbe ist an einigen Stellen leicht abgerieben, die Erhaltung im Uebrigen aber gut.[100] — Kirchen u. Gal.-Bilder. Italien.

---

[99] Von unnatürlichem Tode Pinturicchio's spricht nur ein Tagebuch seines Zeitgenossen Tizio von Siena: „Rumoribus ferebatur, l'affum quendam peditem in foro Senensi cum uxore Bernardini commisceri, nec ab illis Bernardinum aegrotantem admissum quendam praeter mulierculas quasdam ex vicinis nostris, quae mihi postmodum retulerunt, Bernardinum audivisse querentem se fame deperire." (s. den Auszug bei Della Valle, Lett. San. III. 246 und Vermiglioli, append. LXIII). Grania ist aber nicht in Untersuchung gezogen, sondern trat die Erbschaft von zwei Drittheilen der Hinterlassenschaft ihres Mannes ungestört an, wie aus dessen Willen vom Jahre 1513 hervorgeht, in welchem er sich als: „Sanus mente, corpore languens" bezeichnet. Unterm 13. September d. J. hatte er zwar das Erbtheil seiner Frau durch Nachtrags-Bestimmung eingeschränkt, jedoch unterm 14. October dieses Codicill durch ein anderes widerrufen, s. Doc. Sen. III, 62. 64.

[100] s. Orsini und Vermiglioli a. a. O. 178. und Mariotti, Lett. pitt. 222. Die Unterschrift: „Magro Bernardino alias el Pinturicchio." s. Mündler, Beiträge S. 18.

Kirchen- u. Gal.-Bilder. Italien.

Spello, an der Kanzel der Kirche ein Rundbild mit der Halbfigur des Heilands. (Holz, Oel, sehr durch Alter und Uebermalung sowie durch Zufüllung einer Lücke, welche Ellenbogen und einen Theil des Unterleibes einnimmt, entstellt, auch durch senkrechten Sprung in zwei Hälften getheilt.) Christus trägt eine Fahne und seine Hüfte ist mit rothem Kleide bedeckt; der Typus ist gut und erinnert an Fiorenzo und Benozzo, deren Magerkeit er auch hat. Die Ausführung wird um das Jahr 1500 zu setzen sein.

Siena, Akademie, Scuole diverse Nr. 45 (aus dem Nonnenkloster zu Campanzi): Rundbild der heil. Familie.[101] Maria sitzt links in zarter Haltung mit dem Buche in der linken Hand auf einem Erdhügel und deutet mit der Rechten auf den jungen Johannes, welcher Arm in Arm mit dem kleinen Jesus von ihr hinweggeht, dieser in weisser geblümter Tunica, jener in härenem Gewande. Der Fussboden ist mit Gras und Blumen überwuchert, in der Mitte ein Springbrunnen; in der Ferne sieht man rechts Hieronymus im Gebet, links einen Mönch; Joseph hinter Maria hält eine Mulde und Brod. — Das Antlitz Maria's ist wohl das anmuthigste, das Pinturicchio je gemalt, ihr sauber aufgebundenes Haar ist mit einem Schleier verflochten, die ganze Erscheinung völlig rafaelisch; auch Joseph's Kopf ist schön geformt, nur etwas herb in den Zügen, die Umrisse genau umschrieben; die Bewegung des Johannes ist ein wenig gesucht. Beim Christusknaben ist der Wuchs und die Beine plump. Die Farbe ist reich, der Strich verständig und fest, Zierrath von feiner Durchführung und in verschwenderischer Fülle. Die Tafel ist eine der vorzüglichsten Arbeiten Pinturicchio's und wird aus der Zeit des Anfangs der Wandmalereien in der Dombibliothek herrühren.

Siena, Akademie Nr. 353: Geburt Christi.[102] Das etwas dickleibige Kind liegt in hübscher Bewegung am Boden, neben ihm die Jungfrau von dem drallen Wuchs, wie man ihn auf Spagna's peruginesken Madonnenbildern findet; Joseph, eine hässliche Figur, sitzt rechts hinter dem Kinde; er hat den Schleier aufgehoben, sodass es erwacht ist und nach der Mutter blickt; weiter hinten zwei Hirten im Gebet, am Himmel drei Engel (beschädigt), links ein Haus, im Hintergrund die Verkündigung an die Hirten. Die Zeichnung ist gebrochen und eckig, die Farbe verwaschen und von geringer Körperwirkung. Das Bild gehört wahrscheinlich der späteren Zeit des Meisters an und ist vielleicht von Matteo Balducci oder einem Anderen unter seinen Augen ausgeführt.

Monte Oliveto bei S. Gimignano: Maria thronend zwischen Heiligen.[103] Sie sitzt betend auf Wolken in strahlender Mandorla mit

---

[101] Holz, Tempera. Durchm. 0,82 M., im alten verzierten Goldrahmen.

[102] Holz, oben rund, h. 2,57 M., br. 1,78 M. im alten Goldrahmen.

[103] Holz, Deckfarbe, lebensgrosse Figuren, ebenfalls im alten Rahmen, von Rumohr, ital. Forsch. III, 45 dem Pacchiarotti zugeschrieben, von Gaye, Carteggio II, 434 angemessener dem Pinturicchio.

11 Cherubköpfen; links vorn kniet ein Papst von schlanker Gestalt mit den 12 Aposteln in Stickerei auf seiner Stola, rechts kniet ein Bischof. Der Hintergrund ist eine Landschaft im frischen Frühlingsgrün, wie sie Pinturicchio liebt. Im Ganzen ist der Farbeneindruck der einer lichten, etwas stumpfen Miniatur. Es ist nicht zu vergessen, dass Pinturicchio in Siena viele Gehilfen beschäftigte, unter Anderen den Matteo Balducci, und dass sein Stil nicht ohne Einfluss auf Pacchiarotti blieb. So wenig wir aber an den Piccolomini-Fresken die Hand irgend eines bestimmten Schülers wahrnehmen, so wenig ist dies bei dem vorliegenden Bilde der Fall. Kirchen- u. Gal.-Bilder. Italien.

Siena, S. Maria degli Angeli, bekannter als „Il Santuccio“: Geburt Christi, als Arbeit Pinturicchio's bezeichnet,[104] von tiefer Stimmung und flau, mehr an Pacchia als an irgend einen andern Sienesen erinnernd.

Rom, Museum des Vaticans Nr. 23: Krönung der Jungfrau mit den 12 Aposteln unterhalb in zwei Gruppen, vorn Franciscus mit vier anderen Mönchen betend auf den Knieen.[105] Die Figuren sind ansprechend und von jugendlichem Wuchs; die Farbe hat die Durchsichtigkeit verloren und ist durch späteren Firniss schwer geworden, doch war das Bild ursprünglich eine treffliche Arbeit Pinturicchio's, etwa aus dem Jahre 1500.

Rom, Museo Cristiano, Schrank XIII: Verlobung der Katharina, kleines Temperabild, ganz in Pinturicchio's Weise.

Rom, Museo Cristiano, Schrank XIV: ein Papst beim Hochamt, umgeben von Hieronymus und Thomas, welcher den Gürtel empfängt, kleines umbrisches Tafelbild von röthlichem Farbenton, an Pinturicchio und Spagna erinnernd.

Rom, Gallerie Borghese Nr. 49 und 51: Stücke von einem Cassone mit Darstellungen aus dem Leben des Joseph, von flüchtigem Vortrag in Pinturicchio's Weise.

Rom, Palazzo Spada: Rundbild der Maria mit dem Kinde in einer Landschaft (Tempera auf Holz). Der Knabe in rother Tunica hält eine Frucht. Der Bologneser Schule zugeschrieben, doch in Wahrheit ein Schulbild mit Pinturicchio's Gepräge.

Florenz, Gall. Pitti Nr. 341: Die Anbetung der Könige (Holz), im Hintergrund zahlreiche Figurengruppen, kleines Bild mit dem Wappen der Vitelli von Città di Castello an der Unterleiste; der Ton ist stumpf, die Zeichnung ungenügend, der Auftrag roh, sodass man eher auf einen Schüler als auf den Meister selbst hingewiesen wird.

[104] s. Guido Mucci's Guida von Siena, herausgegeben von Taia (unter dessen Namen wir das Buch bisher angeführt haben), S. 104, ferner Faluschi's Guida und Vermiglioli a. a. O. S. 184.

[105] Holz, lebensgrosse Figuren, ursprünglich in La Fratta, von Orsini und Mezzanotte (vita di Perugino S. 127 u. 128) dem Perugino zugeschrieben.

Kirchen- u. Gal.-Bilder. Italien.

Florenz, Gall. Lombardi: Maria und Kind mit hübscher, sorgfältig behandelter landschaftlicher Ferne, kleines anziehendes Bild des Meisters.

Florenz, Sammlung des Herzogs Strozzi: Christus in Gethsemane mit den drei schlafenden Aposteln im Vordergrund, kleines Tafelbild in Pinturicchio's Stil.

Florenz, Gall. Torrigiani Nr. 11 und 23: Verschiedene Hochzeitsscenen, kleine nicht unbedeutende Holzbilder in des Meisters Vortragsweise, jedoch nicht mit der gewöhnlichen Fertigkeit ausgeführt, sodass man einen Schüler oder Nachahmer, wie z. B. Tiberio d'Assisi, vermuthen kann.

Neapel, Museum: Himmelfahrt der Jungfrau,[106] zu ihrer Seite je 3 Engel, in der Mitte des Vordergrundes Thomas, um ihn die andern Apostel. Die Farbenfläche ist schadhaft und durch wiederholtes Firnissen hart geworden, doch sind einige Köpfe noch schön, sodass das Bild ursprünglich eine gute Arbeit gewesen zu sein scheint.

Città di Castello, Dom, Sakristei: Halbfigur der Maria mit dem Kinde, welches mit segnender Handbewegung aufrecht steht, zur Seite der junge Johannes, Hintergrund Landschaft (Holz, Tempera, halbe Lebensgrösse), echtes Bild, aber in Folge der Abreibung der Fleischtheile sehr beschädigt.

Città di Castello, S. Giovanni Decollato: Kirchenfahne mit der Figur des Johannes und der Taufe Christi,[107] geringe Arbeit aus Signorelli's Schule.

Perugia, Gall. Nr. 143: Bogenfeld von der Wand auf Leinwand übertragen (ursprünglich im Kloster S. Anna): Madonna mit Kind, sehr schadhaft.

Perugia, Gall. Nr. 235: Der heil. Dominicus, aus Pinturicchio's Schule.

Perugia, S. Pietro (Kapelle links beim Eingang): Verkündigung, dem Pinturicchio zugeschrieben (vgl. später unter Spagna).

Mailand, Palazzo Borromeo: Christus auf dem Weg nach Golgatha, das Kreuz schleppend, von einem Manne unterstützt, der dasselbe am Seil fortzieht, während ein Henker den Heiland schlägt; Christus wendet sich im Gehen nach der links stehenden Maria um, welche von Frauen begleitet folgt; in der Ferne die Schädelstätte, wo Henker beschäftigt sind, die Kreuze aufzurichten; auf einem Hügel sieht man eine Burg, in der Luft einen Zug Vögel. Am Rande steht: „Questa opera e di mano del Pinturicchio da Perugia MCCCCXIII." Dieses miniaturartige Tafelbild, welches beim Tode Pinturicchio's in

[106] Holz, Tempera, die Figuren wenig unter Lebensgrösse. Ursprünglich in der Cappella Paolo Tolosa in Montolivetto bei Neapel, s. Vas. V, 270.

[107] Von Vermiglioli a. a. O. S. 79 dem Pinturicchio zugeschrieben, bereits früher von uns erwähnt, s. Cap. I. S. 40.

seiner Werkstatt zurückgeblieben sein mag, darf an Frische, Sorgfalt, Kraft und Fülle der Farbe den Werken der besten Zeit zur Seite gestellt werden. Die weiblichen Gestalten bewegen sich mit einer an Perugino streifenden Anmuth, die Haltung Christi, während er den Streich empfängt, ist edel, wogegen andere Gestalten gestreckt und ziemlich eckig gezeichnet sind. Landschaft und Beiwerk sind mit grosser Liebe behandelt. Kirchen- u. Gal.-Bilder. Italien Deutschland.

Gubbio, Dom: Geburt Christi, rechtwinklige Tafel mit Bogen darüber und Pfeilern zur Seite, in den Zierrathen die Inschrift: „Leone X. Sedente"; offenbar aus späterer Zeit von irgend einem wandernden Kunstgenossen, der einen Entwurf des Meisters vor sich hatte, vielleicht von demselben, welcher in Viterbo als Nachahmer Spagna's arbeitete; das Bild ist in Oel gemalt, scharf umrissen, unrichtig gezeichnet und undeutlich in den Schatten.[108]

Viterbo, Kirche der Observanten: Geburt Christi, im Stile der Schüler Spagna's, wie z. B. des Jacopo da Norcia oder des Orlandi aus Perugia, welcher Gehilfe bei Sinibaldo Ibi war.

Assisi (Umgegend) Torre d' Andrea, Kirche S. Bernardo, nahe bei S. Maria degli Angeli: Auf dem Hochaltar ein Tafelbild in Deckfarben, Darstellung Christi im Tempel, aus 11 Figuren bestehend; inmitten des Vordergrundes der knieende Bernhardin. Mittelmässige Schülerarbeit.

Bettona (Umgegend), ehemalige Kirche S. Simone: Wandbilder in einem Zwitterstil zwischen Pinturicchio und Spagna (s. später).

Amelia bei Spoleto, Kirche des ehemaligen Klosters der Minori Riformati, Altarbild (Holz, Goldgrund, theilweis aufgefrischt): Maria mit Kind zwischen Johannes dem Täufer und Franciscus, im Bogenfeld darüber Gott-Vater zwischen zwei Engeln; in der Vortragsweise zwischen Pinturicchio und Spagna stehend, vielleicht von Tiberio d' Assisi.

Florenz, Gall. Pitti Nr. 341: kleines Epiphanien-Bild in dichtgedrängter Gruppirung.[109]

Dresden, Museum Nr. 24: Bildniss eines jungen Mannes mit lang herabhängendem Haar in rother Kleidung und Kappe; Hintergrund Landschaft; von Pinturicchio, dem es der Katalog jetzt auch zuweist.[110]

Berlin, Museum Nr. 143: Maria mit dem auf ihrem Schoosse stehenden Kinde, das den Schleier der Mutter fasst, während sie es unterstützt und in der Linken einen Apfel hält; dunkler Hintergrund; das beste Stück des Meisters in dieser Sammlung.[111]

Berlin, Museum Nr. 134: Verkündigung, in zwei Abtheilungen; links der Engel knieend mit niedergeschlagenen Augen, rechts

---

108 Vermiglioli a. a. O. S. 112 schreibt es dem Pinturicchio zu.

109 vgl. Mündler, Beiträge S. 19.

110 Holz. h. 1' 8½", br. 1' 3".

111 Tempera, Holz. h. 1' 6", br. 1½".

Gal.-Bilder. Deutschland. Maria am Betpult mit gekreuzten Armen und ebenfalls niederblickend, dunkler Hintergrund. In umbrischem Charakter, aber von geringer Bedeutung und in den Fleischfarben beschädigt.[112]

Berlin, Museum Nr. 136: Brustbild eines jungen Mannes (von Einigen für Rafael gehalten) in schwarzer Kleidung und Mütze und langem blonden Haar; Hintergrund Berglandschaft, von rauher Farbenfläche und nicht gut genug für Pinturicchio.[113]

Berlin, Museum Nr. 142 und 149: Zwei fortlaufende Reihen von Darstellungen zur Geschichte des Tobias, Nr. 142 enthält in acht Bildern: Segnung des jungen Tobit, seine Wanderung mit Rafael, Tobias dem Fisch, vor welchem er erschrickt, die Eingeweide ausschneidend, Ankunft bei den Verwandten, Brautwerbung, Vermählung, Gebet der jungen Gatten während der Engel den Teufel bändigt, Tobias dem Engel seine Geschichte aufsetzend. Der zusammenhängende Hintergrund zeigt links und rechts Häuser mit offenen Hallen, in der Mitte Berglandschaft mit Fluss; vorn sind spielende Kinder angebracht. Nr. 149 (vier Bilder): Hochzeitsfest des Tobias mit Musikanten und Tänzern (vorn Hunde und Kinder in garstiger Aufführung), Heimreise mit Rafael, Heilung des Vaters, Anbetung des hilfreichen Engels, welcher entschwebt. Beiwerk schöne Gebäude u. a.[114] Die Bilder haben viel Anziehendes, zeigen aber Spuren toskanischen Einflusses mit umbrischer Vortragsweise gemischt.

Berlin, Museum Nr. 132: Anbetung der Könige, von denen der eine kniet, während die beiden anderen, von Gefolge umgeben, ihre Gaben bringen; im Hintergrund die einander begegnenden Züge der Waller, rechts der knieende Stifter.[115] Nicht von Pinturicchio, sondern von Giov. Battista (Bertucci) von Faenza.

Altenburg, Lindenau-Museum: Acht Tafeln mit Brustbildern und verschiedenen allegorischen Figuren von Tugenden in verschiedenförmigen Feldern; ursprünglich Stücke einer Deckentäfelung (flüchtig behandelt),[116] vermeintlich von Pinturicchio, und jedenfalls Arbeiten von Schülern desselben, wie z. B. Matteo Balducci.

Schleissheim, Gall. Nr. 1116: Maria mit Kind zwischen Hieronymus und Johannes, ärmliche Nachahmung Pinturicchio's, stark aufgefrischt.

---

[112] Holz, jede Tafel 6½" h. und br.

[113] Tempera, Holz. h. 1' 3", br. 10". Aus der Sammlung Solly.

[114] Tempera, Holz. Jedes Bild h. 1' 10", br. 5'.

[115] Holz, h. 6' 10", br. 8' 4½". Aus der Sammlung Solly; das Bild war ursprünglich in S. Caterina in Faenza und dort für die Familie Manzolini gemalt.

[116] Diese gegenwärtig ebenfalls an der Decke angebrachten Stücke (6 grössere in oblonger und 2 kleinere in quadratischer Form) waren in Rom durch Dr. Braun gekauft worden und galten nach Bericht des Eigenthümers für Theile eines Zimmerschmuckes, den Pinturicchio's Schüler ihrem Meister gemalt. (Mittheilung des Herrn Professor J. Dietrich in Altenburg.)

Pesth, Gall. Esterhazy Nr. 49: Tiberius Gracchus, vermeintlich von Pinturiccihо, aber wahrscheinlicher von einem Nachfolger des Signorelli.[117] Gal.-Bilder. Frankreich, England.

Paris, Louvre Nr. 292: Maria mit Kind, nicht von Pinturicchio, sondern ohne Zweifel von Spagna (s. später).

Paris, Louvre, Mus. Nap. III. Nr. 172 und 173: Urtheil des Salomo und Daniel (angeblich Schule Perugino's); gut gruppirte und sauber ausgeführte Tafelbilder in Pinturicchio's Vortragsweise; wenn nicht von seiner Hand, dann wahrscheinlich von Tiberio d' Assisi.

Paris, Louvre, Mus. Nap. III., Nr. 174: Maria mit Kind, dem vorigen gleichartig, doch etwas besser.

Paris, Louvre, Mus. Nap. III., Nr. 175: Maria mit Kind, Halbfig. in Cherubglorie; ärmliche Arbeit, den Bildern aus Mainardi's Schule ähnelnd.

Paris, Louvre, Mus. Nap. III., Nr. 181: Geburt Christi, angeblich von Pinturicchio, doch von einem seiner Schüler, von plumper Formgebung und stark übermalt.

Paris, Louvre, Mus. Nap. III., Nr. 182: Madonna mit Kind und Stifter, sehr überarbeitetes Tafelbild, aber in der Behandlungsweise des vorigen.

Paris, Louvre, Mus. Nap. III., Nr. 195: Maria mit Kind zwischen Gregor und einem zweiten Heiligen, mehr in Pinturicchio's Stil als die vorgenannten.

London, National-Gall. Nr. 693: Katharina von Alex. mit einem knieenden Mönch, Hintergrund Landschaft;[118] gute Arbeit des Meisters, die Figuren jedoch etwas schwächlich.

London, Nat.-Gall. Nr. 703: Madonna (Halbfig.) das Kind haltend, welches auf einer mit Teppich belegten Brüstung steht; Hintergrund felsige Landschaft;[119] ein sauber behandeltes, aber ziemlich kaltes und überarbeitetes Stück des Meisters.

London, Sammlung Barker: Penelope (oder Lucretia), abgenommenes Freskobild aus dem Palazzo Petrucci in Siena: rechts ein Weib am Webstuhl, daneben ein Mädchen, das Knaul abwickelnd, womit eine Katze spielt, links sieben junge Männer, welche durch die Thür getreten sind; durch ein Fenster Aussicht auf einen Seehafen mit Schiffen.[120] Andere Bilder umbrischen Gepräges in dieser Sammlung sind mit diesem verglichen von geringem Belang.

London, Dudley-House: Taufe Christi, als Nebenfiguren die Heiligen Augustin und Ambrosius, dabei ein predigender Mönch, kleine Bruchstücke einer Staffel, entweder von Pinturicchio oder einem seiner Schüler und Gesellen.

---

[117] vgl. oben Cap. I. S. 40 (wo die Gall. Esterhazy irrthümlich in Wien aufgeführt ist).

[118] Holz. h. 1' 9½", br. 1' 3".

[119] Tempera, Pappelholz. h. 1' 10", br. 1' 3½".

[120] vgl. oben S. 18 und die Beschr. der Fresken des Pal. del Magnifico bei Della Valle, Lett. San. III, 322.

Gal.-Bilder. Irland.

Irland, bei Herrn Brinsley Morley: Tod Hector's und Eroberung von Troja (auf der internationalen Ausstellung zu Dublin als Arbeit Pinturicchio's bezeichnet), zwei kleine Tafeln von nicht rein umbrischer Weise, das Machwerk erinnert an die florentinische Schule, wie sie durch Bastiano Mainardi vertreten wird.

---

Hieran reihen wir, was uns von dem andern Bernardino aus Perugia, welcher seinen Kunst- und Namensgenossen Pinturicchio überlebte, da er noch 1519 thätig erscheint, durch eigene Anschauung bekannt geworden ist:[121]

Perugia.

Perugia, Kirche des Katharinen-Klosters (am zweiten Altar rechts): Vermählung der heil. Katharina:[122] Maria thronend mit

---

[121] Marchese A. Ricci (in seinen Memorie storiche delle arti etc. della Marca di Ancona, 1834 II, 85 f. und 111 f.) entdeckte im Verlauf seiner Urkunden-Forschung, dass Bernardino von Perugia, den er für Pinturicchio nahm, anfangs (1509) in S. Severino gewohnt und im Jahre 1524 ein Altarbild (Madonna mit Kind zwischen den Heiligen Severinus, Dominicus, Rosa und Venantius) gemalt habe, das sich jetzt in der Dominikanerkirche dieses Ortes befindet. Giuseppe Ranaldi, durch dessen Vermittlung schon Ricci die urkundlichen Belege dieser Thatsachen erhalten hatte, ertheilte später ausführlicheren Bericht über diesen Bernardino an Vermiglioli. Daraus geht hervor, dass B. von Perugia im Jahre 1502 und 1503 Wappenschilder für die Stadtbehörde von S. Severino lieferte und ausserdem noch folgende künstlerische Arbeiten ausführte: 1509 eine hölzerne Kirchenfahne für den Dom (S. Agostino) in S. Severino, welche Vermiglioli und auch Passavant noch gesehen haben: sie stellte eine gnadenreiche Jungfrau mit dem Kinde dar, in deren Schooss eine Mutter flüchtet, die ihr Kind vor der Drachengestalt des Satans schützt, mit der Inschrift: BERNADINO PERVSINO PINSIT. Hoc opus f. f. Pierantonius de Gentilibus Acciaccaferri pro sua devotione 1509 (bei Passavant I, 507 etwas abweichend); 1513 malte er Flaggen, 1514 ein im J. 1512 bestelltes Tafelbild für die Kirche S. Maria di Mercato und ein Altarstück für die Kapelle des Stadthauses; 1519 wird er mit anderen Bürgern in die Steuerrolle eingetragen (s. Vermiglioli, Pint. S. 74 ff.). In Colucci's Antichità Picene (s. Vermiglioli a. a. O.) wird ferner ein Altarbild in La Bastia bei Fabriano mit der Inschrift: „1498. Bernardi. de Perus. pinxit" aufgeführt. — Wir haben weder die von Ricci und Vermiglioli erwähnten Stücke ausfindig gemacht, noch auch La Bastia bei Fabriano besucht, welches nicht mit dem gleichnamigen Ort bei Perugia zu verwechseln ist, doch sind uns dafür die anderen oben beschriebenen Bilder bekannt geworden.

[122] Temp., Holz. Fig. fast lebensgr. Von Vermiglioli a. a. O. S. 39 u. 218 dem Pinturicchio zugeschrieben.

dem Kinde, welches den Ring von Katharina nimmt, links stehend der heil. Petrus, rechts Magdalena und Benedict, vorn der Knabe Johannes mit dem Rohrkreuz; über dem Thron vier fliegende Engel, zwei mit Blumen, die andern mit Musikinstrumenten; alle Figuren reich mit Goldschmuck in erhabener Arbeit versehen.[123] An der Gestrecktheit und Magerkeit der Gestalten sowie an den gezierten Geberden und Gesichtszügen offenbart sich ihre umbrische Herkunft; die Umrisse sind handwerksmässig und fehlerhaft, die Gewandung ohne Stil, die Farbe, von flauer Abtönung und trockenem Auftrag, ist mittels rother Schatten ungenügend in Wirkung gesetzt; das Machwerk und besonders die eigenthümliche Strichelung erinnert an Carlo und selbst an Vittorio Crivelli, deren Einfluss sich auf die Maler von S. Severino erstreckte. Perugia.

Perugia, Gall. Nr. 65 (unter dem Namen Bernardino von Perugia): Maria mit Kind und dem kleinen Johannes, zwischen Franciscus und einem zweiten Heiligen (Holz, Fig. lebensgross); hier ist die Gruppe der Jungfrau mit den beiden Knaben geschickt vorgetragen, sodass das Bild, freilich nur in Betracht dieses Theiles, an Rafael's Altarstück für S. Antonio zu Perugia erinnert, welches sich vor einiger Zeit im Palazzo Colonna, dann 1859 und 1860 im königl. Schlosse in Neapel und zuletzt im Louvre befand. Die Ausführung gleicht jedoch dem des vorgenannten Bildes.

Perugia, Gall. Nr. 44 (unter demselben Namen): Krönung der Jungfrau, in jeder Ecke ein Engel; auch hier mahnt Auffassung und Geberdensprache an Rafael, doch war die Wiedergabe weit über dem Vermögen des Malers; die Kleidung ist phantastisch, die Anwendung des Goldes verschwenderisch; die Ausführung zeigt nicht ganz die Rohheit des obigen, doch ist die Handweise übereinstimmend.

Perugia, Privatbesitz (ursprünglich in S. Severo): Madonna mit dem Kinde, vorn ein Heiliger, zwei andere mehr seitwärts, hinten zwei aufwartende Engel; dem vorigen ähnlich.

London, Dudley-House (Holz, Tempera, $^1/_3$ lebensgross): Maria mit dem Kinde im Arme, einen Vogel am Faden haltend, innerhalb eines mit Früchten und Blumen ausgeschmückten Bogens; hier zeigt sich wie an dem vorgenannten Bilde der Schuleinfluss des Squarcione und der Crivelli.

Der Maler aller dieser Bilder ist ein Umbrier, der in Bildung, Gepräge und Ausdruck seiner Gestalten die Vortragsweise seiner Landsleute bekundet; Behandlung, Temperaverfahren,

---

[123] vgl. die Bemerkungen über das Beiwerk bei Vermiglioli a. a. O. S. 38 und 228.

Kleiderschnitt und Liebhaberei für Goldzierrath stellen ihn neben die Sanseveriner und die beiden Crivelli, sodass er entweder frühzeitig aus Perugia nach S. Severino übergesiedelt oder dort selbst geboren sein mag. Nach dem ganzen Eindruck der Arbeiten ist wahrscheinlicher, dass man einen Nachfolger der Crivelli vor sich hat, der sich die peruginische Weise anzueignen bestrebte, als einen Peruginer, der es auf Nachahmung der Crivelli absah. Nun sind die Urkunden über den Bernardino von Perugia in S. Severino gefunden worden, die oben beschriebenen Bilder gleichen den S. Severinischen Malereien in hohem Grade und diejenigen davon, welche der Stadtgallerie zu Perugia angehören, sind bereits dem Bernardino von Perugia zugeschrieben; daraus ergibt sich genügender Anhalt für die Feststellung der Eigenart dieses Malers, den man so lange mit Pinturicchio verwechselt hat. Doch finden wir unter seinem Namen noch ein Bild, welches seiner abweichenden Beschaffenheit wegen erwähnt werden muss:

Paris. Paris, Louvre Nr. 289: Die Kreuzigung, am Fusse Maria und Johannes knieend, ein Franciskaner-Heiliger den Stamm umklammernd, ausserdem figurenreiche Nebengruppen;[124] ein umbrisches Bild, lebensvoll und geschickt, doch von einem mässig begabten Zeitgenossen der Giambattista Caporali, Cocchi und Paris Alfani, der nicht zugleich auch der Urheber der vorgenannten Arbeiten sein kann, wenn er nicht seine Malweise gänzlich geändert hat. —

[124] Oel, Holz. h. 2,11, br. 1,36 M., von Orsini (Guida di Perugia) dem Pinturicchio zugeschrieben und in das Jahr 1518 versetzt.

Schliesslich muss hier auch Matteo Balducci mit einigen Bemerkungen abgethan werden. Er war ein Maler dritten Ranges, in Fontignano geboren und stand, wie aus einer Vertrags-Urkunde vom Jahre 1509 hervorgeht, in welcher er als Zeuge erscheint, mit Pinturicchio in Beziehung. Doch hatte er bei dessen Tode nicht viel vor sich gebracht, da er sich 1517 als Geselle auf 6 Jahr bei Bazzi verdang.[125] Mehrere andere Nachweise bekunden selbständige Thätigkeit in den zwanziger Jahren und Landbesitz in Città delle Pieve im Jahre 1543, sowie dass er in den Jahren 1550 und 1553 dort Rathsbeisitzer gewesen ist.[126] Von Bildern seiner Hand, deren jedoch keines eine Spur von Soddoma's Einfluss verräth, kennen wir:

In Siena, S. Spirito, Cap. de' Borghesi, Altarstück: Himmelfahrt Maria's, neben dem Grabe unterhalb der von zwei Seraphim mit Blumentöpfen umgebenen Glorie die Heiligen Franciscus und Katharina von Siena, vorn zwei Engelkinder; im Bogenfeld Gott-Vater segnend in Glorie von Cherubköpfen; Maria's Gesichtsausdruck ist mild, doch die Gestalten durchgehends schwach, die Farben trübe, verwaschen und ohne Körperwirkung. Die Engel vor dem Grabe erinnern an die Putten auf den Wandsäulensockeln neben den Fresken in der Dombibliothek, sodass sich Balducci als Umbrier aus Pinturicchio's Schule ausweist. Siena.

Siena, Akad. d. K., Nr. 313, dreitheilige Staffel zum vorigen Bilde: inmitten die Pietà, zu den Seiten Franciscus und Katharina, wie sie die Wundmaale empfangen;[127] im Stile des Hauptbildes.

Siena, Akad. d. K., Nr. 311: Halbfigur der Madonna mit Kind zwischen Bernhardin und Katharina. — Nr. 307: Anbetender Engel. — Nr. 321: Maria mit dem Kinde auf den Knieen zwischen Hieronymus und Franciscus, Halbfiguren.[128]

Siena, Akad. d. K., Nr. 310, 316, 312 und 328: Justitia, Fides, Fortitudo und Charitas.[129]

---

[125] s. diese Thatsachen bei Vasari Comment. zu XI. 164 und Doc. Sen. III. 72.

[126] s. den Contract und die Zahlungen für ein Altarbild in S. Francesco di Pian Castagniano in Montamiata 1523—1524 bei Gualandi, Mem. stor. ser. II. 17 u. 18, und über seine Einkünfte und bürgerliche Stellung bei Mezzanotte, Vita di Perugino S. 286.

[127] Holz, Oel. Das Hauptbild von Faluschi, Guida 142 und Mucci (Taia), Guida 111 dem Matteo di Giovanni zugeschrieben; die Staffel h. 0,43, br. 2,03 M.

[128] Sämmtlich Holz, fast von gleicher Höhe und Breite (0,50 : 0,32 M.).

[129] Sämmtlich Holz. h. 0,94, br. 0,53 M. Die beiden ersten in Tempera, die beiden andern in Oel.

Siena. Siena, S. M. Maddalena: Geburt Christi (verschiedentlich dem Perugino und Pinturicchio zugeschrieben), kleines Bild von umbrischer Gruppirungsweise nach dem Muster Pinturicchio's, die Farbe hell, der Ausdruck schwach.

Siena, S. M. Maddelena: Maria mit Kind und dem jungen Johannes, an Pinturicchio erinnernd und vielleicht von einem andern Genossen seiner Werkstatt als Balducci.

Paris. Paris, Louvre, Mus. Napol. III., Nr. 195 (der umbrischen Schule zugetheilt): Maria mit Kind und Heiligen; sorgfältiges, aber schwaches Temperabild in Balducci's Weise.

---

# GESCHICHTE

DER

# ITALIENISCHEN MALEREI

VON

J. A. CROWE & G. B. CAVALCASELLE.

---

DEUTSCHE ORIGINAL-AUSGABE

BESORGT VON

**Dr. MAX JORDAN.**

VIERTER BAND. ZWEITE HÄLFTE.

(MIT 7 TAFELN, IN HOLZ GESCHNITTEN VON H. WERDMÜLLER.)

---

LEIPZIG
VERLAG VON S. HIRZEL.
1872.

# Inhaltsverzeichniss.

## Vierter Band. Zweite Hälfte.

# VERZEICHNISS

der Abbildungen zu Band IV, II. Hälfte.

## NEUNTES CAPITEL.

### *Spagna und seine Stilverwandten.*

Von allen perugінesken Malern — Rafael wie billig ausgenommen — ist Giovanni di Pietro, schlechtweg „lo Spagna" genannt, bei weitem die anziehendste Erscheinung; nur dass sich leider die Dunkelheit, welche seine Geburt umhüllt, auf den grössten Theil seiner gesammten künstlerischen Thätigkeit ausdehnt. Wir wissen weder, zu welcher Zeit er zu Perugino kam, noch haben wir überhaupt bis 1507 bestimmte Kunde von ihm. In diesem Jahre tritt er als selbständiger Meister in Todi auf. Ueber seine Herkunft belehrt eine Urkunde, welche ihn ausdrücklich als „Spanier" bezeichnet (s. Anm. 15), jedoch seine künstlerische Eigenthümlichkeit gehört ausschliesslich Italien an und macht wahrscheinlich, dass er das Malerhandwerk unter Perugino und Pinturicchio erlernte. Bei dieser Schulbeziehung liegt es nahe, seinen Namen mit den Deckenmalereien im Saale der Wechslerbank zu Perugia oder mit dem Doppel-Altarschrein in S. Francesco al Monte zu verknüpfen, welcher i. J. 1505 bei Perugino bestellt war. Ferner erkennt man den Stil seiner beglaubigten Werke zu Spoleto in dem Sebastiansbilde von 1505 in Panicale sowie in einem gleichzeitigen Wandgemälde zu S. Agostino in derselben Stadt wieder.[1] Spagna war Genosse Rafaels in Perugia

[1] vgl. Cap. IV. S. 224, 229 u. 239.

während ihrer gemeinsamen Beziehungen zu Perugino und nachdem Santi selbständig in Città di Castello zu malen begonnen. Seine Malweise stellt eine Mischung derjenigen des Perugino und des Rafael dar, jedoch ohne die feinsten Eigenschaften Beider. Die früheste Arbeit ist die jugendliche und noch ziemlich schwache Darstellung der „Geburt Christi" im Vatican, welche nach dem Kloster bei Todi, für das sie gemalt war, die Bezeichnung „Madonna della Spineta" führt.[2]

Rom. Vatican. Das Christuskind, welches im Vordergrund am Boden liegt, steckt die Finger in den Mund, Maria auf der Rechten ist in demüthiges Gebet versunken, während Joseph links auf ein Knie niedergelassen mit dem Ausdruck der Ueberraschung zuschaut; zwei Engel im Hintergrunde zwischen diesen Beiden und ein dritter unmittelbar bei Maria schliessen die Hauptgruppe ab. Im Mittelgrunde sieht man zwei Schäfer, andere Figuren zu Fuss und zu Ross sind in der Landschaft vertheilt; rechts ist Hütte und Krippe angebracht, in der Luft drei stehende Engel, welche von einem Notenblatt absingen.

Bei dieser knappen Behandlung ist wenig Raum für besondere Merkmale. Als allgemeine geben sich nur die langgeformten Köpfe und Hälse, die hochschulterige Gestalt des Joseph, die gewöhnlichen gestreckten Engelfiguren, kurze Verhältnisse der Hände und Füsse und überladene Gewandung zu erkennen. Damit vereinigen sich bei gehaltener Würde des Ausdrucks ein kühler graulicher Farbenton, gleichmässige Durchbildung der Theile in Vor- und Hintergrund und saubere Vollendung der Einzelheiten; doch fehlt es dem Ganzen an Rundung durch Licht und Schatten, sodass das Bild, obgleich in Oel gemalt, nur flaue und blasse Farbenwirkung macht.

---

[2] Gal. des Vatican N. 26. Das Bild wird von Vermiglioli (Vita di Pinturicchio S. 42) dem Pinturicchio, von Orsini (Vita di Perugino S. 104) dem Vannucci zugetheilt; in den Beschreibungen des Vatican wechseln diese beiden Namen mit dem Rafaels ab; Letzteren scheint auch Passavant II. 5, 449 für den Meister zu halten, wie aus seiner Beschreibung eines Joseph-Kopfes unter den Handzeichnungen des Britischen Museums hervorgeht. Doch kann diese Zeichnung (N. 44 der weil. Reynold'schen Sammlung) bei ihrer lockeren Ausführung nicht als rafaelisch gelten. Auf der Rückseite des Blattes findet sich eine Sebastian-Figur, an welcher die Handweise Spagna's in ihrer Anlehnung an Perugino deutlicher hervortritt, ohne dass man jedoch eine der Arbeiten ihm mit Bestimmtheit zuweisen dürfte; auch stimmt der bezeichnete Joseph-Kopf nicht genau mit demjenigen auf der Mad. della Spineta überein.

Zu B. IV. S. 323.

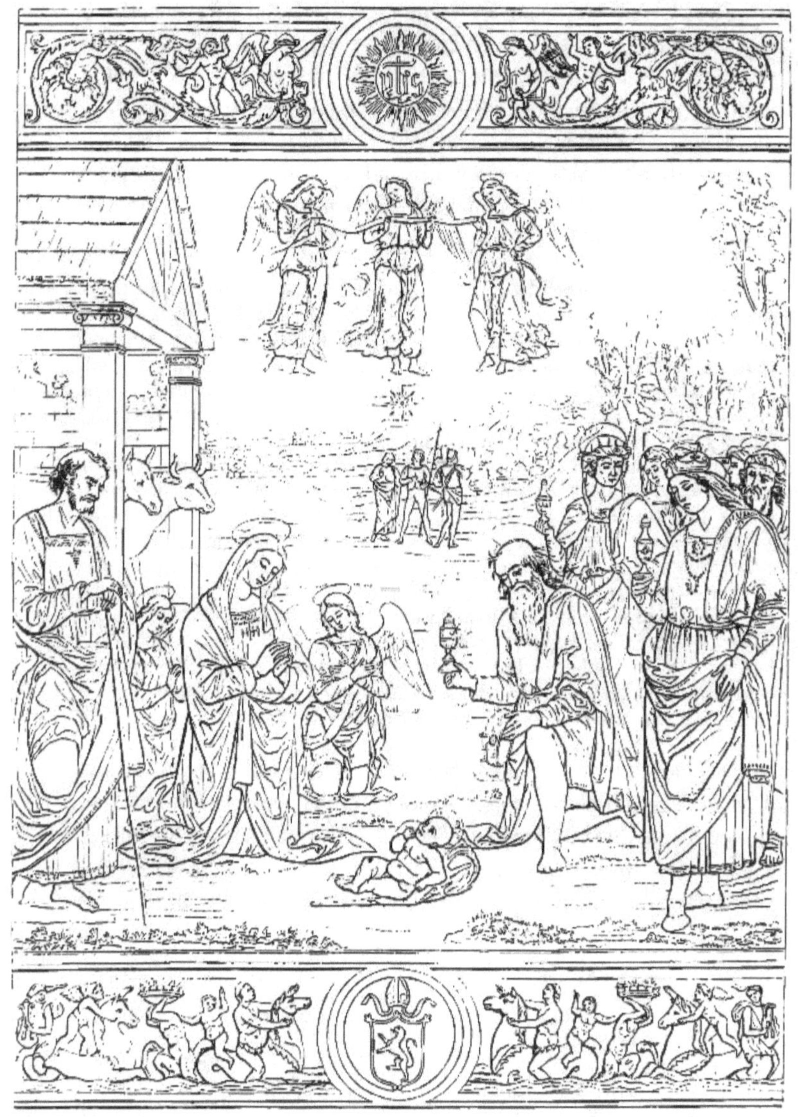

**Anbetung der Könige. Tempera-Gemälde von Spagna im Museum zu Berlin.**

Wir haben hier eine Darstellung erster Hand von demselben Gegenstande, welcher mit einigen Abweichungen auf dem jetzt im Berliner Museum befindlichen Altarbilde der „Ancaiani" wiederkehrt. Bei Vergleichung dieser in Tempera gemalten „Anbetung der Könige" mit der „Madonna della Spineta" ergibt sich, dass die Gestalten Maria's, des Kindes und der dienenden Engel auf beiden Bildern Durchzeichnungen des nämlichen Cartons von verschiedenen Seiten sind:

Berlin. Museum.

Auf dem berliner Bilde[3] kniet Maria mit den beiden Engeln links, seitwärts vor ihr steht Joseph, beide Hände auf den Stab gestützt, und blickt ruhig zu dem Kinde nieder, das am Boden liegt und welchem sich von rechts her die königlichen Waller nahen, deren ältester mit abgenommener Krone, ein Weihgefäss in der Rechten, sich auf ein Knie niedergelassen hat. Hinter den drei Königen ist dichtgedrängtes Gefolge, hinter der heiligen Familie die Hütte mit den Thieren sichtbar. Der Hintergrund dehnt sich als ebener Wiesenplan aus, dessen Mitte eine Gruppe von drei bewaffneten Knechten einnimmt und der nach rechts hin durch eine Hügelkette mit Bäumen gesäumt wird, durch welche die mit dem Tross der Könige belebte Strasse herabführt. In der Luft auf leichtem Gewölk stehen drei Engel, welche das Gloria singen. — Die obere Leiste des Bildes trägt inmitten in Rundform das Zeichen yhs, umgeben von Arabesken mit Genien, auf der Unterleiste ist das Stifterwappen (grün und rothgestreifter Löwe in goldenem Felde) mit dem Bischofshut angebracht, umgeben von einem Fries munterer Tritonenfiguren; die Eckfelder des Rahmens enthalten oben zwei Sibyllen, unten die Heiligen Benedict und Scholastica.[4]

Gemalt für Ancaiano Ancaiani, welcher von 1478—1503 Abt zu Ferentillo bei Spoleto war, hatte das Bild seinen ursprünglichen Platz in der zu jenem Kloster gehörigen Kirche S. Pietro, von wo es im Jahre 1700 zum Zweck der Ausbesserung entfernt wurde, aber ins Wandern gerieth, bis es 1833 in Rom für

---

[3] Berlin, Museum No. 150 unter dem Namen Rafael, h. 5' 8", br. 5' 8", der Rand 1' 3/4" br. — Ein zweites Bild derselben Gallerie, welches entschieden den Eindruck einer Arbeit Spagna's macht, ist der ebenfalls unter Rafael's Namen verzeichnete Christus mit ausgebreiteten Armen vor seinem Kreuze im Grabe stehend (Kniestück auf Leinwand), h. 1' 1", breit 9 1/2".

[4] Auf dem Notenstreifen der singenden Engel steht: „GRORIA" (sic). auf dem Eckstück oben links: „S... INVISIBILE VERBV PALPABIT", rechts: „ANABITVR (sic) DEVS". Die Randleisten rühren aus Spagna's Zeit, sind aber übermalt und nachgebessert.

die berliner Gallerie erworben wurde.[5] — Dass es für ein Werk aus Rafaels Jugendzeit gehalten werden konnte, erklärt sich hinlänglich aus der peruginesken Anordnung und Zeichnung sowie aus dem rafaelischen Gepräge der Gesichter und Gewänder. Allein bei genauer Betrachtung sticht es trotz all seiner Sorgfalt durch minder seelenvollen Ausdruck ab. Reinheit, Zartheit und saubere Durchbildung werden gewöhnlich als hervorstechende Eigenschaften des Bildes gerühmt, und es verräth in der That auch die achtbarste künstlerische Absicht und die säuberlichste Strenge der Durchführung; aber Rafael übertrifft die Wirkung dieser Eigenschaften doch auch in seinen frühesten Arbeiten durch den geistigeren Hauch und durch den feineren Geschmack. So schön die Haltung der Figuren ist, so zeigt sie doch nicht gerade hervorragende Gestaltungskraft; sie haben etwas von der leidenschaftslosen Ruhe, die später besonders bei Sassoferrato bemerkbar wird. Die Gesichter sind breitere Nachbildungen Rafaels ohne den Zauber seiner Anmuth und ohne die lebendige Empfindung. Bei den männlichen Köpfen fallen die gestreckte Stirn und Kinnlade, die straffen und welken Züge auf, sodass sie oft an die faden Bildungen Pinturicchio's erinnern; bei den Frauen und Engeln sind die Köpfe rundlich und schwer, von nicht eben gesunder Fülle und in übertriebener Weise vorgebeugt; dazu gesellen sich runde Nasen und kleinliche Lippen, Eigenschaften, die bei Spagna immer wiederkehren und den durch Gewöhnung entstandenen Mangel an Naturauffassung bekunden. Die Gewänder scheinen mit der Hand zurecht gelegt; es finden sich Falten, wo die Wirklichkeit Flächen und Bausche zeigen würde; daher der Eindruck der Ueberladung und der gemachten Unruhe. Eine Schwäche, die gleich beim ersten Anblick sich bemerkbar macht, ist die massige Körperbildung der Maria und des jungen Königs im Vordergrunde rechts, neben der knochigen Dürre des Knieenden und der Magerkeit der Engel. Hände und Füsse sind durchweg zu klein und haben die gespreizte umbrische Haltung. Die Be-

[5] Ueber die verschiedenen Schicksale desselben berichten Pungileoni (Rafael S. 18) u. Passavant a. a. O. I, 66 u. II, 16.

handlung der Landschaft hält die Mitte zwischen Pinturicchio und Rafael. Soweit man die theilweis bis auf das Zeug und die Linien der Zeichnung abgeriebene Farbe noch beurtheilen kann, hat ursprünglich ein blasser gilblicher Ton mit leichter grauer Schattirung vorgeherrscht.[6]

Beide Werke, die Spagna für Klöster in der Nachbarschaft Spoleto's, seines gewöhnlichen Aufenthaltsortes malte, leiden allerdings bei Vergleichung mit Perugino und Rafael, aber sie nehmen schon dadurch grosses Interesse in Anspruch, dass sie deutlich machen, in welcher Art ein fleissiger und einsichtiger Maler die Vortragsweise seines Lehrers und seines Genossen zu vereinigen verstand. Dieses Geschick der Verarbeitung von Zügen des Rafael, Perugino und Pinturicchio offenbart sich nun ferner in dem grossen Tafelbilde für S. Girolamo in Perugia:[7]

Die Jungfrau mit dem Kinde voll rafaelischer Frische sitzt auf einem weitläufigen, mit Holzmosaik gezierten und von reichem Baldachin gekrönten Throne; Hieronymus in schleppenden Gewändern steht andächtig lesend zur Seite, hinter ihm Antonius; auf der andern Seite Johannes der Täufer nach dem Throne umblickend, nach welchem er hindeutet, und Franciscus, ein Buch in beiden Händen, gedankenvoll im Lesen innehaltend. Perugia, Gall.

Maria ist hier von grosser Schönheit, die beiden erstgenannten Heiligen haben selbständiges Gepräge, während in den beiden andern die Aehnlichkeit mit Pinturicchio und an dem schwebenden Engel zur Linken die Verwandtschaft mit Perugino hervortritt. Die sorgfältige Durchbildung und die Gleichmässigkeit in der An-

---

[6] Von Zeichnungen, die auf Spagna hindeuten können, muss ein Blatt im Britischen Museum (N. 62 des handschr. Verz. von Payne Knight) erwähnt werden, welches Passavant (Rafael II, 547 und Waagen, Treasures I, 226), dem Rafael zuschreiben. Es wird für die Studie zur Figur des jungen stehenden Königs auf dem Ancaiani-Bilde angesehen, doch ist die Haltung nicht genau dieselbe und umgedreht, die Zeichnung selbst eine schwache Arbeit der Schule. — Spagna's würdiger erscheint ein zweites Blatt ders. Sammlung (N. 63 bei Payne Knight) eine Gruppe Reiter mit zwei Fussgängern (in schwarzem Stift auf leicht gefärbtem gelben Papier mit weissen Lichtern). Die Zeichnung galt früher für Rafael und geht jetzt unter Pinturicchio's Namen, aber dem Stile nach kommt sie Spagna zu.

[7] Jetzt in der Stadtgallerie N. 25. Die rechte Seite ist stark beschädigt: besonders hat die Stirn des Franciscus sowie die rechte Hand und das rechte Unterbein des Täufers gelitten. Die Inschrift, welche ehemals auf dem Cartello am Getäfel der Thronstufen gestanden haben wird, ist nicht mehr lesbar.

ordnung des Hintergrundes, der Fleiss in den Zierrathen des Thrones sowie der Faltenwurf im Allgemeinen erinnern wieder an Pinturicchio. Gleichwohl ist das Werk von Spagna's Hand. Er ist eben ein feiner Anempfinder, der sehr anmuthige Zusammenstellungen des Besten zu Wege bringt, was ihm erreichbar war, dem aber Selbständigkeit der Erfindung und Breite des Vortrags abgehen. Auffällig ist die Anwendung des Oeles in der Weise, wie wir sie bei Rafael am Anfange seiner Annäherung an die Florentiner finden; die bleiche Farbe ist auf weissem Grunde aufgesetzt. Wie hierin, so gleicht auch in der ganzen Formensprache, der Trockenheit, Gestrecktheit und Härte in der Ausprägung der Gliedmaassen dieses Bild dem Sposalizio in Mailand.

Weit deutlicher noch spricht sich die künstlerische Genossenschaft Spagna's mit Rafael in einer Anzahl Bilder aus, welche sich in englischen Privatsammlungen befinden. So in einem höchst anziehenden kleinen Tafelbilde in Oel in Stafford House*: Der dornengekrönte Christus das Kreuz schleppend. Der Körper des Heilands biegt sich unter der Last, sein fein getöntes Antlitz ist nach dem Beschauer gewendet, der Wind spielt leise mit Haupt- und Barthaaren; ein klarer Himmel, der am Saume der Hügel des Hintergrundes in mattes Gelb abblasst, der wellige reichlich abgestimmte Boden mit seinen zierlichen einfachen Bäumchen macht einen so rafaelischen Eindruck, dass man sich nicht wundern darf, wenn das Bild unter dessen Namen geht. Christus ist voll zarter Entsagung im Ausdruck, der Vortrag ist vortrefflich, die Farbe warm und ansprechend. In der That hat wohl nur Spagna dem Rafael so nahe kommen können, wenn auch Formgepräge und Haltung diesem an Adel und einfacher Grösse nachstehen. Die Gestalt zeigt eine übertriebene Sorgfalt des Vortrags, das Gewand unnöthige Fülle gleichlaufender Falten; die Farbe reizt mehr durch Weichheit als durch Kraft, die Behandlung

England. Stafford H.

* N. 61. Der Katalog enthält den Nachweis, dass sich das Bild ehemals im Palazzo Riccardi (Medici) in Florenz befunden hat und ursprünglich für die Hauskapelle des Giovanni de' Medici (nachmals Papst Leo X.) gemalt gewesen sei. Der schmale Pilasterrahmen ist durch fein ausgearbeitete Zierrathe in grau und gelb geschmückt.

mehr durch Sorgfalt als durch Meisterschaft.[9] — Ferner findet sich in der Sammlung Fuller Maitland eine sehr anziehende Nachbildung von Perugino's Christus am Oelberg in kleinerem Maasstabe[10], die Hauptfigur auch hier in scharfer Seitenansicht, die drei schlafenden Apostel vorn nur unerheblich abgeändert, in der Ferne der herabschwebende Engel und im Hintergrunde die starkbewegten Soldatengruppen. Auch mit diesem Bilde hat man Rafael in Verbindung zu bringen gesucht, aber auch hier fehlt es an der leichten franken Beweglichkeit, an der Zartheit und Frische und dem Reize des Lebens, der bei Rafael auch in Fällen wirksam bleibt, wo die Figuren selbst in den Verhältnissen oder in ihrer Gesammthaltung weniger glücklich erscheinen. Aehnlicher Unterschied lässt sich auch in Bezug auf den Vortrag geltend machen, der minder flott ist und die frischen durchsichtigen Töne vermissen lässt, die man an Rafael bewundert. Der Abstand der Beiden bleibt immer derselbe: dort geniale Sicherheit im Ausdruck tiefsten Empfindungslebens, hier eine von feinfühligem Sinn belebte aber nicht schöpferische Geschicklichkeit. — Indem Passavant unser Bild dennoch als Jugendarbeit Rafaels ansieht[11], wird er durch eine Stelle bei Vasari[12] misgeleitet, in welcher dieser erzählt, dass ein auf's Höchste vollendetes Tafelbild desselben Gegenstandes vom Herzog Guidubaldo von Urbino bestellt worden und nach mancherlei Schicksalen ins Camaldolenser-Kloster zu Urbino gekommen sei. Von dort versetzt es Passavant nach Gubbio in den Besitz der Familie Gabrielli, von deren Angehörigen einer Prior der Camaldolenser gewesen war, und dann weiter in den Palazzo Gabrielli nach Rom. Aber hier steckt ein Irrthum. Das Bild bei Fuller Maitland ist allerdings dasjenige des Palazzo Gabrielli, aber nicht das, welches Vasari anführt, man müsste denn annehmen, dass dieser es unrichtig beschrieben hat. Er sagt aus-

London. Fuller Maitland.

[9] Wir erkennen dasselbe künstlerische Gepräge wie hier an den Heiligengestalten in Dudley House, welche unbestritten dem Spagna angehören.

[10] vgl. oben Cap. VII, S. 209.

[11] s. Leben Rafaels I, 77. 78. II, 31. Das Bild ist im Ganzen vortrefflich erhalten, mit Ausnahme des Kopfes vom sechsten Soldaten (von rechts nach links gezählt). An den Gewändern des Petrus und Johannes sind einige kleine Stellen leicht beschunden, ebenso eine Stelle an den Schläfen Christi und an seinem Nimbus.

[12] Vas. VIII, 7, 8.

drücklich, dass der Heiland bete und dass die Apostel in der Ferne schliefen, während sie auf unserem Bilde den Vordergrund einnehmen. Immerhin kann das vorliegende Werk für den Herzog Guidubaldo gemalt sein, der Name Rafaels käme demselben darum aber noch nicht zu; es liesse sich dann vielleicht annehmen, dass es von Spagna auf Rafaels Wunsch in Oel gemalt worden sei.[13] —

In die Reihe derartiger Arbeiten Spagna's zählen wir ausserdem noch ein sehr anmuthiges und überaus sorgfältig gemaltes Madonnenbildchen (Maria mit Kind, in Tempera, ähnlich dem Ancaiani-Altarstücke ausgeführt), welches in der Gallerie zu Rovigo unter Perugino's Namen hängt.[14]

Rovigo. Gall.

Bereits seit 1507 können wir Spagna in seiner Wanderung durch die Städte der Umgegend von Spoleto verfolgen. Im September dieses Jahres verspricht er die Lieferung eines Bildes der Krönung Maria's für die Kirche der Reformati auf Monte Santo di Todi und bequemt sich, hierfür das Altarstück von S. Girolamo zu Narni zum Muster zu nehmen. Erst 1511 wurde das Bild abgeliefert.[15]

Narni und Todi.

Das Altarbild in Narni, von einem Schüler Domenico Ghirlandaio's herrührend, zeigt den Heiland wie er die Mutter krönt auf Wolken, die von Cherubköpfen getragen werden und unter einem von Seraphim

---

[13] Waagen (Treasures III, 5) hat bereits die Ansicht ausgesprochen, dass Spagna Antheil an dem Bilde habe.

[14] Gal. von Rovigo N. 42 (Halbfiguren, Holz, 15 zu 13"). Es hat einen senkrechten Sprung, welcher durch das Gesicht Maria's hindurchgeht, und ist etwas nachgebessert. Die Farbe ist entsprechend warm und etwas flach, Maria's goldener Nimbus neu.

[15] Den bezüglichen Vertrag des Notars Gian Antonio di Ugolino Benedettoni v. J. 1507 gibt Lorenzo Leoni in den „Memorie storiche di Todi“ S. 119. 148: „Die 12. Septembris actum Tuderti in pede plateae magnae presentibus domino Lodovico de Aptis et domino Julio de Tuderto.. testibus videlicet. Hector Joannis Rubri de Tuderto procurator loci Montis Santi .... prope Tudertam sponte sua dedit et locavit ad faciendum unam tabulam seu ornamentum pro Ecclesia Montis Sancti magistro Joanni, alias Spagna, Yspano, pro qua ipse promittit dare manufactori ducatos ducentum auri. et dictam tabulam... dictus magister Joannes promittit facere pictam de auro cum coloribus et aliis rebus ad speciem et similitudinem tabulae factae in Ecclesia Sancti Jeronymi de Narnia“. — Das Bild ist 9½ und 7¾', auf Holz gemalt und am Sockel mit der Jahrzahl MDXI versehen. Drei der männlichen Heiligen in der Glorie zur Rechten sind durch Einfluss der Sonne verblasst. Die jetzt im Rahmenpilaster befindlichen Figuren scheinen mit denjenigen im Dudley House übereinzustimmen, nur dass diese in Tempera, jene in Oel ausgeführt sind. Die Pilasterfiguren des Bildes in Todi sind von neuerem Aussehen als das Uebrige und vielleicht nach den ursprünglichen copirt: jedenfalls müssen sie für Wiederholung der in Lord Ward's Besitz befindlichen Stücke angesehen werden. — Vgl. über das Bild in Narni Mündler, Beiträge S. 20.

gehaltenen nach oben verjüngten Thronhimmel, umgeben von einer Schaar Engel, Propheten und Sibyllen. Auf dem Wiesenplane unterhalb kniet der heil. Franciscus inmitten einer Schaar von Heiligen, unter denen Hieronymus, Ludwig, Bernhardin und Johannes der Täufer hervorragen. Ueber dem oberen Theile wölbt sich ein Bogen mit Cherubköpfen, die drei Blenden der Seitenpfeiler enthalten die Heiligen Jacobus, Magdalena, Ludwig, Giovanni Capistrano, Katharina und Bernhardin.

Hier haben wir den sprechendsten Beweis von Spagna's künstlerischer Stellung. Der geschickte Spanier, welcher gewohnt war, sich an die umbrischen Vorbilder zu halten, fand sich willig, die vollständige Composition eines Florentiners aufzunehmen. Er führt dies mit leidlichem Erfolge durch, indem er die Figuren nach der ihm geläufigen Weise umformt und sie nach eigenem Geschmack in Farben setzt. Es fehlt in dieser Arbeit keineswegs an schönen Gestalten und Köpfen, besonders bei den Frauen und Engeln, aber im Allgemeinen stört die Neigung zu übermässig gestreckter Bildung der menschlichen Gestalt, wie denn auch häufig rechtes Innenleben und Breite des Vortrages vermisst werden. Die runden Gesichter arten nach Form und Ausdruck nicht selten ins Unedle aus; auch die kurzen Füsse und die langgestreckten, aber mit kurzen Fingern und geschwollenen Knöcheln versehenen Hände kehren hier wieder; infolge oberflächlicher Behandlung der Gewänder fällt zu oft sinnlose Unordnung auf. Die Fleischtöne sind auch hier nicht diejenigen gesunder Menschen und entbehren der Körperlichkeit und Durchsichtigkeit. Man muss sonach dem Spagna das Zeugniss versagen, in Perugino's Schule ausgelernt zu haben; dazu beherrscht er die Farbe zu wenig, und der Empfindungsausdruck reicht nicht hin, diesen Mangel zu ersetzen. Auch das Geheimniss der Luftwirkung im Bilde ist ihm nicht aufgegangen. — Die Ausführung dieses Auftrags setzt voraus, dass Spagna Narni besucht hat. Das beweisen überdies zwei Heiligenfiguren in S. Girolamo daselbst, wenn sie auch nicht zu den guten Leistungen des Künstlers gehören:

Es sind: der heil. Bernhardin von Feltre (Oel auf Holz — in Einem Strich gemalt) mit dem Modell des von ihm begründeten Mons pietatis in der Hand, zu seinen Füssen eine kleine Gestalt im Gebet. Das zweite Narni. S. Girolamo.

stellt den heiligen Antonius stehend, eine Lilie haltend und die Flamme zeigend, mit einem Kinde zu Füssen dar.[16]

In Todi soll Spagna nicht weniger als sechs Kapellen der Hauptkirche ausgemalt haben. Die Ueberreste eines Freskobildes der Dreieinigkeit bekunden, dass diese Arbeit in die Zeit seiner künstlerischen Reife und seiner besten Kraft gehört.[17]

Trevi. S. Martino. In dem gleich nach 1511 nach dem Vorbilde desjenigen in Todi für die Franziskaner zu S. Martino bei Trevi aufgeführten Krönungsbilde wiederholt er viele Heiligenfiguren in umgedrehter Richtung, ein Verfahren, welches ihm aus der Schule Perugino's her geläufig sein mochte, und beschränkte die Zahl der Figuren wesentlich. Zu den Seiten des Vordergrundes hat er die sehr anmuthigen Gestalten der Magdalena und Katharina, und im Hintergrunde eine Ansicht des Klosters und der Kirche S. Francesco in Assisi (von der Mühle an der alten Strasse von Sterpeto gesehen) angebracht.[18] Zeichnung und Färbung seiner Tafelbilder bleiben unverändert. — Als bessere Leistung aus derselben Zeit ist das Wandbild der Himmelfahrt Maria's mit der Jahreszahl 1512 im Todtenhause des Klosters zu bezeichnen. Es sticht sowohl durch die mässigere Figurenzahl wie auch durch geschicktere

---

[16] Bernhardin (links in der Kirche, wenn man dem Altar gegenübersteht) zeichnet sich durch tiefen röthlichen Farbenton aus, der den Untergrund sehen lässt; einige Streifen Farbe sind abgeblättert; das Antonius-Bild ist in ein Rundfeld eingelassen und zeigt ebenfalls tiefe Stimmung und dünnen Auftrag. — Ein drittes Bild in derselben Kirche (Heiliger mit Kelch in der Hand) scheint von anderer, minder geschickter Hand.

[17] Jetzt mit Glück auf eine Wand des Domes übertragen. Gott-Vater (unter Lebensgrösse) ist breit behandelt, ebenso die fleischige Gestalt des Sohnes. In den Verhältnissen herrscht durchweg Schwere vor, doch ist die Zeichnung richtig. Die Gewandung ist ausstaffirt, das Fleisch auf graugrünem Grunde strichweis in röthlichem Tone aufgetragen. — Ein Heil. Bernardino da Feltre (Tafelbild 2' hoch, in der Mitte senkrecht gesprungen) im Innern des Klosters Monte Santo ist weniger geschickt behandelt. Der Heilige hält eine Fahne mit der Aufschrift: „carā illius ab Mons Pietat". Die Malerei ist ziemlich flau und hart.

[18] Die obere Glorie dieser Krönung Maria's, welche von gleicher Gestalt und Grösse und aus derselben Zeit ist wie die zu Todi, hat durch Alter und Staub gelitten. Die beiden schwebenden Engel zu Seiten des Thronhimmels sind nach denen in Todi wiederholt. Der Rahmen jedoch enthält hier keine Heiligenfiguren, sondern Arabesken. In Rundfeldern auf den Aussenzwickeln des Bogens befinden sich Maria und der Verkündigungsengel. Zwei Theile des Sockels (Holz, Oel, 2' zu 15" gr.) befanden sich bis vor Kurzem über der Thür im Chor der Kirche; sie enthielten: Franciscus in der Verzückung mit einem Bruder zur Seite (Figuren von langen Formen und kleinen Füssen) und Martin, wie er dem Bettler spendet.

Auffassung und Zeichnung von dem vorgenannten Krönungsbilde vortheilhaft ab:

Maria steht in grossartiger und natürlicher Haltung innerhalb der Mandorla; die Cherubim ihrer Glorie sind Perugino's nicht unwürdig; auch die beiden betenden Engel an den Seiten würden hohes Lob verdienen, wenn ihre langen steifen Gestalten nicht in zu ungünstigem Widerspruch zu der Anmuth der Köpfe stünden. Die heil. Hieronymus, Johannes der Täufer, Franciscus und Antonius von Padua, welche kniend emporblicken, gehören zum Besten, was wir von Spagna haben; besonders die letztgenannte Gestalt zeichnet sich durch feines geistiges Leben aus. An der unteren Ecke des Wandbildes liest man die Zahl „MDXII".[19] Trevi. S. Martino.

Der Faltenwurf ist hier untadelig, besonders bei den Heiligen im Mönchsgewande; die blassen gelben Fleischlichter sind mit leichter Hand in den röthlichen Auftrag der Halbtöne und der Schatten vertrieben. Die oben erwähnte steife Zeichnung der Engelgestalten erinnert lebhaft an die Planetenbilder der Decke des Cambio zu Perugia.[20] Auch sonst bleiben die wesentlichen Mängel, welche an der Bilderreihe Spagna's von der „Madonna della Spineta" und dem Ancaiani-Bilde aufwärts gerügt wurden, in grösserem und geringerem Grade bemerklich. Höherer Rang und grössere Beachtung kommt seinen Wandbildern in der Kirche der Madonna delle Lagrime in Trevi zu:

In einem Bogenfelde sitzt der heil. Ubaldus segnend zwischen Reihen knieender Mönche und liest aus einem Buche, welches ein Engel ihm darreicht, während ein anderer seine Würdenzeichen trägt. Links und rechts sind verschiedene Figuren angebracht, u. A. Joseph in einer Nische. Oben sieht man zwei Halbfiguren von Propheten in Rundfeldern auf Mosaikgrunde.[21] Trevi. Mad. d. Lagrime.

Ausserdem bewahrt die Kirche (in der 2. Kapelle links, früher an den Pfeilern des Altars angebracht) zwei sehr schön auf Leinwand gemalte lebensgrosse Figuren: links die heil. Cäcilia auf der Orgel

[19] Die letzte Ziffer ist abgerieben. An der Figur Maria's sind ein Theil der Wange sowie drei Finger der einen Hand zerstört.

[20] s. oben Cap. VII. S. 223 ff.

[21] Die Fresken sind durch einen mitten durch die Wand gehenden Sprung arg beschädigt; so ist ein Theil des Engels mit den Paramenten des Heiligen mit dem Untergrunde abgeschabt, der Kopf Christi in dem Bilde der Bestattung ist abgeschabt und wieder aufgefrischt und der des beistehenden Mannes zunächst demjenigen, welcher den Leichnam auf der Schulter trägt, ist neu. Maria zur Linken ist grösstentheils zerstört, wie überhaupt die ganze linke Seite der Wand schlimm zugerichtet ist.

spielend, mit ansprechend aufgeputztem Haar und auffallend gut gezeichneten Händen und Füssen; am Boden liegen Flöte, Schlagtrommel und andere Instrumente; rechts die heil. Katharina von Alexandrien mit Buch und Schwert, von etwas gewöhnlichem Gesichtsausdruck.[22]

Sowohl in der Hauptfigur des Freskobildes als auch in der Darstellung der Grablegung ist die Aehnlichkeit mit Rafael nicht zu verkennen; das letztere Bild entspricht in vielen Theilen dem Oelgemälde der Galerie Borghese in Rom und manchem der zahlreichen Entwürfe Rafaels zu diesem Bilde. In der Uebertragung auf die Wand jedoch verläugnet sich Spagna's Eigenart nicht. Die Figuren sind gestreckt und dabei derb und bei allem Fleiss mit wenig Empfindung durchgebildet, während die beiden heiligen Frauen durch sehr natürliche Verhältnisse, treffliche Haltung und Gewandung sowie überhaupt durch Adel und Feinheit hervorstechen. Es lässt sich kaum annehmen, dass er sie ohne erneute Begegnung mit Rafael zu Stande gebracht habe; die Frage ist nur, wo dies geschehen sei. Von einem Aufenthalte Spagna's in Florenz wissen wir nicht; dass er in Rom gewesen sei, ist zwar auch nicht ausdrücklich bezeugt, aber wir haben dort eine Reihe Wandbilder, welche es sehr wahrscheinlich machen. In dem von Papst Julius II. erweiterten Sommersitz La Magliana, welcher im 16. Jahrhundert häufig zu Hoffestlichkeiten benutzt wurde, befindet sich eine Kapelle, die unter Anleitung des Kardinals von Pavia mit Wandbildern der Verkündigung und Heimsuchung Maria's, dem Märtyrertod der heiligen Felicitas und des segnenden Gott-Vaters geschmückt wurde. Sie sind zwar aufs Gröblichste beschädigt[23], auf Leinwand übertragen und in der Kirche S. Cecilia in Rom untergebracht, bieten aber doch noch genug Anhalt zur Beurtheilung dar.

Rom. S. Cecilia. Verkündigung und Heimsuchung machen den Eindruck von Erfindungen Perugino's, die Spagna ausgeführt hat. Gruppirung, Bewegung und Figurengepräge sind ausdrucksvoll, zart und an-

---

[22] Bei der ersten Figur ist das Fleisch nicht so gut erhalten wie bei der zweiten und die Schatten sind schwarz geworden. Der blaue Grund der zweiten Figur ist übermalt und stumpf geworden, doch die Tempera-Behandlung besser als gewöhnlich bei Spagna. Vgl. auch das Lob derselben bei Mündler, Beiträge S. 19.

[23] Zwischen den beiden Verkündigungsfiguren ist eine Thür ausgebrochen, das Bild des Todes der Felicitas durch einen umfangreichen Bruch entstellt.

muthig; Maria's Kopf in dem zweiten Bilde ist echt peruginisch, Rom. S. Cecilia.
die beiden Engel[24], welche mit gekreuzten Armen zur Seite stehen, erinnern an diejenigen oberhalb der Madonna della Spineta. Die auffälligste Abweichung von eigenhändiger Arbeit Perugino's liegt in der Zeichnung, deren eigenthümliche Fehlerhaftigkeit ganz entschieden auf Spagna schliessen lässt. In der Verkündigung sind die an sich lebensvollen Geberden durch krampfig übertriebene Bildung der Gliedmaassen verdorben; die Gewänder erinnern ebenfalls an Perugino's Verfallzeit oder an die Gemälde der Krönung und Kreuzigung vom Jahre 1502 in S. Francesco al Monte zu Perugia. Die Farbe entspricht derjenigen in der Grablegung zu Trevi: blassgelber grünlich-grau schattirter Fleischton, ungenügend in der Körper-Wirkung und in der Fülle des Helldunkels. Auch die Handweise ist die Spagna's. Was von dem Martyrium der Felicitas übrig geblieben ist, stimmt genau mit der von Marc Anton gestochenen Composition Rafaels überein, doch ist die Ausführung hier offenbar dem Spagna überlassen gewesen, wie denn auch die Farbe wiederum an sein Bild in Trevi erinnert. Die Gestalt Gott-Vaters, der in herrlicher Wendung aus seiner Glorie herabschaut, die linke Hand geöffnet, die rechte hoch zum Segnen erhoben, gehört zu den schwungvoll grossartigen Erfindungen aus Rafaels bester Zeit, und dasselbe gilt von beiden blumenstreuenden Engeln auf Wolken zu seiner Seite. Diesen Figuren liegen unzweifelhaft Zeichnungen Rafaels in der Art des Isaak-Opfers, des Moses im brennenden Busch und des Jacobs-Traumes im Zimmer des Heliodor im Vatican oder zu den Mosaiken in S. Maria del Popolo zu Grunde; sie sind aber nicht von ihrem geistigen Urheber ausgeführt, sondern in eine härtere und kühlere Sprache übersetzt. Die Gewänder halten zwar ebenfalls Fühlung mit Rafaels grossartigem Wurf, ermangeln aber des Verständnisses der verhüllten Leiber. Farbensinn und Handführung zeigen wie die übrigen Bilder Verständniss, aber keine Grösse.[25] Weder Giulio Romano noch Penni, sondern nur Spagna konnte rafaelische Entwürfe in dieser Weise abwandeln.

[24] Der Engel rechts ist etwas beschädigt.

[25] Das ursprüngliche Blau des Hintergrundes ist hier bis auf wenige Stellen abgesprungen, sodass die rothe Unterlage vorscheint.

Immerhin mögen ihm für die Verkündigung und Heimsuchung Cartons aus Perugino's Schule gedient haben, für die beiden andern Bilder hat er einen jedenfalls von Rafael entlehnt. Uebrigens macht die ganze Reihe den Eindruck ein und derselben ausführenden Hand und so gibt sie die deutlichste Vorstellung von Spagna's Zwitterstil zwischen den beiden grossen Meistern. —

Nachdem Spagna in dieser Weise lange Zeit in den namhaften Städten des obern Tiber-Thales und dessen Nachbarschaft umhergewandert war, wählte er Spoleto zur festen Heimath mit seiner Familie und nennt sich auch Giovanni von Spoleto. Die Wahl dieses Ortes bestimmte vielleicht die Vorliebe seiner Frau, die eine geborene Spoletanerin war, vielleicht auch die mittlere Lage der Stadt im Umkreis der Orte, wo seine Kunst am meisten gesucht war. In der Zeit vor dem Ableben Papst Julius II. (1513) hatte er dessen Wappenschild in der herkömmlichen Form für das Spoleto. Stadthaus. Stadthaus zu Spoleto gemalt, umgeben von zwei schönen Darstellungen der „Liebe" und „Milde", — erstere als Mutter mit zwei Kindern dargestellt, deren einem sie die Brust gibt, letztere sitzend legt einem knieenden Manne die Hand aufs Haupt — überhöht von einem Bogenfelde mit der „Gerechtigkeit," — welche die Waagschalen hält und zwei Engel auf Wolken vor sich hat, die auf sie hindeuten — (die Büste des Papstes in Rundfeld wird von einer bekleideten Figur oberhalb gehalten, die Schlüssel Petri von zwei Engeln).[26] Auffällig ist hier die Aehnlichkeit zwischen dieser Caritas und der von Marc Anton gestochenen Composition Rafaels; es mochte seine guten Gründe haben, dass Spagna glücklicher war, wenn er diesen als wenn er Perugino oder Pinturicchio nachahmte. Ohne Zweifel hat er die ganze Wandfläche geschmückt, auf der jetzt nur noch das Wappenfeld sichtbar ist; vermuthlich deckt die Tünche noch heute einen Theil seiner Arbeiten zu.[27]

[26] Gewänder der unteren Figur und Schlüssel sind neu, die obere Lünette sehr beschädigt. Der Kopf der Justitia ist gewöhnlich und nicht fein. Das Mittelschild mit dem Wappen wird durch Wandpfeiler mit Arabesken von den Nebenfiguren der Caritas und Clementia abgetrennt.

[27] Ueber einer Thür in derselben Halle sieht man in einer Blende zwei Engel in Fresko, die ebenfalls ihm anzugehören scheinen.

Von nun an kann man fast mit jedem Jahrgang ein Werk von seiner Hand in Spoleto verzeichnen. Noch vor Kurzem ist eine schöne lebensgrosse Madonna mit Kind von trefflicher Haltung und kräftiger Farbe in S. Ansano zum Vorschein gekommen.[28] Spoleto. S. Ansano.
Ebenso findet sich an den Seiten des Oratorio di S. Pietro Martire in S. Domenico eine freilich auch sehr schadhafte Kreu- S. Domenico.
zigung mit zahlreichen Nebenfiguren und energisch bewegten Engeln, die an die Weise des Gaudenzio Ferrari erinnern[29], endlich im ehemaligen Kloster della Stella eine Madonna mit Kl. della Stella.
Heiligen und mehrere andere Fresken.[30] Spagna's Meisterwerk aus dieser Zeit ist jedoch das Madonnenbild, welches ehemals zum Wandschmuck der Stadtveste von Spoleto gehörig, jetzt herabgenommen und in den Palazzo Communale versetzt ist:

Maria sitzt, das Kind aufrecht stehend mit der Weltkugel in den Spoleto. P. Commun.
Händen vor sich im Schoosse haltend, umgeben von Hieronymus und Franciscus einer-, Katharina und Brizius andrerseits; im oberen Bogenfeld ein Wappen von zwar plumpen, aber doch an Rafael erinnernden Kindern gehalten, das Ganze wieder durch sauber behandelte Arabeskenpfeiler gesäumt.[31]

Klare, gutverarbeitete Farbe, der es auch nicht an Durchsichtigkeit fehlt, gibt dem Ganzen viel Reiz, wenn auch kühler Ton vorherrscht und die Zeichnung der schlanken Figuren wiederum nicht genug Empfindung sehen lässt. — Von gleichem Werthe sind: das Altarbild der Stephanskapelle (auch Cappella di

[28] Oberhalb des ersten Altars zur Rechten. Rechts davon sind Spuren einer Rochusfigur und eines Engels darüber zu sehen. Die Farbe hat den hellen Auftrag wie die Bilder in S. Maria degli Angeli in Assisi.

[29] Links unten (v. l. nach r.) ein Hieronymus des 7. Jahrh., Vincenz, Maria, Magdalena (mit neuem Kopf), Petrus Martyr (am Stamm des Kreuzes emporblickend), Johannes d. Evang. und Dominicus (übermalt). Rechts von der Kreuzigung sind noch Reste eines Franciscus in der Verzückung vorhanden.

[30] Ersteres, in der Eingangshalle, zeigt Maria und Kind thronend mit einem aufwartenden Engel, umgeben von den heil. Augustin und Stephan. Die Haltung des Kindes gleicht, in umgedrehter Richtung, demjenigen v. 1516 in S. Francesco zu Assisi. — An derselben Stelle finden sich noch einige sehr beschädigte Wandbilder der Schule, vielleicht von Jacopo Siculo. Es sind die heil. Agatha u. Barbara, eine Himmelfahrt Maria's (die Apostel unterhalb ohne Köpfe) und in einem oberen Raume eine Mad. m. Kind zwischen Augustin u. Petrus M., im Bogenfeld dabei Gott-Vater.

[31] Schadhafte Stellen sind: die untern Theile der Gesichter des Hieronymus, Franciscus u. der Maria, der Hals Katharina's, der Mund des heil. Brizius. Auch Maria's Kleid ist theilweise abgeblättert. Eine Inschrift unterhalb belehrt, dass das Fresko i. J. 1800 aus der Citadelle versetzt wurde.

S. Luigi genannt) in der Unterkirche S. Francesco (vollendet im Sommer 1516) und die Wandgemälde in der Zelle des heiligen Franz in S. Maria degli Angeli zu Assisi.

Assisi. S. Franc. Das Altarbild in S. Francesco enthält Maria mit dem Kinde auf hohem, reich in Pinturicchio's Weise ausgeziertem hölzernen Throne sitzend, umgeben von Katharina von Alexandrien, Franciscus und Rochus, einem Mönch, der heil. Clara und König Ludwig; in den Wolken zwei reizende betende Engel. Auf dem Sockel steht: „AD. MCCCCCXVI. XV. Julii".[32]

S. M. d. Ang. Das Wandgemälde in S. M. degli Angeli bietet eine Anzahl Bildnisse von meist dem Franziskanerorden angehörigen Männern in sehr mannichfaltiger Bewegung, theils im Gespräch begriffen, theils in Gedanken versunken. Die bis zum Knie sichtbaren Gestalten, an vier Seiten eines unregelmässigen Sechsecks angebracht und durch Zierleisten umschlossen, nehmen je einen senkrecht abgetheilten Raum von etwa 3' ein.[33]

Lässt sich von den Bildnissen in S. M. degli Angeli grösste Natürlichkeit der Zeichnung und Gruppirung sowie theilweis höchst lebensvoller Ausdruck der Köpfe mit fast florentinischer Plastik rühmen, so ist das Gemälde in S. Francesco unbestritten das beste seiner Art von Spagna's Hand. Die gestreckte Rundform des Gesichts und die zarte Gestalt der Madonna kommen dem Rafael sehr nahe. Von den Heiligenfiguren sind namentlich Ludwig und Katharina durch Schönheit der Haltung und Feinheit des Ausdrucks ausgezeichnet. Auch die Gewänder haben breiteren und richtigeren Fluss als gewöhnlich. Der Christusknabe zeigt gute Verhältnisse, wenn auch die Beinchen etwas schwach ausgefallen sind.

Nach seiner Rückkehr aus Assisi wurde dem Spagna (7. December 1516) „in Anerkennung seiner vertrauenswürdigen

---

[32] Oel, 7' zu 5½. Der Marmorfussboden, sowie die blauen Gewänder sind erneut, Maria's Gestalt schlecht nachgebessert. Vgl. auch die Würdigung des Bildes bei Mündler, Beiträge S. 19.

[33] Die Decke ist blau mit Sternen. Von den Heiligen zur Linken ist Bonaventura, in rothem Hut und mit der Rechten deutend, schadhaft; auf der rechten Seite geht ein Sprung quer durch die Figur eines lesenden Mönches und durch den Kopf eines Anderen. Das Fresko ist i. J. 1766 von Girolamo Stampa ausgebessert. s. Glorie della sacra Porziuncula, Perugia 1858 S. 83. Auch in der Leibung der Kapellenthür sind Arabesken von Kindern und Wunderthieren angebracht. In der Sacristei von S. M. degli Angeli ist ein Tafelbild vorhanden (Maria m. K.), welches ebenfalls sehr an Spagna erinnert.

und ehrenvollen Führung während eines langen Aufenthalts das Bürgerrecht von Spoleto zu Theil; zum Danke für die Ehre stiftete er ein gemaltes Tafeltuch in das Stadthaus.[34] Im nächsten Jahre schon (am letzten August 1517) wurde er zum Vormann der Lukasgilde gewählt.[35] — Bis 1521 bleibt uns seine Thätigkeit verborgen, sie lässt sich aber später ziemlich Schritt für Schritt beobachten. Wir treffen ihn wieder in der Kirche S. Maria d' Arone, wo er in Gemeinschaft mit Vincenzo da S. Gimignano (Tamagni) eine Apsis mit Halbkuppel schmückte. Die Krönung Maria's an letzterer Stelle mit dem herkömmlichen Hofstaat von Heiligen[36], Sibyllen und Engeln ist seinen sonstigen Arbeiten verwandt, die Darstellungen der „Geburt Christi" und des Todes der Maria sowie die vier Heiligen Paulus, Rochus, Petrus und Sebastian auf den Wandpfeilern scheinen Tamagni's Werk und sind Nachahmungen des Lippi und Michel Angelo. Ihre Herkunft und Entstehungszeit (1521) ist übrigens ausdrücklich bezeugt[37]; da aber der Wortlaut der Inschrift von Wiederherstellung spricht und die unteren Bilder unverkennbare Nachbildungen nach Fra Filippo sind, so liegt die Vermuthung nicht fern, dass vorher schon andere Wandgemälde in S. Maria d'Arone vorhanden waren. — Auch an einer zweiten Darstellung gleichen Inhalts in der Halbkuppel der Pfarrkirche zu Gavelli bei Spoleto erkennt man Reste einer Urheberinschrift Spagna's.[38]

Dieses Krönungsbild, im Wesentlichen Wiederholung derjenigen zu Narni und Todi, nur mit Weglassung des Throndaches, ist in der Gavelli.

---

[34] „Actente fide et virtute ...' Magistri Johannis ... Hyspani pictoris excellentiss .. qui in dicta civitate plurimos annos degens nupsit." s. Mariotti, Lett. pitt. 195ff.

[35] Ebenda.

[36] Die Wolkenschicht, auf welcher die Handlung vor sich geht, wird von drei Engeln getragen; goldener Heiligenschein umgibt Maria und Christus; die ihnen zur Seite stehenden 6 Engel haben Spagna's lange gestreckte Gestalt. Unter den knieenden Heiligen auf der sehr beschädigten linken Seite sieht man Johannes, die Sibyllen rechts sind betend dargestellt. Das obere Bild wird durch Zierleisten von dem unteren abgetrennt. In der Darstellung der Geburt erinnert das Kind ein wenig an Spagna. Oberhalb des Fresko mit dem Tode der Jungfrau hängt in imitirtem Bilde eine Darstellung der Gürtelspende an Thomas, umgeben von scheinbaren Nischen mit Standfiguren der Fides und Caritas. — Der Ort, wo die Malereien sich befinden, ist sehr dunkel und die Bilder selbst düster.

[37] Auf der Leiste der Halbkuppel steht: „Restauratum in honore Virginis MDXXI" und unter der Sohlbank des Fensters: „Vincentius de sčo Gemignano et Joānes de Spoleto faciebant".

[38] Gavelli liegt in den Hügeln vor dem S. Jacomo-Thore, 8 Stunden Reitens.

Gavelli. Art des Fresko's im Stadthause zu Spoleto gemalt. In der Leibung des Eingangsbogens sind die Evangelisten und Kirchenväter, an der Wand oberhalb die Verkündigungsfiguren angebracht.[39] Den mittelsten Platz im Bogen nimmt Michael ein, welcher den Drachen niedertritt und mit der Lanze durchbohrt, aber zu gleicher Zeit die Seelenwaage hält, die das Ungethüm mit Hilfe eines eisernen Hakens zu sich herabzuziehen strebt. Links von Michael sieht man Petrus, auffallend ausstaffirt, und Paulus, eine Figur von rafaelischer Bewegung, beide jedoch von schwacher Schülerhand ausgeführt; ihnen gegenüber das Wunder vom Berge Gargano. Auf einer am rechten Wandpfeiler angebrachten Rolle steht „Joh̃i Hyspano MD . . . . p." — Auch an den Wänden zweier geräumiger Altarnischen seitwärts der Tribune findet sich Freskenschmuck: Maria in der Herrlichkeit und verschiedene Heilige im Vordergrunde, von denen einerseits Hieronymus, andererseits Sebastian als Schirmheilige der betreffenden Altäre hervorragen.[40] An der Unterleiste des Ersteren die Inschrift: „. . . . Hoc Sacellum pingendum mandavit anno D. M. D. XXIII", an der zweiten: „. . . . anno D . . .".

Der gesammte Schmuck dieser Kirche, dessen vereinzelte Seltsamkeiten dem Geschmack des Stifters zur Last fallen mögen, rührt offenbar von Spagna und seinen Gehilfen her; seine eigene Hand bekundet sich am meisten in dem Rundbilde des Hieronymus-Altars. Die Ausführung gehört vermuthlich in das Jahr 1524. — Deutlich bezeugen ferner die Wandgemälde an der Tribune der Kirche S. Giovanni zu Eggi seine Urheberschaft:

Eggi. S. Giovanni. Hier haben wir in der Chornische Ueberbleibsel einer „Taufe Christi", umgeben von Rochus und Sebastian, und ausserdem „Maria mit dem Kinde" zwischen zwei Engeln, — die erstgenannten über-

[39] Die blauen Hintergründe des Bildes sind abgekratzt, sodass man jetzt die weisse Unterlage sieht. Die Figuren der linken Seite haben sehr gelitten; die Trennung der einzelnen Gegenstände ist durch Flachpfeiler mit phantastischem Schmuck (grau auf gelb) hergestellt.

[40] Das Wandgemälde des Hieronymus-Altars ist sehr durch Nässe entstellt, besonders der obere Theil, wo eine Madonna mit K. und Spuren von Engeln rechts sichtbar sind, während zur Rechten Alles verschwunden ist. Weiter unten sieht man Hieronymus zwischen Antonius von Padua und Franciscus, letztere Figur ebenfalls beinahe zerstört. Die Ausführung dieser Stücke ist roh und wohl nur von Gehilfen des Künstlers. — Besser ist das Marienbild des Sebastian-Altars: die Jungfrau, wenn auch nicht von untadeligen Verhältnissen, hat schönen Ausdruck, Sebastian links, an die Säule gebunden, ist eine gute Figur, nur sehr schadhaft, die heil. Katharina von Alex. neben ihm auf den Knieen, rechts, lebensvoll, Apollonia in gleicher Haltung, ist unterhalb beschädigt, Johannes d. Täufer, rechts, deutet nach Maria. Das ganze Bild wird von einem Ornament umschlossen; auf den Seiten über dem Glorienbogen sind zwei Victorien angebracht.

triebene Nachahmungen des Perugino und Pinturicchio, während die zweiten Einfluss Rafaels bekunden.[41] — Auf der Stirnwand oberhalb der Nische ist Gott-Vater auf Wolken angebracht, wie er die Taube nach rechts zu Maria herabsendet, der gegenüber links Gabriel kniet, eine peruginеske Gestalt und sehr abweichend von dem rafaelischen Gepräge der Gottesfigur.

Bei Beurtheilung dieser Arbeiten darf man nicht vergessen, dass Spagna damals als Meister schon ziemlich stark unter dem Antheil seiner Gesellen zu leiden hatte. Die Zeichnung ist in den vorgenannten Darstellungen ungewöhnlich manierirt, die Fleischtheile schwammig und mit hässlichen Runzeln ausgestattet, die Farbe behält den herkömmlichen bleichen Ton bei und verliert noch durch die aufgesetzten schwarzgewordenen Striche der Uebermalung.

An der Tribune zu S. Jacopo unweit Spoleto finden wir wiederum ein Krönungsbild, den ständigen Gegenstand von Spagna's Kunst (diesmal in Verbindung mit dem Kirchenheiligen Jacobus); aber während er in Todi und Trevi ein Werk aus Ghirlandaio's Schule nachbildete, hält er sich diesmal in der Auffassung der Sibyllen und Heiligen an die Fresken Fra Filippo's im Dom seiner Heimathsstadt[42], und zwar kehrt ihm hier, ziemlich am Ende seiner Laufbahn, etwas von der Sorgfalt der Behandlungsweise zurück, die seine Jugendwerke auszeichnet. In den Seitenkapellen der Kirche hat Spagna ebenfalls gemalt; S. Jacopo b. Spoleto.

[41] Der ganze untere Theil des Bildes der Taufe ist neu, ebenso der Hieronymus und Xaver auf den Wandpfeilern links und rechts und die Annunciata oberhalb der Nische. Sebastian ist stark beschädigt, die rothe Tunica Maria's in der Glorie ebenfalls neu wie der Hintergrund. Die Figuren der Gruppen des Tauf-Bildes sind ungebührlich lang, Sebastian rundköpfig mit schmalem Leib, breiten Hüften und plumpen Beinen. Recht ansprechend, obgleich lang, hager und mit ausstaffirtem Kleide, ist der Verkündigungsengel.

[42] vgl. B. III, S. 76—79. Spagna's Fresko ist gefirnisst und infolge dessen sehr verändert; die linke Seite der Nische hat besonders durch Feuchtigkeit gelitten, der Kopf des Täufers und zweier anderer Heiliger ist fast verschwunden, der blaue Mantel Christi theilweis abgeblättert. An der Figur des Jacobus in der Mitte der Apsis ist das untere Stück neu. Der Engel Gabriel im Rundfelde an der Wange des Nischenbogens zeigt rafaelischen Reiz, auch die zugehörige Maria gegenüber ist eine schöne Halbfigur. Dagegen machen die Figuren des Bildes zur Rechten (Jacobus, das Wunder an den gebratenen Hühnern vollziehend) akademischen Eindruck, und die zur Linken (Belebung des Erhängten) haben sehr kurze Verhältnisse. Auf den Wandleisten sind Lucia und Apollonia, gute Figuren, angebracht; in ihrer Nähe die Inschrift: „Año Dñi MDXXVI".

22*

S. Jacopo b. Spoleto. die Fresken der Apsis sind von 1526, der Seitenaltar links trägt die Jahreszahl 1527, und in dieser Zeit sind ohne Zweifel auch der Sebastian zwischen Fabian und Rochus unterhalb einer Mad. mit Kind und Engeln entstanden.[43] Erst 1528 erhält Spagna Bezahlung für diese Malereien[44], die zu den letzten seiner Hand ge-

[43] Sebastian ist ansprechend, das Marienbild schlecht erhalten, der blaue Mantel übermalt, Anderes, wie die Figur d. Kindes und die Cherubglorie, frisch; von den Engeln an den Seiten fehlt dem einen (links) der Kopf, der andere ist zerstört. Die unteren Stücke der Fabian- u. Rochus-Figur sind nachgebessert. Die Zeichnung ähnelt dem Bilde in Gavelli und hat auch dessen Fehler, der Vortrag ist breit und saftig.

[44] Ueber die Zahlungen erfahren wir aus einer Handschrift des Parochial-Archivs von S. Jacopo di Spoleto folgendes Nähere:

1526. Spoleto. S. Iacopo. In nomẽ dñi Amen.

Adì ij de Septẽbre 1526.

Mãstro Jõhi pictore fo cõfesso havere receputi fino al pñte di s. parte della pintura della trebuna de Scõ Jacõ ĩ tutto ff. sexanta sei . . . . . . . . ff. 66.

Adì 21. Octobre 1526

piu ebbe decti maestro Joani pictore ꝑ parte del suo salario ossia ꝑ la pintura della capella grande fiorini ventiquatro ff. 24. ꝑ la mano de Brunoro de Sancto et Tomasio deputaro de Scõ Jacõ. — (geschr. vom Verwalter).

In nomẽ dñj —

Adì ij di 7bre 1526.

Dº Fuschino ha pagati ducati uno d' oro promissi ꝑ la pintura della tribuna — ff. 2. bolognini 4. (folgen 30 weitere Unterschriften.)

Adì 26 de' Decẽbre 1527.

Ricordo facto adì 26 Decẽbre come . . ĩ questo dì ho recevuto fiorini decivotto ꝑ cõto de la tribuna —

Me restano debictore de fiorini dodece et f.

Io scrisse de mõ propria

Lo Spagna pẽtore.

Recoño et memoria facto adì 2 de febraro 1528 come jo Jovã sopradicto lo Spagna ho recevuto da Frãceso et Piacẽte suo cõpagno ꝑ cõto de la capella de sãto Sebastiano fõ (scil. fino) al presẽte dì fioreni tresta (30) et quatro cõputate duj soma et mezza de mosto (scil. vino) ĩfra noi ꝑ il cõto d la capella de Santo Antonio. (Spagna's eigene Handschrift).

„Io mastro Iovã sopradicto lo Spagna pectore me facio confesso d essere entieramente pagato di fiorini ciento e trenta (130) de la pictura de la tribuna ꝑ le mane d Brunoro e Tommaso suo compagno. adì 29 Febraio 1528." (Eigenhänd. Unterschr.)

Adì 7 Giugno 1530.

Io Franceschо et Piacente avemo speso ꝑ calcina tolta da brenato (? Bernardo) . . . ꝑ diciotto (18) coppe monta in tucto ff. 1. bbi 17.

Adì 30 de lullo 1530.

pur havimo date a mastro Dono per la capella de Sãcto Antonio ff. 12. (Handschrift des Verwalters.)

Adì 30 de julij 1530.

Io Dono Doni d' Assisi ho auto da Francesco Piacente Santesi (Santese bedeutet Verwalter) della ciesa di Santi Jacõ ꝑ conto della capella quale prezo auto in due volte dodici fiorini et cosi scrivo di mia mano ff. 12.

E piu ho avuto adì 22 di Septẽb 1530 ꝑ el sopradicto conto ff. 16.

Adì 13 ottobre 1530.

Io Bolardino petore dassisi mi chiamo avere recevuti fiorini sette da Francesco e Piacente d Antonio Santese della chiesa d sancto Iacõ per ultimo pagamento dela capella d Sancto Antonio, e io Belardino supra dicto fo fine quetanza ꝑ comesione d Dono pintore dasisi fine al presente dì doggi qualunque cosa — avesse avuto a fare cõ loro.

Adì 28 del mese d octobre 1533.

Io frate Ẽeagelo da Mõtefalcho fẽt (fettore?) d Sto. Nicolo di Spulite (Spoleto) fo questa presente fede e scritto in nome d Satina moglie gia d mastro Johañs als lo Spagna. Como a dicto di dicta Sãtina a recevuto da Francisco d Cardarello Santese d la chiesa d Sto. Jacõ fiorino uno ꝑ ultimo pagamento d' una capella quale haveva gia pẽta in la chiessa d Scõ Jacõ el dcõ mº Johañs, la dicta Satina se chiama satisfacta del tucto e cusi lei ne fa fine quetanza. —

hören. Aus einer Urkunde v. J. 1533 erfahren wir, dass seiner Wittwe Santina damals als letzter Rest der Ansprüche ihres Mannes die Summe von einem Gulden zugebilligt wurde. Wahrscheinlich ist Spagna vor 1530 gestorben, in welchem Jahre Dono Doni einen Altar gegenüber dem des Sebastian, den wir oben erwähnten, mit einer Madonna und dem heiligen Antonius von Padua zwischen zwei anderen Heiligen ausschmückte.

Wir stellen nachträglich die unter Spagna's Namen anderweit bekannten Werke zusammen:

Bettona bei Assisi, Collegiatkirche: Bild auf Zeug, darstellend die heil. Anna in mandelförmiger Glorie, wie sie Maria und das Kind mit ihrem Kleide gegen die aus einem die Figur Gott-Vaters enthaltenden Rundfelde herabfallenden Dolche beschützt. Im Vordergrunde der Landschaft, Ansicht der Stadt Bettona, knieen die Heiligen Antonius von Padua und Crispoldus (letzterer mit der Säge im Schädel), in den Zwickelfeldern neben der Bogenspannung über der oberen Gruppe zwei Propheten in Rundbildern. Das Ganze hat viel Weichheit und die gewöhnliche gilbliche Färbung Spagna's, aber Körperformen und Gesichter sind peruginesk; sie erinnern an das Oelgemälde Perugino's in der Stadtgallerie zu Perugia[45] No. 31 (aus der Kirche S. Bernardino). Versch. Bild. Italiens.

Bettona (Umgegend), verlassene Kirche S. Simone: Die hier erhaltenen Fresken, von geringem Belang, deuten auf Einfluss Spagna's, doch siehe später unter Tiberio d' Assisi.

Assisi (Umgegend), Kirche alla Rocchicciola: Wandbild in Spagna's Weise, aber ziemlich schwach, darstellend Maria m. K. zwischen Franciscus und Antonius von Padua, oberhalb im Dreiecksfelde Gott-Vater zwischen zwei Engeln. (Maria's Mantel neu.)

Terni (Umgegend), S. Maria delle Grazie: Temperabild auf Leinwand. Bildliche Vervollständigung eines plastischen Crucifixes an der Chorwange nahe dem Hochaltar. Die Figuren der Maria, der Magdalena, des Franciscus und des Evangel. Johannes scheinen von Spagna zu sein. (Das Ganze sehr beschädigt.)

Amelia, Dom. Letztes Abendmahl, rohe Arbeit aus dem Ende des 16. Jahrh. (Holz).[46]

Montefalco, Collegiatkirche S. Bartolommeo[47]: Katharina zwischen Vincentius und Nicolaus (Holz, Goldgrund, zersprungen, hoch

[45] vgl. Cap. VII, S. 257. Unser Bild, welches durch Beschädigung sehr an Farbenwirkung verloren hat, misst 6½ zu 4½ Fuss.

[46] Das Bild hat neuerlich ganz unverdiente Beachtung gefunden; es wurde eine Copie desselben für 400 Scudi angefertigt.

[47] Der Druckfehler, „S. Matromeo" bei Passavant, Raf. I. 510 ist in den Vasari-Lemonier VI. 54 übergegangen.

Gall.-Bilder u. A. 4½', die Heiligenscheine eingepresst); die beste Figur ist Katharina, der Kopf besonders gut, aber die Rundwirkung ebenso ungenügend wie bei den andern Figuren. Die Färbung ist leicht und rosig mit dünnen graugrünen Schatten, sorgfältig, aber ohne Liebe behandelt. Der erste Eindruck lässt ein umbrisches Bild erkennen, dessen Maler der Stil Fra Filippo's in Spoleto vorgeschwebt hat, der Vortrag ist der des Spagna oder eines seiner Schüler, vielleicht des Bernardino Campilius.[48]

Todi, Dom: Zwei Oelgemälde auf Holz: Petrus, knochig und von schlechten Körperverhältnissen, und Paulus (Kniestücke, mit senkrechtem Sprunge, die Hintergründe theilweis abgeblättert); aus Spagna's letzter Zeit oder von einem seiner Schüler, in dünner Farbe und in Einem Zuge gemalt.

Diruta, Kirche der heil. Anna (ehemals S. Jacopo del Borgo): Oberhälfte eines Wandbildes der Kreuzigung, sichtbar Christus bis zum Knie, ein Heiligenkopf links und ein Theil vom Kopfe der Magdalena, im Charakter der späteren Jahre Spagna's.

Perugia, S. Pietro, Cappella S. Martino (Oberstock des Klosters). Nischenbild: Gott-Vater zwischen Engeln, und Maria thronend zwischen Nicolaus und Martin, Hintergrund Landschaft. Gott-Vater hat rafaelische Haltung, die Engel zur Seite erinnern an Perugino; Maria, mit kleinem Kopf und dünnem Halse, hält das nackte plumpe Kind auf dem Schoosse, das gleichwohl an Bildungen Rafaels erinnert, wenn auch die nackten Theile fehlerhaft, die Hände sehr kurz sind. Während die Ausführung der Gott-Vater-Gestalt an Eusebio erinnert, findet man in der Mariengruppe den Spagna wieder; die Farbe ist warm und gleich derjenigen der Grablegung in S. Maria delle Lagrime zu Trevi, die Umrisse sind derb.[49] Auch der Name Ingegno's ist mit dem Bilde in Verbindung gebracht worden, dessen Persönlichkeit jedoch bisher im Dunkel geblieben ist.

Ebenda, letzte Kapelle links. Von den Fresken, welche früher den ganzen Raum ausgefüllt haben, sieht man jetzt nur noch eine Verkündigung unterhalb des Fensters (lebensgrosse Figuren) und Arabesken in mehreren Bogenfeldern, sowie die aufgefrischte Figur Gott-Vaters an dem gestirnten Himmel der Decke. Die Arbeit wird dem Pinturicchio zugeschrieben; bei der jetzigen Beschaffenheit der Farbe, welche rauh und roth ist, wird schwer festzustellen sein, ob er oder ob Eusebio oder Spagna die Bilder ursprünglich gemalt.

Ebenda, Chor: Maria mit Kind und zwei Engeln, durch Uebermalung völlig unkenntlich.[50]

Perugia, Gallerie No. 49: Gott-Vater segnend zwischen Engeln

---

[48] vgl. Band III. S. 79 und s. den Schluss dieses Capitels.

[49] Schon vorher schadhaft, hat das Bild neuerdings dadurch noch mehr gelitten, dass der Ort eine Zeit lang zum Soldatenquartier benutzt wurde.

[50] Von Constantini, Guida S. 27 dem Spagna zugeschrieben.

(Holz, Oel, Halbrund in altem Rahmen); die Farbe, grau, kalt, von geringer Plastik und dünnem Auftrag, ähnelt dem Werke Spagna's in S. Jacopo zu Spoleto.[51] Gall.-Bilder u. A.

Perugia, Gallerie No. 36 (aus S. Domenico): Eine schöne Figur der Beata Colomba (oben abgerundetes Tafelbild in Oel, lebensgr.), in Gestalt und Ausdruck an Perugino und Rafael erinnernd und von leuchtendem Ton, vermuthlich von Spagna. — Gall. No. 10 (ebendaher): Margaretha von Ungarn zwischen Margaretha von Castello und der heil. Agnes von Montepulciano (Holz, Oel), grossartig von olivenartigem Tone und in Einem Zuge gemalt, letztere beiden etwas schwerfällig und von bruchiger Zeichnung, roher im Vortrag als die erste Figur und von geringerer Körperwirkung; vielleicht gemeinschaftliche Arbeit des Spagna und des Manni.

Florenz, Gall. Pitti (nicht im Katalog, in dem Durchgang „delle Colonne"): Verlobung der heil. Katharina in Gegenwart des Franciscus und Antonius (ein Drittel lebensgr. Halbfiguren, Holz, Oel); zwar in Spagna's Art, aber recht schwach, jetzt in Folge schlechter Nachbesserung flau geworden.

Rom, Palazzo Colonna: Hieronymus als Büsser[52] (Holz, Oel, an zwei Stellen senkrecht gesprungen), fast lebensgr., an Perugino's Hieronymusbild in Caen erinnernd. Vermuthlich von Spagna, jetzt düster und schadhaft.

Spoleto, Hospital der Esposti: Geburt Christi (Holz, Oel), fast genaue Wiederholung des Spinetabildes mit der Abweichung, dass die Engelgruppe am Himmel hier knieend und Maria's Haupt bedeckt ist. Ursprünglich für eine Familie in Norcia gemalt, trägt es die Inschrift: „questa tavola la facta fare Costantino de Loccio p. sua devozione. Jacomo depovano frio fece la pentura de questa tavola somente. MDXXII".[53] (Eine Familie des Namens Locci lebt noch heute in Norcia.) Das Bild ist jedenfalls eine schlechte Copie nach Spagna, von unedler Figurenbildung und rauher Farbe.

Spoleto, Kirche und Kloster all' Arco d' Annibale: Tabernakel enthaltend Maria m. K. und aufwartenden Engeln, umgeben von Joh. d. Täufer, Hieronymus, Scholastica und Antonius Abbas; scheint ein Schulbild, wie dergleichen auch in Eggi, Caso und anderwärts vorkommen.

Eggi, Oratoria della Mad. delle Grazie: Fresko, darstellend Christus und Engel mit Joh. d. Täufer, Sebastian, Rochus und Michael,

---

[51] Dem Spagna zugeschr., bei Passavant, Raf. I. 510 und Mezzanotte a. a. O. 235. —

[52] Bei Vermiglioli a. a. O. dem Pinturicchio zugewiesen.

[53] Bezüglich des Malers entsteht zunächst die Frage, ob sein Name „Jacomo di Giovanni Onofrio" zu lesen ist? Er kann nicht derselbe sein, wie Jacopo Siculo, Spagna's Schwiegersohn. Pungileoni, Raf. 18, erwähnt eine Copie des Ancaiani-Bildes von Jacopo da Norcia; vielleicht ist es die hier vorliegende, doch muss die Lösung der Zweifel vorbehalten bleiben.

Gall.-Bilder u. A. unterhalb Maria m. K. Es hat die Schwächen des Altarwandgemäldes in S. Girolamo zu Gavelli (s. o.); möglicherweise von Orlando von Perugia, wenn man diesen für den Maler des Bildes der Geburt Christi in Gubbio halten darf, welches dem Pinturicchio zugeschrieben wird.[54]

Patrico, Kirche, bei Spoleto: Wandmalereien, darstellend S. Maria di Cortona umgeben von Rochus und einem heil. Bischof, ferner M. und K. mit Sebastian und Stephan; endlich M. und K. auf einem Baume und ein Heiliger. Schwache Malereien in ziegelrothem Tone von Schülern Spagna's, aber weniger fehlerhaft als das vorerwähnte Bild in Eggi, wenn auch immer noch den Gesellenarbeiten am Hieronymus-Altar in Gavelli gleichend.

Ferentillo (an der Strasse nach Monte Rivoso), Tabernakel: auf einem äusseren Bogenfeld Gott-Vater zwischen zwei Seraphim, inwendig Maria stehend mit dem Kinde, vier Engel als Thronhalter, auf Wandstreifen Sebastian und Rochus (Halbfig.), im Charakter der Bilder zu Patrico und Caso, doch von gefälligerer Färbung.

Ferentillo, S. Stefano: Geburt Christi, Fresko erinnernd an Spagna und Vincenzo Tamagni von S. Gimignano. Auf einem Wandpfeiler die Inschrift: „1559. die XXVI. Xbris".

Caso (Umgegend), S. Maria delle Grazie. Die Wände dieser Kirche sind mit zahlreichen Fresken gefüllt, von denen etliche nach Bildern Spagna's von dessen Schülern gezeichnet sind. Unter verschiedenen Inschriften finden sich die Ziffern 1516 und 1522.

Caso (ausserhalb der Stadt), Chiesetta di S. Cristina. In dieser Kirche zahlreiche Fresken aus verschiedener Zeit, viele von Schülern Spagna's. In der Chornische (Lünette) Gott-Vater zwischen zwei Engeln und eine Gestalt der heil. Christina mit der Inschrift: „S. Cristina V. M. — Johanni de Appolonia f. f. p. voto 1527."

Viterbo, Kirche der Observanten: Geburt Christi (Holz, Tempera). Nach einem Bilde Spagna's schlecht gezeichnet, ähnlich den Darstellungen im Hospital zu Spoleto und den Wandmalereien in Patrico und Caso. In einem Halbrund ausserhalb der Kirche Maria mit K. zwischen Hieronymus und Franciscus, in gleichem Charakter, doch eher etwas besser.

London, National-Gall. No. 282: Maria in der Herrlichkeit. Ueber dieses Bild vgl. das Verzeichniss der Werke des Bertucci von Faenza im folgenden X. Capitel. — Ebenda 691: Ecce homo (Holz). Nicht entschieden genug in Spagna's Charakter, kann höchstens als eine ungenügende Arbeit in seiner Weise gelten.

London, Dudley House: sechs Heilige in zwei Rahmen (Holz, Tempera), ursprünglich in der Sammlung Bisenzio in Rom: erstes Bild enthaltend Magdalena zwischen Ludwig und Johann von Capistran; zweites Bild Katharina zwischen einem heil. Mönch und dem Bern-

---

[54] vgl. Vermiglioli a. a. O. 112 und s. Cap. VIII. S. 313.

hardin von Feltre. Die Stücke gehören zu denjenigen, welche man häufig dem jungen Rafael zugeschrieben hat; Stil und Verhältnisse sind gut, die Bewegungen empfunden; der Reiz Rafaels geht ihnen ab, aber sie gehören der besten Zeit des Spagna an. — Ebenda, Halbfigur der heil. Katharina (Holz, Oel), Theil eines grösseren Bildes; in Spagna's Geist, aber durch Nachbesserung sehr entstellt. Gall.-Bilder u. A.

London, Sammlung weil. Mr. Barry's (in Manchester No. 96): Halbfigur der Magdalena mit dem Salbgefässe, klein, vielleicht echt.[55]

London, Sammlung Baring: Madonnenbild unter Rafaels Namen (Holz, Oel). Maria, Halbfigur, sitzt vor einer niedrigen Wand, das Kind steht auf ihrem Schoosse, indem es sich mit dem Ellenbogen an die Brust der Mutter lehnt; Hintergrund Landschaft. Maria hat Verwandtschaft mit Spagna, der Knabe ähnelt denen auf Rafaels Mad. del Cardellino, zeigt aber auch Verwandtschaft mit der Vortragsweise des Eusebio in seiner heil. Familie in S. Francesco zu Matellica. — Eine Wiederholung des Bildes aus etwas späterer Zeit ist das der Münchener Pinakothek No. 597. Cab. unter dem Namen Fra Bartolommeo. — Sehr ähnlich im allgemeinen Gepräge sowie in der Behandlung ist ferner eine Mad. mit Kind unter Penni's Namen in Stafford House in London (ehemals in Lucca).

Schloss Hamilton bei Glasgow: Maria mit Kind zwischen Antonio und einer Heiligen mit Lilie (Holz, ein Viertel Lebensgr.): entstellt durch Abreibung und Uebermalung, aber dem Spagna ähnlich.

Schottland, Glentyan, Sitz des Capitän Stirling: Vier Sockelbilder, erstens Verkündigung, zweitens Geburt, drittens Anbetung der Könige, viertens Darbringung im Tempel (Tempera), von einem Nachahmer Spagna's.

Paris, Louvre No. 214 (ehemals 441), früher unter Perugino's, jetzt unter Spagna's Namen:[56] Genaue Umdrehung der Madonna (oder Presepe) della Spineta, die drei oberen Engel knieend. Arbeit eines Gehilfen des Spagna, von stumpfer eintöniger Färbung und hartem Vortrag. — Ebenda No. 292 (unter Pinturicchio's Namen, jedoch im Katalog schon für Spagna in Anspruch genommen[57]): Maria (Halbfig.) das Kind haltend, welches eine Rolle trägt, eine Meister-Arbeit Spagna's, voll Anmuth und Sorgfalt der Behandlung, wenn auch in etwas kühler Farbenhaltung. — Ebenda No. 447: Pietà[58], No. 448: Franciscus die Wundmale empfangend[59] und No. 449: büssender Hieronymus[60] (sämmtlich als „Schule Perugino's" bez.), Stücke einer Staffel mit dem Gepräge der Hand Spagna's. — Ebenda No. 446:

[55] Das Bild der weil. Bromley'schen Sammlung in London (Kreuzigung) haben die Verf. nicht gesehen.

[56] Holz. h. 1.50. br. 1.36. Die Gall. des Louvre erwarb das Bild 1843 aus dem Nachlasse des Baron Gérando. ehem. Geschäftsträgers i. Kirchenstaate, welcher es 1811 von der Stadt Perugia zum Geschenk erhalten hatte.

[57] Holz, Oel. h. 0,41, br. 0.32.

[58] Holz, Oel. h. 0,36, br. 0,79. Mus. Napol. III.

[59] Holz, Oel. h. 0,38, br. 0,81.

[60] Holz, Oel. h. 0,38, br. 0,76.

Maria mit dem Kinde (bez. „nach Perugino“), dem vorigen ähnlich, aber geringer; Mischstil des Pinturicchio und Spagna.[61]

München, Pinakothek No. 597 Cab.[62]: Anbetung des Kindes s. oben London, Sammlung Baring.

St. Petersburg, Ermitage No. 8: Anbetung des Kindes[63]: Maria knieend und Joseph stehend in Verehrung des vor ihnen am Boden liegenden Kindes, seitwärts die Heil. Martin und Barbara betend, in der Landschaft rechts der Zug der Könige. Die Farbe ist stumpf und eintönig, da sämmtliche Figuren, schon vor Alters durch Abreibung beschädigt, später übermalt worden sind, sodass der Gesammtton ebenso wie die Zeichnung Aenderung erfuhren. Das Bild ist überdies auf Leinwand übertragen und soll sich ursprünglich in Castelfranco di Sotto bei Florenz befunden haben. Es zeigt ein Gemisch von umbrischem und florentinischem Charakter, doch wiegt ersterer vor, besonders im Hintergrunde. Der Name Spagna's (letzte Zeit) oder eines seiner unmittelbaren Nachfolger scheint durchaus zutreffend. —

Bei der künstlerischen Richtung Spagna's, die den Mangel selbständiger Erfindungskraft durch Anlehnung an Werke der verschiedenen Entwicklungsperioden Rafaels ersetzte, war eine Lehrthätigkeit in höherem Sinne ausgeschlossen. Was er seinen Schülern und Genossen überlieferte, konnte kaum mehr sein, als die Anweisung zu gleichem Verfahren. So tritt uns Jacopo Siculo, sein Schwiegersohn, mit einer Mischung von Spagna's Weise und der der rafaelischen Schule entgegen; es ist sogar nicht unwahrscheinlich, dass Siculo vor Rafaels Tode und in Gemeinschaft mit Vincenzo Tamagni in Rom gewesen ist, näher liegt jedoch, die drei Maler in Spoleto vereinigt zu denken. Dort erhielt Siculo den Auftrag zur Ausschmückung der Cappella Eruli,[64] jetzt Taufkapelle des Domes, deren Decke und Wände mit Darstellungen aus dem alten und neuen Testament gefüllt sind:

Spoleto. Capp. Eruli. Die Wände sind mit zahlreichen Darstellungen aus dem alten und neuen Testamente geschmückt: 1. ein Hieronymus (an Vincenzo Tamagni und Dono Doni erinnernd) mit einem Bogenfelde darüber, enthaltend Aaron als hohen Priester, kleine Figuren im Hintergrunde,

---

[61] Holz. h. 0,50, br. 0,38. Halbfig. ½ lebensgr.

[62] Unter Fra Bartolommeo, Leinw. h. 1' 9" 6"', br. 1' 4".

[63] h. 41½, br. 39½. vgl. Waagen's Katalog, welcher das Bild als Spagna bezeichnet.

[64] Der Verfasser der „Oratione academica per la solenne distribuzione dei premi. Spoleto 1836“ behauptet auf Grund der spoletaner Archive sowohl diese Thatsache wie auch den Verwandtschaftsgrad des Siculo und Spagna.

— Alles beschädigt. 2. Kreuzigung, die Wand mit der Bogenfläche zusammen einnehmend, Gemisch von Spagna und Tamagni; zwei Engel an den Kreuzarmen nicht ohne Empfindung. 3. Michael mit der Seelenwaage und die heil. Lucia (Nachahmung Spagna's); im Bogenfelde eine Gestalt mit langem Stab, dahinter Volk. 4. (Wand neben der Thür) Berufung des Petrus, im Hintergrunde der wunderbare Fischzug; im Bogenfelde Elias Himmelfahrt (durch Feuchtigkeit beschädigt). Hier findet sich keine Spur von Spagna's Weise. Sämmtliche Bilder sind durch laufende von Rundfeldern mit Bildnissen durchbrochene Randleisten mit Figurenornament umschlossen.

An den Decken haben wir zunächst vier lebensgrosse Figuren des Adam, Moses, Noah und Melchisedek, und auf den Rahmen der Deckenfelder ansprechende Figürchen und Zierrathe auf Goldgrund, ausserdem kleine Abtheilungen mit Bibelbildern: 1. Moses am brennenden Busche, 2. Einzug in die Arche (von rafaelischer Anordnung), 3. Opfer Isaaks, 4. Erschaffung Adams, 5. Erschaffung Evas (Gott-Vater nimmt die Rippe hervor, welche bereits menschliche Gestalt hat), 6. Findung von Benjamins Becher, 7. eine Versammlung von Menschen zu Fuss und Ross, Männer und Frauen, welche auf die See hinausschauen (die Juden am rothen Meer?). — Die Ecken der Decke enthalten Engelfiguren (davon etliche neu).

Hin und wieder begegnet hier ein michelangelesker Zug in Verbindung mit der Mal- und Zeichnungsweise Spagna's[65], während wieder an anderen Stellen die Meisterwerke Rafaels durchwirken, dessen Geschmack auch in der allgemeinen Anwendung geleitet zu haben scheint. Bogenfelder nebst der Decke sind von besserer Hand als die unteren Bilder, sodass wenigstens zwei Maler beschäftigt gewesen sein müssen; man ist versucht das Ganze als gemeinsames Werk der Spagna, Tamagni, Dono Doni und des Siculo selber anzusehen. Die Fresken gewähren denselben gemischten Eindruck, den wir an der Stirnseite des Palazzo Arone,

[65] Adam, nackt und in michelangelesker Weise aufgefasst, ist eine gut erhaltene Figur, nach Zeichnung u. Handweise an Spagna erinnernd, was noch mehr bei den Engeln in Rundfeldern zur Seite der Fall ist. Ueber der Figur die Inschrift: „Origo“, darunter: „Noxius prevaricator.“ Noah, ein alter Mann, nackt mit einer Weinrebe in beiden Händen, von schwachem Gesichtsausdruck (die beiden Engel seitwärts erneut); über ihm die Inschrift: „Interus“ (?), darunter: „Pöna“. Moses hat edle rafaelische Haltung, ist jedoch durch Feuchtigkeit und Nachbesserung entstellt (die beiden Engel völlig zerstört); oberhalb die Worte: „Utilis planta, perversi fötus.“ Melchisedek endlich ebenfalls alt mit gefalteten Händen neben einem antiken Altar mit einer Vase darauf; seine Füsse sind in Rafaels Art gezeichnet (die Glanzlichter der Waffen aufgefrischt): oben die Inschrift: „Premium“, die untere unlesbar.

gegenüber dem Dom in Spoleto sowie in einer verlassenen Kapelle in S. Francesco zu Rieti wiederfinden:

Spoleto. Pal. Arone. Am Palazzo Arone sind in mehreren Streifen übereinander meist mythologische Gegenstände behandelt: Unter der ersten Fensterreihe grau in grau gemalte Wandpfeiler mit Kindern, die auf Muscheln blasen, in eingeschobenen Feldern dazwischen verschiedene mythologische Scenen (u. a. zwei Frauen auf Ochsen reitend). — Unter der zweiten Fensterreihe gemaltes Flachrelief mit Meeresgöttern und Göttinnen, etliche in Wagen von Pferden gezogen, am Schluss ein Kampf, das Ganze höchst bewegt. — Unter der dritten Reihe ist nur noch wenig erhalten; so eine weibliche Figur mit Schwert, eine zweite mit erhobener Hand. Unzweifelhaft waren ehemals auch alle Streifen zwischen den Fenstern in ähnlicher Weise ausgeziert, wie man es noch an einzelnen Ueberbleibseln erkennen kann.[66]

Rieti. In S. Francesco zu Rieti sind die Gegenstände: Jüngstes Gericht, Auferstehung, Paradies und Verdammniss, dazwischen wieder verzierte Wandpfeiler. —

Die erste selbständige Arbeit des Siculo ist ein grosses, oben rund abgeschlossenes Tafelbild aus dem Jahre 1538 auf dem Hochaltar der Pfarrkirche von S. Mamigliano:

S. Mamigliano. Im Bogenfelde Gott-Vater den Segen auf Maria mit dem Kinde herabsendend, welche zwischen den stehenden Petrus und Johannes dem Evangelisten und den knieenden Blasius und Mamilianus thronen. Die Jungfrau, hinter welcher zwei (schwach gezeichnete) Engel einen Vorhang halten, blickt auf den heil. Blasius, während der nackte Knabe, welcher mit breitem Schritt auf ihrem Schoosse steht, sich zu Mamilianus wendet (Nachahmung der rafaelischen Composition, wie sie das Madonnenbild der ehemaligen Roger'schen Sammlung bietet). Die Staffel enthält: inmitten die Anbetung der Könige und den Tod des Blasius, umgeben von Johannes, Lazarus und den vier grossen

[66] Das ganze Schmuckwerk hat eine gewisse Verwandtschaft mit Beccafumi, ist jedoch von nicht so markirtem Stil. Ueberall erkennt man die Schule Rafaels in Anordnung und Gruppirung, in Bewegung und Zeichnung, besonders an den kleinen Bildern zu unterst. In der Formbildung macht sich etwas Uebertreibung bemerkbar, die Kindergestalten ähneln denjenigen der Cappella Eruli. Ohne Zweifel gehört die Arbeit der ersten Hälfte des 16. Jahrh. an, d. h. nach Rafaels Tode. — Hergestellt ist das Ganze in einer Art Sgraffito: die Zeichnung ist eingekratzt und die Tiefen nicht blos der Umrisse, sondern auch der Schattenstriche mit Schwarz ausgefüllt. Die Schattenmasse ist gut zusammengehalten, sodass ursprünglich die Wirkung sehr körperlich gewesen sein muss. Ergänzt man sich die Vorstellung mit den gegebenen Hilfsmitteln, so wird man auf Vincenzo von S. Gimignano und Jacopo Siculo geführt.

Propheten. Die lange Inschrift am oberen Saume der Staffel schliesst: Jacobus Siculus Faciebat.[67]

Siculo gibt sich hier als ein recht tüchtiger Rafaelist zweiten Ranges zu erkennen, der dem Andrea da Salerno wenig nachsteht. Seine Farbe ist gut gemischt und hat kräftigen Körper, nur schadet die etwas düstere Schattirung in grauen Tönen. Wir finden seine Hand ferner in einem auf Leinwand übertragenen und jetzt aus S. Niccolò in das Stadthaus zu Spoleto versetzten unbezeichneten Wandbilde wieder, welches Maria mit dem Kinde in gleicher Auffassung wie in S. Mamigliano zeigt; hier haben wir denselben Geschmack der Gruppirung, die satte und durchsichtige Färbung.[68] — Nicht wenige Beachtung verdient auch das, in S. Niccolò verbliebene[69] freilich düster wirkende Bild (Madonna mit Kind auf Wolken mit Cherubim angebetet von verschiedenen in der Landschaft knieenden Gestalten, umstanden von zwei Heiligen von mächtiger rafaelischer Formgebung)[70].

Spätere Werke Siculo's, so unter Andern die Krönung Maria's vom Jahre 1541 in der SS. Annunziata bei Norcia[71] stellen sich mit grösserer oder geringerer Abweichung als Nachbildungen der

[67] Vollständig: „Aeditus per Vincentio Laurëti et Pacciano Bernardini, nec non Benedicto Laurentii, Dionisio Damiani, Fabriano Celloni et Cicchi, edilibus impensis oppidanorum Sancti Mamigliani, decem aureis, quos legavit dominus Innocentius, duntaxat exceptis. Iacobus Siculus faciebat“. Am Saum der Lünette ferner: „Sumptibus universitatis MDXXXVIII.“ — Petrus ist nach Zeichnung und Fülle des Tones ein schöner Kopf; Maria's Fuss und die Stola des Blasius sind ein wenig aufgebessert. —

[68] Der Himmel sowie der blaue Mantel Maria's sind schadhaft, sie hat das Haar mit dem Mantel bedeckt und den Schleier um den Leib des Knaben geschlungen, ihre Gestalt ist hager, die des Kindes derb; es hat kleinen Kopf mit offener Stirn.

[69] In der letzten Kapelle rechts.

[70] Lebensgr. Figur. Holz, Oel. Das Bild ist zwar der Nachbesserung entgangen, hat dafür aber durch Schmutz gelitten.

[71] Färbung und Behandlung sind ein wenig schwach. Die Staffel enthält die heil. Hieronymus und Franciscus, der Sockel dazu die Verkündigungsfiguren. Auf einem Heftzettel rechts an der Haupttafel die Inschrift: „Anno domini nostri Jesu Christi millesimo quingentesimo quadragesimo primo, die vero vigesimo Martii. Jacobus Siculus faciebat“. — In derselben Kirche am Altar der heil. Elisabeth haben wir ein Madonnenbild mit Kind und Heiligen von lichtrosigem Tone, schwach schattirt, die Figuren mit schlechter Gewandung, wie man sie auf etlichen Bildern des Vincenzo Tamagni in S. Gimignano antrifft; in der Staffel Maria und Gabriel, inmitten Christus im Grab. — In der Kirche del Rosario zu Norcia eine Himmelfahrt Maria's (Holz, Oel) von einem Nachahmer Spagna's, hart und von blöder gilblicher Farbe (die musicirenden Engel ähneln solchen des Cola dell' Amatrice), die Mariengestalt dem Spagna sehr verwandt.

Altarbilder Spagna's in Todi und Trevi dar[72]. — Die Figuren
Spoleto. S. Jacopo. im Winter-Chor zu S. Jacopo haben ebenfalls das Ansehn geringerer Arbeiten Siculo's;[73] die Wandmalereien der zwei
Ferentillo. Kapellen in der Pfarrkirche zu Ferentillo (bezeichnet mit den Jahreszahlen 1540 und 1557) scheinen nicht minder von seiner Hand oder von Malern herzurühren, die unter seiner Leitung arbeiteten.[74] —

Ausser Siculo hat von den Nachfolgern Spagna's in Spoleto nur noch Bernardino Campilius oder Camilius auf Beachtung Anrecht. Seine Namensinschrift finden wir längs eines Wandbildes (darstellend die Jungfrau in Anbetung des Kindes) links an der Piazza
Spoleto. Piazza S. Gregorio. S. Gregorio beim Eintritt in das spoletaner Stadtthor. Der Maler desselben nimmt sehr untergeordneten Rang ein, hält sich in der Zeichnung des Kindes an Vorbilder Fra Filippo's und in der Gewandbehandlung an den peruginischen Zug bei Spagna.[75] — Die nämliche Bezeichnung trägt (so weit wir uns erinnern) ein Altar-
S.M.d'Arone. bild in S. Maria d' Arone (Madonna mit Kind, umgeben von Antonius und Johannes dem Täufer); endlich haben wir in der Sacristei
Foligno. Nunziatella. der Nunziatella zu Foligno ein dem Mantegna zugeschriebenes Wandbild (den Leichnam Christi, fast nackt, auf einem Steine

---

[72] In Bettona, in der Minoritenkirche S. Antonio, Hochaltar, ein Leinwandbild der Mad. mit Kind von Engeln aufgewartet, welche denen auf Spagna's Fresko in S. Jacopo zu Spoleto gleichen; unterhalb knieende Heilige, dabei Chrispoldus, Franciscus und Hieronymus, im Hintergrund eine Stadt; in der Staffel Bildnisse der Stifter mit folgender Inschrift: „pro lascita Juliani Aquilini A. D. M. D. Dona Ciancia ejus uxor fecit fieri. XLVII“ (1547): eine schwache Arbeit im Stile der erwähnten Himmelfahrt in Norcia, wahrscheinlich von Gehilfen. Hierher gehören auch die bereits früher (s. o. Anmerk. 30) im Kloster della Stella erwähnten Wandbilder (Agatha u. Barbara und Himmelfahrt).

[73] Hier findet sich ein Bild auf Goldgrund — ein Papst, welcher dem vorn sitzenden Christuskinde ein Buch reicht, dahinter Maria, rechts ein Heiliger (übermalt) — dem Spagna zugeschrieben, aber in Wahrheit ein Werk des 16. Jahrh., vielleicht von Bernardino Campilius. Die Inschrift lautet: „Episc. Benedictus Gregorius Spoletan. obiit M°. CCCCLXXIII.“

[74] Es sind zu bemerken: ein Bild in der 3. Kapelle rechts: Gott-Vater segnend, unterhalb die heil. Lucia, Agatha, Katharina, Barbara und Apollonia, sämmtlich lange, hagere Figuren; auf dem Rahmen die Inschrift: „1540 . . die primo Octobris.“ In der 4. Kapelle: Fresko, darstellend den Unglauben des Thomas, und darüber die Gürtelspende; auf der Flachsäule: „1557 . . . die primo . . . .“. In der 5. Kapelle: ein heil. Antonius mit Maria und Kind oberhalb.

[75] Im Bogenfelde Gott-Vater; an einem Hause im Hintergrunde die Inschrift: „Domus Bartolomeus episcop. Spolet.“ In einem kleinen eingerahmten Felde oben rechts die Zahl „MDII“ und darunter: „. . . . nardinus Camilius Spoli. faciebat.“ Das Ganze hat sehr vom Einfluss der Zeit gelitten.

sitzend, unter den Armen von Maria und Johannes gehalten, dahinter Magdalena)[76], welches gleichfalls die Weise Bernardino's oder die des Cola dell' Amatrice verräth. Die Ziffer 1502 an dem Bild. der Piazza S. Gregorio lässt auf die Zeitstellung des Malers schliessen.

[76] Das sehr schadhafte Fresko macht auf den ersten Anblick den Eindruck einer veronesischen Arbeit und lässt etwa an Caroto oder Liberale denken, aber nähere Betrachtung ergibt die Beziehung zu Spagna; mantegnesk ist an dem Bilde nur so viel, als überhaupt aus den Vorbildern des Alunno entnommen werden kann. —

## ZEHNTES CAPITEL.

*Manni, Eusebio, die Caporali, die Alfani und geringere perugineske Maler.*

Zu den betriebsamsten Gesellen in Perugino's Werkstatt gehört Giannicola di Paolo Manni, gebürtig aus Città della Pieve.[1] Ueber die Stelle, die ihm in der Reihe seiner Kunstgenossen gebührt, würde sich bestimmter urtheilen lassen, wenn die Bilder, die er in den Jahren 1493 und 1499 ausgeführt hat, erhalten wären.[2] Aus den urkundlichen Nachrichten über diese Arbeiten sowohl wie über andere Aufträge auf Banner und Flaggen aus dem Jahre 1502 und 1505 scheint hervorzugehen, dass Manni hauptsächlich in Perugia thätig war.[3] Es sind aber vielleicht nur seine selbständigen Leistungen auf Perugia beschränkt gewesen, denn bei seiner langen Lebensdauer und der ausgeprägt peruginesken Vortragsweise, die wir an ihm finden, liegt nahe, sich ihn als ständigen Genossen des Perugino vorzustellen. Von Spagna unterscheidet ihn, dass er, obwohl gleichzeitig Rafaels Kamerad in der Werkstatt des Meisters, doch die Wirkung von dessen Weise nur in geringem Grade erfuhr, denn als er später

[1] vgl. Vas. VI. 56, Della Fargna in Orsini's Vita di Perugino a. a. O. Anm. zu 270 und Mezzanotte a. a. O. 223.

[2] 1493 verpflichtete er sich, eine Darstellung des letzten Abendmahls für den Speisesaal des Stadthauses in Perugia zu malen (Mariotti, Lett. 229) und 1499 finden wir die Würderung eines für das Zimmer des „Capo d' Officio" ebendaselbst bei ihm bestellten Bildes erwähnt, welches Fiorenzo di Lorenzo und Bartolommeo Caporali auf 18 Gulden anschlugen (Mariotti S. 232).

[3] vgl. darüber Mariotti a. a. O.

sich genöthigt sah, dem neuen Aufschwung italienischer Kunst am Beginn des neuen Jahrhunderts sich anzubequemen, thut er es dem Anschein nach mit Vorliebe für die Schule des Pacchia, des gewandten Sienesen, der seine eigene Weise durch Berührung mit Francia Bigio und Andrea del Sarto erfrischt hatte. — Zu Manni's Jugendarbeiten zählen wir ein Madonnenbild unter Rafaels Namen im Museum Fitzwilliam zu Cambridge:

Maria hält das nackte Kind, welches aufrecht auf ihrem Knie steht und ihr Busengewand gefasst hat, indem es sich mit grosser Geschmeidigkeit zum Beschauer wendet; die Körperformen sind klein und zierlich. Maria von regelmässiger Gestalt und Gesichtsbildung, hat die milde Nachdenklichkeit Perugino's. Hintergrund Landschaft.[4] Cambridge.

Saubere Zeichnung und lichter, etwas flauer Farbenton, der in gilbliches Rosa sticht, lassen mehr Sorgfalt als Empfindung hervortreten, doch haben wir in dem Werke eine sehr ehrenwerthe Arbeit des Malers, die von seiner Beziehung zu Perugino sowohl wie von der Gemeinschaft mit Rafael und Spagna in ihrer Weise Zeugniss ablegt. Zu den ältesten Tafelbildern, die uns von ihm bekannt sind, gehört an zweiter Stelle eine „Verherrlichung Christi“ (der Heiland zwischen Maria und den Evangelisten, in der Landschaft darunter eine Schaar stehender Heiliger in Anbetung), welche ehemals der Cappella Baglioni in S. Domenico in Perugia angehörte.[5] Hier zeigt sich, dass Rafaels feiner Reiz für ihn zwar nicht völlig verloren war, aber doch gegen den Einfluss Perugino's und Pinturicchio's nicht durchzudringen vermochte. Die Umrisse sind scharfkantig, fast wie mit der Scheere geschnitten, die Heilandsgestalt hager mit abfallenden Schultern, Johannes der Täufer eine gute Figur im Geschmack Pinturicchio's, an dessen Bild in Araceli auch der wohlgestaltete Perugia. Akad.

[4] Das Bild befand sich früher in der Sammlung des Archidiakonus Hore. Die Figuren sind halblebensgr. (Holz), eine der Hände etwas beschädigt, sonst aber die Erhaltung gut.

[5] Jetzt in der Akademie zu Perugia N. 6 (alt 20) (Holz, Oel 7½' zu 7', das obere Bogenstück abgeschnitten). Handschriftlich ist in einem Registro della Chiesa di S. Domenico di Perugia (v. J. 1518) Folgendes darüber vermerkt: „Baglione della Baglionella fece pingere la tavola d' Ognisanti per mano di maestro Niccolo discipulo di maestro Pietro Perugino“ (mitgeth. durch Hrn. Adamo Rossi). Auch Vasari VI, 56 bezeichnet das Bild als Manni's Werk.

Engel zu äusserst rechts in der Glorie erinnert, die betende Maria ist anmuthig, in der Gesichtsform Rafaels Jugendwerken ähnlich; an dem Petrus im Vordergrunde ist wieder die Einwirkung Perugino's (Himmelfahrtsbild in Lyon) bemerkbar, und auch die vier musicirenden Engel in den Aussenwinkeln der Glorie sowie die Cherubköpfe um dieselben gehören der Erfindung nach dem Meister an. Im Linienzug begegnet man hier und da Verwandtschaft mit Gerino von Pistoia und mit dem Abendmahlsbilde in S. Onofrio in Florenz. Die künstlerischen Beziehungen zu den drei grossen Malern von Perugia finden jedoch durchweg bei Manni nur schwächlichen Ausdruck. So ansprechend auch eine gewisse Frische in dem in Rede stehenden Altarstücke berührt, und so löblich im allgemeinen die Absicht des Malers ist, er erhebt sich doch nicht über hagere, oft welke Formgebung, gezwungene Zeichnung der Gliedmaassen und schwülstigen Vortrag. Die Gewänder sind recht verwickelt und von ärmlicher Anordnung, die Farben, auffallend fett aufgetragen, erreichen doch keine körperliche Wirkung, sodass besonders das wächserne Fleisch mit seinen grauen Schattentönen flach erscheint. Die Oelfarbe scheint ihm nicht sehr geläufig; an der dupfenden und strichelnden Pinselführung bemerkt man überall den Temperamaler. — Besser als auf diesem Bilde aus S. Domenico sind die ebendaher stammenden
Perugia. Gall. Seitenfiguren einer Kreuzigung (Maria und der Evangelist, Magdalena und Sebastian); sie sind nicht nur durch gute Zeichnung, sondern auch durch Richtigkeit der Verhältnisse sowie durch gute Formgebung lobenswerth.[6] Die Schwächen der Farbe sind freilich dieselben wie früher, bei aller Fülle des Auftrages kalte Wirkung.
Perugia. S. Martino. Sie zählen ohne Zweifel neben dem Wandgemälde in S. Martino di Verzaro zu Perugia (Mad. mit Kind zwischen Johannes dem T.

[6] Jetzt ebenfalls in der Gall. zu Perugia N. 58 u. 53 (Holz, lebensgr.), durch Alter und Uebermalung entstellt, jedoch noch als Arbeiten Manni's erkennbar. Ueberdies wird seine Urheberschaft durch eine Register-Bemerkung der Kirche S. Domenico bezeugt: „Questo M°. Niccolo fece ancora le quattro figure all' altare del Crocifisso.“ Grosse Aehnlichkeit mit diesen Bildern, der Färbung nach, hat die Madonna mit Kind zwischen Bernardin und Tommaso von Villanuova v. J. 1500 in S. Agostino zu Perugia (vgl. oben Cap. VII. S. 258).

und Laurentius)[7] zu den besten Leistungen des Malers. Die letztgenannte Altarmalerei tritt noch besonders durch gute Körperwirkung, lebhafte Färbung, freien Vortrag und stilvollere Behandlung der Gewänder vortheilhaft hervor; nur bemerkt man zu gleicher Zeit eine zunehmende Vorliebe Manni's für röthliche Färbung. Diese finden wir dann in den flott und breit vorgetragenen Decorationsstücken wieder, welche der Orgel in S. Lorenzo zu Perugia zum Schmuck dienen (ein Rundbild mit dem Märtyrertode des Laurentius, zwei Halbfiguren des Petrus und Paulus, und ein Halbrund, enthaltend Christus mit der Siegesfahne zwischen Laurentius und Constanz). Die Jahrzahl 1513 beweist, wie lang Manni am rein peruginesken Stil festhielt. Im Jahr 1511 war ihm der Auftrag geworden, das Zifferblatt der Uhr des Stadthauses neu zu bemalen[8] und i. J. 1515 (unterm 27. Juni) übernahm er den Wandschmuck für die Kapelle des Wechslerhauses. Wie die meisten seiner Fachgenossen war auch Manni unpünktlich in seinen Arbeiten; bereits während der Vorbereitungen zu diesen Malereien hatte er ein Angeld von 45 Gulden erhalten, erst im Februar 1518 war ein Theil der Gemälde vollendet. In Folge dessen bedrohte ihn die Behörde mit einer Strafe von 150 Gulden, wenn er nicht bis zum folgenden August fertig sei.[9] Die Kürze dieser Frist und die Hast, mit welcher Manni nunmehr malen musste, trägt jedenfalls zum grossen Theile die Schuld daran, dass dieses Stück Arbeit weit schwächer ist als das Uebrige:

Perugia. S. Lorenzo.

An der Decke sieht man Gott-Vater segnend, umgeben von den Evangelisten, den Aposteln und den Kirchenvätern; in den Zwickeln zweier Bögen die libysche und erythräische Sibylle, in der Wölbung desselben kleine alttestamentliche Bilder in verzierten Randleisten; die vier Wandbogenfelder enthalten: die Geburt des Johannes, die

Perugia. Cambio-Kapelle.

---

[7] Das Fresko hat durch Nässe gelitten, Maria's Mantel ist grossentheils neu. Die Zeichnung ist peruginesk, aber der Hauptvorzug beruht auf Bewegungen u. Verhältnissen der Figuren. Einige der seitlich angebrachten sind geringer als die bezeichneten und auch sonst unbedeutend. — Dieselbe Kirche enthält an einer Wand links vom Eingange eine Figur des Martin mit dem Bettler, oberentheils zerstört, den vorgenannten Bildern ungleich und im Ganzen schwach, aber mit einem gewissen leonardesken Zuge u. dem Eusebio nicht unähnlich.

[8] s. Mariotti a. a. O. 232.

[9] Alle diese Einzelheiten bei Mariotti a. a. O.

23 *

Heimsuchung, die Enthauptung des Täufers und die Darbringung seines Hauptes; in drei Rundflächen über der Eingangsthür sind die Brustbilder der heil. Constanz, Herculanus und Laurentius angebracht. — Das Tafelbild auf dem Altar selbst enthält die Taufe Christi, eingeschlossen von den Verkündigungsfiguren, am Altartisch (Paliotto) in Rundbildern Maria mit dem Kinde, Johannes der Täufer und zwei andere Heilige.[10]

Leicht erkennt man, dass die Malereien der Kapelle nicht auf einmal vollendet sind. Die Deckenfiguren sind peruginesk, jedoch von kurzer und grober Bildung und einförmigem Gesichtsausdruck, die Engel derb und breit, der Gesammtton roth. Dagegen herrscht in den Bogenbildern, welche auch besser angeordnet sind, ein modernerer Zug. Die Arbeiten rühren aus der Zeit, in welcher Manni mit Pacchia und mittelbar mit Andrea del Sarto in künstlerische Beziehung kam; die Farbe behält jedoch auch hier den Stich in's Röthliche bei. Als Verbindungsglieder zwischen den Fresken der Decke und der Wandflächen stellen sich die Sibyllenfiguren dar; der Knabe zu Füssen der Libya zeigt einen Versuch zur Nachahmung Rafaels. Das Altarbild sticht sehr unvortheilhaft ab, die Tafel am Altartische wird dem Sinibaldo Ibi zuzuweisen sein.

Aus der Zeit der Vollendung des Wandschmuckes in der Cambio-Kapelle zu Perugia rührt das Bild der thronenden Jungfrau mit Heiligen und Engeln im Louvre.[11] Es ist dort unter Ingegno's Namen verzeichnet, jedoch der schwere rothe Ton, der

Paris. Louvre.

[10] Das Bild der Enthauptung des Johannes ist theilweise erneut, der Kopf des Täufers auf der vierten Darstellung neu, ebenso ein Hund auf dem Bilde. Maria und Gabriel seitwärts vom Altarstück sind in röthlicher Färbung auf den Goldgrund aufgesetzt. Das Mittelbild (Taufe Christi) wird von Orsini (Perugino S. 111) ohne haltbaren Grund dem Perugino zugeschrieben. Es ist in flauen Tönen ausgeführt und jetzt sehr blasig geworden; die ganze Malerei entbehrt des Helldunkels und der Kraft; die beiden Figuren, welche sich entkleiden, sind unterhalb hässlich, auch die Landschaft ohne Reiz.

[11] N. 37. Holz. h. 2,13. br. 1,48 M. An der Thronstufe: „AVE MARIA GRACTIE PLENA." Die Zeichnung ist ärmlich, die Formen des Kindes plump. Die Tafel hat sehr durch Uebermalung gelitten, aber man erkennt noch Manni's rothen Ton mit den rothbraunen Schatten. Formgepräge und Bewegung der Figuren ähneln den Bildern an der Decke der Cambio-Kapelle. Eine Staffel, jetzt N. 163 in der Gall. zu Perugia (mit der Jahrzahl 1512) mit Darstellungen mehrerer Martyrien wird ohne erkennbares Recht unserem Bilde zugesellt; sie ist vielmehr von Domenico Alfani.

kräftige Farbenkörper, die Schwäche der Figurenbildung und die Mischung von Einflüssen Perugino's, Pinturicchio's und Rafaels lassen mit Bestimmtheit auf Manni schliessen. — Die beste Leistung aus den späteren Jahren des Malers ist das grosse Tafelbild (Ueberzeugung des Thomas)[12] in S. Tommaso in Perugia. Hier gibt er seinen Gegenstand in trefflicher Anordnung, frei und lebensvoll wieder, obwohl der röthliche Stich und die Flachheit seiner unlasirten Töne nichtsdestoweniger auffällig sind:

Die Bewegung des Heilandes, wie er den rechten Arm erhebt, damit Thomas die Wunde berühre, ist sehr gut; er blickt mit wirklichem Ausdruck aus dem Bilde, aber die Form des Gesichts ist plump, unschön auch die Breite der Nasenwurzel; der rothe Mantel zeigt guten Faltenwurf (theilweis abgeschunden). Seitwärts von den beiden Hauptfiguren stehen die Heil. Dominicus, Thomas von Aquino und Johannes, Georg, Benedict und ein sechster. **Perugia. S. Tommaso.**

Der Künstler erreichte ein ansehnliches Alter; er war Mitglied der Malergilde, im J. 1527 auch Beisitzer des Rathes von Perugia[13] und starb am 27. October 1544.[14] — Als Arbeiten seiner Hand nehmen wir noch die folgenden Bilder in Anspruch:

Louvre, Musée Napoleon III: No. 183, 184, 185 (Taufe Christi, Himmelfahrt der Maria und Anbetung der Könige), Theile einer Staffel und gute Arbeiten.[15]

---

Eusebio di S. Giorgio, Manni's Mitschüler bei Perugino[16], erhob sich nicht über eine achtbare Mittelmässigkeit. In Perugia aufwachsend und als Genosse des Fiorenzo di Lorenzo und des

[12] Holz, Oel. br. 7 Fuss, Fig. lebensgr., stark durch Auslassung beschädigt, die Farbe ist in Einem Striche aufgesetzt, Hintergrund u. Landschaft von stärkerem Impasto als die Figuren.

[13] s. Mariotti a. a. O. 231.

[14] Orsini, Perugino, Anm. zu S. 274.

[15] In Perugia, S. Agostino (Brüderhaus) ward ihm ein Bild v. J. 1510 zugeschrieben (s. Mezzanotte 220), welches jedoch dem Sinibaldo Ibi angehört (s. später); in Gubbio, S. Pietro, ferner eine Tafel mit der Heimsuchung und anderen Figuren, mit einem Monogramm, welches nicht auf Manni deutet; das Bild ist schadhaft und hat nicht einmal ausgesprochenen perugineskeu Schulcharakter. — Auf Grund der vorwiegend röthlichen Färbung möchte man dem Manni Antheil an dem grossen Bilde der Himmelfahrt Maria's von Perugino in Corciano und an dem Altarstück des Meisters in S. M. de' Servi zu Florenz zusprechen (vgl. Cap. VII. S. 258 u. 215). — Fresken Manni's, welche jetzt nicht mehr vorhanden sind, werden erwähnt: in Pacciano (Orsini a. a. O.), in S. Bernardino zu Perugia (s. Constantini's Guida 318 u. 319 und Vasari VI, 56), ein Christus am Oelberg.

[16] Vas. VI. 55.

Berto di Giovanni i. J. 1501 als Fahnenmaler beschäftigt[17], wurde er unmittelbar nach Pinturicchio in der Malerrolle verzeichnet.[18] Diesem Meister steht er denn auch in der Kunstrichtung am nächsten, obwohl er es nur dessen geringeren Leistungen gleich thut, während er in der Färbung die Weise des Manni annimmt. Er hat aber auch seine glücklichen Tage gehabt, in denen er sich an früh-rafaelische Werke anlehnt und diesen mehr im Geschmack des Spagna beizukommen sucht. Er gehörte zu den jungen Malern, die Pinturicchio mit sich nach Siena nahm. Wir haben im dortigen Archiv noch einen Rechnungsvermerk, laut dessen dem Eusebio i. J. 1506 die ansehnliche Summe von 100 Goldducaten von Pinturicchio ausgezahlt wurde.[19] Ausdrückliches künstlerisches Zeugniss von den Beziehungen Beider bietet uns das Altarstück mit der Anbetung der Könige (ehemals in der Epiphanias-Kapelle in S. Agostino) jetzt in der Stadtgallerie zu Perugia.[20]

Perugia. Gall. Maria (rechts) zeigt das in ihrem Schoosse liegende Kind dem zunächst stehenden Joseph, während der erste der Könige einen Becher darbietet und der zweite mit dem Rücken nach dem Beschauer gewendet dabeisteht; den Vordergrund bildet eine Wiese mit Gräsern und Blumen, den Hintergrund Felsgebirge mit Grotten, im Mittelgrunde sieht man Figuren zu Pferd, am Himmel vier knieende Engel musicirend. Am Kleidersaum Maria's, nahe dem Fusse die Jahrzahl: „MDV..“ (1505 oder 1506), und am Gewande des zweiten Königs die Buchstaben S. und J.[21]

Durchgehends finden wir hier Pinturicchio's hagere Figuren mit den gezierten Bewegungen und geschmacklosen Gewändern, dabei noch grössere Trockenheit und rothen Stich der Farbe. Seine Engelfiguren sind nicht reizlos, wenn auch schwächlich, das Jesuskind hat einen derben runden Kopf und wulstiges Fleisch,

---

[17] s. Mariotti a. a. O. 232.

[18] Mit dem Namen „Eusepius Jacobi Christophori“. s. ebenda.

[19] Vas. VI, 56 (Anm.).

[20] N. 8, Holz, Oel. 7 zu 5½ F., schon bei Vasari VI, 55 als Arbeit Eusebio's aufgeführt. Am Gesicht des Christuskindes sind schadhafte Stellen.

[21] Dies sind zwar die Buchstaben des Sinibaldo Ibi, doch ist die Tafel wahrscheinlicher dem Eusebio zu lassen, keinesfalls gehört sie, wie behauptet worden ist, dem Rafael an.

sodass sich der Maler, der in der Gruppirung allerdings ganz ungeschickt ist, als ein Pinturicchio im Kleinen, hin und wieder mit rafaelischer Anwandlung darstellt. Die steife und eckige Nachahmung Rafaels spricht auch aus den Wandbildern von 1507 in S. Damiano bei Assisi, eine Verkündigung mit den herkömmlichen Zuthaten[22] und eine Verzückung des Franciscus, letzteres durch Eusebio's Namen und die Jahreszahl 1507 beglaubigt.[23] An den Malereien in der Cappella delle Rose in S. Maria degli Angeli zu Assisi (meist Bildnisse von Franciscanerheiligen enthaltend)[24] scheint er ebenfalls Antheil zu haben. Auch an dem von Passavant dem Ingegno zugewiesenen[25] Michaelsbilde der Casa Gualtieri in Orvieto, an welchem Peter Cornelius einige Stellen ausgebessert hat[26], glauben wir Eusebio's Hand zu erkennen. Der Vorzug vor allen bisher berührten Arbeiten gebührt jedoch der i. J. 1512 für S. Francesco zu Matellica gemalten Heiligen Familie:

Assisi. S. Damiano.

S. M. degli Angeli.

Orvieto. C. Gualtieri.

Maria und Kind erinnern hier an Rafaels Madonna Connestabile und mehr noch an dessen Berliner Bild No. 141, welches hier mit geringen Abweichungen von der Gegenseite wiedergegeben ist. Der Knabe Johannes, fleischig und dicklich, mit Felljacke und Kreuz, sitzend und auf eine Stelle im Buche weisend[27] hat Aehnlichkeit mit den Kindern der Mad. del Cardellino. Johannes der Evangel. und Andreas stehen, Antonius und Bernardin knieen zu Seiten des Thrones, auf dessen Stufe die Inschrift steht: „1512. Eusebius de sc̃o Georgio Peru-

Matellica. S. Francesco.

---

[22] Maria links knieend (Hals u. Wange theilweis beschabt) hat weite Stirn und eingezogenes Kinn; die Züge, dünn und spitz, laufen dem Bogen des Gesichtes parallel; der in etwas steifer Bewegung von rechts her laufende Engel (Umriss des Gesichtes schadhaft) erinnert an Rafaels Predelle im Vatican; er hat kleine Hände und Füsse und das Gewand schlägt zahlreiche Falten. Durchweg macht sich weibliche Zierlichkeit bemerkbar. Die Gott-Vaterfigur zwischen den Häusern am Himmel ist ansprechend, aber ebenfalls von kleinlicher Formgebung. Durch das Thor der Mauer, welche zwei Häuser verbindet, blickt man auf Hügelland.

[23] Hier ist die Gestalt des dem Wunder zuschauenden Mönches sehr entstellt; die Zeichnung fehlerhaft; am Rande die Inschrift: „Eusebius Perusinus pinxit MDVII“.

[24] An der Wand am Eingange, dicht beim Altar sieht man die heil. Elisabeth und Clara und daneben die Inschrift: „MDVI die prima Augusti“, an einer zweiten die Figur des Bonaventura, Bernhardin, Ludwig und Antonius von Padua, deren Köpfe durchweg durch Flecken entstellt sind. Dies die Stücke der Rosen-Kapelle, welche den Stil des Eusebio verrathen, während das Uebrige dem Tiberio von Assisi angehört (s. später).

[25] s. oben Cap. VI. S. 172. Passavant Rafael I, 502.

[26] Es ist besonders ein kleines Stück an der Stirn.

[27] Durch Stirn und rechtes Auge ein Quersprung.

sinus pinxit.“ Im Bogen oberhalb zwei Engel mit der Krone.[28] Die Staffel enthält verschiedene Wunderthaten aus der Legende des Antonius.[29]

Ueberall bemerken wir Verbesserung in Verhältnissen und Bewegungen der Figuren; Eusebio lehnt sich nicht nur an Vorbilder Rafaels, sondern entlehnt ihm (z. B. in der Staffel) ganze Stücke; auch mit Lionardo's Weise sucht er Fühlung und verfährt bei Mischung und Auftrag seiner an sich blassen Töne mit löblicher Sorgfalt, wie denn auch seine lichte schmelzende Farbe besonders bei kleineren Stücken, in denen die Mängel der Zeichnung zurücktreten, reizvoller Wirkung fähig ist. Gleiches lässt sich von vier oder fünf ursprünglich zu einer einzigen Staffel vereinigt gewesenen Tafeln sagen, welche aus dem Kloster
Perugia. Gall. S. Agnese in die Stadtgallerie zu Perugia gekommen sind[30], von zwei anderen ebendaselbst[31] und endlich von einem Bilde der
S. Pietro. Anbetung in S. Pietro.[32] Aber weitaus das anziehendste von allen Gemälden, auf welche er Anspruch hat, ist ein kleines Sebastiansbild in der Sammlung Lochis-Carrara bei Bergamo.[33]

Bergamo. Sml. Lochis. Der Heilige, Halbfigur, ist hier, abweichend von der gewöhnlichen Auffassung, weder nackt noch zerschossen, sondern bekleidet und nur mit einem Pfeil als Zeichen seines Martyriums in der Hand dargestellt.

---

[28] Auch auf diesem Bilde begegnet wieder die Neigung, Mund und Nasenlinien mit dem Oval des Gesichtes gleichlaufend zu zeichnen.

[29] 1. Antonius ein gebrochenes Bein heilend (hier 3 weibliche Figuren r. aus Rafaels Bild der Beschneidung im Vatican entnommen). 2. Predigt (mit einer ebendaher entlehnten Gruppe l.). 3. Wunder des Esels vor der Hostie.

[30] Die 5 Tafeln sind nur zum Theil erneuert; die Gegenstände sind: 1. Geburt Christi, 2. Anbetung der Könige (nach Rafaels vaticanischer Predella), 3. Predigt des heil. Bernhardin, 4. Jesus mit der Samariterin, 5. zwei Heilige — alle in Eusebio's Stil.

[31] Es sind: 1. der heil. Ludwig, 2. die heil. Clara. Hier ist eine gewisse Annäherung an Spagna bemerklich.

[32] Dies Bild erinnert wieder an Rafaels Predella im Vatican; es wird dem Dono Doni zugeschrieben, hat aber nicht das Charakteristische seines Stils, welches in einer Mischung der Weise Giulio Romano's mit michelangelesken Zügen besteht. — Die Fresken in S. Agnese zu Perugia, in welchen wir die Formgebung Perugino's, aber die Hand Eusebio's erkennen, sind schon oben im Capitel über Perugino (S. 255) erwähnt, ebenso diejenigen im Kloster S. Pietro in derselben Stadt (Kapelle d. heil. Martin), die nicht minder auf Eusebio hindeuten (s. oben unter Spagna S. 342).

[33] Im Katalog der Pinacoteca Lochis alla Crocetta di Mezzo bei Bergamo. II. Aufl. 1858 N. CCLX (S. 147 ff.) unter Rafaels Namen. Holz. h. 0,43. br. 0,33. Ovaler Nimbus, heiterer Ton u. blauer Himmel.

Zahlreiche Kenner haben das Bild für ein Jugendwerk Rafaels erklärt[34]; in der That hat die sanfte Neigung des an sich breit nach umbrischer Art gebildeten Kopfes etwas Perugineskes, und die zarte Hand, welche den Pfeil hält, der liebevolle Fleiss, der auf das lang herabwallende Haar verwendet ist, sodann der schwarz und gold durchwebte Saum des weissen Unterkleides, der rothe Rock mit blaugrünem Damast darüber, haben viel Aehnlichkeit mit Rafael, aber man vermisst die Sicherheit seiner Umrisse und die reine Stimmung aller seiner Farbentöne. Wir haben es hier mit einem an Sorgfalt höchst achtbaren, aber nicht formfesten Nachahmer zu thun, dessen Hauptstärke in zarter Blässe der Farben und weichen Uebergängen aus Licht zum Schatten besteht. — Auch die Madonna mit Kind in der Sammlung Baring London. Sml. Baring. in London, welche als Rafael gilt[35] und an welcher, wie bereits bemerkt, die Beziehung zu Spagna deutlich hervortritt, gehört hierher; es ist sehr möglich, dass die beiden Maler in der Martinskapelle in S. Pietro zu Perugia zusammen gearbeitet haben. —

In Tiberio d' Assisi (so genannt von seinem Heimathsorte) lernen wir einen bei Vasari unter den Schülern Perugino's nicht erwähnten Maler von schwächerer Auffassung und geringerer Kraft als Eusebio kennen, dessen spärliche Werke, soweit wir sie besitzen, sämmtlich aus den ersten Jahren des sechszehnten Jahrhunderts herrühren. Seine beste Wandmalerei, ein Bogenfeld mit Mad. und Kind in S. Martino bei Trevi ist im Geiste des vermeintlich Trevi. S. Martino. dem Ingegno zugehörigen Bildes in S. Andrea zu Assisi gehalten und deutet somit auf Verbindung mit der Schule, deren Hauptvertreter Fiorenzo di Lorenzo ist[36], jedoch offenbart die plumpe

---

[34] vgl. Quatremère de Quincy, ital. Ausg. S. 7, Passavant I, 76, Rumohr III, 11. Rosini IV, 18.

[35] s. oben unter Spagna S. 345.

[36] Das Bild hat zwar durch Einfluss des Alters an Farbenwirkung verloren, bekundet sich jedoch durch die Schärfe der Töne als Arbeit Tiberio's. Es ist nach dem alten Verfahren mit Roth auf Grün gemalt. Die beiden Engel an Maria's Seite erinnern etwas an Spagna. Am Saum der Lünette die Inschrift: „oãnes Baptista magi .... de Trevio fecit fieri. Tiberius de assi..." — Im Todtenhause daselbst, wo sich auch (von Spagna) ein Fresko befindet (s. oben S. 330), haben wir eine Figur in Tiberio's Weise: den heil. Aemilian im Bischofsschmuck, neben ihm eine betende Nonne; das Uebrige ist zugeweisst. — Spuren von der umbrischen Malerei des Tiberio enthält ferner ein Altâr links am Todtenhause (d. heil. Martin mit dem Bettler), hier sind die Figuren sehr hässlich (vgl. oben Cap. V. S. 136 unter Pietro Antonio).

Bildung der Gestalten, der straffe Linienzug der Gewänder und die scharfe Färbung bereits den beginnenden Verfall. — In
Montefalco. S. Francesco. Arbeiten zu S. Francesco von Montefalco v. J. 1510 (Wandbild der Mad. zwischen zwei Heiligen)[37] und in der Cappella delle
S. Fortunato. Rose zu S. Fortunato ebendaselbst v. J. 1512 (Bilder zur Franciscus-Legende, an der Decke Gott-Vater mit Seraphim)[38] erscheint er mehr peruginesk, jedoch zugleich fader und lebloser als in Trevi. Besser ist bei aller Trockenheit die Sebastiansfigur an einem Wandpfeiler derselben Kapelle. Eine von Engeln und Heiligen umgebene Mad. mit Kind der Cappella S. Girolamo in
Assisi. S. Domenico. S. Domenico bei Assisi erinnert in der Engelgruppe wieder an Perugino, während die Hauptfigur den sogen. Ingegno's gleicht; unter den Nebenfiguren des Bildes ist die heil. Clara einfache Abschrift einer Gestalt von Simone Martini.[39] Die Wiederholung des Franciscus-Cyklus in der Cappella delle Rose in S. M. degli
Assisi. S. M. degli Angeli. Angeli bei Assisi aus d. J. 1518 gibt keine höhere Vorstellung von Tiberio's Leistungskraft[40]; andere Arbeiten, die man ebenfalls

---

[37] Bemerkenswerth sind Wandsäulen und Randleisten dieses Fresko sowie der Schmuck des Thrones, auch die Fehlerhaftigkeit in der Zeichnung der Gliedmaassen des heil. Andreas (dessen Bart und Haupthaar erneut ist). Die Figuren haben stumpfe rothe Schattirung und ermangeln der Körperwirkung, die Umrisse sind scharf und strähnig. Am Wandpfeiler links die Inschrift: „Mãi Francesco Evcrillus salvatus Augusti", gegenüber: „...pus fecit fieri familia Augusti de Montefalco die XV mensis novembris AD MCCCCCX. Tiberiũ de assisio pix." Bei genauer Vergleichung wird wahrscheinlich, dass Tiberio der Maler des Madonnenbildes ist, welches unter N. 146 als Werk Perugino's dem berliner Museum angehört (vgl. oben Cap. VII. S. 266).

[38] Die Deckenbilder sehr schwach; die Inschrift lautet: „Gratia dei bẽi factum hoc opus ad MCCCCCXII. XX. die maii impẽsis chili scide S. Sebastiani pro aĩa sua suorum et defunctorum. Tiberius de Assisis pinxit."

[39] Maria betet das auf ihrem Schoosse liegende Kind an, zwei Engel knieen seitwärts, zwei andere halten die Krone über ihr. Links die Heil. Bernhardin und Hieronymus, rechts Franciscus, eine betende Frau in Schwarz und Clara (das Vorbild dieser letzteren findet sich auf Simone's Bild in der Kapelle des Cardinals Gentile in S. Francesco zu Assisi, das der Madonna am S. Antonio-Bogen an der Strasse nach Maiano). Am Rande die Inschrift: „Hoc opus fecit fieri Galeottus de Bistocchis de Assisi A. D. MDXVII. die V°. Septem." — Dieselbe Kapelle enthält auch noch einen Sebastian und einen Rochus, geringer als der oben genannte und entweder von Tiberio oder einem Schüler mit der Inschrift: „Facta fare de Sũtorilio de Cãpello MDXXII."

[40] Dieser Theil der Kapelle ist von andrer Hand bemalt als die wir bereits in der Nähe des Altars fanden (s. oben S. 336). Dicht an der Thür gegenüber dem Altar steht: „Hoc opus gratia Dei consumatũ fuit A. D. MCCCCCXV..." (Mezzanotte, Perugino S. 237 gibt die Vervollständigung „Tiberius de Assisis P. P. M. D. XVIII.) Der Maler der hier bezeichneten Stücke ist unzweifelhaft Tiberio; die Gegenstände sind: 1. Predigt des Franciscus und Bekanntmachung der

seinem Pinsel wird zuweisen dürfen, haben lediglich geschichtliches Interesse.[41] Die letzten Jahreszahlen, die wir mit Nachrichten über Tiberio verbunden finden, sind 1521 und 1524. In ersterem Jahre gibt er zusammen mit Fiorenzo di Lorenzo ein Sachverständigen-Urtheil über Giacomo di Gherardo von Città della Pieve ab, wobei er als „Tiberius Diotalevi de Assisis bezeichnet wird"[42], und 1524 erhält er Zahlung für das an einem Denkmal in Assisi angebrachte Wappenschild des Papstes Clemens des VII.[43] —

Gubbio. Dom.

Ueber die Thätigkeit des Sinibaldo Ibi belehren uns zunächst drei beglaubigte Bilder, die ihn als einen der schwächsten Genossen der Schule Perugino's ausweisen: In Gubbio, wo er gemeinschaftlich mit Orlando von Perugia[44] gearbeitet hat, malte er i. J. 1507 für einen Altar im Dome ein Madonnenbild mit dem heil. Sebastian und Ubaldus.[45] Mit ganz ungenügender Kraft

---

Indulgenz, 2. Fr. in Rosen vor einem Papst und seinen Kardinälen, 3. Fr. der Mad. u. dem K. am Altar Rosen spendend, 4. Fr. nackt im Dornengebüsch (unteren Theils neu), 5. Fr. zwischen zwei Engeln (sehr beschädigt). Das Lünettenbild über dem Altar, enthaltend den Heil. mit seinen Brüdern, sowie die Figur Gott-Vaters an der Decke (schadhaft)scheinen ebenfalls von Tiberio's Hand.

[41] In der Antonius-Kapelle in S. Francesco zu Assisi, Altarbild der Kreuzigung mit vier Engeln und den heil. Liverius (?), Antonius d. Abt, Franciscus und Clara, lebensgr. Figuren, flau und strähnig gezeichnet, von Tiberio. In der Gall. zu Perugia N. 205 u. 208 zwei Crucifixe als Arbeiten des fünfzehnten Jahrh. bezeichnet, ferner acht Bogenfelder mit Darstellungen aus dem Leben der Maria in S. Anna zu Foligno, endlich verschiedene Fresken in der Kirche S. Simone an der Strasse nach Bettona — anscheinend sämmtl. von derselben Hand, wahrscheinlich Tiberio's. — Bei Mariotti, Lett. S. 209 und 210, ist eine Geburt Christi und eine Majestas bei Mureli ausserhalb der Vorstädte Perugia's erwähnt mit der Inschrift: „Tiberius de Assisis p. p. MDXVIII."

[42] s. die Urkunde bei Mariotti a. a. O. 210.

[43] Diese Angabe stammt aus einem Lebensabriss des Dono Doni von Antonio Cristofani, mitgeth. im Archivio stor. Ser. III. N. 40, Okt. 1865. Derselben Mittheilung entnehmen wir, dass Tiberio's Bruder Diosebio ebenfalls Maler war.

[44] Orlando findet sich als Sinibaldo's Genosse in Gubbio erwähnt in einem Rechnungsvermerk (Libro di Amministrazione 1501 bis 1509 S. 91) der Brüderschaft S. Maria de' Laici: ferner ist im Libro delle Reformazioni del Comune di Gubbio 1502—1506 S. 106 Orlando's Bürgerrecht in Gubbio bestätigt. Vgl. auch oben über das Banner in S. Croce Cap. IV. S. 105 und über das Epiphaniasbild im Dom zu Gubbio unter Pinturicchio Cap. VIII. S. 313 und unter Spagna.

[45] Am Rande des verjüngt zulaufenden Thronhimmels über Maria's Kopf die Jahrzahl „AD MCCCCCVII" und seitwärts vom Throne: „Sinibaldus Perusinus pinxit hoc hopus sexto kalendas Octobri". Die beiden knieenden Engel auf Wolken seitwärts vom Thronhimmel sind von peruginesker Empfindsamkeit. Gleiches gilt von dem Sebastian rechts mit dem Pfeil in der Hand; Ubaldus im Bischofsornat ist eine Karrikatur der Gestaltungsweise Manni's. Auf dem Wappen des Thrones die Inschrift: „Hieronymus de ..ntivolus p. p. p̄lo et Madalēu Sōri Suc."

eifert er hier der Vortragsweise Pinturicchio's und Rafaels nach; der Erfolg ist kläglich: sein Christuskind ist hölzern, der Sebastian steht unsicher auf dem Boden, der zweite Heilige ist eine verkümmerte Nachbildung Manni's. An der Malerei treten die geistlosen Umrisse und die dunklen zur Hebung des flachen rothen Fleischtones untauglichen Schattenstriche besonders hervor. — Hiernach ist schwer zu glauben, dass ein Bild der gnadenreichen Jungfrau in der Sammlung des Marchese Ranghiasci zu Gubbio, eine leinene Kirchenfahne, die eine durchaus nicht verächtliche Nachahmung Rafaels zeigt und viel von der Eigenthümlichkeit des Timoteo Viti an sich hat, dem Sinibaldo zugetheilt werden darf.[46] Wenn von ihm, dann ist die Arbeit weitaus das Beste, was er je hervorgebracht hat. Sicherer finden wir ihn in Mittelmässigkeiten wieder, wie der thronenden Madonna mit Kind und Heiligen v. J. 1524, die aus einer Insel im Thrasimenischen See zuletzt in das linke Querschiff von S. Francesca Romana nach Rom gekommen ist[47], und in einem Verkündigungsbilde v. J. 1528, welches eine Zeit lang im Sprechsaal des Notariatsgebäudes zu Perugia hing, dann aber in die Stadtgallerie versetzt worden ist.[48]

Gubbio. Sammlung Ranghiasci.

Rom. S. Francesca Romana.

Perugia. Gall.

[46] Die Engel mit Blumengewinden über Maria (einer davon beschädigt) sind durchaus rafaelisch, einer links, welcher Maria's Mantel hält, erinnert an Spagna, der andere zur Rechten ist zerstört. Im Vordergrunde knieen acht Figuren in weissen Kleidern unter Maria's Mantel. Maria selbst hat ansprechendes rundes Gesicht und auch die Zeichnung des Kindes bewegt sich in guten Bogenlinien. Angeblich ist dies das Banner der Brüderschaft Laici, betreffs dessen eine Urkunde vorhanden ist, wonach Sinibaldo den Auftrag im August 1509 bekommen habe, nachdem er zuvor 1504 bereits eine Kirchenfahne m. der Gnadenreichen Jungfrau einer- und dem Ubaldus andrerseits für die nämliche Brüderschaft gemalt hatte (vgl. im Archive zu Gubbio die Handschrift der Amministrazione della Fraternità di S. M. de Laici 1504—1509, Aug. 1509. S. 91).

[47] Das Bild befand sich anfänglich in S. Secondo auf Isola Palvese, später in S. Antonio Abate in Perugia und wurde 1813 weggeschafft (Mariotti a. a. O. 202, Mezzanotte 282). In S. Francesca Romana hängt es im linken Querschiff hoch über einer Thür; das Bogenfeld mit Gott-Vater, welches dazu gehört hatte, ist nicht mehr dort. Es ist auf Holz in Oel gemalt, die Figur halblebensgr., das Ganze stark gereinigt und ausgebessert. Die Zeichnung ist fehlerhaft, die Farbe unwirksam. Von den 4 Heiligenfiguren an Maria's Seite, unter denen sich auch der Täufer befindet, ist der Kopf desjenigen zu äusserst rechts frisch aufgemalt. Die Jahreszahl auf dem Bilde ist nicht 1532 (wie Passavant I, 520 und Gaye, Kunstblatt 1836 N. 86 angeben), sondern 1524; die ganze Inschrift an der Thronstufe lautet: „Sinibaldus Perusinus pinsit MCCCCCXXIIII."

[48] Die Tafel gelangte in den Besitz des Signor V. Bertelli und ist jetzt in der Stadtgallerie zu Perugia unter N. 160 aufgestellt. Sie ist sehr beschädigt, hat tintenartige Schatten und zeigt (nach Mariotti 203—5, den wir hier in Er-

Nicht so beglaubigt, wenn auch von gleicher Beschaffenheit, sind: die Mad. mit Kind zwischen Petrus, Katharina, Agatha und Paulus in S. Agostino v. J. 1509[49], ein zweites Madonnenbild mit Augustinus und Sebastian (ehemals in der Halle der Brüderschaft von S. Agostino, jetzt in der Stadtgallerie)[50], sowie zwei andere Stücke ebendaselbst[51]; endlich eine thronende Maria zwischen Petrus, Paulus, Franciscus und Bernhardin im Nonnenkloster S. Bernardino zu Orvieto.[52]

Perugia. S. Agost. Gall.

Orvieto, S. Bernard.

Sinibaldo gehörte der Malergilde von Perugia an und war bei der Wahl einer Hundertschaft betheiligt, welche i. J. 1527 stattfand.[53] Sein Name vervollständigt die Reihe der italienischen Künstler in gleicher Weise wie sein Zeitgenosse Berto di Giovanni, welcher laut Steuerregister i. J. 1497 als Hausvater in Perugia erscheint. Im J. 1501 lieferte er mit Fiorenzo und Eusebio Fahnen für die Stadttrompeter und wird in einer Urkunde von 1507 und in anderen von 1511—13 als Genosse des Domenico di Paris Alfani erwähnt.[54] — Als die Nonnen von S. Maria di Monteluce bei Perugia i. J. 1516 einen alten Vertrag mit Rafael über ein Bild der Krönung Maria's erneuten, für welches 120 Ducaten i. J. 1517 bei der Ankunft aus Rom zu zahlen waren, übernahm Berto di Giovanni den Rahmen nebst Sockelbildern dazu für 80 Ducaten zu liefern.[55] Es ist bekannt, dass Rafael

---

mangelung eigener Abschrift anführen) die Inschrift: „Scribarum impensa Sinibaldo Perusino pictore fiebat opus ex archetipo veniens MDXX“, und an der Leiste des Pultes vor Maria die Jahrzahl „MDXXVIII.“

[49] Holz, Oel. An der Thronstufe die Inschrift. „AD M. CCCCCVIIII L. A. S. T.“ (die letzten Buchstaben gleichen denen auf dem Epiphaniasbilde Eusebio's s. oben S. 358). Das Gemälde ist licht und ohne Körperwirkung, sodass es mehr nach Manni oder Eusebio als nach Sinibaldo Ibi aussieht. —

[50] Holz, Oel, ohne Nummer unter Manni's Namen. Auf der sechseckigen Thronschwelle die Jahreszahl: „A. D. MCCCCCX.“ Es ist nicht ohne Verwandtschaft mit Manni's Weise, aber geringer. Maria hat überreizt peruginеske Bewegung, das Kind ist sehr schwer und derb, Sebastian geziert u. hölzern, Augustin hässlich und kurz, die Farbe flach, von bleichgelbem Stich, die Gewänder gewöhnlich.

[51] Gall. Perugia N. 66 der heil. Franciscus (Holz, Oel) von ansprechender, wenn auch flauer Färbung, N. 129 Maria mit K. und zwei Heiligen, kalt, ärmlich und beschädigt.

[52] Holz, Oel, gut erhalten; die Figur kurz, der Kopf rund, die Hauptgruppe an Rafael erinnernd. Das Bild lässt vermuthen, dass Ibi der Maler der Copie von Perugino's Marseiller Altarbilde in der Gall. Castelbarco in Mailand ist.

[53] s. Mariotti a. a. O. 205.

[54] Mariotti 205, 206, 232, 242.

[55] Die Vertragsurkunde bei Bianconi, Opere. Milano 1802 Vol. IV. S. 52, wieder abgedruckt bei Passavant Raf. II, 382 ff.

seine Zusage nicht erfüllen konnte und dass die Nonnen erst i. J. 1525 von Giulio Romano und Penni befriedigt wurden. Wie es scheint, hatten sie jedoch im Verdruss über Rafael's Wortlosigkeit i. J. 1517 einen andern Maler mit der Darstellung des gewünschten Gegenstandes betraut; wenigstens findet sich auf dem Altar
Monteluce. S. Maria. in Monteluce, wo ehemals das Bild des Giulio und Penni gestanden, ein Krönungsbild von ärmlichem Stil mit der Jahreszahl 1517, welches an Sinibaldo Ibi und Manni erinnert[56], die nämliche Handweise hat, wie die Tafel mit dem Evangelisten Johannes in Patmos
Perugia. Gall. nebst mehreren Staffelbildern (aus S. Giuliana) in der Stadtgallerie zu Perugia, nur dass hier die Nebendarstellungen von späterer Entstehung scheinen als das Hauptbild.[57] — Als aber die Krönung Maria's i. J. 1525 aus Rom in Monteluce ankam, scheint die zugehörige Staffel (enthaltend Geburt, Darstellung im Tempel, Verlobung und Tod der Jungfrau) dem erwähnten Vertrage gemäss von Berto geliefert worden zu sein. Sie hat ebenfalls die Jahrzahl 1525 und ähnelt einer Arbeit der späteren rafaelischen Weise, hat rothbraunen Ton mit kräftigen Schatten, sodass sie auf die Hand eines Malers deutet, der in ähnlichem Verhältniss zu Rafael gestanden hat, wie wir es von Bagnacavallo wissen. Auffällig ist nur ihre Uebereinstimmung mit der Staffel auf dem erwähnten Johannesbilde aus S. Giuliana in Perugia. Lässt sich annehmen, dass der Maler jenes Johannes in Patmos und des Krönungsbildes von 1517, der damals den Ibi und Manni nachahmte, in der Zwischenzeit bis 1520 zu der so viel lebhafteren rafaelischen Auffassung fortgeschritten ist? Von Werth ist jedenfalls, noch zu erwähnen,
Neapel. Gall. dass sich in der Gallerie zu Neapel eine gekrönte Maria mit

---

[56] Maria sitzt auf hohem Throne, zu den Seiten Joh. d. Täufer, Petrus, Augustin (?) und Paulus, vorn knieend Hieronymus und Franciscus; an der Thronstufe die Jahrzahl: AD. M. DXVII die XXV Julii." Die Gestalten sind unerfreulich, die plastische Wirkung schlecht, die Zeichnung von mechanischer Genauigkeit, aber fehlerhaft; die Farbe hart hellroth mit grauen Schatten, der Stil deutet auf Manni und Ibi. Mezzanotte a. a. O. 252 schreibt das Bild dem Domenico Alfani zu.

[57] Perugia Gall. N. 16, Holz, Oel, im Bogenfeld oberhalb Gott-Vater, Farbenauftrag dünn und in Einem Strich. Johannes verzerrt und schlecht gezeichnet. Die Zeichnung zu dieser Figur, von derselben Hand wie das Bild, befindet sich in der königl. Gallerie zu Stockholm unter dem Namen Rafaels (aus der Sammlung Crozat).

Gott-Vater[58], anscheinend Bruchstücke einer Altartafel befindet, welche der Ausführung nach dem Krönungsbilde von 1517 in Monteluce entsprechen. — Im Ganzen lässt sich sonach wenig Stichhaltiges über Berto di Giovanni beibringen. Die einzige sichere Kunde über sein Leben und seine Thätigkeit besteht in den erwähnten Aufträgen für die Stadtbehörde von Perugia aus d. J. 1520 und in der Zunftmatrikel dieser Stadt[59]; denn sein Antheil an den Freskostücken der Gallerie Connestabile in Perugia, die neuerdings dem Perugino ab- und dem Berto zugesprochen worden sind, ist wenigstens nicht urkundlich beglaubigt.[60] Sein Sohn Geronimo war ebenfalls seit 1523 bis zu seinem Tode 1543 in seiner Heimath als Maler zünftig.[61] —

Perugino's und Pinturicchio's Einfluss beschränkt sich aber keineswegs auf die engeren Landsleute. Wir finden ihn nicht minder deutlich auch in weiterem Umkreise verbreitet. So in Città di Castello, wo uns in Francesco Thifernate ein unbedeutender Umbrier begegnet, dessen fettaufgetragene Farben und schwache Uebermalungen einen Stich in's Rothe beibehalten, während die ebenfalls rothen Umrisse gebrochen und kantig erscheinen, sodass man ihn den mittelmässigen Vertretern der Schule anzureihen hat, von denen wir soeben den Sinibaldo Ibi kennen gelernt haben. Auf seinem Verkündigungsbilde in S. Domenico[62] Città di Cast. S. Domen. erscheinen die Gestalten noch gestreckter und noch schwülstiger aufgeputzt als bei jenem. Eine Darstellung desselben Gegenstandes in der Domsacristei[63], ein Altarstück in der Klosterkirche Tutti

[58] Neapel Mus. N. 284, Gott-Vater in der Glorie von Strahlen und 4 Seraphim mit einer Krone in der Hand (Holz, Oel, lebensgr.), hölzern in der Form u. von harter Farbe. Ferner ohne Nr.: Maria ebenfalls mit der Krone in der Hand, Halbfig. Beide Bilder von einem Schüler Perugino's, stilgleich mit dem Johannes und dem Krönungsbild von Monteluce von 1517.

[59] Mariotti a. a. O. 207.

[60] Nach der Bezeichnung Ruhlands in seinem Katalog der Sammlung Connestabile, vgl. o. Cap. VII. S. 258.

[61] S. Orsini, Perugino S. 294, Anm.

[62] Im Chor der Kirche. Holz, Oel, Figuren fast lebensgr. Vorn am Fussboden die Inschrift: „Franciscus Thifer." Maria's Haltung ist gedehnt, ihr mit seltsamen Flechten gezierter Kopf ist dünn und schmal, die Hände haben die bekannte umbrische Gezwungenheit. Die fliegenden Engel des ersten Stücks sind mager von Gesicht, die Cherubköpfe rund.

[63] Holz. Oel, Fig. halblebensgr, schadhaft. Der Vorgang begibt sich im Innern eines Hauses; in den Fig. herrscht grosse Aufregung, in der Formgebung sind sie ohne Erfolg den frühen Arbeiten Rafaels nachgeahmt; die Gesichter haben eine Neigung zu Signorelli's Ausdruck.

Città di Cast.

Santi (Verlobung Katharina's: Mad. m. Kind zwischen Augustin, Katharina, Franciscus und Nicolaus, oberhalb im Bogenfeld die Verkündigung)[64], sowie eine Madonna mit dem Verkündigungsengel im Besitze des Signor Mancini[65] — sämmtlich in Città di Castello — bekunden wenigstens die Anstrengung des Malers, den perugineskeu Grundzug mit dem Reiz der Jugendwerke Rafael's in Verbindung zu bringen, was jedoch nicht hindert, dass man hier und da auch an Signorelli erinnert wird. —

Ein weit anziehenderer und geschickterer Maler aus diesem Kreise ist Gerino von Pistoia. Er war in einer umbrischen Werkstatt gebildet und hatte sich eine dem Perugino sehr verwandte Vortragsweise angeeignet. Vasari schildert seine Art ganz zutreffend, indem er ihn als Freund Pinturicchio's, als fleissigen Coloristen und Nachfolger Perugino's bezeichnet.[66] Schon sein

B. S. Sepolcro. S. Agostino.

Bild der gnadenreichen Jungfrau in S. Agostino zu Borgo S. Sepolcro[67] v. J. 1502 weist ihn in Hinsicht auf den Figurenbau, die Zeichnung und die Farbe als wackeren Nachahmer seines Meisters aus. Dass Gerino's Begabung damals bei seinen Landsleuten gebührend geschätzt worden ist, beweisen Ueberbleibsel von Wandgemälden, die von gleichzeitiger Entstehung scheinen; einige davon (darstellend die heil. Barbara mit dem Thurm u. m. a. Einzelfiguren) finden sich in einem Durchgange nach der Sacristei der

C. di Castello Pieve.

Pieve[68], andere, welche jedoch augenfällig den Einwirkungen der

---

[64] Hier hat Gabriel perugineske Haltung, während anderwärts wieder die misglückte Anlehnung an Rafael bemerkbar ist. Die Umrisse sind hart, die Farbe trocken, aber die Sorgfalt der Ausführung, besonders in den Haarpartien, lässt das Bild des Timoteo Viti nicht unwürdig erscheinen.

[65] Tafelbild, Oel, von Einigen dem Signorelli zugeschrieben; vgl. o. Cap. I. S. 34; es ist auch als Bestandtheil von Rafaels Kreuzigung in Dudley House angesehen worden, dann ist es jedoch jedenfalls von anderer Hand.

[66] Vas. V. 276.

[67] Leinwandbild, lebensgr. Figur., der Gegenstand in herkömmlicher Weise behandelt: Maria stehend rettet ein Kind, dessen Mutter links im Gebet kniet, vor den Klauen Satans und bedroht den bösen Geist mit einem Stecken. Die Fleischfarbe des Kindes ist durch die Zeit ausgeblichen, sodass die Zeichnung blossliegt, aber es ist keine Uebermalung zu bemerken. Am Rande die Inschr.: „Hoc opus pisit Gerinus pistoriensis MCCCCCII."

[68] Vas. V, 276 erwähnt sie ohne Bez. der Gegenstände. Auf dem ersten Stück bemerkt man neben Barbara im Vordergrunde eine Heilige mit Schwert, das andere Stück enthält einen heil. Kardinal und einen Mönch in weissem Gewande. Das Tafelbild in Oel, darst. die Beschneidung, welches Vasari in der Compagnia del buon Gesù in Borgo S. Sepolcro kannte, ist abhanden gekommen.

Zeit erliegen, in einem Tabernakel zu Fonte Secca di Borgo (M. m. Kind stehend zwischen Sebastian und Rochus).[69] Die erste dieser Arbeiten lässt einen recht tüchtigen, warmer Farbenwirkung fähigen Maler erkennen, der dem Perugino näher steht als dem Pinturicchio, und das Tabernakelbild stellt vermöge der schönen Umrisse seiner Figuren die Fähigkeit Gerino's zur Nachbildung Rafaels und Perugino's in gutes Licht. Man kann ihn auf Grund dieser Leistungen als einen Peruginesken zweiten Ranges bezeichnen, der über Manni und Eusebio, jedoch unter Spagna steht. Fonte Secca.

Im Jahre 1505 finden wir ihn am Dome seiner Vaterstadt beschäftigt[70] und 1509 lieferte er für die benachbarte Kirche S. Pietro Maggiore das noch heute dort befindliche Altarbild der Madonna mit Heiligen:

Maria sitzt, das nackte Kind aufrechtstehend in ihrem Schoosse, unter einem dem Pinturicchio nachgebildeten Thronhimmel; links steht neben Petrus eine Jünglingsgestalt in Waffen, rechts Paulus mit Johannes d. T. (fast lebensgr. Figuren). Die Staffel enthält Christus unter den 12 Aposteln. Auf einem Zettel an der Thronstufe steht: „Hoc opus fecit Gerinus Pistoriesis MCCCCCVIIII."[71] Città di Cast. S. Pietro M.

Die Zeit, welche zwischen Ausführung dieses Bildes und dem Aufenthalte Gerino's in der Werkstatt des Perugino liegt, ist nicht ohne Einfluss auf seine Entwickelung geblieben. Auffällig ist die grössere Wucht und Breite der Köpfe, die kleinere Bildung der Gesichtszüge, die unbedeutendere Gewandbehandlung. Wenn sich aber hierin Annäherung an Pinturicchio ausspricht, so tritt andrerseits in der Zeichnung und in der gediegenen Mischung fetter

[69] Vor Porta Nuova in Borgo S. Sepolcro. Vielleicht ist dieses Tabernakel dasselbe, welches Vasari V, 276 „Sulla strada che va ad Anghiari" nennt.

[70] Gualandi, Memorie Ser. VI, S. 35 gibt den Zahlungsvermerk für eine Figur des heil. Zeno oberhalb des Domthores an der Thurmseite unterm 18. August 1505.

[71] Der ritterliche Heilige hat runden peruginesken Kopf, ähnlich auch die Hauptfigur und Paulus; das Gesicht des Petrus ist klein und spitz (durch alte Ausbesserung verändert), das Gleichgewicht zwischen Licht und Schatten ist mangelhaft. Das Bild hat neuerdings Reinigung erfahren, jedoch seinen alten vergoldeten Rahmen behalten. — Als stilverwandt ist das Tafelbild in der Gall. Sergei Stroganoff in Petersburg hier zu erwähnen, welches für Perugino gilt (bei Waagen, Ermitage S. 409, Tim. Viti?), s. oben Cap. VII. S. 266, wo zu lesen ist Z. 6 v. o.: „Eusebio di S. Giorgio oder Gerino da Pistoia."

und saftiger Farbentöne das Studium der frührafaelischen Werke deutlich hervor. Die hier bemerkbare Verbindung von Zügen des Perugino, Pinturicchio und Rafael wird am augenfälligsten in

Florenz. S. Onofrio.

dem Abendmahl zu S. Onofrio in Florenz, welches von den verschiedenen Forschern meist dem Perugino und dem Rafael zugetheilt worden ist; wir halten für wahrscheinlich, dass unter anderen Schülern des erstgenannten Meisters auch Gerino Antheil hat, wie schon oben angedeutet worden ist.[72] In der That bieten sich sehr ähnliche Züge auf seinen Wandgemälden in dem Kloster S. Lucchese bei Poggibonsi dar, wo er i. J. 1513 arbeitete:

Poggibonsi. S. Lucchese.

Im ehemaligen Refectorium daselbst sieht man in dem einen Bogen in einer Landschaft Christus inmitten der Apostel, von welchen er Einen, der vor ihm kniet, emporrichtet (Fig. unter Lebensgr.); in einem zweiten ist das Wunder der Fische und Brode dargestellt, und auf einem Fries, welcher die Madonna m. Kind und den heil. Franciscus enthält, steht die Inschrift: „Hoc opus pinsit Gerinus Pistoriensis 1513."[73]

Es sind schnell hingeworfene Malereien von derber Farbe und geistloser Zeichnung, sodass sie, wenn auch noch immer peruginesk, doch bereits den Verfall ins Gewohnheitsmässige und Leichtfertige verrathen. In späteren Jahren nimmt diese Schwäche

Pistoia. S. Paolo.

nicht ab. Die Fresken in S. Paolo v. J. 1520 (die Heil. Agatha und Eulalia) und eine Krönung der Jungfrau im ersten Stockwerk

Pal. Comun.

des Palazzo della Communità in Pistoia[74] haben mehr florentinisches

---

[72] vgl. Cap. VII. S. 260.

[73] Das Refectorium ist jetzt zum Vorrathsraum entwürdigt; die übrigen Gemälde in demselben sind sehr schadhaft. — In der Kirche der Festung S. Lucchese, auf einem Altar rechts befindet sich ein Tafelbild in Tempera (Noli me tangere mit Gott-Vater in runder Glorie darüber und auf dem Rande in Rundfeldern die Heil. Franciscus u. Antonius Abbas), an mehreren Stellen abgeblättert. Es erinnert einigermaassen an Lorenzo di Credi, doch wird es von Gerino oder einem seiner Schüler herrühren.

[74] Die beiden weibl. Heiligen (wenig unter Lebensgr.) haben stumpfen rothen Fleischton; die Stifter-Inschrift besagt: „Jacopo di Cristofano Donzello de Signioria a fatto fare questo altaro per sua devotione 1520." Der Figurenbau ist dünner als sonst, die Behandlung wie die des nächst zu erwähnenden Bildes in den Uffizien zu Florenz. Auf dem Bilde der Krönung Maria's sind dieselben heil. Frauen im Vordergrunde knieend angebracht. — Ein vor Kurzem aufgedecktes Fresko in S. Andrea zu Pistoia (an einem der Altäre rechts, bisher theilweise von einem modernen Leinwandbilde verhüllt) ist sehr übermalt, hat aber Aehnlichkeit mit Gerino; es enthält Christus am Kreuz mit vielen Heiligen, oberhalb im Bogenfelde die Auferstehung. — Tolomei, Guida S. 93 u. Tigri, Guida S. 217 verzeichnen auch ein Leinwandbild mit der Jahrzahl: „MD" (darstell. den heil. Jacobus) in S. Maria dell' Umiltà als Gerino's Werk.

als perugineskes Aussehen, sind aber schwache Machwerke, denen auch der früher anerkannte Reiz saftiger Farbenwirkung fehlt. Noch tiefer an künstlerischem Werthe steht seine Madonna mit Heiligen v. J. 1529, jetzt in der Gallerie der Uffizien in Florenz.[75] Florenz. Uffiz. Hier ist der perugineske Hauch bis zur Unkenntlichkeit entwichen und die Färbung ist so grau und stumpf geworden, dass man kaum begreift, wie ein solches Bild aus den Händen desselben Malers hervorgehen konnte, der einige zwanzig Jahre früher (1502) so Treffliches geleistet hatte. Gerino ist ein bedenkliches Beispiel der allmähligen Verflachung, der ein Künstler von solchen Gaben verfallen konnte, wenn ihn der Ehrgeiz verliess und der erzieherische Einfluss täglicher Berührung mit grossen Meistern aufhörte.

In Battista von Faenza oder Bertucci[76], wie er gewöhnlich genannt wird, haben wir einen Maler, dem zwar der Farbensinn des Gerino abgeht, der aber doch in gewissem Grade unter Perugino's und Pinturicchio's Einfluss stand. Sein Name begegnet in zahlreichen gleichzeitigen Urkunden gewöhnlich als „Johannes Baptista olim Michaelis de Bertuccio“ und das älteste derartige Zeugniss über ihn ist der Lieferungsvertrag für das ehemals auf dem Hochaltare zu S. Antonio in Faenza aufgestellte Bild. Es enthielt die Madonna mit dem Kinde und Hieronymus, mit einer Pietà oberhalb und den Gestalten des Täufers und des heil. Franz in der Staffel und wurde am 29. Mai 1503 fertig gestellt. Das nächstälteste Beweisstück seiner Thätigkeit ist eine Maria in Herrlichkeit, welche ursprünglich für Sant' Ippolito gemalt, jetzt in die Stadtgallerie von Faenza übergegangen ist und Faenza. Gall. die Jahreszahl 1506 trägt. — Bertucci war ausserhalb seiner Vaterstadt nicht gesucht, hier aber erfreute er sich ausgedehnter Thätigkeit in allen Fächern seiner Kunst. Der bedeutendste Auftrag,

[75] Uffiz. N. 11. Holz, lebensgr. (ursprünglich im Convento di Sala zu Pistoia, ausgetauscht gegen ein Bild von Rossini, vgl. Tolomei a. a. O. 176), darst. Maria m. Kind zwischen Jacobus, Cosmus und Magdalena, Katharina, Rochus u. Dominicus; am Thron die Inschr.: „GERINVS ANTONII DE PISTORIO PINSIT MDXXIX.“ Hier ist einige Verwandtschaft mit Fra Paolino von Pistoia und dem frühperuginesken Charakter bemerkbar.

[76] Giovanni Battista ist nicht mit einem späteren Maler gleiches Namens zu verwechseln, von welchem Bottari, Lett. pitt. VII. 98 u. 104 spricht.

von welchem wir wissen, ist eine ungefähr in das Jahr 1510 gehörige in Gemeinschaft mit anderen Künstlern des Ortes ausgeführte Freskoarbeit in der Bibliothek des Dominikanerklosters, und eine zweite v. J. 1511 in der Kirche der Bruderschaft von S. Maria delle Grazie. Keins dieser Werke ist auf uns gekommen.[77] Nach dem, was wir sonst von ihm kennen, erbte Bertucci einerseits im technischen Verfahren die stumpfe Farbe und die Herbheit Palmezzano's, aber andrerseits hielt er sich in seinem Stile an die Umbrier. Er vertrat sonach eine Mischrichtung, welche mit den Arbeiten andrer unbekannter faentinischer Maler zusammenstimmt.[78] Das früheste Erzeugniss dieser Schule, eine thronende Maria mit Kind zwischen zwei knieenden Heiligen in der Gallerie zu Faenza, ist eine Zusammenstellung ärmlicher trockener Figuren mit bleichem, graubraunem Fleischton[79] von einem Vorläufer des Bertucci; ein zweites, die Geburt Christi mit Heiligen, im Hintergrund die Flucht nach Egypten[80] ebenda, ist von gleicher Sorgfalt der Behandlung, aber auch von ebenso dürftigen Formen und von derselben Färbung wie das vorgenannte, nur mit einem peruginesken Anflug in den Gesichtern. Es folgt eine Anbetung der Könige, welche sich der Weise Bertucci's mehr nähert und mit zwei in Fresko ausgeführten Heiligen in der Servitenkirche auf gleicher Stufe steht[81]; diese sind bei aller Hagerkeit und Schwäche doch nicht ohne würdige Haltung und zeigen ein Gemisch von florentinischem und umbrischem Charakter. Zwei aus dem Refectorium in den Kreuzgang der Michelline übertragene

Faenza. Gall.

Faenza. S.M. de'Servi.

Faenza. Michelline.

[77] Bertucci's Testament ist v. J. 1516 u. er wird damals als „corpore languens" bezeichnet; vgl. die Urkunden in „Dei Pittori e degli artisti Faentini de'secoli XV e XVI, Ricordi di Gian Marcello Valgimigli". 8°. Faenza 1869, S. 17—23. Valgimigli erwähnt noch eine aus S. Caterina zu Faenza stammende, jetzt in Privatbesitz der H. Fratelli Guidi daselbst vorhandene Lünette mit der Krönung Maria's.

[78] Ueber diese vgl. das Verzeichniss im Calendario Faentino.

[79] Holz. Fig. 1/3 Lebensgr.

[80] Unter Bertucci's Werken; Holz, Oel. Sehr schadhaft und in den Gewandpartien theilweise erneut: das Kind liegt am Boden mit dem jungen Johannes zur Seite, zu Haupt und Füssen Maria und Joseph in Anbetung; links und rechts Hieronymus, Johannes und Bernhardin. Unten ist ein Stück angesetzt.

[81] Die beiden Heiligenfiguren (Beato Enea mit Kreuz, Lilie und Buch und Beato Giacomo Bertoni mit gefalteten Händen, beide im Ordenskleid, lebensgr., mit dünnen Hälsen und Händen) befinden sich in Nischen mit Muscheldecken in der Sacristei.

stattliche Wandgemälde (Christus auf dem Wege nach Golgatha und die Trauer an seinem Leichnam) haben umbrisch peruginischen Stil, sind aber trotz der dünnen Bildung der Gestalten nicht ohne Lebendigkeit in Gesichts- und Geberdenausdruck.[82] Sie haben Kunstverwandtschaft mit Gerino und sind möglicherweise von Bertucci's Hand. Als Werke der gleichen Schule sind endlich zwei Bilder in der Stadtgallerie zu Forli[83] und in der Gallerie Borghese in Rom[84] anzuführen. — Die erste beglaubigte Arbeit Bertucci's ist eine „Majestät" mit der Jahreszahl 1506 in der Stadtgallerie zu Faenza: Forli. Gall. Rom. Gall. Borgh.

Im Bogenfeld Gott-Vater, sein Licht auf einen Porticus ergiessend, in dessen Bögen zwei Engel von der umbrischen Bildung des Perugino und Pinturicchio die Krone über Maria's Haupte halten. Sie steht mit dem Kinde im Arm, das Kleid von einem Engelpaar gehalten, und vor ihr sieht man zwei Knaben von schmächtigem Körperbau, jeden mit einem Fuss auf die zu ihr hinanführende Stufe tretend; der Eine (links) blickt mit gekreuzten Händen empor, der Andere spielt die Mandoline. Auf einem Zettel die Inschrift: „Joãnes Baptista de Favētia pisit ano domini 1506."[85] Faenza. Gall.

Bemerkenswerth sind die dünnen eingedrückten Umrisse, die Länge und Magerkeit der mit stark überwiegendem Kopfe versehenen Figuren, der harte Bruch der Falten und die rothen Fleischtöne. Die eigenthümliche Härte der Schule von Forli spricht sich sodann noch in zwei Tafelbildern mit Heiligenpaaren (Hippolyt und Romuald, Benedict und Lorenz)[86], einem Johannes in der Wüste[87] und einer Magdalena in Landschaft[88] aus, welche, derselben Gallerie angehörig, durch ihre blöde, rauhe Farbe mit kalter Schattirung an Palmezzano erinnern, während die Zeichnung Faenza. Gall.

[82] Die Gestalten dieser Bruchstücke sind 1/4 lebensgr.

[83] Halbfig. der Mad. m. Kind, einem Giovanni Battista de Rusitis zugeschrieben, von welchem angeblich noch Werke mit Namenszeichnung vorhanden sind.

[84] Zimmer I. N. 34: Mad. m. Kind, dem Perugino zugeschrieben, jedoch wahrscheinlich von Bertucci.

[85] Das Altarbild ist 6' 2" h., 3' 8 1/2" breit.

[86] Gr. 4' 4" zu 1' 9". Die Farbe hat starkes Impasto ohne Lasuren, gleich den Malereien des Panetti von Ferrara.

[87] Gr. 3' 7 1/2" zu 1' 10"; Bewegung, Haltung und Gewänder genau wie bei Pinturicchio.

[88] Gr. 3' 7 1/2" zu 1' 10". — Ein Bruchstück in derselben Gall. (Holz, Rundbild der Mad. m. Kind) ist von einem faentinischen Maler, welcher den Pinturicchio und Spagna sowie die Jugendwerke Rafaels zum Muster nimmt.

der Formen und Gewänder eine Verbindung umbrischer Eigenthümlichkeiten mit dem eckigen Vortrag des Cotignola aufweist.

Auf Grund solcher Anhaltepunkte glauben wir die dem Pinturicchio zugeschriebene „Anbetung der Könige" im berliner Museum[89] und eine Maria in Herrlichkeit in der Nationalgallerie zu London keinem Andern als dem Bertucci zutheilen zu sollen:

Berlin. Museum. Das berliner Bild zeigt den Einen der Könige in Huldigung vor dem Kinde knieend, während die Anderen mit ihren Geschenken warten; weiter zurück das Gefolge, im Vordergrunde das Bild des knieenden Stifters; im Hintergrunde der Tross der Könige, der auf verschiedenen Wegen zusammentrifft.

London. Nat.-Gall. Das Gemälde der Nat.-Gall. enthält Maria auf Wolken sitzend, in der Linken einen Lilienstengel, mit der Rechten das stracks aufrecht in ihrem Schoosse stehende nackte Kind haltend. Beide blicken mit freundlich geneigten Köpfen den Beschauer an, während Kinderengel oberhalb die Krone tragen, andere seitwärts als Kerzenträger, noch andere als Fussschemel Maria's dienen; von den letzteren scheint einer den Takt zu der Musik zu schlagen, welche zwei unterhalb auf Bänken in getäfeltem Mosaikboden sitzende Knaben mit Viola und Hirtenflöte hervorbringen, und von welchen der zur Linken staunend empor, der Andere sinnig aus dem Bilde schaut. Im Hintergrunde unten Landschaft mit einzelnen Baumgruppen, Bergland und einer Kirche.[90]

Beide Gemälde schliessen sich in der Art der Zeichnung, im Faltenwurf, Stimmung des Localtones und Ausführung dem Madonnenbilde Bertucci's v. J. 1506 genau an. Die Anbetung erinnert in Gruppirung und Zeichnung lebhaft an Pinturicchio's Arbeiten in Siena, die londoner Madonna, das werthvollere von Beiden, hat Verwandtschaft mit dem Altarbilde desselben Meisters v. J. 1508 in S. Andrea zu Spello, während die beiden musicirenden Knaben in der Auffassung ganz denjenigen entsprechen, welche Bertucci auf seinem Bilde von 1506 angebracht hat. Die glasigen, harten Töne gehören der faentinischen Localkunst an, welche sich Pin-

[89] Berlin, Museum N. 132 (Holz, Oel, h. 6' 10", br. 6, 4½"; aus der Samml. Solly); ursprünglich im Auftrag der Familie Manzolini für S. Caterina in Faenza gemalt, s. Vermiglioli, Pintur. 28.

[90] London, Nat.-Gall. N. 282, Holz h. 5' 10", br. 2' 7¼", oben abgerundet, aus der Sammlung des Lord Oxford zu Wolverton. Es befand sich eine Zeit lang in der Samml. Ercolani zu Bologna.

turicchio und Spagna zum Muster nimmt, ohne doch den Palmezzano vergessen zu können. —

---

Die Ausläufer der peruginischen Kunst beschränkten sich aber nicht blos auf Umbrien und die Marken, sondern erstrecken sich südwärts bis nach Neapel, im Norden bis an die Alpen. Im Refectorium von S. Maria Nuova in Neapel finden wir eine ganze Reihe Wandgemälde eines als Zeichner und Colorist schwach begabten Umbriers, den man seltsamer Weise mit den Donzelli zusammengeworfen hat:

Im Bogenfelde Maria von Engeln umgeben die Krone von ihrem Sohn empfangend; auf einem tieferen Streifen Madonna mit dem Kind in Gegenwart zahlreichen Volks von den Königen verehrt; an den Seiten der Hauptgruppe knieend und stehend Heilige des Franziskanerordens, darunter links Franciscus, Bernhardin und Antonius v. Padua, rechts Bonaventura. Noch tiefer die Verkündigung und die Geburt links und rechts von einer Thüre.[91] Neapel. S. M. Nuova.

In der Art der Anordnung dem Pinturicchio ähnlich und in der Behandlung roh, trotz dem Tiberio d' Assisi, ist das Werk dennoch von keinem der Beiden. Dieselbe Hand, jedenfalls die eines nahverwandten Malers, begegnet auf einem noch flüchtiger und ungeschickter ausgeführten Altarstück in einer Kapelle der Klosterkirche von Liveri bei Nola. Hier haben wir eine Pietà, Liveri. Klosterk. die Anbetung der Könige und zahlreiche Rundbilder darunter (Christus zwischen den Heil. Guarinus und Petrus, Paulus und Bernhard); etliche Figuren scheinen Wiederholungen des Bildes in Neapel, die Art der Zeichnung und die Färbung sind dieselben, eher noch mangelhafter. Was diese Machwerke zum Gegenstand der Aufmerksamkeit erhebt, ist die im Vordergrunde rechts auf einem Cartellino angebrachte Inschrift: „Magister Franciscus T.l.....us pinsit M. D. XXV. L.“ Die Frage entsteht, ist

---

[91] Schadhaft: das Bild der Anbetung theilweis abgeblättert, das Gewand des knieenden Königs übermalt; auch das Bild der Geburt senkrecht gesprungen. Dominici, Vite de' pitt. Napoletani, entdeckt im dritten König das Bildniss Alfons des II! Gepräge und Form der schmächtigen Figuren ist hässlich, die Umrisse hart, die Farbe braun-roth und düster.

Franciscus Werkmeister des Bildes in dem Sinne, dass er es mit Hilfe seiner Gesellen ausführte, oder hat er selbst als Geselle eines Meisters gearbeitet, der von Herkunft Umbrier war? Im ersteren Falle könnte er dann die Fresken in S. Maria Nuova eigenhändig gemalt haben.[92] Das erwähnte Altarstück zu Liveri ist aber nicht vereinzelt.

Liveri b. Nola. In derselben Kirche finden wir noch eine Madonna m. K., welchem der kleine Johannes Kirschen reicht, darüber zwei Engel mit der Krone, rechts und links Antonius und Barbara; oberhalb im Rundfeld den Gekreuzigten mit Maria und Johannes und 8 Darstellungen aus dem Leben der heil. Barbara in der Staffel; auf dem Zettel am Fuss der Mitteltafel die Inschrift: „Dspum a franco. Tollentinate factu posuit simulacrum ab ĩmanato Deo 1530."[93] — Ferner ein zweites Madonnenbild mit Benedict und Hieronymus, im Bogenfeld die Auferstehung[94], in der Staffel Apostelfiguren und auf den Randsäulen derselben die Inschrift: „Jacopo Pastore de Montefusculo pinxit año dñi M. CCCCXLIIII." — Ein drittes endlich von gleicher Gestalt mit Zacharias und Elisabeth, umgeben von Johannes d. Täufer und dem heil. Jacobus von Compostella, oben die Verkündigung, unten Geburt, Auferstehung, Anbetung (diese Stücke fast gänzlich zerstört).

Der Stil der beiden letzten Bilder ist plumpe Nachbildung des Francesco von Tolentino, deutet aber auf umbrische Herkunft, und auf eine Rangstufe, auf welcher wir bereits den Giovanni da Monte Rubiano angetroffen haben. An der Spitze dieser Zunft steht Vincenzo Pagani da Monte Rubiano, welchem eine fälschlich dem Crivelli zugeschobene perugineske Heiligenfamilie mit zahlreichen Nebenbildern und Figuren in Monte S. Pietrangeli. S. Francesco zu Monte Santo Pietrangeli bei Fermo[95] angehören

[92] Der zweite und dritte König sind der Erscheinung nach dem neapolitanischen Fresko ähnlich, die Farbe ist stumpf wie dort, Licht u. Schatten sind strichweis aufgetragen u. beweisen wenig Uebung im Oelverfahren, die Umrisse sind schwarz. Die Zeichnung ist jedoch noch ärmlicher als auf dem Gemälde in S. M. Nuova.

[93] Das Altarstück ist grösstentheils übermalt.

[94] Dieses Stück sehr schadhaft.

[95] Es ist ein Altarstück in versch. Reihen: Inmitten Maria mit dem Kinde zwischen Antonius von Padua, Petrus, Franciscus und Sebastian; oben die Pietà mit Laurentius, einem Bischof, Bernhardin und Katharina; in Rundfeldern des Aufsatzes Gott-Vater zwischen vier Heiligen; in der Staffel Christus zwischen den 12 Aposteln (Holz, Oel). Erinnert in Figurengepräge an Eusebio und ist von gleicher Beschaffenheit mit Pagani's beglaubigten Bildern v. 1507 in Pausola und von 1529 in Sarnano, auch gleich anderen im Dome u. in S. Giovanni. u. Wandbildern in S. Liberata zu Macerata, endlich einem Bilde in der Minoritenkirche S. Francesco zu Massa. Die Autorschaft Crivelli's behauptet Ricci (Pittori etc. delle Marche I. S. 210).

wird, und neben ihm Cola dell' Amatrice, ein schwacher Nachahmer Rafaels und Michel-Angelo's. —

Als einen schlechtbegabten mittelbaren Schüler Perugino's im Norden lernen wir den Franciscus Verlas von Vicenza kennen, von welchem ein Madonnenbild v. J. 1511 in der Brera zu Mailand hängt.[96] Es fehlt ihm ganz an Empfindung und Leben; nur in seinen Engelsfiguren klingt etwas vom umbrischen Meister nach, während Maria und Kind den späteren Nachfolgern des Mantegna ähneln. Noch etwas perugineskér ist seine „Verlobung Katharina's" v. J. 1512 in der Hospitalkirche zu Schio bei Vicenza[97], die Gott-Vaterfigur recht hübsch nachgeahmt, obwohl flach, die Kindergestalten in der schwülstigen umbrischen Weise des Gerino von Pistoia gezeichnet. (Die Kirche scheint übrigens fast durchweg mit Fresken von derselben Hand geschmückt.[98]) Ein weiteres Beweisstück von dem geringen Geschick des Verlas in der Nachahmung Perugino's ist seine Madonna mit Heiligen von 1517 in der Pfarrkirche von Sarcedo bei Thiene im Gebiet von Vicenza.[99]

Mailand. Brera.

Schio. Hospitalk.

Sarcedo. Pfarrk.

[96] N. 231 bez. „Franciscus Verlas MDXI" (Leinw. von kaltem, düsterem Tone).

[97] Altarb. Oel auf Leinwand, sehr schadhaft, am Thron die Inschrift: „Franciscus Verlus de Vicentia pinxit die XX. Junii MDXII." Maria sitzt auf einem mit Fruchtschnüren geschmückten Throne, links Katharina mit Lucia u. einer anderen Heiligen, rechts Joseph mit einem Kinde, welches den Saum seines Kleides hält und Joh. d. T.; oben Gott-Vater mit zwei Engeln. Auf Pilastern u. Rändern Muster u. Figurenschmuck. Maria u. Katharina haben Rundköpfe, Formen u. Gewänder sind umbrisch.

[98] Die eine Seite des Langhauses enthält in Holzrahmen eine Anzahl Darstellungen aus Heiligenlegenden und eine mit singenden Kindern. Unter diesen sind elf männliche u. weibliche Halbfig. Heiliger in Rundfeldern angebracht. Ueber dem Tribunenbogen Christus segnend mit Johannes und Jacobus. An der andern Seite des Schiffes eine Fortsetzung der Darstellungen ähnlich den gegenüber liegenden. Alles in der Manier des Verlas; nicht mit ihm zu verwechseln das Leinwandbild der Maria m. d. K. zwischen Heiligen in Tempera, welches einem Localkünstler aus dem Ende des 15. Jahrh. angehört. Als andere locale Erzeugnisse sind bei dieser Gelegenheit zu erwähnen: In S. Giorgio bei Velo (nächst Schio) Fresken der Kreuzigung, Geburt u. Auferstehung, ein heil. Georg mit dem Drachen und die 4 Evangel. an der Decke, Malereien von gleich schwächlicher Art wie ein Altarbild (Maria mit K. zwischen Georg, Antonius Abbas, Blasius u. Martin) mit der Inschrift: „Hoc opus fecit fieri Bonencontras Dam. Dñi Andree di Pisne de Vello. de mẽse septembris MCCCC otavo" (1408); Alles sehr schadhaft.

[99] Maria, der zwei Engel aufwarten, ist von Cherubköpfen umschlossen, ihr Gesicht rund und derb. Die Heiligen sind (von links nach rechts) Christoph mit dem Kinde auf dem Rücken (trocken, hager und abstossend), Hieronymus fast wie eine genaue Copie Perugino's, Rochus und Sebastian (Fuss frisch). Auf dem Cartellino der Thronstufe: „Franciscus Verlus de Vicentia pinxit 1517", in den oberen Seitentheilen die Verkündigungsfiguren auf Goldgrund (Leinw. Oel). Der

Hierher zählen wir dann als gleich charakteristisch, wenn auch nicht ausdrücklich beglaubigt, ein Madonnenbild in der Kirche
Velo b. Thiene. zu Velo bei Thiene, dessen Zeichnung nach einem Carton Perugino's genommen und dessen Kinderfiguren am Fusse des Thrones von der heiligen Familie desselben Meisters in Marseille entlehnt sind.[100] In Speranza und Bartolommeo Montagna werden wir späterhin den Nachwirkungen der perugineskeu Kunst in Vicenza von Neuem begegnen. —

---

Zur Heimath des umbrischen Stils zurückkehrend haben wir es zunächst mit Bartolommeo Caporali zu thun, einem der älteren Durchschnittskünstler, dessen Name mit zahlreichen Nachrichten über gewöhnliche Kleinarbeit verbunden erscheint.[101] Im J. 1472 liefert er Fähnchen für die Stadtbehörde in Perugia, 1477 ein Altarbild für eine Kapelle in S. Lorenzo, 1487 übernimmt er den Auftrag zu einer Madonna für S. Maria Maddalena zu Castiglione del Lago, und 1499 schätzt er mit Fiorenzo ein Bild des Manni ab.[102] Das einzige dieser Bilder, welches man für echt nehmen kann, ist das v. J. 1487; es befindet sich jetzt in verschiedenen Stücken im Pfarrhause zu Castiglione:

Cast.d.Lago. Pfarrk. Das aufrecht in Maria's Schoosse stehende mit Lendenschurz bekleidete Kind gibt den Segen und hält in der Linken die Weltkugel. In der Umgebung sieht man Maria Magdalena, Antonius Abbas, Rochus, Sebastian und 4 Engel in Brustbildern (sämmtlich Halbfiguren, Goldgrund).[103]

Es sind rohe Temperaarbeiten, in denen hier und da noch etwas von der herkömmlichen gezierten Anmuth zurückgeblieben

---

Zeichnung nach sind Sebastian und Hieronymus Arbeiten eines Perugineskeu unterster Klasse.

[100] Holz, Oel. Zu den Seiten Maria's Antonius d. Abt u. Dominicus. S. Cap. VII. S. 254.

[101] Nach Mariotti a. a. O. 82 wäre er bereits 1442 in Perugia zünftig gewesen, doch beruht diese Angabe wahrscheinlich auf Irrthum oder Druckfehler.

[102] Alle diese Nachrichten aus Mariotti a. a. O.

[103] Schadhaft: Kopf der Magdalena rechte Seite, durch den Bart des Antonius geht ein Bruch; er ist ein gemeiner Kopf ohne Augenbrauen, auch Sebastian fällt durch seltsame Hässlichkeit auf. Etwas besser sind die Engel. Mariotti a. a. O. 83, 84 gibt folgende Inschrift an: „Pixit Bartholomeus Caporalis de Perusio, questa opera ano facto fare e cacciadore de Castiglione de Lago A. D. M. CCCCLXXXVII." Sie ist jetzt nicht mehr zu sehen.

ist, obgleich die Figuren mit zähen eckigen Umrissen und in grober, fehlerhafter Weise gezeichnet sind, sodass man an Fiorenzo und an Benozzo Gozzoli erinnert wird; die Farbenstimmung ist rauh und scharf. Ihresgleichen, entweder dem Caporali oder dem Ludovico de Angelis zugehörig, finden sich in Corciano und Perugia.[104] Aehnlich ist ferner ein schadhaftes Fresko daselbst (ehemals in S. Giuliana)[105], ein Tafelbild v. 1485 in Ravenna[106] und eine Madonna mit Kind v. 1484 in der Gallerie zu Neapel[107]. Im Jahre 1521 war Bartolommeo bereits todt.[108] Die Musterung dieser an sich sehr ärmlichen Leistungen hat nur dadurch Werth, dass wir daraus die künstlerische Herkunft des Giovanni Battista Caporali erkennen, eines Genossen der Schule Perugino's, der anderweit durch sein Plagiat an Césare Cesariano's Vitruv-Uebersetzung berüchtigt ist.[109]

Corciano. Perugia. Ravenna. Neapel.

Giovanni Battista Caporali soll 1476 geboren sein.[110] Als Lehrling seines Vaters kann er die Entstehung des Altarbildes für Castiglione del Lago beobachtet haben und naturgemäss erwartet man von den Arbeiten seiner künstlerischen Reife Stilverwandtschaft mit Bartolommeo. Er ging zu Anfang des Jahrhunderts (1507 oder 1508?) nach Rom und trat dort in persönlichen Verkehr mit Perugino, Pinturicchio, Bramante und Signorelli, wie er auch mit Aretin Umgang pflog.[111] Selbstverständlich hat

[104] Dort eine Mad. m. K. u. Heiligen, in Perugia, Gall. N. 15, die heil. Margaretha, Antonius und Katharina, angebl. Fiorenzo, vgl. oben Cap. VI, S. 174.

[105] Perugia, Gall., vgl. oben unter Fiorenzo S. 163, Anm. 37.

[106] Dreitheiliger Flügelaltar: Mad. m. K. zwischen Petrus und Paulus; vgl. oben unter Fiorenzo S. 169.

[107] N. 106: Maria hält das Kind vor sich auf einer Brüstung, mit der Linken einen Vogel streichelnd; ihr kleiner Kopf beschädigt. (Holz, Temp., Goldgr.) Das Bild gehört der Manier des B. Caporali an, ist jedoch älter als die Tafeln in Castiglione.

[108] Wir kennen nur das Testament seiner Wittwe Brigida aus diesem Jahre, welches „im Hause der Erben des Bartholomaeus Caporalis pictor" aufgenommen war, s. Mariotti a. a. O. 84.

[109] vgl. darüber Vasari VI. 58 Anm., wo festgestellt wird, dass in Caporali's Ausgabe v. J. 1536, bestehend aus den 5 ersten Büchern des Vitruv, die Noten und Zeichnungen aus Cesariano entwendet sind.

[110] s. Mezzanotte a. a. O. 271. Die Angabe ist vorläufig noch nicht als fest zu betrachten.

[111] s. oben Cap. VII u. VIII. Als Caporali 1536 seinen Vitruv an Aretin geschickt hatte, antwortete dieser unterm 3. October 1537 aus Venedig und redet ihn in Erinnerung der freundschaftlichen Beziehungen aus Rom her mit dem Spitznamen „Bitte oder Bitti" an, den auch Vasari VI, 57 erwähnt. S. Aretino, Lett. Pariser Ausg. 1, 134 v.

er alle diese Meister studirt und die überkommene Weise an diesen Eindrücken gemodelt. Ein derartiges Gemisch begegnete uns bereits in den Wandgemälden der Halbkuppel von S. Croce in Gerusalemme in Rom (Gott-Vater in der Glorie und Darstellungen aus der Helenalegende)[112] und es ist uns im hohen Grade wahrscheinlich, dass der jüngere Caporali und Antoniasso hier betheiligt gewesen sind. Bestätigt sich dies, dann müsste Caporali damals bei Fiorenzo di Lorenzo gearbeitet haben.

Rom. S. Croce in Ger.

Die erste Inschrift, die auf ihn zu deuten sein wird, findet sich unter einem Madonnenbilde mit Heiligen v. J. 1492 in S. Girolamo al Seminario zu Città di Castello[113], das Bild scheint Schülerarbeit aus der Umgebung Signorelli's. In S. Salvatore nahe bei Panicale enthält die Apsis Ueberbleibsel einer Verherrlichung Christi mit Johannes d. Täufer und Petrus[114], Figuren, welche nach Bildung und Ausdruck wie nach der ganzen Art der Zeichnung, Gewandung und Farbe als Abkömmlinge der plumpen Manier des Bartolommeo Caporali und seiner Arbeiten zu Castiglione del Lago erscheinen und um so mehr auf Battista hindeuten, da sie mit derselben Frechheit hingeworfen sind wie das Schmuckwerk der Villa Passerini (gen. Palazzone) bei Cortona. Hier soll Battista nicht blos (nach Vasari's Zeugniss in Gemeinschaft mit Maso Papacello) gemalt[115], sondern auch als Baumeister thätig gewesen sein:

Città di Cast. Panicale.

Cortona. Villa Passerini.

Es sind in dem grossen Saale 16 Darstellungen aus der römischen Geschichte erhalten: 1. (von links nach rechts) Lucrezia und Tarquinius, 2. Lucrezia's Selbstmord in Gegenwart ihrer Freunde, 3. Opfertod des Curtius, 4. Hasdrubals Kopf im Lager der Punier gefunden, 5. Virginia vor Appius, 6. Virginia's Tod, 7. die Schlacht am Trasimenischen See (im Hintergr. Ansicht von Cortona), 8. Verkündigung der Dictatorwahl an Cincinnatus, 9. Brutus mit den Tarquiniern in Delphi (?), 10. der Kampf der Horatier und Curiatier, 11. Camillus den Schulmeister züchtigend, 12. Tod des Tarquinius Priscus, 13. Curius

[112] vgl. Cap. VIII, S. 283 u. 284.

[113] „Hoc opus fecit Johẽs Bt̃ a1492“, vgl. oben unter Signorelli S. 40.

[114] Die Farbe ist flau u. von stumpfem Roth. die Landschaft hinter dem Throne übergangen.

[115] Vas. VI, 145 u. Anm. zu 146. (Der Besteller, Cardinal Silvio Passerini, starb 1529.

Dentatus die Geschenke der Samniter verschmähend, 14. Clölia's Flucht über den Tiber, 15. Mutius Scävola vor Porsenna, 16. Horatius Cocles auf der Brücke. Unterhalb dieser Darstellungen ist auf der Wand rechts das Bild des Laokoon und zwischen den beiden Fenstern Hercules mit Antäus angebracht (Colossalfiguren).

In diesen vor 1529 ausgeführten Fresken herrscht eine Gewaltsamkeit des Geberdenausdrucks und der Muskelbildung, welche von Giulio Romano und Michelangelo erborgt sind, die Farbe hat warmen flüssigen Ton. Ihre Beschaffenheit lässt einen Schluss auf Malereien wie die in S. Maria del Calcinaio bei Cortona[116] und andere jetzt in Privatbesitz in Perugia befindliche Stücke aus Montemorcino[117] zu. Nicht ganz so keck vorgetragen wie die der Villa Passerini, aber auf näheren Anschluss an Signorelli deutend und selbst nicht ohne Anklänge an Perugino und Rafael sind die verschiedenen Theile eines Epiphanias-Bildes im Dom zu Panicale.[118] — Caporali bekleidete i. J. 1519 das Amt eines Zehntmannes in Perugia. Aus den vierziger Jahren sind noch verschiedene Nachrichten über seine künstlerische Thätigkeit erhalten, im J. 1553 macht er sein Testament und scheint um 1560 gestorben zu sein.[119]

---

[illegible] Der Name **Melanzio** wird zuerst mit einem Wandbilde der Geburt Christi in S. Francesco zu Montefalco in Verbindung gebracht, welches Perugino begonnen und dieser Schüler vollendet — Montefalco. S. Franc.

---

[116] Ein Fresko (Gott-Vater m. Engeln) auf dem Hochaltar u. eine Tafel (Himmelfahrt), wenn nicht von Caporali's eigener Hand, dann wahrscheinlich unter Beihilfe des Papacello (Barnabei) ausgeführt.

[117] Dass Caporali in **Montemorcino** bei Perugia gemalt hat, ist bezeugt. Die Fresken wurden 1547 von Lattanzio di Monte Rubiano und Dono Doni abgeschätzt (s. Mariotti a. a. O. 236). Bruchstücke von dort besitzt Signor Pampaglini in Perugia; es sind: Mad. m. K. u. dem jungen Joh. u. die Verkündigungsfiguren (auf dem Bilde der Annunziata die verstümmelte Zahl „DXX"). Erstere Figuren erinnern an Manni, letztere stimmen entschiedener zu Caporali's sonstiger Weise. Ein andres Bruchstück in demselben Besitz (Halbfigur, aus S. Severo in Perugia stammend) deutet auf einen Maler aus Fiorenzo's Nähe.

[118] Die Haupttafel (Geburt Christi, in Oel) am Altar links vom Eingang, die zugehörige Lünette (Gott-Vater) in der Sacristei.

[119] vgl. Mariotti a. a. O. 84, 233, 239. Eine Urkunde aus d. J. 1521 bezieht sich auf sein mütterliches Erbtheil, 1532 widmet er seinen Vitruv (s. oben Anm. 111) dem Grafen Bigazzini, 1540 erscheint er als Bürge Papacello's für Wandmalereien in S. M. di Cesi bei Spoleto, 1543 übernimmt er Fresken für S. M. di Monteluce (untergegangen), 1549 würdert er

haben soll.[120] Wir deuteten früher bereits an, dass die Behandlungsweise des Meisters nicht ganz würdig sei, wenn auch seine Zeichnung zu Grunde liegen sollte.[121] Haben wir hier Melanzio's Hand, so wäre das ein neuer Beweis dafür, wie der unmittelbare Einfluss eines bedeutenden Vorbildes auch ein recht untergeordnetes Talent zu immerhin achtbarer Leistungsfähigkeit erheben konnte, denn es lässt sich sehr wohl annehmen, dass Melanzio, der in Montefalco heimisch war, sich dem Perugino bei einem seiner wiederholten Besuche in dieser Stadt angeschlossen hat. Das früheste selbständige Erzeugniss, das man ihm zuweisen kann, zeigt eine lose Verbindung peruginesker Züge mit den von Benozzo und Alunno hergeleiteten Formen. Dies ist der Fall bei einem Altarstück (Maria mit Kind und Heiligen)[122] v. J. 1488 und einem Wandbild von 1513 (dem thronenden Antonius Abbas)[123] in Torrita b. Montef. Torrita bei Montefalco, nur fehlen uns hier die Beweise der Urheberhaft Melanzio's. Unbestrittener ist sie bei den Marienbildern Montefalco. S. Fortunato. S. Leonardo. von 1498 in S. Fortunato[124] und dem von 1515 in S. Leonardo in und bei Montefalco.[125] Was sich hier von peruginischen Eigen-

mit Domenico Alfani u. Pompeo Cocchi (s. Schluss des Cap.) ein Gemälde des Lattanzio di Monte Rubiano in Perugia. — Das Bild in der Chiesa del Gesù in Perugia (darst. den Cardinal Fulvio della Corgna mit anderen Figuren), welches Mariotti 235, Constantini 188, Mezzanotte 272 ihm zuschreiben, halten wir für moderner.

[120] Orsini, Perugino S. 206, gibt Abschrift eines darauf bezüglichen Contractes, ohne jedoch hinzuzufügen, aus welcher Zeit derselbe war.

[121] vgl. Cap. VII. S. 259.

[122] Tafelbild in 5 Nischen, Tempera, Fig. 3/4 lebensgr. Um Maria die Heil. Sebastian u. Severus, Augustus u. Theresa (Goldgrund); in den Zwickeln 4 Seraphim in Rundfeldern. Die Fleischfarbe hat fahlen gelben Ton, die Köpfe sind dünn und zugespitzt, die Gliedmaassen fehlerhaft gezeichnet. Augustin scheint Copie nach Alunno. Am Rande die Inschrift: „Depicta est ad onorem Mariae Virginis AD. M488. die vero penultima mens̄ Decembris.“

[123] Unter den 6 fast lebensgr. Heiligen, welche die Umgebung bilden, sieht man Rochus (sehr beschädigt), Franciscus, Antonius von Padua. Im Rundfelde Christus im Grabe, knochig und noch an Gozzoli erinnernd, wie auch das Hauptbild, doch ist die Zeichnung hier sorgfältig und mehr in umbrischem Charakter; die Farbe sticht in bräunliches Gelb. Inschrift: „Die 15. M513. Decembris. Lassati vidio &.“

[124] Holz. Tempera, Fig. lebensgr.; um Maria die Heil. Antonius, Bernhardin, Franz, Fortunat, Ludwig und Severus; Inschrift: „Franciscus de Mõtefalco pisit 1498.“ Die Marienfigur gleicht dem Tiberio von Assisi, das Kind ist von der Plumpheit des Bartol. Caporali; die Umrisse durchweg straff und kantig, die Gewandung peruginesk, das Fleisch von flauem Ton mit dunkeln Schatten.

[125] Tempera auf Leinwand. Maria, das Kind in ihrem Schoosse anbetend, sitzt unter einem Thron, den oberhalb 6 Engel mit der Krone in Händen umgeben; zu den Seiten Laurentius, Joh. d. T., Barbara, Antonius u. Hieronymus, Joh. d. Evan.,

thümlichkeiten bemerkbar macht, steht auf der Stufe des Tiberio und des älteren Caporali; in dem zweitgenannten tritt noch eine Annäherung an Spagna hinzu. Die Leistung steht aber bei beiden Bildern weit tiefer als der Vortrag des eingangs erwähnten peruginischen Epiphanienbildes. Ueberhaupt hat es Melanzio, wenn wir ihn anders dort vor uns haben, niemals wieder zu gleicher Wirkung gebracht. Das bekunden die ihm wahrscheinlich angehörigen Wand- und Tafelbilder in Vecciano[126], dann verschiedene in S. Francesco, im Dom, und in S. Luminara zu Montefalco[127], endlich auch die schon früher erwähnten im Kloster zu Subiaco.[128] Vecciano, Montefalco. Subiaco.

---

An diese unmittelbar oder mittelbar vom künstlerischen Erbe Perugino's zehrenden Maler reiht sich nun die Familie der Alfani und ihre nächste Zeitgenossenschaft an. Domenico Alfani war von seinem Vater Paris, einem über fünfzig Jahre in Perugia thätigen Goldschmidt, in die Kunst eingewiesen worden.[129] Er kam nachmals in vertrauten Umgang mit Rafael, soll von diesem vergebens zur Uebersiedelung nach Rom aufgefordert worden sein[130] und begnügte sich mit der Rolle eines Geschäftsträgers seines Freundes in Perugia. Wir besitzen einen Brief Rafaels ohne Jahres-

---

Sebastian, Franz. König Ludwig u. Clara. Inschrift: „Franciscus Mēl Montefalc. pinxit anno dom. millesimo quintegesimo decimo quinto di Septima Septembri." Der Vortrag ist der des vorerwähnten Bildes, die Farbe erdiggelb.

[126] Bei Montefalco; Fresko, theilweis zerstört und durch Nässe und Uebermalung verunstaltet: Maria m. K. thronend zwischen zwei Engeln (dem Melanzio sehr verwandt). Seitwärts dieser Nische Joh. d. T. und Sebastian, im Bogen Petrus und Franciscus. Die Figuren sind nicht ganz ohne Empfindung, jedoch die Zeichnung fehlerhaft, besonders in den Gliedmaassen. Die Farbe hat starken Körper und röthlichen Ton. Das Ganze sieht wie Nachahmung Tiberio's und Spagna's aus.

[127] In S. Francesco: Gnadenreiche Jungfrau, lange Gestalt, ein Kind vor dem Teufel schützend (Holz, Tempera, lebensgr. Fig.). Inschr.: „Griseyda S. Bastiani f. f. pro aiabus dicti S. Bastiani Tarquini peritci et Franceschini A. D. MDX." Die Zeichnung straff und gebrochen (scheint Replik eines Bildes v. 1507 in S. Domenico zu Montefalco.) — Im Dom: Fresko, Bogenfeld: Maria m. K. und Tobias m. d. Engel, einem heil. Bischof u. Sebastian, rohere Arbeit dieser Klasse. — In S. Luminara: Christi Leichnam mit Maria u. Magdalena (im Charakter des Melanzio) mit einer Inschrift, welche mit d. Zahl 1509 schliesst. Ueber dem Portal derselben Kirche eine Gnadenreiche Jungfrau mit 2 Heiligen, die ihren Mantel halten, anscheinend Jugendarbeit derselben Hand.

[128] vgl. Cap. VI. S. 178 und Bd. I. S. 75.

[129] Mariotti a. a. O. 211.

[130] Passavant. Raf. I, 217 gibt diese Mittheilung ohne Angabe seines Gewährsmannes.

zahl, in welchem er den Domenico Alfani auffordert, bei einer Dame Namens Atalanta in Perugia eine Schuld für ihn einzutreiben.[131] Es ist in hohem Grade wahrscheinlich, dass Madonna Atalanta Baglioni gemeint war und die Forderung sich auf das jetzt der Gallerie Borghese in Rom angehörige Gemälde der Grablegung Christi bezog, welches Rafael i. J. 1507 für diese Gönnerin vollendet hatte. Weiteren Anhalt für die Entstehungszeit des Briefes gibt eine Zeichnung der heil. Familie auf der Rückseite des Blattes, deren Stil auf die Zeit kurz nach 1507 hindeutet. So zahlte Rafael für derartige Freundschaftsdienste mit kleinen künstlerischen Zugaben, welche die Leute, denen sie hier in die Hände kamen, späterhin wohl zu verwerthen wussten. —

Domenico di Paris erscheint 1510 in der Malerrolle zu Perugia.[132] Wir fanden ihn schon i. J. 1511 und 1513 in Gemeinschaft mit Berto bei der Lieferung von Fahnen für die Stadttrompeter und eines Wappenschildes für Leo X. in Perugia[133], und allmählig machte er sich auch an Altarbilder. In seinen Mannesjahren sammelte sich eine Familie natürlicher Kinder um ihn[134] und er nahm seinen Sohn Orazio als Gehilfen in die Werkstatt. Orazio scheint sich auch später nie zu völliger Selbständigkeit emporgeschwungen zu haben; die Arbeiten der beiden Alfani bleiben durchweg gleichartig. Der ausgeprägteste Zug an ihnen ist die Absicht der Nachahmung Rafaels, die noch manches Jahr nach dessen Tode fortdauert und späterhin nur theilweise der Anlehnung an Rosso weicht, der i. J. 1527 beim Sacco di Roma als Flüchtling im Hause der Alfani in Perugia Aufnahme gefunden hatte und ihre Gastfreundschaft durch künstlerische Rathschläge und selbst durch Darleihung vollständiger Bildentwürfe vergalt.[135] Die Armuth der Erfindungskraft wurde bei den Alfani nicht durch anderweite hervorragende Talente ersetzt; nach Rosso's Abreise versanken sie immer mehr in Mittelmässigkeit.

---

[131] Der Brief, in der Samml. Wicar in Lille, abgedruckt und in Facsimile bei Pungileoni, Raf. S. 79 u. 293 und bei H. Grimm, Rafael I, 145 ff., wo der Sachverhalt anders gedeutet wird.

[132] Mit vollem Namen: Domenico Paridis Panderi Alfani, s. Mariotti a. a. O. 241.

[133] Mariotti a. a. O. 242.

[134] Er liess sie i. J. 1520 legitimiren, s. Mariotti 250 f.

[135] s. Vasari, Leben des Rosso IX, 73.

Domenico's früheste bekannte Arbeit ist ein Madonnenbild von 1518 im Collegio Gregoriano in Perugia:

Die Hauptfiguren, Maria, an welche sich das stehende Kind innig anschmiegt und über welcher Engel die Krone halten, thronen auf einem reich mit Figurenschmuck versehenen Stuhle zwischen Gregor und Nicolaus, welche im Ornat, jedoch mit abgelegten Tiaren, lesend zur Seite stehen. Hintergr. Landschaft; an Maria's Kleidersaum über dem linken Fuss: „Domenico fece“, über dem rechten „M. D. XVIII.“ (Holz, Oel, lebensgr. Fig.) Perugia. Coll. Gregoriano.

Das Bild ist voll rafaelischen Liebreizes in der Hauptgruppe und erinnert an die Madonna der weil. Roger'schen Sammlung, die Heiligen zeichnet Würde und Gleichmässigkeit der Formen aus; der Kopf des Augustin hat Aehnlichkeit mit Pompeo Cocchi, die Figürchen am Thron sind durchaus rafaelisch, aber das Ganze erfährt einerseits durch die hässlichen victorienartigen Engel und noch mehr durch die Eintönigkeit der düster schattirten unlasirten Farbe Eintrag. Dieselben Eigenschaften kehren auf einem übrigens gleich werthvollen Wandbilde in S. Francesco zu Bettona wieder:

Auf blauem lasirten Grunde sieht man Madonna mit dem Kinde, welches von Franciscus ein Kreuz erhält, ausserdem Bernhardin und tiefer unten auf gemaltem Marmorsockel seitwärts von der wirklichen Nische Hieronymus und Antonius von Padua.[136] Bettona. S. Franc.

Hier ist zwar die Form des Kindes etwas plump und die Gruppirung erscheint gezwungen, aber Antlitz und Bewegung Maria's sind ansprechend genug und erinnern an rafaelische Vorbilder aus der Zeit der Madonna della Sedia und di Foligno, freilich mit Neigung zur Schwulst und mit geistloserer Zeichnung. Die Gewänder sind im allgemeinen gut, das Helldunkel genügend, die Farbe rosig und von kräftigem Körper. Aehnlich die wahrscheinlich dem Domenico angehörigen Fresken zur Legende des Ortsheiligen in S. Antonio Abate zu Diruta.[137] Eine Madonna Diruta. S. Antonio Abate.

[136] Rechts beim Eingang in die Kirche. Der Mantel Maria's theilweis zerstört, Stücke am Kleide des Franciscus neu, der Kopf des Antonius schadhaft und von seiner Kutte ein Theil abgeblättert.

[137] Der mit Bogen überspannte Theil der Mauer ist in 4 Abtheilungen zerlegt, von welchen jede eine Darstellung enthält; diese sehr schadhaft. Unterhalb befindet sich eine Standfigur des Antonius, links und rechts davon die gemalten Gestalten des Sebastian und Rochus. Das Ganze ist durch Kraft und Leben ausgezeichnet.

mit Kind, zwei Engeln mit Harfe und Viola und der knieenden Magdalena nebst einem Genossen mit Alfani's Inschrift und der
Città d. Pieve. Jahreszahl 1521 im Dom zu Città della Pieve[138] erinnert an das Bild von 1518. Es hat zwar den flachen, röthlichen Ton, den wir bei Andrea da Salerno wiederfinden, ist jedoch die beste seiner Leistungen an diesem Ort. Die florentinische Formgebung wird bereits auf dem Madonnenbilde Domenico's v. J. 1524 in
Perugia. Gall. der Gallerie zu Perugia[139] bemerklich. Die Farbe ist leuchtend, wenn auch von sattem Auftrage, die Figuren haben freie Bewegung und vollausladende Formen und sind in gut geordnete Gruppen gefügt; aber neben diesem Uebergang zu modernerer Behandlungsweise bleibt im Christuskinde und in einigen Heiligen der Einfluss Rafaels gleichwohl fortbestehend. Die entschiedene Wendung zum florentinischen Stil können wir erst v. J. 1532 an feststellen. Vasari berichtet, Alfani habe von Rosso die Zeichnung zu einem Bilde der Anbetung des Kindes erhalten und mit Glück in Farbe gesetzt.[140] Der Gegenstand findet sich nun auf einer
Perugia. S. Agost. Altartafel in S. Agostino zu Perugia vor, welche keinen Zug von umbrischer Empfindungsweise mehr aufweist.[141] Ausdrückliche Bestätigung der Abhängigkeit von dem florentinischen Gastfreunde bietet aber das Bild v. 1532 aus S. Giuliana, jetzt in der Stadtgallerie zu Perugia:

Perugia. Gall. Maria, auf rundem Throngestell sitzend, hält das Kind aufrecht auf dem Knie, zu Häupten zwei fliegende Kinderengel, Johannes der

---

[138] Altarbild. Holz. Oel. Fig. lebensgr., die Inschrift: „Anno Domini MDXXI. Dominicus Paridis P. Perusinus pinxit." Die Farbe theilweis stark beschädigt. — In S. Francesco zu Città della Pieve ist ein zweites Altarbild (Holz, Oel, lebensgr. Fig.) in Alfani's Manier, darst. Maria zwischen Bartholomäus, Franciscus, Ludwig und Antonius, mit viel Uebermalung in den Gewändern; ferner in S. Agostino ein Hieronymus (Holz, Oel). Mischung der Weise des Alfani und des Giamb. Caporali.

[139] Gall. N. 5 (Holz, Oel, lebensgr. Fig.). Ueber Maria's Haupt ein verkürzt gesehener Blumen streuender Engel, zwei andere mit der Krone. Das Kind ist Spiegelbild desjenigen auf einem Altarstück im Carmine zu Perugia und nach einer Zeichnung Rafaels, welche jenem Altarbilde zu Grunde liegt. Die Heiligen sind Nicolaus, Petrus, Paulus u. Lucia; an der Thronstufe steht: „MD. XXIIII."

[140] Vas. IX, 73.

[141] Das Bild wird von Orsini ohne deutlichen Grund dem Orazio Alfani zugeschrieben. Es zeigt wenig Empfindung, ist in florentinischem Geschmack gruppirt und von röthlichgelbem Gesammtton. Als Hinterwand desselben diente ehemals eine Darstellung der Heimsuchung, angeblich mit der Jahrzahl 1545; sie befindet sich jetzt, arg beschädigt, in S. Pietro zu Perugia. unsres Erinnerns ohne Datum, hat aber viel von der Weise der Alfani an sich.

Evang. mit einem Fusse auf die Thronstufe tretend deutet auf Jesus, indem er den Beschauer anblickt, Juliana sitzt, den einen Arm auf ein Buch gestützt, und hält ein Ungeheuer an Zügeln. In der Staffel 5 Gegenstände aus der Legende dieser Heiligen, am Thronsockel die Inschrift: „A. D. M. D. XXXII. f. Dominicus Paridis Perusinus faciebat.“ [142]

Hier bekundet sich der entschiedene Uebertritt aus der peruginischen Vortragsweise zur Nachahmung Andrea's del Sarto, wie wir sie in den Madonnenbildern des Rosso kennen. Anderweite Beweisstücke von diesem Stilwechsel Domenico's finden sich in englischen Sammlungen, wie z. B. in der dem Perino del Vaga zugeschriebenen heil. Familie auf Schloss Howard.[143] — Im J. 1553 hatte Domenico, von dessen sonstigen Arbeiten uns wenig mehr als Nachrichten erhalten sind[144], gemeinschaftlich mit seinem Sohne für S. Francesco in Perugia[145] eine Kreuzigung mit Hieronymus und Apollonia geliefert, doch scheint die Ausführung mehr dem Orazio zugefallen zu sein. Dies wird durch Vergleichung einer früheren Arbeit des jüngern Alfani noch wahrscheinlicher, welche sich in derselben Kirche befand und jetzt in die Stadtgallerie[146] Perugia. S. Frances.

[142] Gal. N. 48. Holz, Oel, lebensgr. Fig. Gruppirung, Gewänder und Zeichnung weisen auf einen Carton Rosso's hin. Die Figuren sind gross, die Köpfe klein, die Farbe rauh und ziegelroth mit dunklen Schatten, die Hände sind in Michelangelo's Art gebogen.

[143] Holz, Oel, lebensgr. Fig. Maria hält das Kind, welches den Knaben Johannes umarmt. Joseph auf seinen Stab gelehnt dahinter. Die Farbe ist stumpf, die Behandlung mechanisch, aber die Composition deutet auf gute florentinische Muster und scheint Nachahmung von der Hand Domenico Alfani's. —

[144] Von ihm sollen nach Mariotti a. a. O. S. 248 Wandbilder mit der Jahrz. 1525 in der Villa von Prepo bei Perugia herrühren. 1527 erhielt er Bestellung eines Altarbildes für Castel Rigone, welches 1534 abgeschätzt wurde; man glaubte dasselbe früher in dem Rundbilde der heil. Fam. No. 1110 in den Uffizien zu Florenz zu besitzen, doch ist dies irrig, obgleich dasselbe ein gutes peruginisches Bild in Domenico Alfani's Stil ist. Verloren sind Wandbilder von ihm in S. Fiorenzo in Perugia, von denen einiges (z. B. eine Fig. des heil. Andreas) bei Zerstörung der Kirche abgenommen worden war (Crispolti, Perugia Aug. S. 383 erwähnt ein Schlachtbild in der Capp. degli Almenni in S. Fiorenzo); 1535 malte er das Wappenschild Pauls III am Stadthause zu Perugia, 1536 eine Standfigur des heil. Ludwig in S. Francesco. In demselben J. heirathete er die Mutter seiner natürlichen Kinder Maddalena di Filippo, 1549 würderte er ein Bild des Lattanzio Pagani und machte sein Testament, war aber 1553 noch am Leben. S. die Belege bei Mariotti a. a. O. S. 242, 246, 247—250.

[145] Es hängt an einem Altar im Querschiff, ist beschädigt und hat röthlichen Fleischton, Christus ist eine sehr geringe Figur. Vgl. über die Bestellung des Bildes Mariotti a. a. O. 247. Als Preis war 100 fl., als Lieferungszeit ein halbes Jahr bedungen.

[146] Gall. N. 43. Holz, Oel, jetzt ohne Staffel, welche nach Angabe der Handbücher (vgl. Costantini, Guida 303) die

gekommen ist: das Bild stellt die Geburt Christi dar mit der ungewöhnlichen Zuthat einer heil. Anna, welche das Waschbecken trägt, der Stil ist eine Mischung von Domenico's Weise mit Nachahmung des Rafael, die Farbe von eintöniger, fast schattenloser rosiger Stimmung. Das Werk soll aus dem J. 1536 herrühren, doch ähnelt die Behandlung derjenigen der Kreuzigung von 1553. Es gibt den Beweis an die Hand, dass ein Altarbild des Carmine zu Perugia, jetzt ebenfalls in der Stadtgallerie[147], welches der Composition nach fast ganz und gar Entlehnung der heil. Familie Rafaels in Lille ist, nicht von Domenico, dem es zugeschrieben wird, herrühren kann, sondern entweder der Jugendzeit des Orazio oder einem seiner Kunstgenossen angehört. Immerhin bleibt einige Ungewissheit zurück. Die Composition ist mit Hilfe des Quadratnetzes von der schönen Zeichnung Rafaels übertragen und in dem oberen Bogen 12 Cherubköpfe für die 3 des Originals eingefügt; die Ausführung ist kalt, aber sorgfältig, sodass man einen jungen Künstler vermuthen muss, die Fleischtheile in rosiggelbem Ton und nur leicht schattirt, in Einem Zuge gemalt, dagegen die Gewänder in saftiger Farbe mit starkem Impasto, — lauter Eigenthümlichkeiten, die zu Orazio stimmen. Aber die auf dem Mantelsaum Maria's angebrachte Inschrift macht glauben, dass wir es hier mit einem andern Geschäftsgenossen Domenico's zu thun haben, vielleicht mit Pompeo Anselmi. Die gleiche Hand finden wir auf einem Sebastiansbilde mit zahlreichen Nebenfiguren in der Gallerie der Uffizien in Florenz wieder.[148]

Perugia. Gall.

---

Jahrzahl 1536 getragen haben soll: hinter Joseph 3 singende Engel, in der Ferne die Hirten. Gepräge und Bewegung des Kindes sind rafaelesk und ähneln der heil. Familie im Carmine (s. später); Maria's regelmässige Züge erinnern an Domenico, die heil. Anna hat etwas Florentinisches, die Engel sind ärmlich in der Formgebung und sehr beschädigt, wie denn das Bild überhaupt stark gelitten hat. Die ehemals zugefügte Lünette mit Gott-Vater hat die Ehre erfahren, mit Rafaels Namen belegt zu werden, ist aber weder von ihm noch von Orazio.

[147] N. 59 (ehemals auf einem Altar links in S. Simone e Giuda, gewöhnlich „Carmine" genannt). Die Gewänder sind durch Uebermalung entstellt, besonders das Violett des Kleides der heil. Anna. Die Inschrift lautet: „PMP. ANSL... MENCO," Orsini a. a. O. 24 ff. schiebt das Werk dem Perugino zu.

[148] Uffiz. N. 1183, Holz, Oel, kl. Format. Der Heilige nackt am Baumstamm, die Bogenschützen ähnl. denjenigen in Panicale (s. Cap. VII, S. 239); die Figuren, trocken und kräftig, erinnern hier und da an die des Signorelli in Città di Castello (vgl. S. 15).

Aus den sonst dem Orazio in Perugia und anderwärts zugetheilten Bildern kann nähere Betrachtung keinen weiteren Nutzen ziehen und es genügt daher einfache Aufzählung.[149] Nach seines Vaters Tode (um 1553) war er noch fast 30 Jahre thätig, trat 1545 in die Gilde, wurde 1573 erster Präsident der in diesem Jahre gegründeten Akademie in Perugia, 1576 Stadtbaumeister, ein Amt, das ihm jedoch unmittelbar darauf wieder entzogen wurde, und starb 1583 als Siebziger in Rom.[150]

---

Ueber Pompeo di Piergentile Cocchi[151], einen Zeit- und Ranggenossen des Domenico Alfani, welcher 1523 in der Malergilde zu Perugia erscheint, ist wenig Bemerkenswerthes bei-

[149] Perugia, S. Francesco, Altar des heil. Franz: Maria mit beiden K., Joseph und 3 andere Heilige (Holz, Oel, die Farbe klar u. rosig, die Hauptgruppe in Manier und Zeichnung nach Rosso). Ebenda: Michael die 7 Sünden niedertretend. — S. Pietro: Auferstehung u. Himmelfahrt, beide in geringem Barockstil, v. Orazio. 2 Rundbilder mit Wunderthaten des Petrus und Paulus zu Seiten des Hochportals, hässlich und gänzlich übermalt. — Stadtgall. N. 140 Copie von Rafaels Grablegung der Gall. Borghese (Holz, Oel, verwaschen u. kalt), N. 142 Anbetung der Könige (Holz, Oel, schwach u. schadhaft), N. 159 heil. Familie, barock, Nachahmung Parmegiano's und Rosso's. N. 132 Maria m. beiden K. und Joseph, seltsam manierirt, von einem Nachfolger des Rafael del Colle. N. 144, 145, 146 Enthauptung Katharina's u. zwei andere Gegenstände, Staffelstücke, eher von Domenico als von Orazio, N. 163 Staffel ursprüngl. zur Mad. mit Heil. (N. 37) im Louvre gehörig, dem Ingegno zugeschrieben, wie das Vorige. N. 76 Bogenf. mit 5 Halbfig. (aus S. M. Nuova in Perugia), von Orazio. — S. M. Nuova, Sacristei: Sebastian, Rochus u. 3 Kinder, dem Seb. del Piombo zugeschr., jedoch von einem der Alfani. — Confraternità di S. Agostino: Maria m. K., Jacobus, Philippus, Augustin, Dominicus u. Franciscus, schwaches Bild aus Orazio's letzter Zeit, Karrikatur der bekannten Formgebung Parmegiano's. — Paris, Louvre, Mus. Napol. N. 26 Verlobung der Katharina mit Antonius von Padua u. Franz von Assisi mit der Jahrz.: A. D. M. D. XLVIII (1548) befand sich ursprünglich in S. Francesco in Perugia. Ueber mehrere sonstige Bilder sind die Guiden zu vergleichen.

[150] Er war ungefähr 1510 geb. Ueber seine Lebensverhältnisse s. Mariotti a. a. O. S. 250 ff., vergl. Costantini's Guida u. Mezzanotte 255 ff.

[151] S. über ihn Mariotti a. a. O. 208. Im Dom zu Perugia ein Bild: Maria m. K. zwischen Nicolaus und Laurentius, Holz, Oel; lebensgr. Fig. mit der Jahrz.: „anno MDXXV . .“ (1527 ?) u. Unterschr. in kleinen Buchstaben: „Pompeo Cocchi“ mag von ihm herrühren und weist ihn als Stilverwandten des Dom. Alfani aus: das Jesusk. wendet seinen Rücken nach dem Beschauer, wie man es auf Erfindungen Procaccini's sieht; die Gewänder sind breit, die Farbe von starkem rothen Stich im Fleische, gut gemischt und satt aufgetragen. In der Gall. zu Perugia ein Gekreuzigter (auf Leinwand übertragenes Stück eines Wandbildes aus S. Severo) unter Cocchi's Namen, hat manierirte Zeichnung, ist aber nicht unähnlich dem Tafelbild N. 203 ebenda (Gekreuzigter zwischen Maria u. Joh., ehemals in der Confr. della Giustizia); auf der Rückseite eine Pietà. Die Kreuzigung erinnert an die florent. Weise der Nachfolger Fra Bartolommeo's, doch bei überwiegendem umbrischen Gefühl; der Stil ähnelt der

zubringen, doch darf er unter den Peruginesken ebensowenig übergangen werden, wie der ältere Giovanni di Giorgio[152] (zünftig 1506), Mariano von Perugia, der in den ersten, und Perino Cesareo, der in den letzten Jahren des XVI. Jahrh. gearbeitet hat.[153]

---

dem Bernardino zugeschriebenen Kreuzigung im Louvre N. 289 s. Cap. VIII, S. 318. In der Confr. di S. Agostino, einer alten unterirdischen Kirche in Perugia, die jetzt als Lagerhaus dient, findet sich ein Fresko (Kreuzigung mit d. ohnm. Maria, Joh. u. 3 Fig. in der Landschaft), welches Costantini, Guida S. 150, dem Perugino zuweist, aber in Wahrheit dem Cocchi oder dem Dom. Alfani zugehört. — Mariotti a. a. O. S. 248 ff. erwähnt ein untergegangenes Wandbild Cocchi's in Montemorcino, ferner sein Testament v. 1544 und seinen Antheil bei Abschätzung eines Bildes des Lattanzio Pagani i. J. 1549.

[152] Giovanni di maestro Giorgio . . . erscheint seit 1506 in der Malergilde zu Perugia (Passav. Raf. I, S. 521), nachdem er im Jahre zuvor ein Cataletto für die Brüderschaft der Annunziata gemalt hatte, das noch existiren soll; für dieselbe Brüderschaft lieferte er 1517 eine sogen. Cassa del Cristo Morto (Auszug des Prof. Adamo Rossi aus den Büchern der Brüderschaft); hiervon sind 2 Tafeln erhalten: auf der einen die Leidenswerkzeuge u. 2 schlafende Soldaten, auf der andern 2 ähnliche Fig. (urspr. Tempera auf rothbraunem Hintergr., jetzt stark in Oel übermalt). Die Arbeit ist nicht ohne Empfindung u. eine artige Nachahmung der sauberen kleinen Figuren des Pinturicchio und des jungen Rafael.

[153] Ueber Mariano di Ser Eusterio vgl. Mariotti a. a. O. S. 101. 197—199, 201. 202; ein Bild von ihm (Mad. m. Laurentius und anderen Heiligen, i. J. 1503 für die Kapelle der Belli in S. Domenico in Perugia gemalt), ist eine dürftige Leistung von peruginischem Charakter. Vgl. auch Vas. IX, 147. — Pierino von Perugia wird uns aus einem Altarbilde der Cappella del Rosario in der Kirche zu Scheggino b. Spoleto bekannt, einer manierirten und höchst schwachen Arbeit ohne eine Spur von Perugino's Stil; Inschrift: „Perinus Cesarius Perusinus pingebat 1595." Von der nämlichen Hand ist das Bogenfeld über dem Seitenportal von S. Domenico zu Spoleto ausgemalt.

# ELFTES CAPITEL.

*Die jüngere sienesische Schule: Fungai, Pacchiarotto und Pacchia, Peruzzi und Beccafumi.*

Die eigensinnige Alterthümelei, an welcher die Sienesen bis gegen Ende des XV. Jahrh. festhielten, schlug in den letzten Lebensäusserungen ihrer Schule in das Gegentheil um: die erstorbenen künstlerischen Kräfte vermochten sich nur am Studium der Florentiner, Umbrier und Lombarden wieder zu erfrischen. Signorelli, Pinturicchio, Perugino und Bazzi (Sodoma) beförderten diese Wandlung durch ihre Gegenwart in Siena, die Florentiner aus dem Kreise des Andrea del Sarto, Rafael und Michelangelo durch die überwältigende Wirkung ihrer allenthalben in Italien verstreuten Arbeiten, die von Sienesen aufgesucht wurden. Bei aller Abhängigkeit von solchen Mustern behielten jedoch diese Byzantiner Italiens immer noch einen Rest des heimischen Sonderwesens bei.

Bernardino Fungai folgte dem Stil seines Meisters Benvenuto di Giovanni so treulich, dass ein Wandbild der Himmelfahrt Maria's in Borgo di Montalboli bei Asciano mit gleichem Rechte dem Einen wie dem Andern zugeschrieben werden kann.[1]

[1] vgl. oben Cap. III, S. 79: das Bild wird von G. Milanesi dem Fungai zugetheilt, s. Comment. zu Vasari XI, 173.

Fungai soll i. J. 1516 gestorben sein[2] und hinterliess als Zögling seiner Kunst den Giacomo di Bartolommeo Pacchiarotto, dessen Weise während ihrer Entwickelungszeit wieder schwer von der des Girolamo del Pacchia zu unterscheiden war. Während nun die Kunstgeschichte den Fungai sehr bald vergass und nur noch schwache Ueberlieferung von ihm nachblieb, warf sie den Giacomo und Girolamo dergestalt zusammen, dass der Letztere geradezu verschwand; auch die Anerkennung, welche ihm Vasari spendete, wurde dem Pacchiarotto gutgeschrieben.[3] Erst seit den Untersuchungen Gaetano Milanesi's vermögen wir die beiden Maler deutlicher auseinander zu halten, doch sind ihre Arbeiten ebenso wie die des Fungai noch eingehender Sichtung bedürftig. In den gewöhnlichen Kunsthandbüchern wimmelt es von Bildern Fungai's in Kirchen und Gallerien. Sie sind unbedenklich als Arbeiten von ein und derselben Hand anzuerkennen; allen gemeinsam ist das körperlose Vorbild des Matteo da Siena oder des Benvenuto di Giovanni mit leiser Anlehnung an Pinturicchio. Sie sind sämmtlich schwach und wirr gruppirt, schlecht gezeichnet, von matter Farbe und Rundung, überhaupt ohne Leben; die Figuren bewegen sich unnatürlich und unrichtig, sind von übertriebener Länge und völliger Starrheit, die Gewänder bruchig und eckig. Ein solches Stück aus der früheren Zeit des Malers haben wir in dem (angeblich i. J. 1500 gemalten) Krönungsbilde in S. Maria
Siena. S.M.d.Servi. de' Servi (oder SS. Concezione) in Siena, und hier tritt noch der Prunk reicher Vergoldungen und derber Grundfarben hinzu.[4] — Von besseren Verhältnissen, aber im allgemeinen Gepräge übereinstimmend ist ein Madonnenbild in der Akademie zu Siena v. J. 1512:

---

[2] Nach Angabe der Herausg. des Vas. a. a. O. im 56. Lebensjahre, sodass er 1460 geboren wäre; es fehlen jedoch die urkundlichen Belege dazu.

[3] Vasari behandelt den Pacchia in seiner Lebensbeschr. Sodoma's XI, 151. Mit Pacchiarotto verwechseln ihn Della Valle (Lett. San. III, 317 ff.) und sienesische Chronisten, aus denen er schöpft; Rumohr, Forsch. II, 212 theilt ihm Werke zu, die den Charakter Fungai's an sich tragen, und deutet auf mögliche Hilfeleistung desselben bei den Malereien Pinturicchio's in der Dombibliothek zu Siena (III, 451); Passavant, Raf. I, 389 erwähnt Bilder Pacchia's, indem er von Pacchiarotto redet.

[4] Holz, Fig. lebensgr., Karrikaturen der des Matteo, die Engel erinnern an Pinturicchio, auch die Hauptgruppe hat etwas Umbrisches. Es wird dem Fungai in den Handbüchern des Mucci u. Faluschi zugeschrieben, die Jahrzahl gibt G. Milanesi im Com. zu Vas. XI, 173.

Die thronende Maria mit K. ist umgeben links von Sebastian (stehend) und Hieronymus (knieend), einem stehenden Mönch und dem knieenden Nicolaus rechts; Hut und Stab des Hieronymus und Nicolaus werden von Kindern vor dem Throne gehalten. Inschrift: „OPVS BERNARDINI FONGARII DE SENIS 1512.“[5] Siena. Akad.

Charakteristischer ist die Krönung Maria's in der Kirche Madonna di Fontegiusta[6], die Staffel zu einem dem Francesco di Giorgio zugeschriebenen Epiphanienbilde in S. Domenico[7] und die Himmelfahrt Maria's in der Akademie zu Siena.[8] Letzteres Siena. Bild, obwohl in der Anordnung echt altsienesisch, hat in den Rundungen der Köpfe schon etwas Umbrisches und Florentinisches; die zugehörigen 5 Staffelbilder[9] sind in Pinturicchio's Weise angeordnet und wirken in Folge ihrer Kleinheit vortheilhafter. Vielleicht hat Pacchiarotto an ihnen Theil; dann würde in einer ganzen Reihe von Tafelbildern in Siena[10], in Chiusi[11] und in

[5] Ebemals im Chor des Carmine in Siena; vgl. Milanesi (Vas. a. a. O) und della Valle. Lett. San. III, 381. Die Farbe ist trocken und von flauer tiefer Stimmung.

[6] Holz; unter der Hauptgruppe Joh. d. T. und Hieronymus knieend, Rochus und ein vierter stehend, in der Landschaft Kinder mit Blumen. Die Zeichnung ist durchweg eckig und spitzig.

[7] Enth. Martyrium des Sebastian, Kindermord u. einige Heiligen-Figuren. Die zugehörige Lünette ist von Matteo; vgl. oben.

[8] N. 322, Holz. h. 2,55, br. 2,05. Maria wird im Himmel von Gott-Vater empfangen. der von Heiligen u. Patriarchen umgeben ist; unten am leeren Grab Franciscus. Bernardin und Joh. d. Evan. knieend. —

[9] Siena. Akad. N. 323. Holz. h. 0.33, br. 0,88; enth. Michael. Katharina (eine Nackte kleidend), die Hochzeit zu Kana, die Anbetung des Kindes. die Berufung des Petrus und Andreas, Kath. v. Alex. und Tobias mit dem Engel.

[10] Siena, Akad. N. 324 (fünftheilige Tafel mit Heil. h. 0,44. br. 0.85). N. 325 Mad. m. K., Hieronymus und Colombino, Halbfig., h. 0,76, br. 0,58. N. 326 Mad. das K. tränkend, Hieronymus. ein Engel; Holz. h. 0.90, br. 0.73. N. 327 Maria d. K. auf ihrem Knie anbetend mit Magdalena und Antonius dem Abt. Halbfig.. Holz, h. 0,61, br. 0,51. — Dahin gehört auch das Altarbild (Holz, Oel) in der Kirche der Compagnia di S. Caterina: eine Mad. m. K. in der Herrlichkeit, umgeben von Engeln u. heil. Frauen (an Pinturicchio erinnernd). links zu Füssen Maria's die betende Katharina, auf den Flügelstücken Antonius u. ein zweiter Heiliger. Die Staffel enthält 3 Darstellungen aus der Legende der Katharina. den heil. Hieronymus u. A., sowie Mönchsfiguren; schadhaft, schmutzig und hart, den Einfluss Pinturicchio bekundend. 3 oben angebrachte Stücke gehören dem XVII. Jahrh. an. Ferner im Conservatorio di S. M. Maddalena: Mad. m. K. zwischen Joh. mit Magdalena (Holz, Goldgr.) und ebendort ein Madonnenbild mit Hieronymus und einem zweiten Heiligen.

[11] Im Dom das. ein Bild der Geburt Christi, auf den Pilastern die Verkündigungsfig., Laurentius, Katharina. Sebastian und Clara. In der Staffel 4 Scenen aus dem Leben dieser Heiligen, von umbrischem Charakter (aufgestellt in der Cappella del Sacramento).

Buonconvento[12] seine Hand zu suchen sein. Zuweilen nähert sich Fungai der Ausdrucksweise Perugino's. Dies bezeugen 2 Bilder England. in England, das Eine s. Z. in British Institution[13] unter richtigem Namen, das Andere, fälschlich als Vivarini bezeichnet, im Kensington-Museum.[14] Sein gewöhnliches Gesicht aber zeigt uns Fungai in dem unter Alunno's Namen aufgestellten Madonnenbilde der Petersburg. Sammlung Paul Stroganoff in Petersburg.[15]

Als Fungai's beste und vielleicht letzte Leistung hat die zu einem Altarbilde Pacchiarotto's gehörige Lünette in der Akademie zu Siena zu gelten:

Siena. Akad. Das Hauptbild von Pacchiarotto enthält die thronende Maria zwischen Onofrius und Bartholomaeus; das Bogenfeld, von Fungai, Christus umgeben von Franciscus und Hieronymus (Halbfig.).[16]

Der Unterschied der beiden Theile des Altarstückes ist nicht so gross, um die Entstehung in ein- und derselben Malerwerkstatt auszuschliessen. Bei aller Aehnlichkeit der Behandlung ist jedoch das obere Stück härter gezeichnet und düstrer in der Farbe als

[12] Hier in 5 mit Bogen überhöhten Abtheilungen Maria m. K., Joh. d. T., Petrus, Paulus und Sebastian (nackt); in den Bogenzwickeln Cherubköpfe (Holz, Fig. lebensgr.). — Aehnliche Arbeiten in S. Sebastian zu Buonconvento: Himmelfahrt mit 6 Scenen aus dem Leben Maria's in der Staffel, letztere den Bildern des Matteo ähnelnd.

[13] N. 70 der Ausstellung von 1865; Rundbild. Holz. halblebensgr. Fig.: Maria m. K. von 6 Cherubköpfen umflattert; in der Landschaft verschiedene Episoden. Die ohnehin dunkle Stimmung des Bildes ist hier noch durchs Alter verstärkt.

[14] Maria m. d. K., welches segnend in ihrem Schoosse steht, l. u. r. ein Heil. (Holz, Goldgr. Halbfig. in 1/2 Lebensgr., Tempera durch Ausbesserung verdorben). Aus der Sammlung Solages.

[15] Maria (Halbfig.) m. d. K., welches auf einem Kissen vor ihr auf der Brüstung stehend die Weltkugel und einen Vogel am Faden hält (Holz, Goldgr.), zwar etwas nachgebessert, aber für den Maler leidlich empfindungsvoll. Vergl. Waagen, Ermitage S. 408.

[16] Akad. N. 314. Holz. h. 2,33, br. 1,81. — Hierbei mag zugleich Pietro di Domenico, ein sienesischer Maler niederen Ranges mit umbrischen Zügen erwähnt werden, von welchem das Altarbild N. 189 das. herrührt (Anbet. der Hirten, der Heil. Galgano u. Martin, bez.: „OPVS. Petri Dominici D. Senis MCCCC....“ Holz. h. 1,73, br. 1,37, ein schwaches rosig gestimmtes Bild aus der Wende des XV. Jahrh. mit sorgfältiger, aber unwirksamer Behandlung). Demselben gehören auch N. 182 Mad. m. K., Antonius und Hieronymus (Holz, h. 0,98, br. 0.59) u. N. 183 Anbetung des Kindes (Holz, h. 1.14, br. 1,00). — Ferner erscheint Andrea di Niccolò in Nachrichten zwischen 1477 u. 1509 in Siena (Milanesi, doc. Sen. II, 425. III, 5, 40 und 296. Das Bild N. 190 in der Akad. Kreuzigung mit Maria, Joh., Benedict u. Scholastica knieend mit der Jahrzahl A. D. MCCCCCII (Holz. h. 2,00, br. 1,67) weist ihn als ärmlicheren Genossen des Vorigen aus.

das Hauptbild, an welchem Fortschritte, wie besser geordnete Gewandung, grössere Wahrheit der Farbenwahl und gesteigertes Leben bemerklich sind, Eigenschaften derjenigen Gemälde, welche man von Alters her als Arbeiten Pacchiarotto's angesehen hat.

Giacomo Pacchiarotto ist uns weit mehr aus Lebensnachrichten, als aus nachgewiesenen Werken bekannt. Geboren i. J. 1477 in Siena[17] wird er wiederholt während der politischen Wirren seiner Vaterstadt im XVI. Jahrhundert erwähnt: so betheiligte er sich 1502 an dem Aufstande nach dem Weggang des Pandolfo Petrucci und führte 1505 einen Truppentheil ausserhalb der Stadt, kämpfte 1526 gegen die Päpstlichen und Florentiner bei Camollia und nahm 1528, wo er Gonfalionere von Stalloreggi war, am Sturm auf Montebenicchi Theil; 1529 wurde er wegen Verraths eingekerkert und in die Strafcompagnie nach Talamone gesteckt, jedoch bald begnadigt. 1530 ist er gleichwohl Mitverschwörer der Libertini und Popolani, 1533 finden wir ihn als Hauptmann des Marcusviertels, 1534 als Kumpan der Bardotti, einer Bande, welche die Strassen Siena's bei Tag und Nacht unsicher machte, 1535 rettet er sich auf der Flucht durch 2tägigen Aufenthalt in einem Grabe. Obwohl verheirathet, gehörte er zu den wüsten Geistern, die immer wieder durch Zuchtlosigkeit in's Elend fallen, aber trotz alledem hatte er schliesslich das unverdiente Glück, auf eigenem Grund und Boden (um 1540) ruhig in seinem Bett zu sterben. Künstlerische Arbeiten konnten bei solcher Lebensführung keine regelmässige Pflege finden, aber Aufträge sind ihm gleichwohl in grosser Zahl zu Theil geworden.[18]

---

[17] s. das Taufregister bei Milanesi, Vas. XI, 172.

[18] Die Nachrichten über Leben und Thätigkeit wie sie sich bei Vas. XI, 191 ff., VIII, 220, ferner Doc. Sen. III, 40, 46, 47, 59, 84, 103, Della Valle, Lett. Sen. III, 317 ff., Gaye. Carteggio II, 116 finden, ergeben ausserdem noch Folgendes: 1503 Lieferung von Fahnen und Ausführung von Kaiserköpfen für den Dom u. A. für das Thronfest Pius III, 1505 Commando in Stalloreggi di Fuori; 8. Nov. Verheirathung mit Girolama di Ser Alessandro Martini; ist Geschäftsträger des Pietro d' Andrea; 1507 Fahnenlieferung; 1507 u. 1509 Geburt zweier Töchter; Ausmalung der Kapelle des Andrea Piccolomini in S. Francesco; 1510 Würderung von Malerwerken in der Kapelle der Vieri u. des Altarwerkes von Perugino in ders. Kirche; 1511 Beerbung des Vaters; 1512 Fahnen für die Leichenfeier des Petrucci; 1513 Abschätzung des Werkes von Bartolommeo di David in der Kapelle der Mad. del Manto im Krankenhaus zu Siena, ferner

Was wir von grösseren Arbeiten aufzuweisen haben, beschränkt sich auf zwei Bilder in der Akademie zu Siena[19] und eins in der Akademie zu Florenz.[20] Das erste unterscheidet sich nicht wesentlich von den gewöhnlichen Erzeugnissen der älteren Zeit; der Mangel an Fülle in der Anordnung und an Einfachheit der Bewegungen ist ebenso bemerklich wie die knochige Trockenheit der Formen und die Geziertheit des Ausdruckes, wenn unmittelbare Seelenbewegung geschildert werden soll. Die lichte verwaschene Farbe bildet das Merkmal der gemeinsamen Urheberschaft dieses Bildes mit denen der Heimsuchung in Siena und Florenz. Wenn dem Pacchiarotto ferner auch die Himmelfahrt im Carmine zu Siena zugehört, wie man behauptet, so wäre sie seine beste Leistung auf diesem Gebiete:

Siena. Akad.

Siena. Carmine.

In der von Engeln gehaltenen und von anderen Musicirenden umschwebten Mandorla erhebt sich Christus aufwärts deutend zu dem in sehr verkürzter Ansicht angebrachten sich niederbeugenden Gott-Vater, neben welchem links Moses, rechts David je mit einer Sibylle zur Seite schweben. Von unten schaut Maria mit den 12 Aposteln dem Sohne nach; unter letzteren besonders Johannes und Petrus durch kühne Geberden ausgezeichnet.

Durchgehends nimmt man bei seinen Bildern die Absicht wahr, sämmtlichen Figuren leidenschaftliches Leben einzuhauchen

---

des Bildes der Dreieinigkeit von Beccafumi das., Lieferung des Banners für die Genossenschaft des Beato A. Gallerani; 1514 Beendigung der Piccolominikapelle; 1518 Bemalung des Rathszifferblattes; 1519 Amt des Gonfaloniere in Stalloreggi di Fuori; 1520 Mad.-Bild in der Stadthalle zu Casole (angebl. noch vorhanden); 1521 Theilnahme an der Vertheidigung der Stadt gegen Renzo da Ceri, wird Spiessgeselle der sogen. Libertini; 1525 Hauptmann in Stalloreggi, Lieferung eines Adlers für das Notariatshaus und eines Zeltes für das Madonnenbild der Gentile da Fabriano; Bewerbung um die Marktsteuer in Siena; 1527 Fahne für den Stadthauptmann Annibale dell' Aquila; 1528 Tafelbild für S. M. a Tressa und Arbeit an den Befestigungen von Siena; 1529 Fahne für den Dom; 1531 Verwendung für seinen Verwandten, den Notar Giulio, der wegen Fälschung zum Feuertode verurtheilt war; 1532 Arbeit in der Kapelle der Compagnia di S. Giov. della morte; 1535 Malerei an einem Triumphbogen z. Einzuge Kaiser Karls V.; 1539 zum drittenmal Platzhauptmann in Stalloreggi; Malereien in der Kapelle S. Giov. della morte, 17. Nov. landesverwiesen; 1540 17. Aug. zurückgerufen, stirbt.

[19] N. 328 Altarbild aus der Kirche dell' Osservanza, Himmelfahrt Christi, Holz, h. 3,12, br. 2,19 u. N. 315 dreitheilige Tafel aus der Kirche di Campiglia d' Orcia: Heimsuchung mit Michael und Franciscus h. 2,45, br. 2,30.

[20] Akad. alt. Gem. N. 16 Heimsuchung mit den knieenden Joh. d. T. u. Leonhard, den stehenden beiden Antonius, Nicolaus von Bari u. einem Dominikaner.

und er sucht dies durch ungewöhnliche Stellungen und sprechende starke Geberden zu erreichen, aber er verfehlt seinen Zweck, weil ihm die nothwendige Sicherheit der Zeichnung und Kenntniss des Körpers abgeht. So bringt er es nur zu gedehnten und verrenkten Erscheinungen, und wenn auch der Marienfigur eine gefühlvolle Würde nicht fehlt, fallen die Nebengestalten herb und widerlich aus. Daneben liebt er die lange, dürre Bildung der Gestalten, die Andeutung bewegter Luft durch kindisch gekräuselte Gewandung, und flaue Färbung des Fleisches, die zwar gut gemischt ist, aber durchweg einen warmen rosigen und gilblichen Stich behält. Man merkt ihm ab, dass künstlerische Eindrücke der verschiedensten Art sich bei ihm gekreuzt haben: in der Stellung der Figuren das Vorbild der umbrischen Meister, im Ungestüm der Bewegungen die Vortragsweise Signorelli's, in der Empfindsamkeit die Uebertreibung des lionardesken Geschmackes, wie sie Sodoma vertritt; ja selbst Piero della Francesca scheint ihm nicht fremd gewesen zu sein.[21] Aber die charakteristischen Züge des Himmelfahrtsbildes im Carmine stimmen schon nicht mehr ganz zu unsrer Vorstellung von Pacchiarotto, sondern deuten auf seinen Zeitgenossen und vielleicht auch zeitweiligen Mitarbeiter Girolamo del Pacchia. Er scheint zu Pacchiarotto im gleichen Verhältnisse zu stehen, wie dieser zu Fungai. Als Beweisstück für die Gemeinschaft Pacchia's mit Pacchiarotto kann die Assunta in der Akademie zu Siena gelten, während die im Carmine, wenn auch nur in wenigen Merkmalen, abweicht. Der Anordnung nach sind beide Bilder gleichartig, doch verräth das letztere ausser einer Abwandlung im Farbenton auch die Einwirkung neuer, auf die Umbrier zurückweisender Vorbilder; es nähert sich in mancher Rücksicht dem Krönungsbilde Pacchia's in S. Spirito zu Siena, sodass wir es eher für ein Jugendwerk dieses Malers als für eine seiner Vortragsweise verwandte Arbeit Pacchiarotto's zu nehmen berechtigt sind.

[21] In dem Cap. über Piero della Francesca (Bd. III, S. 312) erwähnten wir eine Himmelfahrt in Borgo S. Sepolcro, bei welcher bezügl. der Ausführung an Gerino da Pistoia u. Francesco aus Città di Castello erinnert wurde. Von dieser Vortragsweise findet sich in dem oben beschriebenen Bilde im Carmine zu Siena wie in anderen, die mit Pacchia's Namen belegt werden, manche Spur wieder.

Girolamo del Pacchia war Sohn eines in seinem Fache geschätzten und darum als Giovanni „delle Bombarde" beigenannten Kanonengiessers aus Ungarn, welchem seine Frau, eine Sieneserin Namens Apollonia, am 4. Januar 1477 den Girolamo gebar. Er verlor den Vater schon in seinem ersten Lebensjahre, wurde von seiner Mutter zum Kunsthandwerk bestimmt und kam auf der Wanderschaft, die er früh begann, u. a. i. J. 1500 nach Rom.[22] Da uns weder das Altarbild, welches er 1508 für das Kloster in Pontignano bei Siena lieferte, noch andere Arbeiten bis 1511 erhalten sind, so ist kein Rückschluss auf die Meister möglich, welche seine frühe Entwickelung leiteten, und wir sehen uns auf die zwar unbezeichneten, aber doch aller Wahrscheinlichkeit nach echten Gemälde in S. Spirito und S. Cristoforo zu Siena verwiesen. Die Krönung Maria's in S. Spirito[23] ist merkwürdig durch Kraft und Einklang der Farbe, durch Breite und genaue Abgrenzung des Helldunkels; in der Beweglichkeit ist sie dem Gegenstück im Carmine durchaus gleich, hat aber nicht die hässliche Herbheit desselben, wie sie denn auch eine offenbare Verfeinerung der bei den Sienesen bis dahin üblichen Gesichtsbildung darstellt; auch haben die Gewänder an Stelle der alten Bruchfalten schlangenartigen Zug. Die Art wie hier dem Rafael nachgestrebt ist (wir verweisen auf die Engel unter der Hauptgruppe und auf die Behandlung der Verkürzungen) bekundet selbständigen Geschmack; die Färbung ähnelt in ihrem dünnen Auftrag und röthlichen Tone dem Andrea da Salerno. Auch das Madonnenbild in S. Cristoforo trägt die Merkmale dieser vortheilhaften Stilwandlung in der Anwendung auf andere Gegenstände:

Siena. S. Spirito.

Siena. S. Cristoforo.

Unter dem von Engeln umschwebten Thronhimmel sitzt Maria in mütterlich würdiger Haltung, das Kind auf dem Knie, welches mit kräftiger natürlicher Bewegung die Weltkugel mit beiden Händen nach

[22] Die Belege für diese Angaben finden sich in G. Milanesi's Comment. zu Vasari XI, 184 ff. u. Doc. Sen. II. u. III, sowie in dessen Abhandlung „Sulla Storia Senese artistica" (Theil II, S. 174 ff. des Sammelwerkes: „Siena e il suo territorio, Siena 1862).

[23] Holz, oben abgerundet, lebensgr. Fig., von Ugugieri (bei della Valle, Lett. San. III, 316) und Anderen dem Pacchiarotto zugeschrieben.

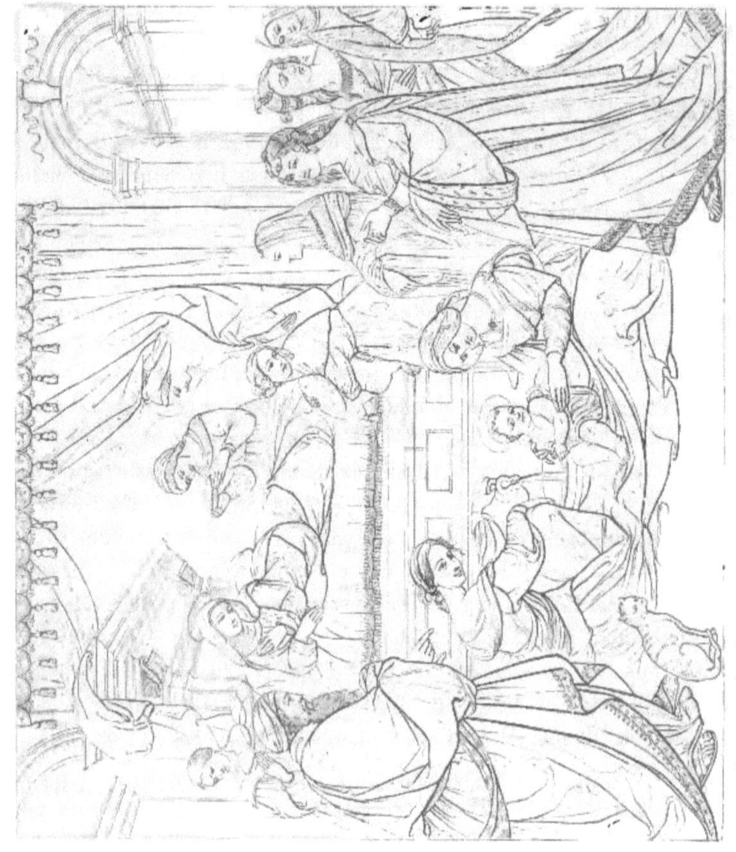

**Wochenstube der heil. Anna. Wandgemälde des Girolamo del Pacchia in S. Bernardino zu Siena.**

dem heil. Bernhard hinstreckt, welcher rechts zur Seite steht, jedoch gleich dem gegenüberstehenden Paulus den Beschauer anblickt. Den Hintergrund schliesst eine anmuthige Landschaft.[24]

Hier erinnert Maria trotz ihres breiten Gesichtes im Körperbau an Mariotto Albertinelli und Fra Bartolommeo, in der Haltung an Rafael; Kind und Engel sind freundlich und ätherisch, im Eindrucke des Ganzen herrscht Würde vor. Die Farbe ist in Siena nie trefflicher behandelt worden wie hier, sowohl in Bezug auf Leuchtkraft und Fülle des Tones wie auch in Rücksicht auf die an die Venezianer streifende vollendete Technik.

Erst v. J. 1515 haben wir Beweise von Pacchia's Anwesenheit in Siena. Damals malte er eine Tragbahre für die Genossenschaft von S. Bernardino und gab gemeinschaftlich mit Beccafumi sein Urtheil bei Abschätzung der Wandbilder des Girolamo di Benvenuto in Fontegiusta ab. Die ältesten Arbeiten jedoch, welche aus dieser Zeit auf uns gekommen sind, haben wir in der für die Dominikaner von S. Spirito i. J. 1518 gemalten Verkündigung und in einer Freskenreihe in der Confraternità di S. Bernardino zu Siena:

Auf dem Bilde, welches vom Altar der Tantucci in S. Spirito in die Akademie zu Siena versetzt worden ist[25], hat Pacchia den Vorgang der Verkündigung in eine lange Bogengallerie verlegt, in deren Hintergrunde die Heimsuchung angebracht ist. Siena. Akad.

In den Wandbildern zu S. Bernardino wiederholt er diese Composition auf einer der Wände mit nur geringer Abweichung[26], aber er stellt ihr ein Bild der Geburt Maria's an die Seite, welches dem an Simone Martini erinnernden Figurenbau früherer Zeit gegenüber den Einfluss florentinischer Bilder aufs lebhafteste bekundet: In einer mit Vorhängen verschliessbaren Nische liegt Anna von zwei Mägden bedient halbaufgerichtet im Bett und blickt voll Innigkeit auf das neugeborene Kind, um welches im Vordergrunde die Frauen beschäftigt sind, indem sie das Bad bereiten; von links her kommt Zacharias, der freudig auf die Tochter deutet, ihm gegenüber treten 4 edle Frauen zum Wochen- S. Bernardino.

[24] Holz, Oel, lebensgr. Fig. Ebenfalls früher dem Pacchiarotto zugeschrieben.

[25] N. 308, Holz, h. 2,95, br. 2,13, oben rund, Fig. lebensgr., schadhaft; gilt ebenfalls für Pacchiarotto.

[26] Auf dem Stücke, welches den Verkündigungsengel enthält, ist der untere Theil mit der Randleiste beschädigt, der blaue Mantel Maria's übermalt.

besuch ins Zimmer; zwei Mädchen mit Bettzeug und Erfrischungen verbinden die vordere mit der hinteren Gruppe; vorn links auf dem Rand des Bildes sitzt eine Katze.[27]

Jenes Altarbild der Verkündigung lässt schon erkennen, dass Pacchia den Einfluss Bazzi's erfahren und andrerseits auch von dem Florentiner Francia Bigio manches angenommen hatte, wie der Ausdruck und die Zeichnung seiner Figuren beweist, wogegen in der Gewandbehandlung nur vereinzelte Spuren dieses Einflusses bemerkbar sind und seine ehemals reiche schöne Färbung einem trüberen glasigen Tone gewichen ist. Entschiedener treten uns diese Veränderungen in den Wandgemälden entgegen. Bei ihrer Bestellung i. J. 1518 hatte er mit Bazzi und Beccafumi zu wetteifern. Wenn er nun auch den Sodoma nicht übertraf, der den Stil Lionardo's aus der Lombardei nach Siena mitbrachte und einer der bewundertsten Meister seiner Zeit wurde, so hat er doch den Beccafumi und dessen zu Uebertreibung und Ungesundheit neigende Richtung augenscheinlich ausgestochen. Sein Bild der Wochenstube erinnert auf den ersten Blick entschieden an Andrea del Sarto, wenn es auch in Wahrheit mehr der Rangstufe entspricht, welche Francia Bigio mit seinen Gemälden in der Servitenkirche zu Florenz einnimmt. Dieser Vortragsweise, mit der sich ein wenig sienesische Geziertheit und hier und da ein von Pinturicchio entlehnter Zug zu anmuthiger Einheit vermischt, bleibt Pacchia auch in seinen späteren Jahren treu. Wir begegnen ihr auf den Fresken im Oratorio dell' Oca in Fontebranda zu Siena wieder, welche mit viel Geschick und Lebendigkeit die Legende der Stadtheiligen erzählen:

Siena. Fontebr. Sie enthalten 1. Matteo di Cenni durch Katharina von der Pest geheilt (bis zur Unkenntlichkeit entstellt); 2. Katharina rettet Dominikaner aus Räuberhand: im Vordergrund links ein Dominikaner von zwei Strolchen am Kopfe gepackt, rechts im Hintergrund einige Mönche zu Pferd, dabei knieende Nonnen; 3. die heil. Agnes von Montepulciano auf der Todtenbahre von Katharina besucht, bei deren Nahen der

[27] Das Mädchen, welches der heil. Anna die Tasse reicht, ist übermalt, der Arzt theilweise beschädigt. — Pacchia hat (nach Doc. Sen. III, 60) in demselben Gebäude auch eine Figur des heil. Bernardin gemalt.

Fuss der Kranken, den sie küssen will, sich durch Wunderkraft erhebt, links 2 knieende Frauen in lebensvoller Bewegung, neben dieser Gruppe eine schöne weibliche Gestalt, die auf Katharina und deren Gefolge deutet; die Figuren schlank, oft von überreizter Geberde.[28]

Gegen Ende seiner Laufbahn gerieth Pacchia in die Gesellschaft Pacchiarotto's und der zuchtlosen Bande der Bardotti (1533), bei deren Vertreibung i. J. 1535 er auf Nimmerwiedersehen aus Siena verschwand. Das Stilgepräge seiner beglaubigten Werke gibt uns die Berechtigung, die Mehrzahl der in den verschiedenen Gallerien Europa's unter Pacchiarotto's Namen bekannten Gemälde ihm zuzuweisen. Gute Stücke besitzt die Akademie in Siena[29] Siena.
und die münchner Pinakothek[30], die besten die National-Gallerie München.
in London[31] und die Sammlung des Marquis von Westminster.[32] England.

[28] Beide letztere Bilder durch Nachbesserung beschädigt, als deren Folge wohl auch die scharfen Umrisse und die rauhe Farbe anzusehen sind. Im Schlussbilde, welches das beste der ganzen Reihe ist, hält sich Pacchia an die von den Florentinern ihm überlieferte Anordnungsweise Giotto's; auch der Ausdruck der Gesichter, sowie die Haltung ist würdig. — In Pacchia's frühere Zeit gehört noch das Wandbild der Hochzeit zu Kana in einem Bogenfelde rechts von der Halbkuppel in der Taufkapelle S. Giovanni in Siena.

[29] N. 31, Saal d. B. verschied. Schulen: Maria m. K., Joh. u. Antonius v. Padua (Holz, rund, Durchm. 1 M., ursprüngl. im Spedale di S. M. della Scala), etwas conventionell u. von gestreckter Geberdung, blassgelb im Fleischton, die Behandlungsweise von Pacchia's sonstigen Bildern etwas abweichend. — N. 309 Mad. m. K. Holz, h. 0,70, br. 0,44, ebendaher.

[30] München, Pinak. Cab. N. 569. Holz, h. 1' 11'', br. 1' 4'': Bernardin, eine Tafel mit dem Zeichen IHS in der Hand, hinter ihm zwei Engel, Halbfig. — Ebenda, N. 576 Maria m. K. und 4 Engeln, Halbfig. Holz, h. 1' 10'' 6''', br. 1' 3'' 6''' (beide Bilder dem Pacchiarotto zugeschrieben), letzteres Mischung rafaelischer und florentinischer Weise, das Christuskind sehr lebhaft, die Farbe wächsern und halbdurchsichtig (leicht nachgebessert).

[31] N. 246 Mad. sitzend, das Kind auf den Knieen, Hintergr. Landschaft (kleine Halbfig. Holz, Oel. h. 2' 5'', br. 2', aus der Samml. Bammeville), dem Pacchiarotto zugeschrieben, aber vermöge seiner rafaelischen Gruppirung weit über den bekannten Leistungen dieses Malers stehend.

[32] Maria schlingt ihren linken Arm um den Oberkörper des jungen Joh., dem das Christuskind, auf ihrem Schoosse sitzend, den Segen gibt, im Hintergr. Joseph, ein grüner Vorhang und Landschaft (Fig. wenig unter Lebensgr.), eine anmuthige Gruppe von sorgfältiger Ausführung, die verschleierte Durchsichtigkeit der Schatten des Fleisches bei kräftigem gilblichen Lichte, mit reichlicher Farbe vorgetragen, macht den Eindruck einer Mischung Rafaels und Fra Bartolommeo's, wozu sich in Bewegung und Figurengepräge sienesische Eigenthümlichkeit gesellt, sodass man auf Pacchia's Hand schliessen muss (die Hände der beiden Kinder sind übergangen, auch die Fleischtheile der Marienfig. zeigen Spuren v. Nachbesserung). — Das Bild der Ermit. in St. Petersburg N. 36 (Rundbild der Geburt Christi: Maria das am Boden liegende Kind anbetend, l. Joseph sitzend, r. offene Halle u. Landschaft) erinnert in Composition u. Beiwerk an florentinische Muster wie Albertinelli, Fra Bart. und ihre Nachfolger, die Ausführung steht jedoch nicht auf gleicher Höhe mit der Erfindung; die Farbe hat etwas von sienesischer Helligkeit, sodass man auf

Wie dem Pacchia, der aus unvortheilhafter Vermengung mit Pacchiarotto zu lösen war, so ist die Kunstgeschichte auch ihrem Landsmanne Peruzzi eine Ehrenrettung schuldig. Wenn auch seine allgemeine Bedeutung als Künstler gebührende Würdigung erfahren hat, leidet er doch darunter, dass man den Maler in ihm zu sehr über dem Baumeister vergass. Baldassar Peruzzi war am 7. März 1481 als Sohn eines Webers in Siena geboren.[33] Im J. 1501 wurde er vom Rector des Domes in der Rundkapelle S. Giovanni beschäftigt, ein Beweis für seine frühreife Entwickelung.[34] Die wesentlichste Anleitung hatte er in seiner Jugend dem Sodoma zu danken, der am Ende des XV. Jahrh. durch einen Geschäftsträger der Familie Spannocchi aus der Lombardei nach Siena gebracht worden war und hier alsbald in Thätigkeit gesetzt wurde. Von ihm hat Peruzzi aller Wahrscheinlichkeit nach den lionardesken Charakterzug angenommen. Unmittelbar nach seiner ersten Bethätigung in S. Giovanni schloss er sich dem Pinturicchio an, als dieser eben die Malereien in der Dombibliothek unter Händen hatte. In solchem Doppeleinfluss des lombardischen und umbrischen Stiles vorgebildet kam Peruzzi um 1504 nach Rom.[35] Wiewohl noch unerfahren und scheinbar ohne persönlichen Anhalt verschaffte er sich doch bald dort Stellung und liess sich dauernd in der Hauptstadt nieder, die seine Landsleute mit Vorliebe aufsuchten, um mit der hohen Geistlichkeit Geschäftsverbindung anzuknüpfen.

Von den Fortschritten, welche Peruzzi im ersten Jahrzehnt des Jahrhunderts machte und von der künstlerischen Richtung, die er nahm, gibt ausgedehnter Wandschmuck in S. Onofrio Zeugniss:

---

Pacchia geführt wird, vgl. auch Waagens Katal. Bezüglich des von diesem ebenfalls dem Pacchia belassenen Bildes N. 35 das. (heil. Familie mit Joh., Rundbild) siehe später unter Bugiardini.

[33] Laut der Liste im Comment. zu Vasari VIII, 220. Sein Vater Giovanni di Salvestro di Salvatore Peruzzi war aus Volterra gebürtig und zwischen 1475 und 1481 in Siena eingewandert.

[34] Unterm 15. August 1501 erhält er 42 Lire für dortige Malereien. s. Comm. zu Vasari VIII, 238.

[35] Nach Vasari (VIII, 220) in Gesellschaft des Piero von Volterra am Ende der Regierung Alexanders VI. Wir haben eine Urkunde, wonach dieser nämliche Piero (Maestro Pietro del fu Andrea da Volterra) damals als Maler in Rom ansässig war und i. J. 1506 von dort aus dem Pacchiarotto einen geschäftlichen Auftrag gab (s. Comm. zu Vas. VIII, 220).

Hier haben wir in der Chornische der Tribuna mehrere durchweg auf Goldgrund gemalte Bildreihen: oben Gott-Vater über 4 Feldern mit Engeln, darunter die Krönung Maria's umgeben von 12 Aposteln und 14 Sibyllen, im Mittelbilde der Tribuna die unter goldenem Baldachin thronende Maria zwischen Johannes d. J., Hieronymus, einer weiblichen Heiligen und Onofrius, vorn knieend der Stifter; ausserdem eine Darstellung der Anbetung und des Kindermordes sowie der Flucht nach Egypten in einer von kleinen Figuren in Pinturicchio's Geschmack reich belebten Landschaft.[36] — Ferner in der Kapelle rechts: den segnenden Gott-Vater hoch über dem Altar mit 3 Engeln auf blauem Grund (übermalt).[37] Rom. S. Onofrio.

In allen Theilen gibt sich hier die Nachwirkung lombardischer und umbrischer Einflüsse zu erkennen, die Farbe von warmem gilblichem Ton zeigt durchweg eine freie Hand. — In S. Croce in Gerusalemme sodann ist das Gewölbe der Unterkirche mit Mosaiken ausgeziert, zu welchen Peruzzi in der ersten Zeit seines römischen Aufenthaltes im Auftrage des Kardinals Bernardino Carvajal die Zeichnung geliefert hat:

Die Querrippen der Decke, welche sich in einem Rundbilde mit der Darstellung Gott-Vaters kreuzen, tragen in ovalen Rahmen die 4 Evangelisten, zwischen diesen 4 geschuppte Rahmen mit Gegenständen aus der Legende vom wahren Kreuz, während Sylvester, Petrus, Paulus, und Helena (zu ihren Füssen Carvajal) in Nischen der Eingangsbögen angebracht sind. Reich verzierte Randleisten begrenzen die Bilder: jedes Oval wird von einer aus Vasenblumen herauswachsenden geflügelten männlichen Gestalt gehalten, die Zwickel sind durch Pfauen ausgefüllt (alles auf Goldgrund); an der Decke sind Früchte, Blumen und Vögel verwendet, über der Nische mit Petrus u. A. der Hahn.[38] Rom. S. Croce in Gerus.

---

[36] Mancini (bei della Valle, Lett. San. III, 182) will alle diese Fresken dem Pinturicchio zutheilen, Titi (s. Comm. zu Vas. VIII, 221) nimmt Peruzzi's Hand für die Fresken der Chornische, Pinturicchio's für die darunter befindlichen in Anspruch. Aber Vasari sagt ausdrücklich (VIII, 220), Peruzzi habe das Chor in S. Onofrio ausgemalt, und die Einheit der Ausführung ist augenfällig. Auf den Bildern des Kindermords und der Anbetung links sind die Gewänder fast durchaus übermalt, auf letzterem die Landschaft erneut. Der untere Theil der Tribunenmalereien ist gänzlich neu.

[37] Erste Kapelle rechts. Die Decke mag ebenfalls gleichartige Malerei enthalten, ist jedoch jetzt mit einem bemalten Tuche überspannt. — Dem Mischstil von S. Onofrio sind ausserdem verwandt: in S. Pietro in Montorio (2. Kapelle rechts) Krönung Maria's mit Engeln, 4 allegor. Fig. an der Stirn des Eingangsbogens und Engel mit Wappenschildern; endlich ebenda 4 Figuren über dem Altar, nahe dem Vorigen. Es sind sämmtlich stark beschädigte mittelmässige Leistungen eines Malers aus dem Kreise Pinturicchio's und Peruzzi's.

[38] Die Mosaiken werden in Albertini's Opusc. de mirabil. Romae erwähnt.

26*

Die Art der Zeichnung, welche sich an ältere Formgebungen anlehnt, unterstützt die Annahme, dass dieser Schmuck einen früher dort angebrachten ersetzen sollte. Raumvertheilung und Stilisirung bezeugen Meisterschaft in baulicher Perspective, nur dass Härte vorherrscht, an der möglicherweise die Beschaffenheit der Aufgabe mit Schuld trägt. So begegnet uns in den Evangelistengestalten die an Pinturicchio erinnernde Wucht, wogegen in den anderen Heiligenfiguren und an dem Engel des Johannes eine wirkungsvolle Freiheit auffällt. Das Ganze bewahrt den Mischcharakter der Wandbilder von S. Onofrio.

Ebenso anziehend, aber bisher noch nicht für Peruzzi in Anspruch genommen, ist der theilweis von Rafael erneute Deckenschmuck im Zimmer des Heliodor im Vatican. Ausser den Eckstücken und Schildrahmen bestanden diese Malereien schon vor Beginn der Arbeit Rafaels; haben doch an diesem Orte überhaupt verschiedene namhafte Künstler einander abgelöst, von denen wir den Piero della Francesca, Signorelli und della Gatta bereits erwähnten[39], aber der Maler dieser anziehenden Bilder, die sich deutlich als Vorstudien anderer in der Farnesina zu erkennen geben, gehört den Tagen Julius' II an.[40]

Rom. Vatican. Das gesammte Rahmenwerk ist auf goldnem Grunde aufgetragen, auf welchem 4 scheinbar in Erz ausgeführte Rundbilder eingesetzt sind, während das Uebrige, grau in grau, Nachbildungen griechischer Kampfscenen, Kinderfiguren und allegorische Gestalten in Nachahmung flach erhabener Arbeit enthält.

Die auf Wolken tanzende Gestalt der Abundantia, mit Füllhorn in der Rechten und mit der erhobenen Linken ein Wassergefäss ausgiessend, innerhalb eines der gestreckten Rautenfelder, ist zwar in Haltung, Gewandung und Körperbildung der Antike abgelauscht, aber die Neigung zu harter Markirung der Gliedmaassen verräth sienesische Hand, während die Gesichtsbildung und das Geringel der Locken an Bazzi erinnert, wie auch der Flug

---

[39] s. Bd. III, S. 209 und vgl. Vasari IV, 7 und VIII, 13. 14.

[40] An der Wölbung über dem Bilde der Befreiung Petri steht: „IVLIVS PONT. MAX“. über der Messe von Bolsena „IVLIVS II.“

des Gewandes die Stilisirung zeigt, welche Peruzzi von diesem und von Pinturicchio entlehnte. Dasselbe gilt von den Kindergestalten oberhalb der Namensaufschrift Julius II. Dass Rafael diese Arbeiten stehen liess, als er in dem Saale zu malen begann, beweist ebenso für sein Urtheil, wie die Schonung Perugino's ein Zeichen verehrungsvoller Rücksicht war. Die Stücke, die wir hier dem Peruzzi zutheilen[41], sind reicher und besser als die nach Rafaels Anleitung von Schülerhand hinzugefügten Eckfelder, welche überdies nur einfachen gelben Grund haben. Jedenfalls bekunden sie den ungewöhnlichen Fleiss, womit die jüngern Künstler und insbesondere Peruzzi damals an den Schätzen des Alterthums in Rom lernten. Seit der Aufdeckung der noch rettbaren antiken Unterbauten strömte die Kunstjugend massenhaft in Rom zusammen, um Pläne aufzunehmen und Messungen zu machen, wie andrerseits die Bruchstücke der Reliefs den Bildhauern erwünschteste Anweisungen in Fülle boten. Bei all' diesen Studien war Peruzzi durch gründliche Kenntniss der Perspective im Vortheil und gleichzeitig förderte ihn die Vertrautheit mit Vitruv, von dessen Schriften er eine mit Erläuterungen versehene Uebersetzung anfertigte, die nachmals sein Schüler Serlio herausgegeben hat.[42] Wie dieser es von sich ausdrücklich bekennt[43], so mochte auch Peruzzi selber dem Lehrgang der Perspective sein Verständniss der Baukunst verdanken. Der Wetteifer mit Bramante scheint seine Fortschritte beflügelt zu haben[44]; dafür spricht am deutlichsten der Eifer, womit ein Mann wie der reiche sienesische Bankhalter Agostino Chigi, der damals in Rom lebte, seine Dienste suchte. Für diesen übernahm er den Bau des Palastes am Tiber, den man jetzt nach späteren Eigenthümern als die „Farnesina" bezeichnet.

Die Farnesina, eine der schönsten Verbindungen von Kraft,

---

[41] Sollten sich jene Deckenmalereien später als Eigenthum des älteren Bramante (Bramantino) erweisen, so würde daraus hervorgehen, dass er Peruzzi's Lehrer gewesen ist und diesem den Geschmack anerzogen hat, der sich nachmals in der Farnesina geltend machte.

[42] Lomazzo, Idea del tempio della pitt. S. 14 zeiht den Serlio des Plagiates, aber mit Unrecht, da dieser sein Verhältniss zu Peruzzi nicht verhehlt. Lomazzo schreibt übrigens „Petrucci."

[43] s. bei Della Valle, Lett. San. III, 174, 175.

[44] vgl. Vas. VIII, 222.

Anmuth und Ebenmaass, welcher Vasari das Lob ertheilt „nicht gemauert, sondern geboren zu sein"[45], ist schwerlich vor 1509 oder 1510 vollendet worden.[46] Damals war nicht nur der Hauptbau fertig und an den Aussenwänden geschmückt, sondern auch die Gartenloggia:

Rom. Farnesina

Hier malte Peruzzi an der flachen Decke des Mittelraumes: die Ueberwältigung der Gorgo durch Perseus und eine weibliche Figur, welche auf einem von Ochsen gezogenen Wagen rasend dahinfährt; in den Bögen verschiedene Gottheiten, u. A. Venus auf Wolken, ihr Haar kämmend, Diana mit ihrem Jagdgefolge, den Hercules mit dem Löwen und der Hydra, Apollo mit dem Centaur, Leda auf dem Rücken des Schwanes, Jupiter und Europa, Saturn und Ganymed auf den Flügeln des Adlers (auf blauem Grund); in den Fensterwölbungen Männer und Frauen meist sitzend und verschiedenartig beschäftigt (auf Goldgrund); in den Zwickeln oberhalb der Capitelle Amoretten, grau in grau auf grünem Grunde; in noch anderen Abschnitten des Raumes Flussgötter auf Seethieren; das Ganze in herrlichen steinfarbigen Einfassungen.[47]

Gegen Vasari's ausdrückliche Erklärung hat man Peruzzi's Urheberschaft an diesem Theile der Decorationen, der nachmals durch Sebastian del Piombo und Rafael[48] ergänzt wurde, in Zweifel gezogen[49] und die Decke der Loggia dem Daniele da Volterra zuschieben wollen, vermuthlich in Folge der Verwechselung der Farnesina mit dem Palazzo Farnese, wo Daniele wirklich gearbeitet hat; aber Peruzzi's Weise ist nicht zu verkennen. Um diese eigenthümliche Kunstsprache zu verstehen, muss man ihn nicht als Fachmann in einer der drei Künste, sondern als einen Maler betrachten, der zugleich Architekt und Bildhauer war und als Architekten, der den Bildhauer und Maler vereinigte. Nicht Stück für Stück wollen die Deckenbilder der Farnesina beurtheilt sein, sondern

---

45 „Non murato ma nato", Vas. VIII, 222.

46 Während diese jetzt untergegangenen Decorationen entstanden, stieg Rafael auf den Höhepunkt seines Ruhmes, sagt Vas. X, 123.

47 Von diesen erklärte Tizian, sie seien so vollendet, dass er sie nicht vom wirklichen Stein unterscheiden könne (Vas. VIII, 223).

48 Sebastian del Piombo bemalte die von Peruzzi absichtlich leer gelassenen Bogenfelder, von welchen eins der Ueberlieferung nach sogar von Michelangelo sein soll (vgl. Lanzi, Stor. d. pitt. I, 145, der die Farnesina mit dem Palazzo Farnese verwechselt), Rafael fügte die sogen. Galatea hinzu.

49 Vas. VIII, 223.

in ihrem organischen Zusammenhang mit dem Bauwerke, in ihrer Auftheilung auf die Flächen und in ihrer Anordnung im Einzelnen. Die Einheit des Geschmackes, die sich dann ergibt, lässt den Peruzzi als Meister der Perspective und der Mathematik, als einen Mann von classischem Maassgefühl erkennen. Was Rafael in späteren Jahren nur zu erreichen hoffte, „die schöne Form antiker Bauverhältnisse", das hatte Peruzzi schon damals in hohem Grad inne.[50] Er bewegte sich mit Sicherheit auf Höhen des Geschmackes, die manchen seiner Zeitgenossen noch schwindlig machten. Die nothwendige Abhängigkeit der Malerei und Bildnerei von der Baukunst war ihm zum Grundsatz geworden, und als Maler ging er so weit, den architektonischen Verhältnissen geradezu despotische Gewalt über die anderen Künste einzuräumen. Wenn ein Raum mit Gemäldeschmuck auszufüllen war, nahm er keinen Anstand, die menschliche Natur zum Frohndienst zu zwingen; nicht die Wirklichkeit, sondern die statischen Gesetze des Bauwerkes gaben den Ausschlag, wo ein Conflict entstand. Aber in der Weise der Raumfüllung finden wir bei ihm eine harmonische Gesetzmässigkeit, die ebenso zutreffend ist wie diejenige, welche Tizian bei seiner Färbung beobachtet.[51] Ja durch diesen Sinn für Ebenmaass ersetzt er geradezu die Farbe, denn in seinem architektonischen Eifer lässt er allerdings merken, dass er die feineren Reizmittel eines Tizian, Andrea del Sarto und Correggio entbehrte.

Schon frühe war den sienesischen Künstlern der Sinn für griechische Architektur aufgegangen. Freilich hatten es Männer wie Simone Martini und Antonio Federighi bei ihrem noch unausgebildeten Naturgefühl nicht zu tieferem Verständniss der Griechen bringen können, denen die Natur in allem Führerin war, und so waren denn Härte und Schematismus unausbleiblich. Von diesen Schwächen seiner Landsleute hat sich auch Peruzzi nicht völlig frei gemacht. Seine Kunstweise steht zur classischen Antike in

---

[50] s. Rafael. Brief an Baldasar Castiglione: „Vorrei trovar le belle forme degli edifici antichi, nè so se il volo sarà d' Icaro." Bottari II, 23.

[51] vgl. Lanzi, Stor. d. pitt. I, 303. —

gleichem Verhältniss wie die etrurische Vasenmalerei. Seine Figurengruppen behalten die Fühlung des Flachreliefs und bewegen sich selbst beim heftigsten, gewaltsamsten Anlass doch oft genug steif und gezwungen. Ueberall wirkt, besonders in der knochigen Zeichnung der Gliedmaassen, die heimische Kunstanleitung, der Einfluss des Pinturicchio und Sodoma nach, aber die Ursprünglichkeit seines Talentes hat darunter nicht gelitten und es gebührt ihm unter den Vertretern der sienesischen Schule gleicher Rang wie den Lorenzetti und dem Simone, die zwar dem Giotto nicht gleichstehen, aber dafür alle seine Schüler übertreffen. Kann man ihn dem Lionardo, Michelangelo und Rafael auch nicht zur Seite stellen, so hat er doch Anspruch, unmittelbar nach ihnen und vor all' ihren Nachfolgern genannt zu werden.

Peruzzi's Vortragsweise ist, auf das Handwerk betrachtet, sehr einfach. Seine spröden rosigen Fleischtöne und Gewandfarben sind ohne alle Untermalung hingesetzt, die Kalkfläche der Mauer für die höchsten Lichter benutzt. Am vollständigsten gibt sich seine Art und Weise bei den Malereien der Farnesina in der Darstellung der Medusen-Mythe zu erkennen: Perseus schwingt das Schwert über dem Haupte des Scheusals, während oberhalb über dem Fries drei männliche und eine weibliche Gestalt Gesichter und Brüste zur Schau stellen.[52] Zieht man die Diagonale durch das Rechteck dieses Bildes, so nimmt die beschriebene Gruppe eine Gestalt an, welche sie zur Füllung eines Tempelgiebels geeignet macht, und dieser Eindruck wird durch das am schmalsten Ende eingefügte Kopfstück eines Pferdes gesteigert, welches an den Parthenon erinnert. Das obere Stück ist durch eine einzige in colossalem Verhältniss gedachte Victoria mit Posaunenhorn ausgefüllt, deren Beine, Flügel und Gewand zur entsprechenden Ausfüllung des Raumabschnittes ausgelegt sind. Bei aller Gewaltsamkeit der Bewegungen und Keckheit der Zeichnung herrscht in diesem Musterstück die für Peruzzi so höchst charakteristische plastische Empfindung vor und besonders sind

[52] Perseus und Gorgo auf Wolken, der Stahlharnisch des Helden jetzt ziemlich farblos.

die Gewänder mit starker Absicht auf Durchprägung der verhüllten Körpertheile behandelt. Ebenso markirt ist die verkürzte Stellung der weiblichen Figur im nächsten Felde, die Kopf und Leib mit aller Gewalt vorbeugt und den Arm mit den Zügeln, an denen die Stiere zerren, ausstreckt, während sie sich mit dem andern an die Wange des Wagens klammert.[53] Hier ist die sienesische Verzerrung am auffälligsten, die Figuren gleichzeitig übertrieben hager, Merkmale, die in Verbindung mit den dünnen Gliedmaassen und der eigenthümlichen Bewegung der Thiere wieder aufs seltsamste an altetrurische Stilisirung erinnern. Diese leidenschaftliche Formgebung spricht sich nicht minder in der übermenschlichen Muskelarbeit der Gestalt des Hercules mit dem Löwen aus. Die Gewalt des Ausdruckes, besonders die Wucht des Trittes, mit welchem Herkules dem Löwen das Genick bricht, erinnert an antike Bronzen, wie denn die ganze Gruppe den vortheilhaften Abstand der Auffassung Peruzzi's gegen die des Antonio Pollaiuolo erkennen lässt.[54] Farnesina.

Aber Peruzzi's Antheil am malerischen Schmuck der Farnesina war nicht auf die untere Halle beschränkt. Auch in der des obern Stockwerkes, welche das Vorzimmer zu den von Bazzi und Beccafumi ausgemalten Sälen bildet, malte er die Deckenfelder, den geschmackvollen Sims mit der auf scheinbaren Tragfiguren ruhenden Hohlkehle, den Fries mit Wandsäulen und die Scheinfenster, durch deren Oeffnungen man auf Landschaften blickt — ein von Vasari deshalb höchlich gelobter Einfall, weil dem Raume dadurch der Anschein grösserer Ausdehnung gegeben werde.[55] Auch die Wandstücke über der Thüre hat er benutzt, um Schild-

---

[53] Zwischen den Beinen der Ochsen sind die Köpfe der 7 Winde sichtbar; die Gruppe bewegt sich ebenfalls auf Wolken, der Hintergrund ist gestirntes Blau. (Der rechte Arm der weiblichen Figur und das angrenzende Stück nachgebessert.)

[54] Die grau in grau gemalten Randleisten sind höchst geschmackvoll u. von täuschender plastischer Wirkung, die durch treffliche Vereinigung der Formprägung und der Perspective erreicht ist. Die Goldrosetten u. das Wappen im Mittelpunkt der Decke sind die einzigen in wirklich erhabener Arbeit ausgeführten Stücke. Hier ist nur zu bemerken, dass das ursprüngliche Wappen der Chigi erst beim Besitzwechsel in das farnesische Lilienschild verwandelt wurde.

[55] Vas. VIII. 223: „la sala è fatta in partimenti di colonne figurate in prospettiva, le quali con istrafori mostrano quella essere maggiore."

halter in classischem Geschmack anzubringen, über dem Architrav sind spielende Kinder gemalt, und selbst der Kamin, dessen Mantel den Vulcan in seiner Schmiede trägt, sowie das Holzgetäfel mit seinen Göttergestalten ist übereinstimmend behandelt. Neuerdings hat man nun zwar den reichen mythologischen Schmuck des Frieses dem Giulio Romano zutheilen wollen[56], aber genaue Prüfung solcher Darstellungen wie hier der Apollo mit dem Sonnenwagen, beweist zur Genüge, mit wem man es zu thun hat. Keinesfalls spricht aus diesen Bildungen die künstlerische Erbschaft Rafaels, wie sie Giulio überkommen hatte, sondern der kecke Classicismus des Peruzzi, dessen Auffassungsweise, wenn auch von ganz anderem Temperament, doch in mancher Hinsicht Vorläuferin der zärtlicheren Darstellungen Guido Reni's war, wie sie z. B. seine Aurora im Palast Rospigliosi in Rom vorführt.

Im Erdgeschoss der Farnesina, dem Palast Corsini gegenüber, haben wir einen Raum, welcher in gleich phantasievoller Weise mit einem scheinbar plastischen Fries geziert ist und sich ebenfalls als Arbeit eines Mannes zu erkennen gibt, der über dem Studium Michelangelo's und Rafaels doch die eigene Kunstsprache nicht aufgegeben hatte, wie wir es von Peruzzi rühmen dürfen.

Rom. Farnesina.

Die Darstellungen enthalten: den Hercules-Mythus, Raub der Europa, Danaë im Goldregen, Diana und Aktäon, den Tod Aktäon's, Midas mit den Eselsohren (Calumnia?), Apollo und Marsyas, Venus und Cupido, Kinder und Tritonen, Flussgottheiten, Silene, Satyr mit Venus, die Jagd des Meleager und Endymion.

Die mannichfaltigen Unternehmungen, welche dem Peruzzi anvertraut wurden, bieten ein reiches Bild seiner Thätigkeit; auch an Lebensnachrichten ist uns Mancherlei überliefert. Wir können nicht alle die zahlreichen Häuser beschreiben, welche er in Rom verziert hat[57], noch weniger auf eine Würdigung seiner damals allgemein bestaunten Darstellung des „Verraths der Giulia Tarpeia"[58]

---

56 s. Anm. zu Vas. X, 88.

57 vgl. Vas. VIII, 222—225 u. 227; Lomazzo. Tratt. della pitt. 187, welcher besonders einen steinfarbigen Kinderfries an einem Hause in Trastevere erwähnt; Serlio, Regole generali di architettura etc. fol. Venedig 1537. Lib. IV, Cap. XI, S. LXX.

58 Vas. VIII, 224.

eingehen, einer Decoration bei den Festlichkeiten, die i. J. 1515 bei Uebergabe des Feldherrnstabes an Giuliano de' Medici stattfanden, noch auf die künstlerische Hilfe, die er in demselben Jahre dem Kardinal Pio für den Dom in Carpi und 1517 für S. Niccolò daselbst leistete[59]; dann müssten auch Fresken im Vatican und in der Peterskirche, sowie andere für den Kardinal Riario in Rom selbst und in Ostia ausgeführte Wandmalereien erwähnt werden[60]; aber man kann darauf umsomehr verzichten, da uns die Kapelle Ponzetti in S. M. della Pace eine vollkommene Vorstellung von Peruzzi's Vortragsweise aus d. J. 1517 gewährt. Die Malerei der Wölbung ist offenbar ebenfalls sein Werk:

In drei Reihen sind dargestellt: Erschaffung Adams und Eva's, Opfer Isaaks, Moses die Gesetztafeln empfangend, sodann Geburt Christi, Anbetung und Flucht nach Egypten; endlich die Sündfluth, David mit Goliath, Judith und Holofernes. Darunter Maria mit d. K. zwischen Katharina von Alexandrien und Brigitta, letztere als Fürsprecherin des Ferrande Ponzetti, der zu ihren Füssen kniet, wie die Inschrift ausdrücklich besagt.[61] Rom. S. M. delle Pace.

Die Malereien, die das deutlichste Gepräge von Peruzzi's Hand tragen, sind von einer Schönheit der Anordnung und von dem Geschmack der Täfelungen so trefflich unterstützt, dass sie selbst von Rafaels kurz darauf begonnenem Kapellenschmuck in S. M. del Popolo (1516—19) nicht übertroffen werden. Die Leistungen Peruzzi's aus dieser Zeit leuchten besonders durch das offenbare Bestreben hervor, es in Würde der Formgebung, des Ausdruckes und des Lebens, in Breite der Behandlung und

---

[59] Campori, Gli Artisti etc. S. 358 u. Vas. VIII, 226. 227.

[60] Bei den Arbeiten in Ostia soll ihm, wie Vas. VIII, 221, 222 behauptet. Cesare da Sesto zur Hand gegangen sein.

[61] Die gegenwärtig blossgelegte Stifterinschrift: „FERDINĀDVS PŌZETTVS CAMĒ APC̄E PRESIDĒ DECĀVS DIVE BRIGIDE NERTTIE DICAVIT“ war i. J. 1869 noch mit marmorartiger Farbe übermalt, wie denn auch andere Theile des schönen Werkes, z. B. die Pilaster und der Giebel solche barbarische „Nachhilfe“ erlitten hatten. Die Zeit der Entstehung war bis vor Kurzem in einer Inschrift am Rande der Wölbung angegeben. Ferrante Ponzetti war 1517 Archidiakon von Sorrent und führte den Vorsitz in der apostol. Kammer. Vas. VIII, 223 sagt bezügl. Peruzzi's: „feceuna cappella.“ Die Herausg. des Vas.-Lem. a. a. O. beschreiben die Malereien nach den Abbildungen in der Ape italiana, beklagen aber seltsamer Weise ihren Untergang.

in edler Einfachheit der Gewänder dem Michelangelo und Rafael gleichzuthun, und wenn der Sienese diesen Vorbildern auch nur auf Kosten seiner ursprünglichen künstlerischen Richtung nacheifern konnte, so hat er es immerhin mit grossem Glück gethan. Sein Bild der Erschaffung Eva's ist dafür besonders merkwürdig: die schwebende Bewegung des Schöpfers, wie er dem Adam das neue Gebild zeigt, gibt an Grossheit der Darstellung Rafaels im Heliodor-Zimmer des Vatican wenig nach, wogegen die Art der Heranführung Eva's sich wie eine Zusammenfügung der beiden bezüglichen Compositionen Michelangelo's an der sixtinischen Decke ausnimmt, wie sie auch viel von dessen geschmeidiger Behandlung des Nackten hat. Im Bilde der Anbetung des Kindes erscheint Peruzzi mehr in eigener Gestalt, besonders in dem Reichthum und Geschick der Gruppirung, wenn auch im Ausdruck der Gesichter der überhaupt selten ganz unbemerkliche Einfluss Bazzi's nachwirkt. Von einer andern Seite wieder lernen wir ihn in der Composition der Sündfluth[62] kennen: in der kräftigen Einheit des Mannichfaltigen, die er den Florentinern und besonders dem Buonarroti verdankt, ist fast jede Spur umbrischen Charakters untergegangen, und er erreicht diese Höhe historischen Ausdrucks hier ohne Nachahmung aufdringlicher herkulischer Formen. Das Opfer Isaaks sodann, bei dessen Betrachtung man an die Zeit des Wettstreites zwischen Ghiberti und Brunelleschi erinnert wird, ist ein vorzügliches Bild, sowohl vermöge der Grösse und Freiheit des Figurenausdrucks, wie durch die mit Rafael übereinstimmende Auffassung; an dem Judith-Bilde fällt besonders die verkürzte Haltung der gebückten Magd auf, einer Gestalt, die im Geiste der Erfindung an das Gegenstück in der Sixtina erinnert. Dagegen sind die Compositionen der Geburt Christi, der Flucht nach Egypten und des David mit Goliath minder glücklich. Auch die an sich grossartigen Figuren der Maria, des Kindes und der

[62] Zur Linken die Arche, ein Boot, welches gegen den Sturm ankämpft; ein Pferd und ein Ochse schwimmen an's Ufer, dessen Rand ein Mann mit letzter Anstrengung erfasst, während ein Weib mit zwei Kindern nach einem Andern aufschaut, der auf die wachsende Fluth hindeutet, und ein dritter sich weiter rückwärts an einen Baum hält.

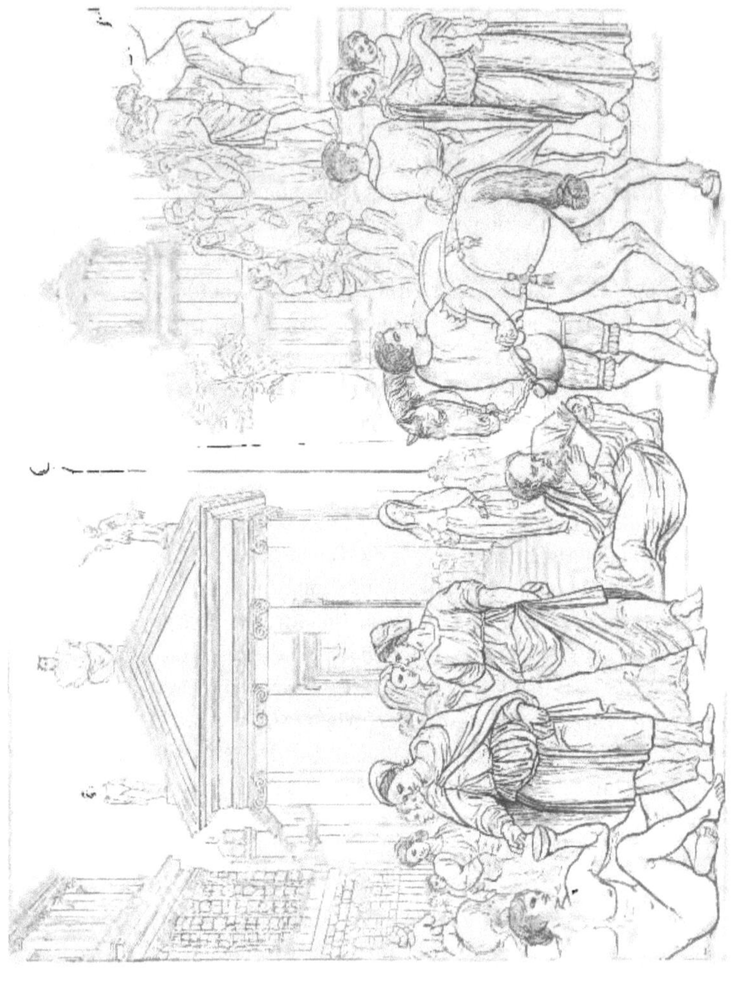

**Darstellung Maria's im Tempel. Freskogemälde des Baldassar Peruzzi in S. M. della Pace zu Rom.**

Brigitta[63] würden wirkungsvoller sein, wenn sie nicht durch gezwungene Haltung und durch etwas manierirte Zeichnung litten, Mangelhaftigkeiten, die man an dem Bildniss des Stifters Ponzetti durchaus nicht wahrnimmt, dessen Haltung, Gewandung und Gesichtsumriss vielmehr eine gute Mischung des plastischen Vortrags mit der lionardesken Weise des Bazzi darstellt. Kühner satter Farbenauftrag bekundet durchweg die Meisterschaft im Handwerk, wenn auch der Fleischton den rauhen, rostigen Stich, den wir schon anderwärts bemerkten, nicht ganz los wird.

Ist es begreiflich genug, wenn ein Künstler, der sich bis zu der hohen Stufe dieser Fresken in S. M. della Pace aufgeschwungen hat, späterhin bei malerischen Arbeiten vom Ruhm solcher Leistungen zehrt, so hat sich die Kraft Peruzzi's nach Vollendung jener Aufgaben lange Zeit in der Baukunst und auf einer Weise fortentwickelt, die ihn neben die ersten zeitgenössischen Meister seines Faches stellte. Freilich verfiel auch er zuletzt in Gewohnheitsmässigkeit und Uebertreibung, aber zunächst verschulden es die Verwüstungen der Zeit und der unglückseligen Ausbesserungen, wenn man sein Bild der Darstellung Maria's im Tempel in S. M. della Pace neben den Fresken der Ponzetti-Kapelle herabsetzt; denn wenn dasselbe auch leider jedes anderen Reizes jetzt entkleidet ist, verdient doch die gediegene Gruppenfügung, der Geschmack des Architektonischen, die Herrschaft über die Geheimnisse der Verkürzung, die Grösse, Plastik und Anmuth der Auffassung alles Lob:

Auf dem ausgedehnten, jetzt von einem vergoldeten Holzrahmen umschlossenen Wandbilde ist der Hauptgegenstand, das heil. Kind, wie es von staunenden Priestern und Zuschauern erwartet die Tempelstufen hinaufsteigt, in den Mittelgrund rechts verlegt, während auf dieser Seite nach vorn sich der breite Stufenbau mit auf- und abwandelnden Figuren erstreckt, denen sich u. A. ein abgesessener Reiter ganz vorn Rom. S. M. della Pace.

[63] Das blaue Gewand auf M.'s Schulter u. die linke Hand Katharina's übermalt, das Behänge dahinter durch Alter verdüstert, hier und da einige Fleischtheile erneut. — Andere Stücke von Peruzzi's Hand an der Stirnseite, welche die Nische überschneidet, sind arg beschädigt; man erkennt nur noch Spuren des Engels aus einem Bilde der Befreiung Petri, eine Figur des David mit der Harfe und Christus, dem Paulus erscheinend.

Rom. S. M. d. Pace. und ein lesender Alter anreiht. Durch einen mehr im Hintergrunde angebrachten Obelisken wird das Bild in zwei fast ganz gleiche Hälften getheilt, deren linke das mannichfaltige Treiben im Tempelvorhof schildert: dichte Gruppen im Gespräch oder Almosen spendend; links dem Tempelaufgang gegenüber ein mehrstöckiges Wohngebäude, quervor die Front eines ionischen Tempels, welcher mit mächtigen Schmuckfiguren am Giebel geziert (Moses, Eva? und Judith), die Ecke einer schräg abführenden Strasse bildet; im Hintergr. rechts ein mehrstöckiger Tempelbau mit rundem Abschluss, dahinter gebirgige Landschaft.[64]

Auch Peruzzi's Fresko der Geburt Christi, das einzige Ueberbleibsel seiner Arbeiten in S. Rocco zu Rom, verdient Beachtung, aber die traurige Beschaffenheit macht nur sehr eingeschränktes Urtheil möglich[65]; die Entstehung desselben scheint kurz nach 1514 gesetzt werden zu müssen. Von den Arbeiten der folgenden Jahre bis 1520, wo er Rafaels Nachfolger als Baumeister der Peterskirche wurde[66] und weiterhin bis zur Plünderung Roms 1527 hat sich nur Weniges bis auf uns gerettet. Es verdient jedoch angemerkt zu werden, dass Peruzzi damals unter anderen Gelegenheitsstücken auch die Ausstattung zu Kardinal Bibiena's Schauspiel „Leone la Calandra“ lieferte. Auch Rafael hatte sich bekanntlich auf derartige Nebensachen eingelassen und z. B. die Decorationen zu Ariosto's „Suppositi“ gemalt, welche auf Kosten Leo's X. im Liebhaber-Theater am römischen Hofe aufgeführt wurden.[67] Als Rafael gestorben war, fand der Papst keinen bessern Stellvertreter für derlei Dinge, als den Peruzzi, dessen Ruhm freilich in andrer Richtung durch Sebastian del Piombo in Schatten gesetzt worden war[68]; selbst von Leo's Liebling Fra Mariano Fetti hat er gelegentlich Aufträge erhalten und ausgeführt.[69]

---

[64] Das Bild, jetzt durch Ausbesserung entstellt und von stumpfem, röthlichem Ton, war vermöge seiner antik-classischen Composition von grosser Wirkung auf die Carracci und auf Nicolas Poussin; G. B. Vignola sagt in einem Brief an Martino Bassi bezügl. desselben: „Baldassare ... finse un telaio di legname essere attaccato a' gangheri di ferro alla muraglia, talchè chi non sa che sia dipinto nel muro, lo giudica fatta in tela.“ Bottari I, 498.

[65] Vas. VIII, 211 sagt: „nella chiesa di S. Rocco a Ripa fece due altre cappellette in fresco.“ — Das Bild des Presepe ist nach Angabe der Herausg. des Vas. von Baciccio übermalt.

[66] Er war von Leo X. unterm 1. Aug. 1520 mit einem Gehalt von 150 Ducaten angestellt, Vas. VII, 137. 138, VIII, 227.

[67] Darüber vgl. später.

[68] Vas. VIII, 227 und X, 126.

[69] Z. B. nach Vas. VIII, 225 eine jetzt nicht mehr existirende Figur des heil. Bernhard im Garten bei Montecavallo.

In den letzten Regierungsjahren Leo's wurde Peruzzi nach Bologna berufen, um sein Urtheil über die Vollendung der Stirnseite von S. Petronio abzugeben, aber die Entwürfe, die er damals (1521 u. 1522) in verschiedenen Maassverhältnissen lieferte, hatten sich des Beifalls der Baudirection nicht zu erfreuen.[70] Glücklicher war er in dieser Beziehung bei seinen Freunden, wie z. B. den Albergati, welche einen Palast nach seinen Zeichnungen bauen liessen, ferner bei Messer Panfilio dal Monte und dem Grafen Giovambattista Bentivoglio.[71] Der jetzt der Nationalgallerie in London angehörige Carton zur Anbetung der Könige, welchen Peruzzi für den Letztgenannten geliefert hat[72], gehört zwar nicht zu den besten Arbeiten des Meisters, aber immerhin zu den interessanten Belegstücken für die Art und Weise, wie Peruzzi ohne sklavische Abhängigkeit sich der Auffassungsweise Rafaels zu nähern wusste. Seine Composition ähnelt derjenigen aus dem Cyklus der Tapeten und ist ihrerseits verschiedene Male und mit ungleichem Geschick von späteren Malern in farbiger Nachbildung copirt worden.[73] — Ausser Vasari haben noch zwei andere Zeitgenossen dem erstaunlichen Talente Peruzzi's ihr Zeugniss ausgestellt: Lamo, welcher ihn die Compositionen des Mazzolini von Ferrara loben hörte, und der Architekt Ercole Seccadinari,

---

[70] s. Gaye, Cart. II, 152. 153, III. 480. 495. Grund der Verwerfung war, nach Seccadinari's Gutachten, dass die Zeichnung Peruzzi's „di stile cosi detto gotico" nicht zu dem verhältnissmässig schwachen Rumpfe des Gebäudes stimmte. Peruzzi wurde mit der ärmlichen Summe von 18 Lire abgefunden.

[71] s. Lamo, Graticola S. 22, 25, 29 und 35.

[72] Nat.-Gal. N. 167. Papier, h. 3' 8", br. 3' 6".

[73] Nicht allein von Girolamo da Treviso, der ihn für Bentivoglio in Farben setzte (s. Vas. VIII, 226 und IX, 53); als diese Copie wurde bisher die ebenfalls in der Nat.-Gall. befindl. Replik (Holz, h. 4' 8½", br. 4' 1½") angesehen, doch hat bereits Waagen, Treasures I, 326 diese Annahme aus stilistischen Gründen mit Recht erschüttert, wie denn das Machwerk in der That zu ängstlich erscheint, um für Girolamo's gelten zu können, und vielmehr auf einen Ferronesen etwa von der Art des Rinaldo von Mantua hinweist. — Eine zweite Replik, dieser ähnlich, — eine schwache roth gestimmte Malerei — befindet sich in der Sammlung Lord Ellesmere's (N. 85. Holz, klein); eine dritte, noch jüngeren Ursprungs in Dudley House (ehemals in der Gall. Fesch), eine sehr dürftige Arbeit mit starker Anwendung von Firniss, vielleicht von Prospero Fontana (s. Waagen a. a. O. II, 236, aus Lord Wards Samml.). — Die beste farbige Wiederholung ist das sogenannte „Aposento de Felipe II" im Escurial (Holz, röthlicher Ton); sie hat viel von Peruzzi's Geist u. behandelt den Vorgang wie eine Theaterscene unter Zuziehung des Colosseums mit Pfeilern, Tempeln und einer marmornen Kaiserstatue auf dem Sockel im Hintergrund.

der seine Entwürfe für S. Petronio als höchst vorzügliche Leistungen bezeichnet.[74]

Der Regierungsantritt Adrians VI. eröffnete so schlechte Aussichten für die Künstler überhaupt, dass sich Peruzzi wahrscheinlich bewogen gefunden hat, länger von Rom entfernt zu bleiben. Aber alsbald nach der kurzen Sonnenfinsterniss der Künste, bei der Stuhlbesteigung Clemens' VII., wurde er wieder herbeigeholt, um bei den Krönungsfestlichkeiten thätigen Antheil zu nehmen.[75] Zu den Aufträgen, mit denen er nunmehr bestürmt wurde, gehört der für das Grabdenkmal Adrians, welches Kardinal Hinckworth in S. M. dell' Anima errichten liess. Umfassung und Bildhauerarbeit wurden von Michelangelo von Siena und Tribolo in schwerem Stil ausgeführt, Peruzzi malte die Canonisation zweier Heiliger an den Seiten.[76] Aus derselben Zeit stammten grau in grau gemalte Apostelgestalten, in den Nischen hinter dem Grabmal Sixtus' IV. in der Peterskirche angebracht, von denen eine jetzt in den vaticanischen Grotten zu finden sein soll.[77] Die dauernde Beschäftigung Peruzzi's bildete bis zur Katastrophe von 1527 die Bauführung in S. Pietro. — Beim Sacco di Roma hatte er das Unglück, von den Spaniern gefangen, gebrandschatzt und aller seiner Habe beraubt zu werden.[78] Als er im erbärmlichsten Aufzuge in seiner Vaterstadt anlangte, erregte er das Mitleid seiner Landsleute, die

Rom. S. M. dell' Anima.

S. Pietro.

---

[74] Lamo a. a. 25. Seccadinari's Gutachten bei Gaye a. a. O. II, 152, 154.

[75] Vas. VIII, 225. 239.

[76] Das Fresko jetzt sehr beschädigt. Hadrian liegt auf dem Sarkophag, der in eine Bogennische in die Wand eingesetzt ist; im Rundfeld darüber Maria m. K. zwischen Petrus u. Paulus; zwei Kindergestalten an den Ecken des Sarkophags halten umgedrehte Fackeln; darunter in flacherhabener Arbeit eine Darstellung von Adrians Einzug in Rom; auf Consolen rechts u. links der Nische die Gestalten der Gerechtigkeit, Tapferkeit, des Friedens und der Weisheit; am Sockel das Wappen des Papstes, von Kinderengeln gehalten. Die Ausführung steht der Erfindung nicht gleich; durchweg herrschen antike Vorbilder durch, aber das Ganze entbehrt Einheit und Schwung: die Karniesse sind zu schwer für die Säulen, die Figuren zart und kurz. Das Beste ist die Gestalt des Papstes und die Engel zur Seite, das Basrelief besser als die Standfiguren. Peruzzi erhielt seinen Antheil am Honorar durch Pietro d' Andrea aus Rom am 29. Juli 1529, während er sich in Siena aufhielt.

[77] Vas. VIII, 228 u. Anm.

[78] Laut eines Belegs v. 5. Oct. 1533 (Doc. Sen. III, 117) bezahlte Peruzzi an Girolamo d' Agnolo in Siena 55 Gold-Scudi als Rest eines Vorschusses zum Zweck seiner damaligen Auslösung; aber nach Vas. VIII, 229 erkannte er noch am 28. Sept. 1529 einen Rückstand von 150 Scudi von dem Darlehn an, welches er aufgenommen hatte zur Tilgung des „residuum taglie . . . temp. adventus Borbonis ad Urbem."

sich (10. Juni 1527) seinethalb zu einer Eingabe an die Balia vereinigten, und die Behörde entsprach dem Wunsche aufs Bereitwilligste, indem sie den berühmten Sohn der Stadt mit einem Monatsgehalt von 5 Scudi anstellte[79] und auch fernerhin namhaft unterstützte. Seine Hauptbeschäftigung in dieser Zeit seines Aufenthaltes in Siena bildeten architektonische Aufgaben — insbesondere das Festungsbauwesen — und entzieht sich daher unsrer Betrachtung. Von malerischen Arbeiten, welche nebenhergingen, ist fast nur die Ausschmückung des Schlosses Belcaro[80] und die Vollendung eines Wandbildes in S. M. in Fontegiusta in Siena (die Sibylle dem Kaiser Octavian weissagend) zu erwähnen. Das Bild ist ein Musterstück des verwilderten Classicismus Michelangelo's. Die männische Haltung des prophetischen Weibes, der theatralisch ausgedrückte Schreck des Octavian, der ganze gleichsam inmitten der Bewegung plötzlich erstarrte Ausdruck sind Eigenschaften, welche keinen dauernden Eindruck hervorbringen können; auch die absichtliche Schaustellung dessen, was der Künstler in Geberdensprache und Proportion vermag, ist nur geeignet, abzustossen. Nach den Arbeiten in der Kirche S. M. della Pace würde Peruzzi unzweifelhaft allmählig der Hässlichkeit des Baccio Bandinelli verfallen sein, hätte ihn nicht der Drang zum Uebermenschlichen auf der errungenen Höhe festgehalten. Dabei darf man nicht vergessen, dass auch Michelangelo in der Paolina nicht mehr derselbe ist, wie in der Sistina; aber Peruzzi's Sibylle von Fontegiusta ist immer noch eine gigantische Erscheinung, welche uns das Recht gibt, eine Menge geringer Arbeiten, denen sein Name angehängt worden ist, zurückzuweisen. Dahin gehört die heil. Familie am Hochaltar der Kirche zu Torre di Bibiano, welche jetzt einem der Brescianini von Siena zugeschrieben wird (s. unten). Zudem ist sehr wahrscheinlich, dass Peruzzi in dieser Zeit, da

---

[79] Bittschrift und Entschliessung der Balia finden sich in Doc. Sen. III, 100 f.; Gaye, Cart. II. 496 f. gibt Auszüge über Zahlung des Gehaltes im Oct. u. Dec. 1527 und fügt hinzu, dass Peruzzi am 17. Oct. 1532 für 11 Jahre Anweisung auf die Einkünfte der Marsiliana erhielt, welche auf 240 Scudi jährlich geschätzt wurden.

[80] Belcaro liegt nahe bei Siena. Die dortigen Fresken, erst unlängst von der Tünche gereinigt, haben die Verf. nicht gesehen.

ihn die umfänglichsten Bauten beschäftigten, die Malerei nur noch nebensächlich betrieb und sich viel auf Schüler verliess.

Von seiner Rückkehr nach Rom i. J. 1535, wo er nun ausschliesslich als Baumeister wirkte, dann von seiner Krankheit, den Bemühungen des Papstes Paul III. um ihn und von seinem Tod im Januar 1537 gibt Vasari genaue Nachricht.[81] Peruzzi hat kein hohes Alter erreicht (55 Jahre) und er ist der Letzte von den grossen Künstlern Siena's, wie denn auch sein Ansehn unter den Kunstgenossen in Rom ein ausserordentliches war. Die Kunst seiner Heimath aber ging unaufhaltsamem Verfalle entgegen, das beweist schon die Thätigkeit seines Freundes und Altersgenossen Beccafumi.

Ehe wir noch eine Reihe mehr oder minder schwacher und zweifelhafter Bilder betrachten, für welche Peruzzi in Anspruch genommen wird, ist ein Wort über die Puccinelli vorauszuschicken. Wir kennen zwei Brüder, Söhne eines Tanzmeisters in Siena: Andrea, der i. J. 1507 mit einem Baptista di Fruosino in Geschäftsgemeinschaft erscheint, und einen Raffaello, der i. J. 1524 mit seinem Bruder zusammen für die Kirche S. Giovanni in Siena malte; 1525 kamen sie nach Florenz, wo Andreas in die Gilde aufgenommen wurde.[82] Jenes Bild in der Pieve S. Giovanni zu Siena (Taufe Christi) wurde von Beccafumi abgeschätzt und erinnert an dessen Weise, doch hat es kräftigeren Schatten, als das derselben Hand zugewiesene Madonnenbild in der Akademie zu Siena.[83] Es fehlt nicht an Regelmässigkeit in den Köpfen, Formbildung und Bewegung sind gelassener, als man sie sonst bei den Sienesen dieser Zeit findet und neigen sich der Auffassung von Albertinelli's Schule zu, die verwaschene Farbe jedoch weist auf Arbeiten des Vincenzo Civerchio zurück.[84]

[81] Vas. VIII, 232 f.

[82] Raffaello wird bei Vas. XII, 50 dort als thätig erwähnt, über Andrea vgl. ausserdem Doc. Sen. III. 32.

[83] Akad. N. 330 (H. h. 2,17. br. 2,06 aus Monte Oliveto fuori) mit Staffel N. 331: Maria hält das Buch in der Linken, auf das sie blickt, der Knabe kniet und hat einen Vogel in der einen Hand, während er mit der andern segnet; dicht am Throne stehen r. Michael u. Benedict, l. Magdalena, noch weiter vorn Dominicus, Hieronymus u. Katharina von Siena; an der Thronstufe ein kleines Bild, Halbfig. Christi im Grabe stehend. In der Staffel kleine Stücke: Geburt Christi. Kreuzigung und Auferstehung.

[84] Von diesem ein Bild mit der Jahr-

Das Bild in Torre di Bibiano enthält die Mad. mit Kind, Johannes d. T. und Hieronymus (Halbfig. unter Lebensgr.); das Kind vorn auf einer Brustwehr sitzend blickt nach dem Beschauer. Die Ausführung ist sorgfältig, aber hart und von rosigem Ton mit scharf markirten Schatten. In Maria's Antlitz und Geberde ein rafaelesker Zug, die Kindesgestalt denen des Bazzi und Peruzzi ähnlich, aber die Behandlungsweise entspricht der Auffassung nicht und ist Peruzzi's unwürdig. Der ganze Anschein deutet auf Ausführung eines Meister-Entwurfs durch geringere Hand.[85]

Berlin, Mus. No. 109 unter Peruzzi's Namen[86]: Charitas, eine stehende jugendliche Figur, nackt, nur leicht mit rothem Gewand bekleidet, ein Kind auf dem Arme tragend, das sich an ihre Brust hält, während zwei andere zu ihren Füssen lebhaft emporverlangen; Hintergr. bergige Landschaft, ein Baum mit dem Neste des Pelican, der seine Jungen nährt. Die sienesische Beschaffenheit lässt wohl auf Peruzzi, aber ebensogut auch auf del Pacchia schliessen, umsomehr da wir nichts von Peruzzi's Kühnheit und Plastik wahrnehmen, sondern eher die Nettigkeit der Umbrier, an welche man auch durch die Zeichnung der Gliedmaassen und der Gewandung erinnert wird.

Florenz, Gall. Pitti No. 345: Heil. Familie, sienesisches Bild ohne das ausdrückliche Gepräge Peruzzi's.

Venedig, Seminario: Penelope am Webstuhl; wenn nicht von Peruzzi's Hand, so doch ihm sehr nahe stehend.

Dublin, Nat.-Gall. No. 48: eine Sibylle, No. 56: Allegorische Gestalt der Sculptur; beide sehr abweichend von Peruzzi und Arbeiten des XVII. Jahrhunderts.

---

zahl 1525 in Palazzuolo. Die Herausg. des Vas. (XII, 50) verzeichnen ferner ein Bild von Andrea im Oratorio della Chiocciola bei Siena. Eine heil. Familie von ihm befindet sich unter N. 1205 in den Uffizien in Florenz (Mad. m. K. u. Johannes, dahinter Dominicus u. 5 Jungfrauen mit Lilienstäben, Holz. lebensgr.).

[85] Della Valle erkennt Stilverwandtschaft mit Pacchiarotto; dies ist zuzugeben, unter der Voraussetzung, dass er nach Arbeiten Peruzzi's und Bazzi's gemalt hat; die Herausg. des Vas. (XII. 50) entscheiden sich für Andrea Puccinelli, an dessen Regelmässigkeit und Milde das Bild allerdings erinnert, wenn auch die Färbung nicht ganz stimmen will.

[86] Holz. h. 2' 9½". br. 1' 6¾".

# ZWÖLFTES CAPITEL.

## *Lorenzo di Credi und Piero di Cosimo.*

Für die florentinische Kunst war die Werkstatt des Verrocchio Ausgangspunkt der Kräfte gewesen, durch welche sie fast alle übrigen Schulen Mittelitaliens beherrschte. Hier waren Perugino, Lionardo da Vinci und Lorenzo di Credi zusammengetroffen, um die gemeinsam erworbene Kunstgesinnung in ihre verschiedenen Wirkungskreise fortzutragen. Lorenzo war es, der am stätigsten mit seiner Heimath verbunden blieb.

In dem Tagebuch des Oderigo di Credi[1] ist uns ein werthvolles schriftliches Denkmal aus dem Anfang des XV. Jahrh. erhalten, welches lehrreiche Blicke in Sitten, Freuden und Leiden des kleinen toskanischen Landwirthes der Zeit gewährt. Es erzählt von den Spähnen und Rechtsstreitigkeiten zweier Grundbesitzer, vom Durchschnittsertrag bei Landverkauf, vom Oel- und Getreidehandel und den Sorgen eines schlechten Jahres, wo der Wirth sein Sonntagskleid mit dem seidenen Futter aufs Leihhaus tragen musste. Auch unterrichtet es uns ferner über die Preise von allerhand Hausbedürfnissen während der Jahre von 1405—1425. Der Schreiber dieser Aufzeichnungen ist der Vater des Goldschmieds Andrea di Credi, welchem i. J. 1459 der Sohn Lorenzo in Florenz

[1] Handschrift der Bibl. Riccardiana, herausgeg. im Arch. Stor. Ser. I. vol. IV. —

geboren wurde.[2] So lange Andrea lebte, wird Lorenzo sich in das väterliche Handwerk eingelebt haben, wie er es darin wirklich sehr weit gebracht haben soll; nebenher versäumte er auch nicht die Brancacci-Kapelle und den Garten der Medici zu besuchen.[3] Aber von der Zeit an, wo der Knabe der Sorge seiner Mutter Mona Lisa überlassen war, kam er als Gehilfe zu Verrocchio. Obwohl man nun voraussetzen sollte, dass er dort vorzugsweise bei Metallarbeiten beschäftigt gewesen sei, wird doch in einer Einkommenliste seiner Mutter v. J. 1480—81 ausdrücklich seiner Handleistung im Malen mit einem Jahrgeld von 12 Gulden erwähnt[4]; wir haben darin zugleich einen neuen Beweis für die vielseitige Thätigkeit seines Lehrers.[5] Erst der Tod Verrocchio's i. J. 1488 löste dieses innige Verhältniss, welches dadurch noch besondere Bestätigung erhalten hat, dass der Meister den Lorenzo nicht nur zum Vollstrecker seines letzten Willens ernannte, sondern ihm den sämmtlichen Vorrath seiner Werkstatt an Metall und Steinen und sein Hausgeräth in Venedig und Florenz vermachte. Das Ehrenvollste aber war die Bestellung zum Nachfolger bei der Arbeit am Denkmal Colleoni's in Venedig und die bezügliche Empfehlung an den Dogen.[6] Der Erbe vergass seiner Verpflichtungen nicht und erfüllte auch in seinem eignen Testamente den Wunsch des Lehrers, indem er der Nichte desselben, Ginevra, eine Geldsumme aussetzte.[7]

Die Gemüthsart des Menschen verläugnet sich auch in seinen Bildern nicht, die sich fast ausschliesslich im Gebiet von religiösen Darstellungen und Bildnissen bewegen. Dabei arbeitet er mit einer Geduld und Gewissenhaftigkeit, die nach Vasari's Meinung fast ebensoviel Tadel als Lob verdiente, weil Uebertreibung des Fleisses

---

[2] Vasari's Erzählung VIII. 202 über Herkunft und erste Anleitung Lorenzo's vor seinem Eintritt in die Werkstatt des Verrocchio ist unrichtig. Ueber das Geburtsjahr s. später.

[3] Vas. III. 162 und VII, 205. —

[4] s. Index zu Vas.; Lorenzo wird 1480 als 21 jährig aufgeführt. —

[5] vgl. B. III. Cap. VIII. Dort sind als Malerarbeiten Verrocchio's nachzutragen: die bei Albertini (Mem. s. B. II, S. 441) erwähnten 3 grossen Bilder zur Mythe des Hercules, auf Leinwand, im alten Rathssaale des Pal. pubbl. in Florenz.

[6] Verrocchio's Testament aus der Handschrift der Riccardiana N. 2713 bei Gaye, Cart. I, 367 ff.

[7] Lorenzo's Testament aus dem Arch. Generale bei Gaye a. a. O. 372 ff. Es lehrt überdies, dass der Familienname Scarpelloni, den Vas. angibt, falsch ist. —

beim Malen, wie sie sich in den immer wieder und wieder aufgetragenen Farbenschichten kundgab, ein Bild in dieselbe Gefahr bringe, wie grobe Vernachlässigung.[8]

Zwischen der träumerischen Innerlichkeit Perugino's und dem genialen Schwunge Lionardo's stehen die braven Leistungen Lorenzo's, wenn auch von umbrischem Gefühle angeflogen, doch kühl und förmlich. Dies ist theils Folge geringerer geistiger Kraft, theils Folge seines Lehrganges. Unter Verrocchio's Leitung machte er eine lange Probezeit durch, indem er entweder Entwürfe des Meisters oder Lionardo's (und letztere zwar nach Vasari's Zeugniss bis zum Verwechseln) copierte, und wie schwer es ist, Zeichnungen der drei Kunstgenossen auseinander zu halten, hatten wir schon früher zu bemerken Gelegenheit.[9] Sehen wir uns nun nach Gemälden um, deren Entstehung man in diese Periode Lorenzo's setzen dürfte, so kommt hier das vortreffliche unter Antonio Pollaiuolo verzeichnete Temperagemälde der Madonna mit dem Kinde in der National-Gallerie zu London in Betracht, das schon früher von uns als ein Erzeugniss der Schulgenossenschaft Verrocchio's in Anspruch genommen worden ist.[10] Wir beharren bei der Ueberzeugung, dass Lorenzo an diesem Werke Theil hat und berufen uns dabei hauptsächlich auf die strenge Sorgfalt in der Durchführung und die eigenthümlich weiche Bildung der Köpfe, wenn auch gerade in letzterem Punkt seine Jugendarbeiten sich kaum von denen des Lionardo unterscheiden lassen, in welchem Lorenzo völlig aufgeht, nur dass im Formgepräge und im Faltenwurf eine leise Abwandlung nach Perugino hin bemerklich wird.

Aus Credi's ganzer Arbeitsweise erklärt sich sofort, weshalb er durchaus Staffeleimaler blieb. Hauptsache war ihm, eine emailleartige Gussfläche im Farbenauftrag zu erreichen. Zu diesem Ende reinigte er sich seine Oele selbst und stampfte die erdigen Farbstoffe zum feinsten Pulver; wenn er sich dann die Abstufungen

---

[8] Vas. VIII, 208. —

[9] s. B. III. Cap. VII. Vasari selbst (VIII, 203) besass einige Zeichnungen Lorenzo's nach Thonmodellen, die mit Gewändern in wachsgetränktem Linnen ausgestattet waren, „con tanta diligenza imitati e con tanta pazienza finiti, che non si può a pena credere, non che fare."

[10] N. 296, früher unter Dom. Ghirlandaio h. 3' 2", br. 2' 3¼", vgl. Bd. III, S. 153.

der Töne — nach Vasari oft an 30 — auf der Pallette zurecht gemacht hatte, verbot er, wie uns berichtet wird, seinen Dienern auf's strengste, während seiner Arbeit Staub im Zimmer aufzuregen.[11] Er glättete die Bildfläche bis zur Dichtigkeit des Metalls und zog so zarte Farbenhäutchen darüber, dass sie nachmals wenig Veränderung erlitt. Es lässt sich durch den Augenschein nachweisen, dass Lorenzo hierin den Anleitungen Lionardo's gefolgt ist. Wenn uns auch keine ausdrücklichen Schilderungen über diese Zeit des grossen Meisters erhalten sind, so braucht man doch nur die etwas jüngern Bildnisse desselben (angeblich Lodovico Moro und Beatrice von Este) auf der Ambrosiana in Mailand zu betrachten, um genau dasselbe Verfahren zu erkennen, was dem Lorenzo geläufig war, nur dass es dort von einem Meister ersten Ranges gehandhabt ist. In späterer Zeit — wir erinnern an Mona Lisa — verhüllt Lionardo allerdings die Mittel seiner Darstellung in einer Weise, die sterblichen Augen undurchdringlich scheint, aber selbst wenn die beiden Bilder der Ambrosiana aus der Reihe von Lionardo's Werken der in Rede stehenden Zeit zu tilgen sein sollten, so blieben uns doch noch Anhaltepunkte genug, um Lorenzo's Technik aus der seinigen abzuleiten. Denn die Luini, welche Lionardo gebildet hat, bieten uns das nämliche Beispiel. Aus gleichen Gründen gehört Beltraffio hierher, die schlagendste Verwandtschaft mit Credi liefert uns aber Andrea da Milano mit seinen kühlen gelbrothen Fleischtönen.

Nach Verrocchio's Tode gewann Lorenzo eine sehr ansehnliche Stelle in der florentinischen Künstlerschaft. Sein Name erscheint unmittelbar hinter Lionardo in der Malerrolle[12] und mit Perugino zusammen wird er bei allen öffentlichen Kunstangelegenheiten um die Wende des Jahrhunderts zu Rathe gezogen. So waren Beide i. J. 1491 bei der Berathung über den Façadenbau für S. M. del Fiore[13] und ebenso bei der Verhandlung über die Reparatur der

---

[11] Vas. VIII, 208. Für die Zubereitung des Nussöles werden ihm ohne Zweifel die Anweisungen nützlich gewesen sein, die Lionardo darüber gibt.

[12] Das Datum des Eintrags ist nicht mehr lesbar. s. Gualandi, Mem. Ser. VI, 185. —

[13] Vas. Comment. VII, 247.

Laterne[14] i. J. 1498 betheiligt. Ebenso i. J. 1504, als über die Aufstellung des David von Michel-Angelo entschieden wurde[15], endlich bei Abschätzung der Mosaikarbeiten des Monte und Gherardo.[16] Während jedoch Perugino, wie wir gesehen haben, wiederholt Reisen nach Perugia und nach Rom machte, blieb Credi ununterbrochen in Florenz. Schwer ist eine Zeitfolge seiner Arbeiten festzustellen. Die Erwähnung seiner Madonna mit Heiligen in S. M. Maddalena de' Pazzi (jetzt im Louvre), ferner eines Bartholomäus in Orsanmichele und des grossen Epiphanienbildes für S. Chiara (jetzt in der Akademie der Künste) bei Albertini[17] beweist nur, dass diese Bilder vor 1508 gemalt waren. Auch die Entstehungszeit von Credi's Bildniss des Verrocchio in der Gallerie der Uffizien[18] ist bei den durch Alter und Uebermalen herbeigeführten Veränderungen des Bildes kaum zu bestimmen. In Spanien, wohin Copien nach Verrocchio und Lionardo gekommen sind[19] hat keiner der sogen. Lionardo's den Stempel von Credi's Hand, noch können die ihm zugetheilten Bilder in den Kathedralen zu Burgos und Granada ihm gelassen werden.[20]

Pistoia. Capp.d.Sacr. Das schönste und älteste Altarbild Lorenzo's ist dasjenige der Cappella del Sacramento im Dom zu Pistoia[21]: Maria mit dem Kinde in marmorner Umhegung, zur Seite Johannes der Täufer und ein heiliger Bischof (Zenobius). Hier finden wir noch alle

---

[14] Vas. Comment. VIII, 209. Anm. u. Guasti, Cupola S. 119.

[15] Gaye, Cart. II, 455. —

[16] Vas. Comment. VI, 70. 341. 342.

[17] s. Albertini's Mem. s. B. II, S. 440 u. 442, u. Vas. VIII, 205 u. Richa, Chiese fior. IX, 84. —

[18] Uffiz. N. 1163. Holz, Oel, fast lebensgross, einen Mann von etwa 50 Jahren darstellend, lange für Martin Luther gehalten, in Wahrheit jedoch Original des von Vasari seiner Lebensbeschreibung des Verrocchio beigegebenen Portraits (nach der andern Seite gewendet).

[19] Vas. VIII, 204.

[20] In Granada kommt in Betracht das jetzt für Lionardo geltende kleine Madonnenbild „Nuestra Señora del Soccorro" genannt (Halbfig. Maria's, vor sich im Schoosse das Kind, voll Bewunderung die Rechte erhebend), röthlicher Fleischton); in Burgos: ein Bild der büssenden Magdalena (ebenfalls für Lionardo angesehen) nach Passavant vermuthlich Pedrino, s. dessen Christl. K. in Spanien S. 149.

[21] Holz, Oel, fast lebensgr. Fig. Bei Maria erfreut besonders die jugendliche Frische im Antlitz und die feine Bildung der Hände; die Gewänder haben Lionardo's Behandlung, ebenso der Bischof, dessen Hände noch frei sind von der später bei Lorenzo auffallenden Schwere; auch der derb knochige Körper des kleinen Johannes und die dünnen flatternden Locken erinnern an Lionardo, während die etwas gezwungene Haltung trotz des kräftigen Kopfes und der ausgeprägten Anatomie dem Perugino näher kommt. Das Fleisch ist von warmem Gelb in den Lichtern und kalten Schatten.

Ueberlieferungen seiner Schule. Die Figuren sind durchgehends von natürlicher fester Haltung, dem Lionardo höchst ähnlich, das ansprechende Rundköpfchen der Maria und die liebliche Verbindung ihrer Geberde mit der des Kindes zeigen unwillkürliche Anlehnung an Perugino. Die Landschaft des Hintergrundes ist reich an feinen Einzelheiten. Bis ins Kleinste erstreckt sich die metallartige Schärfe der Durchführung; die Zeichnung ist sorgfältig, die Verhältnisse schön, auch Rundung und Perspective trefflich, alles durch das vorherrschende Silbergrau des Tones gehoben. Der nackte Knabe, der sich nach dem auf Maria deutenden Johannes wendet, hat zwar schwere Gliedmaassen, ist aber doch nicht übertrieben feist gebildet. Von seinem Madonnenbilde in S. M. delle Grazie in Pistoia[22] lässt sich bei der übeln Beschaffenheit jetzt nicht mehr sagen, ob es ebenso schön gewesen ist wie sein Gegenstück in dieser Stadt. Das einzige gleichartige Beispiel bietet das Bild im städtischen Museum zu Mainz[23]: Pistoia. S. M. delle Grazie.

Maria von lieblicher Jugendlichkeit hält das Kind, welches, auffallend schön, sich von der Brust der Mutter hinwegwendet, indem es eine Frucht in der Linken hält. Hinter Maria ein rother Vorhang und Blumengewinde, auf der Brüstung eine Blumenvase. Mainz. Städt. Mus.

Der Reiz, den die Figuren an sich haben, wird durch feine Naturempfindung der Formen und durch die treffliche Färbung, mittelst sauber gemischten in bräunliche Schatten übergehenden gelben Fleischtones und durch die unendliche Sorgfalt in der Durchführung des Saumschmuckes und andrer Nebendinge wesentlich erhöht. Das kleine Bild der anbetenden Maria in Carlsruhe[24] ist zwar Carlsruhe. Museum

[22] Früher im Hospital al Ceppo (Vas. VIII, 204). S. M. delle Grazie heisst auch „del Letto", früher „al Ceppo" (Vas. VIII, 204): das Kind segnet, zur Seite stehen Johannes d. T. und Hieronymus, daneben knieend Magdalena und Martha. (Holz, Oel, lebensgr. Fig.)

[23] N. 124, Holz, Oel, fast lebensgr.; N. 125 ders. Gall. (Rundbild der heil. Familie, Holz, Oel) hat, wenn auch stark übermalt, den Charakter von Lorenzo's Schule. —

[24] N. 351, Holz, rund, Durchm. 2' 9": Maria betet knieend das am Boden liegende, die Finger zum Munde führende Kind an, hinter welchem der kleine Johannes ebenfalls knieend anbetet; gegenüber links der Stall. (Haar und Schatten am Halse Maria's, das weisse Kissen des Kindes und das Knie des Johannes ausgebessert.) —

nicht minder echt, steht aber an Reiz hinter diesem zurück. Das Bild der Gallerie Borghese in Rom[25] ist ebenfalls weniger kräftig, aber doch von hohem Liebreiz im Ausdruck der Figuren; es zeigt die Gruppenfügung Lionardo's und hat, obgleich sonst auf frühe Entstehung deutend, in den nackten Theilen der Kinder schon etwas von der feisten Bildung, welche Credi später übertrieb:

Rom. Gall. Borgh. Die schlank gewachsene Madonna hält das zu dem Gespielen Johannes vorgebeugte Kind im Schoosse, indem sie die Hand um seinen Nacken legt. Johannes blickt betend empor. Rechts liegt ein offenes Buch, welches die Stelle des V. Cap. im Jesaias enthält, worin die Geburt des Immanuel verkündet wird; links eine Vase; durch die Fenster Landschaft sichtbar.

Lorenzo gehörte der strengen Richtung der Piagnonen an, der Verehrer Savonarola's, denen alles Weltliche für verderblich galt. Vasari[26] erzählt, dass er bei dem zum Carneval 1497 von den Dominikanern in Florenz angerichteten Opferbrande an Büchern, Kunstwerken und sonstigem irdischen Tand alle seine Arbeiten, die nicht vom reinsten religiösen Gefühle durchdrungen waren, in die Flammen geworfen habe. Aber seine Gemüthsart verstieg sich doch nicht zu der völligen Weltflucht des Fra Bartolommeo, noch gab er sich gänzlich dem Rigorismus der Dominikaner gefangen; als das Kloster S. Marco i. J. 1507 mit Bernardo del Bianco um den Preis von Fra Bartolommeo's Bilde der Vision des heil. Bernhard in Streit gerieth, trat Lorenzo mit dem Miniaturmaler Gherardo als Schiedsrichter für den Verkäufer auf.[27]

Florenz. Gall. Uff. Für die mit den Jahren zunehmende Milderung seiner frühern Strenge und übergrossen Sorgfalt der Behandlung bietet uns das jetzt in den Uffizien aufgestellte Bild der Taufe Christi Zeugniss, welches für die Genossenschaft del Scalzo gemalt war.[28] Es ist in der Behandlung des Nackten weniger gelungen, von steiferen Bewegungen und unfreierer Formgebung, als frühere Arbeiten, obwohl noch von der sichern Zeichnung und glatten Farben-

---

[25] I. Zimmer N. 2. Holz, Oel, rund.
[26] Vas. VII, 153.
[27] s. Marchese, Mem. II, 35—39 und 360 f. vgl. Vas. VIII, 206.
[28] Holz, Oel. Fig. fast lebensgr.; erst unlängst aus S. Domenico di Fiesole, wohin es i. J. 1786 gekommen, in ein Privatzimmer der Uffiz. versetzt.

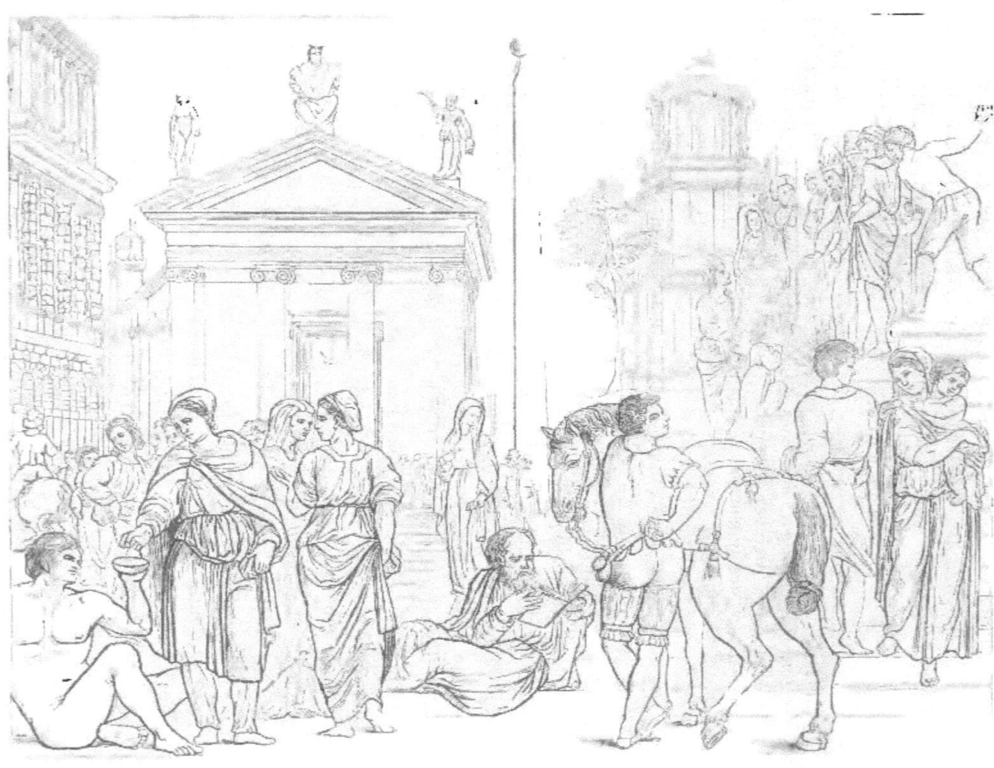

Darstellung Maria's im Tempel. Freskogemälde des Baldassar Peruzzi in S. M. della Pace zu Rom.

fläche, welche Verrocchio's Anleitung erkennen lässt, wie es denn auch im Ganzen an dessen Composition des Gegenstandes erinnert, nur dass bei Lorenzo im Vordergrunde links drei statt zweier Engel knieen, und im Hintergrunde dieser Seite der predigende Johannes hinzugefügt ist. — Noch glätter, aber schon von etwas gezierter Förmlichkeit ist das herrliche Bild im Louvre[29]:

Auf dem als Wandnische gebildeten, von schönen Pilastern gesäumten Throne, sitzt Maria, den Blick inbrünstig zu dem auf ihrem rechten Schenkel liegenden nackten Kind herabgesenkt, welches sie mit zarter Berührung an Brust und Bein hält, während dasselbe sich stark links biegend den auf dieser Seite stehenden heil. Julian segnet, welcher, eine adelige jugendliche Gestalt in reicher Lockenfülle, mit betend geschlossenen Händen gen Himmel schaut; ihm gegenüber in vollem Ornat der heil. Nicolaus lesend, beide vor Fensteröffnungen stehend, durch welche man ins Freie sieht. Paris. Louvre.

Hier ist schon in der Buntheit der geringer abgetönten Localfarben und in der Weichlichkeit des Ausdrucks ein Nachlassen der Jugendkraft Lorenzo's bemerklich. Als bedeutendste Arbeit aus dieser Zeit des Künstlers ist die Anbetung der Hirten in der Akademie zu Florenz zu bezeichnen. Doch ist die ängstlich symmetrische Anordnung geeignet, die Vorstellung von Lorenzo's Compositionsvermögen sehr abzuschwächen.[30]

Maria mit zwei knieenden Engeln zur Seite, zwei stehenden hinter sich, betet ebenfalls knieend das vorn am Boden liegende Kind an; im Vordergrunde auf dieser Seite zu äusserst rechts Joseph stehend auf den Stab gestützt; ihm gegenüber links ein Jüngling mit einem Lamm im Mantel, blöd nach aussen blickend, während ein zweiter Schäfer, in der Haltung genau der Maria entsprechend, auf ein Knie gesunken ist, und ein dritter hinter ihm stehend voll Staunen die Hände erhebt. Den obern Abschluss bildet die Hütte, durch deren Oeffnungen man auf weite felsige Landschaft und Stadt sieht, den Fussboden füllen Blumen und Gräser. Florenz. Akademie.

Beobachtet man am Madonnenbilde in Pistoia die anatomische Ausdrücklichkeit der Zeichnung, welche den Schulgenossen des

[29] Mus. Napol. Holz, h. 1,61, br. 1,65, lebensgr. Fig., ursprünglich in S. Maria Maddalena de' Pazzi oder Cestello (Vas. VIII, 205).

[30] Gall. der gr. Gem. N. 51. Holz, Oel, Fig. fast lebensgr., ursprünglich im Nonnenkloster S. Chiara in Florenz. vgl. Vas. VIII, 205.

Lionardo kennzeichnet, so werden wir in diesem florentiner Bilde nur an dessen Schüler erinnert. In den auf harte Ausprägung der Form verzichtenden Umrissen und in der Abtönung des Fleisches wie der Gewänder ist etwas von Luini's Art bemerklich. Dabei ist die Einheit in der Farbe trefflich, die Behandlung eingehend, der Faltenwurf verständig; an Kleinarbeit in der Durchführung der Landschaft und des Vordergrundes hat es Lorenzo niemals weiter getrieben, und Vasari lobt ihn dafür ausdrücklich. Credi gibt sich hier als Maler der blöden Frömmigkeit mit einem Zuge sich gleichsam selbst geniessender Schwermuth. Durchweg herrscht Stille der Inbrunst, wie in dem Kranze der leis flüsternden Engel, so in der zarten Sorglichkeit der Madonna, welche sie umgeben. Erkennt man in diesen Figuren das Vorbild Fra Filippo's, so bringen die Gestalten der Hirten Typen Ghirlandaio's in weicherer Erscheinung wieder; der Johannes hat die sanften Formen des Luini, Joseph ist in Haltung und Ausdruck peruginesk.

Diese Züge erfahren nun bei Lorenzo im Laufe der Zeit so wenig Abwandlungen, dass sich über die Eintönigkeit der späteren Arbeiten wenig Bemerkenswerthes hinzufügen lässt. Zahlreiche Aufträge zur Aufbesserung alter Gemälde, von denen wir Kunde haben, beweisen wie sehr man seine technische Erfahrung schätzte.[31] Das Vertrauen seiner Mitbürger und seiner Kunstgenossen berief ihn überdies in vielen Fällen zum Schiedsrichteramte bei künstlerischen Fragen.[32] Er durchlebte die Schrecken der Belagerung seiner Vaterstadt i. J. 1527, zog sich i. J. 1531 gegen Vergütung in das Hospital zu S. M. Nuova zurück und ist am 12. Januar 1537 gestorben.[33]

---

[31] Schon früher wurde erwähnt (Bd. II. 159), dass Lorenzo i. J. 1501 ein Altarbild Fra Angelico's in S. Domenico zu Fiesole wiederherstellte; 1524 that er dasselbe mit dem Bildniss des Condottiere Hawkwood (Acuto) von Uccelli in S. Maria del Fiore, mit dem Niccolò da Tolentino von Castagno, den 6 Apostelfiguren von unbekannter Hand und mit den Grabmälern des Fra Luigi Marsili und des Cardinal's Pietro Corsini daselbst. Vas. VIII, 206, Anm. 3.

[32] Er würderte 1514 die Gemälde Ridolfo Ghirlandaio's in der Cappella de' Signori im Palazzo vecchio in Florenz (s. Vas. VIII. 209, Anm.), 1517 eine Statue von Baccio Bandinelli (s. Temenza, Leben des Sansovino a. a. O. S. 7 u. Vas. VIII, 210, Anm.). 1508 bemalte er ein Crucifix des Benedetto da Maiano (Vas. VIII. 206. 209) und erscheint als Zeuge im Testament des Cronaca.

[33] Gaye, Cart. I, 374 und Anm. zu Vas. VIII, 206, 207, 210. Sein Testament verfasste er i. J. 1531 (s. oben); über seinen Tod s. Vas. Index.

Im folgenden Verzeichniss stellen wir die Arbeiten Lorenzo's zusammen, welche sich in seine Lebensschilderung nicht einreihen liessen:

Florenz, Orsanmichele, auf einem Wandpfeiler links vom Altar (Altare Gregoriano): ein heil. Bartholomäus mit Messer und Buch, sehr durch Schmutz entstellt.[34]

Florenz, S. M. del Fiore, Sacristei der Canoniker: Erzengel Michael, gemalt um 1523, schwach und von röthlichem Ton.[35] Ebenda, Kapelle in der Tribuna della Croce: der heil. Joseph, schwach und sehr schadhaft (Holz, Oel).[36]

Florenz, Uffizien, No. 1166: Christus der Magdalena erscheinend (Holz, kl. Fig.), echt. — No. 1168: Maria und Johannes trauernd (Holz, Oel, kl. Fig.), echt. — No. 1217: Brustbild eines Jünglings mit langem Haar und Kappe, Vorderansicht, leicht nach links gewendet (angebl. Alessandro Braccesi), von olivenfarbigem Tone, durch Uebermalung beschädigt (Holz, Oel, lebensgr.). — No. 1287: heil. Familie, Hintergrund Hütte und Landschaft, von lionardesker Anordnung und weichem in Folge mangelhafter Rundung der Figuren ziemlich flauem Vortrag (rund, Holz, Oel, Fig. halb lebensgr.). — No. 24 Corridor: Maria das Kind anbetend, dabei ein knieender Engel; abgerieben, aber in Credi's Charakter (rund, Holz, Oel, halblebensgr. Fig.). — No. 1160: Verkündigung mit reicher Architektur- und Parkansicht; unterhalb 3 kleine Darstellungen: Erschaffung Eva's, Sündenfall und Vertreibung (Holz, Oel, kl. Fig.), echt. — No. 1146: Verkündigung; Maria rechts in ihrem Gemach knieend hört mit hingebendem Ausdruck und staunend erhobenen Händen die Botschaft des Gabriel an, welcher in der Vorhalle, durch die man eine Stadtansicht mit Bergen sieht, durch die offene Thür, ebenfalls knieend, zu ihr redet (Holz, Oel, kl. Fig.). — No. 1150: Christus als Gärtner der Magdalena erscheinend (Holz, Oel, kl. Fig.), sehr anziehend und sauber ausgeführt.[37]

Florenz, Gall. Pitti, 354: Heil. Familie (rund, Holz, Oel), in Gruppirung und Vortrag dem Lorenzo ähnlich, jedoch von harter, tiefgestimmter Farbe, sodass man an Piero di Cosimo erinnert wird; gleichwohl scheint das Bild aus Credi's Schule, ist aber weder von Sogliani noch von Michele di Ridolfo, welche beide Lorenzo's Schüler waren.[38]

---

[34] Vas. VIII. 204. Albertini s. B. 11, S. 440 und Richa a. a. O. I. 26.

[35] Vas. VIII, 206. 210. —

[36] Vas. VIII, 205.

[37] vgl. die später zu erwähnende Wiederholung im Louvre.

[38] Vas. VIII, 207. IX. 52 und XI, 294. Von anderen Schülern Credi's — z. B. dem Tommaso di Stefano. Gian Jacopo di Castrocaro (1525 in der florent. Malergilde s. Gualandi a. a. O. Ser. VI), Antonio del Ceraiuolo (Vas. VIII, 204, 207 und XI. 132 und Gualandi, Ser. VI. 176 ff.) oder Giovanni di Benedetto Cianfanini (erwähnt als Mitarbeiter an dem oben aufgeführten Michaels-Bilde im Dom zu Florenz, s. Vas. VIII. 206. Anm.) — haben wir keine genauere Kunde. — Vgl. das verwandte Bild in der Gall. Borghese in Rom. —

Florenz, Akad. d. K., Gall. d. kl. Gem. No. 13: Geburt Christi mit zwei anbetenden Engeln (aus dem Kloster der Annunziata de' Servi). Holz, Oel, echt. —

Castiglione Fiorentino, Collegiatkirche, Kap. r. vom Chor: Geburt Christi (Holz, Oel, lebensgr. Fig.): Maria kniet rechts vor der Hütte, das Kind liegt auf Stroh am Boden, l. Joseph knieend; hübsch angeordnet und echt, wenn auch durchweg etwas schwach.[39]

Rom, Gall. Borghese, Zimmer 1, No. 54: Anbetung des Kindes, welches zwischen den knieenden Eltern am Boden liegt (rund, Holz, Oel); von ähnlicher Beschaffenheit wie die heil. Familie der Gall. Pitti No. 354. —

Venedig, Akad. No. 254: Heil. Familie (rund, Holz, Oel), ehemals in der Gall. Manfrini. Siehe unter Raffaellino del Garbo.[40]

Turin, Mus.[41]: Maria mit Kind (Holz, rund, Oel, halblebensgr. Fig.); sie reicht dem Knaben, welcher nackt in ihrem Schoosse sitzt, eine Weintraube; auf dem Fenstergesims eine Blumenvase, Ausblick auf Landschaft. Das Bild gehört zu den guten Beispielen der besten Zeit Credi's und stellt sich im Typus der Figuren als Mischung von Verrocchio's, Lionardo's und Botticelli's Stil dar, die Farbe ist von reichlichem Körper. — No. 589: Maria mit Kind (Holz, Oel, Maria's Kopf beschabt), spätere Arbeit und nicht so schön wie das vorige, wenn auch noch immer anmuthig.

Forlì, Stadtgall. No. 99: Weibl. Bildniss in florentinischer Tracht, dreiviertel nach rechts gewendet, in einer Hand eine Blume, die andere auf einer Vase, angeblich Catharina Sforza. Ursprünglich schön, von lionardeskem Adel und reifer Durchführung. Sehr beschädigt, besonders in den Fleischtheilen (Holz, Oel).

Neapel, Mus.: Geburt Christi; das Kind am Boden zwischen den knieenden Eltern mit zwei aufwartenden Engeln (Holz, Oel), echt.

München, Pinak. No. 553: Geburt Christi, fast durchaus umgedrehte Wiederholung des Bildes No. 1287 in den Uffizien, siehe oben (Holz, Oel, fast lebensgr. Fig., Durchm. 3'), recht schön, aber etwas verrieben und dadurch kälter geworden. — No. 571 Cab.: Maria und Joseph innerhalb einer Ruine beten knieend das am Boden liegende Kind an; hinten Verkündigung an die Hirten, auf der andern Seite ein Schloss im Wasser (Holz, Oel, rund, Durchm. 2' 3"). Schulbild.

Schleissheim, Gall. No. 1144, Maria mit Kind in Credi's Weise, jedoch übermalt.[42]

Berlin, Mus. No. 103: Büssende Magdalena, welche ganz von

[39] Vermuthlich die Tafel, welche nach Vas. VIII, 208 von dem Canonicus Francesco von S. M. del Fiore nach Castiglione geschickt worden war.

[40] B. III, S. 216. —

[41] Zuletzt im Besitz der Familie Barollo. —

[42] N. 1138 in Schleissheim (Maria m. K. und im Hintergrunde der Kindermord) ist von einem deutschen Maler des 16. Jahrhunderts. —

ihrem Hauptthaar bedeckt, mit matronenhaftem, fast männlichem Ausdruck, knieend betet und nach einem Engel blickt, welcher ihr von links her einen Kelch bringt. Hintergrund Landschaft (Tempera, Holz, gute Arbeit des Meisters).[43] — No. 100: Maria unter einem Holzschuppen, das am Boden liegende Kind anbetend, welches den Finger zum Munde führt; in der Landschaft dahinter Joseph mit dem Esel, echt.[44] — No. 89: Maria das Kind anbetend, Hintergrund Landschaft, Stadt und Berge.[45] — No. 92: Anbetung der Könige: Maria auf dem Throne, rechts der jüngste der Könige, links der älteste knieend.[46] Beide Bilder ziemlich flau, wahrscheinlich Arbeiten der Schule.

Dresden, Gall. No. 30: Mad. mit Kind, vgl. Bd. III. S. 151. — No. 34: Maria mit dem Kinde, welches den kleinen Johannes küsst[47]; nicht von Lorenzo, sondern von einem geringen Nachfolger des Botticelli und Filippino.

Altenburg, Lindenau-Gall. No. 60: Maria das Kind anbetend[48]; nicht von Lorenzo, sondern aus der Schule Botticelli's.

Paris, Louvre, Mus. Nap. III. (weil. Campana) No. 218: Christus der Magdalena erscheinend, schwächere Wiederholung des Bildes No. 1166 der Uffizien, echt aber verrieben. — No. 219: Verkündigung, gleichartig. — No. 220 und 221 Schulbilder.

London, Nat.-Gall. No. 539: Maria mit Kind unter Säulenhalle im Garten.[49] — No. 648: Maria das am Boden liegende Kind anbetend[50], Hintergrund Landschaft mit Ruinen und der Verkündigung an die Hirten. Beides gute Arbeiten, echt und von schöner Haltung.

London, Sammlung Barker: 1. Maria und Kind, welchem sie einen Granatapfel reicht, in einem Zimmer mit Ausblick auf Landschaft. — 2. Figur eines Heiligen mit Fahne und Schild, fast lebensgr., echt, aber nicht zu Lorenzo's besten Arbeiten gehörig. — 3. Maria und Kind mit dem links knieenden Johannesknaben; echt und schön. — 4. Maria mit Kind zwischen Sebastian und Johannes d. T., lebensgr., gute Arbeit des Meisters, aber etwas verrieben und nachgebessert. — 5. Maria mit Kind und Täufer, 1/3 Lebensgr., rund; von Lorenzo, aber wahrscheinlich durch Reinigung und Uebermalung beeinträchtigt.[51]

London, bei Lord Overstone (ehemals in der Samml. Rogers): kleines Altarstück mit rundem Abschluss, enth. oben die Krönung Maria's mit zwei stehenden und zwei knieenden Heil. in der Landschaft

---

[43] h. 4' 8", br. 2' 9" aus der Samml. Solly; ehemals in S. Chiara in Florenz. s. Vas. VIII, 205.

[44] Holz, h. 3' 6 1/2", br. 2' 3", aus der Samml. Solly. —

[45] Temp. Holz, rund, Durchm. 2' 4 1/2". aus der Samml. Solly. —

[46] Temp. Holz, h. 2' 3 1/2", br. 1' 6 1/8". aus der Samml. Solly.

[47] Holz, h. 2' 1". br. 1' 7".

[48] Holz. Temp., in Oel aufgefrischt, rund, Durchm. 0,82.

[49] Holz, h. 2' 3 1/2", br. 1' 7 1/2", ehemals bei Cav. Mancini in Florenz.

[50] Holz, h. 2' 10", br. 1' 11 1/2", ehemals in der Samml. Northwick zu Thirlstane House.

[51] Sämmtliche 5 Bilder auf Holz in Oel. — vgl. Anm. 53. —

unterhalb, und Christus im Grabe zwischen Franciscus und Antonius. Sehr sauber und sorgfältig. Holz.

London, bei Marquis of Westminster[52]: Krönung Maria's (Holz), kleines Bild von einem Nachfolger in Lorenzo's Weise.

Oxford, Gall.: Mad. mit Kind (Holz); schwaches Schulbild.

Liverpool, R. Institution, No. 25: Maria das Kind tränkend in einer Landschaft (Holz, kl.). Früher dem Ghirlandaio zugeschrieben, in Wahrheit Schulbild aus Credi's Werkstatt; schadhaft.[53]

---

Als Zeit- und Fachgenossen Lorenzo's und Raffaellino's tritt uns der von Vasari mit besonders eingehender Charakterschilderung bedachte Piero entgegen, der nicht nach seinem Vater Lorenzo, sondern nach seinem Meister Rosselli die Bezeichnung Piero di Cosimo erhielt.[54] Er soll in seiner Jugend fleissig und geschickt gewesen sein, dann aber sich viel umhergetrieben, ein unstätes Leben geführt und einsam seinen Gedanken nachgehangen haben, sodass er später Sonderling und Menschenfeind geworden, sich in seiner Werkstatt sowohl für Hausgenossen wie für Kunstfreunde verbarg, unregelmässig und fast nur von harten Eiern gelebt habe, die er sich schockweis zu kochen pflegte. An Menschen wie an Naturerzeugnissen zog ihn namentlich das Seltsame und Wunderliche an, wie er denn ein Feind jeder Art von Cultivierung war. Allmählig nahmen seine Wunderlichkeiten noch mehr zu, in seinen älteren Tagen wurde er unduldsam und händelsüchtig und so nervös, dass ihm nicht nur ein Gewitter Entsetzen bereitete, sondern auch das gewöhnlichste Geräusch, wie Kindergeschrei, Glockenläuten, Chorgesang, ja selbst das Summen der Fliegen. Auf dem Krankenlager wehrte er sich gegen Aerzte, Apotheker oder sonstige

---

[52] In Manchester N. 95.

[53] Wir schliessen hieran das Verzeichniss der bei Vasari und anderwärts sonst noch erwähnten Bilder Lorenzo's, über welche jetzt keine Auskunft mehr zu geben ist: Florenz: Bildnisse von Credi (Perugino und Girolamo Benivieni. Vas. VIII, 204, 205); in der Capp. S. Bastiano: Mad. m. K., Sebastian und anderen Heil. (Vas. VIII. 205, vielleicht das Altarbild der Samml. Barker?); in Casa Ottaviani: rundes Madonnenbild (Vas. VIII, 206); in S. Friano: Mad. m. K. und Heil. (ebenda), in S. Matteo oder Hosp. di Selmo: Sposalizio (ebenda); in Casa Tolomei, via de' Ginori: Mad. m. K. (Vas. VIII, 206 Anm.); in Casa Antonio de' Ricasoli: unvollendetes Passionsbild (ebenda 208); in S. Pier' Maggiore, Capp. Albizzi: Kreuzigung (Richa I, 146). Montepulciano, in S. Agostino: Christus am Kreuz mit Maria und Joh. (Holz, Vas. VIII, 205).

[54] Vas. VII, 112.

Hilfe und gefiel sich darin, das Elend des Siechthums mit der gesunden Eile des letzten Ganges der Verbrecher in Vergleich zu ziehen, die in freier Luft, begleitet von der Theilnahme und dem Gebet des Volkes zum Tode gehen.

Aber Piero's Leben ist doch nicht blos von pathologischem Interesse. Er war der ältere Genosse Fra Bartolommeo's und Mariotto Albertinelli's in der Werkstatt des Roselli und Lehrer Andrea's del Sarto. Aus dem Steuerzettel seines Vaters, des Goldschmieds Lorenzo di Piero v. J. 1480 können wir Vasari's Angabe berichtigen, welcher ihn 1462 geboren werden und als Gehilfen ohne Entschädigung bei Cosimo arbeiten lässt.[55] Als Rosselli vom Papst Sixtus IV. nach Rom berufen wurde, nahm er den Piero mit sich, der ihm bei den Bildnissen und Landschaften seiner sixtinischen Wandgemälde an die Hand ging.[56] Im Februar 1485 war der Meister wieder in Florenz für die Nonnen von S. Ambrogio thätig und hatte damals den Knaben Bartolommeo di Pagholo als Lehrling bei sich.[57] Wir haben uns den Piero damals vielleicht in der Stellung eines Haupthilfsarbeiters bei Rosselli zu denken, wenigstens macht Vasari glauben, dass er bis zu dessen Tode 1506 mit ihm verbunden geblieben ist, und jedenfalls führte er die Kunstweise seines Lehrers weiter. Seine Stellung unter den Kunstgenossen war schon vorher derart, dass er 1503 bei den Berathungen über Aufstellung des David von Michel-Angelo zugezogen wurde.[58] Daher war er vielleicht auch bei verschiedenen Altarstücken in S. Spirito zu Florenz künstlerisch betheiligt, welchen eine Mischung von Ghirlandaio's und Filippino's Stil mit demjenigen des Cosimo eigen ist[59]; ferner an

[55] Vas. a. a. O. Der Steuerzettel im Index zu Vas. besagt, dass Piero 1462 geb. war. Der Mittheilung Gaetano Milanesi's verdanken wir noch die weiteren Angaben über Piero's Familie: Antonio's Sohn war Piero, dessen Söhne Lorenzo Chimenti (geb. 1436) und Balbo waren Maler und erscheinen in der florentiner Gilde, Letzterer i. J. 1450 (s. Gualandi, Mem. Ser. VI, 180), Lorenzo's Söhne sind: Piero (gen. di Cosimo), Giovanni, geb. 1464, Francesco, geb. 1474, Raffaello, geb. 1475 und Bastiano, geb. 1478.

[56] Vas. V, 32 und VII, 113.

[57] s. B. III, 290 u. 291 und später unter Fra Bartolommeo.

[58] Gaye, Cart. II, 455.

[59] 1. im linken Querschiff in der 27. Kapelle: Mad. m. Kind und 2 Engeln zwischen Thomas und Petrus (s. Fantozzi's Guida S. 687, hier verzeichnet als „Schule Ghirlandaio's); in der zugehörigen Staffel Christus am Oelberg, die Verkündigung und eine Wunderthat; an der Thronstufe d. Jahrz. „MCCCCLXXXII"; 2. ebenda, 30. Kapelle: Mad. m. K. u.

dem Madonnenbilde mit Heiligen in S. Ambrogio[60] und endlich an einem dem Zacchia zugeschriebenen Madonnenbilde in S. Agostino zu Lucca. Namentlich letzteres gleicht vermöge seines rauhen rothen Tones und der Haltung der Figuren den sonst bekannten Bildern Piero's so sehr, dass man es unbedenklich für ihn in Anspruch nehmen kann. Ueber die Entstehungszeit der Arbeiten des Malers haben wir nur sehr knappe Nachweise und sind daher auf Ableitung der Zeitfolge aus dem Vergleich der Beschaffenheit seiner Werke angewiesen.

Figline. S. Pietro.

Hierbei haben wir es zuerst mit einem Bilde in einer einsamen Kirche im Casentino, S. Pietro al Terreno bei Figline zu thun: einer thronenden Jungfrau mit Kind zwischen Petrus und Paulus und den knieenden Hieronymus und Franciscus, Hintergrund Landschaft. Unverkennbar ist der Einfluss von Cosimo Rosselli's Werkstatt, und Piero's eigenthümliches Verfahren gibt sich in der Gesammterscheinung des Bildes deutlich kund, dagegen fühlt man sich angesichts der gesteigerten Charakteristik des Franciscus, der lichten heiteren Töne und des Frühlingsgrüns der Landschaft an frühe Arbeiten Mariotto's oder Fra Bartolommeo's erinnert. Es ist sehr möglich, dass zwei verschiedene Hände daran thätig gewesen sind; eine davon scheint die des berühmten Dominikaners; ist das Werk dennoch ohne anderweitige Hilfe von Piero vollendet, so hatte er damals offenbar schon einige ausgeprägte Züge seiner jüngeren Lehrgenossen angenommen. Das Bild ist trocken und sicher, in Oel und zwar mit Einem Auftrag gemalt, hat rauhe tiefe Fleischfarbe mit düsteren olivenbraunen Schatten und glasige scharfe Localtöne in den aus Doppelstoff bestehenden und mit Falten beladenen Gewändern. Der Ausdruck der Jungfrau, ihr schlanker Hals und daneben die geschwollenen Formen des Kindes haben etwas Lionardeskes; die Mehrzahl der Heiligengestalten sind,

---

2 Engeln zwischen Bartholomäus und Nikolaus von Bari und zwei knieenden Mönchen (nach Fantozzi's Meinung von A. Pollaiuolo), bleich und missfarbig. 3. ebenda, 25. Kapelle: Mad. m. K. und Engeln zwischen Bartholomäus und Joh. d. T. (nach Fantozzi in der Manier des Botticelli); an der Thronstufe die Kreuzigung; die beiden letztgenannten geringer als das erste.

60 s. B. III, 288. Das Bild befindet sich in der Sacristei.

wenn auch nicht ganz ohne Empfindung behandelt, doch unrichtig gezeichnet, kurz, knöchern und von ziemlich gemeinem Schlag. — An Ort und Stelle gilt Ridolfo Ghirlandaio für den Maler des Bildes, aber das ganze Gepräge desselben wie auch das Machwerk nähern sich mehr dem Granacci, nur dass dieser dem Michel-Angelo verwandter ist. Für Piero di Cosimo spricht die entschiedene Aehnlichkeit dieses Bildes mit einem andern Madonnengemälde in den Uffizien:

Maria, auf einem Podium knieend, blickt nach der Taube des heil. Geistes empor, in ihrer unmittelbaren Nähe Johannes der Evangel., der seelige Philippus, Antonius und Petrus, im Vordergrund knieend Margaretha und Katharina.[61] Florenz. Uffiz.

Die Haltung Maria's ist ganz im Geiste Fra Bartolommeo's, der Evangelist zur Linken Gegenstück des Petrus auf dem vorgenannten Bilde, vorwaltend ist bei allen Figuren Gedrungenheit und derber Gliederbau, die Färbung bewegt sich in scharfen unverschmolzenen Gegensätzen; das Machwerk lässt das Bestreben erkennen, die gussartige Farbenfläche des Lorenzo di Credi nachzuahmen, doch fehlt dessen Geduld, und statt ihrer finden wir reichliche Anwendung flüssigerer Farben, sodass der Erfolg grössere Rauheit und Härte ist, wozu noch die Neigung zu düsterer Schattengebung kommt. So entstand die krystallische oder mehr harzartige Durchsichtigkeit, wie sie das neuerdings dem Piero zugetheilte männliche Brustbild in den Uffizien[62] zeigt, an welchem Florenz. Uffiz. der weiche röthliche Auftrag mit der dünnsten Lasurhaut überzogen ist, sodass wir an Ridolfo, Andrea del Sarto und Granacci erinnert werden. Die gleiche Abglättung hat die Madonna mit Heiligen in der Sacristei der Innocenti in Florenz, eins der besten Altarbilder des Piero, wenn es auch seine Mängel nicht verbirgt und besonders durch Nachahmung oder eher Uebertreibung der Gestaltungsweise Filippino's auffällt.

---

[61] Uffiz. N. 1250, Holz, Oel, Fig. lebensgr.; nach Vasari VII, 118 früher auf dem Altar der Tedaldi in der S. S. Annunziata de' Servi.

[62] Uffiz. N. 23, Corridor: Junger Mann. ¾ Ansicht, lebensgr., in schwarzer Mütze, dunklem Kleid mit weissem Vorstoss.

Florenz. Innocenti. Maria thront mit dem Kinde umgeben von Heiligen, von denen Rosa von Viterbo links knieend dem Knaben eine Rose reicht und Katharina von Alexandrien ebenso zur Rechten den Ring empfangend, in vortheilhafter Weise an Filippino erinnert; weiter zurück stehen Petrus und Joh. der Evangel. An Maria's Seite sechs knieende Engel mit Kränzen auf den Köpfen und mit lächelndem Ausdruck, zwei andere halten den Vorhang über ihr und die angezündeten Kerzen; im Hintergrund eine schöne Landschaft.[63]

Florenz. Paris. Aehnliche Arbeiten bieten sich ferner in einem kleinen Bilde der heil. Katharina der Sammlung Lombardi[64] und in einem Bruchstück der heil. Familie in der Sammlung Pianciatichi[65], dann in der Krönung Maria's im Louvre, welche jedoch ungewöhnlich schwach ist.[66] — Aber Piero blieb nicht bei Heiligenbildern stehen, sondern erging sich vielmehr mit offenbarem Vergnügen in Darstellungen antiker Fabeln, bei denen er sich in Verwendung seiner Thierstudien und phantastischen Einfälle auf diesem Gebiet wie auf dem des Costüm- und Schmuckwerkes eine Güte thun konnte. Benutzte er schon anderwärts die Gelegenheit zu dergleichen Seltsamkeiten, wie z. B. auf der Staffel zum Madonnenbilde der Serviten-Kirche, wo er die heilige Margaretha aus dem Bauche des Drachen hervortreten liess[67], so brachte er sie in Fülle auf Prunk-Wagen bei Festlichkeiten, bei Zimmer-Decorationen, auf selbstständigen Einzelbildern oder im Schmuck der Nebendinge an[68], und folgte wenigstens in dieser Richtung dem Lionardo, dessen ungemeine Erfindungskraft bei den Zeitgenossen bestaunt und beneidet war. Beispiele solcher Art sind zwar ziemlich selten, aber wir haben genügende Probestücke in seinem Bild der Hochzeit des Perseus (der Störenfried Phineus mit Hilfe des Medusenhauptes versteinert), in der Anrufung des Jupiter zur Rettung Florenz. Uffiz. Andromeda's und in den beiden Darstellungen dieser Rettung der Jungfrau durch Perseus selbst, sämmtlich in den Uffizien.[69] Die

[63] Holz, Oel, Fig. fast lebensgr., vgl. Vasari VII, 121.

[64] Holz, Oel, in guter Erhaltung.

[65] N. 44: Mad. m. Kind und Joseph, dem M. Albertinelli zugeschr., Holz, Oel, lebensgr. Die linke Seite verstümmelt.

[66] N. 291. Mus. Napol., Holz, kl. Fig., h. 2,72, br. 1,94. Oben Gott-Vater sitzend inmitten des himmlischen Chores der knieenden Maria die Krone aufsetzend, unten Hieronymus, Franciscus, Bonaventura und Ludwig von Toulouse.

[67] Vas. VII, 118.

[68] Vas. VII, 117. 118. 119.

[69] N. 21, N. 28, N. 38 (Corridor) und N. 1246, Holz, kl. Fig.; vgl. Vas. VII, 119.

Gruppierung ist in allen reich und mit allerhand wundersamem Beiwerk ausstaffirt, die Figuren ziemlich verzerrt und in die Länge gezogen. Das Machwerk ist nicht überall dasselbe; anstatt der glatt aufgelegten, in durchsichtiger Fettheit aufgesetzten Farbe und der harten Gegensätze mit scharfer Markierung der Gewänder sind die Töne hier so breit in einander gearbeitet, dass ein einheitlicher bunter Dämmerschein erzeugt wird. In den Landschaften ist dagegen die Genauigkeit der Einzelheiten beibehalten und sie erinnern daher an die Ferraresen; wenn ihnen auch die Luftwirkung abgeht, so stimmen sie doch im Tone zum Uebrigen. Man ist versucht, anzunehmen, Piero sei bei zunehmendem Alter den Fusstapfen seines eigenen Schülers Andrea del Sarto gefolgt; wenigstens will sich die eigenthümliche Verschleierung der Umrisse, die wir später bei ihm wahrnehmen, dadurch am besten erklären. — Allein seine mythologischen Darstellungen behalten das eben geschilderte Gepräge nicht immer bei; das Bild „Tod der Procris" in der Nationalgallerie[70] zu London ist frei von phantastischen Ausschweifungen:

Procris liegt auf blumiger Wiese, ihr zu Häupten ein knieender Satyr, welcher sie gefühlvoll an der Schulter rührt, zu ihren Füssen der Hund; in der Ferne Hunde und Vögel am Ufer des Meeres. London. Nat.-Gall.

Es ist ein Temperabild von tiefer Stimmung des Fleischtones, leicht vorgetragen und auffallend durch feine Formbildung und keusche Zeichnung, in jedem Betracht besser als die Bilder „Venus und Mars" oder die „Begegnung Jesu und Johannes" im berliner Museum.

Auf jenem: Venus links vor einem Myrthengebüsch ruhend; sie hat sich ein wenig aufgerichtet, trägt weisses Gewand um Schooss und Arm, sodass jedoch der Körper nackt bleibt, umschlungen von einem Schleier, welcher dem an ihre Linke geschmiegten und aufwärts nach ihr zurückblickenden Amor um den Kopf gewunden ist; der Knabe, neben welchem ein Kaninchen sitzt, deutet auf den Fuss zu Fuss gewendet gegenüber schlummernden Mars, der, auf grauem Mantel liegend, nur mit rothem Schurz bekleidet ist; im Schlaf hat er die eine Hand auf die Hüfte, die andere auf die Brust gelegt, neben ihm eine Arm- Berlin. Museum.

[70] N. 698 (aus der Samml. Lombardi), Holz, Temp. h. 2' 1½". br. 6'.

schiene; zu den Füssen der Venus zwei schnäbelnde Tauben, an ihrem Knie ein Schmetterling; Hintergrund freundliche Landschaft mit fünf Liebesgöttern, welche mit den Waffen des Mars spielen.[71]

Das andere zeigt die beiden heil. Knaben, von denen Johannes den künftigen Heiland begrüsst, am Fusse eines Felsens neben einem Quell; in der Ferne Maria und Joseph, Berglandschaft mit See von verschiedenem Gethier belebt.[72]

Ueber den Tod Piero's, angeblich 1521, haben wir nur das Zeugniss des Vasari.[73]

---

[71] N. 107, Holz, Temp. h. 2' 3½", br. 5' 9½". vgl. Vas. VII, 120: „Venere ignuda con un Marte parimente, che spagliato nudo dorme sopra in prato pien di fiori; ed attorno son diversi amori che chi in quà, chi in là traportano la celata i bracciali e l'altre arme di Marte. Evvi un bosco di mirto ed un Cupido che ha paura d' un coniglio; così vi sono le colombe di Venere e l' altre cose di amore."

[72] N. 93, Holz, h. 1' 1¾", br. 1' 6½".

[73] Vas. VII, 123. Folgende Bilder, die Vas. aufführt, fehlen: Florenz: S. Marco, Noviziat: Maria m. K. stehend, Oel (Vas. VII, 114); in S. Spirito, Capp. Gino Capponi, Tafelb. der Heimsuchung mit Nicolaus und Antonius (letzterer mit Brille); Guardaroba del Duca Cosimo: ein Seethier (Vas. VII, 119); in Fiesole, S. Francesco: Empfängniss (Vas. VII, 121. Rumohr, Ital. Forsch. II, 352 erwähnt ein Bild [ohne Bez. des Gegenstandes] mit der Inschrift: „Pier' di Cosimo 1480" in derselben Kirche, doch ist dasselbe nicht mehr zu finden). Florenz, Casa Giov. Vespucci: Bacchanal (Vas. VII, 121); ferner im Besitz des Francesco da S. Gallo: Bildniss des Piero und von ihm: Kopf der Kleopatra, Bildniss des Giuliano da S. Gallo und des Franc. Giamberti (Vas. VII, 123). Richa a. a. O. IX, 20 theilt dem Piero zu: in Florenz, S. Spirito, Capp. Torrigiani: Himmelfahrt; in Capp. Bini: Verklärung (ebenda 26); Capp. de' Bettoni: Auferstehung Christi (ebenda 28). Diese drei Bilder sind von Einer Hand, aber nicht von Piero di Cosimo, sondern von Pier Francesco di Sandro, aufgeführt bei Vas. VIII, 294; er war Nachfolger des Ridolfo Ghirlandaio und des Andrea del Sarto; seine Malerei ist bleich und verwaschen, die Figuren lang, hager und leblos. —

# DREIZEHNTES CAPITEL.

## *Fra Bartolommeo.*

Bartolommeo Pagholo del Fattorino, welcher seit Eintritt in das Dominikanerkloster schlechtweg Fra Bartolommeo hiess, war Schüler bei Cosimo Rosselli. Die Brüder seines Vaters, Jacopo und Giusto di Jacopo, finden wir i. J. 1469—70 als Landarbeiter in Suffignano, einer Ortschaft bei Florenz, sein Vater Pagholo lebte als Maulthiertreiber.[1] Gegen Ende des Jahres 1478 liess sich dieser in Florenz nieder, wo er seine Ersparnisse in einem kleinen Hause und einem Garten in S. Pier' Gattolino anlegte.[2] Die beiden

[1] Diese Thatsachen ergeben sich aus Giusto's Angaben zum Catasto v. J. 1469 und 87 und denen des Paolo v. 1480/81, aus welchen noch Folgendes hervorgeht: Piero's Sohn ist Jacopo. Jacopo's Söhne aus zweiter Ehe mit Margaretha sind Paolo, geb. 1418, † 1487, Giusto, geb. 1433 und Jacopo, geb. 1435 (verheirathet mit Maddalena, geb. 1445); Paolo, u. seine Frau Andrea haben zu Söhnen: Bartolommeo, geb. 1475, † 1517, Piero, später Geistlicher, geb. 1477, Domenico, geb. 1479, † 1486, u. Michele, geb. 1480. (Mittheil. Gaetano Milanesi's). Vasari's Angabe VII, 171, dass Fra Bartolommeo in Savignano geboren sei, ist unrichtig; dort hat sich keine Spur der Familie gefunden; wahrscheinlich ist jedoch Suffignano sein Geburtsort, wo seine beiden Oheime lebten. Im Steuerzettel des Vaters v. 1480/81 wird Bartolommeo als sechsjährig aufgeführt, war sonach 1475 geboren; s. Index zu Vasari.

[2] Ein Protokoll, aufgenommen von Ser Jacopo di Bartolommeo de' Camerotti (im Arch. gen. de' contratti di Firenze, 1477. 80) besagt: „Anno 1478 die octava Sept. Andreas quondam Gabriellis Vichi, populi S. Petri in Selva de Castiglia, pro se atque suis heredibus dedit, vendidit Paulo Jacobi Pieri vecturali populi Sancti Felicis in platea ementi pro se atque suis heredibus unam domum cum palchis soliis, cameris et horto, puteo, trogolo etc. positam Florentie in populo S. Petri in Gattolino, cum a primo via etc. pro pretio et nomine pretii flor. auri centum quinquaginta novem et medium unius floreni.“ (Mittheilung G. Milanesi's.)

Thiere, welche sein bescheidenes Glück begründet hatten, fanden nun ruhigere Tage im Stall des neuen Hauses und ihr Herr in dem Geschäfte eines Kärrners, das er betrieb, besseren Verdienst.

Bartolommeo, der nachmals in der Kunst seiner Heimath zu so hohem Range emporstieg, war drei Jahre alt, als diese Veränderung vor sich ging, und i. J. 1480 der älteste von vier Geschwistern.[3] Bei der Berathung, was die Knaben werden sollten, gab für den kleinen „Baccio", wie er genannt zu werden pflegte, die Meinung des Bildhauers Benedetto da Maiano den Ausschlag, welcher ihn zu Cosimo Rosselli in die Lehre zu geben rieth.[4] Seit 1484 war der Knabe in dessen Werkstatt.

Damals war Rosselli hauptsächlich im Kloster S. Ambrogio in Florenz beschäftigt, und als Gehilfen hatte er den wunderlichen Piero bei sich. Gehörte er auch durchaus nicht zu den Ersten seines Faches in Florenz, so sicherten ihm Biedersinn und Tüchtigkeit doch ansehnliche Beschäftigung, weshalb seine Schule Anfängern ziem-

---

[3] Arch. di Firenze, Portate al Cat. 1480/81, Quart. S. Spirito, Gonf. Ferza 451: „Paghol̄o d' Iachopo di Piero abita in detto quartiere e gonfalone. Non a avuta più gravezza, ma perchè a comperato beni però la do questa iscritta. O atteso andare co i muli. Sustanze: Una casa per mio abitare posta nel popolo di S. Piero Gattolini chon sua vochaboli e chonfini, che dà prima via 1.2 Nicholò di Gherardo Moiaio. 2°. beni di S. Iacopo champo chorbolini. la quale comperai da Amadio (Fehler für Andrea) de Ghabriello di Vicho per pregio di fiorini cente cinquanta nove larghi, cioè fior. 159 larghi, carta per mano di Ser Iacopo di Bartolommeo di Giov. Camerotti (s. Anm. 2). Uno pezzo di terra vignata di staione 4 in circha. posta nel popolo di Santo Martino a Brozzi, cioè S. Maria a Brozzi luogo detto Pratovecchio, chon sua vochaboli e confini, che da primo el piovano di Brozzi; 2°. rede di Piero Francesco di Verzaia; 3°. le monache di S. Domenico; 4°. el priore di S. Paghol̄o di Firenze, la quale chonperai da Domenico di Piero di Benedetto da Brozzi per pregio di fiorini diciotto larghi, cioè fior. 18 larghi, carta per mano di Ser Iacopo di Bartolommeo di Giovanni Chamerotti. Rende l' anno in parte vino barili 6. Dua Mule disutili e vecchi di valuta di fior. 10. — Boche. Paghol̄o sopra detto d' età d' ann. 62. — Monna Andrea mia donna d' età d' anni 34. Bartolommeo mio figliuolo d' età d' anni sei. Piero mio figliuolo d' età d' anni 3. Domenico mio figliuolo d' età d' anni 2. Michele mio figliuolo d' età d' anni 1.

[4] Benedetto da Maiano starb in Florenz 1497, 55 Jahr alt und hinterliess 3 Söhne und 3 Töchter. Das Vormundschaftsamt setzte den Cosimo Rosselli zu seinem Güterverwalter ein, und unter seiner Habe finden sich folgende Bücher aufgeführt, welche einen Blick in die literarischen Hilfsmittel der damaligen florentiner Künstler gewähren: Die Bibel, Dante's göttl. Komödie, die „Vangeli e Fioretti" des heil. Franz, Livius, eine Chronik von Florenz, das Leben des Alexander von Macedonien (Curtius?), Lebensbeschreibung der Kirchenväter. Boccaccio, S. Antonino, das Buch der Tugenden u. Laster, der „novellino" und das „libro de' Laudi." (s. Cesare Guasti's Bericht der Società Colombaria für 1861, 25. Mai, Arch. stor. N. F. Vol. 16. parte 1, S. 92.) —

lich dieselben Vortheile gewährte, wie die eines bedeutenderen Künstlers. Die herkömmliche Pflicht der Lehrlinge bestand in niedrigen Handleistungen, wie Farbenreiben, Reinhaltung der Werkstatt und allerhand Botendienst. Baccio's Gutmüthigkeit verschaffte ihm aber bald das volle Vertrauen seines Meisters, sodass er selbst als Geschäftsvermittler zwischen diesem und den Nonnen von S. Ambrogio erscheint, bei denen er gelegentlich Gelder für Cosimo erhob.[5] Es ist sehr möglich, dass der frühzeitige Verkehr in Klöstern und der weihevolle Eindruck der Kirchen den scheuen Sinn des Knaben zur Weltflucht anleitete.[6] Während sein Genosse Mariotto Albertinelli im mediceischen Garten verweilte, wo der alte Bildhauer Bertoldo schlechte Zucht hielt, sodass es oft genug unter den jungen Burschen zu Raufereien kam, gefiel sich Baccio in den stillen Räumen des Carmine und hielt sich, den classischen Bildwerken abhold, an Masaccio und Filippino.[7] Die verschiedene Sinnesart that jedoch der Freundschaft keinen Eintrag, sondern sie lebten wie Brüder zusammen[8], wie sie auch genaue Altersgenossen waren. Vor ihnen standen die alten Lehrmeister Giotto, Orcagna, Massaccio und Ghirlandaio, neben ihnen Michel-Angelo und Lionardo, und bald sollten sie auch dem Rafael nahe treten. Fra Bartolommeo schwang sich Dank seinem Fleiss und seiner grossen Empfindung fast zur Höhe Buonarroti's empor, er gab an Adel der Gruppenerfindung dem Rafael nur wenig nach und vervollkommnete sein Handwerk nach den Anleitungen Lionardo's.[9] Hat er auch keinen dieser drei Grössten völlig erreicht, so steht er ihnen doch fast ebenbürtig an der Seite.

Trübe Ereignisse im Elternhaus, die einander schnell folgten,

---

[5] Im Arch. di stato di Firenze (Corp. relig. soppr.) Mon. di S. Ambrogio, Entrata e uscita del 1479 al 1485 S. 167 findet sich: „1484 5. A Chosimo dipintore a di VIIII di Febraio fior. uno largho d' oro in oro; portò Bartolommeo che sta con esso lui." — 1485. „A. Chosimo dipintore a dì XVII di Magio fior. uno largho portò Bart. di Pagholo del Fattorino" (das. S. 171). vgl. auch Band III. S. 291. Anm. 92. —

[6] Vas. VII, 152 nennt ihn „artifice mansueto."

[7] Vas. III. 162.

[8] Vas. VII. 180.

[9] „Cominciò a studiare con grande affezione le cose di Lionardo da Vinci, e in poco tempo fece tal frutto e tal progresso nel colorito, che s' acquistò reputazione e credito d' uno de' miglior giovani dell' arte." Vas. VII. 150. —

scheinen Fra Bartolommeo's ernste Lebensauffassung befördert zu haben. Schon 1487 verlor er den Vater und bald darauf auch die Mutter.[10] Bartolommeo wird sich dann enger an die Seinigen, die übrig geblieben waren, angeschlossen haben; wie er denn auch damals nach dem in der Nähe des Dorfes gelegenen Wohnhause der Mutter den Namen Baccio „della Porta“ erhielt[11], und wir dürfen ihn uns des Abends nach der Arbeit mit Albertinelli vereint im Schatten des Elternhauses denken. Was sie beide bei Rosselli arbeiteten, ging auch unter des Meisters Namen in die Welt, neben welchem ohne Zweifel auch Piero di Cosimo nicht ohne Einfluss geblieben ist.[12] Bestimmte Zeugnisse von Baccio's Jugendentwickelung als Künstler entbehren wir jedoch, und den Vermuthungen, welche sich z. B. an das unter Pier di Cosimo beschriebene Bild in S. Pietro al Terreno knüpfen lassen, liegt zwar die Thatsache zu Grunde, dass Empfindung, Charakterausdruck, landschaftliches Beiwerk und Behandlung der Auffassungs- und Vortragsweise verwandt erscheinen, die wir in Fra Bartolommeo wiederfinden, aber zur Erklärung dieses Umstandes genügt, wie angedeutet, entweder eine besonders glückliche Stimmung des Piero di Cosimo oder geradezu den Einfluss Fra Bartolommeo's auf ihn anzunehmen.[13]

Die gemeinschaftliche selbständige Thätigkeit des Baccio und Mariotto in Paolo del Fattorino's Hause[14] wird nicht vor 1490 begonnen haben. Damals hatten sie wahrscheinlich die gewöhnliche Lehrzeit abgedient und insbesondere Baccio war wohl in der Lage, auf Gehilfengehalt zu verzichten. Aber gleich am Beginn ihrer Geschäftsverbindung machten sich Einflüsse geltend, welche die künftige Trennung herbeiführten. Mariotto nämlich wurde in Folge

[10] Mona Andrea starb 1487. s. oben Anm. 1. —

[11] Vas. VII, 150.

[12] Wir weisen nur auf die Verkündigung in der Sacristei zu S. Marco in Florenz hin, welche Marchese, Mem. Dom. II, 18 f. dem Fra Bartol. zuweist, ein Bild, welches von einem Schüler Ridolfo Ghirlandaio's gemalt scheint (s. später unter Michele di Ridolfo). Von Fra Bart. Selbstbildniss in der Sammlung der Signori Montecatini zu Lucca (s. Lanzi, Stor. pitt. I, 149) wissen wir nichts Genaueres.

[13] Marchese a. a. O. II, 18 erwähnt nach Vorgang della Valle's einer „tavola v. 1493 von Porta“ in Castel Franco a S. Pietro al Terreno, gibt jedoch den Gegenstand nicht an.

[14] Vas. VII, 15. 180.

seines Verkehrs im mediceischen Garten von der fürstlichen Familie ausgezeichnet und unterstützt[15], und Baccio andrerseits gerieth ganz und gar unter den Einfluss der Reformationswuth Savonarola's, welcher seit dem Frühjahr 1495 so ungeheuer in Florenz zu wirken begann. Indess nun Baccio sich immermehr in die Anschauungen des wilden Dominikaners hineinlebte, war Albertinelli dem Mönchswesen überhaupt, insbesondere aber den Dominikanern abgeneigt.[16] Gleichwohl blieben die Jugendfreunde auf gutem Fuss. Es ist falsch, wenn man dem Savonarola vollkommene Verwerfung der Kunst schuld gibt; er achtete im Gegentheil ihre Pflege als eine gute Beschäftigung für Mönche und förderte dieselbe in den Klöstern ausdrücklich, um dadurch zugleich deren Einkünfte zu steigern. Auf sein Zureden traten Miniaturisten, Maler und Bildhauer in den Dominikanerorden, wie z. B. Fra Filippo Lapaccini 1492, Fra Benedetto 1495, Fra Eustachio 1496, Fra Agostino di Paolo und Fra Ambrogio della Robbia 1495[17]; denn er sprach es selbst aus, dass äusserliche Unabhängigkeit dem Bettelwesen vorzuziehen sei und dass es daher einem Orden, welcher Wahrheit predige, wohl anstehe, seine Existenz auch nach dieser Richtung sicher zu stellen.[18] Das erste Bildniss, welches Baccio von dem unglücklichen florentinischen Messias gemalt hat, und welches lange für verloren galt[19], zeigt bei all' der groben Energie der Züge doch ruhigen und nicht unliebenswürdigen Ausdruck. Dies Bild, zugleich als früheste Leistung Fra Bartolommeo's von hohem Werthe für die Kunstgeschichte, bekundet eine Treue der Auffassung, welche Florenz. S. Rubieri.

[15] Vas. VII, 181.

[16] Vas. VII, 182.

[17] s. Marchese a. a. O. II, 206. 207. Eine Geburt Christi in Terracotta von Ambrogio befindet sich noch in S. Spirito zu Siena.

[18] s. Marchese a. a. O. I, 392.

[19] Es war zuerst nach Ferrara geschickt und dann von Filippo di Averardo Salviati nach Florenz zurückgebracht worden, welcher es später den Dominikaner-Nonnen in Prato gab. Diese bewahrten es bis zur Aufhebung ihres Klosters i. J. 1810 und es wurde dann nach mancherlei Schicksalen von Signor Ermolao Rubieri in Florenz gekauft, der es noch besitzt (s. Vas. VII, 153 und Anm.). Die Unterschrift ist neuerlich wieder zum Vorschein gekommen und lautet: „HIERONYMI FERRARIENSIS A DEO MISSI PROPHETAE EFFIGIES“; sie scheint nach der Hinrichtung Savonarola's aus Vorsicht übermalt worden zu sein. s. E. Rubieri „Il ritratto di fra Girolamo, Florenz 1855.“ Das andere, nach Savonarola's Tode gemalte Portrait von Giovanni delle Corniole in den Uffizien trägt die Inschrift: „Hieronymus Ferrariensis ord. Pred. propheta vir.. et martyr.“

von der nahen Beziehung beider Männer zeugt, wie es andrerseits vermöge des derb cholerischen Ausdruckes und des gallsüchtigen Aussehens der Gesichtsfarbe vollkommen zu der Vorstellung passt, die wir vom Wesen Fra Girolamo's gewinnen. Ausserdem aber zeichnet es sich durch Reinheit des Umrisses, durch geschicktes Machwerk, kräftige Formprägung bei mässigem und flottem Auftrage aus und weist durch die tiefe Stimmung der Töne und die etwas verschleierte Durchsichtigkeit der Oelfarbe deutlich auf das Handwerk Cosimo Rosselli's hin. Als Fra Bartolommeo in späteren Jahren während seines zurückgezogenen Lebens in Pian di Mugnone die Erscheinung des glühend verehrten Mannes noch einmal
Florenz. Akad. in der Gestalt des Petrus Martyr wiedergab, that er es zwar mit höherer Meisterschaft und Grösse des Vortrags, als damals in seiner Jugend, jedoch das unmittelbare Naturgefühl und die Aehnlichkeit hat darunter gelitten.[20]

Aber seine Grösse lag nicht in der Bildnissmalerei, da in ihr die hervorragende Gabe der Gruppierung nicht zum Ausdruck kommt.

Bis z. J. 1498, der Entstehung seiner Fresken auf dem Friedhofe in S. M. Nuova in Florenz, können wir leider kein Werk Baccio's mit Bestimmtheit nachweisen, doch wird die Lücke einigermaassen durch Zeichnungen ausgefüllt, von denen eine grosse Anzahl (darunter auch einige Studien, die zu jenem ersten Fresko-Werke gedient haben) in den Uffizien vereinigt sind. Sie sind sämmtlich sorgfältig mit feiner Feder ausgeführt und es spricht sich in ihnen ein Verlangen nach Anmuth der Bewegungen aus, die im Ganzen an Filippino erinnern, nur dass sie ein glücklicheres Erfassen des unmittelbaren Lebens bekunden. Die Gewandung, sowohl in der Bewegung wie in der Ruhe, fällt reich und vornehm und lässt trotz seltener Faltenmarkierung doch die menschlichen Formen nie vergessen. Seine Köpfe haben ellipfische Gestalt,

---

[20] Florenz. Akad. d. K. Saal d. kl. Gem. N. 28, rund, Holz, Oel, ursprüngl. im Kloster S. Maddalena in Pian di Mugnone, später im Marcuskloster. Das Fleisch ist stellenweise etwas schmutzfleckig, aber von bewunderungswürdigem Schmelz, die Zeichnung grossartig, die Formen ausserordentlich geschickt; die Oelbehandlung erinnert an Sebastian del Piombo. —

und an den schlanken Hälsen, wie am Geschmack der gelegentlich vorkommenden gerafften Kleider, erkennt man die Einwirkung Rosselli's. In seinem Streben nach Verständniss der wirklichen Natur und ihres würdigsten Ausdruckes gesellt er sich dem Michel-Angelo und Lionardo.[21] Haben auch offenbar diese künstlerischen Gesichtspunkte in der Werkstatt des Cosimo bei Weitem nicht die Beachtung gefunden wie unter Ghirlandaio und Verrocchio, so standen doch darum jene beiden Heroen der modernen Kunst in nicht geringerem Ansehn: Buonarroti gehörte augenscheinlich zu den Idealen des Piero di Cosimo, und bei Fra Bartolommeo spricht sich diese Verehrung ebenso entschieden, wenn auch bei völliger Wahrung der Eigenthümlichkeit aus, wie andrerseits seine Vorliebe für Lionardo ausdrücklich bezeugt wird.[22] Welche lionardo'sche Arbeiten es insonderheit gewesen sind, die Baccio studirte, können wir freilich nicht nachweisen, aber die nachhaltige Wirkung seines Geistes ist nicht minder aus seinem zuweilen ans Groteske streifenden Gruppenbau, wie an der hochgesteigerten Zartheit des Ausdruckes seiner Figuren offenbar, an der wir überdies auch die durch Lionardo vervollkommnete Farbentechnik wahrnehmen. Ein ausdrückliches Zeugniss für persönliche Berührung der beiden Männer hat sich bis jetzt nicht gefunden. Es wird allgemein angenommen, dass Lionardo i. J. 1483 in mailändische Dienste trat, und dass er Florenz erst i. J. 1500 wieder besucht habe. Aber aus mehreren gelegentlichen Bemerkungen Vasari's wird man auf die Annahme eines in der Zwischenzeit bestandenen Verkehrs mit Fra Bartolommeo geführt. Nach der zweiten Vertreibung der Medici 1494 schlug bekanntlich Savonarola eine neue Verfassung für Florenz vor, wonach die obersten Regierungsbeamten aus einem Generalrathe von tausend Bürgern durchs Loos gewählt werden sollten. Da sich nun aber in Florenz damals kein Saal fand, der eine solche Masse fassen konnte, so zog Savonarola den Michel-Angelo, Giuliano da S. Gallo, Baccio d' Agnolo, Cronaca und

[21] Fra Bart.'s Zeichnung der Gottvater-Figur für ein Altarbild in Lucca v. J. 1509 wurde, wenn wir nicht irren, eine Zeit lang in den Uffizien unter Lionardo's Namen bewahrt.

[22] Vas. VII, 150 s. oben.

Lionardo wegen Herstellung eines geeigneten Baues zu Rathe und der von diesen Obmännern gebilligte Plan wurde um Mitte Juli 1495 dem Cronaca zur Ausführung übergeben.[23] Hiernach wird eine Begegnung Lionardo's mit Fra Bartolommeo in diesem Jahre höchst wahrscheinlich. Beide haben überdies nachmals, freilich ohne dauernden Erfolg, mit jener Halle zu thun gehabt: Lionardo durch den Auftrag des Wandschmuckes, der leider nur bis zu den Kartons gedieh, und Bartolommeo durch Bestellung des ebenhierher bestimmten Altarbildes, das er zwar begonnen hat, aber unvollendet liess. — Dass wir aber von Baccio's ersten Arbeiten nur so überaus wenig erhalten haben, hat doch Savonarola zu verantworten. Sein Eifern gegen alle Darstellung des Nackten bewirkte, dass seine Anhänger unter den Künstlern während der Fastnachtstage der J. 1497 und 1498 den Inhalt ihrer Mappen massenweise dem Feuer überlieferten, und Baccio war es, der das Beispiel dazu gab.[24] Er gehörte zu den nächsten Freunden des Mönches, und als es am 23. Mai 1498 zur Erstürmung des Marcusklosters kam, befand er sich unter den Vertheidigern und musste mit den Waffen in der Hand für seine Ueberzeugung einstehen. In der Angst jener Stunden soll er das Gelübde abgelegt haben, wenn er leben bliebe, Dominikaner zu werden.[25] Gleichwohl nahm er kurz nach Savonarola's Hinrichtung den Auftrag des Gerozzo Dini für den Wandschmuck des Klosterfriedhofes zu S. M. Nuova an, und war dort über der Darstellung des jüngsten Gerichtes eifrig beschäftigt, um es bis zum October 1499 zu vollenden.[26]

---

[23] s. Vasari im Leben des Cronaca, Lionardo und Baccio d' Agnolo VII, 31; VIII, 123 und IX, 224.

[24] Vas. VII, 153.

[25] Vas. VII, 154.

[26] Vas. VII, 152. 153 und 155 und die Anm. dazu, welche den Vermerk der Zahlungen enthalten. s. auch Albertini's Memor. i. Band II, S. 439. — Das Fresko (12' breit), schon früher ausgesägt und i. J. 1871 auf Veranlassung G. B. Cavalcaselle's von seinem zweiten Platze im Hofe nächst dem Hospital entfernt, ist jetzt weiterer Zerstörung entzogen, welcher es an letzterem Orte, der im Winter als Gewächshaus verwendet wurde, in Folge der aufsteigenden Feuchtigkeit ausgesetzt war, eine Gefahr, welche das oberhalb angebrachte Schutzdach nicht verhüten konnte. Viele Stellen sind beschunden, (so die Schulter des Apostels zu äusserst links, ein Stück vom Schleier Maria's, das untere Ende vom Mantel Christi, die rechte Schulter des Mönches unmittelbar rechts von Christus (von Marchese als Bildniss des Fiesole bezeichnet und bei Vas. als solches der Lebensbeschreibung desselben beigesetzt), ferner der Arm der Sündergestalt links von Michael und die Brust des Letzteren selbst, der Kopf

Zu oberst sitzt unter einem von Seraphimköpfen gebildeten Bogen Christus als Weltrichter mit erhobener Rechten, die Linke auf die Brust gelegt; unter seinem Mantel schaut links ein kleiner Engel hervor, während drei andere (soweit sichtbar) Nägel, Hammer und Zange halten; ein wenig tiefer sitzen auf Wolken zu beiden Seiten die zwölf Apostel mit Maria; im Mittelpunkt des Ganzen der Engel mit Kreuz, Dornenkrone und Lanze, und rechts und links in hastiger Bewegung von ihm ausfliegend die beiden Posaunenbläser. Die Mitte des untern Bodens nimmt Michael ein, der mit erhobenem Schwert einen auf die Seite der Seligen verirrten nackten Sünder, welcher erschreckt ins Knie gesunken ist, gebieterisch zu den Verdammten hinüberweist, die sich mit Geberden der Verzweiflung auf ihr Schicksal bereiten, welches durch Feuerflocken und durch die Teufelsgestalten in der Ferne ihnen angedeutet wird; in der Zahl der Sünder eine einzelne bekleidete Gestalt, die, mit inbrünstiger Haltung zum Weltrichter aufschauend, Gnade zu erhoffen scheint; auf der anderen Seite die dichte Schaar der Auserlesenen, sämmtlich in reicher Gewandung, und unter ihnen an der Ecke zur Linken des Beschauers eine betende Mönchsgestalt. S. Maria. Nuova.

Was die Handzeichnungen Baccio's nur andeutungsweise über seine Richtung sagen, tritt hier zusammengefasst und in gesteigertem Ausdrucke vor uns hin. Der mässige Rahmen dieses Wandbildes in S. M. Nuova umschliesst gleichsam den Auszug der florentinischen Kunstentwickelung seit 200 Jahren. Denn dieses jüngste Gericht des Fra Bartolommeo ist das Verbindungsglied zwischen den Altflorentinern seit Giotto und Massaccio mit den grossen Meistern des XVI. Jahrhunderts; nicht Rafael, der bis zu seinen Malereien in S. Severo zu Perugia kein Werk von gleicher Bedeutung schuf, sondern Fra Bartolommeo ist es, welcher zuerst im grossen Stile wieder an Ghirlandaio anknüpft. Aber der hohe kunstgeschichtliche Werth des Gemäldes liegt darin, dass es ein erstes Zeugniss der Richtung ist, welcher Lionardo und Michel-Angelo den Anstoss gegeben hatten. Wie weit sich Baccio schon in diesem frühesten Werke grösseren Umfanges über seinen Meister erhebt, lehrt ein Blick auf Cosimo's Darstellung des Wunders vom Kelche in S. Ambrogio[27] und er beweist zugleich, dass er trotz

der Gestalt, welche sich das Gesicht verhüllt, das Gesicht desjenigen, welcher rechts im Vordergrund sitzt, endlich der ganze untere Streifen). Andere Theile wieder sind verrieben und entfärbt, die Bildnisse der Stifter fehlen gänzlich. Eine alte aber werthlose Copie desselben findet sich im Kreuzgang der aufgehobenen Kirche S. Appollonia in Florenz.

[27] s. Bd. III, S. 290.

des erstaunlichen geistigen Aufschwunges von der alten Tüchtigkeit der Schule nichts eingebüsst hatte. — Der Gegenstand dieser Darstellung ist recht eigentlich der Prüfstein der italienischen Kunstentwickelung. Wir haben bereits die ersten Versuche der Byzantiner in S. Angelo in Formis zu Capua mit denen der Sienesen im Campo-Santo zu Pisa verglichen und die aufsteigende Linie beobachtet, welche von Giotto durch Orcagna zu Fiesole hinanführt; bei Fra Bartolomeo treffen wir eine Verjüngung der altehrwürdigen symmetrischen Anordnung, aber eine Durchführung, welche in vielen Beziehungen an Lionardo anschliesst und rücksichtlich der Raumgliederung ihr bedeutendstes Wiederspiel in dem Parnass von Rafael fand. Den Gruppenbestandtheilen nach lässt das oben bogenförmig abgeschlossene Bild verschiedenförmige Ausschnitte zu: gestreckte Rundflächen, Dreiecke, Halbkreise, Raute und Rechteck und die vorherrschende Massenvertheilung des Ganzen bildet das griechische Kreuz, doch ist dabei Alles in einheitlichen Linienfluss gebracht. Trotz der genauesten Abwägung der Theile ist nirgends Aengstlichkeit wahrzunehmen; aus allen Formen spricht Adel und Freiheit, reineres Verständniss der Gliedmaassen und in den Gesichtern wird allenthalben ein höheres mustergiltigeres Schönheitsideal bemerkbar, als bei allen Vorgängern. Die Leidenschaft ist einfach und maassvoll dargestellt, im Ausdruck des regelmässigen, an die Weichheit Lionardo's erinnernden Antlitzes Christi und in der Erscheinung der Apostel liegt edle Geisteserhebung. Bei der Bildung der Engel lässt er den Kleinen die kindliche Unbefangenheit, die Boten des göttlichen Urtheils dagegen charakterisirt er durch eine Hast der Bewegungen, welche nicht recht zur Weihe des Vorganges stimmen will. Von hervortretender Schönheit ist die Behandlung der Gewänder; sie lassen bei aller Fülle die Körperformen durcherkennen und legen sich locker und wohlgefällig um die Füsse und auf den Boden. In den Verkürzungen sind die Gesetze der Perspective mit Anmuth befolgt und steigern den Eindruck geometrischer Gerechtigkeit, den das Ganze hervorbringt. Der Einfluss Lionardo's gibt sich am meisten an den himmlischen Erscheinungen und an der Glorie zu erkennen; trotz vielfacher Beschädigungen ist nicht blos die mannichfaltige

Formung und Farbe, sondern auch die überaus weiche und feine Abtönung, durch welche der Duft hervorgebracht wird, noch heute bewundrungswürdig. Derselbe Sinn für warme, kräftige und durchgemischte Farbe bewährt sich an den Figuren, und wenn hier und da eine etwas harte Licht- und Schatten-Zeichnung in den Fleischtönen oder an den Gewändern auffällt, so wird diese auf Rechnung der Freskotechnik zu setzen sein, welche Fra Bartolommeo damals noch nicht beherrschte und die erst Andrea del Sarto vollkommen meisterte.

Ohne Widerspruch wurde anerkannt, dass Fra Bartolommeo in diesem Werke Vorgänger und Mitlebende übertroffen hatte. Er dankte es vornehmlich den Einwirkungen Lionardo's, während sein Verhältniss zu Michel-Angelo, der sich dem gewaltsamen Ausdrucke Signorelli's zuneigte, weniger hervortritt. Man empfand unter den Zeitgenossen, dass nur noch ein letzter Schritt nöthig sei zur höchsten Vollendung.[28] Indem wir Fra Bartolommeo's kunstgeschichtliche Bedeutung so hoch stellen, vergessen wir keineswegs, dass Mariotto es war, der jenes Fresko zu Ende brachte; aber offenbar fiel ihm nichts weiter zu, als die Ausfüllung einiger leergelassener Umrisse am unteren Theile der Wand und die Hinzufügung der Bildnisse des Stifters Gerozzo Doni und seiner Frau.[29] Es ist beklagenswerth, dass die Schadhaftigkeit dieser Zuthaten uns unmöglich macht, die Handweisen der beiden Freunde mit einander zu vergleichen.

Nach Vollendung dieses Werkes scheint Baccio von seinem Gewissen beunruhigt worden zu sein, weil er seines Gelübdes vom Mai 1498 bisher uneingedenk geblieben war. Jetzt begann er seine irdischen Angelegenheiten zu ordnen, um der Welt zu entfliehen.[30] Die Verödung des Vaterhauses mag den Entschluss befördert haben. Nach dem Tode seines jüngsten Bruders Michele und seiner Mutter Andrea war ihm von den Seinigen nur noch Piero

---

[28] Vas. VII, 155 sagt: „è tenuta dagli artefici in pregio, perchè in questo genere si può fare poco più.“ —

[29] Vas. VII, 155 führt noch andere Bildnisse auf; bezüglich Fiesole's, den er unter den Seligen des Bildes findet, betrog ihn sein Gedächtniss, wie aus Anm. 26 hervorgeht.

[30] Vas. VII, 155.

geblieben, welchem er die ganze Habe des Hauses zu überlassen beschloss. Nur die Wahl eines geeigneten Vormundes für den Bruder scheint eine Verzögerung herbeigeführt zu haben; doch fand sich ein solcher in dem Dominikaner Santi Pagnini, welcher sich bereitwillig dazu erbot. Nunmehr nahm Baccio am 26. Juli 1500 in S. Domenico zu Prato die Novizenkutte und wurde nach abgelegtem Probejahr Vollbruder des Ordens mit dem Namen Fra Bartolommeo.[31] In den Würdegraden ist er nicht über den Diakon hinausgekommen und wahrscheinlich mit Absicht.[32] Denn wenn er sich auch eine Zeit lang gänzlich zurückzog, so drang doch gelegentlich der Lärm der geschäftigen Tageswelt in seine Zelle zu S. Marco in Florenz: Mariotto, der den Verlust des Freundes aufrichtig beklagt haben wird, besuchte ihn zuweilen und erzählte ihm von den Kunstereignissen der Stadt. Er erfuhr auf diese Weise die schreckliche Geschichte von dem Wettstreit Michel-Angelo's und Lionardo's und dann die Ankunft Rafaels. Ueberdies hatte das härene Gewand den Ruf seines Künstlernamens nicht zudecken können, und es ist wohl annehmbar, dass Rafael, der die beiden Helden des Tages, Lionardo und Buonarroti, zu sehr beschäftigt oder zu vornehm fand, um sich mit einem jungen Ankömmlinge aus der Fremde zu befassen, den Einsamen aufsuchte und freundschaftlich anging. Das Fresko von S. M. Nuova musste ihn gewaltig zu dem Manne hinziehen, der sich mit einem Male in den Besitz aller Wirkungsmittel des hohen Stiles gesetzt hatte und der vermöge seiner Verwandtschaft mit Lionardo dem Zögling Perugino's gerade das Erwünschteste darbot.

In Fra Bartolommeo jedoch bereitete sich aus sehr natürlichen Gründen eine rückweichende Entwickelung vor. Die täglich aufgefrischte Erinnerung an Savonarola mässigte und milderte seine Sinnesweise, die Eindrücke der Laienkünste verloren ihre Gewalt über ihn, und es mochte auch nicht in seinem Wunsche liegen, sich die Wohlthat seines neuen beschaulichen Lebens trüben zu lassen. Blickte er aber um sich, so traf er Wand für Wand in

[31] Marchese, Mem. II, 27, 8 und 359 und Vas. VII, 154.

[32] Marchese a. a. O. Doc. IX, II, 369.

seiner Klause die holdseligen, stillglühenden Gebilde Fra Giovanni's an, und bei Perugino und Rafael begegnete ihm eine Ruhe und Innerlichkeit, die sich mit jenen Eindrücken umso wirksamer verband, weil er sich persönlich ihrer Darstellungsweise noch näher fühlte, als dem Mysticismus des Fiesole. Es vollzog sich eine Abklärung seines bisherigen aufs Grossartige angelegten Stiles in der Richtung zur umbrischen Anmuth, und er verpflanzte auf den jüngsten Meister derselben im Austausch dagegen die Anwendung der wissenschaftlichen Hilfsmittel seiner Kunst, wie er sie mittelbar oder unmittelbar durch Lionardo empfangen hatte. Wenn uns auch erzählt wird, er habe sich von Rafael in die Perspective einweihen lassen, so haben wir darunter wohl mehr die verborgeneren Handwerksgeheimnisse der Verrocchio und Perugino zu verstehen; denn von seiner Sicherheit in Handhabung der grossen allgemeinen Stilgesetze hatte Fra Bartolommeo in seinem jüngsten Gericht bereits eine Probe abgelegt, welche in dieser Beziehung den Leistungen der römischen Zeit Rafaels gleichsteht.

Wir wissen nicht, wie lange er gezögert hat, bis er offen den Wunsch bekannte, zu seiner alten Thätigkeit zurückzukehren.[33] Die Sorge um seinen Bruder bekümmerte ihn von Neuem, da dessen bisheriger Vormund Pagnini i. J. 1506 zum Prior von S. Spirito in Siena erwählt wurde. Er wollte Piero ein bestimmtes Handwerk ergreifen lassen und zwar die Malerei; da er sich jedoch selbst nicht zum Lehrer geeignet fühlte, so wies er ihn laut einer Bestimmung vom ersten Januar 1506 (n. St.) für einen Zeitraum von sechs Jahren dem Albertinelli als Lehrling zu.[34] Als dies jedoch eben in Ordnung gebracht und er selbst wieder zur Kunst zurückgekehrt war, vereitelte Piero, der sich zur Erlernung eines neuen Faches nicht mehr für jung genug hielt, die Fürsorge des älteren Bruders dadurch, dass er seinerseits ebenfalls geistlich wurde.[35] Jetzt gehörte Fra Bartolommeo wieder ganz der Malerei an und wurde zum Leiter der mit dem Marcuskloster verbundenen

[33] Vas. VII, 157 sagt, er habe 4 Jahre in S. Marco zugebracht, also bis 1505.

[34] Vollständig abgedr. bei Marchese a. a. O. 357 ff.

[35] s. die Familiennachrichten oben in Anm. 1. —

Kunstwerkstatt bestellt. An Gehilfen fehlte es nicht, aber er arbeitete ausschliesslich um der Ehre willen und zum Nutzen seiner Ordensbrüder, da er weder mit Bilderbestellungen noch mit dem Ertrag derselben zu thun hatte, welcher durchaus der Genossenschaft zufiel; die einzige Gegenleistung des Ordens an den Künstler war das Zugeständniss der Enthebung vom Dienste im Chor.[36]

Zu den ersten Erzeugnissen seiner neuen Thätigkeit gehören die Flügel zu Donatello's plastischem Altarstück in den Uffizien, nach Vasari's Zeugniss von Piero del Pugliese bestellt, nachmals im Besitze des Herzogs Cosimo, der sie sehr zu schätzen wusste:

Florenz. Uffizien. Innen die Geburt und Beschneidung Christi, aussen die Verkündigung, die Figuren grau in grau.[37] Auf ersterem Bilde das Kind von der knieenden Maria angebetet, neben ihr zwei stehende Engel in Gespräch, rechts Joseph an den Sattel gelehnt; der Vorgang ist in eine Landschaft von zarter Durchführung und heiteren klaren Tönen verlegt, die an die Weise der Ferraresen und der flämischen Schule erinnern, die fein befiederten Bäume denen Rafaels in der florentinischen Zeit ähnlich. Die Beschneidung ist das genaue Gegenstück hierzu, die Verkündigung besonders wegen der Bildung der Engelgestalt merkwürdig, welche das neue Schönheitsideal dieser Gestalt vertritt.

Die Figuren sind hier durchweg aufs feinste und sauberste behandelt, höchst wohlgefällig und mit Bedacht gruppiert, und trotz der Kleinheit durchaus individuell. Maria's Kopf zeigt die bei Fra Bartolommeo beliebte elliptische Bildung, im Uebrigen ist die Gestalt dünn und feingliederig, sodass man sowohl bei ihr als bei den Engeln sich an Rosselli erinnert fühlt, während der liebliche, lächelnde Knabe dem Rafael näher steht; Joseph ist durch männliche Formen und breite Gewandung ausgezeichnet. Die feingemischte gut modellierte und zu trefflicher Lichtwirkung gebrachte Farbe lässt eine von Rosselli abweichende Behandlung erkennen, aber ähnliche Beschränkung der Lasuren und allgemeine technische

---

36 s. Razzi bei Marchese a. a. O. II, 61.

37 Uffiz. N. 1161, Holz, kl. Fig. Vas. VII, 151 sagt von den Bildern: „non è possibile a olio poter far meglio."

Verwandtschaft mit dem Bilde der Vision des heil. Bernhard in der Akademie der Künste zu Florenz[38]:

Auf Wolken, die von Cherubim getragen werden, erscheint Maria umgeben von Engeln und Seraphim, das Kind in ihren Armen haltend, welches den Segen ertheilt. In der Mitte des Vordergrundes kniet der heil. Bernhard an seinem Pulte, hinter ihm Benedict und Johannes der Evangelist. Links am Pult ein kleines oben abgerundetes Bildchen der Kreuzigung mit zwei Heiligengestalten[39]: Florenz. Akad. der Künste.

Das Bild, im Frühling 1507 geliefert, regt den Zweifel auf, ob es überhaupt ganz vollendet gewesen sei, so rauh ist die Farbenfläche; es stellt sich jedoch bei genauer Betrachtung heraus, dass diese auffällige Erscheinung vom Reinigen herrührt. Die künstlerische Beschaffenheit, namentlich die Anordnung ist geeignet, diesen Mangel vergessen zu machen, welcher übrigens für uns den Vortheil hat, das Machwerk des Meisters klar zu legen. Und hier erkennt man nun dasselbe Verfahren, welches Lionardo bei seinen Bildnissen in der Ambrosiana verfolgt hat: der Fleischton ist leicht aufgesetzt, mit brauner Erde geformt und dann zu allgemeiner Localfarbe von scheinbar flüssiger Durchsichtigkeit verarbeitet; darnach wurden Halbtöne und Schatten je nach der Dunkelheit des erforderlichen Tones leichter oder kräftiger mit bläulichem Grau übergangen und die Lichter durchweg in breiter Masse aufgesetzt: dem Ganzen wurde schliesslich durch überaus feine Lasuren die Einheit gegeben, die freilich jetzt mit jenem dünnen Häutchen meistentheils verschwunden ist. Dies ist die Technik, welche dem Lionardo ihre Entstehung und ihre Ausbildung verdankt, und die er in seiner Mona Lisa zur höchsten Vollendung gebracht hat, eine Kunst, die Fra Bartolommeo in späteren Jahren handhabte und die Andrea

---

[38] Ein kleines Bild der Geburt Christi (Holz, Oel), N. 23 der Gall. Rasponi in Ravenna (dort unter dem Namen Rafaels) scheint auf den ersten Blick nur wie eine ferraresische Nachahmung Fra Bartolommeo's; bei genauerer Betrachtung jedoch fällt die Verwandtschaft namentlich mit den Hintergründen der oben beschriebenen Altarflügel-Stücke auf, deren Eigenthümlichkeiten auf dem Bernhard-Bilde der florent. Akademie wiederkehren, sodass man berechtigt sein wird, das Bild in Ravenna der hier in Rede stehenden Zeit Fra Bartolommeo's zuzuweisen.

[39] Florenz, Akad. d. K. Saal d. gr. Gem. N. 66 (aus der Badia stammend; vgl. Vas. VII. 157). Der blaue Mantel, der von Maria's Kopf herabfällt, ist aufgefrischt, ebenso Kopf und Mantel des Benedict, Kopf und rothes Gewand des Johannes.

del Sarto ebenfalls gründlich verstanden hat. Vasari nennt sie schlechthin die „moderne“ oder die „dritte Manier“ und berichtet, dass Lionardo, Giorgione, Fra Bartolommeo und Rafael die zu ihrer Zeit angestaunte Vortragsweise der Francia und Perugino weitaus übertroffen hätten.[40] In Wahrheit ist dies Verfahren nur Abwandlung der glatten Auftragsweise Perugino's; die unvermeidliche Ungleichmässigkeit der Schichtung entsteht dadurch, dass die dünnen Lasuren die Ränder nicht ganz bedecken, und die gelegentliche Undurchsichtigkeit ist Folge des Bestrebens, die hier und da merkliche Schroffheit der Gegensätze des aufeinander gelegten Farbensystems durch wiederholte Uebergehungen zu schmeidigen. Dass Lorenzo di Credi und Piero di Cosimo es nicht zu gleichen Wirkungen gebracht haben, ist lediglich Schuld der geringeren Begabung, denn ihr Verfahren war das nämliche.

Die Auffassung der Bernhard-Vision Fra Bartolommeo's finden wir am meisten in dem Gemälde Filippino's vorgebildet, dessen zarter Figurenbau auch vom Nachfolger bewahrt worden ist, aber gleichzeitig wird hier der höhere Geschmack und die vollendetere Anordnung der Gruppen deutlich. In der Erscheinung der himmlischen Frau, welche, von Cherubim getragen, auf Wolken durch die Himmel wallt, liegt nicht blos Erhabenheit, sondern zugleich das feinste Leben: Formen, Gewänder, selbst der ziehende Nebel sind innerlich bewegt. Die kindliche Zuversicht des Engels, dessen Schulter die Jungfrau als Stufe benutzt, und die Lieblichkeit des lauschenden Knaben sind überaus anziehend; die muntere Schalkhaftigkeit der aufwartenden Seraphim — vielleicht ein wenig zu weit getrieben — erinnert noch an Rosselli. Aber in der Gruppenbildung steht Bartolommeo dem Rafael hier gleich, nur das Figurengepräge an sich hat noch nicht seine Reinheit und Frische, denn wie sehr er auch nach keuschem Adel strebt, es hängt ihm doch

[40] Vas. VII, 6: „L. da Vinci dando principio a quella terza maniera che noi vogliamo chiamare la moderna, oltra la gagliardezza e bravezza del disegno ed oltra il contraffare sottilissimamente tutte le minuzie della natura, così a punto come elle sono, con buona regola, miglior ordine, retta misura, disegno perfetto, e grazia divina, abbondantissimo di copie, e profondissimo di arte, dette veramente alle sue figure il moto ed il fiato. —

aus dem Schulumgange mit Künstlern, welche ein ziemlich abstractes Ideal auf fast wissenschaftlichem Wege suchten, noch zu viel an, als dass er dem freien Antrieb der Seele hätte folgen können wie Rafael. Der Jungfrau gegenüber, und bei ihrem Erscheinen vom Lesen aufgeschreckt, kniet der Asectiker, umgeben von Benedict und Johannes dem Evangelisten, von prächtigem Gewande umschlossen. Auf der lächelnden Landschaft lagert, von Hügel zu Hügel abgetönt, das Zwielicht des Sommerabends; allerhand Figuren und eine nahe Stadt beleben den Hintergrund. Hierin erkennt man neben Lionardo auch etwas von Perugino's Einfluss, dessen zarte Sinnigkeit und Farbengefühl in jener Zeit der Versenkung in religiöse Anschauungen vergangener Tage mitgewirkt haben mögen, die veränderte Entwickelung des Mönches zu lenken. Diese Einwirkung begreift sich um so leichter, wenn wir uns den jungen Rafael an seiner Seite denken; jedenfalls müssen damals Werke wie Perugino's Pietà in S. Chiara ihn aufs tiefste ergriffen haben.

Offenbart das Bild der Vision etwas von den innern Kämpfen des Malers, so belehrt ein andres Meisterwerk derselben Zeit, wie sehr er des schlichten religiösen Ausdruckes, wenn auch noch nicht der stillen Reinheit Fiesole's fähig war: in dem Bogenfeld über der Thür zum Refectorium in S. Marco stellte er Christus als Pilger S. Marco. Refectorium.
dar, den zwei andere zum Verweilen einladen. Die Freskobehandlung erscheint bei diesen Halbfiguren im Vergleich zum jüngsten Gericht wesentlich vervollkommnet und erreicht eine seltene Reichheit des Tones; die Formgebung ist edel und lebendig, die Geberden biegsam und frei, die Gewandung von edelster Einfachheit.[41]

In dieser Zeit spielte ein eigenthümlicher Rechtshandel bezüglich des Bildes der Bernhard-Vision, dessen Preis Fra Barto-

---

[41] Infolge der Veränderungen, welche das Innere des Marcusklosters erfahren hat, ist das Fresko abgenommen worden; es befand sich 1869, nachdem jener Zugang zum Refectorium in Wegfall gekommen, in einem offenen Hofe. Das Bild hat sehr an Frische verloren, auch sind am Haar des Heilands und an der Stirn der mittleren Figur einige Stucke abgefallen und der Grund ist schadhaft. Nach der von Vasari (VII, 169) beibehaltenen Ueberlieferung wäre einer der beiden Männer das Bildniss des Fra Niccolò della Magna, und da dieser wirklich 1506 und 1507, wo er nach Rom ging, Prior zu S. Marco gewesen ist, so lässt sich hieraus die Zeitbestimmung des Bildes entnehmen.

lommeo auf 200 Ducaten festgesetzt hatte, während der Besteller Bernardo del Bianco nur 80 zahlen wollte. Die Sache erregte viel Unwillen in der Dominikanerschaft. Die beiden Theile nahmen endlich die Vermittelung des Abtes der Badia an, für welche das Bild gemalt war, doch konnte dieser nichts ausrichten, da sich Bernardo ungefügig zeigte. Vergebens bemühten sich auch Mariotto Albertinelli und Lorenzo di Credi, die Streitenden zu besänftigen; man kam überein, die Angelegenheit der Gilde der „Speziali" zur Entscheidung zu überweisen. Gegen diese Laieninstanz erklärten sich jedoch die Dominikaner und räumten nach langer Zögerung nur soviel ein, dass Francesco Magalotti, ein Verwandter Bernardo's, den Spruch thun sollte; auf dessen Entscheid hin wurde endlich am 17. Juni 1507 der Preis von 100 Ducaten angenommen.[42]

Die Annalen des Marcusklosters lassen in dieser Zeit stetigen Verkehr der Dominikaner zu Florenz mit denen zu Venedig erkennen.[43] Häufig reisten Glieder der florentinischen Gemeinde dorthin, und im Frühjahr 1508 war auch Fra Bartolommeo in der Lagunenstadt. Angegriffene Gesundheit, im Verein mit dem Verlangen, die damals hochgepriesenen Arbeiten der Venetianer zu schauen, mag den Anlass zu dieser Reise gegeben haben. Von der ausgebildeten Farbentechnik der Kunstgenossen im Norden hatte er wohl durch Baccio di Montelupo gehört, welcher seit der Verurtheilung Savonarola's dort in der Verbannung lebte; auch mochten die hin- und herreisenden Brüder ihn nach einem Besuche der Prachtstadt im Wasser lüstern gemacht haben. Vielleicht lag seiner in Gemeinschaft mit dem Ordenssyndicus unternommenen Fahrt die Absicht zu Grunde, in Venedig einen Kunstgehilfen für die Werkstatt in S. Marco anzuwerben. Im April 1508 war Fra Bartolommeo dort und in Begleitung Baccio Montelupo's betrachtete er die Stadt und ihre Schätze in Kirchen und Palästen. Aber der Ruf der florentinischen Malerei war selbst hier am adriatischen Meere so bedeutend, dass, als unser Künstler das Kloster S. Pietro Martire auf Murano besuchte, er von dem Vicar Bartolommeo Dal-

---

[42] Die Nachweise mit allem Material bei Marchese II, 360—363.

[43] s. die oben angezogene Urkunde.

zano ersucht wurde, ihm für einen anständigen Preis ein Werk seiner Hand zu überlassen, und Fra Bartolommeo versprach ein Leinwandbild für 70—100 Ducaten zu liefern. Seine Zeit war jedoch in Venedig so sehr in Anspruch genommen, dass er die Ausführung des Bildes bis zu seiner Rückkehr nach Florenz verschieben musste. Er reiste ab mit einem Vorschuss von 28 Ducaten an Gold und Farben und mit der Anweisung auf den Ertrag des Verkaufs einer Anzahl eigenhändiger Briefe der heil. Katharina von Siena, welche sich bei einem Freunde des Pater Dalzano in Toskana befanden.[44]

Bei der Heimkehr war seine erste Sorge, die Kunstwerkstatt seines Klosters mit frischen Kräften auszurüsten, und so ungern es auch die Dominikaner sehen mochten, wenn er dabei über den Kreis ihres Ordens hinausgriff, so schwiegen sie doch dazu, als er den Mariotto Albertinelli zum Genossen heranzog. Ueberdies war die Theilnahme eines Laien an der klösterlichen Kunstübung nichts Neues; hatte doch z. B. Fiesole den Benozzo Gozzoli in gleicher Weise angestellt; allein das Verhältniss, in welches jetzt seit 1509 Albertinelli zur Werkstatt von S. Marco trat, war bis dahin ohne Beispiel gewesen. Es scheint nämlich vereinbart worden zu sein, dass der Syndicus des Klosters für alle laufenden Ausgaben aufzukommen hatte und der Reinertrag mit Mariotto getheilt wurde.[45] Wir finden aber nebenbei auch wieder eine Arbeitstheilung zwischen ihm und Fra Bartolommeo, indem dieser manches im wesentlichen vollendete, anderes ausschliesslicher dem Freunde überliess, noch anderes gemeinschaftlich mit ihm ausführte, aber nur für die Arbeiten ersterer Art wurde ein bestimmtes Monogramm zur Unterscheidung angewendet.

Als Gegenstand für das von Dalzano bestellte Bild wählte Fra Bartolommeo eine einfache Darstellung Gott-Vaters in der Himmelsglorie, unterhalb Maria Magdalena und Katharina von Siena (Lucca. S. Romano.)

[44] Die bezüglichen Belege über den Verkehr der Klöster S. Pietro in Venedig und S. Marco in Florenz gibt Marchese II, 52 und 363.

[45] Im Jahre 1512 wurde Inventur gemacht, woraus hervorgeht, dass die Genossenschaft drei Jahre gedauert hat. s. Marchese II. 144. —

in Anbetung, ein Gemälde, das neben seinen übrigen Vorzügen tiefer Empfindung und edler Formgebung noch eine besondere Anziehungskraft dadurch ausübt, dass es in Reichthum und Glanz der Farbe an die Venetianer mahnt, und andererseits in den feinen Abstufungen des landschaftlichen Hintergrundes und im Helldunkel dem Vortrage in Lionardo's Mona-Lisa oder in dem Bildniss Leo's X. von Rafael nahe kommt.[46] Wenn das Bild auch nicht von einzelnen Rauhigkeiten im Fleische frei ist, bekundet es doch höhere Fertigkeit in Anwendung der Lasuren bei den Gestalten sowohl wie beim Hintergrunde. Die heiligen Frauen berühren zwar fast den Boden, doch wird ihre geistige Erhebung dadurch angedeutet, dass sie auf leichtem Gewölke knieen, welches von Cherubköpfen getragen schwebt: Magdalena mit niedergeschlagenen Augen im vollen Reiz der reumüthigen Seele, Katharina von strengerer Anmuth mit erhabener Sehnsucht im emporgewandten Blick; dagegen ist Gestalt und Ausdruck des Ewigen minder bedeutend, und die Engel um ihn, welche mit Blumengewinden und Perlschnüren ausgestattet sind, haben bei aller Feinheit der Form und Wahrheit der Bewegung hin und wieder eine Härte des Tones, welche einen Antheil Mariotto's an dem oberen Stücke zu verrathen scheint. — Auf die Mittheilung, dass das Bild zur Ablieferung bereit stehe, erfolgte von Seiten des Klosters in Murano einige Zögerung. Als sodann zwei Ordensbrüder von dort nach Florenz abgesandt wurden, konnte man sich über das Geschäftliche nicht einigen und sie kehrten heim ohne den Protest zu beachten, den das Marcuskloster deshalb i. J. 1511 von sich gab. Schliesslich blieb Fra Bartolommeo bis zur Lösung seines Verhältnisses mit Albertinelli im Besitz des Bildes und scheint es seinem Freunde dem Prior Santi Pagnini zum Geschenk gemacht zu haben. Es hängt gegenwärtig an einem Altar links vom Portal in S. Romano zu Lucca[47] als Gegenstück einer

---

[46] Vas. VII, 7 sagt zum Vergleich zwischen Fra Bartolommeo u. Giorgione: „Ne meno di costui (Giorgione) diede alle sue pitture forza, rilievo, dolcezza e grazia ne' colori Fra Bart. di S. Marco.

[47] An der linken Seite des Vordergrundes die Aufschrift: „Orate p pictore 1509.“ Die herrliche Zeichnung zur Gottvater-Figur befindet sich in der Sammlung der Uffizien in Florenz unter Lionardo's Namen. Ueber den oben geschilderten Hergang vgl. Marchese II, 52. 246. 363 und Vasari VII, 165.

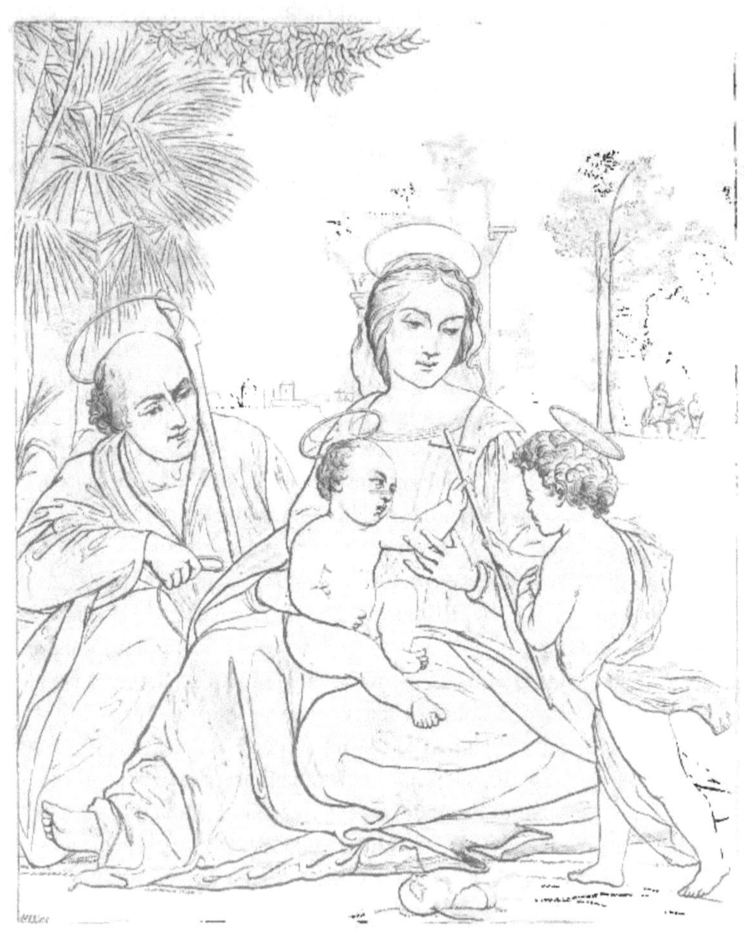

Heilige Familie. Oelgemälde des Fra Bartolommeo in der Gall. Cowper zu Panshanger.

Madonna desselben Meisters und aus dem nämlichen Jahre in der Kapelle des benachbarten Sanctuariums von S. Martino:

Lucca. S. Martino.

Zwei Engel, deren Flügel und Gestalt durch überaus feine Schattengebung vom lichteren Tone des Himmels getrennt ist, halten Krone und Schleier über Maria, welche den Mantel über den Kopf gebreitet, das Kind auf dem Knie trägt, ein liebliches Wesen voller Lebensfrische, freundlich zu dem Engel herabblickend, welcher mit emporgewandtem Blick auf einer kleinen Viola spielt. Seitwärts, hell vom dunkleren Grunde abgehoben, stehen Johannes d. T. und Stephan an den Pfeilern, welche das Bild abschliessen.[48]

Diese von neuem gemüthvollen Reiz durchwehte Darstellung des altehrwürdigen Gegenstandes ist mit dem ganzen Adel lionardesker Technik geschmückt, von der saubersten Pinselführung und bei aller Sicherheit des Umrisses und der Handführung durchweg in warmen Duft getaucht. — Hier wie in dem Bilde von S. Romano erkennen wir die sorgfältige Thätigkeit Fra Bartolommeo's in Gemeinschaft mit seinem Freunde; doch haben wir noch andere Zeugnisse aus dem fruchtbaren Jahre 1509, denn wahrscheinlich gehören dieser Zeit noch an: die Madonna mit Kind zwischen vier Heiligen in S. Marco zu Florenz, welche vermöge ihrer ursprünglichen Schönheit von Pietro da Cortona für ein Werk Rafaels gehalten wurde[49], und das kleine Bild der heil. Familie, jetzt in der Gallerie des Earl Cowper in Panshanger:

Panshanger Gallerie Cowper.

Maria sitzt bequem und von reicher Gewandung umhüllt am Erdboden und hält das Kind mit zarter Berührung an Hüfte und linkem Arm, welchen es ausstreckt, um das kleine Rohrkreuz zu erfassen, das der mit verehrender Geberde rasch und etwas ungelenk herschreitende Johannesknabe ihm darreicht. Hinter Maria sitzt Joseph in hockender Stellung mit dem Stab und einem Zügel in den Händen, gleich Maria liebevoll dem ernsten Spiele der Kinder zuschauend. Vorn am Boden ein Granatapfel, hinter Joseph links Palmgebüsch, rechts eine Ruine und waldiges Hügelland mit kleinen Figürchen, welche an

[48] Holz, Oel, Fig. unter Lebensgr., an der Thronstufe, worauf der Engel sitzt, bez.: „1509. Fris Barthol. Florentini opus 1509 oris. predicatoř."

[49] Holz, Oel, Fig. lebensgr.; die Farbe ist jetzt düster geworden und durch Nachbesserung entstellt, aber das Ganze in der That von rafaelesker Zartheit. Das Bild wurde 1534 von den Dominikanern dem Giov. Maria Benintendi für seine Kapelle in S. Marco gespendet. s. Vas. VII, 160 und Marchese II, 76. 367. —

die Flucht nach Egypten erinnern, dazwischen weite Ferne mit einer Stadt.[50]

In diesem Wunderwerk der Malerei erscheinen die Compositionsgrundsätze Lionardo's, der Ausdruck seiner Gesichter und die Empfindungssprache Rafaels durch das Geschick Fra Bartolommeo's vereinigt, die Linien sind höchst wirkungsvoll zur Pyramidenform gestaltet, die Hauptfiguren athmen reinstes Leben und durch die ganze Scene geht ein unaussprechlicher Zug von Familienglück. Betrachtet man das Handwerkliche, so nimmt man wahr, wie der Maler Schatten und Halbtöne leicht auftrug und die verschiedenen Farbenschichten gleich bunten Krystallhäuten übereinanderzog, hier und da durch eine kühlere Stelle im Licht oder durch eine dunklere im Schatten die Ebenmässigkeit unterbrechend; die lichtesten Theile hielt er in warmem Gelb von sattem Farbenkörper, die dunkleren in grünlichem Grau und zwar allenthalben so durchsichtig, dass die Zeichnung noch durchwirkt, die Punkte ausgenommen, wo ein Druck oder sonst eine Nachhilfe mit dem Finger die Farbenmasse dichter macht. Wo der erste Auftrag keiner weiteren Veränderung bedurfte, ist er auch unberührt gelassen; denn die bei genauer Betrachtung allerdings etwas rauh erscheinende Fläche solcher Stellen gewinnt schon beim geringsten Abstand des Betrachters wieder völlige Harmonie.[51] Die letzte Vollendung ward dann durch zarteste Lasuren erreicht, durch deren nachmalige Beschädigung manche Partien etwas kühl geworden sind. — Obwohl Fra Bartolommeo und Mariotto in der Zeit als das Bild entstand noch Geschäftsgenossen waren, muss doch der Hauptbestandtheil des Gemäldes ausschliesslich für ersteren in Anspruch genommen werden, wie denn auch der Ertrag desselben bei der Auseinandersetzung der Freunde i. J. 1512 dem Fra Bartolommeo zufiel.[52] Hat man anders eine Mitthätigkeit Albertinelli's anzunehmen, so beschränkt sie sich auf die rechte Seite des Hinter-

---

[50] Holz, h. 4' 3'', br. 3' 5''. Auf der Rückseite steht: „D. Fra Bartol°. di S. Marco oggi d1°. . . Ant°. Salviati." —

[51] Solche Stellen finden sich in der Tunica Maria's, in den Schatten der Hände bei Maria u. Johannes u. in dem Schleier an dessen rechtem Bein.

[52] So verstehen wir wenigstens die Stelle bei Marchese II, 144, doch vgl. dagegen Vasari VII, 151. —

grundes, da hier Behandlung und Localton mit dessen Madonnenbilde im Louvre übereinstimmt. Der Käufer scheint Filippo di Averardo Salviati gewesen zu sein, von dessen Verwandten Einer die bezügliche Inschrift auf die Rückseite setzte. —

Auch das Jahr 1510 war überaus arbeitsreich. Besonders wurde Fra Bartolommeo durch einen seinem Gegenstande nach uns freilich unbekannt gebliebenen Auftrag des Giuliano da Gagliano in Anspruch genommen, von welchem beträchtliche Geldzahlungen im November dieses Jahres vermerkt sind.[53] Am ehrenvollsten war aber die Uebernahme des ursprünglich bei Filippino Lippi bestellten, jedoch von diesem nicht begonnenen Altarbildes für die grosse Rathshalle in Florenz; allein auch hier scheint der Preis Schwierigkeiten gemacht zu haben, denn nachdem die Figuren entworfen waren, wurde das Bild bei Seite gestellt und späterer Erwägung anheim gegeben.[54] — Während des J. 1511 kamen zur Ablieferung: ein kleines Rundbild der Geburt Christi, eine Kreuzschleppung, eine Annunziata (verkauft an den Gonfaloniere von Florenz), ein Bild für die Karthäuser zu Pavia, ein anderes an einen englischen Händler, und die Verlobung der Katharina, die einzige die von allen diesen Arbeiten übrig geblieben ist.[55] Nach Vasari war das Gemälde mehrere Monate in S. Marco ausgestellt und später an den König von Frankreich gekommen.[56] Der wahre Sachverhalt ist folgender: im Jahre 1512 war Jacques Hurault Bischof von Autun Gesandter Ludwig's XII. in Florenz. Um sich dem Könige zu verbinden, erwarb die Regierung der Republik

---

[53] s. Marchese II, 69 und 144. Die letzte Zahlung erfolgte im Januar 1512.

[54] Archiv. di Firenze, Protocollo delle Deliberazioni de' Signori e Collegi dal 1508 al 1511, Bimestre di Novemb. e Dec. 1510 (13 Seiten): „1510. Nov. 26. Locatio tabule Consilii Maioris. Item dicti domini .. deliberaverunt etc. quod Tabula altaris sale magne Consilii Maioris que fuerat in vita olim Filippi fratris (sic) Filippi pictoris (s. hierzu das Kap. über Filippino, Band III. Cap. X. und Vasari IX, Anm. zu S. 224) eidem Filippo ad ipsam depingendam locata que propter subsequentem mortem depingi per eum non potuit; detur et locetur ad ipsam depingendam et faciendam fratri Bartholomeo pictori qui est in conventu et ecclesia S. Marci de florentia ord. pred. S. Domi., eo modo et forma et cum eisdem conditionibus et pactis et mercede cum quo, qua et quibus et prout ipsa fuerat per prius locata dicto Filippo fratri Filippi.“ —

[55] s. die handschriftl. Vermerke des Syndicus von S. Marco u. das Protokoll der Theilung von Mariotto bei Marchese II, 66 ff., 144 und 365.

[56] Vas. VII, 158.

jenes Bild Fra Bartolommeo's in S. Marco für 300 Ducaten und überwies es dem Gesandten. Hurault nahm es mit sich und stiftete es in die Kathedrale seiner Diöcese zu Autun, von wo es während der grossen Revolution in das Louvre übertragen wurde. Das Gemälde bezeichnet eine Wendung in des Meisters Stil: er gibt etwas von der Zartheit und Sinnigkeit seines früheren Vortrags zu Gunsten einer breiteren, seiner ursprünglichen Geistesrichtung gemässeren Behandlung auf:

Paris. Louvre.

Innerhalb einer Nische mit stark ausladenden Pfeilern und kräftigem Karnies sitzt Maria auf dem Throngestell, die Füsse auf eine Bank gesetzt, auf welcher der Christusknabe, dessen Haupt sie mit der Rechten berührt, mit einem Fusse steht, indem er sich umwendend der knieenden Katharina von Siena den Ring reicht. Mehrere Heilige, Franciscus und Dominicus, Petrus und Bartholomäus, Vincentius und Andreas bilden die Umgebung. Am Thron Maria's die Inschr.: „ORATE PRO PICTORE. MDXI“ und darunter: „BARTHOLOME FLOREN. or. prae.“[57]

Der überaus zarte Vorgang, welcher in lionardesker Linienführung gezeichnet ist, spricht besonders die Liebe Maria's zu dem Sohne aus und zwar nicht so sehr durch die Wahl des Typus, als durch die an Rafaels Belle Jardinière erinnernde Weichheit der Geberde; der Unterschied ist jedoch, dass hier Fra Bartolommeo den strengsten Regeln Lionardo's folgt, während dagegen sein Freund die innere Empfindung und die Farbe vorherrschen lässt. Das Kind ist nicht mehr in der ersten Zartheit aufgefasst, die Heiligen haben schon eine Strenge des Ausdrucks, eine Würde des Gebahrens, welche im Anschluss an die grossartige Behandlung der Gewänder den geistigen Aufschwung des Malers erkennen lässt. Die Verkürzungen, welche an den fliegenden Engeln des Bildes in S. Romano zu Lucca nur erst versucht scheinen, werden

[57] Holz, Oel. h. 2.57, br. 2,28. Auf dem alten Rahmen stand die Widmung: „Jacobo Huraldo Heduorum Episcopo Ludovici XII. Francorum regis legato fidissimo senatus populusque Florentinus dono dedit anno MDXII.“ vgl. Mündler, Essai d'une analyse etc. Paris 1850, S. 87. Ein Vermerk über den Verkauf des Bildes für 300 Ducaten an die florentiner Regierung und über die Widmung an „Monsignor di Othon“ (Autun) findet sich in den Bemerkungen des Syndicus von S. Marco, s. Marchese II, 66 u. 144.

hier bei den drei Knaben am Baldachin entschiedener und lebenswahrer, die Perspective im weitesten Wortsinn ist mit ausserordentlicher Sicherheit beobachtet. Der Gesammtton ist hell und heiter, offenbar auf einen bestimmten Platz in S. Marco berechnet, sodass er in dem einseitigen Lichte der Gallerie nicht vortheilhaft erscheint, wenn auch vielleicht die obersten Lasuren durchs Abputzen verschwunden sind.

Die reizvolle Auffassung, mit welcher Fra Bartolommeo in diesem Bilde das Ceremoniell des Gegenstandes erfrischte, fand so allgemeine Bewunderung, dass die Marcus-Werkstatt nicht genug Wiederholungen des Gemäldes schaffen konnte; die untergeordneten Kräfte, welche dabei in Thätigkeit gesetzt werden mussten, waren aber weit davon entfernt, es ihrem Meister in irgend einem Sinne gleich zu thun. Dies zeigt u. A. die grosse Copie in der Akademie zu Florenz.[58] — Eine weit glücklichere Beihilfe ist die, welche Mariotto i. J. 1511 seinem bedeutenderen Kunstgenossen bei den Madonnenbilde mit Petrus und Paulus am Altar der Familie Mastiani in S. Caterina zu Pisa gewährte, wo die edle Haltung Pisa. S. Caterina.
Maria's, welche den Fuss auf einen zerbrochenen Säulenknauf stellend das segenspendende Kind hält, und wenigstens die grossartigen Gestalten der in feierlicher selbstbewusster Haltung im Vordergrunde stehenden Heiligen zu vollster Wirkung kommen.[59] Der tintenartige Ton, welchen die ganze Farbenfläche zeigt, ist Folge eines Feuers, das im XVII. Jahrhundert in der Kirche ausbrach. Interessant ist der am Thronsockel angebrachte Sinnspruch mit dem Monogramm (2 Ringe mit durchgesteckten Kreuz oder Degen), welches auch auf einem dem Fra Paolino zugeschriebenen Bilde der Belvedere-Gallerie in Wien[60] vorkommt, und das ausser

---

[58] Saal d. gr. Gem. N. 65, Holz. Oel. Fig. lebensgr., ursprünglich für S. Caterina in Florenz gemalt. Die Ausführung ist schwach, die prima aufgetragenen Schatten ziegelfarbig und undurchsichtig; der Maler ist möglicher Weise Fra Paolino von Pistoia.

[59] Holz, Oel, lebensgr. Fig., der obere Theil des Bildes neu, das Ganze an den meisten Stellen übermalt, ausgenommen Stücke am Christuskinde und die Füsse der stehenden Heiligen; die Zahlung an Fra Bart. und Mariotto erwähnt Marchese II, 69, 70 und 144.

[60] Saal IV. N. 42 vgl. Mündler, Recensionen Jahrg. 1865 N. 15 und Zeitschr. f. bild. K. 1867 S. 303. vgl. auch Waagen, Kunstdenkm. in Wien I, S. 67.

sonst auf Arbeiten Fra Paolino's und seiner Kunstgenossen in S. Marco noch auf einem Gemälde in Genf[61] erscheint, welches daneben die vereinigte Namensinschrift Fra Bartolommeo's und Albertinelli's aufweist mit dem Sinnspruch:

ⴱ DEPOSVIT POTENTES DE SEDE ET EXALTAVIT HUMILES 1511.

Die bedeutendste aber von allen gemeinschaftlichen Leistungen der beiden Genossen aus der Zeit bis 1512 ist die zweite veränderte und bereicherte Darstellung der Verlobung Katharina's für die Kirche dieser Heiligen zu Siena, das Bild, welches i. J. 1588 an den Bischof einer ungenannten Diöcese weggegeben, jetzt die Sammlung des Palastes Pitti schmückt[62]:

Florenz. Pitti.

Mit dem Gemälde im Louvre verglichen tritt diese Darstellung zunächst durch feinere Anmuth in der Hauptgruppe, namentlich die liebliche Gegenbewegung in der Haltung des Kindes zur Mutter vortheilhaft hervor: während Maria züchtig und schlicht nach den Heiligen zur Rechten herabschaut, ist der Knabe, den sie mit der Linken leicht am Arm hält, die Thronstufe hinabgetreten und reicht der links knieenden Katharina von Siena den Ring, deren Namensschwester auf der andern Seite die erste am Throne ist. Diese vier Figuren verbinden sich zu dem Pyramidenaufbau der Mitte, die dramatisch bewegte heilige Gefolgschaft, je sechs zu jeder Seite, wird links vom Heiligen Michael, einer edlen ritterlichen Gestalt mit Harnisch und Fahne, rechts von Bartholomäus geführt, und schliesst sich in Halbkreislinie nach dem Throne hin zusammen, auf dessen unteren Stufen vorn zwei Engelknaben mit Geige und Mandoline sitzen, während vier andere in lebhaftem Flug oberhalb die Vorhänge des Baldachins emporhalten. Am Thronsockel die Inschrift: „1512 Orate pro pictore."

An Composition und Figurenzeichnung, die in vielem den Rafael geradezu erreichen, hat Fra Bartolommeo hier wohl sein Höchstes geleistet. Das Ganze ist, mit Vasari zu reden, in so edlem Stil auf die Tafel hingeworfen, dass man den Eindruck

---

[61] In Sainte Madeleine zwei Flügel eines Altarstückes. Maria u. Gabriel mit dem obigen Monogramm u. der Inschrift: Fr̄is Bartho or. p. et Mariotti Florentinor̄ opus." Mündler a. a. O. vertritt die Annahme der eingeschränkten Bedeutung des Zeichens, welches jedoch als Marke oder Handgemahl der Werkstatt aufzufassen ist.

[62] Pitti N. 208, erwähnt bei Vas. VII, 158 f. und bei Albertini. Mem. B. II. Anhang; vgl. Marchese II, 75. 146.

eines lebendigen Vorganges empfängt; die Abwägung der Massen ist vollendet, die Plastik der einzelnen Gestalten bewunderungswürdig, wenn sie auch, wie das Gemälde jetzt wirkt, weniger durch die Farben an sich, als vielmehr durch das Wellenspiel der Halblichter und Schatten erreicht wird, da der Gesammtton in Folge des angewendeten Russ-Schwarzes in vielen Theilen fast zur Eintönigkeit herabgestimmt ist. Das Bild gehört zu denjenigen, denen das nüchterne Licht der Galleriesäle Eintrag thut. Es war ausdrücklich für die Aufstellung in einem Kirchenchor gemalt, und erst wenn es wieder in eine Nische eingesetzt wird, kann es seinen vollen Zauber ausströmen. Aus anderem Grunde leidet das wundervolle Gemälde der „Empfängniss" in den Uffizien:[63]

Maria sitzt, das Kind auf ihren Knieen, zur Seite den Knaben Johannes, und hinter ihr die heilige Anna, scheinbar im Gebete zur Dreieinigkeit, welche oberhalb in einem Kranze musicirender Engel sichtbar ist. Zu den Seiten des Thrones reihen sich die zehn Schutzheiligen der Stadt Florenz, auf den Stufen sitzen zwei kleine Engel. Florenz. Uffiz

Mit einer Gewandtheit, die nur dem Genius eigen ist, hat Fra Bartolommeo hier eine neue Form pyramidaler Gruppierung erfunden, indem er die Linien des äussersten Vordergrundes an den knieenden und stehenden Nebenfiguren emporführte und die Lücken durch die Gestalten der übrigen Heiligen und durch die Engelfiguren zu füllen wusste. Wäre das Bild vollendet worden, so würde es ohne Zweifel als das eigentliche Meisterstück des Künstlers zu betrachten sein. Leider ist es aber in der Anlage verblieben; wir haben nur die Zeichnung und die braune Untermalung vor uns, sodass man es blos als eine malerische Skizze bezeichnen kann, wenn es als solche auch die Meisterschaft Michel-Angelo's aufweist. Den Genuss des vollendeten Werkes ersetzt einigermassen der Aufschluss, den wir über das allmählige Wachsthum einer solchen Arbeit aus der ersten Anlage zum Beginn der farbigen Darstellung empfangen. In der Handzeichnungssammlung der Uffizien finden sich einige zu diesem Bilde gehörige Nackt-Studien mit Wiederholung in Gewandfiguren, die wahrscheinlich

[63] Uffiz. N. 1265, Holz, Fig. lebensgr.

nach dem Thonmodell gezeichnet sind, welches Fra Bartolommeo zuerst anwendete. So können wir alle vorbereitenden Schritte des Künstlers verfolgen bis zur Feststellung der Umrisse und der Schatten, und hier überrascht die erstaunliche Sachkenntniss und die geistvolle Art, mit welcher Lionardo's Vorschriften bezüglich der Eintheilung des Raumes und der Fügung der Gruppen bei verschiedenen Höhenlinien in gegebenem Raume befolgt sind. Alle Regel ist mit dem Schein der höchsten Freiheit überwunden, aber die Schöpferkraft des Meisters bewegt sich weit über diese Grenzen hinaus und gewährt Enthüllungen des tiefsten Gemüthslebens, wie die begeisterte Andacht Anna's und die heilige Würde der umgebenden Figuren unseres Bildes. — Als Fra Bartolommeo aus seiner klösterlichen Einsamkeit hervortrat, um sich in die Kunstsprache Fiesole's und Perugino's zu vertiefen, führten ihn die Erinnerungen seiner Jugend und die Verbindung mit Albertinelli zu dem grossen Stil der alten Florentiner zurück. Warum das Bild unvollendet blieb, ist um so schwerer zu erklären, da wir wissen, dass die Stadtbehörde von Florenz im Juni 1513 dem Markuskloster eine Anzahlung darauf leistete.[64] Vielleicht war die Geschäftstrennung Fra Bartolommeo's und Mariotto's, welche im Januar 1512 erfolgte, oder gestörte Arbeitskraft des Meisters daran schuld.

Die Wiederwahl des Santi Pagnini zum Prior von S. Marco scheint die Trennung der Freunde gezeitigt zu haben. Kurz nach

[64] Marchese a. a. O. II, 364 gibt die Quittung des Klostersyndicus. Ueber die Zahlung haben wir noch folgendes Document: „Libro de' Stanziamenti de' signori e collegi dal 1513 al 1521. — 125. Die 10. Junii 1513. Item stantiarono che el camarlingho del monte che enterrà in uficio a dì primo di luglio proximo futuro del presente anno dia e pagha a frati, capitulo e convento di Santo Marco di Firenze e per loro al loro . . Sindicho e procuratore fiorini cento larghi d' oro in oro; sono per parte dipintura d' una tavola d' altare che si fa e lavora per frate Bartolommeo dipintore, frate in dicto convento, secondo l' allogazione factogli sotto dì 26 di Novembre 1510 da nostri magnifici et excelsi Signori, rogata per Ser Agnolo di Ser Alexandro Casecsi loro notajo. E la quale tavola finita sara, si metterà in quello loco pubblico dove sarà giudicato da nostri excelsi Signori e savi e amorevoli cietadini de la nostra città. E per fare piu facile dicto pagamento si comanda al dicto camarlingo del monte che dicti danari paghi del mese d' Ottobre proximo futuro del presente e non prima, in tutto fior. cento. — Tulit frater Jeronimus Andreae de Ginis sindicus et procurator, ut dixit, manu Ser Filippi Cionis sub die 31. Mai 1513.“ Vgl. dazu Marchese II, 67. 68.

dessen Amtsantritt entwarf Albertinelli am 5. Januar 1512 den Theilungsvertrag auf Halbpart[65] und mit der Schlussbestimmung, dass alle Gegenstände des bisherigen gemeinschaftlichen Besitzes im Niessbrauch Fra Bartolommeo's verbleiben und nach dessen Tode auf Mariotto übergehen sollten; dies war: eine lebensgrosse Figur in Holz, von Vasari beschrieben, jetzt angeblich in der Guardaroba der Florentiner Akademie[66], eine zweite, kleinere, mit Gelenken (ganghere), ein Zirkel und ein „Bambino", Gypsabguss nach einem Werke des Desiderio in S. Croce. — Kaum war die Auseinandersetzung in dieser Weise vollzogen, als Mariotto die heftigste Unzufriedenheit zu erkennen gab, sodass er äusserte, er wolle lieber Schänkwirth werden, als seine Kunst weiter treiben.[67] Bartolommeo setzte seine Arbeiten nunmehr allein fort, da er jedoch zu kränkeln begann, wurde er im Juli 1511 mit seinen Gehilfen Fra Paolino und Agostino in das Landhospital der Dominikaner nach Pian' di Mugnone geschickt. Es war ihm gestattet, „zu seiner Erholung und Unterhaltung" einige Fresken zu malen und so entstand eine Madonna in der Cappella del Monte, eine zweite im Speisesaal des Krankenhauses[68] und eine dritte, welche, wie uns scheint, allein übrig geblieben ist.[69] Von einer Schwäche der Hand, die sein damaliges körperliches Leiden vermuthen lassen könnte, ist keine Spur zu bemerken; vielmehr bewährt er hier in Pian' di Mugnone die altgewohnte Kunstgerechtigkeit und erhebt sich als Wandmaler im Besonderen auf dieselbe Stufe wie Andrea del Sarto. Und der unbeweibte Mann hat in dieses Madonnenbild die ganze Weihe mütterlicher Zärtlichkeit zu legen gewusst: Maria

Florenz. S. Marco.

[65] Der Brüderschaft von S. Marco wurde zugesprochen: das Altarbild von S. Romano in Lucca (Gott-Vater, Katharina und Magdalena), ein Christuskopf, Geschenk des Klosters an Lionardo Bartolini (verloren?), ein Rundbild der Geburt Christi (verloren), das Altarstück der Gall. Pitti (unvollendet); Mariotto erhielt: ein Rundbild (ohne Angabe des Gegenstandes), Kreuzschleppung nebst den Schächern (verloren?), zwei Bilder ohne nähere Angabe, eine kleine Darstellung der Verkündigung, dem Gonfaloniere gehörig.

[66] Vas. VII, 168 und Anm. dazu.

[67] vgl. Marchese's Bemerkung über dieses Wort a. a. O.

[68] Die Erklärung vom 10. Juli 1514 bei Marchese II, 367; s. ebenda über die Fresken.

[69] Die Fresken von Pian' di Mugnone sind nach Florenz gebracht worden und befanden sich, als die Verf. sie zuletzt sahen, in S. Marco in der Nähe der Zellen.

drückt ihre Wange liebevoll an die Stirn des Knaben, indem sie ihren Mantel mit leidenschaftlichem Entzücken um seine Glieder schlingt. Der Blick des Kindes erinnert an den Ausdruck des Jesusknaben auf Rafaels sixtinischer Madonna, während die Gruppe selbst grosse Aehnlichkeit mit der Sedia hat. Durchsichtige und höchst leuchtende Farbengebung verbindet sich mit vollendeter Modellierung; die Formen selbst haben nichts mehr von der Weichheit der früheren Klosterzeit Fra Bartolommeo's, sondern erheben sich durchweg zu Breite und Kraft.[70]

Florenz. S. Marco. Das Wandbild der Madonna mit Kind in der Cappella del Giovanato in S. Marco, dem Stil nach wahrscheinlich bei der damaligen Rückkehr aus Pian' di Mugnone gemalt, ist ziemlich genaue Wiederholung des obigen, nur dass der Ausdruck der Gruppe noch mehr gesteigert und die Fleischtheile noch beweglicher und lebenswärmer behandelt sind.[71] Niemals hat Fra Bartolommeo in allen seinen zahlreichen Marien- und Christusbrustbildern aus dieser Zeit — selbst nicht in den Tafeln und Fresken der Akademie zu Florenz, welche ihm angehören[72] — die hier erreichte Einheit von tiefer Empfindung und echtem Adel der Persönlichkeit übertroffen.

Ob dieser neue Aufschwung zu freier Grossartigkeit den Eindrücken der Reise nach Rom zuzuschreiben ist, die in die Zeit vor dem Aufenthalt in Pian' di Mugnone verlegt wird, ist vorläufig nicht zu entscheiden. Vasari erzählt uns allerdings, Fra Bartolommeo sei durch die Nachrichten über die Erfolge Rafaels und Michel-Angelo's bewogen worden, bei seinem Prior um Erlaubniss zum Besuche der Hauptstadt nachzusuchen, um ein eignes Urtheil über diese neue Kunstthätigkeit gewinnen zu können. In Rom habe ihn Fra Mariano del Piombo gastfrei aufgenommen,

---

[70] Das Fresko, oben rund abgeschlossen, überlebensgr. Fig., ist theilweise beschädigt, der untere Theil vom Gewande Maria's abgerieben. Die Formen des Kindes sind vielleicht noch ein wenig zu feist.

[71] Dieses Bild — ebenfalls überlebensgross — hat noch mehr gelitten; die Schatten sind durch Feuchtigkeit entstellt, das Antlitz Maria's voller Schrammen. Ihr rother Mantel verdorben. Am besten ist der Kopf des Knaben erhalten, aber an der Schulter ist ein Stück abgesprungen.

[72] vgl. daselbst die N. 28. 64. 78 und 82 u. ausserdem in der Gall. Pitti N. 377 (s. später).

und Bartolommeo sei Willens gewesen, diese Freundschaft durch das Geschenk zweier Bilder des Petrus und Paulus zu vergelten, doch habe die römische Luft ihm so wenig zugesagt, dass er die Arbeit hätte verlassen müssen, die dann Rafael fertig zu machen übernommen.[73] Sonach würde der Aufenthalt in Pian' di Mugnone als Folge der Malaria Roms anzusehen sein. Dass Fra Bartolommeo im Frühjahr 1514 den Rafael im Vatican angetroffen hätte, ist sicher; damals war Bramante eben gestorben und Fra Mariano an seiner Stelle in das uffizio del Piombo eingerückt.[74] Auch gab es um diese Zeit im Vatican schon Herrlichkeit genug zu schauen, sowohl in der Camera della Segnatura wie auch in der sixtinischen Kapelle. Die Bilder des Petrus und Paulus, welche Vasari in S. Salvestro di Montecavallo kannte, befinden sich jetzt im Quirinal, eins derselben ist augenscheinlich übermalt und man glaubt aus einer Stelle des Cortigiano von Castiglione den Antheil Rafaels daran nachweisen zu können. Nun aber erzählt Vasari fast dasselbe wie von Bartolommeo auch von Albertinelli[75] und widerspricht sich in seiner Biographie des Rosso zu Ungunsten des ersteren, indem er sagt, derselbe hätte Rom verlassen müssen ohne etwas gemalt zu haben.[76] Der Cortigiano aber gibt weit eher einen Beweis gegen die Ausführung zweier Tafeln Bartolommeo's mit Petrus und Paulus in Rom, denn er spricht nur davon, dass Rafael ein Bild mit den Heiligen Petrus und Paulus in Arbeit gehabt habe, dessen Kritisierung durch zwei Kardinäle ihn zu der berühmten salzigen Erwiderung veranlasste.[77] Der Vermerk des Syndicus von S. Marco jedoch spricht ausdrücklich von zwei Bildern (quadri) 4 Ellen gross von Fra Bartolommeo's Hand, einem heiligen Petrus und einem Paulus, welche, Anfangs

---

[73] Vas. VII, 160.

[74] Fra Mariano Fetti erhielt das Amt im März 1514 s. Gaye, Cart. II, 135.

[75] Vas. VII, 186.

[76] Vas. IX, 73.

[77] Bernardo Bibbiena erzählt im Cortigiano Lib. II: „Di questo modo ripose ancor Rafaello pittore a dui Cardinali suoi domestici, i quale, per farlo dire, tassavano in presentia sua una tavola ch' egli havea fatta dove erano San Pietro e S. Paolo: dicendo che quelle due figure erano troppo rosse nel viso. Allhora Rafaello subito disse: Signori, non vi maravigliate, che io questo ho fatto a sommo studio, perchè è da credere che S. Pietro e S. Paolo siano, come qui gli vedete ancor in cielo così rossi per vergogna, che la chiesa sua sia governata da tali huomini come sete voi."

für 30 Ducaten angesetzt, dann aber wegen Unfertigkeit der Petrusfigur für 25 abgelassen, nach S. Salvestro versendet worden wären.[78] Daraus erhellt, dass wir Vasari's Zeugniss preis geben müssen, wenn nicht eine Wiederholung der Bilder angenommen werden soll. Denn die jetzt im Quirinal befindlichen Apostelfiguren aus S. Salvestro sind offenbar die, welche der Syndicus des Klosters aufführt; die Cartons dazu (ehemals ebenfalls in S. Marco) besitzt die Akademie zu Florenz:

Rom. Quirinal. Mächtig und fest erscheint Petrus, den Mantel über den rechten Arm, die Schlüssel in der Hand, die heilige Schrift mit der andern Hand an seine Brust drückend; Paulus aufschauend, die Hand auf den Griff eines langen Schwerdtes gelegt; Beide in Nischen.[79]

Die Farbe der Petrusfigur ist röthlich und ziemlich dunkel, die Schatten des Kopfes aufgefrischt, die äussern Gliedmaassen von anderer Hand gemalt; der Kopf des Paulus ist abgeändert — man sieht noch die ursprünglichen Umrisse, — aber von durchsichtiger Farbe und der Ausführung nach entschieden von Fra Bartolommeo. Wer an der Petrusfigur nachgeholfen hat, bleibt unsicher, Rafael scheint es nicht gewesen zu sein. Wahrscheinlich ist Fra Bartolommeo in Rom ebenso wie früher in Venedig nur kurze Zeit zu seinem Vergnügen gewesen. Die Verwandtschaft zwischen der Madonna von Pian' di Mugnone mit Rafaels Sedia und der Galathea, andererseits die gnadenreiche Jungfrau von 1515 in Lucca und die Auferstehung von 1516 in der Gallerie Pitti, deren mächtige Stilisirung auf Studium Michel-Angelo's hinweist, sind Erscheinungen, welche als Frucht eines römischen Aufenthaltes betrachtet werden können. Aber daraus allein auf Bartolommeo's Aufenthalt in Rom schliessen zu wollen, wäre gewagt, denn auch in Florenz konnte man damals Werke Rafaels und Michel-Angelo's kennen lernen. Jedenfalls fühlte sich der Meister jetzt nach wiederhergestellter Gesundheit auf der Höhe seiner Leistungskraft und vollendete in schneller Folge eine Reihe von Gemälden, an denen die Kritik der Zeitgenossen zu Schanden wurde. Eins davon, ein

---

[78] Marchese II, 140. [79] Die Tafeln sind je 5' 10" hoch.

nackter Sebastian, welcher erst öffentlich in S. Marco ausgestellt war, wirkte vermöge seiner ausserordentlichen Schönheit sogar beunruhigend; wenigstens wird berichtet, dass die Dominikaner auf Grund ihrer Beichtstuhl-Erfahrungen sich bewogen fanden, das Bild zu entfernen, weil es den frommen Büsserinnen unheimlich wurde. Es ist später verkauft worden und verschollen.[80]

Aus dem Jahre 1515 haben wir nicht weniger als drei Gemälde, von denen jedes einzelne hinreichen würde, den Namen des Meisters unsterblich zu machen: die gnadenreiche Jungfrau, von dem Dominikaner Lombardi de' Montecatini bestellt, jetzt in S. Romano zu Lucca, die Madonna in der Gallerie der Ermitage zu St. Petersburg und die Verkündigung im Louvre. Immer aufs Neue bewährt sich die unerschöpfliche poetische Gestaltungskraft des Künstlers, der die altgewohntesten Darstellungsgebiete mit einer Frische der Empfindung betritt, als würden sie zum ersten Male behandelt:

Die Madonna von Lucca, den einen Arm emporhebend, mit dem andern nach der Gruppe ihrer Verehrer gewandt, richtet den Blick, aus welchem innigste Hingebung leuchtet, aufwärts zum Heilande, den sie allein erblickt, während er majestätisch daherschwebt von den Falten seines Gewandes wie von Fittigen getragen, die Rechte segnend ausgestreckt. Zwischen ihm und der Jungfrau ist ein Engel angebracht, der mit Hilfe zweier anderer ein Täfelchen emporhält; zwei Engel ferner breiten den weiten Mantel auf, dessen grünes Futter den anbetenden Gestalten rechts und links zu vortheilhaftem Hintergrunde dient. Es sind Männer und Frauen von verschiedenen Altersstufen, theils gedankenvoll und sinnend, theils in entzücktem Schauen begriffen; der Stifter, eine adlig feine Gestalt voll inbrünstigen Ausdruckes, hört knieend einem Dominikaner zu, der auf die Erscheinung hindeutet; vor ihnen die liebliche Gruppe einer jungen Mutter, die ihr jüngstes nacktes Kind innig an die Brust drückt, während der ältere

Lucca. S. Romano.

[80] Nach Vasari VII, 161 und Anm. wurde der Sebastian an einen Händler verkauft und ging nach Frankreich, angeblich nach Toulouse, wo sich auch in der That ein Sebastiansbild in Privatbesitz befand. Bei der Anwesenheit der Verf. in Toulouse war dasselbe jedoch nicht mehr dort, sondern nach Paris geschickt, aber auch dort haben sie es nicht wieder finden können. Pariser Kunstkenner jedoch erklärten dieses Toulouser Gemälde des Fra Bart. nicht für würdig. Daelli's Carte Michelangiolesche, aus welchen H. Grimm, Künstler und KW. II, 107 Auszüge mittheilt, geben genaue Auskunft über das Schicksal des Werkes. Darnach war es von einem gewissen Tomaso Sartini für 300 Ducaten erworben und an den König von Frankreich weiter verkauft worden.

krausköpfige Knabe, von einer Matrone im Mantel gehalten, über ihre Achsel nach dem Bruder schaut. Gegenüber eine liegende weibliche Gestalt, die ihrem Kinde den Vorgang verständlich macht.[81]

Neben der classischen Bewegung der Hauptgestalt und dem überaus mannichfaltigen, durchweg vom höchsten Adel erfüllten Geberdenspiel der Nebenfiguren, in denen die Natur überall als Resultat bewusster Kunst erscheint, erfreut eine ungewöhnliche Beobachtung der Einzelheiten: so z. B. die feine Haltung der Finger und die Raffung der Gewänder an den Gelenken. Der Heiland schwebt gleichsam auf den fein abgetönten Farbenwogen. Betrachtet man die malerischen Wirkungsmittel genauer, so erscheinen die Fleischtöne etwas rauh, die Uebergänge vom Licht zum Schatten zuweilen scharf, aber bei längerem Beschauen wird die Atmosphäre des Bildes immer wirksamer, und sie leistet hier das, was dem Lionardo da Vinci bei seiner Kunstlehre vorschwebte. Wenn man, von den dunkelsten Tiefen ausgehend, Licht und Schatten ins Auge fasst, so spielen die Halbtöne, in welche die Gruppen eingehüllt sind, wie dämmriger Wolkenschatten, der über eine Landschaft dahinzieht.[82]

---

81 Leinwand. Auf dem von den Engeln gehaltenen Täfelchen steht: „Misereor super turbam"; auf dem Fussgestell Maria's: „mr̄ pietatis et mir̄. F. S. O. P." (Frater Sebastianus ordinis praedicatorum), zwischen den Buchstaben das Wappen der Familie Montecatini. Dass Fra Sebastiano das Bild bestellt hat, sagen auch die Urkunden bei Marchese II, 109 Anm. u. 144. An der untersten Thronstufe liest man: „M D X V. F. Bartholomeus or. pre. pictor Florentinus." — Die Umrisse, welche an vielen Stellen sichtbar sind, waren zuerst mit Feder angelegt, an anderen Stellen sind sie mit kühnen Pinselstrichen aufgefrischt. Lichter und Schatten des Fleisches sind in halbkräftigem Farbenkörper sehr breit behandelt, Lasuren meist nur an den entfernteren Theilen angebracht, das Licht im Vordertheile des Bildes gesammelt. Einige Härten scheinen Folge von Reinigung. — Eine kleine unvollendete Copie des Bildes, irrthümlich als Entwurf Fra Bartol. angesehen, in Wahrheit aus dem 17. Jahrh. stammend, befindet sich im Besitz des Hrn. G. B. Mansi in Lucca, eine zweite (auf Kupfer), ebenfalls klein und von modernem Ursprung, aber auch unter des Meisters Namen, in der Gallerie Leuchtenberg (N. 4) in Petersburg. — Gegen den Wortlaut der Bemerkungen des Syndicus von S. Marco, wonach das Bild aus Florenz nach Lucca geschickt worden ist, nimmt Marchese an, Fra Bart. habe es auf Bestellung des Santi Pagnini in Lucca selbst gemalt; vgl. Marchese II. 144 und 108. —

82 Vas. VII, 164 sagt darüber: „Certamente mostrò Fra Bartolommeo in questa opera possedere molto il diminuire l'ombre della pittura e gli scuri di quella, con grandissimo rilievo operando, dove le difficultà dell' arte mostrò con rara ed eccellente maestria e colorito, disegno ed invenzione, opra tanto perfetta quanto facesse mai."

Das Madonnenbild der **Ermitage**, eine Wiederholung der Fresken von Pian' di Mugnone und S. Marco in Oel, mehr durch Grossartigkeit der Bewegungen, als durch Feinheit der Formgebung hervorragend, zeigt Maria am Boden sitzend und das nackte Kind haltend, welches sich lebhaft mit lächelndem Ausdruck an ihre Brust schmiegt während vier Engelknaben, rechts und links vertheilt, musicieren. Die ursprüngliche Farbe hat in Folge von Nachbesserungen eine bleiche Undurchsichtigkeit bekommen, sodass die Wirkung gestört ist.[83] Petersburg. Ermitage.

Die Verkündigung im **Louvre** zeigt ebenso frische Behandlung dieses Gegenstandes wie das Bild von Lucca: in einer Nische sitzend, von stehenden und knieenden Heiligen (Johannes der Täufer, Paulus, Hieronymus, Franciscus, Magdalena und Margaretha) umgeben, biegt sich Maria zurück, wie sie den göttlichen Boten daher fliegen sieht. Man bemerkt, dass die Figur Gabriels nach Vollendung des Uebrigen auf den architektonischen Hintergrund aufgesetzt war. Die Töne sind warm und wahr gestimmt, die Ausführung meisterhaft; einige der Heiligenfiguren, besonders die im Vordergrunde knieenden Frauen, haben rafaelische Haltung.[84] Paris. Louvre.

In diese Zeit der höchsten Vollendung sind ohne Zweifel auch die Figuren des Jesaias und Hiob und der Entwurf zur Gott-Vater-Gestalt in den Uffizien zu setzen.[85] Florenz. Uffiz.

Unterm 15. Februar 1515 übernahm Fra Bartolommeo die Lieferung einer Madonna mit Heiligen im Auftrag Jacopo Pianciatichi's für eine Kapelle in S. Domenico zu Pistoia; aber weder von seiner Anwesenheit in jener Stadt, noch überhaupt von der Ausführung des Bildes geben die Urkunden Nachricht.[86] Das Freskobild der Madonna mit dem Kinde, welches ihm in S. Domenico zugetheilt wird, hat keine Beweiskraft, da es, wenn auch scheinbar nach einem Carton des Meisters, von geringeren Händen

---

[83] N. 20. Kniestück. Holz, Oel aus der Samml. Crozat. Auf einer Tafel oberhalb die Worte: „Mater Dei 1515.", unten: „Bart. Florns. ord. P. dicatorum." Die Schatten der Fleischtöne sind mit flüssiger Farbe übergangen und daher stumpf geworden, auch die Pupillen der Augen, sowie etliche Umrisse sind übermalt; an einzelnen Stellen bemerkt man die Ausbesserung alter Sprünge, doch ist die neue Masse dunkel geworden. Der blaue Mantel Maria's ist grösstentheils aufgefrischt and die Form hat dadurch gelitten. Aus diesen Gründen kann man heute nicht mehr erkennen, ob Fra Bartolommeo das Bild allein oder mit Beihilfe Anderer gemalt hat. vgl. auch Waagen's Katalog S. 38. —

[84] Louvre N. 64. Holz, h. 0.96, br. 0,76, bez.: „F. Barto. Floren. oris prc. 1515".

[85] Uffiz.: Jesaias N. 1126, Holz (vgl. Vas. VII. 163), lebensgr., in grossartiger Bewegung und warmer Färbung. Hiob N. 1130, gleichartig im Stil, doch nicht so vollendet, Holz; Rundbild Gott-Vaters N. 1152. blos Entwurf, mit 2 Posaunen blasenden Engeln, die Gestalten von etwas harter Bewegung und gesuchter Form.

[86] s. Marchese II. 368.

wie etwa des Fra Paolino oder sonst einem Markusschüler ausgeführt ist.[87].

Im October 1515 weilte Fra Bartolommeo seiner Gesundheit wegen wiederum in Pian' di Mugnone. Diesmal kürzte er sich die Zeit durch Ausmalen eines Bogenfeldes:

Pian' di Mugnone. Dargestellt ist die Verkündigung: der Engel hurtig herbeieilend mit sprechendem Ausdruck in dem nach Andrea del Sarto's beliebter Weise geneigten Kopf; Maria, die Botschaft freudig anhörend, sich gleichsam mit den Falten ihres Mantels zusammennehmend, jedoch von etwas derber und männischer Bildung.[88]

Aus derselben Zeit besitzen wir Aufzeichnungen mit einer ansprechenden Schilderung des Wiederschens der Verwandten und der Freude des jungen Pagholo di Vito, welcher in dem Mönch seinen Grossonkel Bartolommeo erkannte. Als die Abschiedsstunde nahete, sagt der Meister, „es gelte nun eine lange Trennung, denn der König von Frankreich habe nach ihm geschickt und wünsche ihn zu beschäftigen.“[89] Dies ist der einzige Nachweis darüber, dass Franz I. vor der Berufung Lionardo's den Dominikaner in seinen Dienst zu ziehen beabsichtigte. Wir erfahren zwar nicht, weshalb sich die Sache zerschlug, aber es ist nicht unwahrscheinlich, dass das Unglück seines Freundes Mariotto den Meister in Florenz zurückgehalten hat. Bald nachdem dieser seinen Unmuth überwunden und den Pinsel wieder zur Hand genommen hatte, erkrankte er im October 1515; Fra Bartolommeo eilte herbei um ihn zu pflegen, aber schon am 5. November war Albertinelli todt. —

Unter den Werken d. J. 1516 gebührt der Auferstehung in der Gallerie Pitti die erste Stelle:

Florenz. Pitti. Der Heiland auf einem Piedestal vor einer Gruppe classischer Gebäude, steht auf dem linken Fuss im Begriff, mit dem rechten eine

---

[87] Jetzt aus dem Kloster in die Kirche S. Domenico übertragen. Die Umrisse sind straff und die Farbe verwaschen. Die Gruppe ist zwar schön umrissen, aber Formen und Gewandung ermangeln der Grossheit u. Sicherheit Fra Bartolommeo's. Gleichwohl nimmt Tolomei (Guida S. 109) auf Grund von Klosterurkunden für dieses Madonnenbild den Meister in Anspruch und bemerkt dazu, dass die Fioravanti es bestellt hätten.

[88] Laut der Klosterurkunde war dieses Fresko (Fig. unter lebensgr.) am 4. Oct. 1515 fertig. s. Marchese II, 119. 368.

[89] s. Marchese a. a. O.

Stufe herabzutreten; er hält in der einen Hand ein Scepter und erhebt die andere zum Segnen; ein herrlicher Faltenzug kreuzt die Brust und schmiegt sich um Hüften und Beine. Als Zeugen sind die 4 Evangel. beigesellt: Matthäus in kühner Verkürzung aus dem Bilde hervor nach dem Beschauer weisend, Marcus in ruhiger Würde, Lucas den Arm auf dessen Schulter legend, Johannes im Gespräch mit Matthäus.[90]

Das Bild war nach Bestellung Salvadore's di Giuliano Billi in der Annunziata de' Servi aufgestellt, wo es angeblich mit den beiden jetzt in die Uffizien versetzten Figuren des Jesaias und Hiob von einem Rahmen umschlossen war. Es wird unmittelbar nach der Skizze in Panshanger entstanden sein, welche, wie uns scheint, die Apotheose eines vielgepriesenen Dominikanerheiligen darstellt. Als Zeitgenosse Fiesole's und von diesem dem Papste Nicolaus V. an eigner Statt zur florentinischen Bischofswürde empfohlen, ist uns der heilige Antonino' bekannt. Der Orden bemühte sich nach seinem Tode wiederholt vergebens, seine Heiligsprechung zu erwirken, bis endlich Leo X. bei seinem Aufenthalte in Florenz im Winter 1515 auf 16 den Brüdern von S. Marco am Epiphaniasfeste bei der Ceremonie des Fusskusses seine Geneigtheit zu erkennen gab, ihren Wunsch zu erfüllen. Obgleich der Papst sein Wort nicht einlöste, liess er die Brüderschaft doch in der stolzen Erwartung zurück, und diese Stimmung wird Anlass zur künstlerischen Verherrlichung der erhofften Gnade gegeben haben. So mag Fra Bartolommeo, bevor er eine Darstellung in grösserem Maasstabe vornahm, das kleine Bild von Panshanger gemalt haben, welches in entsprechender Weise ausgeführt, vielleicht eine seiner schönsten Arbeiten geworden wäre:

Inmitten des Klosterhofes liegt der Leichnam des Erzbischofs auf dem Ruhebett, umringt von Mönchen, von denen etliche weinend knieen, andere sich über ihn beugen oder seine Füsse fassen, noch andere mit Kerzen oder Gebetbüchern zur Seite stehen. Ueberallher ist Laienvolk eilig und schmerzergriffen herbeigekommen; die Vordersten gleichsam als Schlusspfeiler der ganzen Composition, in dieser Wirkung durch den Wuchs der Architektur unterstützt, die durch hohe Seitenmauern flankirt sich massig zusammenschliesst und über die niedrigere Panshanger.

[90] Pitti N. 159. vgl. Marchese II. 123. 126. 145 und Vas. VII, 163. —

Wand des Hintergrundes hinweg den Ausblick auf Garten und Hügel gewährt. Im Hintergrunde sieht man die Procession aus der offenen Kirche hervortreten, während oben, von Wolken umschlossen, im Geleite von Engeln, welche Thron, Lilie und Kronen tragen, der Heilige emporschwebt.[91]

Gleichmaass und harmonische Abwägung sind hier aufs Ueberraschendste zu Wege gebracht; die Belebung des Vorganges, die Entschiedenheit und Beredsamkeit der Geberden und der Gruppen im Ganzen ist schlechthin unübertrefflich; feine Individualisierung, vollkommene Beherrschung der Luft- und Linien-Perspective, kräftige Vertheilung von Licht und Schatten und gesättigter Farbenton sichern dem Bilde höchsten Rang.

Nach dem Grade der künstlerischen Fertigkeit und Grossartigkeit der Auffassung zu schliessen, welche die Arbeiten aus dem Jahre 1516 auszeichnet, gehören auch eine Reihe Brustbilder dominikanischer Heiliger in den Bogenfeldern des unteren Schlafsaales zu S. Marco dieser Zeit an; sie sind herrlich modelliert und von ernster Würde des Ausdrucks, wenn auch nicht ganz frei von einer gewissen Derbheit und hier und da grob beschädigt:

Florenz. S. Marco. Es sind im Ganzen acht Fresken, jedoch die Hälfte spätere Zuthaten: der erste, ein Mönch mit einem Stern über der Kapuze, in der Linken eine Lilie, mit der Rechten Schweigen gebietend; der zweite mit Palme und rothem Buch, der dritte lesend, der vierte predigend (neben dem Kopfe Spuren einer Gott-Vater-Gestalt und Engel auf dem Hintergrund).[92]

Auch zwei Figuren der Gallerie Pitti und der Akademie zu Florenz, Marcus und Vincenz[93], beide in Nischen sitzend, sind

[91] Das Bild, in Florenz gekauft, enthält im Ganzen 40 Figuren; Gott-Vater und die Procession an der Kirche sind leicht angelegt. Die Farbe ist fast nur in halbem Körper aufgetragen, sodass die Gypsgrundierung hindurchscheint. — Earl Cowper's Samml. in Panshanger besitzt noch ein zweites, ebenfalls dem Fra Bart. zugeschriebenes Bild (Mad. m. K., Joseph und einer Heiligen in Seitenansicht: der kleine Johannes küsst den Jesusknaben) von zartem Farbenton und sehr frei behandelt, doch haben wir hier eine gute Nachahmung des florentinischen Meisters durch den Sienesen Beccafumi vor uns.

[92] Die Fresken befinden sich in demjenigen Theile des Klosters, welcher jetzt von der Akademia della Crusca benutzt wird. Die Versetzung dieser Meisterwerke, die jetzt ganz im Dunkel stehen, an einen günstigeren Ort ist in hohem Grade wünschenswerth. Das fünfte und sechste Bild sind neuen Ursprungs, das siebente baarhäuptig mit Strahlenkranz, das achte aus dem 18. Jahrh. vgl. darüber March. II, 131.

[93] S. Marcus N. 125 der Gall. Pitti,

hervorragende Musterstücke an malerisch-plastischer Behandlung der menschlichen Gestalt mittels durchdachter Licht- und Schattenführung, geschmackvoller Gewandung und kräftiger Farbe, sodass man ihre Entstehung in dieselbe Periode setzen muss. Hieran nun schliessen sich dem Stile nach die beiden heiligen Familien im Palast Corsini zu Rom und im Pitti zu Florenz sowie die Darstellung im Tempel in der Gallerie des Belvedere zu Wien. Die Hauptfigur des erstgenannten Bildes hat einige Aehnlichkeit mit Rafaels Portrait der Maddalena Doni, und hieraus darf man vielleicht schliessen, dass wir in dem Gemälde des Palastes Corsini dasjenige vor uns haben, als dessen Besteller Vasari den Agnolo Doni nennt[94]:

Maria von edlem Profil mit aufgebundenem blonden Haar vom herabfallenden Schleier bedeckt, sitzt auf blumiger Wiese und hält das Kind, welches die Arme um den Hals des jungen Johannes schlingt: Joseph schaut lächelnd zu. Die Bezeichnung lautet: „F.B. or. prs. 1516.“[95] Rom. Gall. Corsini.

Die Gruppierung hat wieder die Pyramidenform, die Figuren erscheinen ein wenig schwer und derb, auch fallen gelegentlich etwas harte und trockene Umrisse auf, wie z. B. an den Beinen und Gliedern des Johannes; selbst kleine Unrichtigkeiten fehlen nicht, aber der Vortrag ist meisterhaft. Fast durchweg sieht man die Zeichnung durch die Farbe leuchten; hier und da jedoch ist der Auftrag kräftig, von gussartiger Glätte und harzigem Schattenton, sodass man an die Pinselführung des Rubens erinnert wird. An anderer Stelle wieder glaubt man das Verfahren Rembrandts zu erkennen, so keck und entschieden sind einzelne dunkle Partien auf die halbdurchsichtige braune Untermalung gesetzt. Den reinsten Reiz gewährt die Landschaft, deren dämmeriger Farbenduft mit den Hintergründen Titians wetteifern kann.[96] —

---

Leinw., Oel, vgl. Vas. VII, 163, S. Vincentius N. 69 der Akad. d. K. (Gall. d. gr. Gem.). Holz, Oel, s. Vas. VII, 162; beide ursprünglich in S. Marco, das zweitgenannte Bild jetzt sehr verdüstert.

[94] Vas. VII, 157.

[95] Gall. Corsini, Zimmer III, N. 26, Holz, Oel, h. 4' 6", br. 2' 2". Im Musée Fabre zu Montpellier (N. 81) befindet sich eine Copie des Bildes aus späterer Zeit ebenfalls unter des Meisters Namen.

[96] Der leichte Missklang, den man zwischen den Fleischtönen und der Landschaft wahrnimmt, rührt wohl vom Abputzen her; in der Oberfläche sind einige Löcher zugestopft; die Figur des Johannes ist theils unvollendet, theils nachgebessert.

Florenz. Pitti. Die heilige Familie im Pitti ist fast nur eine umgedrehte Wiederholung der vorigen, doch wird die Mittelgruppe der Madonna mit den beiden Kindern durch die Figuren des Joseph und der Elisabeth in Gleichgewicht gehalten; der Hintergrund ist grüner Vorhang, die Composition lionardesk, doch die Formen nicht durchaus von frischem Vortrag.[97]

Wien. G.Belvedere. Die Darstellung im Tempel endlich, in der Gallerie des Belvedere zu Wien, ist edel und einfach angeordnet: Maria rechts im Profil hat dem Simeon das Kind hingereicht, das sie in mütterlicher Sorge noch an den Füssen festhält, während es in munterer Bewegung sich rückwärts biegend die beiden heiligen Frauen und Joseph segnet, welche die andere Seite einnehmen. Das Bild, bezeichnet: „1506. Orate pro pictore olim sacelli hujus novitio", ist auffällig durch die Kürze der Figuren und hat in Folge des Abputzens der Lasuren die Harmonie des Tones eingebüsst, gleichwohl ist die Wirkung der milden Würde und des Ernstes, der den Vorgang beherrscht, höchst wohlthuend.[98]

In diese lange Folge der Meisterwerke Fra Bartolommeo's wird gewöhnlich ein Bild der Himmelfahrt Maria's in Prato eingereiht, welches Vasari erwähnt. Man hat es wiederholt für verloren erklärt, dann aber auch wieder in dem schönen Gemälde des Berliner Museums wiederzufinden geglaubt[99], doch ist der Nachweis des wirklichen Sachverhaltes nicht schwer. Die Assunta von Prato ist nicht in Berlin, sondern im Salone des Museums zu Neapel zu suchen. Das Werk vereinigt alle Vorzüge der Arbeiten des fruchtbaren Jahres 1516, in welchem der Meister eine fast übermenschliche Thätigkeit entfaltete:

Neapel. Museum. Oben abgerundet und aus lebensgrossen Figuren bestehend, zeigt die Darstellung die heilige Jungfrau, wie sie auf eine Wolke hingeworfen in Verzückung Antlitz und Hände gen Himmel wendet; zwei Engelknaben, Johannes d. T. und Katharina von Alexandrien, welche unten am offenen Grabe knieen, sind als einzige Nebenfiguren beigesellt.[100]

---

[97] Gall. Pitti N. 256, hier und da abgeputzt und in früherer Zeit ausgebessert.

[98] Wien, Belvedere Saal IV, Ital. Sch. N. 29. Holz, Oel. vgl. Vas. VII, 169 und Waagen, Kunstdenkm. I. 65.

[99] vgl. Vas. VII, 166. 167, Anm. und Marchese II. 117.

[100] Leider hängt das Bild so hoch, dass es den Verf. unmöglich gewesen ist, die Richtigkeit der Angabe zu prüfen, wonach dasselbe die Jahreszahl 1516 trägt. Die Farbe ist durch Abschaben verändert. Eine Originalzeichnung zu dem Bilde besitzt die Gall. Pitti in Florenz.

Erneute Störung der Gesundheit veranlasste Fra Bartolommeo i. J. 1517 die Bäder von S. Filippo zu besuchen.[101] Von dort reiste er nach Ferrara, wurde im Juni d. J. beim Herzog Alfonso eingeführt und malte einen Christuskopf für Lucrezia Borgia.[102] Auch Pian' di Mugnone besuchte er wieder und zwar zum letzten Male. Als Andenken liess er dort ein Wandbild zurück, welches die Erscheinung des Auferstandenen bei Magdalena darstellt und das vermöge der Energie des Vortrages allem bisher Geleisteten würdig an der Seite steht[103]: Christus trägt die Gärtnerhacke und wendet sich von der Freundin ab, die sich verlangend nach ihm ausstreckt; seine Gestalt ist breit im Verhältniss zu der ihrigen, die Züge Magdalena's voll Innigkeit, die Linien der Landschaft bilden einen grossartigen Abschluss und der ganze Vorgang ist von ungewöhnlicher Lebenswahrheit durchdrungen. — Pian' di Mugnone.

Bald nach seiner Rückkehr in die Heimath am 3. August 1517 erlag Fra Bartolommeo einem bösartigen Fieber. Er hatte erst das 42. Lebensjahr erreicht, und sein Tod wurde schwer empfunden, besonders unter seinen dominikanischen Brüdern, die ihn mit grossen Ehren in S. Marco beisetzten.[104] Seine Habe, die nach dem früher erwähnten Vertrage mit Mariotto nunmehr diesem hätte zufallen sollen, wurde lange Zeit hindurch wie ein Schatz behütet. Manche seiner Zeichnungen haben Fra Paolino und andere Genossen benutzt, und Bugiardini vollendete einige unfertig gelassene Stücke. Doch scheinen in diesen Nachrichten auch einige Irrthümer verborgen. Man hat sich z. B. gewöhnt, auf Grund des Zeugnisses von Vasari die letzte Vollendung der Pietà in der Gallerie Pitti dem Bugiardini zuzuschreiben, aber das Gemälde selbst bestätigt diese Annahme nicht:

Der Leichnam des Heilands wird von dem mit unbefangenem Ausdruck aus dem Bilde herausschauenden Johannes in halbaufrechter Florenz. Pitti.

[101] Vas. VII. 171.

[102] s. Campori, Relazioni degli studi fatti nell' Archivio palatino di Modena presentate etc. nella tornata del 17. gennaio 1862, S. 3. Wohin dieser Christuskopf gekommen, ist uns unbekannt.

[103] Das Fresko, in einer kleinen Kapelle nahe dem Eingang zum Ospizio zu Pian' di Mugnone, ist etwas fleckig und stellenweise durch die Einwirkung des Alters ausgeblichen.

[104] s. das Obituarium bei Marchese II, 369: „Cuius obitus .. magno fuit omnibus detrimento ... erat autem diaconus." vgl. dazu die Urkunde im Index zu Vasari, welche den obigen Tag feststellt.

Stellung gehalten, während Maria das Haupt und den linken Arm des Sohnes liebevoll umfasst und Magdalena sich in leidenschaftlichem Schmerze zu seinen Füssen niederbeugt und sie umklammernd küsst.[105]

Die Gruppe, in der Composition aufs eingehendste durchgeführt, stellt gleichsam einen Auszug aller malerischen Bestrebungen des 16. Jahrhunderts dar: sie ist Abwandlung und Vollendung von Perugino's gleichartigem Bilde und adelt die Empfindsamkeit der Umbrier durch edleren Formensinn, erstaunliche Ausprägung der Persönlichkeiten und ungeschminkte Wiedergabe der Natur. Ebenso unübertroffen wie die anatomische Richtigkeit und der keusche Geschmack in der Behandlung des nackten Körpers ist die kühne Verkürzung der Gestalt Magdalena's. Bugiardini kann zu diesem vollendeten Bilde schwerlich mehr beigetragen haben, als die früher hinzugefügt gewesenen, aber auf eine nicht näher bekannt gewordene Weise später hinweggetilgten beiden Seitenfiguren.[106]

Wir schliessen mit dem Verzeichniss der sonst bekannten echten und zweifelhaften Einzelwerke Fra Bartolommeo's nach der Ordnung ihrer Aufbewahrungsorte.

Florenz, Akad. d. K., Gall. d. gr. Gem. No. 64: zwei Rundbilder in gemeinsamem Rahmen, jedes eine Mad. mit Kind al Fresco enthaltend, beide schnell und in Einem Auftrag gemalt, ohne vorgängigen Umriss, heiter im Ton und fast genau denen in Pian' di Mugnone und in S. Marco entsprechend. — No. 78: fünf Fresken in einem Rahmen: 1. Christusfigur, dem Fra Paolino ähnelnd, 2. heilige Katharina, in Fra Bart.'s Weise und von graziöser Zartheit, 3. ein Mönch in würdiger Haltung (etwas beschädigt), 4. Petrus Martyr (?) Schweigen gebietend, eine gewaltige Mönchsfigur, 5. heil. Clara, minder gut, vielleicht von Fra Paolino. — No. 82: fünf Stücke in einem Rahmen, 4 al fresco, 1 in Oel; das letztere, Brustbild Christi mit dem Kreuz (Leinw.), mit der Inschrift: „Orate pro pictore 1514", von dünnem Farbenauftrag, durchs Alter dunkel geworden; 2. Johannes d. T. (echt);

---

[105] Gall. Pitti N. 64.

[106] Vasari VII, 169. 170 gibt an, Fra Bart. habe das Bild, welches Bugiardini nachmals vollendete, in S. Gallo begonnen, und fügt im Leben Bugiardini's (X, 348) eine Beschreibung, welche zwei Seitenfiguren des Petrus und Paulus einschliesst, mit der Bemerkung hinzu, die Tafel sei blos in Wasserfarben angelegt u. schattiert gewesen. Wir glauben, dass hier ein Irrthum vorliegt, und neigen zu der Annahme, die Figuren des Petrus u. Paulus seien entfernt worden, weil sie nicht in den Zusammenhang des Ganzen passten. Eine sehr gute Copie des herrlichen Bildes besitzt die Lindenau-Gallerie in Altenburg. —

3. Profil des heil. Antonius Abbas, wahrscheinlich von einem Schüler des Meisters, vielleicht von Sogliani; 4. weibliche Heilige (Magdalena?) von weichem Ausdruck, echt; 5. Johannes d. T., Arbeit des 16. Jahrhunderts.[107]

Florenz, Gall. Pitti No. 377: Ecce homo, Brustbild in Fresko, der Kopf von gleichem Gepräge wie auf dem Bild No. 78 der Akad. d. K., aber aus Fra Bart.'s früherer lionardesker Zeit, von mildem Ausdruck, zart und in strichelndem Vortrag.

Florenz, Uffizien No. 1235: Mad. neben einem Postament knieend, auf welchem das Kind sitzt, nach einer rafaelesken Composition des Meisters, aber von geringerer Hand.[108]

Florenz, S. M. Maddalena de' Pazzi, Sakristei: Mittelstück eines Altarschreines (dessen Flügel von Bastiano Mainardi gemalt sind)[109]: Ein Heiliger in Nische, lebensgr., Holz, Oel, auf ein älteres Bild aufgemalt: Charakter, Formgebung und Gewänder zeigen Verwandtschaft mit den Figuren des Petrus und Paulus im Quirinal und gehören dem Meister an, aber durch das Verfahren der Uebermalung hat die Farbe an Frische verloren.

Florenz, Gall. des Marchese Panciatichi No. 108: Halbfig. der Magdalena, Holz, Oel, schadhaft, an Bugiardini erinnernd. — No. 12: Maria mit Kind, lebensgr., Holz, Oel, in Fra Bart.'s Art gruppiert, die Landschaft seiner Behandlungsweise ähnlich; übermalt und von milchichter Durchsichtigkeit, sodass es jetzt nach Mariano da Pescia aussieht. — No. 322, Mad. mit Kind, heil. Anna, Joseph und drei Engel, Skizze, alte und schöne Copie eines Bildes von Fra Bart.

Mailand, Casa Giacomo Poldi-Pezzoldi: kleiner Flügel-Hausaltar[110] enth. innen im Mittelbilde Maria das Kind tränkend, an den Seiten Katharina und Barbara, aussen die Verkündigungsfiguren, grau in grau (klein, miniaturartig); auf dem Rahmen die Jahrzahl MD., ein Kleinod an Feinarbeit und Durchführung, echt.

Cortona, bei Sign. Passerini: Maria das Kind tränkend (Holz, Oel); der Knabe etwas schwer; es gehört in die Zeit der heil. Familien im Palast Corsini in Rom; der Hintergrund ist beschädigt und aufgefrischt (in der linken Ecke noch Spuren einer Heil. Fig.)[111]

Siena, Akad., Saal der versch. Schulen No. 99: Magdalena, Holz, Oel, halblebensgr. — No. 91: Katharina mit dem Rad (hier Kreuz und Ring, das Handmal der Markuswerkstatt während der

[107] Beide Nummern sind von Bildern aus S. Marco entnommen, diejenigen Fra Bart.'s sämmtlich aus den Jahren 1510—1514. Eine Copie des kreuztragenden Christus in der Gall. Corsini am Lung' Arno in Florenz (N. 32), dort als Francesco Francia bezeichnet, ist von einem Schüler Fra Bartolommeo's.

[108] Holz, Oel, unvollendet, kleine Fig., vgl. Passavant, franz. Ausg., II, 72.

[109] vgl. B. III, S. 258.

[110] Früher im Besitz des Sign. Camillo Fumagalli in Mailand; auf der Ausstellung von 1872 N. 216. — G. Bossi, Lett. pitt. VI, 417 schreibt es dem Rafael, Passavant II, 407 dem Fra Bart. zu. —

[111] Das Bild ist später abhanden gekommen; eine Copie davon besitzt die Sammlung Holford. s. später.

Geschäftsgemeinschaft Fra Bart.'s mit Albertinelli, und die Jahrzahl 1512. Beide Stücke — sehr hübsch gemalt, aber etwas kalt in den Schatten und kleinlich in der Lichtführung und daher nicht gut genug für Fra Bartol. selbst — waren ehemals in S. Spirito zu Siena, wo Fra Paolino und Fra Agostino, die Handwerksgenossen unsres Meisters, nachweislich gearbeitet haben. Dem Fra Paolino und dem ihm zugewiesenen, mit gleichem Monogramm und der Jahrzahl 1510 versehenen Bilde in Wien gleichen sie in hohem Grade; jedenfalls wird er Antheil daran haben. —

Lucca (Umgegend), Villa Saltocchio (Conte Bernardini): Rundbild der Geburt Christi (Fig. ⅓ lebensgr.): vermuthlich das vom Klostersyndicus zu S. Marco um 1513—16 für 20 Ducaten an einen „Giovanni Bernardini Lucchese" verkaufte Bild[112]; im Stil Mischung von Fra Bartol. und Albertinelli.

Venedig, Seminario No. 18: Madonna mit Kind, liebliche Gruppe in einem Porticus sitzend. Der Knabe streichelt die Wange der Mutter, welche nach dem Beschauer blickt, Hintergrund Landschaft mit Bäumen, oben abgerundet, in den Aussenzwickeln die Verkündigungsfigur grau in grau[113]; weich gefärbt und mit mehr Schmelz und Mühe behandelt als man bei Fra Bart. findet, sodass es näher liegt, an Mariotto oder an Fra Paolino zu denken, obgleich das Bild entschieden besser ist als andere in den Gall. Borghese und Sciarra in Rom und der Gall. Corsini in Florenz, an welchen letzterer betheiligt scheint. Die Fleischtheile sind etwas ausgebessert.

Venedig, Herzogin von Berri: Rundbild der Mad. m. K., dem kl. Johannes und dem heil. Bartholomäus (im Charakter der Brescianini von Siena).

Turin, Gall. No. 61: Maria m. K. und Engeln (Holz, Oel, rund), ebenfalls in der oberflächlichen Weise der Brescianini behandelt, von röthlichem Ton. — No. 62: Heil. Familie (bezeichnet als Francia Bigio) in der Ausführung Gegenstück des vorigen. —

Modena, Gall. No. 483: Maria m. K. — N. 465: Maria m. K., sehr abweichend von Fra Bartolommeo.

Rom, Gall. des Capitols No. 27: Darstellung im Tempel (12 Figuren) theilweis im 17. Jahrh. aufgefrischt, das Uebrige nicht unähnlich dem Giacomo Francia, besonders die Figur der heil. Anna.

Rom, Gall. Borghese, Saal II, No. 39: Geburt Christi mit der Jahrzahl 1511 und dem Handmal der Markus-Werkstatt (vgl. Fra Paolino).

Rom, Gall. Sciarra-Colonna, Saal IV No. 1: Mad. m. K. und Johannesknaben, ebenfalls mit dem Handmal der Markuswerkstatt (vgl. Fra Paolino).

Florenz, Gall. des Fürsten Corsini: Heil. Familie, bez. mit dem Handmal der Markuswerkstatt (vgl. Fra Paolino).

---

[112] s. Marchese II, 144. — [113] Holz, Oel, kleine Fig. h. 0.50, br. 0,35.

Florenz, Gall. Pitti No. 242: Mad. m. K. unter dem Namen Puligo's, jedoch dem Fra Bart. verwandt und ähnlicher als die Wiederholung im Belvedere zu Wien.

Brescia, Stadtgall. (Tosi) No. 2: Heil. Familie; das Kind am Boden liegend von Maria angebetet, Joseph kauernd zur Seite; (Holz, Oel, lebensgr. Fig.); vielleicht nach des Meisters Zeichnung, aber nicht von ihm gemalt; die Töne sind zu schwer, unharmonisch und die Wirkung nicht plastisch genug; vielleicht von Sogliani.

Wien, Belvedere Saal IV, Ital. Sch. No. 17: Maria m. K. (Holz, Oel, Halbfig.), scheint von einem Schüler Fra Bart.'s (ungünstige Aufstellung hindert bestimmtes Urtheil), Wiederholung des Bildes der Gall. Pitti No. 242.

Wien, Gall. Harrach: Maria mit der Hand auf der blossen Brust, das Kind auf dem Knie, dessen eine Hand ebenfalls die Brust der Mutter erfasst, während es mit der andern die Weltkugel hält; (Holz, Oel); von einem Nachfolger des Sogliani, aber in den Fleischtheilen übermalt; die Bewegung des Knaben erinnert an Bronzino.

Wien, Gall. Czernin: Seitenansicht eines aufschauenden Mönches (aus dem Ende des 16. Jahrh.).

Berlin, Museum No. 249: Himmelfahrt Maria's, welche auf dem Halbmond schwebt, umgeben von 5 musicierenden Engeln; unterhalb am Grabe links Dominicus, Petrus und Johannes d. T., rechts Petrus Martyr, Paulus und Magdalena knieend. Hintergr. Landschaft mit Bergen (an Vallombrosa und die Höhen nach Arezzo hin erinnernd), Inschrift: ORATE. PRO PICTORE. Anordnung und Zeichnung gehören dem Fra Bart. an und weisen auf die Zeit der Gemeinschaft mit Albertinelli, welchem besonders die untere Hälfte des Bildes gleicht.[11]

München, Pinakothek, Cab. No. 597 (früher als Fra Bart., jetzt als „rafaelisch" bezeichnet): Mad. m. K. (Leinw.), nicht von Fra Bart., sondern Copie eines Bildes der Sammlung Baring in London (s. unter Spagna S. 345). — Ebenda No. 579 (Holz, Oel): Anbetung des Kindes durch Maria (r.) und Joseph (l.); nicht von Fra Bart., sondern eine schwache Arbeit im Charakter der Schule Granacci's. — Ebenda, Saal No. 551: (aus der Sammlung der Mad. Dubois in Paris) Maria das Kind auf dem Schoosse, hinten Joseph; nicht echt, Färbung von gläsernem Email mit dunklem warmen Schatten, an die Weise der Michele di Ridolfo, Poligo oder der Brescianini erinnernd.

London, Stafford House No. 88: Maria, Seitenansicht, mit dem Kinde, welches ein Rohrkreuz hält, und dem Johannesknaben (Holz, Oel, lebensgr. Fig.); die Gruppierung nach Fra Bart. und Rafael, aber die Behandlung moderner; es erinnert an einen Nachfolger des Correggio; ob dieser Eindruck erst durch die beträchtlichen Uebermalungen entstanden sei, ist zweifelhaft.

---

[11] Holz, Oel, lebensgr. Fig., h. 9' 8", br. 6' 7". Die Rauhigkeit der Farbenfläche mag vom Abputzen herrühren, welches die feineren Lasuren zerstört hat.

31*

London, Grosvenor House No. 177: Maria m. K. unter konischem Baldachin, dessen Vorhang von zwei Engeln gelüftet wird; vorn Hieronymus und Magdalena knieend. Die Gruppierung in der Art Fra Bart.'s und Albertinelli's, die Ausführung ansprechend und sorgfältig, will uns jedoch wie eine absichtliche Nachbildung dieser Meister, etwa von der Hand des Michele di Ridolfo erscheinen.

London, Samml. Holford: Maria m. K. thronend, 2 Engel ein Stück Tapete über ihr haltend, an den Seiten knieend der heil. Sebastian und ein Mönch (Altarstück, Holz, Oel, Fig. lebensgr.); schwach, verwaschen, von späterer Entstehung. — Ebenda: Maria m. K., welches zwei Finger auf die entblösste Brust der Mutter legt (lebensgr.); Copie des Bildes im Besitz des Signor Passerini zu Cortona (s. oben).

London, Samml. Baring: Heil. Familie (Skizze, z. Th. Umriss, z. Th. gemalt, von der Figur Josephs im Hintergrunde links nur Spuren sichtbar; die Hände Maria's farbig), nicht in der Weise Fra Bart.'s und seiner Schule, sondern von modernerem Aussehen; die hier und da auffallende Geziertheit lässt auf die spätere Zeit des Rafael del Colle schliessen.[115]

London, bei Lord Taunton (Ex-Stoke Park): Madonna m. K., auf einer Brustwehr, zwischen Laurentius und einem bärtigen Heiligen (Holz, Oel, lebensgr. Fig.). Mischung von Fra Bart. und Andrea del Sarto, möglicher Weise von Puligo; in den Formen Uebertreibung der Zeichnungsweise Andrea's, im Kopf der Maria Abhängigkeit von Fra Bart.; die Farbe etwas düster und in den Uebergängen vom Licht zum Schatten nicht mustergiltig.

London, bei Lord Elcho: Maria m. d. Kinde, welches ein Kreuz hält, unter einer Nische thronend; klein, sehr sauber, von goldigem Ton, in der Weise des Meisters, aber nicht in dessen bedeutendem Stil, weshalb man es auch dem Albertinelli zutheilen darf.

London, Sammlung weiland Sir Anthony Stirling's: Kreuzigung mit Maria und Johannes zur Seite, kleine miniaturartige Tafel von höchst feiner Durchführung, völlig im Charakter der Schule Fra Bartol.'s und in Mariotto's Stil, sehr ähnlich einem Fresko in S. Spirito zu Siena; daher vermuthlich von Fra Paolino; der Ton ist warm und die Gewandung von breitem Wurf.

London, weil. Sammlung Northwick No. 95: Heil. Familie (rund) dem Sogliani ähnelnd, No. 101: Heil. Familie, No. 111: die Heiligen Bartholomäus, Blasius und Nicolaus, No. 899 (Manchester): Heil. Familie — nicht vom Meister.

London, bei George A. Hoskins Esq., in Manchester, No. 210: Mad. m. K. und Heiligen, nicht auf der Höhe Fra Bart.'s.

---

[115] Hier ist ein kleines Bild der Dreieinigkeit unter Fra Bart.'s Namen (halbrund, h. 0,32, br. 0,63) in Meiningen (Privatbes. des Herzogs Georg) zu erwähnen, ebenfalls nicht völlig ausgeführt, aber miniaturartig fein und in der Behandlung mehr an Albertinelli erinnernd (M. J.).

London, bei Abraham Derby Esq., in Manchester, No. 93: Verlobung der heil. Katharina mit der Inschrift: „Orate pro pictore“; oberflächlich und schwach, von einem Nachfolger des Fra Bart. und Fra Paolino.

Bristol (Umgegend), bei Lord Leigh in Leigh Court: Maria mit dem nackten Kinde, schönes lebensgr. Bild, aber ohne die höchsten Eigenschaften des Meisters; die Mischung seiner und der Weise des Andrea del Sarto führt auf Puligo; die Farben sind heiter, fast bunt.

Glasgow (Umgegend), Schloss Hamilton (Frühstückszimmer): Heil. Familie: das Kind auf dem Schoosse der Mutter den kleinen Johannes segnend, welcher links kniet, hinten rechts Joseph; Hintergrund Mauer und Landschaft, vorn ein Becken, aus welchem ein Vogel trinkt (Holz, halb lebensgr. Fig.). Maria und Joseph offenbar von Fra Bart. entlehnt, die beiden Kinder erinnern an Rafael, die Behandlung gleicht der des Bugiardini oder Sogliani.

England, bei Lord Wenlock: zwei Mönche (1853 in British Institution ausgestellt), aus Fra Bart.'s Schule.

---

Nicht von den Verfassern selbst gesehen:

Besançon, Kathedrale: Verherrlichung Maria's mit dem Kinde, welche auf einem Thron sitzend von Engeln in die Wolken gehoben wird; unten stehend die Heil. Johannes d. T., Sebastian und Stephan (links), der heil. Bernhard mit dem knieenden Stifter Johann Carondelet und ein anderer Heiliger hinter ihm; im Vordergrunde Rasen, Hintergrund Landschaft; angeblich aus der besten Zeit des Meisters.[116]

Foligno, bei Sign. Gregori: Heil. Familie: Maria sitzend mit dem Kind im Schoosse, dessen Hände im Barte des heil. Joseph spielen, unten der junge Johannes zum Jesusknaben aufblickend.[117]

Paris, Gall. Abel: Madonna del Cappuccino: M. m. K., Franciscus zwischen Engeln knieend und der junge Johannes, welcher dem Knaben Früchte reicht.[118]

Florenz, bei Sign. Ricasoli: Christuskopf auf einem Ziegelstein. — Ebenda bei Car. Baldelli: Geburt Christi.[119] — Ebenda bei Sign. Volpini: Heil. Familie.[120]

---

[116] Das Bild war ursprünglich von Jean Carondelet, Kanzler von Flandern, Erzbischof von Palermo (geb. 1469, † 1544) in der Familienkapelle zu S. Etienne in Besançon aufgestellt und kam später in den Dom. vgl. Passavant's Anm. zu Schorn's Vasari im Kunstblatt 1844, N. 28.

[117] Passavant Rafael II, 409 erklärt das dem Rafael zugeschriebene Bild für ein Werk Fra Bart.'s.

[118] Angeblich von Fra Bart. begonnen und von Rafael fertig gemalt. vgl. Marchese II, 47, doch erklärt Passavant, Raf. II, 413, dass Rafael entschieden keinen Antheil daran hat.

[119] Ueber diese beiden Bilder vgl. Marchese II, 128.

[120] vgl. Vasari, Anm. zu VII, 169. —

Perugia, Palast Penni[121]: Leichnam Christi mit Maria und zwei Aposteln.[122]

---

Von den Fachgenossen Fra Bartolommeo's im Markuskloster, aus welchem im Laufe eines Jahrhunderts so viel edle Kunstarbeit hervorgegangen war, erheischt Fra Paolino Beachtung. Er war 1490 in Pistoia geboren[123] und zuerst von seinem Vater Bernardino d'Antonio del Signoraccio, einem ganz untergeordneten Lokalkünstler, angeleitet worden, von dem jedoch noch eine Anzahl Werke nachzuweisen sind.[124] Schon in früher Jugend trat Paolino ins Kloster und soll Aufträge für S. Domenico zu Prato übernommen haben, von wo er zusammen mit Baccio della Porta nach S. Marco versetzt wurde. Hier ging er diesem und dem Albertinelli an die Hand und hat Antheil an den Bildern, welche das Zeichen der Werkstatt (2 ineinandergreifende Ringe mit durchgestossenem Kreuz ☩) tragen. Die frühesten und besten dieser Arbeiten sind: Maria mit dem Kinde zwischen 6 Heiligen in der
Wien. Belvedere. Gallerie des Belvedere zu Wien — bezeichnet mit der Jahrzahl 1510 und auch unter seinem Namen im Katalog[125]; ferner zwei Heilige
Siena. Akad. von 1514 (?) in der Akad. zu Siena (unter Fra Bartolommeo s. oben). — Aus derselben Zeit, aber unbedeutender: eine Geburt Christi von 1511 in der Gallerie Borghese, Maria mit beiden Knaben in der

---

[121] s. Marchese II, Anm. zu S. 81.

[122] Verlorene Werke: Florenz: Madonna im Besitz von P. M. delle Pozze (Vas. VII, 151); eine Geburt Christi für Kardinal Giovanni de' Medici gemalt (s. ebenda); verschiedene Madonnen in der Casa Medici; Madonna in Casa Capponi, Mad. m. K. und 2 Heiligen in Casa Lelio Torelli; der heil. Georg mit dem Drachen in Casa Pier' del Pugliese (über diese Bilder s. Vas. VII, 167); Tafelbild ohne Angabe des Gegenstandes, erst in der Compagnia de' Contemplanti, später im Besitz des Ottaviano de' Medici (Vas. VII, 169); Heil. Familie im Palazzo Niccolini (Richa, Chiese fior. VIII, 48); Mad. das Kind stillend in der Badia di Settimo (Richa IX, 225). — In Arezzo: Badia de' Monaci neri: Christuskopf, grau in grau (Vas. VII, 169). — In Viterbo: S. Maria della Quercia: Auferstehung Christi und Krönung Maria's (Vas. XI, 30 und Marchese II, 87). —

[123] Der Nekrolog Fra Paolino's, welcher sich in der Todtenliste von S. Domenico in Pistoia findet, besagt, dass er 1547 im Alter von 57 Jahren gestorben sei. s. Tigri bei Marchese II. 370.

[124] Es sind: in Pistoia, S. Lorenzo: Madonna mit Heiligen, Inschrift: „Bernardinus Antº. Pistorien. pis."; in S. Felice (aussen): Mad. m. Heil., Inschrift: „Bernardinus Antonii de Pistorio pinsit 1502": in S. Giovanni Fuorcivitas: Heil. Rochus, bez.: „Bernardino Vecchio 1532 Pistoriensis, Prete Giuliano d' Antinoro fecit fieri" (s. Tolomei's Guida S. 79. 102. 198. 199.) —

[125] s. Waagen, Kunstdenkm. I. S. 67, unter Albertinelli, nach Mündler.

Gallerie Sciarra-Colonna in Rom, Maria mit Kind, Johannes und Joseph (von 1511) im Palast Corsini und ein zweites Madonnenbild mit dem Kinde im Palast Antinori zu S. Gaetano in Florenz. (Im J. 1515 lieferte Fra Paolino auch ein paar Figuren in Thon, die später in S. Maria Maddalena zu Pian' di Mugnone aufgestellt wurden.)[126] Rom. Florenz. Pian' di Mugnone.

Bei einem Talente von der Unselbständigkeit Fra Paolino's kann es nicht Wunder nehmen, dass der Werth seiner Leistungen je nach dem Maasse des Einflusses und der Führung, die er von den höheren Meistern empfing, sehr verschieden ist. So sehr daher auch die aufgezählten Gemälde, von denen diejenigen in Wien und Siena beträchtlich über den anderen stehen, untereinander abweichen, darf man sie doch unbedenklich derselben Hand zutheilen, da sie das nämliche Stilgepräge an sich tragen. Haben noch andere Maler Antheil an diesen Stücken, so käme zuerst Sogliani, dann etwa Mariotto in Betracht, aber Sogliani, der sich genau an Fra Bartolommeo hält, arbeitete etwas später, und Albertinelli's Vortragsweise spricht sich unsres Erachtens hier nicht aus.[127] Dass Fra Paolino die besten Anregungen seinem grossen Ordensbruder Bartolommeo verdankte, zeigt das von ihm i. J. 1516 in S. Spirito zu Siena gemalte Wandbild der Kreuzigung, welches noch bis vor kurzem jenem Meister zugeschrieben wurde, jetzt aber als eine in Gemeinschaft mit Fra Agostino ausgeführte Arbeit seiner Hand nachgewiesen ist[128]:

Christus hängt mit dem Körper ein wenig nach rechts gewendet, das Haupt zur Linken herabgeneigt am Kreuze, dessen Fussbrett die knieende Magdalena (links), den Blick gen Himmel richtend umklammert; auf der andern Seite, ebenfalls knieend und zum Heiland empor- Siena. S. Spirito.

[126] s. Marchese II, 207.

[127] Dem Gedächtnisse des jüngst verstorbenen Otto Mündler sind wir die Bemerkung schuldig, dass er die Urheberschaft Fra Paolino's an den obigen Bildern nicht anerkennen wollte. In einer etwas gereizten Beurtheilung unsres Buches in der Zeitschr. f. bild. Kunst II, 303 f. vertritt er seine gegnerische Ansicht, jedoch ohne irgend zureichende Beweismittel beizubringen.

[128] s. Marchese a. a. O. II, 210 f. Die i. J. 1514 von Fra Paolino in Pian' di Mugnone ausgeführten Wandbilder sind untergegangen. (vgl. ebenda II, 209). Von Fra Agostino besitzen wir sonst weiter keine Nachrichten. Das kleine miniaturartige Bild im Besitz weil. Sir Anthony Stirlings, welches hierher gehört, wurde bereits oben S. 484 erwähnt.

schauend Katharina von Siena mit aufgehobenen Händen (diese Figur am meisten im Geiste Fra Bart.'s); hinter ihr Johannes, die Arme mit den gefalteten Händen straff ausstreckend und wehmüthig aus dem Bilde blickend; gegenüber stehend, die Hände auf der Brust, den Blick emporgerichtet, Maria, wie Katharina mit dem Schleier überm Kopfe, während Magdalena's voll wallendes Haar unbedeckt ist; vorn ein Steinblock mit einem Todtenkopf, im Hintergrunde Jerusalem.

Das Bild hat fast alterthümlich symmetrische Anordnung und ziemlich oberflächlichen Ausdruck; der Christuskopf ist zwar eingehend gezeichnet, aber der Körper hölzern, Hände und Füsse ohne Biegsamkeit. Umrisse, Gewänder und Färbung sind charakteristisch für Fra Paolino, ebenso die reichlich angewandte kupferstichartige Schraffierung des Auftrags. Ueberhaupt erscheinen seine Fresken flau und unkräftig, Rundung durch Licht und Schatten ist selten erreicht, daher die Gesammtwirkung ohne Leben. Tafel- und Leinwandbilder haben durchgehends ziegelrothen Stich und stumpfe Färbung bei schwärzlichen Schatten; die Umrisse sind ebenfalls straff und ungeschmeidig, die Gesichter gewöhnlich, die Gewandung unruhig. Da dem Paolino jedoch Zeichnungen und Entwürfe Fra Bartolommeo's zur Verfügung standen, konnte er seiner Schwäche, die besonders in der Composition lag, aufhelfen und zu Zeiten Treffliches geben, wie z. B. die Madonna in Wien, die auch der Ausführung nach sein Meisterstück ist. — Nach Fra Bartolommeo's Tode zehrte er fast ausschliesslich von dessen künstlerischem Nachlass, indem er theils Unfertiges vollendete, theils Entwürfe des Meisters in Farben setzte. Am deutlichsten erkennt man dies an seiner Pietà von 1519 (Christi Leichnam auf dem Schooss der Mutter, umgeben von Magdalena, Johannes, Dominicus und einem Dominikaner-Heiligen)[129], sowie an anderen Bildern in der Akademie zu Florenz[130] oder in und bei S. Gimignano v. 1525 und 1530.[131] Auch bezeugen dies die aus späterer

Florenz. Akad.

[129] Florenz. Akad. d. K., Gall. d. gr. Gem. N. 68, aus S. M. Madd. in Pian di Mugnone.

[130] N. 65, Verlobung der Heil. Katharina. Zeichnung von Fra Bart., Ausführung offenbar von Paolino.

[131] s. später. Im J. 1524 wurde bei ihm ein Bild für die Servitenkirche bestellt, ist jedoch nicht zur Ausführung gekommen (Marchese II, 213, 269); ein Altarstück aus d. J. 1525 in S. Domenico zu Fiesole ist abhanden gekommen, ebenso einige Arbeiten in Viterbo (Marchese II, 214, 216.)

Zeit herrührenden anspruchsvolleren Malereien in verschiedenen Kirchen zu Pistoia, dem Geburtsorte des Künstlers, in dessen Mauern er i. J. 1547 an den Folgen des Sonnenstichs starb.[132] — Unter Fra Paolino sind noch die folgenden Gemälde einer Prüfung bedürftig: Pistoia.

Wien, Gallerie des Belvedere, Saal IV, Flor. Sch. No. 42: Maria mit Kind zwischen den Heil. Klara und Katharina von Alex. (knieend), Magdalena, Dominicus, Petrus Martyr und Barbara (stehend). (Leinw., Oel, lebensgr. Fig.). Am Sockel das Werkstattzeichen und darunter die Aufschrift: „1510. sub tuum praesidium confugimus sancta Dei genitrix", und auf der Rolle zu Maria's Füssen die Eingangszeilen der Legende des Dominicus von Theodorich von Apolda: „Caritatem habete."[133] Gute Nachahmung Fra Bartolommeo's, jedoch von ziemlich lebloser Sorgfalt der Zeichnung und mangelndem Gleichgewicht der Gruppierung, sodass man den Eindruck einer Stilmischung von Fra Bart. und Andrea del Sarto erhält; die Farbe rosigroth, ohne Masse. An der Figur des Kindes fällt eine Grossartigkeit auf, die sich sonst nicht bei Fra Paolino findet, Maria's Gestalt und Kopfhaltung, wie sie sich zu Barbara wendet, ist schön und weich, am besten jedoch Katharina, welche den oben unter Fra Bart. aufgeführten Heiligenfiguren der Akademie zu Siena[134] durchaus entspricht, die deshalb der Madonna in Wien unmittelbar anzureihen sind.

Florenz, Akad. d. K., Gall. d. gr. Gem. No. 71: Himmelfahrt Maria's und Gürtelspende an Thomas, dabei die Heil. Franciscus, Ursula und Rosa — (ehemals in S. Marco) im Katalog als Werk Fra Paolino's aufgeführt, jedoch wahrscheinlich von Michele di Ridolfo.

S. Gimignano (Umgegend) S. Lucia a Babbiano: Mad. m. K. zwischen Katharina von Alex. und Lucia (knieend), Geminianus, Antonius, Hieronymus und einem Mönch (stehend) — (Holz, Oel, lebensgr. Fig.); am untern Saum drei Rundfelder enth. eine Heiligenfigur, Heimsuchung und Engel mit Tobias; am Sockel des Thrones die Zahl 1525. Das Vorbild Fra Bart.'s am kenntlichsten an Maria und den knieenden Frauen, die Vortragsweise im allgemeinen übereinstimmend mit der Madonna in Wien, doch nicht so gut, die Farbe von der gewöhnlichen Beschaffenheit. — Ebenda, S. Agostino: Mad. m. K., am Fusse des Sitzes ein Engel mit der Viola, zu den Seiten Nicolaus, Vincenz, Ferrerio und zwei andere Heilige (Holz, Oel, lebensgr. Fig.).[135] Nach einer Zeichnung Fra Bart.'s; die Gruppe der Maria m. d. Kinde ist

[132] Marchese II, 204 ff. gibt eine erschöpfende Lebensbeschreibung und theilt II, 369 ff. die bezügliche Beilage mit.

[133] Marchese a. a. O. II, 208.

[134] s. oben S. 481 und 482.

[135] Nach Pecori. Guida di S. Gimignano S. 542, war das Bild im Juni 1530 von Fra Paolino in S. Domenico zu Pistoia, nach Marchese II, 214 in S. Domenico zu S. Gimignano abgeliefert.

Gegenstück zu derjenigen auf dem Bilde der Verlobung Katharina's im Louvre (S. 444), und in der Akad. d. K. zu Florenz (S. 444), die Farbe ist röthlich mit tintenartig grauen Schatten und violetten Halbtönen.

Pistoia, S. Paolo: Maria m. K., Engeln und Heiligen (darunter Petrus mit übermaltem gelben Mantel), oberhalb ein konischer Baldachin (Holz, Oel, Fig. lebensgr.). Freie Benutzung einer Gruppe Fra Bart.'s, zwar ohne dessen Symmetrie und Grossartigkeit, aber immerhin für Paolino eine bedeutende Leistung, an künstlerischem Werthe zwischen der Madonna zu Wien und denen zu S. Gimignano; an der Thronstufe die Inschrift: „Opus F. Pauli de Pist. or. prae. MDXXVIII."

Pistoia, S. Domenico: Anbetung der Könige (Holz, Oel), sehr durch Abschabung beschädigt, dunkel und stumpf im Schatten, jedoch von belebter Anordnung, die auffällig an Andrea da Salerno und Andrea del Sarto erinnert; Maria's Haltung recht ansprechend.[136] — Ebenda, im Chor: Verlobung der Katharina von Siena (Holz, Oel, lebensgr. Fig.), durchaus übermalt. Die Hauptgruppe Wiederholung derjenigen in S. Agostino zu S. Gimignano, die Figuren der Katharina und Magdalena genau wie auf dem Bilde No. 65 der Akad. d. K. in Florenz; die Formgebung unschön. — Ebenda: der Gekreuzigte zwischen Maria und Johannes; am Fusse Thomas von Aquino (Holz, Oel, Fig. lebensgr.); schlecht und übermalt.

Pistoia, S. Giov. Evang., Fuorcivitas, Sakristei: der heil. Sebastian (nackt) in einer Landschaft (Holz, Oel), lange hagere Gestalt in Fra Paolino's Weise, z. Th. abgekratzt.

Rom, Gall. Borghese, Saal II, No. 39 (unter Fra Bart.): Anbetung des am Boden liegenden Kindes durch Maria und Joseph, dabei der Knabe Johannes: mit dem Werkstatt-Zeichen und der Jahrzahl 1511; nur die Anlage von Fra Bartolommeo.

Rom, Gall. Sciarra-Colonna, Saal IV, No. 1: Mad. m. K. und Täufer (unter Fra Bart.); mit dem Werkstattzeichen (Holz, Oel, Fig. halblebensgr.), auf gleicher Stufe mit dem vorgenannten Bilde.

Florenz, Gall. des Fürsten Corsini No. 22: Mad. m. K. Johannes und Joseph (unter Fra Bart.) mit Werkstattzeichen und Jahrzahl 1511 (Holz, Oel, halblebensgr.); oberflächlich behandelt, abgerieben und übermalt, nicht so gut, aber in demselben Stil wie das Bild der Gall. Sciarra; die Typen denen des Mariotto ähnlich, die Farbe an Puligo, den Schüler Andrea's del Sarto, erinnernd.

Florenz, Palast Antinori a S. Gaetano: Maria m. K. und Täufer (unter Albertinelli); (Holz, Oel, fast lebensgr. Fig., ein Engel links von anderer Hand); mit Werkstattzeichen, ähnlich wie die vorgenannten, oberflächlich und bunt.

Bibbiano (Umgegend), S. Maria del Sasso: Himmelfahrt Maria's. Pistoia, S. M. delle Grazie: Mad. m. Heiligen; Ebenda, Akad.:

---

[136] Nach Tolomei, Guida di Pistoia, S. 111 i. J. 1539 gemalt.

Mad. zwischen Franciscus und Benedict; Ebenda, S. Giovanni: Mad. m. Heiligen; Ebenda, Pal. Comunale: derselbe Gegenstand; in Cutigliano zwei Bilder. — England, Samml. Bromley: Darstellung im Tempel (gross).

Diese Bilder sämmtlich von noch geringerem Belang. —

---

Die Erbschaft Fra Paolino's am Kunstvermächtniss des grossen Meisters von S. Marco ging in die Hände eines Weibes über, der Suor Plautilla Nelli im Kloster der heil. Katharina zu Florenz, welche 1523 geb. und 1587 gestorben, mit hohem Lob der Zeitgenossen, wenn auch in den engen Grenzen, die der Nonne gezogen waren, die Malerei betrieb und besonders in der Miniaturarbeit Ausgezeichnetes geleistet haben soll.[137] Von ihren Bildern erwähnen wir:

Florenz, Akad. d. K., Gall. d. gr. Gem. No. 74 (ursprüngl. in S. Caterina): die Marien und mehrere Heilige in Trauer am Leichnam Christi (Holz, Oel, lebensgr. Fig.), die Anordnung schön, aber die Ausführung Karikatur des Vortrags der classischen Schule; die Frauengestalten am ansprechendsten, die Farbe stumpf und dunkel.

Florenz, Gall. des Fürsten Corsini: Maria m. K. in einer Landschaft, dabei eine Figur, welche über Maria's Schulter blickt (unter Plautilla's Namen), Uebertreibung der Formen Fra Bart.'s, von tiefem röthlichen, rauhen Ton.

Berlin, Museum No. 250: Christus zwischen Maria und Johannes, Petrus und dem Zöllner sitzend spricht zu Martha, während Maria zu seinen Füssen sitzt; ausserdem Georg und ein Heiliger; unten links der Stifter mit einem Kinde, rechts die Stifterin ebenfalls mit Kind, und nochmals Christus in anderer Tracht. Die Jahrz. MDXXIIII schliesst die Autorschaft Plautilla's aus, welche damals erst ein Jahr alt war.[138] Es ist ein schwaches Stück Arbeit, doch mag immerhin eine Zeichnung Fra Bartolommeo's zu Grunde gelegen haben.

---

137 vgl. die artigen Bemerkungen Vasari's IX, 6. 7 und ausserdem Marchese II, 444.

138 Holz, h. 7' 5'', br. 8' 4''. — Inschrift: „Christi hospite dive Marte dicatum."

## VIERZEHNTES CAPITEL.

*Mariotto Albertinelli und Giuliano Bugiardini.*

Mariotto Albertinelli, dessen Schilderung bei Vasari durch die Urkunden Bestätigung erhält, war am 13. October 1574 geboren.[1] Sein Vater Biagio di Bindo gab ihn zu einem Goldschläger in die Lehre, aber er verliess das langweilige Geschäft und wendete sich zur Malerei. Die Wahl Cosimo Rosselli's als Lehrer brachte ihn mit Baccio della Porta in Verbindung, und wir sahen bereits, wie sie innige Freunde wurden. Ein Zeugniss dieses Verhältnisses war auch die Bezeichnung Albertinelli's als des „andern Fra Bartolommeo."[2] Als der nachmalige Meister von S. Marco das Wandbild des jüngsten Gerichtes in S. Maria Nuova unfertig verliess, übernahm Mariotto die Vollendung, und während Baccio's Noviziat im Dominikanerkloster setzte jener die bis dahin gemeinsamen Arbeiten allein fort und machte sich durch künstlerische Auffassung wie durch Handwerksgeschick einen geachteten Namen.

Ueber seine früheren Arbeiten — wie diejenigen, welche in Rom in Cesare Borgia's Hände kamen oder das Bildniss der Alfonsina de' Medici — haben wir keinen Nachweis[3], aber die

[1] s. das florentiner Taufregister in Vasari. Index, Tav. alfab. vgl. über Mariotto das vorige Cap. XIII.

[2] Vas. VII, 180.

[3] s. Vas. VII, 181.

Zu B. IV. S. 493.

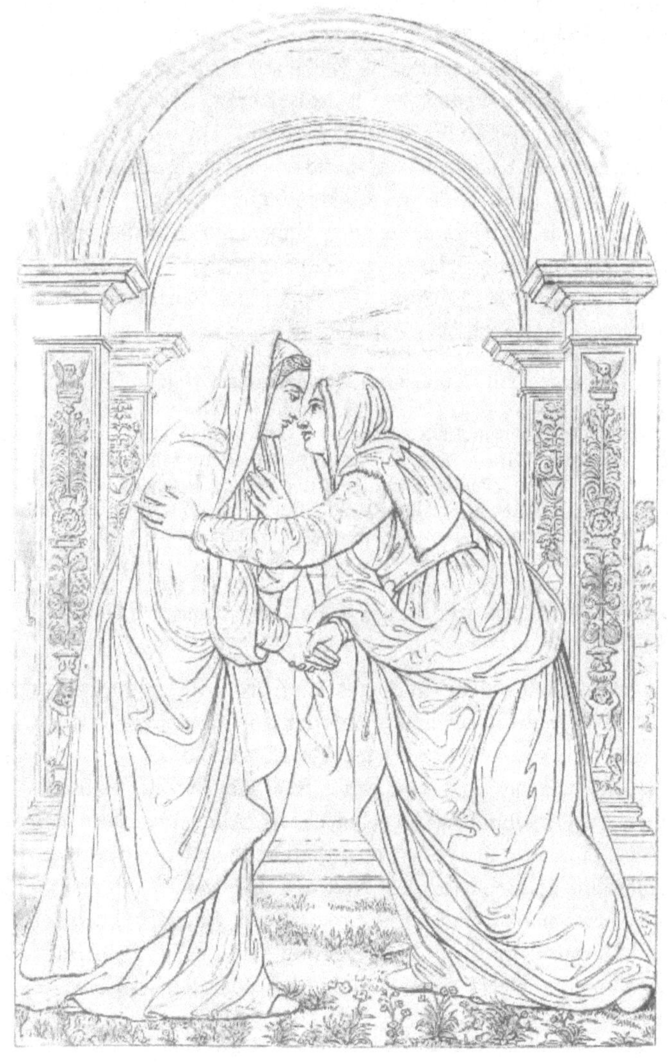

Die Heimsuchung. Tafelgemälde des Mariotto Albertinelli
in der Gall. d. Uffizien zu Florenz.

Sammlung des Louvre besitzt ein kleines Bild des Noli-me-tangere, welches Verwandtschaft mit der Werkstatt Rosselli's zeigt.[4] Und zwar sind hier alle wesentlichen Züge der Vortragsweise Fra Bartolommeo's so entschieden, nur in mässigerem Grade ausgeprägt, dass allein an Albertinelli zu denken ist. — In der Zeit als Fra Bartolommeo der Kunst entsagt hatte und seinem ehemaligen Genossen nur noch mit Rath an die Hand ging, hatte Mariotto Hoffnung, den höchsten Rang in der damaligen Künstlerwelt von Florenz einzunehmen. Das herrliche Bild der Heimsuchung in den Uffizien[5], im J. 1503 für die florentiner Martinsbrüderschaft bestellt, gab ihm auch Anrecht darauf: Paris. Louvre.

Vor offener, mit Kreuzbogen überspannter Halle, deren Tragsäulen reich verziert sind, und durch welche klarer Himmel und freundliche Landschaft hereinblickt, begegnen sich die beiden in Hoffnung seligen Frauen: Maria mit noch jungfräulicher Scheu die Augen senkend, die Linke züchtig auf die Brust gelegt, ist voll ernster Gedanken stehen geblieben, während die ältere Freundin froh sie an der Hand fasst und mit liebevoller Innigkeit ihr zuspricht, indem sie ihre Schulter berührt und sich vertraulich nahe zu ihr neigt. An den Pilastern liest man die Jahrzahl „Anno MDIII"; die Staffel enthält die Darstellungen der Verkündigung, der Geburt und der Darbringung im Tempel. Florenz. Gall. Uff.

Die Stimmung des Vorganges ist in so edler Sprache ausgedrückt, die Charakterzeichnung und der Vortrag so rein und glücklich, dass man glauben müsste, Fra Bartolommeo vor sich zu haben, wäre nicht doch ein wenig Steifheit in der Haltung der Figuren zurückgeblieben. Technisch ist Alles geleistet, dessen die Zeit fähig war: die volle Farbenharmonie und Luftwirkung, der durchleuchtende Schmelz des Auftrags bei tiefer Abtönung und Meisterschaft in Anwendung der Lasuren bekunden, in welchem Grade Mariotto im Besitz der Mittel war, die Lionardo auf seiner künstlerischen Höhe handhabte. — Von gleicher Eigenschaft, wenn auch neben dieser grossartig ernsten Gruppe von bescheid-

[4] Louvre N. 25. Holz, h. 0,57, br. 0,48; im Hintergrund die Auferstehung; es war früher dem Perugino zugeschrieben.

[5] Uffiz. N. 1259. Holz, Fig. unter lebensgr. Die Predellenbilder sind durch Abreibung der Lasuren etwas rauh geworden, vgl. Vas. VII, 195.

nerem Gepräge, ist das Rundbild der Geburt Christi in der Gall. Pitti[6]:

Florenz. Gall. Pitti. Maria, von etwas geringerem Adel als in der Heimsuchung, betet das in seiner Schwerfälligkeit doch liebliche Kind an, rechts hinter ihr Joseph, am Himmel drei Engel von einem Notenblatte singend; Hintergrund eine Landschaft von der eingehenden Sorgfalt der Ferraresen, im Einzelnen an die Bernard's-Vision Fra Bart.'s erinnernd.

Um diese Zeit betraute Fra Bartolommeo bei Wiederaufnahme der künstlerischen Thätigkeit den Freund mit der Vormundschaft über seinen jüngern Bruder Piero, und während er selbst an seinen Bildern der Geburt und Beschneidung Christi (in den Uffizien) arbeitete, malte Mariotto die Kreuzigung in der Certosa und eine Madonna mit Heiligen für S. Trinità in Florenz (jetzt im Louvre):

Florenz. Certosa. Jenes Wandbild behandelt den Gegenstand in der herkömmlichen Form: Magdalena am Fusse des Kreuzes knieend, Maria links mit erhobenen Händen, Johannes rechts mit abwärts gestreckten Armen betend, oben Engel, welche das Blut aus den Handwunden des Erlösers auffangen; neben Johannes ein Kreuzstumpf mit einem Stieglitz darauf, am Fusse des Kreuzes die Tafel mit der Inschrift: „Mariocti florentinj opus pro quo patres Deus orandus est D. MCCCCC. V: Mēn. Sept.“

Paris. Louvre. Das Tafelbild, ebenfalls aus dem J. 1506, enthält die auf einem Pfeilersockel (mit Adam und Eva im Flachrelief) stehende Jungfrau mit dem Kinde im Arm, welches die vorn knieenden Heil. Hieronymus und Zanobius segnet; im Hintergrund Hieronymus betend und Zanobius einen Todten erweckend. Inschrift: „MARIOCTI. DEBERTINELLIS (sic). OPVS. A. D. M. D. VI.[7]

Das Fresko steht seiner Behandlung nach dem Fra Bartolommeo sehr nahe und gibt eine Vorstellung von der Beschaffenheit der jetzt zerstörten Zuthaten Albertinelli's auf dem Wandgemälde des jüngsten Gerichts in S. M. Nuova, die Madonna erinnert lebhaft an das Altarbild von S. Marco; die Gruppe ist empfindungsvoll, die Nebenfiguren in trefflichem Verhältniss, die

[6] Florenz, Gall. Pitti N. 365, Holz, Oel, Fig. halblebensgr.

[7] Das Bild, nach Vas. VII, 185 ursprünglich für Zanobi del Maestro gemalt, kam vor 1813 nach Paris. Die Farbe hat kräftigen Körper, ist jedoch durch Entfernung der Lasuren rauh geworden.

Ferne reich belebt. Aber in diesen bisher genannten Arbeiten hat sich Mariotto's Künstlerkraft ausgegeben. Später, als er zahlreiche Schüler um sich sammelte — unter ihnen Bugiardini, Francia Bigio, Innocenzo da Imola und Pontormo[8] — verlor er die meiste Zeit über Versuchen zur Vervollkommnung der Oeltechnik. — Eine Madonna von 1509 im Museum Fitzwilliam zu Cambridge dient besonders zum Beweis, dass damals Bugiardini bei ihm thätig war[9]:

Maria steht, einen Granatapfel in der Rechten, und hält das auf einer Brüstung stehende Kind, zu dem der junge Johannes mit dem Rohrkreuz hinan schaut; daneben ein Vogel und eine Blumenvase, durchs Fenster ist Landschaft sichtbar; vorn die Inschrift: „Mariotti Florentini opus 1509." Cambridge. Museum. Fitzwilliam.

Werthvoller ist die Verkündigung v. J. 1510, ursprünglich in der Compagnia di S. Zanobi, jetzt in der Akademie zu Florenz[10], ein Bild, welches dem Meister viel Mühe machte. Um es dem Bestimmungsorte genau entsprechend zu behandeln, hatte er seine Tafel auf den Hochaltar gesetzt und studierte die Perspective sowie den Licht- und Schattenfall an Ort und Stelle. Sein Ehrgeiz war besonders darauf gerichtet, kräftige Figurenplastik mit feinen Tonübergängen zu verbinden, aber die gehörige Behandlung des Hintergrundes, von dem sich die Gestalten abheben sollten, gelang ihm nicht nach Wunsch.[11] Er erreichte, wie man sieht, eine ausserordentliche Lichtheit der Farbe, welche durch reichliche Beimischung kräftigen Firnisses zum Oel hervorgebracht ist, ein dünnflüssiges, aber harziges Bindemittel, das schwer zu verarbeiten war. Das Bild hat durch die Zeit sehr gelitten, und was wir noch davon haben, ist durch Ausbesserung angetastet. Die Composition verräth Neigung zu ausschweifenden Bildungen; namentlich gilt dies von der Gruppierung und den Gewändern der Engel in der Florenz, Akademie.

[8] Vas. VII. 187. IX. 93, X. 347. XI, 30. —

[9] Mus. Fitzwilliam N. 5, Holz, Oel. Das Ganze ist stark durch neue Uebermalung verändert.

[10] Gall. d. gr. Gem. N. 73. Am Saume des Teppichs die Inschrift: „1510. MARIOTTI. FLORENTINI. OPUS." Die obere Glorie ist schwarz geworden und die ohnehin ungenügende Farbenharmonie hat durch Uebermalung des zerstörten unteren Theiles noch mehr Eintrag erfahren.

[11] s. die ausführliche Mittheilung über den Hergang bei Vas. VII. 184, 185.

Umgebung Gottvaters, während Maria und Gabriel grossen Reiz bewahren. Dem Ganzen aber ist, abgesehen von andern Uebelständen, die Aufstellung in einer Gallerie, wo die beabsichtigte Wirkung des niedrigen Augenpunktes durch Herabrückung des Bildes unter die Gesichtslinie aufgehoben wird, sehr nachtheilig. Zu allem Verdruss, den Mariotto bei der Ausführung gehabt hatte, kam noch, dass er schliesslich wegen des Preises mit dem Besteller nicht einig wurde, sodass mehrere namhafte Meister, Perugino, Ridolfo Ghirlandaio und Francesco Granacci ihr Gutachten abgeben mussten.[12] — In ruhigerer Stimmung und mit besserem Erfolg malte er dann eine Dreieinigkeit und ein Madonnenbild für die Kirche S. Giuliano (beide jetzt in der Akademie zu Florenz):

Florenz. Akad. Maria thront, das Kind im Arme, umgeben von Johannes d. T. und Julian, Dominicus und Nicolaus von Bari (letzterer knieend)[13]; die Figuren sind entschieden und in gutem Verhältnisse gezeichnet, das Helldunkel sicher angelegt, die Färbung ziemlich kühn; überhaupt erinnert der Vortrag in dieser Beziehung an das Marienbild im Louvre v. 1506 und an Arbeiten Ridolfo Ghirlandaio's. —

Florenz. Akad. In der auf Goldgrund gemalten Dreieinigkeit[14] erinnert die Hauptfigur wie die Gruppierung im Ganzen an Fra Bartolommeo's Bild in S. Romano zu Lucca; zwei liebliche Engel zu Füssen Gottvaters haben in Form und Bewegung rafaelesken Zug, die Gewandung ist breit, aber die Farbe ähnlich der auf dem oben beschriebenen Verkündigungs-
Berlin. Museum. bilde. (Ein anderes Gemälde desselben Gegenstandes im Berliner Museum No. 229 — Gottvater in Wolken, von Cherubim umgeben, mit der einen Hand segnend, mit der andern den Gekreuzigten haltend, dazwischen die Taube, unten am Kreuze zwei Engel, von herrlicher Feinheit des Tones und strahlender Farbenwirkung, — ist zwar dem obigen in der Anordnung sehr ähnlich, erinnert aber im Vortrag und Farbengebrauch mehr an Granacci, s. später.)

War die Beziehung zu Fra Bartolommeo, die i. J. 1500 durch die Weltflucht dieses Meisters unterbrochen wurde, ohne Zweifel schon während aller dieser Arbeiten wirksam gewesen, so erhielt sie nach der Rückkehr desselben aus Venedig durch die gemein-

---

[12] Akad. d. K., Gall. d. gr. Gem. N. 72, Holz, Oel, lebensgr. Fig., Inschr.: „OPVS MARIOCTI"; vgl. Vas. VII, 183.

[13] Flor. Akad. d. K., Gall. d. gr. Gem. N. 70, Holz, Oel, bei Auffrischung des Goldgrundes sind die Umrisse an einigen Stellen beschädigt. vgl. über das Bild Vas. VII, 183.

[14] Florenz, Akad. d. K., Gall. d. gr. Gem. N. 70, Holz.

schaftliche Anstellung der Freunde in der Werkstatt zu S. Marco neue und bestimmtere Gestalt. Nur wenige Bilder aus diesen Jahren machen genaue Unterscheidung der Hände beider Künstler möglich. Wir vermuthen Albertinelli's Mitarbeiterschaft in dem ursprünglich für Murano gemalten Altarstück in S. Romano zu Lucca[15]; entschiedener tritt sie in der Assunta des Berliner Museums hervor[16] und verräth sich ferner in der „Geburt Christi“ in der Villa Saltocchio bei Lucca.[17] — Bei der Auseinandersetzung der Genossen i. J. 1513 fiel dem Mariotto u. a. ein von Fra Bartolommeo gezeichnetes und angelegtes Bild „Adam und Eva“ zu.[18] Wahrscheinlich hat Albertinelli nach Ueberwindung seines Verdrusses über die Trennung von Fra Bartolommeo dieses Stück wieder vorgenommen, welches sich jetzt in der Gall. des Schlosses Howard befindet:

Adam sitzt links in Seitenansicht, offenbar mit warnendem Zuspruch zu Eva vorgeneigt, welche an den Baum gelehnt im Begriff ist, die Frucht zu pflücken; der Böse, um den Stamm gewunden, flüstert ihr zu; in der Landschaft des Hintergrundes ist die Erschaffung des Weibes und die Vertreibung aus dem Paradiese in kleinen Figuren angebracht. Schloss Howard.

Das Bildchen ist ein Kleinod in seiner Art, ebenso trefflich in Anatomie, Körperverhältnissen und Bewegung der Adamfigur wie sprechend in der zögernden Haltung Eva's; der Vortrag bei aller Feinheit der Durchführung doch sicher, der Ton reich, lieblich und luftklar. Und diese Arbeit steht keineswegs allein; dem Bilde des „Isaak-Opfers“ in derselben Sammlung[19] lassen sich dieselben Vorzüge nachrühmen, und ebenso hohes Lob verdienen die beiden unvollendeten Stücke eines Gemäldes der Krönung Maria's im Museum zu Stuttgart, welche wahrscheinlich aus der Zeit der Geschäftsgemeinschaft in S. Marco herrühren:

---

[15] s. Cap. XIII. S. 448.
[16] Cap. XIII. S. 483.
[17] Cap. XIII, S. 482.
[18] s. Mariotto's Verzeichniss (v. 5. Jan. neuen Stils) bei Marchese II, 366.
[19] Abraham hat das Messer dem Sohne an die Kehle gesetzt, während der Engel mit goldbefiederten Flügeln ihm in den Arm fällt und auf das Lamm deutet. — Diese kleinen Prachtstücke sind verschiedentlich benannt worden, als Werke Rafaels, Fra Francia's u. Lorenzo Costa's.

Stuttgart. Museum.

Sie enthalten die beiden Hauptfiguren nebst mehreren Engelknaben und stehen unter dem Namen Fra Bartolommeo's, doch ist Zeichnung und Ausführung ganz in Mariotto's Art, die Fleischtöne roth, die Schatten grünlich-blau, das Bindemittel harzig, der Vortrag sehr flott und sicher.[20]

Lange hatte Mariotto offenbar den Pinsel nicht ruhen lassen, nachdem er sich wirklich am Ponte Vecchio al Drago vorm S. Gallo-Thore eine Wirthschaft eingerichtet, „um das Geschwätz von Muskel-Verkürzungen und Perspectiven, vor allem aber die Kritik los zu sein.“[21] Das neue Leben dauerte nur einige Wochen; vermuthlich waren seine Mittel erschöpft. Schon im März 1513 nahm er den Auftrag zur Lieferung von Wappenschildern im mediceischen Palast zur Feier der Papstwahl Leo's X. an.[22] — Das Verkündigungsbild in München hat zwar keine Jahreszahl, lässt sich jedoch als Beispiel dieser Periode Albertinelli's in Anspruch nehmen, da es den Schwung und die Wärme der Auffassung Fra Bartolommeo's mit einem Vortrag in der Art des Andrea del Sarto (vgl. z. B. dessen Verkündigung in der Gallerie Pitti No. 124) verbindet. Es beweist überdies, dass Mariotto doch im Stande war, kräftigen Licht- und Schattenschlag ohne Verzicht auf Luftwirkung und Feinheit der Uebergänge zu erreichen, und dass er dabei lebenswahre Körperverhältnisse und Geschmeidigkeit des Fleisches zu bewahren wusste[23]:

München. Pinakothek.

Maria steht in offener Bogenhalle und empfängt die Botschaft des knieenden Gabriel; an den Seiten sind in Nischen Sebastian, eine schöne nackte Gestalt, vom Engel mit der Palme getröstet, und die heil. Ottilia mit dem Dolch im Halse angebracht.

---

[20] Stuttgart, Museum N. 323 (h. 2' 5" 5"', br. 2' 3"), 2 Engel mit Blumen hinter Maria. N. 324 (h. 3' 2" 5"', br. 2' 6" 8"') Maria im Profil, von Christus gekrönt, der nur zum Theil sichtbar ist; und dessen Füsse ein kleiner Engel hält, ein zweiter nur im Umriss angelegt; N. 325 (von gleicher Grösse wie 323), mehrere Engel hinter Christus, ebenfalls mit Blumen. (Sämmtlich auf Holz, Oel.)

[21] Vas. VII, 183. 184.

[22] Vas. a. a. O.

[23] München, Pinakothek, Saal N. 545, Holz, Oel, Fig. fast lebensgr. h. 5' 4" 6"', br. 6' 3". 1832 in Florenz gekauft. Das Bild ist unglücklich geputzt worden, sodass besonders Hinter- und Vordergrund gelitten haben; die Schatten der Fleischtöne sind theilweise abgerieben, wodurch eine kühle grüne Färbung entstanden ist.

Zu den letzten Unternehmungen des unruhigen Mannes gehörte eine Reise nach Rom. Er ging nach Vasari's Bericht über Viterbo, wo er ein von Fra Bartolommeo begonnenes Bild in S. Maria della Quercia vollendete, was jedoch ebensowenig auf uns gekommen ist, wie die „Verlobung Katharina's“, die er für Fra Mariano in S. Silvestro geliefert. Kurz nach Beendigung desselben befiel ihn eine Krankheit, die ihn dergestalt niederwarf, dass er auf einer Bahre nach Florenz zurückgebracht werden musste und dort am 5. November 1515 starb.[24] —

Es bleiben noch die folgenden unter Albertineli's Namen aufgestellten Bilder zu prüfen:

Florenz, Uffizien[25]: Leichnam Christi am Fusse des Kreuzes, umringt von Johannes, den Marien und anderen Frauen; unbedeutend und nicht mit Bestimmtheit dem Mariotto zuzuweisen, jedoch Bekanntschaft mit Rafael's Entwürfen zu demselben Gegenstande verrathend.

Florenz, Gall. Corsini No. 20: Madonnenbild (Holz) gemalt nach einem dem Rafael zugeschriebenen Carton in der Akad. d. K. zu Florenz; von einem Nachfolger Ridolfo Ghirlandaio's.

St. Petersburg, Ermitage No. 21: Verlobung Katharina's in Gegenwart von Johannes d. T., Nicolaus, Stephanus, Franciscus, Hieronymus und Johannes d. Evang. — früher im Palast Braschi in Rom — (Holz, Oel, lebensgr. Fig.); dem Albertinelli zugetheilt erscheint das stark übergangene Bild jetzt als eine Mischung der Vortragsweise des Sogliani und Sodoma (der Stil des Letzteren ist besonders in der Madonna und den 4 Heiligen an ihrer Seite ausgeprägt, das Uebrige mehr florentinisch, die heil. Katharina durch Derbheit der Formen auffällig), Einheit und Durchsichtigkeit der Farbe haben sehr eingebüsst.

St. Petersburg, Gallerie Leuchtenberg No. 43: Mad. m. K. zwischen Joseph und dem schlafenden Johannes in einer Landschaft, am Himmel links musicierende Engel (unter dem Namen des Gaudenzio Ferrari). Hier ist Mariotto's Weise mehr ausgesprochen, als in dem vorgenannten Bilde, doch hat es ebensosehr durch Uebermalung gelitten; am nächsten steht Sogliani oder ein Nachahmer derselben Richtung.

St. Petersburg, Gallerie Gortschakoff: Mad. m. K., dem Johannesknaben und zwei heil. Frauen (Holz, Oel); die Gruppierung

[24] Vas. VII, 186. Sein Tod u. die Beisetzung in S. Pier Maggiore wird durch das Todtenregister beurkundet, welches im Index zu Vasari (Tav. alfab.) mitgetheilt ist.

[25] Früher N. 1183, neuerdings entfernt.

in Fra Bartolommeo's Art, Gestalten und Gesichter an Rafael erinnernd, der kleine Johannes plump und unschön; die Armuth an Empfindung und andere Eigenschaften lassen auf Andrea del Sarto's Schüler Puligo schliessen.

London, Nat.-Gall. No. 645: Mad. m. Kind, dem Mariotto ähnlich, aber doch vielleicht Nachahmung Fra Bart.'s von Sogliani.[26]

Paris, weil. Gallerie Pourtalès: Mad. m. K., dem Knaben Johannes und Joseph in einer Landschaft (Holz, Oel), unter Albertinelli's Namen, aber nicht mehr als eine derb ausgeführte Nachahmung Mariotto's und Fra Bart.'s von Sogliani.[27]

---

Unter Mariotto's Schülern nennt Vasari den Visino[28], den er an andrer Stelle als Zögling des Francia Bigio aufführt, und erwähnt u. A. eine „Kreuzabnahme Christi und der Schächer, welche sich durch erfinderische und geschickte Zusammenstellung der Leitern auszeichne.“ Diese Andeutung führt auf ein Bild
Venedig. Seminario. in der Gallerie des Seminario zu Venedig[29], welches der von Filippino herrührenden und von Perugino vollendeten Composition in der Akademie zu Florenz[30] nicht unähnlich, in der Behandlungsweise ein Bestreben zur Nachahmung des Andrea del Sarto und Michelangelo verräth. Schliessen wir richtig, so beweist die Arbeit, in welchem Grade ein gering begabter Maler sich in den Geschmack ganz verschiedener grösserer Meister hineinempfinden und ein seltsames Gemisch dieser Entlehnungen zum Vorschein
Bologna. Akad. bringen konnte. Eine Madonna mit Kind in der Akademie zu Bologna, dort nicht unpassend unter Pontormo gestellt, aber von vielen Seiten dem Visino oder Bugiardini zugewiesen, vereinigt michelangeleske Eigenschaften mit Anklängen an Fra Bartolommeo, noch mehr aber an Sarto, besonders im Farbenton, und deutet daher auf denselben Urheber wie das obengenannte Bild in Venedig.

Mit Bugiardini, Francia Bigio und Innocenzo da Imola gehört Visino zum künstlerischen Anhang Albertinelli's. Diese Maler sind vielfach an Werken ihres Meisters beschäftigt gewesen, wenn auch

---

[26] Holz, Oel, kleine Fig. h. 6“, br. 4“, aus der Samml. Beaucousin in Paris.

[27] Von den Bildern Mariotto's (Marioctino), welche Albertini's Memoriale (s. B. II. S. 439) in S. Pancrazio in Florenz aufführt, ist in dem Gebäude (jetzt Regio Lotto) keine Spur mehr übrig.

[28] Vas. VII, 187. 188.

[29] bez. „Schule Perugino's“, 14 Fig.

[30] s. Cap. VII. S. 241.

vielleicht Innocenzo seinen florentinischen Kunstcharakter anderem Einflusse verdankt.[31] Lässt man ihn bei Seite und prüft diejenigen Arbeiten, welche eine Unterscheidung anderer Hände neben der Mariotto's möglich machen, so kann man eine Gruppe von Bildern zusammenstellen, bei welcher trotz der Mischung mit Zügen des Meisters das Gepräge nicht nur entschieden von dem seinigen, sondern auch von dem Charakter selbständiger Arbeiten der einzelnen Gehilfen abweicht. Zu diesen zählt die Madonna mit Kind in der Gallerie des Herzogs Corsini in Florenz, ein Rundbild, dessen geschmack- Florenz. Gall. Corsini. volle, in Mariotto's und Fra Bartolommeo's Sinn gehaltene Gruppierung und Landschaftsstaffage mit dem hässlichen Vortrag des Nackten, kleinlichen Zügen und gesuchter Schwermuth des Ausdruckes in Widerspruch steht[32], — Eigenschaften, wie sie in der früheren Periode Bugiardini's auffallen, sodass das Bild in der Zeit entstanden sein wird, in welcher dieser unter Albertinelli's Einfluss arbeitete. Ein zweites Beispiel dieser Art, ebenfalls Rundbild der Madonna mit dem stehenden Kinde, dem kleinen Johannes und Joseph, der den Esel führt, in der Turiner Gallerie[33], ist im Marien- Turin. Gall. typus nur wenig von Mariotto verschieden, der ältliche Ausdruck und die gedrungene Gestalt des Kindes deuten auf die Leitung hin, unter welcher Bugiardini damals gestanden, geben aber seiner eignen künstlerischen Begabung kein besonderes Zeugniss; die Farbe ist auf beiden Bildern kalt und ziemlich rauh.

Giuliano di Piero di Simone Bugiardini war 1475 in einer Vorstadt von Florenz geboren, also etwas jünger als Mariotto.[34] Der Fleiss, mit welchem er im mediceischen Garten studierte, machte ihn dem Michelangelo lieb. Bugiardini folgte diesem in die Werk-

---

[31] Malvasia bezweifelt Vasari's Angabe von der Verbindung Innocenzo's mit Mariotto.

[32] Maria sitzt auf einer Bank, im Hintergrunde ist die Heimsuchung und die Geburt Christi angebracht. Holz, Oel, Fig. 1/3 lebensgr. Die Gestalt der Hauptfigur erinnert an die jetzt ebenfalls dem Bugiardini — früher dem Lionardo — zugeschriebene Madonna N. 220 der Uffiz., welche eine Verbindung der Schultechnik Mariotto's mit dem Typus Lionardo's darstellt, wie denn auch die Formen des Kindes derb und rund sind. vgl. später.

[33] N. 584, Holz, Oel, 1/3 lebensgr. Fig., unter Mariotto (?).

[34] s. die Steuerangabe seines Vaters Piero di Simone (nicht di Mariano di Bonagiunta) in der Tav. alfab. des Index zu Vasari und den Contract des Jacopo del Sellaio, in welchem Bugiardini's Name vorkommt.

statt Domenico Ghirlandaio's[35] und gehörte zu denen, welche Buonarroti in Rom beim Beginn der sixtinischen Malereien (um 1508) zu Hilfe nahm[36]; auch dem Albertinelli ist er in Florenz und in Gualfonda zur Hand gegangen. Auf diese Weise erwarb Giuliano den Ruf eines fleissigen und geschickten Verarbeiters fremder Vorlagen.[37] Im J. 1520 erscheint er in Gemeinschaft mit Ridolfo Ghirlandaio als Sachverständiger bei Abschätzung eines Bildes von Jacopo del Sellaio in S. Frediano zu Florenz. Selbständige Kraft bildete sich aber nicht bei ihm aus, wie er sich denn auch später mit Darstellung der einfachsten Gegenstände begnügte. Am geläufigsten sind ihm Madonnenbilder, wie sie z. B. die Gallerie der Uffizien, das städtische Museum zu Leipzig, die Gallerie zu Berlin und die Pinakothek von Bologna aufweisen. Dass er Empfindung für die Grazie und den höheren Geschmack der Zeitgenossen hatte, offenbart sich oft genug in seinen Gruppen.

Florenz. Uffiz. Auf dem Bilde der Uffizien, welches lange für Lionardo galt[38], hat Maria hart gezeichneten Gesichtsumriss und erinnert an das Nonnenbildniss Lionardo's in der Gall. Pitti; trotz des etwas kränklichen Anfluges ist die Figur nicht ohne Empfindung in der Geberde; sie neigt den Kopf gedankenvoll und weist mit der Hand auf die Brust, von der das Kind eben abgelassen; der Knabe hat bei aller Derbheit der Gliedmaassen doch etwas Rafaelisches in der Haltung, die Gewandung lässt den Körper recht gut durchempfinden, hat aber in der Behandlung mehr mit Michelangelo als mit Mariotto und Fra Bartolommeo gemein. Die Farbe ist lichtsatt, von kräftigem Körper und nach Albertinelli's Art verarbeitet.

Leipzig. Museum. Aehnliche Vorzüge mit denselben Einschränkungen zeigt das (freilich sehr beschädigte) leipziger Bild[39]: die Haltung Maria's, welche Christus im Arm trägt, während Johannes mit dem Rohrkreuz nach

[35] s. Vas. X, 346. 347.

[36] Vas. XII, 190.

[37] Vas. X, 348.

[38] Uffiz. N. 213, Holz, Oel, Fig. fast lebensgr. Der Typus des Kindes sehr ähnlich dem der Mad. in Turin, die Farbe, in grau schattirt, von der Mischung derjenigen auf Mariotto's Mad. m. K. von 1506 im Louvre; der vorwiegende Ton ist rosig, doch ist er infolge früheren Putzens, wobei die Lasuren gelitten haben, etwas scharf geworden.

[39] Leipzig, Museum N. 21 (Holz, Oel, h. 0,97, br. 0,70), früher als „Giulio Romano“ bezeichnet, da die Inschrift: „IVL. RO. F.“ offenbar aus dem ursprünglichen „IVL. FLO. F.“ gefälscht ist. Die Heiligenscheine sind entfernt, viele Theile, z. B. der Schatten auf Maria's Wange u. Nacken, die Hand des Christusknaben und der Fuss des Johannes sind übermalt.

ihm deutet, ist ungezwungen, im landschaftlichen Hintergrund versucht sich Bugiardini in naturgemässer Abtönung der Pläne nach Lionardo's Vorschrift, aber das Formgepräge ist schon derber und unfeiner, die Zeichnung mangelhaft, die Gewandung unruhiger als auf dem Bilde der Uffizien.

Berlin. Museum.

In der Gruppierung steht das, überdies auch besser erhaltene Bild in Berlin den Meistern von S. Marco näher (Jesus am Boden sitzend von Maria verehrt, rechts knieend Johannes d. Evang. und Philippus, links Hieronymus und Joseph, am Himmel ein Engel mit dem Gloria, Hintergrund Landschaft)[40], doch sind die Körperformen auch hier nicht makellos und sehr gedrungen, die Farbe zwar harmonisch, aber streng.

Bologna. Pinakothek.

Daneben zeichnet sich das bologneser Bild (Verlobung Katharina's, dabei Antonius und der kleine Johannes)[41], zwar durch edlere Formgebung und richtigere Verhältnisse aus, verstösst jedoch durch ziegelrothe Stimmung und Rauhheit des Vortrags und hat Verwandtschaft mit der Weise, in welcher nachmals Innocenzo von Imola sich die florentinische Kunstsprache zu eigen machte.

In ziemlich starkem Gegensatze zu den hier geschilderten Bildungen stehen andere, in welchen Giuliano von Florenz seine Figuren auffällig schlank zeichnete, wahrscheinlich in der Absicht, den Mustern Lionardo's und Rafael's und in der Art gewisser Bewegungen denen Michelangelo's nachzukommen. Der Erfolg ist keineswegs ungefällig, aber macht nirgends den Eindruck der Freiheit. Diese Phase vertreten:

Lucca. Privatbes.

Die Heil. Familie bei Sign. Battista Mansi in Lucca (Jesus Datteln von einer Palme pflückend, welche er der Mutter reicht, an deren Seite der kleine Johannes mit Holzschale kniet, hinten Joseph mit dem Esel)[42]; die Gruppe eine Mischung von Lionardo's Art mit Rafaels Mad. del Cardellino, die Landschaft nach Fra Bartolommeo's Vorbild, der Ausdruck der Köpfe Nachahmung der Grazie Rafaels.

Bologna. P. Filippini.

Die Abwandlung desselben Bildes bei den Padri Filippini in Bologna[43], kleiner und sorgfältiger behandelt, ist von demselben zarten Farbenreiz.

---

[40] Berlin, Museum N. 283, bez.: „IVL. FLO. FAC." Holz, Oel, h. 6' 8½", br. 5' 6½".

[41] Bologna, Pinak. N. 26. Holz, Oel, fast lebensgr. Fig., bez.: „IVL. FLO. FAC."

[42] Das Bild — Holz, Oel, lebensgr. Fig. bez.: „IVLIANVS FLORENTINVS FACIEBAT 1520", stellenweise beschädigt — ist wahrscheinlich in Florenz gemalt, da wir aus einer bereits oben erwähnten Urkunde wissen, dass Bugiardini damals mit Ridolfo Ghirlandaio zusammen ein Altarbild des Sellaio würderte.

[43] Holz, Oel, h. 4' ½" zu 3' (ohne Joseph).

Mailand. S. Maria d. Grazie. Gleiches lässt sich von dem Johannesbilde in S. Maria delle Grazie zu Mailand rühmen (der jugendliche Täufer in anmuthig knieender Haltung aus dem Bilde schauend, indem er auf den Stab gestützt Wasser aus einem Quell schöpft; im Hintergr. kleine Hirtengruppen)[44], ein Bild, an welchem besonders die gediegene, sauber abgeglättete Farbe erfreut.

Bologna. Gall. Zambeccari. Das Vorbild Michelangelo's ferner gibt sich in der etwas gezwungenen Haltung der Hauptfigur in einem Rundbilde der Gallerie Zambeccari in Bologna zu erkennen (Maria in der Nähe eines Gebüsches auf der Bank sitzend mit einem Buch in der Hand, auf den Anruf des Jesusknaben sich umschauend, welcher den herzukommenden kleinen Johannes erblickt).[45] Im übrigen wird man an den Stil der Madonna in Lucca erinnert, der auch an einem Rundbilde der Ermitage in St. Petersburg wiederkehrt (Maria am Boden mit dem Kinde auf dem Knie, welchem sie ein Buch zeigt, rechts der schlafende Johannes; Joseph mit einem Bündel Holz und dem Fässchen zur Seite, Hintergrund Landschaft).[46]

Die grosse Zahl von Bildern Bugiardini's in Bologna lässt vermuthen, dass er während der Kriegswirren in Florenz um 1530 fern von der Stadt gelebt hat. Aus dem Jahre 1526 jedoch haben wir wieder Nachweis über seinen Aufenthalt in der Heimath und zwar finden wir ihn bei der Herstellung des Signoren-Palastes beschäftigt.[47] Seit dem Frieden war er Michelangelo's steter Begleiter in Florenz und wusste dessen Schwermuth durch seine harmlose selbstgenügsame Heiterkeit zu ermuntern; auch gehörte er zur Gesellschaft der Cazzuola, der wir später wieder begegnen.[48] Als der Marmorschmuck der Mediceer-Gräber in S. Lorenzo vollendet war (1531), copirte Bugiardini die Figur der „Nacht" auf dem Flügelstück eines Altarschreines unter Zugabe einer Laterne

[44] Das Bild (Holz, Oel, h. 1,40, br. 1,04) befindet sich auf dem ersten Seitenaltar rechts, und trägt die Inschrift: „IVL. BVGIAR. FLO. FACI." s. Mündler, Beitr.

[45] Holz, Oel, Fig. ⅓ lebensgr., sehr sauber behandelt, die Lichter im Haar des Jesusknaben vergoldet.

[46] Ermitage, N. 35, fälschlich dem Pacchia zugeschrieben. urspr. Holz, jetzt auf Leinwand übertragen. Die Gestalten sind klein und dünn, scharf und sicher umrissen, dicht und etwas rauh in der Farbe. vgl. Waagen's Katalog.

[47] Archivio di Stato di Firenze, Stanziamenti de' Signori e collegi fr. 1521—1526. — 233 tergo; Die 5. Octobris 1526: „Item stanziarono che detti massai — dieno e paghino al d°. Camarlingo della Camera dell' Arme fior. 20 larghi d' oro in oro netti; — sono per dargli e pagare a Giuliano Bugiardini dipintore per parte del prezzo del cartone che lui fa del disegno dello spalliere della ringhiera del Palazzo de' nostri Signori, le quali si anno a fare di nuovo — per essere quelle che di presente si adoprano, consumate, guaste e disonorevole." (Mittheil. von Gaet. Milanesi.)

[48] s. unter Andrea del Sarto. vgl. Vas. XII, 11. 13.

von der Form wie man sie zum Vogelfang braucht, eine Abgeschmacktheit, die Vasari mit der Bemerkung züchtigt, er habe ebensogut Nachtmütze und Kopfkissen oder eine Fledermaus hinzufügen können.[49] — Nicht ohne Schwierigkeit gelang es ihm, seinen Gönner Michelangelo zu bewegen, dass er ihm zu einem Bildniss sass; nach 2 Stunden hatte er ein Conterfei fertig, auf welchem das eine Auge schief in die Schläfe hinaufgeschoben schien; aber er wollte den Fehler durchaus nicht eingestehn; „sei er vorhanden“ — war seine Rede — „so stecke er im Original“. Man glaubt diese Arbeit in dem Portrait des Louvre zu besitzen[50], welches in der That Verwandtschaft mit Bugiardini zeigt, wenn es auch zu schwach für ihn erscheint und durch stumpfen röthlichen Ton misfällt. Giuliano hat sich übrigens auch sonst wiederholt im Bildnissfach versucht, doch ist uns Nichts von diesen Arbeiten erhalten.[51] Paris. Louvre.

Ein Brief des Giov. Battista di Paolo Mini (v. 29. Sept. 1531) an Baccio Valori erzählt von einem Besuche Michelangelo's in Begleitung des Bugiardini, und ein zweiter aus dem folgenden October, an denselben Empfänger gerichtet, erwähnt die Vollendung des „Raubes der Dinah“ nach Fra Bartolommeo's Zeichnung.[52] Diese Arbeit Bugiardini's ist in die Gallerie des Belvedere in Wien gelangt[53], aber so sehr das Bild den Entwurf des Meisters Wien. Belvedere.

[49] Vas. X, 352.

[50] Louvre N. 526. der Kopf ist phantastisch mit einem weissen Tuche bedeckt, die Inschrift lautet: „Micha. Auge. Bonarottanus. Florentinus. sculptor. Optimus. Anno Aetatis Suae 47“ (sonach i. J. 1522 gemalt). Der Vortrag ist der eines Malers, dem es sehr darauf ankam, Michelangelo's Weise innezuhalten, hart in der Zeichnung, stumpf roth in den Lichtern, mit tintenartigen Schatten, die Oberfläche glatt wie bei Bronzino oder Pontormo.

[51] s. Vas. X, 350. Durch Vermittelung Michelangelo's erhielt Bugiardini das Portrait Clemens VII von Sebastian del Piombo und fertigte in Gemeinschaft mit Baccio Valori ein neues darnach (s. Gaye II, 228 und Vas. X, 133), sowie ein zweites desselben Papstes in Begleitung des Erzbischofs von Capua Fra Niccolò Schomberg (s. Vas. a. a. O). Auch Rafaels Bild Leo's X. hat Bugiardini copiert, mit der Veränderung, dass er an Stelle des Kardinals de' Rossi den Kardinal Cibò einfügte (Vas. X, 350). Um 1534 (? s. Vas. X, 349) sass ihm der Geschichtsschreiber Guicciardini. Alle diese Bilder sammt den Fresken im Landhause Baccio Valori's, sowie andere zahlreiche Arbeiten sind untergegangen. vgl. darüber Vas. X, 347—350. Der Theilnahme Bugiardini's an der Auffrischung der Schlachtstücke Uccelli's in Gualfonda haben wir bereits gedacht. s. oben Band III. 18.

[52] Der Briefwechsel bei Gaye, Cart. II, 228 ff.

[53] Belvedere, Venez. Sch. Zimmer II, N. 2 im Ganzen 28 Figuren. Holz, Oel, von glasiger Farbe und recht schwach.

von S. Marco verräth, so wenig hat es von dessen Farbenstimmung. In dieser Beziehung wird es von der nach Michelangelo's Composition ausgeführten Darstellung des Todes der heil. Katharina in der Cappella Ruccellai zu S. Maria Novella in Florenz übertroffen, doch stört auch hier ein arges Misverhältniss zwischen der Grossartigkeit der Anordnung, dem meisterhaften Zusammenbau mit der Architektur, und dem schwachen Vortrage Giuliano's, obgleich er sein Bestes geleistet hat[54]:

Florenz. S.M.Novella. Die Tafel, links vom Eingang in die Kapelle, enthält lebensgr. Figuren: Katharina schwebt durch Wunderkraft in der Luft zwischen den Rädern innerhalb eines Hofraumes, den gaffendes Volk und die niedergeworfenen Henker erfüllen; auf dem Balkon, über welchem der Engel erscheint, und an den Fenstern des Palastes sieht man entsetzte Zuschauer.

Wir begnügen uns, von sonstigen Gemälden Bugiardini's noch die folgenden aufzuführen:

In Mantua, Casa Susanni: Maria m. K., dem jungen Johannes und einem Engel (Holz, unter Francia's Namen), in der Composition einem Jugendwerke Rafaels ähnlich, jedoch im Charakter Bugiardini's.

Rom, Gall. Colonna: Mad. m. K. (Kniestück), bez.: „Juliani Florentini" (Holz, $^1/_3$ lebensgr. Fig.), sehr durch Uebermalung entstellt.

Florenz, S. Croce, Sakristei: Geburt Christi, Maria und Joseph nebst 2 Stifterfiguren in Anbetung; ausserdem die Heil. Antonius von Padua und Bartholomäus, Ambrosius und Johannes d. T., jetzt vom Hauptbilde getrennt.[55] Der Charakter der Figuren lang und mager, die Zeichnung dem Stile des David und Benedetto Ghirlandaio ähnlich. Gehört das Bild dem Bugiardini, so würde es in die Zeit seiner Berührung mit Domenico's Schule zu setzen sein.

Bologna, Pinakothek No. 25: Johannes der Täufer in der Wüste, aus einer Holzschale trinkend, ein trockener unlebendiger Akt von rauher, ziegelrother und stumpfer Färbung, bez. (am steinernen Sitze): „Jul. Flor. f." (Leinwand, fast lebensgr.)

Berlin, Museum No. 248: Tod der Lucretia: das bereits todtwunde bis auf einen Hüftschurz nackte Weib zu Boden gesunken, im Begriff, sich einen zweiten Dolchstoss beizubringen[56]; eine unschöne

---

[54] Vas. X,351 schreibt nur die Zeichnung der vordern Figuren dem Michelangelo zu, doch gehört ihm wohl die ganze Composition an. Die Figuren sind schlank und höchst bewegt, die Farbenfläche ist von marmorner Glätte, der Ton jetzt düster.

[55] Früher in der Cappella Castellani.

[56] Holz, h. 2' 5$^3/_4$", br. 3' 2". Hintergrund dunkel.

Figur von düster grünlichem Fleischton, die Farbenfläche glasig. — No. 285: Maria das Buch haltend, welches auch der Knabe auf ihrem Schoosse fasst, holt den kleinen Johannes herzu, welcher auf Jesus deutet; Hintergrund Landschaft. Sehr schwach, aber wohl trotzdem echt.[57]

London, Samml. Baring: Johannes, dieselbe Figur wie No. 25 der Pinakothek zu Bologna, Leinwand, klein.

Bugiardini erreichte ein ansehnliches Alter, er starb am 17. Februar 1554 und wurde in S. M. Novella beigesetzt.[58]

---

[57] Holz, h. 2' 8", br. 1' 11".

[58] s. Tav. alfab. im Index zu Vasari.

## FÜNFZEHNTES CAPITEL.

*Francia Bigio und Sogliani.*

Francia Bigio — mit seinem eigentlichen Namen Francesco di Cristofano, geb. 1482[1] — war der begabtere Genosse Bugiardini's in der Werkstatt des Albertinelli. Er studierte in der Brancacci-Kapelle, als Michelangelo (1505) seinen Carton der badenden Krieger in der Sala del Papa in Florenz ausstellte und sofort gesellte auch er sich der Schaar zu, welche mit Stift und Pinsel sich vor diesem Werk einnistete. Die bei dieser Gelegenheit angeknüpfte Bekanntschaft mit Andrea del Sarto wurde im Laufe der Zeit zur Freundschaft, wenn die beiden jungen Männer auch vorläufig bei verschiedenen Meistern lernten. In der Folge vollzog sich dadurch ein gewisser Austausch der Stilarten des Piero di Cosimo und Mariotto durch ihre Schüler. Francia Bigio's Weise wird gewöhnlich nur nach der Seite ihrer Verwandtschaft mit der des Andrea charakterisiert, aber wir haben unter den wahrscheinlich seiner Jugendzeit angehörigen Bildern eins, welches sattsam beweist, wie sehr er sich der Nachahmung Albertinelli's hingab, dessen Einwirkung sehr nachhaltig war, wenn er auch nur kurze Zeit bei ihm gelernt haben sollte[2]: es ist die vor kurzem

[1] Nach Vasari IX, 103 starb Francia Bigio 1524 mit 42 Jahren; sein Tod ist im florent. Register der Tav. alfab. unterm 14. Jan. 1525 verzeichnet.

[2] Vas. IX, 96 sagt, Francia Bigio sei nur wenige Monate bei Mariotto gewesen.

in das Museum zu Turin übergegangene Verkündigung[3], an welcher Vasari die Flugbewegung des Engels, die reizende Haltung Maria's, die treffliche Perspective des baulichen Hintergrundes lobt.[4] Zur Ergründung der Urheberschaft sind die rostigen Fleischtöne mit ihren kühlen Schatten wesentlich, die einiger Maassen an Pontormo erinnern, aber die breite Gesichtsbildung der beiden Hauptfiguren, die hagere Gestalt und kleinen Züge in Verbindung mit den straffen Gewandlinien weisen auf einen Maler von ähnlichen Anlagen wie Bugiardini, aber von höherer Begabung. Der düstere Farbenton ist offenbar durch Vermittelung Mariotto's von Lionardo hergeleitet, das architektonische Beiwerk hat ganz die Vortragsweise Andrea's, sodass alle Eigenschaften zu Francia Bigio passen.[5] Für S. Piero Maggiore nun, wohin dieses Bild ursprünglich gehörte, hat Francia Bigio angeblich auch eine Madonna und Kind gemalt, mit welchem der kleine Johannes spielt.[6] Es galt lange für verloren, obgleich es vor Aller Augen an bevorzugter Stelle unter dem Titel: „Madonna del Pozzo" in den Uffizien hängt[7]; die Annahme der Urheberschaft Rafaels, dem es officiell zugewiesen ist, ward schon früher erschüttert[8]; das Bild ist nicht sein Werk, wenn es auch der Zeit angehört, welche in allem den Eindruck verräth, den er in Florenz hinterliess. Die schalkhafte Haltung des Jesusknaben, der scheinbar der Mutter auf den Schooss gesprungen ist, um sich vor dem Gespielen zu flüchten, die lionardeske Bewegung Maria's sind sprechende Züge Francia Bigio's, wenn auch derjenigen Entwicklungsstufe, in welcher seine Vortragsweise nicht eben allzusehr von der des Bugiardini abwich, wie z. B. die runde Kopfbildung Maria's, die Körper der Kinder und die Gewänder

Turin. Museum.

Florenz. Uffiz.

---

[3] Turin N. 588, Fig. ½ lebensgr.

[4] Vas. IX, 98. Oben sieht man Gottvater von reizenden Cherubim getragen, wie er die Taube herabsendet.

[5] Zwei andere von Vas. IX, 97 erwähnte Arbeiten in S. Pancrazio (Brancazio) — der heil. Bernhard und die heil. Katharina von Siena — existiren nicht mehr.

[6] Vas. IX, 97: „un San Giovanni fanciullo fa festa a Gesù Cristo."

[7] Florenz, Uffiz. N. 1125 (unter Rafael) Holz, Fig. ½ lebensgr. — Otto Mündler widersprach unserer Annahme entschieden und wies das Bild dem Bugiardini zu, eine Ansicht, die uns um so weniger überzeugt, als Mündler die Mad. del Pozzo und die heil. Familie N. 1224 der Uffiz. (Rid. Ghirlandaio) für Werke derselben Hand erklärt. s. Zeitschr. f. bild. K. II. 302 ff. u. Zahn, Jahrb. II, 291.

[8] durch Passavant s. Rafael II, 407.

zeigen. Findet man in diesen Punkten eine Mischung des Andrea del Sarto mit Fra Bartolommeo ausgeprägt, so steht die Behandlung der Landschaft dem Letzteren näher, und die Farbenfläche zeigt die Abglättung der damaligen florentinischen Malweise. Francia Bigio ist weder in der Bathseba zu Dresden noch in den Freskobild des Scalzo entschiedener vertreten wie hier.[9]

Fleiss und ängstlich aufmerksame Beobachtung der Proportionsgesetze waren nach Vasari's Urtheil die vorstechenden Eigenschaften an Francia Bigio's frühesten Arbeiten[10] und er verfehlte deshalb die rechte Wirkung oft durch Unfreiheit. Aber die Bilder haben trotz ihrer nicht immer ansprechenden Beschaffenheit den Reiz treuer Urkunden vom Entwicklungsgange ihres Urhebers und lassen uns den Wechsel der Einflüsse erkennen, die er erfuhr. Besonders anziehend ist die Beobachtung, wie er durch Mariotto auf Fra Bartolommeo gelenkt wurde, sich andrerseits dem geschmacksverwandten Andrea del Sarto näherte und gleichzeitig Fühlung hielt mit Lionardo und Rafael, den Vorbildern, welche alle aufstrebenden Künstler der Zeit zu beherrschen begannen. Bei solcher Kunststellung kann es nicht verwundern, dass Francia Bigio's beste Leistungen das ehrenvolle Schicksal hatten, bald dem Rafael, bald dem Andrea zugetheilt zu werden. Die Verwechselung mit dem Letzteren erklärt sich aus der nahen Beziehung beider Männer, die sogar eine Zeit lang gemeinschaftliche Werkstatt hielten, aber die noch häufigere Identificierung mit Rafael ist eine ungewöhnliche Auszeichnung.

Vasari's Mittheilungen über das Verhältniss zu Andrea del Sarto sind nicht bestimmt genug, um über Anfang und Dauer desselben einen Schluss zu gewähren, und die Stilkritik hat deshalb schweren Stand in dieser Frage, weil Francia Bigio von Haus aus in der ästhetischen Sphäre des nachmaligen Genossen aufwuchs. Wir sind jedoch geneigt, eine Gruppe von drei Bildern — Madonna mit Kind zwischen Johannes dem Evangelisten und Hiob in den

---

[9] Der Carton zur Madonna del Pozzo (benannt von dem im Hintergrunde angebrachten Brunnen) wurde von seinem ehemaligen Besitzer Wicar ebenfalls für eine Arbeit Francia Bigio's gehalten.

[10] Vas. Vas. IX. 98.

Uffizien[11], die beiden Engel an den Seiten von Sansovino's Nico- Florenz. Uffiz.
lausfigur in S. Spirito[12] und die Verleumdung des Apelles in der S. Spirito.
Gallerie Pitti[13] — aus Gründen der Stilisierung vor Entstehung des Pitti.
Sposalizio im Hofe des Servitenklosters zu setzen, wo Francia nachweislich i. J. 1513 mit Andrea zusammen thätig war. Sie erinnern sämmtlich noch an die genannten Vorbilder, haben äusserst glatte Farbenfläche und sind in einem Zustande, der das Urtheil sehr erschwert, aber die Figuren auf dem Bilde der Calumnia, wenn auch an sich nicht schlecht, verrathen durch ihre gedrungenen feisten Verhältnisse die Neigung zu derber, keineswegs gewählter Natur.

Die Gemeinschaft mit Andrea i. J. 1513 in der Annunziata de' Servi ist genügend bezeugt und man darf wohl annehmen, dass damals eine Geschäftstheilung zwischen Beiden bestand[14]; jedenfalls beweist die Darstellung des Sposalizio, dass Francia Bigio in dieser Zeit wesentliche Fortschritte gemacht hatte:

Der hohe Priester legt die Hände der Verlobten ineinander; an Florenz. Annunz. de' Servi.
den Wänden des stattlichen Tempel-Palastes, vor welchem die Handlung geschieht, sind in Flachreliefs das Opfer Isaaks, Adam und Eva am Baum und Moses mit den Gesetztafeln angebracht. Die gemässigte Freude Josephs, die Verzweiflung der getäuschten Freier, von denen einer die Hände ringt, ein anderer den unfruchtbaren Stab zerbricht, sind trefflich charakterisiert; rechts stehen die Jünglinge mit untergeschlagenen Armen und ein Weib, das ihr schreiendes Kind schilt.

Kurz vor Vollendung des Fresko geschah es an einem Festtage des Servitenordens, dass einige der Mönche unberufener Weise

---

[11] Uffiz. N. 1264, ehemals in S. Giobbe, vgl. Vas. IX, 97, durch Einfluss des Alters und der Ausbesserung sehr verdüstert. Ob die Bezeichnung F. B. C. sich wirklich auf dem Bilde findet, konnten wir bei der ungünstigen Aufstellung desselben nicht entscheiden.

[12] Sie sind halblebensgr., einer mit der Lilie, der andere mit einem Buch. die Bildfläche zersprungen u. verschwärzt. vgl. Vas. IX. 97.

[13] Pitti N. 427, klein, düster und sehr stark übermalt, aber ursprünglich den beiden vorgenannten Bildern gattungsgleich. Auf den Sockeln der Pfeiler im Hintergrunde die Buchstaben F. B., unten die Inschrift: „Claudite, qui regitis populos his vocibus aures — sic manibus lapsus nostris pinxit (?) Apelles.“

[14] Dass weder Francia Bigio noch Andrea del Sarto aufgefordert worden sind, die Vorhänge zum Altarbilde Filippino's und Perugino's in der Servitenkirche zu malen, wie Vasari VIII. 253 will, bezeugt die Urkunde, laut welcher Andrea di Cosimo die Bezahlung für diese Arbeit erhalten hat. s. Biffoli in den Anm. zu Vas. IX, 111.

die Gerüste abrückten und das Gemälde enthüllten. Darüber erbost nahm Francia Bigio einen Hammer und schlug den Kopf Maria's und einige andere Figuren herunter. Seine Gewaltthat fand die volle Billigung der Genossen, sodass ihrer Keiner zu bewegen war, den Schaden wieder auszubessern. Noch zwei Jahre später weigerte sich Francia Bigio entschieden, trotzte allen Drohungen und so ist denn sein Werk bis auf diesen Tag verstümmelt geblieben.[15] Dies muss umsomehr beklagt werden, da die Leistung so vortrefflich ist; Weichheit der Farbenfügung und Feinheit der Mischung, die an rosiger Luftigkeit und durchsichtigem Hauch mit Andrea del Sarto wetteifern, bezeugen grosse handwerkliche Vollkommenheit; die Composition als Ganzes ist tadellos, nur stört hier und da eine gezwungene Geberde und die an sich gelungenen Gewänder sind zu sehr mit straffen parallelen Falten beladen; die nackten Theile könnten in den Einzelheiten fleissiger, Licht- und Schattenmassen deutlicher gezeichnet sein; aber als Wandgemälde ist das Bild das Meisterstück des Malers.

Seine höchsten Erfolge errang Francia Bigio auf dem Gebiete der Bildnissmalerei. Die erste Stelle gebührt hier dem feinen melancholischen Jünglingsporträt im Louvre, dem die Ehre widerfahren ist, für Rafaels Werk gehalten zu werden[16]:

Paris. Louvre. Die Gestalt, bis zur Brust sichtbar, lehnt mit dem rechten Ellenbogen, 3/4 nach rechts gewandt, auf einer Fensterbrüstung, durch welche eine Landschaft mit 2 kleinen Gestalten sichtbar wird, und legt die Wange in die Hand; die Augen liegen tief unter kräftigen Brauen, Haupthaar, Mütze und Kleid sind schwarz, Gesicht und Hände zeigen wenig Fleisch und gebrochene Umrisse, hohle und zurückliegende Stellen sind in tiefen Schatten gehüllt, der die Formen verschlingt.

Die Annahme, dass man in dem Bilde ein Selbstporträt Rafaels vor sich habe, ist aufgegeben, dann hat man an Stelle seines Namens den des Francesco Francia gesetzt, dessen technisches Verfahren jedoch abweichend ist; für Bugiardini aber, der ebenfalls genannt worden, ist die Arbeit zu gut. Am meisten gegen die

---

[15] s. Vas. IX, 99 und Biffoli's bezügl. Anm. dazu.

[16] Louvre N. 385 unter Rafael. Holz. h. 0,59, br. 0,44.

bisher giltige Bezeichnung spricht die entschiedene florentinische Behandlung des Bildnisses sowohl wie der Nebendinge. Sie offenbart die Anstrengung eines überaus fleissigen Mannes, auf welchen das Vorbild und die Technik Lionardo's stark eingewirkt und der auch mit dem Verfahren vertraut war, das manche Porträts des grossen lombardischen Meisters (so z. B. der sogen. „Goldschmied" N. 207 im Pitti) aufweisen. Der Vortrag des Knochenbaues ist dem der Maria in der Turiner Verkündigung entsprechend, die Züge, anstatt zu bedeutender Wirkung vereinfacht zu sein, wie es Rafael gethan haben würde, sind ,bis zu unvortheilhaftem Grade, mehr fleissig als empfindungsvoll ausgearbeitet. Vasari's Charakteristik des Francia Bigio passt durchaus auf den Maler unseres Porträts, wenn er sagt, dass bei seiner unerbittlich mühsamen und zur Härte neigenden Vortragsweise viel vom wahren Reiz verloren gegangen sei.[17] Die Farbe hat tiefgetönte, harte und glasige Fläche, wie sie dem Rafael unbekannt war, die Schatten sind dünn und dunkel, der Auftrag ist der Francia Bigio's und verräth Bekanntschaft mit Andrea del Sarto's Technik.

Stünde das Bildniss des Louvre in seiner Art vereinzelt, so hätte die Streitfrage über die Herkunft noch Nahrung, aber wir besitzen eine ganze Reihe ähnlicher Arbeiten, etliche ausdrücklich unter Francia Bigio's Namen oder mit seinem Monogramm versehen, andere von gleicher Beschaffenheit, aber ebenfalls für Rafaels oder Andrea's Werke geltend:

Das erste derselben, von jeher als Francia Bigio's Werk bekannt (in der Gall. Pitti)[18], stellt einen jungen Mann dar, am Fenster stehend, durch welches man auf anmuthiges, wenn auch nicht hervorragend beleuchtetes sanftes Hügelland schaut; er hält in der Rechten einen Handschuh, die Linke natürlich bewegend. Die ganze Haltung zeigt Freiheit und bringt jugendliche Anmuth gut zum Ausdruck; die Augen des offenen Gesichtes leuchten in unterdrücktem Lächeln; kräf- Florenz. Pitti.

[17] Vas. IX, 98: nel vero, ancor che 'l Francia avesse la maniera poco gentile per essere egli molto faticoso e duro nel suo operare, niente di meno egli era molto riservato e diligente nelle misure dell' arte nelle figure."

[18] Florenz. Pitti N. 43. Es hat sehr durch Nachbesserung gelitten, der Fleischton hat, wie das Bild jetzt beschaffen ist, einen zähen Anstrich bekommen.

tiges Haar fällt unter der schwarzen Mütze auf das dunkle Gewand herab, das die Schultern bedeckt. Das Bild ist zweimal mit dem Monogramm [Monogramm] und mit der Jahrzahl: „A. S. (anno salutis) M. D. XIIII" bezeichnet. Der Stil ist genau derselbe wie auf dem Porträt im Louvre, doch scheint es später und verräth gewohnheitsmässigere Behandlung.

Stanstead-House. In jeder Hinsicht schöner ist das Bild in Stanstead House[19]: ein Mann im Alter von 25—30 Jahren in langen braunen Locken, das Haupt von dunkler Mütze bedeckt, welche die Stirn beschattet, am weitärmeligen Kleide die Abzeichen eines Ritterordens; die regelmässigen Züge und das scharf blickende Auge sind von ernsten Gedanken umsponnen; den Blick nach aussen gerichtet scheint der Mann innerlich den Sinn des Spruches zu wiederholen, der auf dem Sohlbret steht: „Tar ublia. chi. bien aima", und hält dabei wie unvermerkt einen Brief in beiden Händen, dessen Aufschrift bis auf die Jahrzahl 1514 (oder 1516) unlesbar ist. — Mit dem Porträt des Louvre verglichen bekundet dieses untadelig erhaltene Stück höhere künstlerische Reife, grössere Leichtigkeit in Handhabung des kräftigen Bindemittels der Farbe, mehr Schwung in der Haltung, schönere Umrisse und plastischere Wirkung. Man erkennt, wie die Fleischtöne mit warmem Lokalton in die Zeichnung eingetragen sind, sodass der weisse Grund durchwirkt. In den Uebergängen vom Licht zum Schatten sieht man die durchsichtigen Halbtöne, welche ihre Helligkeit von innen erhalten, während die aufgesetzten Lichter mit ihren kalten oder lebhafteren Abtönungen sowie die in warmem Braun übereinander gelegten Schatten dichteren Körper haben. Mag man auch in allen Vervollkommnungen ebenso viele Erklärungsgründe für die Annahme der Urheberschaft Rafaels erblicken, so ist doch die technische Behandlungsweise der seinigen nicht minder fremd wie die des Bildes im Louvre; dagegen spricht sich die Anwendung des lionardesken Verfahrens, gleichviel ob von Kunstgenossen Fra Bartolommeo's entlehnt oder den Arbeiten dieses Meisters unmittelbar abgelauscht, so deutlich aus, dass selbst abgesehen vom Monogramm, der Anspruch Francia Bigio's auf das Werk unzweifelhaft erscheint. Die Uebereinstimmung der Handwerksgewöhnungen Fra Bartolommeo's und Francia Bigio's ist hier so gross, dass der Einfluss der Zeit auf die Arbeiten beider Männer dieselbe Wirkung geübt hat. Wie die Fleischtöne auf Bildern des Ersteren allmählig eine derb dunkle Färbung und tiefe Schattenstimmung angenommen haben, durch welche die ursprüngliche Durchsichtigkeit und Milde der Oberfläche gedämpft worden ist, so ist es auch hier geschehen, nur dass

[19] Holz, Oel, lebensgr., 1860 Eigenthum des Mr. Seymour Fitzgerald in London. Vom jetzigen Besitzer Fuller Maitland trotz des Monogramms dem Rafael zugeschrieben. Das Bildniss hat lange für das des Giulio, natürlichen Sohnes von Giuliano de' Medici gegolten, doch haben wir dafür keinerlei Anhalt. Die Adresse des Briefes, den die Figur hält, besagt nichts mehr.

der Eintrag, den Francia Bigio's Bilder erlitten, nicht so schädlich wirkt. Die weichgeformte Landschaft des Hintergrundes entspricht völlig denen des Fra Bart. oder Rafael; die Höhen sind sauber mit Wegzügen belebt, mit Häusern oder Bäumen gesäumt, das Thal mit seinem Wiesengrund von einem anmuthigen Flusse durchschnitten und durch eine Brücke überspannt, alle Einzelheiten mit Liebe und Geschmack behandelt.

Diesem zunächst steht das ebenso behandelte männliche Brustbild in der Sammlung Lord Yarborough's in London, vermeintlich der Mailänder Antonio Caradosso von Rafaels Hand, obgleich sich auch hier wie auf dem Bilde im Pitti die verschlungenen Namensbuchstaben Francia Bigio's rechts und links von der Jahrzahl „A. S. MDXVI"[20] finden: es ist ein stattlicher Mann von wenigstens 50 Jahren, mit geschorenem Haupthaar, mit fleischigen Zügen, in Mütze und kaffeebraunem Anzug, seines Zeichens offenbar Goldschmied, denn er hält in der Linken eine Glasplatte, auf welcher er mit einem Ringe Linien eingeritzt hat, um die Echtheit des Diamanten zu prüfen; drei andere Ringe liegen auf der Fensterbank, an der er steht; der Hintergrund ist Landschaft mit 2 kleinen Figürchen auf der Strasse, der Vortrag noch freier als auf dem vorgenannten Porträt. London. Lord Yarborough.

Noch anziehender, weil durch Vasari bekannt, ist das Bildniss des „Factors" von Pier Francesco de' Medici (unter Andrea del Sarto's Namen) im Prachtzimmer der Königin von England zu Windsor.[21] Windsor. Obgleich dem Bilde an einzelnen Stellen durch Ausbesserung Schaden gethan ist und die Farbe besonders in den Schattentheilen durch Einfluss der Zeit trüben Ton angenommen hat, kann man doch über die Urheberschaft nicht im Zweifel sein, auch wenn das Monogramm Francia Bigio's fehlte, welches sich an der Klinge eines Beiles findet, das neben einem andern derartigen Werkzeug an einem Nagel der Wand hängt. Der Mann, ungefähr 50 Jahre alt, ist in der gewöhnlichen Tracht der Zeit und mit bedecktem Kopfe gemalt, ein Schlüsselbund hängt am Handgelenk und er hält mit der Linken ein Tintenfass, während er etwas in ein Buch einschreibt; an der steinernen Brüstung, auf welcher er lehnt, findet sich ein Wappenschild mit den Kugeln der Medici,

---

[20] Holz, Oel, lebensgr., stark beschädigt und ausgebessert; die Gesichtsfarbe hat jetzt einen schweren gelben Ton. Das Monogramm ist nicht ganz deutlich, der obere Balken des F durch Abreibung verschwunden.

[21] Halbfig., lebensgr. Das Bild stammt aus der Sammlung König Karls I. (s. die Abschrift des Katalogs derselben bei Waagen, Treasures II, 479, wo es unter Andrea del Sarto verzeichnet war). Auf der Rückseite finden sich die königl. Buchstaben R. C. und die Krone darüber. Vasari IX, 103 bezeichnet es: „un altro (ritratto) a un lavoratore e fattore (Gartendirector) di Pier Francesco de' Medici al palazzo di S. Girolamo da Fiesole, che par vivo." Die Schatten des Fleisches sind dunkel geworden, Stücke der linken Wange, der rechten Hand und des Anzuges aufgefrischt. Die Schriftzüge im Buch sind unlesbar, wohl überhaupt nur Andeutung.

33*

ein Olivenzweig deutet seine Beschäftigung an; Hintergrund Mauer. — Das Porträt, besonders durch Geschick der Geberde ausgezeichnet; ist mit sattem Auftrag kräftiger Farbe behandelt, welcher die Durchsichtigkeit der Töne beeinträchtigt, die von feinem Gelb der Fleischlichter zu kaltem Grau in den Halbtönen und schwärzlichen Schatten übergehen. Man gewahrt hieran die Abwandlung des Vortrags und die allmählige Gewöhnung an kühnere und leichtere Technik.

Berlin. Museum. Ganz dieselben Erscheinungen bietet auch das Porträt im Museum zu Berlin dar, welches unter Sebastian del Piombo verzeichnet ist[22]: ein Mann von mittleren Jahren mit kastanienbraunem Haar, in schwarzer Kleidung und Mütze; Hintergrund dunkelbraun: ein gedankenvolles, schön gezeichnetes und gerundetes Gesicht in kräftigem Farbenvortrag von tief grauem und stumpfem Ton.

Berlin. Museum. Als letztes Beispiel dieser Reihe ist ein zweites Stück derselben Gallerie zu verzeichnen[23], welches auch unter Francia Bigio steht: ein junger Mann in schwarzem Hut und schwarzer Tracht, fast ganz von vorn gesehen, eine Feder in der Rechten, die Linke auf ein Schreibpult lehnend, auf welchem Papier mit der Bezeichnung liegt:

† 1522 a dì 24 dottobre

F

Hintergrund klare anmuthige Landschaft. — Die Jahrzahl und die mehr durch Schwung und Unmittelbarkeit der Auffassung, als durch Reiz des Farbenvortrags ausgesprochene Reife und Freiheit der Technik deuten darauf hin, dass wir in diesem Bilde eine der spätesten und fertigsten Leistungen des Malers vor uns haben.

Ueber den Bildnissen, die ihm, wie wir sehen, Gelegenheit zu technischer Vertiefung gaben, hat Francia Bigio die Uebung der vornehmeren und schwierigeren Wandmalerei nicht vernachlässigt. Das stark beschädigte „Abendmahl" in S. Giovanni Battista della Calza[24] jedoch erneut ebenso wenig wie ein zweites Bild in der ehemaligen Kirche S. Maria de' Candeli[25], das, obgleich mit den Namensbuchstaben des Meisters versehen, doch wohl zumeist

[22] Berlin N. 235. Brustbild, lebensgr., Holz, h. 1' 6", br. 1' 1".

[23] Berlin N. 245. Brustbild, lebensgr., Holz, h. 2' 7", br. 1' 11". — Die Hände sind übermalt, der Gesammtton kühl und prima vorgetragen. Von den Herausg. des Vas. IX, 103 Anm. für das Bild des dort erwähnten Matteo Sofferoni gehalten.

[24] Es befindet sich im Refectorium und hat sehr durch Feuchtigkeit gelitten. Vasari erwähnt es IX, 100.

[25] Jetzt Liceo militare, Via de' Pilastri. Der Gegenstand ist in herkömmlicher Form behandelt: Judas sitzt einzeln vor der Tafel, in seiner Nähe die Bezeichnung: „Fa. Bo." Die Figuren sind fast lebensgross und erinnern im Groben an Fra Bartolommeo. — Die Gestalten des Nicolaus und der Monica nahe bei sind eher etwas besser zu nennen, aber alles Uebrige im Refectorium ist schlechter und wahrscheinlich von Schülern, von denen Sogliani der bedeutendste gewesen sein mag.

von Schülerhänden herrührt, die günstige Vorstellung, die man von Francia Bigio's Fresko von 1513 in der Servitenkirche empfängt. Andere Sachen in S. M. de' Candeli (Verkündigung, Kreuzigung mit Thomas von Villanuova und Antonius von Padua, eine Dreieinigkeit mit Augustin und eine Geburt Christi) sind nur gelegentliche und sehr unbedeutende Arbeiten. Es kann nicht verwundern, dass man auch bei Malern von ansehnlichem Kunstrang in dieser Zeit derartigen Leichtfertigkeiten begegnet; konnten sie sich doch dem Missbrauch kaum entziehen, den das Schmuckbedürfniss der Zeitgenossen mit ihnen trieb. Und gerade Francia Bigio gehörte zu denjenigen, an die man sich bei allen festlichen Gelegenheiten, trüben und heiteren, mit Aufträgen zu malerischer Decoration zu wenden pflegte, wie er denn z. B. beim Leichenbegängniss des Giuliano Medici 1516 und bei der Hochzeit des jüngern Lorenzo 1518, wiederholt in Gemeinschaft mit Ridolfo Ghirlandaio, in dieser Weise thätig gewesen ist.[26]

In den Jahren 1518 und 19 wurde er berufen, den Andrea del Sarto im Scalzo zu ersetzen, aber schon vorher, und vielleicht bereits während der Geschäftsgemeinschaft mit dem Freunde, wird er an dem Bilde der Taufe Christi mit gearbeitet haben, welches Florenz. Scalzo. sich eingerahmt an einer Wandfläche nahe der „Allegorie der christlichen Liebe" befindet. Man hat das schwache Stück bisher immer mit in die übrigen Arbeiten Andrea's eingereiht[27], aber es ist offenbar von zu gedrungener Figurenbildung, zu lockerer Zeichnung und entbehrt der bedeutenden Eigenschaften dieses Meisters. Auch wenn die Bestellung bei diesem gemacht worden, kann es dennoch von Francia's Hand sein, da beide Maler an Piazza del Grano gemeinsame Werkstatt hielten.[28] Der „Abschied des Johannes" und seine „Begegnung mit Christus", 1518 begonnen und 1519 beendet, geben aus denselben Gründen zu gleichen Bemerkungen Anlass.[29]

[26] Vas. IX, 112 u. 101 und XI, 203.

[27] s. Vas. VIII, 254. 255.

[28] Die Entstehung des Fresko's ist nicht genau festgestellt. vgl. Anm. zu Vas. VIII, 301. Ist es 1514 gemalt, so fällt es in hohem Grade gegen die anderen gleichzeitigen Arbeiten Andrea's ab.

[29] Die Ornamente im Hofe des Scalzo, Arabeskengewinde mit Cherubköpfen scheinen uns, soweit sie unverändert geblieben, ebenfalls von Francia's Hand.

Der künstlerische Wetteifer beider Freunde im mediceischen Palaste zu Poggio a Caiano (1521) stellt die Vorzüge Andrea's aufs neue in's Licht. So wenig dem Francia Bigio die Fähigkeit abging, seine Gestalten geeignet zu gruppieren und ihnen persönliches Leben einzuhauchen, so unverkennbar entfernt er sich von demjenigen Ideal, welches ihm beim Sposalizio der Servitenkirche vorschwebte, in der Richtung nach derberer und schwererer Bildung: in seinem mit Obelisken, Rostra und Tempeln pomphaft

Poggio a Caiano. ausgestatteten „Triumphzug Cicero's" ist die Farbe von sehr mangelhafter Harmonie und Durchsichtigkeit und der übernatürliche Maasstab der Figuren steigert den Eindruck der Plumpheit. Trotzdem thut er es dem Pontormo zuvor und hebt sich vortheilhaft vom Machwerk des späteren Allori ab, wie man auch der Anordnung seiner Decoration durchaus nicht allen Geschmack absprechen darf.[30]

In der letzten Phase seiner Entwicklung geht Francia Bigio offenbar darauf aus, durch Schnelligkeit des Vortrags lebendige Wirkung zu erzeugen. Er hatte anfänglich ernsthaft gestrebt und nach Vasari's Zeugniss jede Gelegenheit wahrgenommen, den nackten Körper und die Anatomie zu studieren[31], später jedoch nahm er in der Resignation, dass er es den Kunstgenossen höheren Ranges doch nicht gleich thun könne, grundsätzlich jeden Auftrag an, der ihm geboten wurde. Immerhin behauptete er sich auf tüchtiger Stufe und besonders seine kleineren Arbeiten ernteten und verdienten grossen Beifall. Zu diesen gehört das Bild der dresdener Gallerie, welches die Geschichte von David und Bathseba erzählt:

Dresden. Museum. Auf der einen Seite sieht man Bathseba mit ihren Frauen im Bade von David belauscht, während Urias auf dem Söller seines Hauses schläft; auf der andern Seite das königliche Fest und die Entsendung des Urias mit dem verhängnissvollen Briefe. Auf dem Kruge einer

---

[30] Andrea del Sarto malte sein Fresko i. J. 1521, wie die Inschrift besagt, und Vasari IX, 101 berichtet, dass er mit Francia Bigio zusammen gearbeitet habe. Pontormo's Malerei rührt aus d. J. 1532, die des Allori von 1582. Das weisse Relief-Ornament auf Goldgrund am Tonnengewölbe der Decke sowie das Wappen der Medici sind von Francia Bigio.

[31] Vas. IX, 101.

der Mägde das Monogramm F, am Rande des Bades die Zahl A. S. MDXXIII. Im Hintergrund das Wappenschild der Medici.[32]

Wenn auch die kurzen derben Frauengestalten Anstoss erregen, so erfreut doch die Kraft des lichtsatten Farben-Vortrags, die Freiheit der Hand und die unbefangene Natürlichkeit der Gruppierung und Geberdensprache. Alles lässt eine Künstlernatur erkennen, die sich auf Grundlage der Vorbilder Fra Bartolommeo's und Andrea del Sarto's bis zuletzt († 1525) eigenthümlich entwickelte.

Wir fügen noch einige Bemerkungen über Bilder an, welche dem Francia Bigio theils mit Recht, theils ohne Grund zugeschrieben werden:

Florenz, Uffizien No. 1223: Tempel des Herkules mit mannichfaltiger Figurenstaffage, Theil eines Cassone[33]; aus Francia Bigio's späterer Zeit, breit, lebendig und hastig gemalt, von kräftig braunem Tone; einige Figuren augenscheinlich von Dürer entlehnt.

Florenz, Casa Ciacchi: Noli me tangere, echt.[34]

Berlin, Museum No. 105: Sposalizio[35] in der gewöhnlichen Darstellungsweise, Hintergrund Gebäude; Theil einer Staffel, bunt und flüchtig, nicht gut genug für Francia Bigio.

St. Petersburg, Ermitage No. 27: Männliches Brustbild, schöne Arbeit, aber nicht von Francia Bigio und schwer zu classificiren; Behandlungsweise und Färbung erinnern an Bronzino, aber auch an Antonio Moro.[36]

---

Als Letzter in der Reihe der Künstler, welche den Anhang des Dioskurenpaares der Markus-Werkstatt bildeten, verdient Sogliani Beachtung. Gebildet unter Lorenzo di Credi, bei welchem er 24 Jahre thätig gewesen[37], suchte Giovanni Antonio Sogliani, geb. 1492[38], die höhere Vervollkommnung, die er bei seinem Lehrmeister nicht gefunden, im Studium der meisten anderen grossen Künstler seiner Zeit in Florenz. 1522 wurde er zünftig[39],

[32] Dresden, Museum N. 41. Holz, Oel, kleine Fig. Die Erhaltung vortrefflich. h. 3' 1", br. 6' 2".

[33] Holz, kl. Fig.

[34] s. Vas. IX. 103.

[35] Holz, h. 10", br. 2' 5½".

[36] In Waagens Katal. S. 40 als Fr. Bigio.

[37] Vas. IX. 42.

[38] Er starb nach Vasari IX. 49 und Tav. alfab. 1544 im Alter von 52 Jahren.

[39] Nach dem Register bei Gualandi, Mem. Ser. VI. 182 erst i. J. 1525, doch scheint die Angabe der Herausgeber des Vasari (IX. 42) richtiger.

muss also sehr zeitig angelernt worden sein. Wenige seiner Bilder sind mit Jahreszahlen versehen — so das Martyrium des heiligen Arcadius in S. Lorenzo mit 1521, und die wunderbare Speisung des Dominicus, Fresko zu S. Marco in Florenz 1536, — aber von etlichen seiner zahlreichen Tafelbilder in Pisa wissen wir, dass sie nach Perino del Vaga's Rückkehr aus Genua (um 1528), von andern, dass sie nach dem Tode des Andrea del Sarto (1531) gemalt waren.

Ueber Sogliani's Antheil an den schwächeren Arbeiten seines Meisters Lorenzo ist schon oben gesprochen worden[40]; von seiner Fähigkeit, ihm nachzuahmen, gibt die dürftige Copie der „Geburt Christi" im Museum zu Berlin[41] und ausserdem die Martins-Figur an einem Pfeiler in Orsanmichele in Florenz[42] Zeugniss, welche die Weichheit von Lorenzo's Ton in ziemlich flaue blasse Färbung übersetzt. — Bei der „Kreuzigung des Arcadius" in S. Lorenzo zu Florenz[43] gibt dem Maler Gelegenheit, in reichlichem Vortrag des Nackten sein Studium Mariotto's, Francia Bigio's und Andrea's zu verwerthen, doch bewahrt er ausser seiner röthlichen Farbenstimmung gleichzeitig die glätteste Fläche; das Bild ist übrigens verständig behandelt und nicht ohne Leben, doch fehlt die Ursprünglichkeit. — Eine Himmelfahrt Maria's in S. Giovanni Battista in Florenz[44] fällt durch phantastische Behandlung der Glorie auf, in welcher Gottvater daherschwebt, dagegen bekundet die Heiligengruppe im Vordergrunde und der niedergeworfene Adam tüchtige Naturbeobachtung bei guter Zeichnung der Umrisse und edler Geberde; die Gestalten sind jedoch massig, mit schwacher Spur von der Grossartigkeit Fra Bartolommeo's in Ausdruck und Gewandung, während der Kopf Gottvaters an Mariotto, die schwülstigen Formen der Engel an Lorenzo erinnern, dessen weicher Farbenton im

Berlin. Museum. Florenz. Orsanmichele. S. Lorenzo. Florenz. S. Giov. Batt.

[40] vgl. Cap. XII.

[41] Berlin N. 99. Copie des Bildes von Credi N. 31 der Akad. d. K. in Florenz, von flachem rothen Ton.

[42] Gegenüber der Bartholomäus-Figur von Credi, sehr durch die Zeit verdüstert.

[43] In der 21. Kapelle. Holz. Oel, mit der Inschrift in Goldbuchstaben: „Johannes Antonius Soglianus faciebat 1521."

[44] Beim Spedale di S. Bonifacio. Via S. Gallo; Holz, Oel, lebensgr. Fig.: Maria und einige der Heiligen von süsslicher Bildung, aber die Luftwirkung des Himmels und die Stimmung der Theile ist gut: die Fleischtöne stechen ins Grün.

Verein mit der Vortragsweise jener beiden Meister dem Maler vorgeschwebt hat.

Gleichen Eindruck macht die „Dreieinigkeit" mit Jacobus, Magdalena und Katharina in S. Jacopo sopr' Arno, doch ist sie minder sorgfältig und schwach im Vortrag.[45] Am besten wird diese Entwicklungsstufe Sogliani's in dem Opfer Noah's im Chor des Domes zu Pisa vertreten; hier zeichnen sich die männlichen Gestalten durch Kraft und Entschiedenheit aus, die weiblichen entschädigen durch Empfindungsausdruck für die Gewöhnlichkeit ihrer Erscheinung.[46] — Die Figuren des Kain und Abel[47] und die Madonna unter konischem Baldachin mit zahlreichem Gefolge von Heiligen in derselben Kirche gehören einer späteren Zeit an. Das letztere Bild war von Perino del Vaga begonnen — daher wohl auch die auffällige Schlankheit der Figuren und die an Rosso erinnernde Gruppierung — ist aber ganz in der durch die Meister von S. Marco überlieferten lionardesken Technik behandelt; den tiefblauen Ton hat die Farbe durchs Alter bekommen, ursprünglich war sie stimmungsvoll, sorgfältig und duftig:

Florenz. S. Jacopo.

Pisa. Dom.

Die beiden Engel, welche den Baldachin über Maria halten, sind schwache Nachbildungen von Fra Bartolommeo, Katharina und Barbara, im Vordergrund sitzend, in schönen Verhältnissen und leichter Haltung gezeichnet; rechts der Heil. Torpé mit dem Schild, eine ziemlich bedeutende Gestalt, Johannes d. T. links zu schmächtig im Verhältniss zu seinem Gegenmann; unter den anderen 5 Heiligen sieht man Petrus und Franciscus.[48]

Pisa. Dom.

Nachdem Sogliani hier den Entwurf eines florentinischen Meisters von rafaelischer Geschmacksrichtung ausgeführt, ging er an das Marienbild auf dem Altar der Madonna delle Grazie im Dom zu Pisa, welches von Andrea del Sarto und zwar für die Compagnia di S. Francesco begonnen war[49]:

---

[45] In der Sakristei, Holz, Oel, oben rund, Fig. lebensgr., an 2 Stellen senkrecht gesprungen.

[46] Holz, Oel, lebensgr. Fig., die Farbe ist durch die Zeit verschwärzt, aufgefrischt und theilweis abgeblättert.

[47] Kain mit dem Kornopfer vortretend, Abel knieend, ein Lamm in den Armen (Holz, Oel, lebensgr. Fig.), die Farbe tief und braun, die Schatten geschwärzt.

[48] Holz, Oel, lebensgr. Fig.

[49] Das Bild, Holz, Oel, lebensgr. Fig., lange in der Compagnia di S. Francesco (s. Vas. IX, 47, VIII, 285), wurde i. J. 1785 bei Unterdrückung der Brüderschaft in den Dom übertragen (vgl. Morrona, Pisa illustr. I, 207).

Pisa. Dom. Maria thront mit dem Kinde in der Landschaft, umgeben vom jungen Johannes und einem Engel, welcher auf der Violine spielt, vorn Hieronymus knieend mit den stehenden Nicolaus und Bartholomäus.

Bis auf die Hieronymusfigur, welche colossal und wuchtig ausgefallen ist, scheint sich Sogliani hier ganz an den Carton seines Genossen gehalten zu haben. Eigenthümlicher gibt er sich in dem Wandbilde vom Wunder des Dominicus in S. Marco und den zugehörigen Nebendarstellungen:

Florenz. S. Marco. Dem Dominicus, welcher inmitten seiner Brüder sitzt, wird von zwei Engeln die Speise zugetragen; oberhalb im Bogenfelde die Kreuzigung mit Magdalena und Johannes d. Evang., Antoninus und Katharina von Siena. Die Bilder haben die Inschrift: A. S. M.DXXXVI.[50]

Mit seinem Lehrer Lorenzo di Credi blieb Sogliani bis an dessen Tod verbunden, wie er denn auch als Zeuge unter dem Testamente desselben v. J. 1531 steht.[51] — Ueber die Arbeiten, die er sonst noch bis zu seinem Ende (17. Juli 1544) geliefert[52], genügt folgende Uebersicht:

Florenz, Nonnenkloster della Crocetta: letztes Abendmahl, Oel, sehr schadhaft.[53]

Florenz, weil. Palazzo Taddeo[54]: Kreuzigung, Fresko, sehr beschädigt.

Florenz, Uffizien No. 166: Maria m. Kind, welches den jungen Johannes segnet (Holz, Oel, lebensgr. Fig.); das Bild vermöge der dicklichen Bildung der Kinderkörper auf die Zeit der Thätigkeit bei Lorenzo di Credi hinweisend, in der Ausführung dem Mariotto ähnlich, ist das beste der aufzuführenden Reihe.

Florenz, bei Duca Corsini (Porta al Prato): Maria m. Kind und Johannes (Holz, Oel, Fig. halblebensgr.); echtes Bild von derber Erscheinung und schwerer Farbe.

Florenz, Akad. d. K., Saal d. gr. Gem. No. 80: Madonna m. K., Tobias mit dem Engel und Augustin; in Sogliani's gewöhnlicher Vortragsweise. — No. 86: Maria dem heil. Thomas ihren Gürtel reichend,

[50] Die unteren Theile sind beschädigt. Ursprünglich hatte Sogliani das Wunder Christi von den Broden und Fischen malen wollen, doch entschieden die Mönche anders (s. Vas. IX, 47. 48).

[51] s. Gaye, Cart. I, 376.

[52] Ueber Sogliani's Tod s. Vas. Tav. alfab. Er wurde in S. Maria Novella begraben.

[53] Vas. IX, 43. 44.

[54] Jetzt Lagerhaus, Via de' Ginori.

dabei Johannes d. T., Katharina und Giov. Gualberto, bez.: „A. D. MCCCCCXXI."[55] Von einem Nachahmer Sogliani's und Fra Bartolommeo's, Namens Sigismondo Foschi aus Faenza, von welchem wir ein bezeichnetes Bild in Mailand besitzen.[56]

Florenz, S. Giov. Battista, beim Hospital S. Bonifazio: die Heil. Brigitta an erhabener Stelle zwischen verschiedenen Nonnen und Mönchen im Gebet zur Erscheinung der Muttergottes mit d. K. aufblickend und die Ordensgesetze spendend; ihr zu Füssen eine Krone und am Sockel die Aufschrift: „Orate pro pictore 1522". (Holz, Oel, lebensgr. Fig.) Die Composition in Fra Bart.'s Weise, etliche Figuren anmuthig und empfindungsvoll vorgetragen, doch die Farbe flüssig und prima mit sattem Pinsel aufgetragen, sodass man von der Annahme der Meister von S. Marco auf Sogliani abgeleitet wird, dem die Ausführung ähnlicher ist, doch scheint die Arbeit eher zu gut für ihn und einige bolognesische Eigenschaften des Bildes deuten auf Innocenzo von Imola, der nach Vasari ebenfalls unter Mariotto studierte. — Ebenda: Verkündigung, von Vasari dem Soggi zugeschrieben[57], aber dem Sogliani verwandter.

Fiesole, S. Domenico: Anbetung der Könige, nach Vasari von Santo di Tito vollendet[58]; von Sogliani finden wir hier keine Spur.

Anghiari, S. Maria del Fosso: Letztes Abendmahl.[59]

Brescia, Stadtgall. Tosi: Heil. Familie.[60]

Turin, Museum No. 123, angebl. von Cesare da Sesto: Maria mit K. und Johannes; von Sogliani oder einem seiner Nachfolger.

London, Nat.-Gall. No. 645 (aus der Samml. Beaucousin).[61]

Paris, weil. Gall. Pourtalès: Maria mit beiden Kindern.[62]

Brüssel, Museum No. 355 („unbekannt"): Maria m. Kind, welchem der kleine Johannes ein Kreuz reicht; kleines Tafelbild in Oel, in Sogliani's Weise, noch an Lorenzo di Credi erinnernd, in der Composition dem Turiner Bilde No. 123 sehr ähnlich. — Ebenda No. 356: Heil. Familie mit den Buchstaben „M. A." bezeichnet, sodass man auf Mariotto hingewiesen ist, doch entspricht die Arbeit dem Schulcharakter wie ihn Sogliani vertritt; vielleicht von Mariano da Pescia. —

---

55 Ursprüngl. in S. Maria sul Prato.

56 Mailand, Brera N. 55: die Composition ähnlich dem Madonnenbilde Fra Bartolommeo's in S. Marco, die Glorie von Engeln im Bogenfeld Karrikatur dieses Meisters, wie sie u. A. Bacchiacca hervorbringt; die Umrisse sind manierirt, das Nackte in michelangelesker Richtung übertrieben, die Farbe stumpf und dünn. Die Inschrift lautet: „Sigismundus Fuscus Faentinus faciebat 1527." — Demselben Maler gehört ein Bild (Mad. m. K. umgeben von Paulus, Joh. d. T., Benedict und Sebastian (stehend). Katharina und Apollonia knieend) in der Akad. zu Faenza an, welches mehr Farbenduft, aber in Formbildung und Gewändern noch weniger Stil und Kraft hat. als das vorige.

57 s. oben Cap. II u. Vas. X, 209.

58 Vas. IX, 43.

59 Nach Reumont. Andrea del Sarto S. 164 f., Tafelbild in Oel, nach dem Abendmahle Andrea's in S. Salvi zu Florenz. vgl. Vas. IX, 44. 45. — Nicht von den Verf. gesehen.

60 s. unter Fra Bartol. S. 483.

61 s. unter Mariotto S. 500.

62 s. unter Mariotto S. 500.

# SECHZEHNTES CAPITEL.

## *Ridolfo Ghirlandaio.*

Domenico Ghirlandaio hinterliess bei seinem Tode i. J. 1494 eine zahlreiche Familie: seine Wittwe Antonia, zwei Brüder Benedetto und David, drei Söhne und drei Töchter.[1] Schon in den nächsten vier Jahren starben auch Antonia und Benedetto[2], sodass David die Sorge für die Kinder übernahm. Die Mädchen hatten das Glück, sich gut zu verheirathen, die beiden Söhne Antonio und Bartolommeo traten in den geistlichen Stand, der dritte, Ridolfo, in das Handwerk des Vaters.

Bei Domenico's Lebzeiten waren seine beiden Brüder wesentlich als seine Geschäftsgehilfen thätig gewesen; nach seinem Tode theilten sie sich, wie berichtet wird, mit Granacci in die Ehre, das unfertig gebliebene Altarstück für die Familienkapelle der Tornabuoni in S. M. Novella zu vollenden, von welchem nachmals mehrere Theile abgetrennt worden und nach Deutschland gekommen sind. Unter diesen ist die „Auferstehung" im Berliner Museum das unvollkommenste; die Haltung der Figuren steif und gezwungen, der Faltenwurf unnatürlich, die Färbung flach und stumpf. Das zweite, der „heilige Vincenz", ein Temperabild von guten Umrissen und richtigem Verhältniss, erinnert noch an Domenico,

Berlin. Museum.

[1] s. die genealogische Tafel bei Vasari V, 88. 89 und vgl. Band III. S. 253.

[2] Benedetto, geb. 1458, starb am 17. Juli 1497 (s. Tav. alfab. zu Vasari); bei Gaye, Cart. I. 267 wird er in einer Urkunde von 1498 als Vormund „loco patris" der Kinder Domenico's aufgeführt; vielleicht ist die Jahrzahl 1493 gewesen.

wogegen das dritte, der heilige Antonino (in Oel), den geringeren Theilen des Auferstehungsbildes an die Seite zu stellen ist.[3] Dieses letztere, welches Vasari neben einer heiligen Lucia in S. M. Novella[4] ausdrücklich dem Benedetto zuweist[5], gibt den Maassstab für die Leistungsfähigkeit dieses Malers und berechtigt dazu, auch den „Christus auf dem Wege nach Golgatha" im Louvre[6] für ihn in Anspruch zu nehmen. Hier spricht sich durchweg Mangel an Feingefühl aus, und zwar nicht blos in der Handlung selbst, welche die beabsichtigte Leidenschaftlichkeit sehr unlebendig zum Ausdruck bringt und an Rohheit der Erfindung leidet (z. B. in dem Henker, welcher Christus mit dem Strick bedroht), sondern auch in der Bildung der Figuren und dem Ausdruck der Gesichter, unter denen besonders die Veronica durch grobe Starrheit abstösst; der menschliche Körper ist falsch gezeichnet, die Gewandung stillos, die Umrisse zäh, die Farbe trüb und ohne Schmelz. Wenn es auffällt, dass ein Mann, welcher dem ersten Meister der historischen Composition seiner Zeit so nahe stand, dergleichen hervorbringen konnte, so darf nicht vergessen werden, wie sehr dem Benedetto, welcher ursprünglich Miniaturmaler war, die Uebung im Vortrage höheren Stiles abging; und es wird überdies von ihm berichtet, dass er schwachsichtig gewesen sei.[7]

Florenz. S. M. Nov.

Paris. Louvre.

David Ghirlandaio, der älteste von Beiden, war verheirathet und 58 Jahre alt als Benedetto starb.[8] Er gehörte zur Malergilde seiner Vaterstadt Florenz[9] und seine Hauptbeschäftigung bestand in Mosaikarbeiten. Dergleichen lieferte er 1492 für die

---

[3] Berlin, Museum N. 75: Auferstehung h. 7' 1", br. 6' 10"; N. 74: S. Vincenz mit der Aufschrift: „Vincentio pro vite meritis absconditum manna datum a domino est"; N. 76: S. Antonino mit der Aufschrift: „Splendor vite et doctrine prestantia Antonino inter sanctos contulere sortem." Jedes Holz, h. 8' 7", br. 1' 10".

[4] Gewöhnl. dem Ridolfo zugeschrieben. Lebensgr. Fig., neben ihr das Bildniss des Fra Tommaso Corsini (s. Fantozzi, Guida S. 508); es ist durchaus übereinstimmend mit dem Bilde im Louvre.

[5] s. Vas. XI, 285.

[6] Louvre N. 203, ursprünglich in S. Spirito in Florenz.

[7] Vas. XI, 285 gibt an, Benedetto sei einige Zeit in Frankreich gewesen. Im Steuerzettel seines Vaters Tommaso v. 1480 (Gaye, Cart. I, 267) heisst es: „Benedetto mio figluolo ann. 22, era miniatore, lascia larte per impedimento della vista, disegnia quanto vuo (puo?) per dipignere." Seine Frau hiess Diamante. (Vas. IX, 285, Anm.)

[8] Geb. am 14. März 1452 (s. Tav. alfab. zu Vas.); 1490 lebt er mit seiner Frau Caterina Mattei (s. Gaye, Cart. I. 268).

[9] s. Gualandi, Mem. Ser. VI. S. 180.

Stirnseite des Domes zu Orvieto[10], 1493 für den Dom zu Siena[11], 1501 für die Zanobius-Kapelle in S. M. del Fiore zu Florenz[12], und in den J. 1504 bis 1514 für die SS. Annunziata de' Servi.[13] Diese sind sämmtlich untergegangen; erhalten ist uns nur ein Madonnen-Mosaik aus d. J. 1496, welches sich jetzt im Musée Cluny in Paris befindet, und in der Zeichnung an Domenico Ghirlandaio erinnert.[14] Wir erfahren ferner, dass er zu untergeordneten Malerarbeiten, wie z. B. bei der massenhaften Anbringung französischer Wappen zu Ehren Carl's VIII in Pisa 1495 mit Schülern und Genossen berufen wurde.[15] Das selbständige Bild aber, das er für das Kloster der Angeli in Florenz ausgeführt hat (eine Kreuzigung mit Benedict und Romuald)[16], verräth ebenso wenig wie die Mosaikarbeit besonderes Talent, sondern lässt ihn als untergeordneten Techniker ohne Lebensempfindung und ohne Gefühl für Farbe und Plastik erscheinen. Was uns den Mann merkwürdig macht, ist, dass er das Amt übernahm, den jungen Ridolfo anzuleiten, der bei ihm in der Via del Cocomero wohnte und in seiner Werkstatt an der Piazza S. Michele Berteldi arbeitete.[17]

Paris. M. Cluny.

**Ridolfo Ghirlandaio**, am 4. Januar 1483 geboren, war von so schwächlichem Körper, dass man an seiner Erhaltung zweifelte. Die Eltern stifteten der Madonna delle Carcere seinethalben eine dreipfündige Kerze[18] und das scheint ihn gerettet zu haben; von nun an gedieh er wacker. Der Verlust des Vaters wurde ihm einigermaassen dadurch ersetzt, dass er mit einer

[10] s. Anm. zu Vas. XI, 286.

[11] s. Doc. Sen. II, 452.

[12] Vas. VI, 167 und XI, 286.

[13] s. die Urkunde in den Anm. zu Vas. XI, 292. — Ueber ein tragbares Mosaik spricht ausserdem Vas. XI, 276.

[14] Hotel de Cluny N. 1795: Maria mit Kind zwischen 2 Engeln und Palmen auf Goldgrund (ehemals in der Kapelle zu S. Méry in Paris) mit der Inschrift: „D. Io. de Ganai. pīsids. parisic, p. atulit D Italia. parisiū h0 0ū mus." Die weitere Inschrift: „Opus magistri Davidis Florentini MCCCCLXXXXVI", welche ursprünglich auf dem Rahmen gestanden haben soll, ist nicht mehr zu sehen.

[15] s. die Mittheilung aus dem Archivio dell' Opera, Ricordanze ad ann. im Probeblatt der von Tanfani, Paganini und Lupi herauszugebenden Iscrizioni della Città di Pisa, wonach David damals mit Jacopo Fiorentino, Poggio Poggini, Domenico del Rosso und Francesco Granacci zusammen arbeitete.

[16] Vas. V, 78 und XI, 285.

[17] s. den Steuerzettel v. 1498 bei Gaye I, 258.

[18] Er wurde in Prato aufgezogen, doch schien sein Zustand im zweiten Lebensjahre keine Hoffnung zu lassen. vgl. Anm. zu Vas. XI, 298 und Taf. alfab. zu Vas.

grossen Anzahl vielversprechender junger Künstler aufwuchs, deren Umgang andererseits auch die Schwächen ergänzen konnte, die seinem Oheim und Lehrer anhingen. Der Vereinigungspunkt der kunstbeflissenen florentinischen Jugend, die Brancacci-Kapelle, zog ihn frühzeitig an, auch in der Sala del Papa studierte er fleissig seit die Cartons des Michelangelo und des Lionardo dort ausgestellt waren[19]; aber die meiste Unterweisung verdankte er dem Granacci, Piero di Cosimo und vermuthlich dem Rosselli selbst.

Unter dem zusammenwirkenden Einflusse dieser Künstler und den Vorbildern vom Vater her, malte Ridolfo seinen „Zug Christi mit den Marien nach Golgatha", jetzt im Palazzo Antinori Florenz. Pal. Antinori.
a S. Gaetano zu Florenz.[20] Offenbar hatte Benedetto's Darstellung lebhaften Eindruck auf ihn gemacht, ohne dass ihm jedoch die Mängel der Ausführung verborgen geblieben wären. Sein Bestreben war, das Tüchtige davon beizubehalten und er that es mit sicherm Geschmack. So entstand eine kunstreicher gruppierte, vollere und mannichfaltigere Composition als das Bild im Louvre aufweist, und die Zeichnung verräth mehr Studium der Natur oder guter Vorbilder, aber daneben bleiben doch noch unerfreuliche Härten zurück, wie z. B. in der Figur der Veronica mit ihren runden starren Augen oder in den Soldatengestalten, deren Züge fast zu hölzerner Grimasse zusammengezogen sind. Neben der wuchtigen Gedrungenheit, die auf Granacci deutet, finden sich schon feinere Bildungen; so der Heiland selbst, dessen gebeugte Haltung an Lionardo erinnert, Maria, deren Schmerz bei aller Heftigkeit edel ausgesprochen ist, oder die Frauen hinter ihr, deren ansprechende regelmässige Gesichter von milder Wehmuth erfüllt sind. Die Farbentöne sind mit der Glätte der Lionardesken, wie des Credi oder Piero di Cosimo aufgetragen. Die Landschaft ist etwas kühl und gilblich im Ton, die Bäume von ziemlich derbem Grün, der

---

[19] Vas. III, 162. VIII, 6. XI, 286. 287.

[20] Holz, Fig. halblebensgr., ursprüngl. in S. Gallo zu Florenz (Vas. XI, 287. 288). Das Bild ist an drei Stellen theilweise senkrecht zersprungen, in der untern Hälfte sehr schadhaft und übermalt; die Lasuren sind fast überall verschwunden, sodass der Fleischton gelb, die Schatten desselben erdig geworden sind. — Eine Wiederholung des Bildes, an welcher Michele di Ridolfo mitgearbeitet hat, befindet sich in S. Spirito in Florenz.

Vortrag hier etwas hart in starken Gegensätzen. — Wie entschieden aber die Meisterstücke des Lionardo oder Lorenzo di Credi auf den jungen Maler wirkten, sieht man an dem tiefgestimmten, aber aufs feinste durchgeführten Verkündigungsbilde, Florenz. Montoliveto. welches noch heute in der Sakristei von Montoliveto in Florenz hängt. Der weiche Bogenzug der Umrisse, die schlanken jugendlichen Gestalten mit ihren bruchigen Gewändern sowie die Hügellandschaft des Hintergrundes bezeugen dies ebensosehr wie die harte Gussfläche der satt aufgetragenen Farbe.[21] Fast alle aufstrebenden Talente des damaligen Florenz fühlten sich mächtig von Lionardo angezogen; bei Ridolfo wurde diese Neigung noch durch die Bekanntschaft mit Cosimo Rosselli, mit Fra Bartolommeo, Mariotto und Piero di Cosimo unterstützt, welche seine Arbeiten mit Theilnahme verfolgten. Vasari behauptet geradezu, dass er bei Fra Bartolommeo und zwar in der Zeit studiert habe, als dieser mit Rafael in näheren Verkehr kam[22]; ihr Zusammentreffen mag jedoch in der Werkstatt Rosselli's stattgefunden haben, dessen Farbencompositionen und dicken Auftrag der ins Dunkelroth stechenden Töne Ridolfo in einer Krönung Maria's v. J. 1504 nachahmt, einem Bilde, welches ursprünglich für das Nonnenkloster S. Jacopo di Ripoli (jetzt Conservatorio, Via Scala) in Florenz gemalt, später in die Sammlung des Louvre gekommen ist[23]:

Paris. Louvre. Maria, auf Wolken niedergesunken, empfängt die Krone aus der Hand ihres Sohnes, umringt von musicierenden Engeln; unterhalb die Heiligen Petrus Martyr, Johannes d. T., Hieronymus, Magdalena, Franciscus und Dominicus in Anbetung knieend. Bez. mit der Jahrzahl MDIIII.

---

[21] Das Bild (Holz, Oel, Fig. ¼ lebensgr.) lässt auf den ersten Blick an Granacci denken, doch macht die Uebereinstimmung mit dem vorgenannten Ridolfo's Urheberschaft wahrscheinlicher. Die Oberfläche ist abgeputzt und der Kopf Maria's infolge dessen rauh geworden. Ihre Gesichtszüge haben einige Verwandtschaft mit der Madonna Domenico Ghirlandaio's auf seinem Bilde in den Uffizien N. 1295 (früher 1206), ursprünglich in S. Giusto.

[22] Vas. XI, 257.

[23] Louvre N. 205, Holz, Oel, h. 2,90, br. 1,91; die Figuren sehr trocken und hager. Die Jahrzahl auf dem Bilde ist nicht 1503, wie der Katalog angibt, sondern 1504. Einiger Maassen erinnert das Bild noch an Benedetto Ghirlandaio's Lucia in S. M. Novella.

Von dieser noch ziemlich schwachen Leistung, in welcher gleichwohl eine Annäherung an die Meister von S. Marco durch Vermittelung des Rosselli und Piero di Cosimo bemerkbar wird, bis zu den vier Heiligengestalten (Sebastian, Kosmus, Damian und einem Eremiten mit dem Löwen)[24] im nämlichen Kloster, für welches die Krönung gemalt war, ist ein bedeutender Fortschritt. Sie sind nicht nur wahrer in den Verhältnissen und besser gezeichnet, sondern auch die Färbung hat bei aller strahlender Derbheit mehr Fülle und Wärme in ihren gelben Lichtern und braunen Schatten, die Figuren selbst zeichnet grössere Energie der Geberde, die Gewänder genaueres Studium aus, Licht und Schatten sind besser vermittelt. — Dieselbe Richtung wie hier, aber mit gewissen Eigenthümlichkeiten des Rosselli, Mariotto und Bartolommeo auch solche des Granacci verbindend zeigt das Bild der Anbetung des Kindes (mit Joseph, Hieronymus, Franciscus knieend und Engeln am Himmel) in der Gallerie der Ermitage zu Petersburg, welches aus dem angedeuteten Grunde dem Granacci zugetheilt worden ist, obgleich es bei Vasari ganz genau unter Ridolfo's Werken beschrieben wird.[25] Während die kräftigen, gutgestimmten Töne und das starke Helldunkel hier entschiedene Merkzeichen Ridolfo's

Florenz. S. Jacopo.

Petersburg. Ermitage.

---

[24] Die Figuren (Holz, Oel) hängen einzeln in gemalten Nischen an der Portalwand in S. Jacopo unter der Orgel links.

[25] Ermitage N. 22 (Oel. Holz, doch glücklich auf Leinw. übertragen), früher Perugino genannt; vgl. Waagen's Katalog S. 39 unter Granacci. Vasari XI. 288 sagt von dem Bilde, es sei für das Kloster di Cestello gemalt gewesen, von Ridolfo mit grossem Fleisse ausgeführt; bezüglich des Gegenstandes heisst es: „facendovi la Madonna che adora Cristo fanciullino, S. Giuseppe e due figure in ginocchioni, cioè S. Francesco e S. Ieronimo. Fecevi ancora un bellissimo paese, molto simile al sasso della Vernia, dove S. Francesco ebbe le stimmate, e sopra la capanna alcuni angeli che cantano" — eine Beschreibung, die vollkommen zum Petersburger Bilde passt. Die Composition leidet etwas durch die unverhältnissmässige Gestalt des Hieronymus; die Farbenstimmung ist durch Uebermalungen in den Fleischtheilen des Joseph, Franciscus und der Maria gestört. — Drei andere Bilder der Ermitage sind unter Ridolfo Ghirlandaio's Namen verzeichnet: N. 29 (Holz, auf Leinwand übertr.) Rundbild der Geburt Christi innerhalb der Hütte, fast gänzlich aufgefrischt, in den unverändert gebliebenen Theilen, wie am Kinde, dem Johannes und 2 Engeln, sowie in den alten Stellen an der Gewandung hat man mehr den Eindruck Francia Bigio's oder Bugiardini's; N. 30 Mad. m. K. und Täufer (rund, Holz, auf Leinw. übertr.) sind beide von der Hand eines Nachfolgers des Ridolfo, entweder Michele di R. oder Mariano da Pescia; der Vortrag ist sorgfältig, die Farbe rauh, die Figuren von mangelhaftem Leben, das Ganze nimmt sich aus wie rafaelische Erfindung von schwächeren Händen ausgeführt.

sind, erinnert namentlich die Glätte der Bildfläche sowie die Farbenmischung lebhaft an Granacci's Art, sodass wir in diesem Gemälde vielleicht einen handgreiflichen Beweis dafür haben, dass der junge Ghirlandaio damals schon andere Kunstgenossen zu Hilfe nahm, und Vasari sagt von Granacci ausdrücklich, er habe mit ihm zusammen gearbeitet.[26] Einen weiteren Anhaltepunkt für die Charakteristik des Meisters bietet die Landschaft des Bildes, welche in allen Zügen mit der Vortragsweise des Rafael und Fra Bartolommeo übereinstimmt und auf die Zeit hindeutet, in welcher die beiden Meister Freunde wurden. Aus der Berührung mit ihnen hat man wohl auch den schnellen Aufschwung Ridolfo's zu erklären. Dass er sich in d. J. 1504 bis 1508 vollzog ist offenbar und es gewährt grosses Interesse, das allmählige Wachsthum dieser Einwirkungen zu verfolgen. Ganz gab er sich den bewunderten Meistern nicht gefangen; er hielt an seinen ins Braune stechenden und ziemlich zähen Tönen fest, aber bildete sich innerhalb seiner Eigenthümlichkeiten immer mehr zum Meister aus, nicht blos in der Richtung auf naturgemässere Formgebung, sondern auch in feinerem Geschmack der Auswahl, in plastischerer Ausprägung und Abtönung seiner Gestalten. Fühlte er sich in dieser Beziehung besonders unter dem Einflusse Fra Bartolommeo's, so leitete ihn Rafaels Beispiel zu jugendlicher Bildung der Figuren und namentlich bei den Kindergestalten zu weichem, fleischigem Vortrag, in der Behandlung der Landschaft zu leuchtender Färbung und zarter Sorgfalt an. Als Zeugnisse dieser Entwicklungsstufe sind die Geburt Christi im Berliner Museum und das noch meisterhaftere und farbenprächtigere Bild desselben Gegenstandes in der Gallerie Esterhazy in Pesth aufzuführen:

Berlin. Museum. Dort Maria und Joseph vor dem am Boden liegenden Kinde knieend, dabei zwei stehende Engel, Hintergrund Landschaft[27] — von der krystallartig abgeglätteten Farbenfläche, die sonst dem Granacci vorwiegend eigen ist, — hier eine figurenreichere Composition, deren Pesth. Gall. Esterhazy. Gruppierungsweise etwas an Signorelli erinnert[28]: vorn das am Boden

[26] s. Vas. IX, 219: „stando col Grillandaio."

[27] Berlin N. 91, Holz. h. 3' 3", br. 2' 6".

[28] Pesth, Gall. Esterhazy, im Ganzen 11 Figuren.

liegende Kind, hinter welchem Maria kniet; an ihrer Seite ein anbetender Schäfer, hinter diesem ein junger Hirt, der den mit einer Ziege im Arm herzukommenden Dritten das Kind zeigt; vorn links der heilige Jacobus, ihm gegenüber ein jugendlicher Heiliger, beide im Gebet; hinter Jacobus steht Joseph auf den Stab gelehnt vor der Hütte mit den Thieren; am Himmel drei Engel. Am Rande die Inschrift: „Ridolfus Grillandaius florentinus faciebat."

Die bedeutenderen Eigenschaften plastischen Vortrags mit breiter Licht- und Schattengebung nimmt man in dem weiblichen Porträt der Gallerie Pitti v. J. 1509 wahr[29], eine Arbeit, die unbestreitbar über Granacci und Piero di Cosimo steht, während andrerseits bei dem Staffelbilde im Oratorium des Bigallo in Florenz[30] Gruppierung und Zeichnung an Kraft, Grossartigkeit und Lebensausdruck glücklich mit den Meistern von S. Marco wetteifern, wie auch die Farbe reicher und wärmer als bisher behandelt ist. Florenz. Pitti. Oratorium d. Bigallo.

Als Beweis von dem Zutrauen Rafaels zu seinem Freunde Ridolfo wird uns erzählt, dass er ihm überliess, einen Theil der Gewandung auf seinem Bilde der Belle Jardinière auszufüllen, welches nach Siena geschickt werden sollte[31], und als Rafael im J. 1508 in Rom ankam, war sein lebhaftester Wunsch, den jungen Ghirlandaio zu sich zu ziehen. Ridolfo jedoch, obgleich noch bei seinem Oheim David wohnend[32], scheint damals schon verheirathet gewesen zu sein und einem Hauswesen vorgestanden zu haben; überdiess hing er so sehr an seiner Heimath, dass er sich nicht aus dem Gesichtskreis von S. M. del Fiore entfernen mochte, und so wurde denn das Anerbieten Rafaels abgelehnt.[33]

Auf dem eingeschlagenen Wege fortschreitend malte Ridolfo i. J. 1514 die nachmals von Lorenzo di Credi abgeschätzten Decken-

[29] Pitti, N. 244 (Holz, Oel, ungefähr lebensgr.), 3/4 Figur, das Kleid an Hals und Schultern weiss verbrämt, die Aermel dunkelgrün.

[30] Die Staffel (Holz, Oel) enthält: 1. den Tod des Petrus Martyr, 2. die Geburt Christi, 3. eine gnadenreiche Jungfrau, 4. die Flucht nach Aegypten, 5. die Brüderschaft des Bigallo beim Krankendienst — Bilder, welche Vasari XI, 290 als Miniaturen schätzt.

[31] Vas. VIII, 12 und XI, 287.

[32] In seiner Steuerangabe v. 1511 (Gaye, Cart. I, 268) sagt er, dass er mit seiner Frau Contessina im Hause seines Oheims David wohne.

[33] Vas. XI, 287.

bilder in der Bernardo-Kapelle des Stadthauses zu Florenz[34] und das Atlarbild der Himmelfahrt Maria's im Chor des Domes zu Prato:

Florenz. Stadthaus. Jene Fresken in Florenz bieten im Mittelpunkt die Dreieinigkeit mit Engeln, welche die Leidenswerkzeuge tragen, ferner die zwölf Apostelköpfe, die vier Evangelisten und die Verkündigung.

Prato. Dom. Das Altarbild zu Prato enthält: Maria von Cherubim und zwei Engeln umgeben über dem mit Blumen ausgefüllten Grabe schwebend und dem heil. Thomas, welcher vor ihr kniet, ihren Gürtel reichend; unten zu den Seiten des Grabes stehend die Heiligen Laurentius, Margaretha, Katharina, Stephan und ein heiliger Bischof.[35]

Die auffällige Schlankheit seiner frühesten Figuren hatte sich bei längerem Studium Mariotto's und Fra Bartolommeo's in eine ziemlich gedrungene Behandlung der menschlichen Gestalt verwandelt; jetzt überwand er auch diese Mangelhaftigkeit und dringt namentlich in dem Bilde der Himmelfahrt zu fast untadelhafter Schönheit hindurch. Noch gediegneren Figurenbau und zu gleicher Zeit grössere Kühnheit des Vortrags zeigen zwei einzelne Heiligengestalten (Franciscus und Katharina)[36] in S. Girolamo sopra la Costa a S. Giorgio in Florenz, Arbeiten, welche ihn als durchaus fertigen Meister und als würdigen Schüler und Nachfolger Fra Bartolommeo's erkennen lassen.

Florenz. S. Girolamo.

Kurze Zeit, nachdem Albertinelli die mühselige Arbeit seines Verkündigungsbildes für die Compagnia di S. Zanobi vollendet hatte (1510), erhielt Ridolfo, welcher mit Perugino und Granacci zur Abschätzung dieses Gemäldes berufen worden war[37], von derselben Brüderschaft den Auftrag, als Flügelstücke zu Mariotto's Bilde zwei Vorgänge aus dem Leben des heil. Zanobius darzustellen. Die Gegenstände dieser nachmals in die Gallerie der Uffizien übertragenen Tafeln sind die Erweckung eines todten Kindes und das Wunder bei der Bestattung des Heiligen:

Florenz. Uffiz. Das erste Bild zeigt den Bischof wie er, umgeben von lauschender Volksmenge, in einer Strasse von Florenz mit den ihn geleitenden

[34] s. Vas. VIII, 209, Anm. u. XI, 291.

[35] Das Bild (Holz. Oel) hat 8' Höhe, die Fig. halbe Lebensgr.; hier und da sind Nachbesserungen bemerkbar. vgl. Vas. XI, 291 u. Mündler, Beiträge S. 39.

[36] Holz, Oel, lebensgr., ein wenig beschädigt.

[37] Vas. VII, 185, vgl. oben Cap. XIV, S. 495.

Kirchendienern auf den Knieen betet; ihm gegenüber ebenfalls knieend drei Frauen, deren vorderste, ein blühend schönes Weib mit aufgelöstem Haar, mit dem Ausdrucke des Schmerzes und zugleich demüthigen Vertrauens seine Hülfte anruft für ihren am Boden ausgestreckten, durch einen Sturz aus dem Fenster verunglückten Knaben, der unter dem Staunen der Zuschauer sich wieder zu regen beginnt und mit ausgebreiteten Armen zur Mutter aufschaut. — Auf dem andern Bilde sieht man den bedeckten Sarg des Heiligen von herrlichen, im Ornat ihrer Bischofs-Würde weihevoll daherschreitenden Priestern auf den Schultern aus der Laurentiuskirche in den Dom übertragen, auf welchem Wege die Bahre einen vertrockneten Baum streift, der in Folge der Berührung wieder zu grünen beginnt. Theilnehmende Gefolgschaft geleitet die heilige Procession.[38] Florenz. Uffiz.

In diesen vom tiefsten Gemüthsleben erfüllten, edel und grossartig vorgetragenen Darstellungen, welche der Auffassung nach den Gebilden Domenico Ghirlandaio's durchaus an die Seite gestellt werden können, erscheint Ridolfo auf der Höhe seiner Kraft. Niemals ist er in Bezug auf malerische Behandlung den beiden Meistern von S. Marco näher gekommen als hier; hatte er bereits den Granacci und Piero di Cosimo überholt, so wetteiferte er jetzt geradezu mit Andrea del Sarto. Denn so unerreicht dieser auch in der Beherrschung der Freskotechnik dastand, so büssten seine Tafelgemälde durch ihren oft bis zur Körperlosigkeit verflüchtigten Farbenton an Wirkung ein; als Oelmaler tritt der junge Ghirlandaio unter den florentinischen Fachgenossen an die erste Stelle, die auf dem Gebiete der Wandmalerei ehemals sein Vater, nun von Andrea abgelöst, innegehabt hatte. — Wenn auch ein drittes Bild der Uffizien, welches das entschiedene Gepräge der Hand Ridolfo's aus dieser Zeit hat (Mad. mit Kind und dem schlafenden Johannesknaben)[39], nicht ganz auf derselben Stufe steht, so lassen sich doch genug Beispiele von gleicher Meiserschaft aufweisen. Dieselbe weihevolle Grossheit, noch mit einem Hauche rafaelischen Liebreizes verschönt, athmet das Madonnenbild mit Heiligen in S. Pier Maggiore zu Pistoia: Florenz. Uffiz.

[38] Uffiz. N. 1275 und N. 1277; beide Holz, Oel. lebensgr. Fig., früher in der Akad. d. K.

[39] Uffiz. N. 1224, rund; die Farbe ist etwas düster, die Formen ein wenig derb, doch die Erfindung höchst anmuthig und von echt florentinischem Adel.

Pistoia. S. Pier Maggiore. Maria mit dem Kinde sitzt inmitten eines Halbkreises von Heiligen, unter denen Sebastian und Gregor links und rechts den vordersten Platz einnehmen, hinter ihnen Antonius, Jacobus und zwei heilige Frauen, von denen nur die Köpfe sichtbar sind.[40]

Obgleich der junge Meister, wie es sein Talent verdiente, bei allen Zeitgenossen lebhafte Ermunterung erfuhr, liess er sich doch nie durch Künstlerstolz verführen, sondern blieb des Grundsatzes, den sein Vater ausgesprochen, eingedenk: dass nämlich ein Maler sich keines in dem Bereich seiner Fertigkeiten fallenden Auftrages schämen dürfe.[41] So finden wir denn zahlreiche Rechnungsvermerke über allerhand Kleinarbeit, wie Fahnen, bemalte Kreuze, Kirchenvorhänge und Schmuckgeräthe zu kirchlichen Aufzügen, die Ridolfo geliefert hat.[42] Durch solche Arbeiten bewahrte er sich die Leichtigkeit in der Anfertigung von Gelegenheits-Decorationen, welche die florentinische Kunst in der ersten Hälfte des 16. Jahrhunderts so massenhaft beschäftigten. Die frühesten lieferte er beim Hochzeitsfest des Giuliano de' Medici[43], aber die prachtvollsten derartigen Unternehmungen waren die, welche beim Einzug Leo's X in Florenz im November 1515 veranstaltet wurden.[44] Giuliano und die Stadtbehörde[45] wetteiferten in verschwenderischer Pracht von Triumphthoren, die an allen Hauptstrassen der Stadt angebracht wurden und zu deren Herstellung Männer wie Baccio d' Agnolo, Jacopo di Sandro, Baccio di Montelupo, Giuliano del Tasso, Granacci, Aristotile da S. Gallo und Rosso nicht zu gut waren. Schauspielgerüste, Obelisken, Säulen, Standfiguren trotz Rom wurden von Baccio Bandinelli, Antonio da S. Gallo u. A. aufgeführt; Andrea del Sarto und Jacopo Sansovino mussten sogar für einen Tag die Stirnseite des Domes fertig machen, Mummenschanz und Triumphzüge genau nach heidnisch-römischer Art wurden

---

[40] Ueber einem Seitenaltar in S. Pier Maggiore. Holz, Oel, Fig. lebensgr. Die Tafel ist hier und da brüchig, die Farbe an einigen Stellen durch Nachbesserungen stumpf geworden. Vas. XI, 288 erwähnt das Bild.

[41] s. oben Band III, Cap. XII, S. 247.

[42] Die Belege im Archiv von S. M. del Fiore aus den Jahren 1518 u. 19; s. Anm. zu Vas. XI, 293 u. XIII, 77.

[43] Vas. XI, 293.

[44] vgl. Vas. VIII, 183. IX, 69. 218. 224. 266. XI, 38. 203. 293.

[45] „La Signoria e Giuliano de' Medici" sagt Vas. XIII, 77.

eingeübt; die Gilden im Gefolge des Papstes stolzirten in neuer Tracht und mit Fahnenschmuck nach der Erfindung Ridolfo's und seines Genossen Granacci. Ghirlandaio übernahm ausserdem mit seinen Schülern die Ausschmückung der päpstlichen Wohnung in S. M. Novella und des Palastes der Medici; auch für die Scenerie zu den abendlichen Schauspielen hatte er in Gemeinschaft mit Granacci zu sorgen. — Nicht minder wie solche Freudentage forderten auch traurige Vorfälle die Kunst heraus: Ridolfo beschaffte den Leichenpomp für Giuliano de Medici.[46] Dann brachte d. J. 1518 wieder grosse Lustbarkeit in Florenz: Lorenzo de' Medici, Herzog von Urbino, hielt grossen Hoftag bei seiner Hochzeit, und auch hier spielte Ridolfo mit Francia Bigio unter Beihilfe des Aristotile da S. Gallo und des Andrea di Cosimo die Hauptrolle als Festkünstler.[47] Gleiche Arbeit, wieder bei ernstem Anlass, brachte der Tod Lorenzo's de' Medici 1519.[48] — Die Medici waren ihm in hohem Grade erkenntlich für seine unermüdliche Bereitwilligkeit in heiteren und traurigen Tagen; sie zeichneten ihn als Bürger von Florenz mit Ehren aus und er erhielt den Titel eines „Dom-Malers."[49]

Ghirlandaio war ein guter Haushalter; trotz der fünfzehn Kinder, die er zu ernähren hatte, mehrte sich das ererbte väterliche Vermögen, wie man aus dem zunehmenden Landbesitz erkennt, den er in seinen Angaben beim Steueramt verzeichnet.[50] Trotz angenehmer Lebensverhältnisse widerstand er länger als Andere der Versuchung, es sich in seiner Kunst bequem zu machen, sondern behielt nach wie vor die Sorgfalt bei, die seine frühesten Leistungen ausgezeichnet hatte. Das bezeugt die Pietà v. J. 1521 in S. Agostino zu Colle di Valdelsa, welche alle künstlerischen Vorzüge Ridolfo's vereinigt. Die Gruppierung der trauernden Magdalena, Hieronymus und Nicolaus um den von Maria und Johannes getragenen Heiland ist ganz im Sinne Fra Bartolommeo's und

Colle di Valdelsa. S. Agostino.

[46] Giuliano starb in der Abtei zu Fiesole im März 1516. s. Vas. XI, 293.
[47] Vas. IX, 101. XI. 203 f.
[48] Vas. XI. 293.
[49] „Dipintore dell' Opera" wird er in einer Urkunde aus d. J. 1519 genannt. s. Anm. zu Vas. XI, 293.
[50] Gaye, Cart. I, 268; die letzte Angabe ist v. J. 1534.

Mariotto's; die Formen insgemein, der nackte Körper und die Farbenstimmung tragen durchaus den bisherigen Stil des Meisters; den einzigen Unterschied gegen frühere Arbeiten bildet der Gesammtton, der nicht mehr so voll und tief ist.[51] — Noch grössere Handfertigkeit zeigt er in dem meisterhaft gemalten Himmelfahrtsbilde, welches wahrscheinlich kurz vor 1527 für die Compagnia de' Battilani in Florenz ausgeführt, jetzt Eigenthum des Berliner Museums ist:

Berlin. Museum. Im oberen Theile sieht man Maria mit gefalteten Händen auf der Wolke schwebend von Cherubim und zwölf anbetenden Engeln umgeben; unten am blumengefüllten Grabe die Apostel mit Johannes dem Täufer, neben welchem ein Kopf sichtbar ist, der sich als Bildniss Ridolfo's bei Vasari wiederfindet. Hintergrund Landschaft.[52]

Auch hier ist eine gewisse Leerheit des Tones auffällig und man kann von nun an doch nicht verkennen, dass sich Ridolfo viel auf seinen Schüler Michele verliess. Die Vernachlässigung steigert sich dann bis zu dem unerfreulichen Grade von Flachheit
Florenz. S. Girolamo. der Hieronymusfigur[53] und der Verkündigung in S. Girolamo.[54] Die letzte Arbeit dieser Klasse ist das Abendmahl von 1543 im
Kl. d. Angeli. Speisesaal des Angeli-Klosters zu Florenz, ein Fresko, in welchem das Cenacolo des Andrea del Sarto in S. Salvi mit ungerechtfertigter Treue nachgeahmt ist.[55]

Aus der langen Zwischenzeit jedoch ist uns noch manche andere Nachricht über Ridolfo erhalten. Im J. 1520 gab er mit

---

[51] Holz, Oel, Fig. lebensgr. In der Staffel findet sich ausser 5 kleinen Bildern (1. Nicolaus, die Gefangenen besuchend, 2. die Enthauptung des Täufers, 3. Auferstehung, 4. Hieronymus in der Wüste, 5. Communion der Magdalena), das Wappen des Mario di Niccolò Beltramini, der das Bild bestellt hatte (s. Vas. XI, 297).

[52] Berlin, Museum N. 263. Holz, h. 12' 1½", br. 7' 11½". Die Entstehungszeit des Bildes lässt sich daraus ableiten, dass Ridolfo nach der Belagerung von Florenz von 1527 den untern Theil, welcher gelitten hatte, wieder ausbesserte. Die Apostelfiguren sind entschieden freier behandelt als die Glorie; diese ist mehr in Fra Bartolommeo's Stil, jene erinnern im Vortrag mehr an Rafael. vgl. Vas. XI. 292 f.

[53] Auf dem Altar links in S. Girolamo. Holz, theilweis beschunden. Die Farbe ist flach und gilblich, die Oberfläche sehr glatt. Im Hintergrunde links sieht man Franciscus die Wunden empfangend, rechts Tobias mit dem Engel.

[54] Altar rechts; die Oberfläche hat die harte Glätte Bronzino's; s. Vas. XI. 291.

[55] Feuchtigkeit richtet das Bild unaufhaltsam zu Grunde; besonders die Figur des Bartholomäus ist stark beschädigt, wie überhaupt der obere Theil.

Bugiardini sein Urtheil über ein Altarbild des Jacopo del Sellaio ab[56], 1524 würdert er Wandbilder des Guglielmo di Marcilla.[57] Er pflegte seinen Oheim David in der letzten Krankheit, der 1525 in seinen Armen starb.[58] — Im J. 1536 gab der Einzug des Kaisers Karl V. in Florenz Anlass zu ähnlichen, wenn nicht noch umfangreicheren Festlichkeiten, wie die d. J. 1515 waren, und Ridolfo führte in Gemeinschaft mit Michele bei dieser Gelegenheit einen prachtvollen Triumphbogen am Canto alla Cuculia auf.[59] Aehnliche Anstalten erforderte das Hochzeitsfest des Herzogs Cosimo i. J. 1539 und die Taufe des Prinzen Francesco 1541[60]; Ridolfo ist der ständige Werkmeister im herzoglichen Schlosse.

Bei alledem vernachlässigte er die Erziehung seiner Kinder keineswegs. Die Töchter verheiratheten sich, die Söhne widmeten sich dem Kaufmannsstande und waren in Ferrara und in Frankreich thätig. Obgleich im Alter von der Gicht gequält, führte er doch fortwährend die Oberaufsicht über alle Arbeiten der Werkstatt, von deren Fortgang er sich, in der Sänfte umhergetragen, gewissenhaft überzeugte. Einmal, als der Herzog verreist war, griff er, wie Vasari erzählt, selbst zu, änderte eine angefangene Malerei im Palaste von Grund aus und äusserte am Abend: ich kann zufrieden sein, denn ich habe einen Todten zum Leben erweckt, einem Hässlichen zur Schönheit und einem Alten zur Jugend verholfen.[61] Er starb als Siebziger i. J. 1561 und überlebte sonach die meisten seiner Freunde.[62] —

Wir stellen zunächst diejenigen Altarstücke zusammen, welche als gemeinsame Arbeit Ghirlandaio's und seines Schülers Michele di Ridolfo anzusprechen sind:

Florenz, S. Felice in Piazza: Mad. u. K. mit den Heiligen Bartholomäus, Sebastian, Petrus und einem Vierten; oberhalb Gott-Vater mit Engeln (Holz, Oel, lebensgr. Figuren) durch Nachbesserung ent-

[56] vgl. oben unter Bugiardini und Jacopo del Sellaio.

[57] s. Vas. VIII, 103.

[58] Vas. XI, 289.

[59] Vas. X, 15, XI, 296 und Brief Vasari's an Aretino vom Mai 1536 bei Bottari.

[60] Vas. X, 269. 270. XI, 321. XIII, 162.

[61] Vas. XI, 297 f.

[62] Vas. XI, 298. Ridolfo's Tod erfolgte nach den Urkunden des Libro de' Morti (Vas. Tav. alfab.) am 6. Januar 1561. Er wurde in S. M. Novella begraben.

stellt.[63] Der Ausdruck Maria's hat etwas Geziertes, die Emailleflăche erinnert an Bronzino.

Florenz, S. Spirito, ursprüngl. in der Capp. de Segni: jetzt im linken Seitenschiff[64]: Mad. m. Kind, dahinter Anna, an den Seiten vier stehende Heilige und Maria Magdalena mit Katharina knieend (Holz, Oel, sehr schadhaft), dem obigen entsprechend. — Ebenda: Mad. m. K. zwischen Bartholomäus und Benedict (stehend), Giovanni Gualberto und einem vierten Heiligen knieend (Holz, Oel, lebensgr.); eine weiche, schwächliche Arbeit, in den Hauptfiguren an Rafael erinnernd, in mildem, rosigem Ton gehalten mit Anklängen an Credi, aus dessen Schule Michele stammte. — Ebenda: Kreuzschleppung Christi, eine Art Wiederholung des Altarstückes im Palazzo Antinori.

Florenz, Akad. d. K., Gall. d. gr. Gem. No. 55: Mad. m. Kind umgeben von den knieenden Franciscus und Klara, den stehenden Jacobus und Laurentius, unten das Bild des Stifters (Holz, Oel). — Ebenda No. 76: Verlobung Katharina's, dabei die Heil. David und Dominicus auf den Knieen, Paulus und Joh. der Evang. stehend, oberhalb Engelglorie.[65] Beide ebenfalls flach und von rosiger Stimmung. — Ebenda No. 90: das Martyrium der Zehntausend, von zweifelhafter Herkunft.[66]

Florenz, Gall. Pitti No. 180: Heilige Familie, besser als die vorgenannten, im wesentlichen von Ridolfo, höchstens mit geringer Hilfe des Michele.

Florenz, S. Marco, Sakristei: Verkündigung, in demselben Stil wie die genannten Bilder der Akademie.[67]

Florenz, Gall. Torrigiani: schöne Copie einer Mad. m. K. von Rafael, jetzt No. 36 der Gall. Bridgewater in London; von gleicher Art wie das Obige.

Florenz, S. Jacopo di Ripoli: Verlobung Katharina's.[68] Maria und Kind an Rafael erinnernd. Vermöge der Weichheit der Typen, der lichtrosigen Stimmung und der leichten Schatten in die hier verzeichnete Klasse gehörig.

Florenz, S. Martino delle Monache: Maria mit Kind auf Wolken, über dem Haupte Maria's zwei fliegende Engel, unten Sebastian und ein zweiter Heiliger, Hintergrund Landschaft (Holz, Oel, lebensgr.), den vorgenannten ähnlich.[69]

---

[63] Das Bild ist nicht die bei Vasari XI, 295 erwähnte „Tavola."

[64] vgl. Vas. XI, 295.

[65] N. 55 ehemals in SS. Jacopo e Francesco, N. 76 ehemals in S. Caterina zu Florenz. s. Vas. XI, 295.

[66] Ehemals in S. Pancrazio. Diese 3 Bilder sämmtlich unter Michele di Ridolfo.

[67] vgl. oben unter Fra Bartolommeo S. 442.

[68] s. Vas. XI, 287. Zwei andere dort befindliche Bilder sind bereits oben S. 529 erwähnt.

[69] Folgende Bilder haben die Verf. theils nicht selbst gesehen, theils sind sie nicht mehr nachweisbar: In Ripoli. Madonna mit Heiligen (Vas. XI, 295);

Florenz, Thore von S. Gallo, Prato und alla Croce: an den beiden ersten Ueberbleibsel von Fresken, darst. Mad. m. Kind zwischen Johannes d. T. und Kosmus; am dritten Mad. m. K. zwischen Johannes d. T. und Ambrosius.[70]

Prato, S. Rocco: Mad. m. K., Sebastian und Rochus.[71]

Venedig, Akad. No. 536: Mad. m. K. thronend, umgeben von zwei Engeln mit Lilien, seitwärts Petrus Martyr und Lucia (stark übermalt, der Engel bei Petrus bis zum Kopfe neu), von bunter Färbung, mattem Ausdruck, eher an Bastiano Mainardi als an Ridolfo erinnernd.[72]

Rom, Gall. Borghese No. 35: Bildniss eines Mannes 3/4 nach links gewendet, mit Mütze und langem Haar, dem Rafael zugeschrieben, durch Uebermalung entstellt, in Ridolfo's Manier.

Hampton Court No. 1084: männl. Bildniss in sehr schlechtem Zustand, aber an Ridolfo erinnernd.

---

Von Ridolfo's Schülern haben wir es fürerst mit Mariano da Pescia zu thun, dessen Werke wir in folgender Auswahl verzeichnen:

Florenz, Uffiz. No. 44: Maria m. K. und Elisabeth den jungen Johannes herzubringend. Dieses von Vasari dem Mariano als Schüler Ridolfo's zugeschriebene Bild[73] hat mit dem Meister nichts zu schaffen; die Gruppierung ist schön, aber die Formen schwülstig und die Farbe hat ziegelrothen Stich; das Ganze ist leblos. — Die folgenden Bilder sind von ähnlicher Beschaffenheit:

Florenz, Gall. Torrigiani: Mad. m. K., dem kleinen Johannes und Joseph (Holz, Oel), von glatter harter Oberfläche.

---

Florenz, Ognissanti: Maria, Johannes d. T. und Romuald (Vas. XI. 291); Chiesa della Concezione, via de' Servi (jetzt in der Casa Passerini) Begegnung Joachim's mit Anna (Vas. und Anm. XI, 291. 292); bei Florenz: Ciogoli, Pieve: Tabernakel mit Maria und Kind nebst Engeln (Vas. XI, 293); Certosa de' Camaldoli: Tabernakel-Fresken (Vas. XI, 293); Monte S. Savino, Madonna de' Vertigli in Valdichiana: Klosterhof: Darstellungen zur Geschichte Josephs, grau in grau; in der Kirche selbst: ein Altarstück und ein Fresko der Heimsuchung (Vas. XI, 296. 323). Prato, Dom: Gürtelspende (Vas. XI, 291). — Verloren: Florenz, Cestello (S. M. Madd. de' Pazzi): Geburt Christi (Vas. XI, 288); Annunz. de' Servi: Erzengel Michael, Copie nach dem Fresko Fra Bart.'s in S. M. Nuova (Vas. XI, 294); S. Felicita: 2 Kapellen a fresco, zu Richa's Zeit (Chiese IX, 303. 308) noch sichtbar (Vas. XI, 295); Compagnia de' Neri: Martyrium Joh. d. Täufers (Vas. XI, 295); Borgo S. Friano alle Monachine: Verkündigung (Vas. XI. 295): S. Martino alla Palma: Tafelbild (Vas. XI, 296); Città di Castello, S. Fiordo: heil. Anna (Vas. XI, 296): drei Thaten des Herkules (später nach Frankreich gekommen, Vas. XI, 291. 292).

70 Vas. XI, 298.

71 Dort gesehen 1857, ehemals bei Signor Giov. Gagliardi in Florenz. vgl. Vas. XI, 296.

72 H. 1.58, br. 1,67.

73 Vas. XI. 294. ursprüngl. in der Kapelle des Palazzo de' Signori.

Florenz, bei Marchese Pianciatichi No. 12: Mad. m. Kind.[74]

Brüssel, Mus. No. 336: heil. Familie.[75]

Montpellier, Musée Fabre No. 210: Bildniss des Petrarka, dem Ridolfo zugeschrieben, aber von späterer Entstehung.

---

Der treueste Anhänger der Familie Ghirlandaio war Francesco d'Andrea di Marco Granacci geb. 1469.[76] Er bietet das erfreuliche Beispiel eines Mannes, der dank seinem tüchtigen Talente und seiner liebenswürdigen Gemüthsart sich zu geachteter Stellung emporarbeitete, weil er nicht in den Fehler der Selbstüberschätzung verfiel, sondern sich ohne Neid höher begabten Künstlern anschloss, selbst wenn sie an Jahren jünger waren. So trat er in nahe Beziehung erst zu Michel-Angelo, dann zu Ridolfo Ghirlandaio. Während der Lehrzeit bei Domenico und David Ghirlandaio[77] besuchte er fleissig die Brancacci-Kapelle, und Filippino Lippi brachte auf dem Fresko der Erweckung des Königsohnes sein Bildniss an.[78] Auf solche Weise kam er mit den besten Kunstgenossen seiner Zeit in Berührung und galt in der Werkstatt seiner Lehrer für den Begabtesten unter seinen Altersgenossen[79], wie er denn auch bei dekorativen Arbeiten der Ghirlandaio, so z. B. in Pisa, hervorragenden Antheil erhielt.[80]

Als sich Michel-Angelo i. J. 1488 an Domenico Ghirlandaio anschloss, war es besonders Granacci, der seiner Lernbegierde durch Uebermittelung von Zeichnungen des Meisters Nahrung verschaffte.[81] Um dieselbe Zeit hatte Lorenzo de' Medici den Plan gefasst, seine Kunstsammlung unter Leitung Bertoldo's zu einer Art Akademie einzurichten, um namentlich den Bildhauern Gelegenheit zum Studium zu bieten und sie dadurch zum Wetteifer mit den so

---

[74] vgl. unter Fra Bartol. S. 481.

[75] s. unter Sogliani S. 523.

[76] Laut Steuerzettel seiner Mutter v. J. 1480 war Granacci damals elf Jahr alt. s. Gaye, Cart. II, 468.

[77] Vas. V, 85. IX, 217. 218. XI, 285.

[78] Vas. III, 162. V, 243.

[79] Vas. IX, 218.

[80] vgl. o. Anm. 15 S. 526. Granacci war nicht blos bei den dort erwähnten Arbeiten beschäftigt, sondern lieferte auch in Gemeinschaft mit Poggio Poggini das jetzt freilich sehr schadhafte Gemälde an der Domfaçade zur Erinnerung an den Aufenthalt Karls VIII. in der Stadt i. J. 1495, wofür ein Zahlungsvermerk im Betrage von 9 Ducaten in Gold = 59 Lire à 8 Soldi erhalten ist. s. Tanfani etc. Iscriz. di Pisa, Probeblatt S. 6.

[81] Vas. XII, 159.

weit vorgeschrittenen Malern zu befähigen.[82] In dieser Angelegenheit war auch Domenico Ghirlandaio zu Rathe gezogen worden und er empfahl dem Lorenzo i. J. 1489 den Granacci und Michel-Angelo als seine versprechendsten Schüler. Dadurch wurde das Freundschaftsverhältniss dieser beiden noch verstärkt und Michel-Angelo, welcher auf seinem erstaunlichen Entwickelungsgange der Empfehlung seines ersten Lehrers so grosse Ehre machte, trat nun seinerseits zu Granacci in das Verhältniss des Gönners und Berathers. Granacci aber wendete sich nicht der Bildhauerei zu, sodass Lorenzo ihm anderweite Beschäftigungen gab, besonders bei Dekorationen zu festlichen Gelegenheiten oder wenn er seine Florentiner zur Karnevalszeit mit Schaustücken belustigte. Bei dergleichen Arbeiten bewies Granacci, wie Vasari bezeugt, vortreffliches Geschick, sodass die günstige Meinung seines Lehrers über ihn sich wohl bestätigte.[83]

Wenn er an den künstlerischen Unternehmungen Domenico's überhaupt in ausgedehnter Weise theilgenommen hat, so wird man hauptsächlich in zwei Bildern Spuren davon suchen dürfen: in der schon früher erwähnten[84] Madonna mit Heiligen in der Sammlung Barker in London und in einer Krönung der Jungfrau in S. Cecilia zu Città di Castello.[85]

Maria kniet rechts vor Christus, umschlossen von runder Glorie aus Cherubköpfen, die wiederum von acht musicierenden Engeln umgeben ist; unterhalb sieht man auf Wolken stehend links den heil. Franciscus, Bernardin und Bonaventura, rechts Ludwig, Antonius und einen Sechsten, in der Mitte knieend Maria Magdalena, Katharina, Klara und Rosa. Città di Cast. S. Cecilia.

Die Hilfsleistung an den grossen Freskocyklen Ghirlandaio's in S. Trinità oder in S. M. Novella sind von zu allgemeiner Art, um genau abgegrenzt werden zu können, dagegen hatte Granacci nachweislich Antheil an den von Benedetto und David nach dem Tode des Familienhauptes vollendeten Altarstücken. Auch die beiden

[82] Vas. VII, 205. XII, 162. 163.
[83] Vas. IX, 218. XI, 203.
[84] s. Band III. S. 255 f.
[85] Fälschlich dem Piero della Francesca zugeschrieben, s. Band III. S. 320; das Bild hat durchaus die schlanken Gestalten und den röthlichen Fleischton Granacci's.

Berlin. Museum. schon erwähnten Heiligenfiguren Antonius und Vincenz (jetzt im Berliner Museum) stechen so vortheilhaft von den Durchschnittsarbeiten der Brüder Ghirlandaio's ab, und nähern sich in Formgebung, Umriss und Gewandung zum Theil in solchem Grade dem Meister Domenico selbst, dass man sie für Granacci in Anspruch nehmen möchte; von der erstgenannten Figur behauptet dies Vasari ausdrücklich[86], doch scheint es uns bei der zweiten noch augenfälliger.

Zwei sehr klar gefärbte und bei mässiger Rundung doch sehr durchgeführte Brustbilder in Berlin und in Oxford lassen darauf schliessen, dass Granacci in jüngern Jahren häufig im Portraitfache thätig gewesen ist:

Berlin. Museum. In Berlin No. 80: weibliches Bild, 3/4 nach links gewendet mit weissem Kopftuch, in weissem Kleid mit rothen Aermeln, Hintergrund Landschaft, Unterschrift: „Noli me tangere."[87]

Oxford. Gall. In Oxford: männliches Bildniss, lebensgross, in voller Vorderansicht.[88]

Die schon früh beginnende Neigung zu michelangeleskem Vortrag findet sich zuerst in dem Temperabilde der thronenden Maria mit dem Kind, umgeben von Johannes d. T. und Michael, im berliner Museum ausgesprochen[89], einem Gemälde, welches trotz eines gewissen modernen Zuges in der Markierung der Geberden und Haltungen doch eine Verkümmerung von Ghirlandaio's Stil darstellt. Die nämliche Richtung vertritt das Heiligenpaar (Franciscus und Hieronymus) auf dem Bilde der Verehrung Maria's in derselben Gallerie.[90] Hier lässt besonders die nackte Hieronymusgestalt die Vorliebe für derben männlichen Ausdruck hervortreten ohne die herkulische Beschaffenheit des benutzten Modelles zu überwinden. Die Anatomie ist sehr genau, die Gewandung dagegen

---

[86] Vas. XI. 285. Die Bilder sind N. 76 (Antonius in Oel) und N. 74 (Vincentius Ferrerius in Tempera) der Gall. zu Berlin, jedes h. 6' 8", br. 1' 10". vgl. Bd. III. S. 245.

[87] Holz. h. 1' 5 3/4", br. 11 3/4". Das Bild lässt die Schule des Domenico und des Mainardi klar erkennen, die Behandlung hat Aehnlichkeit mit dem Profilbilde N. 81 der berliner Gall. (angebl. Botticelli).

[88] Tempera, Holz, von gleicher Beschaffenheit wie das vorgenannte.

[89] Berlin N. 97. Holz, h. 4' 10 1/4", br. 4' 7 1/2". Die Ausführung ist sorgfältig.

[90] Berlin, Museum N. 88. vgl. oben Band III, 254.

schwülstig. Während das Bild in der Hauptsache in Tempera gemalt ist, sind die beiden knieenden Figuren Franciscus und Hieronymus, welche von Granacci herrühren, in Oel ausgeführt, von hartem Vortrag, in vollem braunrothen Farbenkörper und mit starkem Gegensatz der Lichter und Schatten, der gleichwohl die Rundung nicht genügend zum Ausdruck bringt. Die Behandlung, wenn auch frei genug, verräth noch das unvollkommene Verfahren der Rosselli und Pier di Cosimo, Auffassung und Technik erinnern an die Madonna mit Heiligen in S. Pietro al Terreno[91], nur dass die Figuren des Berliner Bildes männlicher und gewandter behandelt sind und vermöge ihrer Muskelausprägung dem Michel-Angelo näher stehen.

So erscheint Granacci am Ablauf des Jahrhunderts als ein Maler, der schon Manches vom künstlerischen Erbe Ghirlandaio's gegen die herbe Energie Michel-Angelo's vertauscht hatte. Wenn er sich daneben beeiferte, die technischen Vervollkommnungen zu nützen, wie sie Piero di Cosimo von Lionardo angenommen und die beiden Meister von S. Marco sie handhabten, so erklärt sich diess wohl daraus, dass ihm das Vorbild Buonarroti's in diesem Punkte nicht ausreichte. Kam er auch in der Kunst der Rundung durch Licht und Schatten nicht vorwärts, wie er andrerseits bald sehr gedrungene Figurenbildung (z. B. die vier Heiligen der Pinakothek zu München)[92], bald grosse Schlankheit (so auf den sechs Staffelbildern zum Leben der heiligen Apollonia in der Akademie zu Florenz)[93] sehen lässt, so machte er sich doch durch Freiheit der Geberdensprache wie durch die Entschiedenheit und Breite der Pinselführung, die gleichwohl der Sorgfalt keinen Eintrag that, einen geachteten Namen. Allmählig überwand seine Farbe den eintönigen braunrothen Stich der ersten Zeit und die blöde

---

[91] s. oben S. 434 und 435.

[92] München, Pinakothek, Saal N. 533 Hieronymus, N. 535 Apollonia, N. 536 Johannes d. T., N. 540 Magdalena, sämmtlich in Nischen (Holz, Oel, fast lebensgr., jedes h. 3' 11" 6"', br. 1' 11" 6"'), schön und trefflich in der Gewandung, aber von etwas energischer Muskulatur und derber Körperbildung. Vielleicht Bestandtheile des Bildes der Heil. Apollonia, welches Vasari IX, 221 in Florenz erwähnt?

[93] Florenz, Akad., Gall. d. kl. Gem. N. 22 und 29 (je 3 Bildchen umfassend), aus dem Kloster S. Apollonia in Florenz stammend.

Schattierung gewinnt, mit saftigem Bindemittel aufgetragen, an durchsichtigem Schimmer, wenn auch die bunte Helligkeit noch ziemlich leer wirkt. Diese Vereinigung von ausserordentlichem Handgeschick mit strahlender Pracht und kräftiger Betonung der Gliedergeberden zeigt sich am entschiedensten an der „Dreieinigkeit" in der Gallerie zu Berlin, welche darum auch füglich für ihn in Anspruch zu nehmen ist.[94] Aber am vortheilhaftesten erscheint seine Vortragsweise auf der Himmelfahrt und Gürtelspende Maria's in der Casa Ruccellai zu Florenz.[95] Die Haltung der Heiligen am Grabe ist von milder Würde, die Gewandung grossartig und breit, die Engel, welche die Strahlenglorie tragen, haben fast die Anmuth Filippino's; dagegen verräth die gewaltsame Geberde des Thomas, der sich von den Knieen erhebt, um das Gnadengeschenk in Empfang zu nehmen, und nicht minder die abgeglättete Farbenfläche der Tafel sowie der Fleiss der Durchführung das Vorbild Michel-Angelo's, und zwar wird man am meisten an dessen Heilige Familie mit den nackten Staffagefiguren in den Uffizien erinnert, welche aus den ersten Jahren des 16. Jahrhunderts herzurühren scheint.

Berlin. Museum.

Florenz. Casa Ruccellai.

Obgleich Granacci sich in der angedeuteten Richtung immer fortschreitend entwickelte, blieb er doch in der Farbenbehandlung, besonders aber in der Hervorbringung körperlicher Erscheinung durch Licht und Schatten zurück und musste dem höher begabten Ridolfo den Vorsprung lassen. Sein Farbenvortrag wich insofern von dem durch Lionardo vervollkommneten Verfahren ab, als er stets die Durchsichtigkeit mittelst des weissen Grundes zu erreichen suchte. Sein Ehrgeiz war darauf gerichtet, möglichst leuchtende Wirkung zu erzielen, selbst auf Kosten des Schattens, der in Wahrheit vermöge des Gegensatzes die Voraussetzung des Lichtes im Bilde ist.

---

[94] Berlin N. 229, Holz, Oel, rund, Durchm. 3' 4"; vielleicht das von Vasari IX, 220 erwähnte Bild, welches für Pier Francesco Borgherini gemalt war? Die Berliner Tafel ist fast genaue Wiederholung von Mariotto's Gemälde N. 70 in der Akad. d. K. in Florenz.

[95] Ursprünglich in S. Pier Maggiore, s. Vas. IX, 220, Holz, Oel, Fig. lebensgr. Die Heiligen des Bildes sind ausser Thomas: Johannes, Jacobus, Laurentius und Paulus.

Die Anhänglichkeit an Michel-Angelo konnte Granacci i. J. 1503 auch äusserlich bethätigen, als er mit vielen andern Fachgenossen seine Meinung bei der Streitfrage über die Aufstellung des Davidcolosses abzugeben hatte.[96] Obwohl schon 1505 in die Gilde aufgenommen[97], hielt er sich doch nicht für zu gut, mit Ridolfo, Andrea del Sarto und der übrigen Schaar jüngerer Kunstgenossen nach den Cartons des Michel-Angelo und Lionardo zu zeichnen.[98] Dass er aber nebenbei auch die Ankunft Rafaels in Florenz nicht ohne Nutzen verspürte, beweisen Bilder wie die heilige Familie in der Casa Rucellai, an der schon eine nur durch Einfluss rafaelischer Arbeiten zu erklärende Feinheit und Lieblichkeit auffällt. Dieser Abfall von der bisherigen Stilrichtung kann durch ein Erlebniss befördert worden sein, welches danach angethan war, sein Verhältniss zu Michel-Angelo abzukühlen. Als dieser nämlich i. J. 1508 bei Uebernahme der sixtinischen Decke Gehilfen suchte, fiel sein Augenmerk zunächst auf Bugiardini und Granacci, allein die Versuche mit ihnen genügten dem anspruchsvollen Meister nicht, der, anstatt sie einfach zu entlassen, ihnen auf einmal sowohl die Kapelle wie sein Haus verschloss.[99] Seitdem nahm der Einfluss Rafaels bei Granacci überhand und wir haben ausser dem ebengenannten noch eine Reihe von Bildern, in denen sich dies deutlich genug ausspricht:

In den Uffizien zu Florenz[100] eine Verherrlichung Maria's, welche mit dem Kinde im Arme zwischen zwei Engeln in der Flammenglorie schwebt und dem unterhalb neben dem Erzengel knieenden Thomas ihren Gürtel reicht. Hier erinnern zwar die mächtigen Gestalten der beiden Heiligen noch an Michel-Angelo, aber besonders das Antlitz Maria's ist von einem Liebreiz, welcher auf anderen Ursprung weist. Florenz. Uffizien.

In der Akademie der Künste Maria im Gebet von der Glorie mit vier Engeln umgeben, unten knieend Katharina, Bernhard, Giovanni Gualberto als Kardinal und Georg, Hintergrund Landschaft[101]; von Florenz. Akad.

[96] Gaye, Cart. II, 455. 456.

[97] Nach Angabe der Herausg. des Vasari IX, 222 i. J. 1504—5. Im Register selbst ist der Tag seines Eintritts unlesbar, s. Gualandi, Ser. VI. 182.

[98] Vas. XII, 179. Granacci gehörte der Gesellschaft der Cazzuola an, von welcher noch die Rede sein wird.

[99] Vas. XII, 190.

[100] Uffiz. N. 1280, Holz, lebensgr. Fig., früher in der Akad. d. K.

[101] Florenz, Akad., Gall. d. gr. Gem. N. 75, Holz, Oel, lebensgr. Fig., aus Spirito Santo sulla Costa.

ähnlicher Stilmischung wie das vorige, in Folge von Abreibung und Ausbesserung ziemlich bunt.

Florenz. Pitti. Endlich ein Rundbild in der Gall. Pitti[102], enthaltend Madonna, welche das Kind liebkost, das mit einem Buch in der Hand sich zu dem Gespielen Johannes wendet; von sehr weichem Farbenemaille mit ziemlich verschwommenen Umrissen und herabgestimmtem Ton, sodass es an Puligo erinnert.

In einigen anderen Stücken wieder, z. B. in einer Antoniusfigur und einem Engel in der Universitätsgallerie zu Oxford[103], scheint Granacci mehr den Fra Bartolommeo zum Muster genommen zu haben; am auffälligsten und günstigsten macht sich dieser Geschmack auf dem Himmelfahrtsbilde in Besitz des Earl von Warwick[104] bemerkbar, welches bisher von mancher Seite als ein Meisterwerk Rafaels und Fra Bartolommeo's geschätzt worden ist. So wenig nach unserer Ansicht diese beiden Namen in Betracht kommen, so entschieden haben wir es hier mit einem unter ihrem Einflusse entstandenen florentinischen Werke zu thun, welches der Behandlung nach dem Ridolfo Ghirlandaio und Granacci gleich nahe steht, in der Gruppierung aber dem letzteren vollkommen entspricht.

England. Warwick.

Die Dekorationsarbeiten Granacci's fallen vermuthlich besonders in die Zeit, als er sich mit Michel-Angelo überworfen hatte und in die Werkstatt R. Ghirlandaio's eingetreten war. Als dessen Geschäftsgenosse wird er i. J. 1510 mit zur Abschätzung von Albertinelli's Himmelfahrtsbilde aufgefordert gewesen sein[105], in gleicher Stellung malte er Fahnen, Theatervorhänge und einen der Triumphbögen beim feierlichen Einzuge Leo's X in Florenz[106] i. J. 1516. Für die Brüderschaft der Gesuati lieferte er Zeichnungen zu Glas-

[102] Pitti N. 199, Holz. Oel. die Lasuren in den Schattentheilen abgekratzt. — Von ähnlicher Beschaffenheit und schwächer, aber noch in Granacci's Weise ist ein Rundbild der Madonna mit Kind und 2 betenden Engeln bei Mr. Fuller Maitland, und eine heil. Familie im Besitz G. F. H. Vernon's.

[103] Kleine Tafelbilder; die Farbe theils abgeblättert. theils blasig.

[104] In Manchester N. 91: Maria blickt aus der Flammenglorie herab, am Grabe knieend Thomas und Franciscus, stehend Paulus und Philippus (?). Das Bild aus dem Dom zu Pisa stammend, ist bei Waagen, Treasures IV (Suppl.), 499 als Arbeit Rafaels und Ridolfo's beurtheilt; vgl. Passavant, Rafael I, 130 u. II, 414.

[105] Vas. VII, 185.

[106] Vas. VIII, 267, IX, 218. 219.

bildern.[107] Was er aber in den spätern Lebensjahren an bedeutenden selbständigen Aufträgen übernommen, ist nicht bekannt geworden.[108]

Granacci erreichte ein beträchtliches Alter; er machte i. J. 1533 sein Testament[109], ist aber erst zehn Jahre später, am 2. December 1543 gestorben.[110]

[107] Vas. IX, 221.

[108] Von verlorenen Arbeiten Granacci's sind aufzuführen: Darstellungen zum Leben des Josef (Vas. IX, 220). Das ehemals in S. Gallo befindliche, angeblich in den Besitz der Brüder Govoni in Florenz übergegangene Bild (Maria mit beiden Kindern, Zanobius u. Franciscus) erwähnt bei Vas. IX, 221 und Anm., haben die Verf. nicht gesehen.

[109] s. Gaye. Cart. II, 468.

[110] s. Tav. alfab. zu Vasari. Er wurde in S. Ambrogio in Florenz begraben.

# SIEBZEHNTES CAPITEL.

## *Andrea del Sarto.*

Andrea del Sarto war zwar nur eines Schneiders Sohn, aber sein Stammbaum lässt sich mit Sicherheit bis ins 14. Jahrhundert zurückverfolgen.[1] Sein Urgrossvater Luca di Paolo del Migliore ist Landarbeiter, sein Grossvater Leinweber gewesen. Der Vater Agnolo war 27 Jahr alt, als ihm seine Frau Costanza i. J. 1487 den Knaben gebar. Bis 1504 war Gualfonda der gewöhnliche Aufenthaltsort der Familie, nachher jedoch zogen sie ins S. Paolo-Viertel nach Florenz.[2]

---

1 Luca di Paolo del Migliore, geb. 1392, verheirathet mit Agnola, geb. 1402

- Piero, geb. 1425
- Antonio, geb. 1427
- Francesco, Weber, geb. 1430, verheir. mit Ginevra, geb. 1441
    - Agnolo, Schneider, geb. 1460, verheir. mit Costanza, geb. 1468.
        - Lucrezia, geb. 1485
        - ANDREA, geb. 1487, † 1531 (bei Vas. VII, 251 Geburtsjahr irrthüml. 1478 angegeben.)
        - Veronica, geb. 1492
        - Francesca, geb. 1495
        - Domenico. ?
    - Andrea, Priester, geb. 1461.
    - Giovanna, geb. 1463
    - Domenica. geb. 1466
    - Agnoletta geb. 1469
- Maria, geb. 1442
- Antonia, geb. 1445

2 Von Andrea's Vorfahren wohnte Luca 1427 in S. Maria a Buiano (laut der in seinem 35. Jahre gemachten Angabe zum Catast., Port. d. Contado Quart. S. Giov., Popolo S. M. a Buiano, Piviere di Fiesole); 1455 ging er nach S. Ilario a Montereggi (Catast. Port. d. Contado Quart. S. Giov. Piv. di Fiesole, Pop. S. Ilario a Montereggi, Potesterie di Sesto). Francesco zog in die Nähe von Florenz (laut Angabe aus s. 40. Lebensjahre 1471, Catast. d. Contado, Quart. S. M. Novella Piv. S. Giov.? Pop. S. Lorenzo di dentro da S. Gallo, Potesteria di Firenze). — Agnolo hält sich 1487 in Gualfonda auf und wohnt 1504 im Popolo S. Paolo in Florenz (laut Angabe v. J. 1487, Quart. di S. M. Nov. Piv. di S. Giov. Firenze, Pop. S. M. Nov. dentro); damals 30 Jahr, führt er seinen Sohn Andrea als einjährig auf. Der Familienname Vannucchi ist urkundlich nicht bezeugt. vgl. Tav. alfab. zu Vasari. (Mitth. von G. Milanesi).

Damals war der zukünftige Maler bereits in die Lehre getreten; er wurde schon i. J. 1494 bei einem Goldschmidt untergebracht[3], verrieth aber sehr bald ebenso entschiedene Abneigung gegen Raspel und Feile, wie Vorliebe fürs Zeichnen. Deshalb gab ihn sein erster Lehrer an den ehrsamen Meister Gian Barile ab, der das keimende Talent wahrgenommen und unterstützt hatte. Agnolo, der seinen Sohn auf diese Weise aus einer so angesehenen Gilde in eine geringere übergehen sah, musste sich zufrieden geben und Andrea ist bis 1498 bei Barile geblieben.

Gian Barile (nicht zu verwechseln mit Giovanni Barili von Siena)[4], war ein ganz mittelmässiger Künstler von grober Lebensart, sodass sein Zögling wenig mehr als das Allergewöhnlichste bei ihm lernen konnte; allein was seine Gaben nicht vermochten, ersetzte seine Gutherzigkeit, die er dadurch bewies, dass er den jungen Burschen dem Piero di Cosimo als Gehilfen empfahl. Dieser überzeugte sich sehr bald von Andrea's Brauchbarkeit, behielt ihn mehrere Jahre und gab ihm Freiheit genug, um sich gelegentlich auch anderwärts umzusehen. Der Lehrling benutzte seine Musse in der Brancacci-Kapelle[5], besonders aber vor den Cartons des Michel-Angelo und Lionardo; und der neue Lehrer Piero hatte die Genugthuung, dass sein Garzone als der fähigste von allen jungen Künstlern bezeichnet wurde, die damals in der Sala del Papa aus- und einströmten.[6] Unter ihnen werden i. J. 1508-9 besonders Jacopo Sansovino, Rosso, Maturino, Lorenzetto, Tribolo und Francia Bigio hervorgehoben[7], und hier war es, wo sich die freundschaftliche Beziehung des Letzteren zu Andrea entspann, infolge deren sie den Plan zu gemeinschaftlichem Kunstbetriebe fassten. Kann man den Zeitpunkt der Ausführung dieser Absicht auch nicht genauer feststellen, so wird er doch vor Entstehung

[3] Vas. VIII, 251. 252 gibt an, er sei mit 7 Jahren bei einem Goldschmidt in die Lehre getreten.

[4] vgl. Vas. VIII, 252 und die Anm. der Herausg. zu VIII, 93 ff. u. Doc. Sen.

[5] Vas. III, 162. Vasari gedenkt (VII, 117) nur eines einzigen Falles der Betheiligung Andrea's an Arbeiten des Piero di Cosimo und zwar bei Herrichtung des „Carro della Morte“ während eines Carnevals zur Zeit Soderini's.

[6] Vas. VIII, 252. X, 296.

[7] Ridolfo Ghirlandaio, Rafael, Granacci, Baccio Bandinelli und der Spanier Alonso Berruguete waren vorausgegangen, s. Vas. XII, 179.

Florenz. Annunziata. der Wandgemälde zur Legende des Beato Filippo Benizzi im Hof der Servitenkirche zu setzen sein. Die beiden Genossen eröffneten ihre Werkstatt an Piazza del Grano mitten in der Stadt, und ihre erste Leistung ist vielleicht die Taufe Christi im Scalzo gewesen. Vasari führt sie unter Andrea's Erstlingen auf[8], doch zweifeln wir ernstlich, ob das Bild allein von ihm gemalt sein kann, da die Nachlässigkeit der Zeichnung und der ziemlich rohe Charakter der Figuren doch zu sehr von den Malereien in der Servitenkirche abstechen, wenn auch die Darstellung, als erster Versuch zweier Anfänger betrachtet, immerhin Achtung verdiente. Für uns ist das Werk als eine Stilmischung zwischen Francia Bigio und Andrea, und zwar unter vorwiegendem Gepräge des Letzteren um so interessanter, da die Geschäfts-Verbindung der beiden Maler ohnehin nicht lange gedauert hat. Ihre ersten Kunstanleitungen waren gleichartig gewesen: der Eine hatte unter Pier di Cosimo, dem wunderlichen Nachahmer Lionardo's und Genossen der Meister von S. Marco, der Andere ausschliesslicher unter Mariotto's Augen gelernt, Francia Bigio war der ältere an Jahren, aber an Talent der Geringere, und so mag sich allmählig von selbst das Abkommen gefunden haben, dass sie zusammen blieben, aber jeder für sich malte. Sie trafen später oftmals an drittem Ort zusammen, z. B. in der Servitenkirche, im Scalzo und in Poggio a Caiano, scheinen aber nie wieder in Gemeinschaft gearbeitet zu haben.[9]

Dass das Bild der Taufe Christi das erste von einer langen Reihe von Gemälden im Scalzo gewesen ist und dass die Wandgemälde zum Leben des Filippo Benizzi in der Annunziata später gemalt worden sind, bezeugt einerseits Vasari's[10] Angabe, andererseits auch der künstlerische Thatbestand. Der letztere Cyklus gehört ausschliesslich dem Andrea an, aber es ist natürlich, dass der ununterbrochene Verkehr beider Künstler bei dem einen sogut wie bei dem andern seine Spuren hinterliess.

---

[8] Vas. VIII, 253.

[9] Die früher für Filippino's und Perugino's gemeinsame Arbeit angesehenen Vorhänge am Altarbild der Servitenkirche sind, wie man jetzt weiss, weder von diesem noch von Andrea del Sarto und Francia Bigio gemalt, wie Vas VIII, 253 will, sondern von Andrea di Cosimo im J. 1510—11, vgl. den Nachweis bei Vas. IX, 111 Anm.

[10] Vas. VIII, 253.

In der Gemäldesammlung des Herzogs von Northumberland auf Schloss Alnwick befindet sich ein männliches Brustbild, welches einen ungefähr zwanzigjährigen Jüngling darstellt, der, das lange Haar von schwarzer Kappe bedeckt und den Ellenbogen auf einen Tisch stützend, einen Brief mit unlesbarer Aufschrift in der Hand hält; auf dem Tische sieht man Tintenfass, Feder und etwas Papier mit der Adresse Andrea's.[11] Das Gemälde gilt für des Malers Selbstbildniss, kann aber auch einen Andern darstellen. Es ist weich und harmonisch mit gut verarbeitetem sattem Auftrag in Oel gemalt, leidet aber an einer gewissen Leere und Flauheit der Uebergänge vom Licht zum Schatten, wie es auch schüchtern gezeichnet ist. Die Farbenbehandlung ist die des Albertinelli, Francia Bigio's Lehrer, das allgemeine Gepräge stimmt mit demjenigen der Fresken Andrea's in der Servitenkirche überein, nur dass es nicht die Breite hat, die sich dort schon ausspricht. Diese Anlehnung an die Technik der Meister von S. Marco würde die Einwirkung Francia Bigio's auf Andrea bezeugen, wenn jener nicht selbst der Urheber des Gemäldes ist, in welchem Falle wir in diesem Stück einen augenfälligen Beweis für die zeitweilige Gleichartigkeit seiner Malweise mit der des Freundes hätten. Was indess mehr für Andrea spricht, ist der Umstand, dass bei ihm die Anlehnung an Fra Bartolommeo's und Mariotto's Vortragsweise länger aushielt.

Alnwick. s. Northumb.

Seit Alesso Baldovinetti und Cosimo Rosselli war im Hofe des Servitenklosters keine Wandmalerei ausgeführt worden. Jener hatte an der einen Wand sein Bild der Geburt Christi in der neuen unhaltbaren Technik gemalt, der Andere die Darstellung der Einkleidung des Ordensstifters Filippo unfertig verlassen.[12] Jetzt freilich sah sich die Brüderschaft, da sie den Wandschmuck vollendet zu haben wünschte, aber nur über sehr karge Mittel gebot, nach jungen Leuten um, von denen man für billiges Geld etwas Gutes erwarten könnte. So kam es, dass zwischen 1509

[11] Man liest; „Al di . . . Andrea del Sarto pictore . . . entia.“ Die Lücke hinter den ersten Worten ist nicht mit Bestimmtheit auszufüllen.

[12] s. Band III. 110. 111.

und 1511 drei tüchtige junge Talente, Francia Bigio, Andrea del Sarto und Andrea Feltrini dort beschäftigt waren. Die Mönche benutzten den Vortheil, es mit eifersüchtigen Nebenbuhlern zu thun zu haben. Der Sakristan Fra Mariano wusste dem Andrea vorzustellen, wie erspriesslich es für seinen Künstlerruf sein werde, wenn er seine ersten Proben an so hervorragender und vielgesehener Stelle ablegen könne, ein Vortheil, hinter welchem die Frage des Preises zurücktreten müsse; man gab ihm nebenher zu verstehen, dass Francia Bigio sich bereit finden werde oder gar schon bereit gefunden habe, unter niedrigen Bedingungen anzunehmen, und dies schlug durch. Andrea del Sarto ging den Vertrag auf drei Wandgemälde ein, begann die Arbeit sofort und vollendete die Bilder innerhalb einiger Monate:

Florenz. Annunz. de' Servi. Das erste — die Mildthätigkeit des heiligen Filippus verherrlichend, welcher einen Nackten kleidet — bekundet das Handgeschick des Künstlers im Ausdruck mässiger Bewegungen und seinen Sinn für gute Figurenverhältnisse. Das zweite — die Bestrafung der Spieler, welche Filippus durch einen auf wunderbare Weise vom Himmel herabgesandten Blitz für ihre gegen ihn geschleuderten Verhöhnungen erschreckt — lässt schon die höheren Eigenschaften dramatisch belebter Darstellung hervortreten: Augenblicklichkeit der Handlung, Mannichfaltigkeit des Ausdrucks und entsprechende Gewandbehandlung, verbunden mit genauer und schöner Zeichnung der Gliedmaassen, macht der ursprünglichen Erfindungskraft des jungen Meisters und seiner Fähigkeit, sich an die besten Vorbilder anzuschliessen, alle Ehre. Wenn ihm auch die höhere Vollendung eines Fra Bartolommeo abgeht, zeigt das Verständniss für die Raumbenutzung, der echt florentinische Ernst der Auffassung und die an Uccelli erinnernde Kühnheit der Charakteristik von ungewöhnlicher Begabung. Der Farbenvortrag ist sicher und gewandt, die Aengstlichkeit der Regel durch geistreichen Wurf überwunden. Auch in dem dritten Bilde — Heilung eines besessenen Weibes, das von ihren Angehörigen vor Filippus gebracht wird — herrscht Einfachheit und Geschmack; der Antheil des zuschauenden Volkes ist mit Vermeidung von Derbheit oder Hässlichkeit packend zum Ausdruck gebracht.

Der Beifall, welchen diese erste Freskenreihe hervorrief, ermuthigte den Maler fortzufahren und er fügte den beschriebenen Scenen nunmehr noch zwei andere aus der Legende des Heiligen, den „Tod des Filippus“ und das durch dessen Kleider vollzogene „Heilwunder“ hinzu:

Florenz. Annunz. de' Servi.

Jenes, das vierte Bild, zeigt in einer durch den Gegenstand gebotenen Anordnung den Leichnam des Heiligen auf der Bahre, über welche sich ein anderer Mönch beugt, während links und rechts Trauernde stehen; die im Hintergrund links erscheinende Priesterschaft hält in ihrem Gesang inne angesichts des sich begebenden Wunders der Auferweckung eines todten Kindes, welche durch die Berührung mit der Todtenbahre bewirkt wird. Todfall und Wiederbelebung sind auf verständliche Weise verdeutlicht.[13] Auf dem fünften, dem Schlussbilde, sieht man einen Priester unter dem Klosterthore stehend, welcher einem vor seiner Mutter knieenden Kinde die Kleider des Heiligen auf den Kopf legt, zu beiden Seiten zwei Figuren am Fuss der Treppe, links ein Krüppel, welcher Almosen empfängt, rechts ein alter Mann auf seinen Stab gelehnt.[14]

Namentlich die Darstellung der Todtenfeier des Filippus lehrt, wie sehr sich Andrea del Sarto nicht blos rücksichtlich der Gruppierung, sondern auch in dem Streben nach massiger Licht- und Schattengebung an dem Vorbilde des Domenico Ghirlandaio entwickelt hat. Besonders ist hierbei auf den Kopf des über den Todten geneigten Mönches aufmerksam zu machen. Die übrigen Theile des Bildes aber lassen ein sicheres Verständniss für Handhabung des Helldunkels vermissen, ein Mangel, den Andrea nie völlig überwunden hat. Sein Absehen ist zunächst und oft ausschliesslich auf eine gewisse dämmerige Gesammtstimmung des Tons gerichtet, der zu Liebe er in vielen Fällen auf klare Auseinandersetzung der Bestandtheile verzichtete, wofür er freilich meist durch die Heiterkeit, Durchsichtigkeit und weiche Verschmelzung seiner Farben entschädigt. Im Vortrag seiner etwas gemässigten, ruhigen Farbenstimmung war er so zu sagen unfehlbar[14], und wenn auch noch nicht aus den Arbeiten des J. 1510, so darf man von den späteren (1514) rühmen, dass sie ihren Meister als den ersten Freskomaler Italiens seiner Zeit ausweisen, selbst Rafael nicht ausgenommen. Was

---

[13] Einige Köpfe dieses Bildes wurden im 17. Jahrh. durch Maurer beschädigt, welche ein Loch durch die Wand schlugen, aber von Passignano wieder aufgefunden und eingesetzt. s. Baldinucci, Leben des Passignano IX, 398 f.

[14] Nach Vasari VIII, 255—257 ist dies das Bildniss des Andrea della Robbia; an andern Stellen erkennt er den Luca und Girolamo, die Söhne dieses Bildhauers. Im Vordergrunde des letzten Bildes steht die Jahrzahl: „A. D. M. D. X.“ vgl. über die Fresken auch A. Reumont, A. del Sarto. S. 26 ff.

seine Meisterschaft besonders kennzeichnet, ist, dass er das höchste Ziel der Freskotechnik, die Fülle der Farbe auf den ersten Wurf und ohne Nachhilfe durch trockne Uebermalungen erreichte, die er fast durchgehends verschmäht hat, und mit welchen andere Freskanten die Leuchtkraft ihrer Bilder oft geschädigt haben. Im Gegensatz zu Fra Bartolommeo geht Andrea von vornherein nicht auf ideale Formbildung, sondern auf handgreifliche Darstellung der wirklichen Natur aus; er lässt z. B. den Unterschied des Fleisches beim männlichen und weiblichen Körper deutlich werden und gibt seinen Figuren immer individuellen Antheil an der Handlung; aber wenn er dabei auch die reine Höhe der Schönheit nicht erreicht, verfährt er doch immer mit Geschmack. Seine Gestalten bewegen sich ohne Zwang und sind durchweg mit grösster Kenntniss gezeichnet. Ueberhaupt verräth er hier eine so allseitige Kunstgerechtigkeit, wie sie sich in späterer Zeit nicht immer wiederfindet.[14] Bei aller Selbständigkeit verleugnet aber Andrea in diesen Fresken seine Vorbilder keineswegs. Von Lionardo entlehnte er das auffällige blöde Lächeln, an die Meister von S. Marco hält er sich in bestimmten Formbildungen und in dem Streben nach einer Geberdensprache, die ebenfalls auf Lionardo zurückdeutet, jedoch zuweilen etwas Gefallsüchtiges hat; die warme und volle Farbenwirkung Fra Bartolommeo's wandelt er ins Hellere und Durchsichtigere, die weichen Formen seiner Frauengestalten ins Nervige und Sinnlichere ab.

Um durch den weiten Weg von der Piazza del Grano zur Annunziata nicht zu viel Zeit zu verlieren, hatte Andrea mit Francia Bigio in der Sapienza Wohnung genommen, wo Jacopo Sansovino und Rustici bereits einquartiert waren[15]. An Sansovino, der in Rom Zeuge der Bestrebungen zweier bedeutender Künstlergeschlechter gewesen war[16], fand Andrea einen Freund, aus dessen Umgang er in allen künstlerischen Angelegenheiten viel Belehrung schöpfen konnte. Nicht selten benutzte Andrea sogar Modelle

---

[15] Vas. VIII, 252. 253. In der Nähe befand sich der Laden des Nanni Unghero (Vas. X, 224).

[16] s. Vas. XIII, 71 und Temanza, Vita di Jac. Sans.

Sansovino's, welcher damals besonders der Bildhauerei oblag, für seine Zeichnungen. Rustici, ebenfalls Bildhauer, war ein wohlhabender Mann, sein Haus das gewöhnliche Stelldichein der Künstler und Herberge des Clubs der Zwölfe (Dodeka), zu welchem Andrea gehörte. Die Gesellschaft, auch „Compagnia del Paiuolo" (Kesselakademie) genannt, hielt besonders auf guten Tisch, zu welchem jedes Mitglied vier Fremde einladen durfte. Jeder brachte ein Abendbrod nach seinem Geschmacke mit, sodass ein Pickenick zusammenkam, bei welchem der Hauptscherz dadurch entstand, dass Jeder seine Mahlzeit in möglichst seltsamer Gestalt zurecht machen musste und der Tafelmeister in Fällen, wo zwei auf dasselbe gerathen waren, kurzweilige Strafen verhing. Andrea hatte u. a. einmal einen Tempel aufgetischt, dessen Fussboden aus Gallertmosaik zusammengesetzt war, dessen Säulen aus Würsten mit Parmesankäse, dessen Innenbau aus Backwerk und Pastete bestand; vor dem aus Kalbfleisch geschnittenen Chorpulte mit einem durch Nudeln und Pfefferkörner zusammengesetzten Gesangbuch darauf standen als Chorsänger Krammetsvögel und als Chorherrn gemästete Tauben. Noch groteskere Einfälle werden von anderen Genossen berichtet, aber die muntere Gesellschaft vergass über diesen Schlaraffenspielen die feineren Genüsse nicht. Zuweilen wurden Musikaufführungen gemacht und Verse geschmiedet. Im J. 1519 z. B. trug Francia Bigio als damaliger Tafelmeister ein scherzhaftes Heldengedicht „Froschmäusekrieg" vor, als dessen Verfasser von Einigen Andrea del Sarto, von Andern Ottaviano de Medici betrachtet wird.[17] Es konnte nicht fehlen, dass sich zu solchen durch Geist und Laune gewürzten Zusammenkünften auch zuweilen Leute einfanden, die es nicht für Raub hielten, ihre höhere Lebensstellung auf eine Weile zu vergessen. Eine solche nicht immer unbedenkliche Mischung sehr verschiedener Elemente vollzog sich in dem i. J. 1512 gegründeten Club der „Cazzuola" (Maurerkelle), der seinen Namen durch einen etwas unfeinen Scherz

---

[17] Ausführliches über das Treiben der Comp. del Paiuolo erzählt Vas. XII. 9 ff. vgl. auch Reumont a. a. O. 51 u. Vorw. S. XVII. Die Batrachomyomachie ist 1758 von Abbate Fontani herausgegeben worden und auch in Biadi's Vita di A. del S., Florenz 1829 abgedruckt.

erhalten hatte.[18] Die Mitglieder waren, je nach der vornehmeren oder geringeren Familienherkunft in zwei Abtheilungen rangirt; dazu kam eine dritte, welcher Andrea angehörte. Hier fand man besonders an Possen und Mummerei Geschmack, wobei besonders die Maler in Anspruch genommen wurden.[19] Die Bewirthung ging reihum und die reicheren Mitglieder suchten sich hervorzuthun, sodass manchmal arge Verschwendung getrieben wurde, u. a. als Bernardino di Giordano i. J. 1524 die „Mandragola“ des Niccolo Macchiavelli mit der von Andrea del Sarto und Aristotile da S. Gallo hergestellten Scenerie aufführen liess. An jenem Abend waren Alessandro und Ippolito de' Medici mit Silvio Passerini, Kardinal von Cortona, ihrem Hofmeister zugegen, der es nicht für unangemessen hielt, seine jungen Zöglinge die argen Unanständigkeiten dieses Gedichtes anhören zu lassen.[20] Seit den Tagen des edlen Lorenzo, der in allen seinen Aeusserungen gediegenes Urtheil und feinen Takt bewährte, war eine merkliche Lockerung der öffentlichen Sitten eingerissen, und zumal die Künstler wurden immermehr in das arge Treiben der höheren Stände Italiens verwickelt, ein Unglück, das auf den schnellen Verfall der Künste offenbar von Einfluss gewesen ist.

Ueber der Arbeit an dem beschriebenen Freskencyklus häuften sich bei Andrea Bestellungen von verschiedenen Seiten. Sein Kontrakt mit dem Kloster machte es aber doch bedenklich, gleichzeitig andere Aufträge anzunehmen. Auf der andern Seite sah der Sakristan wohl ein, dass er seine Ansprüche nicht übertreiben dürfe, da er sonst, wie die Erfahrung sattsam lehrte, Gefahr lief, durch Winkelzüge des Künstlers getäuscht zu werden. Solche Erwägungen führten dahin, demselben Zugeständnisse zu machen. Zwei weitere Bilder für die Annunziata wurden zu besserem Preise verdungen, auch wurde über die Frist der Vollendung nichts Bindendes ausgemacht. Es scheint, dass in Folge dieser günstigen Be-

[18] vgl. Vas. XII. 11 ff.

[19] An einem der Gesellschaftsabende wurde u. a. Tantalus in der Unterwelt dargestellt. s. Vas. XII, 16.

[20] s. Vas. XI. 204 und Anm. dazu.

stimmungen eine Anzahl Arbeiten, die Vasari im Anschluss an jene Mittheilung erwähnt, nebenher fertig wurden. Es waren dies einige Heiligenfiguren im Speisesaal des Vallombrosaner-Klosters S. Salvi, eine Verkündigung an der Ecke von Orsanmichele und zwei oder drei Altarbilder. Die erstgenannten Wandbilder sind den Fresken zur Legende des Filippus in der Annunziata so ähnlich, dass man ihre Entstehung unmittelbar nach diesen setzen muss. Es sind die heiligen Giovanni Gualberto, Benedict, S. Salvi und S. Bernardo degli Uberti auf Wolken als Seitenschmuck einer Nische, in welcher Andrea viele Jahre später sein Bild des letzten Abendmahls anbrachte.[21] Von der Verkündigung haben sich wenige Spuren erhalten[22], aber auch sie zeigen denselben Charakter; von den Tafelbildern soll sich das Eine „Christus der Magdalena erscheinend" in der Familienkapelle der Govoni zu Casentino befinden; es war ursprünglich von den Mönchen zu S. Gallo bestellt, für welche auch die jetzt in der Gallerie Pitti aufgestellte Verkündigung gemalt gewesen ist: Florenz. S. Salvi.

Gabriel scheint leise auf einer Wolke vom Himmel herabgeflogen zu sein und die Jungfrau an ihrem Betpulte überrascht zu haben; sein Gesichtsausdruck ist ruhig und gesammelt, die Auffassung der Figur ähnelt dem für Murano gemalten Altarbilde Fra Bartolommeo's, aber Bewegung und Linienführung sind bei aller Zartheit ungezwungen und erinnern an die Geburt Christi unseres Meisters in der Servitenkirche. In der Gestalt der Maria herrscht ebenfalls noch die weihevolle und keusche Schönheit Fra Bartolommeo's vor. Die Landschaft ist mit schöner Luftwirkung vorgetragen und trefflich zum Ganzen gestimmt.[23] Florenz. Pitti.

War dem Andrea schon i. J. 1510 das Lob eines der besten Freskomaler seiner Zeit zuzusprechen, so bewies er jetzt (1512) auch seine hervorragende Tüchtigkeit in der Oelbehandlung.

---

[21] s. Vas. VIII, 257. 258. Die trefflich erhaltenen Figuren, lebensgr. in Fresko, sind geschmackvoll gefärbt und erinnern an Fra Bartolommeo.

[22] Erhalten sind nur noch Spuren der Gottvater-Gestalt, des Kopfes der Maria und Theile des Engels vgl. Vas. VIII, 258.

[23] Gall. Pitti N. 124, lebensgr., ursprünglich aus S. Gallo nach S. Jacopo fra Fossi übertragen. Die Fleischtheile Maria's sind etwas beschädigt. Die Entstehungszeit des Bildes ergibt sich daraus, dass die nicht mehr vorhandene Staffel dazu bei Pontormo bestellt wurde, welcher 1512 in die Werkstatt der Sapienza eintrat und sie 1513 wieder verliess. s. Vas. VIII, 260 und XI, 30. 31.

Die Farbe auf dem eben beschriebenen Bilde hat noch nichts von der später zuweilen ungünstig wirkenden Leerheit des Tones, Lichter und Schatten sind fast ebenso entschieden abgegrenzt wie auf Bildern der beiden Meister von S. Marco und der Vortrag ist von erstaunlicher Leichtigkeit. Nur in der Schönheit der Formbildung und im Helldunkel stand er noch hinter jenen zurück. Wie hoch seine Begabung geschätzt wurde, lehrt unter anderm die Geschichte mit Baccio Bandinelli. Dieser war durch das Lob, welches er für die Kühnheit seiner Zeichnungen nach den Cartons in der Sala del Papa geerntet (1515—17), so eitel geworden, dass er sich dem Michel-Angelo unmittelbar an die Seite stellen wollte. Der Ehrgeiz plagte ihn, auch in der Farbe zu glänzen, und um auf die leichteste Weise gleich hinter die neuesten technischen Geheimnisse zu kommen, wendete er sich an Andrea als an den besten damaligen Coloristen und bestellte sein eigenes Bildniss bei ihm, in der Absicht, demselben sowohl bei der Zubereitung der Farben wie beim Malen selber auf die Hand zu sehen und dann an dem fertigen Bilde weiter zu lernen. Andrea merkte den Schlich und zog die Arbeit derart in die Länge, dass Bandinelli trotz unendlichen Sitzens nichts weg bekommen konnte.[21]

Seit dem Winter von 1511 bis 1513 arbeitete Andrea gelegentlich an der Vervollständigung seiner Freskobilder für die Annunziata; im Klosterhof waren noch die Darstellungen der Geburt Maria's und des Zugs der drei Könige, im Garten zwei weitere Bilder anzubringen. Das Bild der Wochenstube Anna's gehört als Composition zu den reifsten Arbeiten des Meisters:

Florenz. Annunz. de' Servi. Auf der rechten Seite des in edlem Renaissancegeschmack ausgestatteten Zimmers liegt die heilige Anna halb aufgerichtet im Bett, von zwei Mägden bedient, welche ihr Waschwasser und Erfrischungen bringen, auf der linken Seite, die durch den Kamin abgeschlossen wird, sind Frauen und Mädchen mit der Abwartung des neugeborenen Mädchens beschäftigt; als Verbindung der beiden Bestandtheile des Bildes treten zwei herrliche Frauengestalten im Vordergrunde auf, welche sich der Wöchnerin nahen; im Hintergrunde sitzt in michelangelesker Haltung der sinnende Joachim, während zwei andere Figuren im Begriff sind,

---

[21] Vas. VIII, 265 und X, 297.

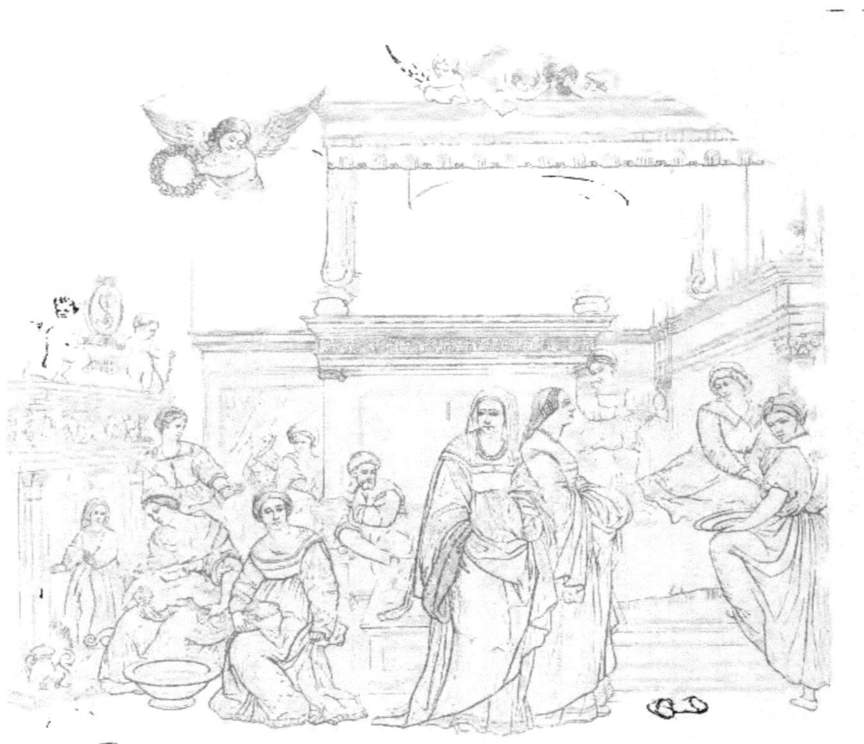

Geburt der Maria. Freskogemälde des Andrea del Sarto in der Servitenkirche (S. Annunziata) zu Florenz.

durch die Thür zu treten. Kleine Engel sitzen auf dem Sims des Himmelbettes, einer, halb in Wolken versteckt, hält einen Blumenkranz über der um das Kind beschäftigten Gruppe. Ueber dem Kamin sind zwei Putten mit den Wappenschildern der Medici angebracht, auf dem Ornament zwischen ihnen die Aufschrift: „ANDREAS FACIEBAT“; weiter unten über dem Feuerheerd die Jahrzahl: „A. D. M. D. XIIII“ und das Handzeichen des Meisters[25]:

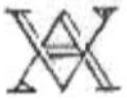

Der Richtung folgend, welche Andrea bei seinem ersten Freskencyklus eingeschlagen hatte, tritt er hier gewisser Maassen als ästhetischer Vermittler Ghirlandaio's und Lionardo's auf. Ueberall gibt er voll entwickelte Formen, welche den Einfluss Fra Bartolommeo's erkennen lassen, seine Zeichnung ist sicher, die Umrisse schwungvoll, die Handlung seiner Figuren ebenso deutlich wie mannichfaltig, die Gewandung weich und geschmackvoll; durch vollendete Farbenmischung und höchst glückliche Vertheilung von Licht und Schatten erreicht er die lebensvollste Wirkung[26]; der Vortrag, fehlerloser als auf irgend einem vorausgegangenen Bilde, erreicht Durchsichtigkeit des Tons und Fülle der Rundung ohne übertriebenen Farbenkörper. In den gemässigten und doch heiteren Tönen, die ihm eigenthümlich sind, in der ruhigen, luftsatten Stimmung, die das Ganze umspielt, bringt er es zu einer Vollendung, welche, in die Freskotechnik übersetzt, derjenigen vergleichbar ist, die Lionardo in seiner Mona-Lisa erreichte. Die Geburt Maria's steht als Wandbild auf der höchsten Stufe der Farbenwirkung; das letzte Abendmahl in S. Salvi oder die Madonna del Sacco haben nur den Vorzug der grösseren Handfertigkeit. Nach anderer Richtung muss dieses höchste Lob freilich wieder eingeschränkt werden. Die maassvolle Beherrschung des Stoffes und die Bündigkeit des Ausdrucks, die wir bei Fra Bartolommeo, Rafael und Lionardo überall antreffen, besitzt Andrea nicht, Ghirlandaio schildert dergleichen Vorgänge in einer Formensprache von reinerem Adel, Lionardo und Michel-Angelo veredelten ihre Dar-

[25] Im oberen, abgerundeten Theile des Bildes ist die Farbe etwas ausgeblichen oder aufgesogen. Ueberall ist der Gegensatz warmer Lichter und kühler Schatten innegehalten, der Fleischton hat in den dunkleren Stellen perlgrünen Schein.

[26] vgl. Vasari's Urtheil VIII, 259.

stellungen durch ideale Gestaltung und belebten sie mit dem Reize modernen Vortrags; in Fra Bartolommeo erwachte die reine seelenvolle Schönheit der Auffassung, welche nachmals in Rafael völlig zur Reife kam. Andrea del Sarto dagegen führte in die durch ihn aufs Aeusserste vervollkommnete Technik der Wandmalerei eine Freiheit der Behandlung ein, welche dem Stile des Darstellungsmittels Gefahr brachte. Sie sprach sich besonders in der schon hier hervortretenden und allmählig ausartenden Neigung zu schimmernden Farbenwirkungen aus. Während Masaccio, der Farbenmeister seiner Zeit, den Eindruck der Raumfülle noch innerhalb strenger Einfachheit der Farbenstufen erreichte, gab Fra Bartolommeo besonders mit Hilfe der feinen Abtönungen im Schatten das Beispiel grösserer, inhaltvollerer Vertiefung der Flächen. Diese Vervollkommnung war es, auf welche Andrea vor allem ausging. Er übertraf darin den Meister von S. Marco und gab der florentinischen Malerei andere Gestalt. Es nahm seitdem ein Streben überhand, welches künstliche Wirkungen über die einfache Naturtreue stellte. Gerade das, was oben im Vergleich zu Lionardo's Gemälden zur Schilderung der Farbensprache Andrea's gesagt wurde, schliesst auch den Tadel ein, welcher die Vermischung des Staffeleivortrags mit der Wandmalerei trifft. Im genauen Gegensatz aber zu den Venetianern, welche die Oelbehandlung schlechtweg auf die Wand übertrugen, ging Andrea den umgekehrten Fehlweg, indem er sich die flotte Freskobehandlung und ihre eigenthümlichen Wirkungsmittel auch bei seinen Oelgemälden angewöhnte. Weit entfernt von Tizian's Farbenpracht gefiel sich Andrea vielmehr in dem Dämmerschein des Zwielichts, und in diesem Sinne mag Vasari's Lob der „himmlischen Färbung" für seine Vortragsweise gemeint sein. Er war geborener Maler und nicht ungeschickt in der Gruppenerfindung[27], aber der Sinn für die Unterschiede der Erscheinungen nach ihrer Stoffart ging ihm ab: Fleisch, Gewänder, Erde, Himmel sind durchaus gleichartig behandelt, und auch seine bedeutendsten Leistungen verrathen den Mangel geistiger Durchbildung, der seine grossen Nebenbuhler auszeichnet.

[27] vgl. Vas. VII, 7. VIII, 251 nennt seine Farben „vari e veramente divini."
er Andrea's Zeichnung „senza errori"

Um das Jahr 1570, als Jacopo da Empoli im Hofe des Servitenklosters sass und Andrea's „Geburt der Maria“ copierte, trat eines Tages eine alte Frau zu ihm und sprach ihn an, indem sie eine Figur auf dem Bilde als Porträt der Gattin des Meisters bezeichnete; im Laufe des Gesprächs gab sie sich endlich selbst als Lucrezia del Fede zu erkennen.[28] Sie hatte in jüngern Jahren eine einflussreiche Rolle gespielt. Schon während der junge Meister in Gemeinschaft mit Andrea Feltrini und mit seinem eigenen Schüler Pontormo (1513)[29] an dem Triumphgeräth malte, welches bei der Feier der Papstwahl Leo's X. zur Verwendung kam und ganz Florenz über die Rückkehr der Medici jauchzte, war sie der einzige Gegenstand seiner Leidenschaft gewesen. Lucrezia war damals noch mit Carlo Recanati verheirathet, der in der Via S. Gallo einen Hutladen hatte. Sein Tod löste das Hinderniss der Liebenden und Andrea führte, nach Vasari's Aeusserung, mit ihrer Schönheit auch die Unruhe der Eifersucht heim.[30] Lucrezia mag allerdings anspruchsvoll und unverträglich gewesen sein, aber ihr rauhes Benehmen gegen die Schüler ihres Mannes, unter denen sich Vasari selbst befand[31], ist wohl Hauptursache des harten Urtheils gewesen, das über sie landläufig wurde; jedenfalls scheint sie mit Ungebühr verlästert worden zu sein. Wenn auch der Weggang Pontormo's aus dem Hause unmittelbar nach Andrea's Verheirathung stattfand, so ist doch nicht bewiesen, dass Lucrezia ihn vertrieben habe.[32] Und was die Störung anlangt, die sie der Kunstthätigkeit ihres Mannes durch ihr Wesen bereitet haben soll, so werden die Sittenrichter durch die Thatsache Lügen gestraft, dass Andrea grade im Beginn seines Verhältnisses zu ihr sein bedeutendstes Werk, das eben beschriebene Fresko im Hof der Annunziata, vollendet hat. Ihr Ebenbild auf jenem Wandgemälde ist, wie es scheint, in der Frauengestalt in der Mitte des Vordergrundes zu finden. Wenigstens hat Andrea diese Züge mit oder ohne Absicht seit jener Zeit in fast allen seinen Madonnen wieder-

---

28 s. Baldinucci, Opere, Leben des Jacopo da Empoli.

29 Vas. X, 38.

30 Die Hochzeit fand am 26. December 1512 statt. s. Biadi bei Reumont, a. a. O. S. 54, und Vas. 1. 3. VIII. 262.

31 Vas. 1, 3. XII, 49. 51.

32 Vas. VIII. 262. 263. XI, 30. 32.

holt. Demnach muss Lucrezia eine volle blühende Gestalt von schönen Verhältnissen gewesen sein. Mehrere, wenn auch nicht ganz übereinstimmende Bildnisse bezeugen dies:

Berlin. Museum. Im Museum zu Berlin ein Porträt in voller Vorderansicht, in gelbem Kleide mit weissem Brusttuch und weisser Kopfbinde auf grünem Grunde, flott behandelt.[33]

Madrid. In Madrid ein Bild aus jüngeren Jahren mit noch unentwickelteren, mädchenhaften Formen, $^3/_4$ nach links gewendet, das Haar turbanartig mit buntem Tuch umwunden, von feinem Liebreiz im Ausdruck, sehr sprechend und schön.[34]

Andrea's eignes Bildniss findet sich zuerst auf dem im Anschluss an Baldovineti's Geburt Christi gemalten Wandbilde des „Zugs der Könige“ im Hof der Annunziata, zu welchem die Cartons gleichzeitig mit der Darstellung der Geburt Maria's entstanden waren. Es ist noch flotter im Vortrag, aber nicht von so gesammeltem Ausdruck wie das Gegenstück. Vielleicht hat die Absicht des Meisters, gegenüber den Frauengruppen des ersten Ge-
Florenz. Annunziata. mäldes hier die männlichen Gestalten möglichst kräftig auszuprägen, zu dem selbstbewussten Wurfe beigetragen, welcher diesen Figuren eigen ist. Andrea's Selbstbildniss ist unter das Gefolge der Könige gesetzt, links von Sansovino, der mit dem Musiker Ajolle im rechten Vordergrunde steht. Es ist derselbe Kopf, der sich in den Uffizien wiederfindet und der von Vasari der Lebensbeschreibung beigegeben ist: das regelmässig rundliche Gesicht eines Mannes von kräftiger Statur, aber ohne Formfeinheit, und in diesem Betracht entspricht das Bildniss dem Wesen des Menschen sehr wohl. Es hat als Malerei weder die geistige Vornehmheit Lionardo's oder die Vollendung Rafael's, noch auch die Wucht des Michel-Angelo. Von den andern Selbstbildnissen des Meisters sind aufzuführen:

---

[33] Berlin N. 240, Holz. Oel, h. 1' 4$^3/_4$", br. 1' 2$^1/_4$".

[34] Madrid. Gall. des Prado N. 383, früher 664. Holz, h. 0,73, br. 0,56. Das Bild hat durch Nachbesserung sehr an Durchsichtigkeit verloren, die Formen sind mit fast lionardesker Entschiedenheit gezeichnet; es gehört überhaupt zu den besten Andrea's.

Florenz. Uffiz.

In Florenz, Uffizien No. 280: ein Fresko auf Ziegelstein, schnell hingeworfen, aus den älteren Jahren des Meisters, das Gesicht unfein, die Kleidung nachlässig, der Farbenauftrag dick, der Fleischton röthlich.

Florenz. M. Campana.

Weit schöner ist ein Anderes im Besitz des Marchese Campana[35], das Gesicht ist 3/4 nach links gewandt, von langem Haar umschlossen, welches wohlgefällig unter schwarzer Mütze herabfällt; das weisse Hemd von dunkelseidenem Wams mit violetten Aermeln bedeckt, auf dem grünen Hintergrunde das Handzeichen . In den allgemeinen Umrisslinien, im Wuchs und im Charakter entspricht es durchaus dem Bildnisse auf dem Zug der Könige, wie es andrerseits trotz mancher Entstellungen mit dem oben beschriebenen Bildniss in den Uffizien stimmt, nur dass es den Maler weit jünger, ungefähr im dreissigsten Lebensjahre darstellt.

Florenz. Annunziata.

Die i. J. 1514 vollendeten Fresken in der Annunziata wurden gleichzeitig mit dem unglücklichen Sposalizio des Francia Bigio enthüllt.[36] Was er sonst noch im Klostergarten gemalt hat, ist untergegangen, doch gehören wahrscheinlich noch einige andre Sachen von geringer Bedeutung ebenfalls dieser Zeit an.[37] Wann das Brustbild Christi auf dem Hochaltar daselbst gemalt worden, welches Vasari mit Recht belobt, ist nicht festzustellen.[38] Die Himmelfahrt Maria's, welche Andrea am 16. Juni 1515 zu malen übernommen hatte, ist von Pontormo vollendet worden.[39] Er selbst wendete sich jetzt

---

[35] Aus der Samml. des Vincenzo Capponi gekauft, wo es Reumont a. a. O. sah; Holz, Oel, lebensgr. Auf der Rückseite steht angeblich: „p°. 1518." Gesicht und Haar sehr nachgebessert.

[36] Andrea erhielt für die Bilder contraktlich 98 Gulden, doch wurde ihm ein Zuschuss von 42 fl. bewilligt (s. Vas. VIII, 257). Wir haben Vermerke über eine Zahlung für das Epiphaniasbild vom 12. Dec. 1511 und für die Geburt Maria's vom 25. dess. Monats. Ueber Francia Bigio's Gemälde s. d. vorige Cap., über die gleichzeitige Aufdeckung der beiden Bilder A.'s mit dem Sposalizio s. auch Vas. IX, 98 und VIII, 259—260 u. 301, Anm.

[37] Für die Malereien im Garten erhielt A. Zahlung am 25. Juni 1512 und im Juni 1513. Zwei Tafelbilder im Besitz Fuller Maitland's — von Nanaccio — scheinen Copien der Gartenfresken zu sein. — Anderweite Fresken befanden sich im Noviziat des Servitenklosters; eins davon gehört jetzt der Akad. d. K. an, N. 61 Saal d. gr. Gem.: Pietà, lebensgr., sehr leicht behandelt und von durchsichtiger Farbe. Ein zweites, das Innere eines Hauses darstellend, gehört zu einer Reihe grau in grau gemalter Parabelbilder, und befindet sich jetzt in einem als Hospital für Frauen benutzten Raum. s. Vas. VIII, 275.

[38] s. Vas. VIII, 279. 280. Holz, Oel, lebensgr. Der Kopf ist von warmem ansprechenden Ton, das Gepräge für Andrea sehr schön: Christus hat die Hände über die Brust gekreuzt. Ein zweiter Christuskopf ebenda auf Leinwand (Wiederholung des Meisters?) ist verkauft worden und gegenwärtig nicht nachzuweisen (vgl. auch Anm. zu Vas. a. a. O.).

[39] s. den Nachweis bei Vas. VIII, 302. Anm.

einer andern Aufgabe zu. Die Brüderschaft vom Scalzo hatte den Serviten den Rang abgelaufen und den Maler bestimmt, die grau in grau gehaltenen Darstellungen, von denen ein Stück bereits vor vielen Jahren entstanden war, nunmehr zu vervollständigen. Im

Florenz. Scalzo.

Winter 1515 hat Andrea dort die „Allegorie der Gerechtigkeit" und die „Predigt des Johannes in der Wüste" vollendet, Darstellungen, welche vermöge ihrer Einfachheit und Ruhe sehr an Domenico Ghirlandaio erinnern, wenn auch einige Figuren auf letzterem Bilde durch ihren Ungestüm und ihre eckige Faltenbehandlung auffallen. Es sind Erzeugnisse einer vorübergehenden Laune des Künstlers. Eben damals machte Dürers Passion, zuerst i. J. 1511 herausgegeben, in Italien grosses Aufsehen und Andrea konnte sich nicht erwehren, die Drastik des Ausdruckes nachzuahmen.

Als er mit diesen Stücken ziemlich zu Ende war, flog die Nachricht von dem bevorstehenden Besuche Leo's X. durch Florenz. Man setzte alles in Bewegung, um den Gast würdig zu begrüssen. Strassendekorationen aller Art wurden hergestellt, wobei Andrea mit seinen Freunden Jacopo Sansovino und Rustici alle Hände voll zu thun bekam. Mit Sansovino unternahm er sogar die Herstellung einer Scheinfaçade für den Dom, welche so schön ausfiel, dass der Papst sie gern in Stein ausgeführt gesehen hätte.[40] Bei

Florenz. Scalzo.

der Wiederaufnahme seiner Arbeiten im Scalzo schloss er die Rahmen um das Bild der „Taufe Christi", der „Gerechtigkeit" und der „Predigt", und im Hochsommer 1517 führte er die Bilder der „Taufe des Johannes" und der „Gefangennahme desselben" zu Ende. Sie bestehen aus sehr belebten Gruppen voll derber Kraftäusserung und guter Massenvertheilung, sind aber schon etwas übertrieben gezeichnet.[41] — Zur Erholung von der doch ermüdenden Arbeit farbloser Malerei führte er nebenher für S. Francesco in Florenz das Madonnenbild mit Heiligen aus, welches jetzt den Uffizien angehört:

---

[40] Es war um 3. September 1515. Vas. VIII, 267. Im Frühling 1516 war Andrea auch beim Leichenfeste des Giuliano de' Medici beschäftigt. Vas. IX, 112.

[41] Die bezügl. Nachweise finden sich bei Vas. VIII, 302. 303 Anm. u. VIII, 264.

Maria auf einem Postamente trägt den Knaben mit der Rechten und hält mit der Linken ein Buch, neben ihr stehen Franciscus und Johannes der Evangel. mit zwei Engeln. Zu dem jugendlichen feinen Modell der Jungfrau und der empfindungsvollen weichen Johannesgestalt steht die derbe und gewöhnliche Erscheinung des Franciscus in auffälligem Gegensatz. Der Luftton des Bildes, welcher die Umrisse der Gestalten fast verhüllt, ist von höchster Harmonie und Fülle, die Verarbeitung und Leuchtkraft der Farbe sind hier auf den äussersten Grad gesteigert.[42] Florenz. Uffiz.

Merkwürdig ist das Bild nicht sowohl durch die Vollendung der Malerei an sich, sondern deshalb, weil es erkennen lässt, welcher ausserordentlichen Mannichfaltigkeit des Ausdrucks Andrea je nach Beschaffenheit seiner Aufgaben fähig war. Es steht als ein Meisterstück weicher, schmelzender Behandlung unmittelbar neben den besonders durch die Wucht der Formgebung ausgezeichneten Bildern im Scalzo, die sich alsbald auch an dem für das Kloster von S. Gallo gemalten Altarstücke (jetzt in der Gall. Florenz. Gall. Pitti. Pitti) wiederholt, welches die „Verhandlung der Kirchenväter um den Glaubenssatz der Dreieinigkeit" zum Gegenstande hat.[43] Hier aber ist gleichzeitig die duftige Gesammtstimmung wahrzunehmen, die nun seine stehende Eigenthümlichkeit bleibt. Er scheint sonach damals einerseits die späteren Werke Fra Bartolommeo's (z. B. dessen Vincenz-Figur in der Akademie zu Florenz), andrerseits plastische Arbeiten Michel-Angelo's zum Muster genommen zu haben, wie die entschlossenen und grossartigen Geberden, die untadeligen Körperverhältnisse und die edle massige Gewandung verräth. Man versteht angesichts dieses Bildes auch den Sinn der Aeusserung, welche Michel-Angelo über Andrea del Sarto gegen Rafael gethan haben soll: „in Florenz gibt es ein Bürschchen, das Dich wohl schwitzen machen sollte, wenn ihm einmal grossartige Aufträge wie Dir zu Theil würden."[44] Dass Michel-Angelo den Andrea persönlich kannte, wissen wir; war er es doch, der

[42] Uffiz. N. 1112, Holz, Oel, lebensgr. Fig., am Piedestal Maria's die Inschrift: AND. SAR. FLOR. FAB. AD. SVMMV. REGINA. TRONV. DEFERTVR. IN. ALTVM. MDXVII."

[43] Florenz, Pitti N. 172.

[44] Das Wort findet sich bei F. Bocchi, Bellezze di Firenze und ist mitgetheilt von den Herausgebern des Vasari zu VIII, 293.

den jungen Vasari i. J. 1524 in Andrea's Werkstatt gebracht hatte, wo leidenschaftliche Verehrung für Michel-Angelo's Stil herrschte.[45] Von gleichem Charakter übrigens mit jener Disputa ist auch eine „Charitas" im Louvre und eine „Pietà" in Wien, beide aus d. J. 1518, von denen später die Rede sein wird.

Im J. 1516 hatte ein Händler Namens Giov. Battista Puccini ein Bild Andrea's (Leichnam Christi von Engeln betrauert, welches Agostino Veneziano nicht zur Zufriedenheit des Künstlers in Kupfer stach)[46] nach Frankreich verkauft, wo es am Hofe grosse Bewunderung hervorrief und Anlass zu weiteren Bestellungen gab. Ein zweites Bild, ebenfalls für eine bedeutende Summe in Paris verkauft, steigerte die Nachfrage noch mehr, sodass König Franz I. im Frühjahr 1518 durch einen Agenten bei Andrea anfragen liess, ob er gesonnen sei, in die französische Hauptstadt überzusiedeln.[47] Andrea konnte der lockenden Aussicht nicht widerstehen, verliess Weib und Haus und ging mit reichlichen Mitteln ausgerüstet Anfang Sommer in Begleitung seines Schülers Sguazzella nach Frankreich ab.[48] Ehrenvoller Empfang sowie die ansehnliche Kredenz an Geld und Kleidern, die ihm bei der Ankunft zu Theil wurde, befeuerten seinen Eifer; der erste Auftrag, den er erhielt, war ein Bildniss des neugeborenen Dauphin, das ihm der König mit 300 Goldstücken bezahlte.[49] Unter den weiteren Arbeiten dieser Zeit bekundet keine in höherem Grade die Anlehnung an Michel-Angelo's Stil, als die jetzt im Louvre aufgestellte Charitas:

Paris. Louvre.

Sie ist als Weib mit zwei Kindern auf den Knieen dargestellt, von denen das eine mit Begierde die Brust ergreift, das andere lächelnd ein Büschel Nüsse zeigt, ein drittes liegt am Boden; Hintergr. Landschaft. Links an der Erde ein Blatt mit der Aufschrift: „ANDREAS. SARTVS. FL^O^RENTINVS. NE P^I^NXIT M.D.X.V.III."[50]

---

[45] Vas. I, 3. XII, 49 und 204.

[46] Vas. VIII, 265. 266. IX, 279. Agostino Veniziano's Stich ist v. J. 1516, s. auch Reumont a. a. O. 92. Das Original ist nicht mehr nachzuweisen.

[47] Vas. VIII, 268. 270.

[48] Wie es scheint im Juni, da er noch unterm 23. Mai dem Bartolommeo del Fede Quittung über 150 Gulden ausstellte, die ihm als Mitgift seiner Frau gezahlt wurden. vgl. Anm. zu Vas. VIII, 303 und Vas. VIII, 270 f.

[49] Vas. VIII, 271. Der Dauphin war am 28. Febr. 1518 geboren.

[50] Louvre N. 437, urspr. Holz, auf Leinw. übertragen, Fig. lebensgr., h. 1,85, br. 1,37. Eine alte Copie des Bildes besitzt das Museum zu Nantes.

Obgleich die Farbe sehr gelitten hat, war das Bild doch offenbar mit dem ganzen Reiz der Meisterzeit Andrea's ausgestattet. Die Nachahmung Michel-Angelo's beschränkt sich nicht auf die Erfindung und Anordnung im Allgemeinen, sondern erstreckt sich auf Formen, Bewegungen und Zeichnung der einzelnen Theile; und zwar wird man am meisten an dessen unvollendet gelassene Madonna mit dem Kinde an der Brust in der mediceischen Kapelle in S. Lorenzo zu Florenz erinnert. Dem Stilcharakter nach ist der Pariser Charitas die Pietà in Wien unmittelbar an die Seite zu stellen:

Der Leichnam Christi liegt im Vordergrunde, das Haupt von einem Engel unterstützt, während ein Anderer die Leidenswerkzeuge hält, dahinter die klagende Maria. Inschrift: „And. Sar. Flo. Fac."[51] Wien. Belvedere.

Von der Weihe Giotto's oder Angelico's, von dem Adel des Masaccio oder Ghirlandaio's, dem Feingefühl Lionardo's und Bartolommeo's und von der geistigen Erhebung Rafaels hat sich Andrea hier völlig losgesagt; er gibt den Schmerzensausdruck Maria's, den Anblick des Todes ohne allen Rückhalt, aber mit bewundrungswürdiger Naturbeobachtung wieder und der Farbenvortrag ist trotz aller Unbilden, die das Gemälde erfahren hat, noch immer lichtvoll und mächtig.

Neben diesen Werken entstanden in Frankreich noch zahlreiche andere von gleichem Werth, deren wir später zu gedenken haben[52], aber das Behagen Andrea's in der neuen erfolgreichen Thätigkeit wurde durch die Briefe gestört, die er von Haus erhielt. Lucrezia bestürmte ihren Gatten zur Rückkehr; er gab ihren Bitten nach und erbat sich Urlaub auf kurze Zeit. Der König gewährte ihn nicht nur, sondern stattete den Maler auch mit Mitteln zu Kunst-Einkäufen in Italien aus. Dieses Vertrauen aber hat Andrea in gröblicher Weise getäuscht. Nachdem sein eigenes und das fremde

---

[51] Wien, Belvedere, Flor. Sch. Zimmer IV, N. 23, Holz, Fig. unter Lebensgr., in den Schattentheilen etwas leer, das Ganze durch Putzen und Nachbessern beeinträchtigt. — Zwei Copien dieser Pietà befinden sich in England, die eine im Besitz Mr. Farrer's, die andere bei Mrs. Butler Johnstone, vgl. Waagen, Treasures II, 132 und das Verzeichniss am Schluss unsres Kapitels.

[52] s. das Werkverzeichniss am Schluss des Kapitels.

Geld in einem Hausbau in Florenz aufgegangen war, musste sich der leichtsinnige Mann verborgen halten, um den Nachstellungen des Königs zu entgehen. Es wirft ein bedenkliches Licht auf die öffentlichen Zustände jener Zeit, dass er in der That straflos davon kam. Vasari behauptet wenigstens, ohne widerlegt worden zu sein, dieser abscheuliche Vertrauensbruch habe dem Meister keinerlei üble Folgen zugezogen, nur habe König Franz infolge dieser Erfahrung den heftigsten Groll gegen alle florentinischen Künstler insgesammt gefasst.[53] — Andrea seinerseits fühlte sich jedoch im J. 1520 wieder völlig sicher, begann seine Geschäfte in Florenz aufs Neue und nahm die alten Beziehungen zur Brüderschaft des Scalzo wieder auf. Er lieferte die allegorischen Figuren des „Glaubens“ und der „Liebe“ im Kreuzgang, wurde aber durch wichtigere Aufträge in der Fortsetzung dieser Bilderreihe unterbrochen. Ottaviano de' Medici, welcher vom Kardinal Giulio damit betraut worden war, den Landsitz in Poggio a Caiano frisch herzurichten, übertrug dem Francia Bigio, Pontormo und Andrea den Wandschmuck daselbst. Unser Meister hatte den „Empfang der Tribute durch Cäsar“ darzustellen:

Florenz. Scalzo.

Poggio a Caiano.

Die Hälfte des Bildes, welche fertig wurde, zeigt den Triumphator in einem Bogenportal, zu welchem eine Treppe hinanführt, rechts auf einem Sockel das Standbild des Ueberflusses; die Tributpflichtigen nahen mit verschiedenen Gaben, Löwen, Tigern, Papageien, Affen und anderen ausländischen Thieren, ein Zwerg bringt ein Chamäleon herbei, reiche Architektur schliesst den Hintergrund.[54]

Das Bild, weit weniger durch Gruppierung als durch bunte Masse von Einzelheiten ausgezeichnet, mahnt schon an den Geschmack Paolo Veronese's für unterhaltende Massenwirkung. Es zeigt ausserdem das Bestreben, durch die Linien der Baulichkeiten und durch Vertheilung der Figuren auf die verschiedenen Flächen zu glänzen und gibt eine Vorstellung von dem ausserordentlichen

---

[53] Vas. VIII, 273.

[54] Am Saume des Bildes steht: „Anno dñi MDXXI Andreas Sartius pingebat. et A. D. MDLXXXII Alexander Allorius sequebatur.“ Das Fresko hat im Laufe der Zeit einige Beschädigungen erlitten, besonders ist der Luftton oberhalb sehr entfärbt. Vasari (s. VIII, 276) besass die Zeichnung Andrea's dazu, die er als die vollendetste rühmt, die ihm je vorgekommen sei.

Geschick Andrea's in der Darstellung von allerhand Schaugepränge, das er so oft zu malen gehabt hat. Dabei ist es mit höchster Sicherheit und Kenntniss gezeichnet und von vortrefflicher Lichtführung. Sehr ungünstig sticht von diesem heitern Farbenspiele die durch ziegelrothe Töne entstellte Malerei des schwachen Allori ab, der das Stück später vollendete; auch die benachbarte Arbeit des Francia Bigio[55] tritt dagegen stark in den Schatten, geschweige denn die des Pontormo, die noch tief unter diesen Beiden steht.

Beim Tode Leo's X (December 1521) wurden die Malereien in seinem Schlosse zu Poggio a Caiano abgebrochen, Andrea kehrte wieder in den Scalzo zurück und malte nunmehr hintereinander in der Zeit bis zum Sommer 1523 den „Tanz der Salome", den „Tod Johannes des Täufers", die „Ueberbringung seines Hauptes", die Allegorie der „Hoffnung" und die „Erscheinung des Engels bei Zacharias."[56] Gleichzeitig mit diesen Wandgemälden, denen in der Wiedergabe der grausigen Vorgänge eine maassvolle Behandlung nachzurühmen ist, scheinen die Darstellungen aus dem Leben des Joseph entstanden zu sein, welche, ursprünglich als Schmuck für Hausgeräth gemalt, sich jetzt in der Gallerie Pitti befinden. Sie bildeten ehemals einen Theil der künstlerischen Ausstattung des Brautgemaches, welches Salvi Borgherini seinem Sohne Pier Francesco bei der Hochzeit mit Margareta Acciaiuoli herrichten liess und das die ausgesuchtesten Prachtstücke damaliger florentinischer Dekorationsarbeit vereinigte. Vasari kann sich nicht genug thun in dem Lobe des vollendeten Geschmackes dieser häuslichen Einrichtung, an welcher Andrea, Granacci, Pontormo und Bacchiacca gemeinschaftlich mit Baccio d' Agnolo gearbeitet hatten.[57] Und sein Urtheil über den Werth der Sachen wurde nachmals dadurch bestätigt, dass der französische Agent Giov. Battista della Palla den Versuch machte, während der Abwesenheit Borgherini's in der Zeit der Belagerung von Florenz von der Stadtbehörde die Erlaubniss zur Wegführung des kostbaren Ge-

Florenz. Scalzo.

[55] vgl. Cap. XV. S.

[56] Das letztgenannte Bild wurde unterm 22. August 1523 aufgedeckt u. mit 50 Lire bezahlt. s. Vas. VIII. 305.

[57] s. Reumont a. a. O. 132. 133 und Vas. VI, 52. VIII. 268. IX. 220. XI. 43 f.

räthes zu erlangen. Als er aber den im Borgo S. Apostolo gelegenen Palast Borgherini zu betreten wagte, wurde er von der empörten Hausfrau mit den heftigsten Schmähungen und der Versicherung empfangen, sie werde diese köstlichen Gedenkstücke ihrer Ehe bis zum letzten Blutstropfen vertheidigen. Vor dem Ingrimm des muthigen Weibes musste sich della Palla, der nachmals übrigens den Tod des Verräthers starb, zurückziehen.[58] Erst die späteren Schicksale des Hauses führten die Zerstreuung jener Kleinodien herbei.

Florenz. Pitti. Andrea's Tafeln enthalten die „Traumdeutung Joseph's", den „Verrath der Brüder", die „Schicksale in Egypten" mit den Zwischengliedern der Legende in reicher, anmuthiger und meisterhafter bildlicher Erzählung und lassen neben den gewöhnlichen Vorzügen des Meisters die Rundung der Figuren durch Licht und Schatten noch besonders glücklich hervortreten.[59]

Ueber allen diesen Arbeiten aber konnte der ungetreue Mann doch die Erinnerung an die schönen Tage in Frankreich nicht los werden. Er lebte in der Einbildung, König Franz werde ihm seine Gnade wieder zuwenden, wenn er etwas Neues von ihm zu sehen bekäme, und wollte dies zuerst mit Hilfe eines Madonnenbildes[60], dann durch eine Figur Johannes des Täufers in der Wüste versuchen. Als die Bilder aber fertig waren, kam er zur Besinnung und wenigstens das letztere gelangte in die Hände des Ottaviano de' Medici. Dieser nämlich hielt es, nachdem die für seine Verwandten von ihm angeregten Kunstunternehmungen hatten aufhören müssen, für anständig, seinerseits etwas für die Künstler zu thun, und kaufte nicht blos dieses Bild des Täufers, welches jetzt
Florenz. Pitti. der Gallerie Pitti angehört[61] und gebührend geschätzt wird, sondern bestellte ausserdem zahlreiche Madonnen und Bildnisse. Ueber das spätere Schicksal der Madonnenbilder wissen wir leider ebensowenig wie über das Porträt des Kardinals Giulio de' Medici.

---

58 Vas. XI, 44. 45.

59 Florenz, Pitti N. 87 und 88; das Schlussbild enthält das Handzeichen Andrea's.

60 Es sollte durch einen Italiener Namens Zanobi Bracci unter Vermittelung des Jacques de Beaune nach Paris gehen.

61 Pitti N. 265. vgl. Vas. VIII, 277.

Aber das Museum zu Neapel bewahrt noch die auf Anlass Ottaviano's angefertigte Copie nach dem Bildnisse Leo's X von Rafael. Bisher ist der Erzählung Glauben geschenkt worden, wonach Markgraf Friedrich II von Mantua bei seinem Besuche im Vatikan i. J. 1523 den Papst Clemens VII. persönlich bewogen haben sollte, ihm jenes Leo-Porträt des Rafael, welches er bei seiner Durchreise in Florenz gesehen, zum Geschenk zu machen. In Wahrheit wurde der Markgraf von Mantua in jenem Jahre, 1523, durch die französische Invasion verhindert, selbst in den Vatikan zu kommen, brachte aber seine Bitte brieflich bei Clemens an. Dass jedoch Ottaviano de' Medici den Befehl des Papstes, das Bild Rafaels nach Mantua auszuliefern, umgangen hat, ist erwiesen. Clemens beauftragte den Aretino unterm 28. December 1524, dem Markgrafen zu schreiben, es solle seinem Wunsche entsprochen werden, sobald eine Copie von dem Original-Bilde gemalt sei, welche ohne Zweifel Ottaviano, der Vertreter der Familie in Florenz, zu besorgen hatte. Am 6. August 1525 schrieb Ottaviano's Agent Giov. Borromei, er möge nach Mantua berichten, dass das Leo-Porträt von Rafael binnen zwei Tagen aus Florenz abgeschickt werden könne. Die gewünschte Sendung kam s. Z. auch dort an, aber dem Ottaviano hatte nichts ferner gelegen, als jenes kostbare Original aus der Hand zu geben. Er täuschte sowohl den Markgrafen als auch dessen damaligen Hofmaler Giulio Romano.[62] Vasari nämlich, der sowohl bei Andrea del Sarto als auch bei Ottaviano im Vertrauen stand und den Sachverhalt kannte, besuchte einige Zeit darauf Mantua und wurde von Giulio vor das vermeintliche Rafael-Original geführt, das dort als kostbarster Schatz der Sammlung galt. Als er äusserte, das Gemälde sei zwar sehr schön, aber nicht von Rafael, erwiederte Giulio, er müsse es doch am besten kennen, da er an etlichen Zuthaten, die von ihm herrührten, die Striche seiner eigenen Hand wiederfinde. Vasari aber belehrte ihn eines Besseren, indem er auf ein Zeichen verwies,

[62] s. die Darstellung des Herganges und die Belege dazu bei Carlo d' Arco und V. Braghirolli im Archivio stor. Ster. III, Tom. VII Parte II, 1868 S. 175–193.

das Andrea del Sarto als Merkmal seiner Arbeit darauf angebracht hatte und das sich wirklich auf der Rückseite der Tafel vorfand. Giulio gab sich damit zufrieden, in dem Bilde einen Maler schätzen zu lernen, der dem grössten Meister bis zum Verwechseln nahe komme[63]; die Kunstforschung hat aber lange gebraucht, ehe auch sie zu Giulio's Einsehen kam. Man hat das Leo-Porträt in der Gallerie Pitti bezweifelt und die Echtheit desjenigen im Museum zu Neapel behauptet, welches das ehemals nach Mantua geschickte Exemplar ist. Dieses jedoch gibt genugsam zu erkennen, dass es nach dem andern gemacht worden. Selbst wenn Rafael eine eigenhändige Wiederholung angefertigt hätte, würden wir ohne Zweifel im Stande sein, das zweite vom ersten zu unterscheiden; bei dem Bilde in Neapel aber sind die Unterscheidungsmerkmale sehr deutlich: man vermisst die vollendete Haltung der Farbe, die freie Grossartigkeit des Vortrags und des Formausdrucks; im Umriss der mantuaner Copie gibt sich anderer Tastsinn zu erkennen, das Helldunkel ist nicht massig genug für Rafael, die Schatten entbehren in Folge ungenügender Modellierung seiner geheimnissvollen Tiefe, kurz die Werke unterscheiden sich ganz ebenso wie die Individualitäten der Künstler. Rafael und Andrea del Sarto hatten sich aus sehr abweichenden künstlerischen Grundsätzen entwickelt, die jeden auf ein anderes charakteristisches Handwerksverfahren führten. Andrea pflegte nicht Ton auf Ton zu legen und sie durch stärkere und feinere Lasuren zu verquicken, wie dies Rafael von den Anleitungen Lionardo's und Perugino's her gewohnt war; sein Vortrag hat im Gegentheil immer etwas Flottes und Frisches, und daher entsteht häufig der Eindruck der Leerheit bei seinen Oelgemälden. Diese Technik ist es denn auch, die wir an dem Leo-Bildniss in Neapel wahrnehmen. Die Lichter haben zwar hinreichenden Schmelz und Helle, um der Arbeit das Lob guter Nachahmung Rafaels zu sichern, aber die Schattentöne füllen in Folge ihrer zäheren Beschaffenheit die Formen nicht völlig genug aus und den, wenn auch treu nach Rafael copierten Gewandfarben geht die geschlossene Einheit ab, die das Original

63 Vas. VIII, 282.

besitzt. — Weder Giulio Romano noch Vasari, der sich lediglich auf ein äusserliches Zeichen berief, gingen bei ihrem Gespräch angesichts des mantuanischen Bildes auf die technischen Merkmale ein; dies darf jedoch weit weniger verwundern, als die Bemerkung Giulio's, dass er selbst Antheil an dem Werke Rafaels gehabt habe. Haben wir diese Thatsache hinzunehmen, die schwerlich Jemand aus dem Bilde selbst würde ableiten können, so lehrt sie von neuem, welche Macht die Gegenwart eines grossen Meisters auf die Leistungsfähigkeit eines Untergeordneteren ausüben kann, der bei selbständigen Arbeiten weit von ihm absteht.[64]

Zur Entscheidung der Echtheitsfrage bei den genannten beiden Bildnissen Leo's dient auch noch ein Nebenumstand, der nicht übersehen werden darf. Auf der Rückseite des Bildes in Neapel nämlich findet sich eine Inschriftzeile, welche meistens als Beweisstück für Rafaels Urheberschaft benutzt wird, wie sie auch, schlechthin betrachtet, dazu Anlass gibt. Aber in dem nämlichen Museum ist noch ein anderes Bild bekannt, welches dieselbe Inschrift trägt, und dieses ist die sogenannte „Madonna della Gatta“ von Giulio Romano, die von Niemandem, ausser an einer Stelle bei Vasari, die offenbar auf Irrthum beruht, für Rafael in Anspruch genommen worden ist.[65]

Durch das plötzliche Auftreten der Pest in Florenz wurde Andrea del Sarto mit vielen Anderen auf einige Zeit aus seiner Heimath vertrieben, und da sein Gönner Antonio Brancacci ihm einen Auftrag für das Nonnenkloster S. Piero zu Luco in Mugello verschafft hatte, wandte er sich im Sommer 1521 mit Kind und Kegel dorthin. Zu den Früchten dieses kurzen Aufenthaltes gehörte ausser einer Darstellung der „Heimsuchung“ und eines „Christuskopfes“ nach dem Vorbild des Altarstückes der Serviten-

[64] D' Arco und Braghirolli a. a. O. sind der Ansicht, dass das neapolitanische Exemplar das Original Rafael's sei, indem sie die Erzählung Vasari's für eine Erfindung halten, die dazu dienen sollte, dem florentinischen Exemplar höheren Werth zu verleihen, aber dies erweist sich bei Vergleichung der Gemälde als völlig haltlos.

[65] Die Inschrift lautet: „P. Leon X mã di Rafaelo d' Urbino. Gio. battã b̃toluzzo. A. N.“ (d. h. Agostino Nerone). Vasari theilt diese Madonna X, 94 richtig dem Giulio zu, führt sie dagegen XI, 249 irrthümlich unter Rafaels Arbeiten auf.

kirche, die „Pietà“ in der Gallerie Pitti, die uns von diesen Arbeiten allein übrig geblieben ist[66]:

Florenz. Pitti. Der Todte liegt, an den Schultern von Johannes gestützt, der Arm von Maria gehalten, am Boden ausgestreckt; Magdalena beugt sich die Hände ringend über seine Füsse, hinter ihr steht Katharina, Petrus hinter diesen Beiden neigt sich mit ausgebreiteten Armen mit ergreifender, wenn auch nicht sehr edler Schmerzensgeberde vor; auf der Gegenseite neben Johannes steht Paulus.[67]

Es ist von Interesse, Andrea's Auffassung dieses Gegenstandes mit der seiner Vorgänger und Zeitgenossen zu vergleichen. Das Bild hat weder die Erhabenheit Fra Bartolommeo's, noch die stille Weihe des Perugino, aber der michelangeleske Zug tritt stark hervor. Der Schwerpunkt liegt in dem dramatischen Leben des Vorganges, ohne dass dadurch das menschlich Rührende leidet; bei aller realistischer Entschiedenheit ist die Würde wohl gewahrt.

Im Herbst 1524 kehrte Andrea nach Florenz zurück und malte hier zuerst die Heimsuchung in der Reihe der steinfarbigen Fresken
Florenz. Scalzo. des Scalzo, eins der trefflichsten Stücke dieses Cyklus, und sodann
Pitti. die jetzt im Palast Pitti befindliche Madonna auf Wolken mit Heiligen (Johannes der Täufer und Magdalena knieend, Sebastian, Rochus, Laurentius und ein Sechster stehend)[68], welche sich dieser Arbeit würdig anschliesst. Dann folgte eine Reihe von fünf Heiligenfiguren, die, ursprünglich für die Madonna di S. Agnese be-
Pisa. Dom. stimmt, gegenwärtig im Dom zu Pisa[69] bewahrt werden. Es sind

---

[66] Ueber die beiden andern verlornen Bilder vgl. Vas. VIII, 279 und 305.

[67] Pitti N. 58, Holz, Oel, Fig. lebensgr., im Vordergrunde Andrea's Handzeichen. AA Die zugehörige Staffel, welche angebl. in Luco zurückgeblieben ist, haben die Verf. nicht gesehen. Der kaiserliche Feldhauptmann Armaciotto de' Ramazzotti wollte das Bild, wie Vas. VIII, 280 erzählt, während der Berennung von Florenz 1529/30 nach Bologna entführen. Ueber die Bezahlung der Pietà und der Heimsuchung (80 Dukaten) s. Vas. VIII, 305.

[68] Pitti N. 307, Holz, Oel, Fig. lebensgr., ein schönes leicht behandeltes Bild des Meisters mit trefflich verarbeiteten Tönen. Die zugehörige Staffel, jetzt verloren, enthielt Bildnisse des mit Andrea vertrauten Beccuccio Biccherai da Gambassi u. seiner Gattin. s. Vas. VIII, 280.

[69] Es sind: Johannes mit dem Kreuz, knieend und empordeutend (durch Auspunktierung nachgebessert), Katharina mit der Palme, Margaretha mit einem kleinen Kreuz, beide grossartig und von guter Haltung. Paulus, sehr durch Uebermalung verändert. Agnes mit lebensvoller Geberde (Holz, lebensgr.). 4 davon hängen zu beiden Seiten des Hochaltars, das letzte an einem Pfeiler des Querschiffes im Dom, wohin sie i. J. 1618 übertragen worden sind.

treffliche lebensvolle Gestalten von so luftsatter Färbung, dass sie geradezu an Correggio erinnern, wenn sie auch in der Haltung mehr Ernst und Würde haben, als man in der Regel bei diesem antrifft. — Im J. 1525 finden wir den Meister mit Bugiardini zusammen an den Zeichnungen für Ausschmückung der Tribunenballustrade (ringhiera) des Rathspalastes in Florenz beschäftigt[70], aber die bedeutendste Leistung dieses Jahres war die sogenannte „Madonna del Sacco" im Kreuzgang des Servitenklosters[71]:

Das Bild, al fresco in ein Bogenfeld gemalt, stellt Maria sitzend auf der Schwelle eines Palastes dar; Jesus, als Knabe von etwa fünf Jahren gedacht, rittlings auf ihrem Knie, strebt mit entschiedener Bewegung der Beine und Arme nach links, gleichsam über die Mutter hinwegschreitend dem heil. Joseph zu, welcher auf der andern Seite, den rechten Arm auf einen Getreidesack stützend in dem aufgeschlagenen Buche liest, das er mit der Linken hält. Florenz. Annunz. de' Servi.

Vasari sagt über das Bild, es sei so vollendet, dass der Meister damit vermöge der Zeichnung, der Anmuth und Güte der Färbung, der Lebendigkeit und des plastischen Vortrags alle bisherigen Maler bei Weitem übertroffen habe.[72] In der That darf das Bild als Andrea's bedeutendste Arbeit anerkannt werden. Denn obwohl Maria so gut wie das Kind von etwas männlichem Gepräge sind, schadet dies doch der beabsichtigten Grossartigkeit der Wirkung durchaus nicht. Andrea hat die Zeichnung nach dem Standpunkt des Betrachters bemessen, sodass die Figuren entsprechend verkürzt erscheinen, ein Mittel, durch welches die an sich schon ausserordentliche Lebendigkeit der Gruppe noch erhöht wird. Der Raum ist ohne Zwang gefüllt, die Geberdensprache voll Adel, die Ge-

[70] 1525. Libro de' Stanziamenti de' Signori, Collegi e otto di Balià e custodia dal 1521 al 1527. — 1525. Octob. 14: „Item stantiaverunt ... che i Massai e Cassieri di Camera dieno e paghino al camarlingo della camera dell' arme fiorini venti larghi d' oro in oro, che sono per dargli et pagare a maestro Andrea d' Arrigho (sic. soll heissen d' Agnolo) dipintore per parte del prezzo del cartone che lui fa del disegno delle spalliere della ringhiera del palazzo de' nostri eccelsi Signori, per essere quelle che di presente si adoprano consumate e guaste e disonorevole alla nostra città. (Mitgeth. von G. Milanesi). vgl. oben Cap. XIV Anm. und Vas. VIII, 257 ff.

[71] Auf einem Rahmenstück rechts liest man: „Anno Dom. M . . . . . V . ." und gegenüber: „Quē genuit adoravit." Die Farbe ist durch Einfluss des Alters etwas verblichen.

[72] Vas. VIII, 284.

wandung unterstützt die Plastik der Formen aufs wirkungsvollste, Licht und Schatten sind meisterlich beherrscht. Auch in den höchst bedeutenden Darstellungen der Geburt des Johannes im Scalzo und des letzten Abendmahls in S. Salvi aus d. J. 1526 und 1527 hat Andrea diese Leistung nicht übertroffen. Jenes war das letzte Freskostück in dem Klosterhofe, in welchem der Meister so oft seine Gerüste aufgeschlagen hatte. Elf Jahre waren verflossen, seitdem er dort den Wetteifer mit Francia Bigio begann[73], und so erzählt uns diese Bildreihe im engen Raume die Entwickelung seines Stils. Aus seiner Johannespredigt sprach neben manchem Zuge Ghirlandaio's auch der Einfluss eines fremden Meisters, des Dürer, der noch in dem Bilde der Taufe des Volkes und in der Begegnung des Johannes mit Herodes in dem kraftvollen, eindringlichen Geberdenausdruck nachwirkt. Daneben bezeichnet die Erscheinung des Engels bei Zacharias die Rückkehr zu einfacherer, dem Sinne des Italieners entsprechenderer Auffassung[74] und wird auf diese Weise selbst zur Ankündigung des grossen und kühnen Stiles, den die Madonna del Sacco und das letzte Bild der Scalzofresken vertritt.

Auch das Abendmahl im Speisesaal zu S. Salvi beschliesst einen viele Jahre vorher begonnenen Freskencyklus.[75] Das Ganze ist darauf berechnet, beim Eintritt durch die Thür mit einem Male überblickt zu werden, und wenn auch bei näherer Betrachtung der dekorative Vortrag und die nicht eben stilstrenge Behandlung der Umrisse auffällt, so wirkt es doch von jenem Standpunkte aus höchst bedeutend und überraschend:

Florenz, S. Salvi. Der Heiland sitzt mit den Aposteln, von denen drei sich erhoben haben, an einem langen Tische und legt seine Hand beruhigend auf die des Johannes, den er anblickt, in der Rechten hält er das Brod

---

[73] s. Anm. zu Vas. VIII, 306.

[74] Es trägt die Aufschrift: „I. A. D. M. . . XXI . . .“ Wiederholungen dieses Bildes sowie der Taufe auf Leinwand — zweifelhaft, ob von Andrea's eigener Hand, aber kühn behandelt (im Katalog der Gall. Rinuccini unter N. 160 und 168 aufgeführt) — befinden sich im Besitz des Herzogs Corsini im Palast bei Porta al Prato zu Florenz. Die ganze Freskenreihe ist durch Putzen verdorben und wiederholt aufs gröbste beschädigt worden (vgl. Vas. VIII, 253), besonders die untern Stücke haben viel Veränderung erfahren, der Sockel ist neu.

[75] s. oben S. 557.

nach dem benachbarten Judas zu. Je zwei Jünger nehmen die Schmalseiten der Tafel ein; die Bank, welche den Figuren zum Sitze dient, ist als Holzverschlag gedacht, in geziemender Höhe durch Gesims geschlossen. An dem in der Mitte der Wand angebrachten Fenster sind zwei weitere Figuren angebracht.[76]

Der Typus der Einzelnen ist den Altersstufen und der Herkunft angemessen, die Gesichter durchweg bildnissartig, die Farbe höchst lichtvoll, Rundung und Luftraum aufs glücklichste zum Ausdruck gebracht. Bewundrungswürdig ist der Schattenschlag der Figuren, die Deutlichkeit ihrer vom Lichte abgewandten Theile und die bei aller Mannichfaltigkeit der Lokalfarben innegehaltene Einheit des Tones. Im ganzen Vorgange herrscht vollste Lebenswirklichkeit. Auch der Heiland ist als gewöhnlicher Mann aus dem Volke aufgefasst und von den Aposteln erheben sich nur die an den Enden der Tafeln im Gespräch begriffenen Gestalten über die gemässigte geistige Würde der Versammlung. Vergleicht man sonach dieses Bild Andrea's mit dem ungefähr 30 Jahre älteren Abendmahl des Lionardo da Vinci in Mailand, so tritt zunächst der Abstand in der Geistesbildung und Lebensgewöhnung beider Künstler deutlich hervor. Während sich dort in Allem ein Mann zu erkennen gibt, der auf den Höhen des Lebens zu Hause war, trägt Andrea die Vertrautheit mit den tieferen Schichten der Gesellschaft zur Schau. Beide geben Eigenthümliches und Ursprüngliches, und wenn Andrea auch sehr von der vornehmeren Grösse seines bewunderten Landsmannes absticht, so gereicht ihm die seiner Sphäre entsprechende Wahrhaftigkeit des Ausdruckes immerhin zur Ehre. — Ein Entwurf zu diesem Abendmahlsbilde, dem Fresko genau entsprechend, unter Weglassung der beiden Figuren am Fenster, höchst flott in Oel gemalt und von ausserordentlichem Leben, besonders noch durch Einheit und Durchsichtigkeit der Farbe ausgezeichnet — jetzt in der Universitäts-Gallerie zu Ox- Oxford. Univ.-Gall.

[76] Einige Köpfe, z. B. der des vierten Apostels rechts im Bilde und der des einen Mannes am Fenster, haben durch Abputzen gelitten. Ueber die Deutung der Figuren vgl. Reumont a. a. O. 164 ff. und H. Riegel, Darst. des Abendmahls in der tosk. Kunst. Hannover 1869 S. 68 f.

ford — ist geeignet, den Begriff von der Leistungskraft des Meisters noch zu erhöhen.

Andrea's späte Jahre waren fast ausschliesslich der Vollendung verschiedener Altarstücke gewidmet, in denen bei unverkennbarer Grösse des Stiles mit der Leichtigkeit der Handführung doch auch die Lockerheit und Gewohnheitsmässigkeit der Umrisse zunimmt. Als eine seiner letzten öffentlichen Arbeiten werden die für den Pranger an der Piazza del Podestà bestimmten Bildnisse einer Anzahl geächteter florentinischer Bürger und Feldhauptleute aus dem J. 1530 erwähnt.[77] Ueber seine angebliche Reise nach Rom haben wir nichts als eine leicht hingeworfene Nachricht Vasari's, der nicht einmal den Zeitpunkt bezeichnet.[78] Hat sie anders überhaupt stattgefunden, so kann sie kaum mehr als ein flüchtiger Besuch gewesen sein und ist auf seine künstlerische Entwickelung ohne Einfluss gewesen. Er starb, nachdem er 1529 in die Genossenschaft vom heiligen Sebastian aufgenommen worden war, am 22. Januar 1532.[79] —

Verschiedene Einzelwerke, welche in der Lebensschilderung nicht eingereiht worden sind, beschreiben wir im Schlussverzeichniss, in welchem die den späteren Jahren des Meisters angehörigen Stücke vorausgeschickt sind und die grössere Masse der ihrer Entstehung nach schwerer zu bestimmenden Bilder nachfolgt.

Florenz, Akad. d. K. S. d. gr. Gem. No. 59: Die Heiligen Michael, Johannes d. T., Giov. Gualberto und Bernardo degli Uberti (ursprüngl. in Val ombrosa)[80]. No. 62: Zwei Kinderfig. eine Rolle haltend, No. 63: Staffelbild zur Legende der obengenannten Heiligen. Drei zusammengehörige Theile eines Altarstückes. Die Bewegung der Fig. kühn, die Kindergestalten überaus lebensvoll, wenn auch von etwas

---

[77] s. Reumont a. a. O. 191.

[78] vgl. Vas. VIII, 293 und die in den Anm. daselbst erwähnten Bemerkungen Bottari's und Lanzi's zu der Angabe, dass Andrea es in Rom unter den jungen aufstrebenden Talenten nicht geheuer gefunden und sich deswegen, nicht zum eigenen Nutzen, schnell nach Florenz zurück begeben habe.

[79] Die Angabe seines Todes findet sich im Register der Compagnia di S. Sebastiano, in die er am 2. Febr. 1529 aufgenommen wurde. s. Tav. alfab. im Index zu Vasari.

[80] Vas. VIII, 285. Holz, Oel, Fig. fast lebensgr., zwischen den Füssen Michaels die Jahrzahl: „Ann. Dom. M. D. XXVIII." Als Mittelstück zu diesen Predellen gehört die Verkündigung N. 440 im Louvre.

manierierten Umrissen, die Staffelbilder energisch, in der Art des Michel-Angelo.

Berlin, Mus. No. 246: Maria in einer Nische auf leichtem von Cherubim getragenen Gewölke sitzend hält das Kind aufrecht in ihrem Schooss; l. stehen die heil. Petrus und Benedict, r. Marcus mit dem Löwen und Antonius von Padua mit dem Feuer auf der Hand, vor jenen Beiden kniet der völlig nackte, nur mit einer Laubranke gegürtete greise Onofrius, auf seinen Stab gestützt, rechts die heilige Katharina mit dem Bruchstück des Rades, wie abwesend vor sich hinblickend; tiefer unten im Vordergr., nur zur Hälfte sichtbar, links der heil. Celsus und rechts Julia. Auf den Stufen der Nische die Jahreszahl: „An. Dom. MDXXVIII"[81]. Das Bild, ursprünglich zu den wirkungsvollsten des Meisters gehörig, ist vor einigen Jahren durch Abputzen und Uebermalungen völlig entstellt worden.

Florenz, Gall. Pitti No. 163: Verkündigung (Bogenfeld), ursprüngl. in der Annunziata de' Servi[82]; durch Nachbesserung entstellt. — Ebenda No. 62: Maria knieend vor dem Kinde, welches auf einem Gewande liegend sie anlächelt, daneben stehend der kleine Johannes und Joseph, die Hand in dessen Hand gelegt. Schön und ansprechend, urspr. für Zanobi Bracci ungef. 1521 gemalt[83]. — Ebenda No. 81: (für Ottaviano de' Medici gemalt[84]) der Jesusknabe auf dem Knie der am Boden sitzenden Maria zum kleinen Johannes gewendet, welcher von Elisabeth gehalten wird. Herrlich in Gruppierung, Gesichtsausdruck und Bewegungen und mit dem ganzen Schmelz der durchsichtigen Farbe Andrea's behandelt. — No. 266: Maria m. K. Halbfig. von feiner Empfindung und anmuthiger Haltung, in Auffassung und Stil ein wenig an Fra Bartolommeo erinnernd.

Florenz, Gall. Pitti No. 191: Himmelfahrt Maria's, urspr. von Bartolommeo Panciatichi bestellt, aber 1531 unvollendet hinterlassen, sodass die letzten Lasuren fehlen; gleichwohl ein Meisterstück von Lichtheit, Duft und Vollendung und von trefflichem Farbenschmelz[85]. — Ebenda No. 225: Derselbe Gegenstand wie No. 191: Maria wird höchst anmuthig emporgehoben, ihre Glorie erinnert durch den eigenthümlichen Farbenduft sehr an Correggio[86], vermöge der ruhigeren, geordneteren Gruppierung und seiner allgemeinen Aehnlich-

---

[81] Holz, Oel, lebensgr. Fig., h. 8' 5", br. 5' 11", ursprünglich für Giuliano Scala im Auftrage eines Gönners in Sarzana gemalt, später in Genua, zuletzt 1836 bei J. Lafitte in Paris für den König von Preussen erworben. vgl. Vas. VIII, 285 f. Das zugehörige Bogenfeld mit den Verkündigungsfiguren befindet sich in der Gall. Pitti in Florenz.

[82] Vas. VIII, 286. Eine Copie im Louvre N. 440.

[83] Vas. VIII, 275. Holz, Oel; das Gesicht Josephs übermalt. Reumont a. a. O. 130 f. erwähnt eine Wiederholung des Bildes in der Gall. zu Pommersfelden.

[84] s. Vas. VIII, 290. Holz, Oel, eine Copie davon in Dulwich, s. später.

[85] Holz, Oel, lebensgr. Fig. vgl. Vas. VIII, 274.

[86] Holz, Oel, lebensgr.; nach Angabe der Herausg. des Vasari VIII, 274 ursprünglich im Dom zu Cortona.

lichkeit mit Fra Bartolommeo ist das Bild ein Beweis von Andrea's ungemeiner Wandelbarkeit. — Ebenda No. 123: Maria in der Herrlichkeit von vier Heiligen angebetet (i. J. 1529 bei Andrea bestellt und 1531, obgleich noch unvollendet, bezahlt, 1540 von Vincenzo Bonilli vollendet). Der obere Theil ist von der Hand des Meisters, der untere dagegen sehr schwach[87].

Florenz, Uffiz. No. 1254: (ursprüngl. in S. Giacomo Nicchio), der heilige Jacobus mit zwei knieenden Kindern in der Kutte seines Ordens[88]; etwas düster und schadhaft. —

Den nächst zu erwähnenden drei Bildern ist das folgende vorauszuschicken: Vasari erzählt ausführlich, wie der schon oben genannte berüchtigte französische Agent Giov. Battista della Palla, um den Andrea wieder mit dem König Franz in Verbindung zu bringen, zwei Bilder bei ihm bestellte. Das eine hatte das Opfer Isaaks zum Gegenstand, und der Berichterstatter lässt sich darüber des Weiteren aus: „man sah in der Gestalt des Alten aufs vollendetste den lebendigen Glauben und die Beharrlichkeit ausgedrückt, welche ohne Zaudern bereitwillig sogar das Leben des Sohnes darbringt; er wandte sich mit dem Gesicht nach dem herrlichen Knaben, der um Abwendung des tödtlichen Streiches zu bitten schien. Ueber die Geberden, die Gewandung und andere Nebendinge bei der Hauptfigur kann man des Lobes gar nicht genug sagen; ergreifend wirkte die zarte Gestalt Isaaks, in dessen nackten Gliedern die Todesfurcht zitterte und der ohne noch getroffen zu sein fast schon todt schien; am Halse trug er die Zeichen des Sonnenbrandes, während die übrigen Theile des Körpers, die auf der dreitägigen Reise bekleidet gewesen waren, ganz helle Farben behalten hatten. Der Widder im Dornengestrüpp schien vollkommen lebendig und die am Boden hingeworfenen Kleidungsstücke Isaaks konnte man kaum für gemalt halten, so natürlich waren sie vorgestellt. Ausserdem sah man nackte Knechte, welche den grasenden Esel hüteten, und eine Landschaft, die an Schönheit auch nicht einmal durch den wirklichen Ort des Vorganges übertroffen werden könnte." Nach Andrea's Tode und nach della Palla's Einkerkerung, so berichtet Vasari weiter, wurde das Bild von Filippo Strozzi gekauft und dem Alfonso Davalos, Marchese del Vasto, zum Geschenk gemacht, welcher es nach der Insel Ischia bei Neapel bringen und dort unter anderen trefflichen Sachen aufstellen liess[89]." Wir erfahren noch, dass Paolo da Terrarossa eine Copie nach dem Entwurfe zu jenem Bild bestellt und erhalten habe, die trotz ihrer Kleinheit dem grossen Originale ebenbürtig gewesen sei[90]. Hiernach haben wir es mit einem grossen und kleinen Exem-

---

[87] Bonilli's Ziffer steht unterhalb auf einem Zettel. vgl. Vas. VIII, 288 und Anm. zu 307, ausserdem Reumont a. a. O. 201 f.

[88] Vas. VIII, 287.

[89] Vas. VIII, 289.

[90] Vas. VIII, 291.

plar des Isaaksopfers zu thun. Dazu kommt aber ein drittes, welches Giov. Batt. Mini in einem Briefe an Baccio Valori in Rom vom 8. October 1531 erwähnt und zwar sagt er: dass ein „Quadro dell' Abram“ von Andreino del Sarto[91] für 125 Dukaten an James Stuart, Herzog von Albanien, verkauft worden sei. — Wir besitzen nun gegenwärtig drei Bilder dieses Gegenstandes, aber keins davon hat Anspruch auf die Lobeserhebungen Vasari's über das von della Palla bestellte Original. Es sind:

Dresden, Museum No. 44: Der von Vasari gegebenen Beschreibung entsprechend, der Ausdruck in der Fig. Isaaks sehr gelungen, bez. mit dem Handzeichen Andrea's, die Ausführung jedoch nicht von hervorragender Schönheit, wenn auch möglicherweise von Andrea's eigener Hand[92]. Die Zeichnung ist frei, doch etwas manieriert, die Pinselführung flott, die Farbe lichtvoll, aber in den Schattentheilen leer.

Lyon, Mus. No. 161: hier ist die Ausführung ansprechender, als auf dem Dresdener Exemplar, doch fehlt die Durchsichtigkeit und Heiterkeit von Andrea's Vortrag, besonders in den grauen Schatten; das Nackte ist unschön behandelt. Der Maler mag Pontormo sein[93].

Madrid, Mus. del Prado No. 387: Dieses Exemplar ist zwar schadhaft, besonders in der linken Ecke, und der landschaftliche Hintergrund ziemlich schwer gefärbt, das Ganze trägt jedoch den Stempel der eigenen Hand des Meisters und ist vielleicht die für Terrarossa gemachte Wiederholung[94].

---

Florenz, Uffiz. No. 188: weibliches Brustbild in blauer Kleidung, ein offenes Buch in der Hand, Holz, lebensgr. echt; — Ebenda No. 1176: angeblich Selbstbildniss des Meisters lebensgr., jugendlich, von ausserordentlich flottem Vortrag[95]. — Ebenda No. 1169: Bildniss eines jungen Mannes in schwarzer Tracht und Mütze, genannt „il commesso di Vallombrosa“[96], aber offenbar ein Mann von höherer Rangstellung; vollständig aufgefrischt. — Ebenda No. 1230: Brustbild einer Frau mit einem Korbe, grob im Stil, von ähnlicher unreiner Farbe, dem Bacchiacca ähnlich.

---

[91] Andreino wird der Künstler auch in einer Urkunde desselben Jahres genannt, welche sich auf eine Zahlung an seine Wittwe bezieht. s. Comment zu Vas. VIII, 307.

[92] Holz, Oel, h. 7′ 7″, br. 5′ 8″, Fig. lebensgr.

[93] Holz, Oel, lebensgr. Fig. Das Bild war aus Holland entführt und i. J. 1811 von Napoleon I dem Museum zu Lyon als eine Copie nach Andrea del Sarto geschenkt. vgl. de Ris, Les Musées de Province II, 377.

[94] Früher N. 837. Holz, Oel, Fig. unter lebensgr., h. 0,98, br. 0,69. vgl. Madrazo's Katalog v. 1872 S. 202 f.

[95] Leinwand. vgl. Mündler. Beiträge S. 38.

[96] Vas. VIII, 287. Holz, Oel, lebensgr

Florenz, Gall. Pitti No. 97: Verkündigung mit Michael und einem heiligen Mönch (Holz, Oel, lebensgr. Fig., ursprünglich in S. Godenzo)[97]. Das Bild ist so stark übermalt, dass Andrea's Hand kaum herauszufinden ist. — Ebenda No. 66: männliches Brustbild, angeblich Selbstbildniss des Malers (?). — No. 184: desgl. (Holz, Oel; schön, aber des feineren Reizes beraubt. — No. 118: Bildniss eines Mannes und einer Frau (Halbfig., Holz, Oel); angebl. Andrea und sein Weib (?), nicht mit Bestimmtheit dem Andrea zuzuweisen.

Florenz, Gall. Corsini No. 11: Appollo und Daphne (Holz, Oel); sehr sorgfältig ausgeführt, mit Gold geziert und mit phantastischen Gewändern. Während die Ausführung dem Andrea ähnelt, erinnert die allgemeine Beschaffenheit an Piero di Cosimo; das Bild mag dem Andrea, dann jedoch seiner Jugendzeit angehören. — No. 19: Mad. m. K., dem jungen Johannes und Joseph (Holz, Oel); derb, von entschiedenem Ton und durch Nachbesserung beschädigt, eher von einem Schüler als von Andrea selbst[98]. — No. 8: Mad. m. K. und vier Engeln (Holz, Oel); schwache Arbeit mit dunklen Schatten, dem Puligo ähnlich. — No. 22: der Engel mit Tobias (Kupfer)[99]. — Ohne No.: Maria sitzend mit d. K., dahinter der kleine Johannes (Holz, Oel, lebensgr.); moderne Nachahmung einer Copie von dem jetzt nicht mehr vorhandenen Wandbilde Andrea's bei Porta a Pinti[100].

Florenz, Gall. Ginori: der heilige Sebastian mit einem Bündel Pfeile (Holz, Oel, Halbfig.); etwas übertrieben in Formen und Zeichnung, dem Andrea nicht mit Bestimmtheit zuzutheilen, da die Farbe stärkeren Körper hat, als man gewöhnlich bei ihm antrifft[101].

Florenz, Gall. Pianciatichi No. 109: Brustbild des Baccio Valori (?); schwach und wohl nicht von Andrea's Hand.

Rom, Gall. Barberini No. 90: heilige Familie, Maria, an einen Baum gelehnt, hält das Kind, welches scheinbar eben von der Brust gelassen hat; ihr Typus ist der gewöhnliche des Andrea, das Kind gross, Joseph zur Linken von ernstem Ausdruck. Von Andrea selbst oder unter seiner Leitung gemalt, der Zeit des Abendmahles in S. Salvi angehörig; besonders in den Köpfen Maria's und des Kindes übermalt[102], (Holz Oel lebensgr.)

---

[97] Vas. VIII, 260.

[98] Vas. VIII, 290 erwähnt ein Bild dieses Gegenstandes, welches Giov. Borgherini bestellte.

[99] Ein Gegenstück befindet sich in der Gall. Pitti N. 292.

[100] Diese Copie befindet sich im 3. Korridor der Uffizien ohne Bezeichnung: vgl. Katalog v. 1869 (S. 23) und Vas. VIII, 273 f. — Dieselbe Gruppe, nicht von Andrea, dem sie zugetheilt ist, besitzt die Samml. des Herzogs von Sutherland in London, eine andere, derjenigen in Stafford House entsprechend, nur mit Weglassung des Johannes, hat Sir William Miles, Bart. in Leigh Court.

[101] Vielleicht jedoch das bei Vas. VIII, 292 erwähnte, für die Comp. di S. Bastiano gemalte Brustbild (dal bellico in su) des Heiligen?.

[102] Eine Zeichnung zum Kopfe des Joseph befindet sich in der Pinakothek

Rom, Pal. Spada: Heimsuchung, Theil einer Staffel mit sechs lebendig bewegten Figuren, mit entschiedenem Stilgepräge Andrea's, jedenfalls unter seinen Augen entstanden.

Rom, Gall. Borghese: die sieben unter Andrea's Namen aufgestellten Bilder dieser Sammlung sind sämmtlich von Schülern oder Nachahmern des Meisters.

Rom, Pal. Corsini: Mad. m. K. mit d. Jahresz. 1509, an Bugiardini erinnernd.

Neapel, Mus. männliches Bildniss, die eine Hand auf ein Blatt Papier legend, in der andern einen Cirkel haltend, angebl. Bramante (?), welcher dem Herzog von Urbino einen Plan zeigt; nicht von Andrea, sondern Mischstil des Pontormo und Bronzino, von harten Umrissen und kaltem Ton.

Modena, Gall.: Mad. m. K. und Elisabeth mit dem kleinen Johannes nebst zwei aufwartenden Engeln, von denen einer eine Flöte trägt. Die Gruppe ist weder der für Ottaviano de' Medici gemalten heiligen Familie im Pitti No. 81, noch derjenigen in der Nat. Gall. zu London No. 17 genau entsprechend. Sie ähnelt einem Bilde im Belvedere zu Wien (Z. 4. ital. Sch. No. 3), welches dort unter Andrea's Namen steht, in Wahrheit aber dem Puligo angehört. Die Wiederholung in Modena ist jedoch nicht von diesem[103].

Turin, Mus. No. 207: Maria sitzend hält den Knaben aufrecht in ihrem Schoosse, welcher sich dem Johannes zuwendet (Holz, halblebensgr.); schwach im Ausdruck sowohl wie in der Färbung und von stumpfer Oberfläche, aber mit einer gewissen Leichtigkeit vorgetragen. Schulcopie, welche einen Theil eines Bildes der heiligen Familie im Louvre mit Ausnahme der heiligen Elisabeth wiedergibt[104].

Rovigo, Stadtgall. No. 30: Mad. m. K. und dem kleinen Johannes, Nachahmung des Meisters durch einen spätern Maler.

Wien, Belvedere ital. Sch. S. 4. No. 4: der Erzengel mit dem jungen Tobias an der Hand, zur Seite Laurentius, zur Rechten ein knieender Stifter, am Himmel Christus mit dem Kreuze[105]; die Farbe ist satt, ansprechend und voll Schmelz, die Gesichter haben durchweg das lionardeske Lächeln. — Ebenda No. 3; Maria knieend hält das K., r. Elisabeth mit dem jungen Johannes, der zum Himmel weist, l. zwei Engel, einer mit der Flöte. Das Bild erinnert an Puligo

---

zu München (s. später), zwei Copien des Bildes von anderer Hand im Museum del Prado zu Madrid N. 386 (früher 788, Holz, h. 1,40, br. 1,12) und in der Samml. des Marquis of Westminster in London.

[103] Von 8 anderen Bildern in Modena, welche dem Andrea zugetheilt wurden, genügt die Bemerkung, dass die Benennungen grundlos sind.

[104] Eine modernere Wiederholung dieses Turiner Bildes ist N. 262 des städtischen Museums zu Leipzig (Holz. Oel, h. 0,97; br. 0,78), eine andere befindet sich im Schloss Windsor.

[105] Holz, Oel, oben abgerundet, Fig. unter Lebensgr., h. 6' 7", br. 4' 10". nach Waagen, Kunstdenkm. 1, 61 und O. Mündler eine Arbeit Puligo's.

und ist der heil. Familie No. 438 im Louvre entlehnt, von gleicher Art wie das Bild No. 548 Saal in der Pinakothek zu München[106]. — Ebenda No. 19: Bildniss einer alten Frau sitzend mit einem Buche in der Hand, bez. „an. aetat. LXXII" (Holz, Oel, lebensgr.); schön, aber nachgebessert, und von tiefer Stimmung. Offenbar eine späte Arbeit Pontormo's. — Ebenda No. 28 (im Katal. irrthüml. No. 30): Mad. m. K. in einer Landschaft mit Joseph, der auf einem Sack liegt (Holz, Oel, halblebensgr.), die Figuren kurz und fett, die Farbe von röthlichem Stich, daher vielleicht von Pontormo. — No. 30 (im Katal. irrthüml. No. 28): Maria hält knieend das mit Johannes spielende Kind, Hintergr. Landschaft mit Ruinen und kleinen Figuren (Holz, Oel, lebensgr.); entweder von Pontormo oder Rosso, in gleichem Grade Nachahmung Francia Bigio's wie Andrea's.

Wien, Gall. Lichtenstein: Halbfigur des Sebastian (Holz, Oel, lebensgr.); schwach, von einem Nachahmer Andrea's. — Ebenda: Kopf des Täufers auf einer Schüssel (Holz, Oel, lebensgr.); aus dem Ende des 16. Jahrh.

Wien, Gall. Harrach No. 178: Mad. mit beiden Kindern und Joseph (Holz, Oel); der Kopf Maria's übermalt, florent. Bild aus der Verfallzeit[107].

Berlin, Mus. 236 und 241[108], eher umbrisch als florentinisch, an die Brüder Zaganelli (Cotignola) erinnernd, besonders in der Färbung.

München, Pinakothek S. 578: Brustbild des heil. Joseph (Oel auf Papier, lebensgr.) gleich dem der Gall. Barberini, ebenso flott und charakteristisch, aber stark übergangen. — Ebenda No. 548: Copie der heiligen Familie im Louvre No. 438, aber nicht von einem Maler aus Andrea's Schule und als Leistung geringer als die im Belvedere zu Wien S. 4 ital. Sch. No. 3[109]. — Ebenda No. 544: Maria am Boden sitzend hält das stehende Kind und neigt sich zu Johannes; hinter diesem zwei Engel. Von verhältnissmässig später Entstehung und dem Meister sehr ungleich. — Ebenda, Kab. No. 582, 583, 589 und 594: grau in grau gemalte kleine Oelcopien einiger Wandbilder im Scalzo von verschiedener Grösse: Predigt des Johannes, Heimsuchung, Verkündigung an Zacharias, Salome mit dem Haupte des Täufers; ohne das Gepräge des Meisters.

Schleissheim No. 1123: Mad. m. K. u. Johannes; nicht von Andrea.

Dresden, Mus. No. 43: Verlob. d. heil. Kathar., welcher Jesus den Ring an den Finger steckt, daneben Margaretha mit dem Schwert und dem Drachen, vor welchem der auf der Thronstufe sitzende kleine

---

[106] Die Hauptgruppe findet sich als Bild im Schloss Windsor und nachmals in der Sammlung des Lord Yarborough, doch keins davon ist von Andrea's Hand. s. später.

[107] Wir unterlassen weitere Beschreibungen derartiger Werke.

[108] Jedes h. $7\frac{3}{4}''$, br. $1'\ 7\frac{3}{4}''$.

[109] Holz, h. $4\frac{1}{2}''$, br. $3'\ 2''$.

Johannes ein Lamm schützt, die Vorhänge des Thronhimmels von zwei Engeln zurückgeschlagen (Holz, Oel, mit dem Handzeichen [110]; ein Bild aus der Zeit der Anlehnung Andrea's an Fra Bart., von weichem, duftigem Farbenton, die Figur etwas kurz und derb. — Ebenda No. 45: Leichnam Christi im Schoosse der Mutter (Holz, Oel)[111]; von einem Maler vom Ende des 16. Jahrh. — Ebenda No. 46: heilige Familie mit unechter Inschr.; „ANDS. SARTVS" sehr aufgebessert; von einem Venezianer, auf welchen wir später zurückkommen.

Braunschweig, Mus. No. 272 (früher 423): Mad. m. K. und dem jungen Johannes (Leinw., Oel, halblebensgr.), stark übermalte rohe Copie.[112]

Stuttgart, Mus. No. 327: Maria m. d. K. auf dem Knie welches trinkt während der kleine Johannes zusieht, dahinter Joseph; geschickte Nachahmung Andrea's[113]. — Ebenda No. 299: angebl. Bildniss des Malers Galeazzo Campi (Papier auf Leinw.); nicht florentinisch, anscheinend von einem Lombarden.

Madrid, Mus. del Prado No. 385 (früher 772): Maria, auf der Höhe eines treppenartigen Aufbaues sitzend, lüftet ihren Schleier, während das auf ihrem Schoosse stehende Kind sich zu dem Erzengel rechts auf den Stufen hinneigt, welcher von einem Buche aufblickt; der l. am Boden sitzende jugendliche Joseph schliesst die Pyramide der Hauptgruppe ab; im landschaftl. Hintergr. sieht man ein Weib mit einem Kinde (Elisabeth mit Johannes) nach einer befestigten Stadt zu gehend (Holz, Oel, mit Andrea's Handzeichen zu den Füssen des Joseph)[114]. Obgleich das Bild in Folge starken Abputzens gegenwärtig die Weichheit der Umrisse und die Durchsichtigkeit der Schatten eingebüsst hat, wirkt es doch noch bedeutend und plastisch in seinen Massen; Zeichnung und Farbe deuten an, dass Pontormo während der Entstehung dieses Bildes noch bei Andrea arbeitete. — Ebenda No. 388 (früher 871): Mad. m. K., welches eine Hand zum Munde führt, mit der andern in das Brusttuch der Mutter fasst (Holz, Oel)[115]; durchaus in Andrea's Art, aber von übertriebenen Formen und nicht ganz auf

---

[110] h. 1' 11", br. 4' 4".

[111] h. 9¾", br. 8".

[112] Dieselbe Gruppe, aber besser als diese gemalt, findet sich an einer Wand der Treppe, welche zum Sekretariat in der Ermitage zu St. Petersburg führt.

[113] Holz, Oel, h. 2' 3", br. 1' 8".

[114] h. 1,77, br. 1.35. vgl. über die Deutung der Asunto mistico den neuen Katalog von Madrazo S. 201 f. — Es lassen sich noch 3 Wiederholungen des Bildes nachweisen: eine schadhafte Schul-Copie, prima gemalt u. von harter Farbe, aber mit Andrea's Handzeichen versehen (Holz, Oel) in Dudley House; eine zweite, ebenfalls mit A.'s Zeichen, von späterer Entstehung als die erstgenannte, aber von milchichterer Durchsichtigkeit, von einem geschickten Nachahmer des Meisters, in der Sammlung Holfort in London: eine dritte, auf Leinwand ohne Zeichen und aus späterer Zeit, in Ince bei Liverpool (vgl. später).

[115] h. 0,86. br. 0,68. Eine schwache Copie davon befindet sich in der Gall. zu Dulwich (s. später).

der Höhe seiner Leistungskraft. — Madrid No. 386 (früher 778): Mad. m. K. und Joseph am Fusse eines Baumes stehend (Holz, Oel, unter Lebensgr.)[116], verkleinerte Copie der heil. Fam. in der Gall. Barberini zu Rom (s. oben). — Ebenda No. 389 (früher 911): Maria m. K., l. zwei Cherubim, r. im Hintergr. Franciscus in Verzückung bei einem Engel, welcher die Geige spielt. Holz, Oel, wahrscheinlich von Puligo[117]. — Ebenda No. 384 (früher 681): Wiederholung des Bildes No. 389 (früher 911 das.), ebenfalls Schulbild.

Paris, Louvre No. 439: Heil. Familie: Maria hält knieend das Kind, daneben Elisabeth mit Johannes auf dem Arm, hinter Maria Joseph auf seinen Stab gelehnt. Inschr. ANDREA. DELSARTO. FLORENTINO. FACIEBAT und das Handzeichen (rund, Holz, Oel)[118]. Die vollständige Uebermalung macht den Schluss auf die ursprüngl. Beschaffenheit unmöglich; die Gruppierung erinnert an Fra Bartolommeo. — Ebenda No. 438: Das von Maria gehaltene Kind blickt nach Elisabeth, welche den gen Himmel weisenden jungen Johannes zurückhält; hinter Maria zwei Engel (Holz, Oel, lebensgr.)[119]. Obgleich wir nicht die volle Kraft Andrea's wahrnehmen, scheint das Bild doch das Original derjenigen in Wien (Belved. S. 4. ital. Sch. No. 31), zu Grosvenor (Gallerie des Marquis von Westminster) und zu Ince zu sein. Ebenda No. 440: Verkündigung, wahrscheinlich zu der Staffel No. 63 in der Akad. d. K. zu Florenz gehörig und Copie von Andrea's Verkündigungsbild in Pitti No. 163.

Montpellier, Musée Fabre No. 6: Mad. m. K. im Hintergr. Johannes; von einem mässigen Nachahmer des Meisters; No. 7: Opfer Isaaks, nicht in Andrea's Weise.

Caen, Mus. No. 3 und 4: zwei Sebastiansfiguren, nicht nur unecht, sondern nicht einmal florentinisch.

Nancy, Mus. No. 1: Erzengel mit dem jungen Tobias (Holz, Oel, oben abgerundet); an Fra Bart. und Andrea erinnernd und sehr sorgfältig, vielleicht von Sogliani.

Brüssel, Mus. N. 698: Jupiter und Leda; ärmliches Schulstück, vielleicht von Bacchiacca.

Petersburg, Ermitage No. 24: heilige Familie, Jesus auf Maria's Schoosse sitzend, deutet mit der einen Hand auf die Mutter und wendet sich seitwärts zur heiligen Katharina mit dem Rad, gegen-

---

[116] h. 1,40, br. 1,12. Eine Wiederholung davon in der Samml. des Marquis of Westminster (s. später).

[117] h. 1,07, br. 0,81. Anscheinend nach dem ehemals bei Marquis of Hertford, jetzt in Bethnal-Green befindl. Original (s. später). Eine zweite Nachbildung ist in Longford-Castle (s. später).

[118] h. 1,08, br. 0,88. Wiederholungen, aber nicht von A.'s Hand, finden sich in der Samml. des Grafen Sergei Stroganoff zu St. Petersburg und beim Earl von Portarlington (s. später).

[119] h. 1,41, br. 1,06. Ueber die Copien s. später.

über l. Elisabeth mit dem kleinen Johannes. Inschrift ANDREA DEL SARTO. FLORENTINO FACIEBAT (Holz, Oel unter lebensgr. Fig.); ursprüngl. in Malmaison. Wiederholung des Bildes in Schloss Windsor; es hat so sehr durch Abputzen an Farbenreiz verloren, dass man nicht mehr sagen kann, ob es dem Meister selbst oder einem seiner Schüler angehört.[120] — Ebenda No. 25: Barbara mit dem Thurm in der Hand (Holz, Oel, lebensgr.); übermalt, vielleicht Bacchiacca (?). — Ebenda No. 26: heilige Familie, Copie.

Petersburg, Samml. des Grafen Sergei Stroganoff: heilige Familie (Holz, rund); Copie des Bildes No. 439 im Louvre, aber von früherer Entstehung als die Copie in der Ermitage No. 26.

Petersburg, Sammlung der Fürstin Kutschubey: Judith mit dem Haupt des Holofernes (Holz, Oel, ringsum mit neuhinzugefügtem Rande); Nachahmung des Andrea von Puligo. — Ebenda: heilige Familie: Maria m. K. zwischen zwei Engeln und der Knabe Johannes mit dem Kreuze l. von Maria; dem vorigen durchaus stilverwandt, an Puligo's Arbeiten aus der Zeit erinnernd, als er den Rafael und den Fra Bart. nachahmte, jedoch stark übermalt, der Engel zur Linken ganz und gar.

Kopenhagen, Gall. zu Christiansborg No. 3: Bildniss eines Mannes in schwarzer Mütze, welcher über seine linke Schulter aus dem Bilde blickt; sehr schadhaft und dermassen übermalt, dass man nicht entscheiden kann, ob es von Andrea selbst oder einem seiner Schüler gemalt ist.

London, Nat. Gallery No. 690: lebensgrosses Bildniss eines Mannes mit einem Buch in der Hand, welcher über die linke Schulter blickt; auf dem kalten, dunkeln Hintergr. l. das Handzeichen. Eine vortreffliche Arbeit von ausserordentlich leichtem und breitem Vortrag; die warmen Lichter sind höchst ansprechend mit rosigen Uebergängen behandelt, die Masse des Helldunkels gut zusammengehalten[121]. — Ebenda No. 17: heilige Familie: Mad. mit d. K. auf den Knieen und Elisabeth mit Johannes (Holz, Oel)[122]; von mangelnder Lichtheit und durch alte Firnisse verdunkelt, ohne die Kraft der eigenen Handführung des Meisters, vielleicht von einem seiner Schüler.

London, Bethnal-Green Museum, früher Hertford, Samml. des Sir Richard Wallace: Mad. m. K., l. drei Cherubim, in der Ferne Franciscus vor einem musicierenden Engel; in der oberen Ecke l. das Handzeichen des Meisters, unten die Inschr. „Andrea del Sarto Florentino Faciebat" (Holz, Oel, lebensgr. Figuren). Eine der guten

[120] vgl. dagegen über die Bilder N. 24 und 25 das Urtheil Waagens, Katalog der Ermitage S. 39 f.

[121] Leinwand, h. 2' 4", br. 1' 10". Die rechte Hand nur angelegt.

[122] h. 3' 6", br. 2' 8", ehemals in der Villa Aldobrandini in Rom.

Arbeiten Andrea's, wenn auch durch Abputzen und Nachhilfe ein wenig beschädigt, besonders am linken Handgelenk Maria's und in den Schatten ihres Profils[123].

London, Samml. des Marquis von Westminster No. 173: Mad. m. K. und Joseph; nicht von Andrea, sondern schwache Nachbildung des Exemplares der Gall. Barbarini in Rom und ähnlich derjenigen in Madrid No. 386 (788). — Ebenda: Bildniss der Gräfin Mattei (Holz, Oel); nicht von Andrea, sondern an Allori, noch mehr aber an Carlo Dolce erinnernd. — Ebenda No. 88: Johannes in der Wüste. — No. 90: ein Kind mit der Weltkugel; beide (Holz, Oel) sehr abweichend von eigenen Malereien Andrea's. — Ebenda No. 81: heilige Familie; späte Nachbildung derjenigen unter No. 438 im Louvre (s. oben), vergl. auch das Exemplar in Ince.

London, Stafford House No. 46: Mad. m. K. und Johannes (Holz, Oel, lebensgr.), nach einem Vorbilde Andrea's von Salviati, Nanaccio oder einem Andern dieser Klasse, von trefflicher Behandlung, aber unfeinem Ton.

London, Samml. Barry: Mad. sitzend m. d. K. im Schooss, dessen Kinn sie streichelt (Holz, Oel, halblebensgr.); schadhaft und ausgebessert, des Meisters nicht würdig, wenn auch anmuthig; vielleicht von Puligo[124]. — Ebenda: männliches Bildniss (Halbfig., Holz, Oel, lebensgr.), anscheinend von Puligo oder Pontormo.

London, Samml. Farrer: Pietà (Leinw., lebensgr.), nach dem Bilde in Wien, Belvedere S. 4. ital. Sch. No. 23, von einem Nachfolger des Meisters.

London, bei Mrs. Butler Johnstone: Pietà (Leinw.), entsprechend dem Bilde bei Mr. Farrer, sorgfältig und ansprechend, aber nicht im Stile des Meisters noch auch in seiner Vortragsweise.

Panshanger; bei Earl Cowper: lebensgrosses Bildniss eines Mannes mit Mütze, an einem Tisch einen Brief schreibend, unsrer Meinung nach mit Unrecht für das Selbstbildniss des Meisters gehalten, vielleicht den Domenico Conti darstellend, an welchen der auf dem Bilde angebrachte Brief gerichtet zu sein scheint[125]. Die Malerei ist entschieden die des Meisters, von trefflichem Vortrag. — Ebenda: Frauenbildniss, angebl. „Laura"; sie steht vor einem Tische und hält

[123] Copien davon befinden sich in Madrid N. 389 (911 s. oben) und in Schloss Longford (s. später).

[124] vgl. die Copien in Alnwick und in Hampton Court N. 139.

[125] Er lautet: . . . Dicenbre, Mastro Domenico assai mi chãmo sod (disfat) to verso di voi, avendo mostro propinquo ingenio per dimostrarmi qual proprio a . . . sono tanto molto obligato 1523 m. Andr." Domenico Conti, auf welchem hier angespielt zu sein scheint, war Freund und Schüler Andrea's, welchem er (nach Vas. VIII, 295) seine sämmtlichen Zeichnungen vermachte. Der Mann im Bilde ist den Zügen nach etwa 30 Jahr alt, zu jung für Andrea selbst, der damals (1523) schon 36 zählte, auch ist der Kopf dem von Vasari seiner Biographie beigegebenen und sonstigen Bildnissen unähnlich.

einen Band des Petrarca in der Hand (Holz, Oel, lebensgr.[126]) schönes stattliches Bild von grosser Meisterschaft aus Andrea's letzten Jahren; die Hände lang und schön geformt, der Hals zart, die Stirn schön, das Haar nussbraun, die Augen grau; am Machwerk ist besonders die Abtönung der rosigen Halbtinten in die feinen Schatten zu loben. — Ebenda: Bildniss eines Mannes in ländlicher Tracht, die rechte Hand in das Wams gesteckt, mit lächelndem Ausdruck; echte treffliche Arbeit von meisterhaftem Vortrag und untadeliger Erhaltung, sehr flott behandelt, von heiterer durchsichtiger Farbe. — Ebenda: männliches Brustbild mit einem Stück Papier in der Hand (rund, Holz, Oel, lebensgr.), ansprechend, jedoch nicht von Andrea, sondern vielleicht von Puligo. — Ebenda: Stück einer Staffel: Joseph als Richter, vor welchen Benjamin gebracht wird, während die andern Brüder stehend und knieend ihn anflehen. Aeusserst lebensvoll in der Gruppierung und von energischem Geberdenausdruck, höchst vollendet und mit sattem Luftton in der Farbe; flotte meisterliche Arbeit einer bewussten Künstlerkraft. — Zwei andere Gegenstände aus der Geschichte Josephs (1., der Bäcker zur Hinrichtung abgeführt und der Fleischer bei Joseph; 2., Joseph an Potiphar verkauft) haben tiefen röthlichen Ton, manierierte Zeichnung, fehlerhafte Verhältnisse und übertriebene Geberdensprache, sodass man hier auf Pontormo geführt wird.

Tunbridge Wells (Umgegend) bei Hon. P. Ashburnham (jetzt verkauft)[127]: Charitas mit zwei Kindern an der Brust, einem dritten schlafend zu Füssen. Die Ausführung steht nicht auf der Höhe Andrea's, die Zeichnung ist fehlerhaft, die Farbe schwach und verwaschen; vielleicht Arbeit eines Schülers nach dem Vorbilde Andrea's oder Umarbeitung und Vollendung seines möglicherweise unfertig hinterlassenen Originals von fremder Hand.

Glasgow, Schloss Hamilton Staatszimmer: Magdal. (Halbfig., lebensgr., Holz, Oel); nicht von Andrea, eher eine geringe Arbeit Bacchiacca's.

Schloss Dalkeith, Sitz des Herzogs von Buccleuch: Verhandlung über die Dreieinigkeit (Disputa) mit den Heil. Katharina, Franciscus und Dominicus, Laurentius, Augustin und Sebastian (Leinw. lebensgr. Fig.) bez.: „And. Sar. Flo. Fac.“ Fleissige Copie von Andrea's Bilde im Pitti No. 172, einschliesslich der Signatur, vielleicht von Allori.

Longford Castle bei Lord Folkestone: heilige Familie,

---

[126] An einem Gebäude im Hintergr. die Aufschrift: „Meliora latent“, am Tische: „In deo, tu presens nostro succurre labori.“

[127] Aus Vas. VIII, 290 wissen wir, dass Andrea diesen Gegenstand für Giambattista della Palla gemalt hat; das auf dem Bilde angebrachte Wappenschild (zwei rothe Löwen in gelbem Felde, darüber eine fünfspitzige Krone) scheint später aufgemalt. — Das Gemälde, ehemals in der Samml. Ottley, kam beim Verkauf der Samml. Ashburnham 1860 für £ 525 in andere Hände.

(Holz, lebensgr.); ziemlich genaue Copie (möglicherweise des Puligo) nach dem Bilde in Bethnal-Green (s. oben).

Alnwick, Samml. des Herzogs von Nordhumberland: Mad. m. K., geziemend als Pontormo bez., Wiederholung des Bildes der Samml. Baring.

Schloss Windsor: Mad. m. K. und dem kleinen Joh. (Holz, Oel, lebensgr.)[128], anscheinend alte Nachahmung, vielleicht von Puligo. — Ebenda: weibl. Bildniss, ¾ nach rechts, von olivenfarbigem Ton, von stumpfem und tiefem Schatten, flott vorgetragen, anscheinend von Nanaccio oder Salviati. — Ebenda: Maria und Elisabeth mit den beiden Kindern, r. Katharina, an ihrem Rade die Inschrift: „Andrea del Sarto Florentino faciebat". Die Gruppierung ähnlich dem Bilde der Nat.-Gall. in London No. 17, mit Hinzufügung Katharina's, und entsprechend dem Bilde No. 24 der Ermitage in S. Petersburg; eine fleissige, aber befangene Nachahmung des Meisters von verhältnissmässig später Hand.

London, Lord Yarborough: Mad. m. K. u. Johannes (Holz, Oel, fast lebensgr.); Copie des Bildes im Schloss Windsor, aber geringer als dieses.

Dulwich, Gall. No. 327: Mad. und Elisabeth mit den Kindern und Joseph (Holz, Oel, lebensgr.); anscheinend eine Wiederholung des Bildes im Pitti No. 81 (mit Hinzufügung der Josephsfigur) und zwar von der Hand Salviati's. Letztere Figur weicht in Zeichnung, Typus und Bewegung von den übrigen Bestandtheilen des Bildes ab; die Farbe ist ölig und von mangelndem Licht. — Ebenda No. 326: Mad. m. Jesus und Johannes (Holz, Oel, lebensgr.), Copie des Bildes in Madrid No. 388 (früher 871) mit Hinzufügung des Johannes, von geringerem Kunstwerth als das obige Bild No. 327.

London, bei R. S. Holford Esq.: Mad. m. K., Joseph und einem Engel (Holz, Oel, lebensgr.), mit dem Handzeichen des Meisters, Schul-Copie des Bildes in Madrid No. 385 (früher 772). vgl. das Bild in Dudley House.

Leigh-Court bei Sir W. Miles Bart.: Mad. mit Kind, von schwerer Formgebung und blöder gilblicher Farbe, aber sehr frei behandelt, im Ganzen ähnlich dem Bilde im Stafford House, wo Johannes hinzugefügt ist, und anscheinend von derselben Hand, d. h. entweder von Salvati oder Sguazella.

London, Hon. C. C. Cavendish: Johannesfigur (auf der Ausstellung der British Institution i. J. 1856), Schulbild.

London, Hon. W. Warren Vernon: heil. Familie mit Elisabeth und dem kleinen Johannes (in Manchester No. 110); Copie nach Andrea von einem seiner Schüler.

London, Sir Humphrey de Trafford: heilige Familie (in Manchester No. 111), Schulbild.

[128] vgl. die Exemplare in Turin und bei Lord Yarborough.

Hampton Court No. 139: Mad. m. K., den Bildern der Sammlung Baring und der Gall. zu Alnwick entsprechend und alte Copie des ersteren.

Dublin, Nat.-Gall.: Pietà, Maria m. dem Leichnam Christi auf dem Schoosse umgeben von Petrus und einer Heiligen; Staffelstück in 3 Theilen, nicht mit Bestimmtheit dem Meister zuzusprechen, für welchen Zeichnung und Formgebung zu manieriert, die Farbe zu bunt erscheint. — Ebenda No. 10: Anbetung der Könige (kleines Tafelbild in Oel), von einem Nachfolger Andrea's.

Dublin, bei Earl of Portarlington: heil. Familie (auf der internationalen Ausstellung No. 8, Holz, Oel, ursprüngl. rund, später viereckig gemacht); Copie des Bildes No. 439 im Louvre von moderner Hand.

---

# NACHTRÄGE.

Zu S. 267. Perugino. München, Pinakothek, Saal No. 561: Vision des heiligen Bernhard: Maria, von 2 Engeln begleitet, erscheint von links kommend dem Heiligen, welcher in offener Halle am Pulte schreibend aufblickt, hinter ihm Bartholomäus mit Buch und Messer und ein jugendlicher Heiliger mit Kreuz (Figuren unter lebensgr., Holz, Oel, h. 5' 4", br. 5' 3" 6"', von K. Ludwig I. von der Familie Capponi in Florenz gekauft). Echtes Bild des Meisters, zwar durch Abputzen stark beeinträchtigt, aber voll Jugendlichkeit und Frische in der Formgebung und kräftiger Farbe. Eine Copie befindet sich in S. Spirito (Capp. Nasi) in Florenz, deren Original von Baldinucci, Cinelli und Vasari VII, 193 (irrthümlich) dem Raffaellino del Garbo zugeschrieben wird. vgl. darüber Anm. zu Vas. a. a. O.

---

Zu S. 242. Perugino: Die beiden, ehemals im Besitz des jüngern Metzger befindlichen Seitenstücke zu den nach Altenburg gekommenen Flügeltheilen des Altarbildes der Servitenkirche in Florenz, darstellend Johannes den Täufer und Lucia mit dem Feuergefäss (vgl. Vasari VI, 47 Anm.) sind jetzt Eigenthum des Herzogs Georg von Sachsen-Meiningen im Schloss zu Meiningen. (Holz, Oel, h. 1,57, br. 0,65), beide, besonders Lucia von etwas flauer, jedoch feiner Farbenhaltung, aber schwacher Zeichnung.

Daselbst sind ferner zu erwähnen:

Meiningen (Schloss): Fiesole (angebl., vielleicht Lorenzo Monaco?): Anbetung des am Boden liegenden Kindes durch Joseph und Maria, dahinter die Thiere und eine Reihe von 11 Engeln (Holz, h. 0,20, br. 0,43), miniaturartig, fein und satt gefärbt.

Ebenda: Nerroccio di Bartolommeo (angebl., jedenfalls sienesisch und aus N.'s Zeit): Madonna mit Kind, Hieronymus und Magdalena, Halbfig. von scharfer entschiedener Zeichnung, die Farbe verblichen (Holz, h. 0,60, br. 0,44).

Meiningen: Fra Bartolommeo (angebl.): Dreieinigkeit s. oben S. 484.

Ebenda: Botticelli: Maria, welche das vor ihr sitzende, vom jungen Johannes (links) verehrte Kind mit der Rechten am Kopfe, mit der Linken an einem Schleierbande hält (Holz, rund, Durchm. 0,75), hart und spröde, aber anscheinend echt.

Ebenda: Verrocchio (angebl.), wahrscheinlich Schule des Raffaellino del Garbo oder Filippino: Madonna mit Kind, welches trinkt, rechts und links ein Engel, sehr entstellt (Holz, rund, Durchm. 0,83).

Ebenda: Melozzo von Forli (angebl.): männliches Brustbild, $^3/_4$ Ansicht ohne Bart, rothes Gewand, Grund schwarz (Leinwand, h. 0,37, br. 0.25). Inschrift: ETATiS ANNOR 59, daneben die Zahl 490; gutes entschieden gezeichnetes Porträt von cholerischem Ausdruck.

Ebenda: Taddeo Gaddi (angebl. giottesk): Maria und Jesus in oben zugespitzter Mandorla, unten 6 knieende Heilige. Goldgrund, Holz, h. 0,66, br. 0,42.

Ebenda: Orcagna (angebl., wahrscheinlich Schule des Taddeo Gaddi): kleiner Flügelaltar, Hauptbild: Maria mit Kind, angebetet von Franciscus und einem heil. Bischof; innen links Petrus und Paulus, rechts Kreuzigung, oberhalb der Flügelstücke die Verkündigungsfiguren.

Ebenda: Filippino Lippi (angebl.): das Christuskind am Boden liegend von Maria und einem Engel knieend angebetet; Hintergr. Architektur und Landschaft (stark übermalt, der Engel fast neu). Holz, h. 0,82, br. 0,21.

Ebenda: Palmezzano: Maria mit beiden Knaben und Joseph, Halbfig. Inschrift: „Marchus palmezanus pictor foroliuiensis faciebat“, echt (Holz, h. 0,62, br. 0,59).

Padua, Gall. N. 648 Palmezzano: Madonna, vor sich auf der Brüstung das liegende Kind, blickt aus dem Bilde; unten der Kopf des kleinen Johannes sichtbar. Halbfig., Holz. Inschrift: MARCVS·
·FOROLIVI.

Mailand, Privatbes., Palmezzano: Mad. mit dem nackten Kinde, welches vor ihr auf einer Brüstung steht, vom kleinen Johannes angebetet, den es segnet, hinter Maria Joseph, die Hände auf den Stab gestützt aus dem Bilde blickend (Halbfig.); Hintergr. Vorhang und Ausblick auf eine bergige Hafenstadt. Treffliche Arbeit. An der Brüstung die hebräische Namensinschrift des Meisters:

מרקו: פלמזאנו: פורליביסי:
:escbilrof :onazmlp :okrm

Mailand, Samml. Giacomo Poldi-Pezzoldi: Botticelli (auf der Ausstellung von 1872 No. 203): Maria (hellblond) vor ihrem Pulte sitzend, den fast nackten Knaben vor sich auf den Knieen, welcher sein Händchen auf ihre mit dem Buche beschäftigte Hand legend kindlich zu ihr umblickt; auf dem Tisch allerhand Geräth, Hintergrund Zimmer mit Ausblick ins Freie (Holz, h. 0,55, br. 0,39), untadelig erhalten, von höchster Sauberkeit und feinstem Reiz der

Zeichnung und Ausführung, ernst und lieblich, an Raffaellino oder Filippino erinnernd. —

Mailand, Samml. Poldi-Pezzoldi (auf d. Ausstellung v. 1872 N. 201): Perugino: Madonna mit Kind und 2 Engeln, kleines, gewöhnliches Schulbild, Holz, h. 0,28, br. 0, 22.

Mailand, Samml. Poldi-Pezzoldi (auf d. Ausstellung v. 1872 N. 212): Signorelli: Barbara (violetter Mantel, grünes Kleid, klein) mit dem Gefäss, dahinter ein Thurmbau und etliche Figürchen; von Signorelli's milderer Vortragsweise, in der Färbung dem Bilde No. 79 im Museum zu Berlin ähnlich.

Mailand, Samml. des March. Gius. Arconati (auf der Ausstellung von 1872 No. 79): Maria kniet vor dem am Boden liegenden Kinde, rechts der kleine Johannes, links 2 Engel (Holz, rund, Durchm. 0,78), angebl. Domen. Ghirlandaio; im mittlern Theile dem Bilde No. 387 (347) der Gall. Pitti entsprechend, auch in der Behandlungsweise diesem verwandt, daher ebenfalls der Schule Filippino's oder Botticelli's zuzuschreiben. (vgl. B. III. S. 200.)

Mailand, Samml. der Sign. Prinetti-Esengrini (auf der Ausstellung von 1872 No. 116): Lorenzo di Credi: Maria in Anbetung vor dem Kinde knieend, welches von einem Engel gehalten wird, hinten rechts Joseph schlafend, Holz, rund; schwache Wiederholung des häufig vorkommenden Motivs.

Mailand, Samml. des March. Gian Giacomo Trivulzio (auf der Ausstellung v. 1872 No. 244), Fra Filippo Lippi (angebl.): Mad., umgeben von 6 Engeln und 3 Heiligen, sämmtlich knieend unter einem Zelte; von flauer Färbung und zweifelhafter Herkunft. — Ebenda (auf d. Ausstell. v. 1872 No. 252): Domenico Ghirlandaio (angebl.): Maria sitzt in einer Nische, das Kind vor sich auf dem Schoosse, welches in einem Buche blättert, links und rechts Blumen, Fig. ½ lebensgr., wahrscheinl. Schule des Filippino oder Raffaellino.

Bergamo, Samml. Lochis-Carrara No. 195: Perugino (angebl.): Maria sitzend, hält das nackte Kind, welches auf ihrem Knie stehend an ihr Mieder fasst (¾ Fig.); Hintergrund schwarz; mässiges Schulbild aus Spagna's oder Pinturicchio's Nähe. — Ebenda No. 237: M. Palmezzano: Maria mit dem Kinde vor Simeon mit 2 Nebenfiguren (Halbfig.), bez.: „Marchus palmezzanus pictor foroliuiensis faciebat Mccccxxxvij“

M. Jordan.

---

Zu S. 312. Pinturicchio: Mailand, Casa Borromeo (auf der Ausstellung v. 1872 No. 175): Christus auf dem Wege nach Golgatha, Inschrift: „Questa Opera E dimano Delpintorichio. Da perugia MCCCCC XIII.“ Holz, h. 0,40, br. 0,48 (mit dem gemalten Rahmen).

---

Zu Alunno: Die auf S. 133 und 136 ausgesprochene Vermuthung, dass Alunno Antheil an den Fresken in S. Maria in Campis bei Foligno gehabt habe, wird durch eine handschriftliche Mittheilung von Durante Dorio (aus der Bibl. Jacobilliana im Seminario zu Foligno) bestätigt, welche S. Frenfanelli Cibo in seiner Monographie über Alunno (Niccolò Alunno e la scuola umbra, Rom 1872) S. 64 u. 91 ff. abdruckt und laut welcher sich zur Zeit des Schreibers (17. Jahrh.) der Name des Meisters nebst der Jahrzahl in Goldziffern auf dem Bilde der Kreuzigung daselbst befunden hat.

Von demselben Gewährsmann (Dorio) werden noch folgende, jetzt vermisste Gemälde Alunno's aufgeführt:

in Foligno: in der Chiesa oder Comp. della Misericordia: Tafelbild, darst. Maria und Johannes trauernd zu Seiten eines Christus von Holz; in S. Agostino: Pietà mit 2 trauernden Engeln, welche Fackeln halten (Leinw.); in S. Antonio: Hiob nackt im Elend mit 3 Figuren in lebhafter Bewegung (Leinwand); in Camerino: Madonnenbild(?), worauf ein Körbchen mit Kirschen und eine Flasche Wasser als besonders naturtreu gemalt erwähnt werden; in Assisi, S. Francesco: Pietà (vgl. Band IV, S. 138, Anm. 97) als Freskobild in der Cappella del Vescovo aufgeführt, wo sich ausserdem auch ein Fresko, darst. den büssenden Hieronymus, befand; in Spello, in S. Girolamo de' Zoccolanti: Maria mit Johannes, Hieronymus und Franciscus, oberhalb auf kleinen Stücken Katharina und Bernardin (Holz). Diese Beschreibung passt zu einem jetzt in seine Theile zerlegten Gemälde in der Brera zu Mailand (vgl. B. IV, 139, Anm. 98) s. Frenfan. Cibo S. 91. 92. — Ferner wird erwähnt: in Terni, S. Valentino, Sakristei: Kreuzigung mit Franciscus und Bernardin (Leinw.), Inschrift: „Opus Nicolai Fulginatis 1497 (s. Frenfan. Cibo 162).

Aus G. Bragazzi's „Rosa dell' Umbria" ist bei Frenfan. Cibo S. 173 eine Urkunde mitgetheilt, laut welcher Niccolò Alunno („Magister Nicolaus Liberatoris pictor") i. J. 1487 auf das Gesuch, an seinem in „societate Crucis et plateola juxta hospitale S. Augustini" in Foligno gelegenen Hause eine Cisterne anbringen zu dürfen, von den Prioren und Novemvirn der Stadt nach eingeholtem Gutachten zweier Sachverständiger zustimmenden Bescheid erhielt, „cum virtutibus suis Magister Nicolaus omni favore dignus sit." —

Der soeben erschienenen Schrift von Adamo Rossi: „I Pittori di Foligno" (Perugia 1872) entnehmen wir über Alunno noch Folgendes:

Niccolò di Liberatore di Mariano da Foligno war geboren um 1430. Der Name „Alunno" findet sich in keiner Urkunde, er rührt von Vasari her und verdankt seine Entstehung vielleicht der Inschrift auf dem Altarbilde in S. Niccolò zu Foligno, welche lautet: „Nicholaus alumnus fulginie"; Vasari scheint „alumnus" als Familiennamen gefasst zu haben. — Niccolò war seit ungefähr 1452 verheirathet mit Caterina, Tochter des Pietro di Giovanni Mezzaforte, ebenfalls Maler, von dem jedoch keine Werke auf uns gekommen sind; die Häuser des Niccolò und seines Schwiegervaters waren benachbart, und vermuthlich hat Niccolò seinen Kunstunterricht und sein Weib an demselben Orte gefunden.

Ausser den bei uns IV, 137 ff. erwähnten für Diruta gemalten Altarstücken v. J. 1457 oder 58 und 1465 (jetzt theilweis in der Brera zu Mailand) führt Rossi auch das in S. Francesco zu Cagli auf; unter den Gewährsmännern

38*

welche dasselbe gesehen und genau beschrieben, nennt er Civalli (in Colucci's Antichità Picene T. XXV, S. 212), welcher es für gemeinsame Arbeit des Niccolò und des Pietro di Mezzaforte erklärt, und Guido Orazio Bonclerici (in den Annali del Gucci. an. 1570), welcher die Inschrift (Goldbuchstaben) mittheilt: „NICOLAVS FVLGINAS PINXIT MCCCCLXV." Ferner beweist er, dass mehrere Stücke der Brera zu Mailand (No. 7 Maria mit Kind, No. 100 Franciscus, No. 110 Bernardin, und die unnumerirten Stücke, enth. Antonius und Clara) zum Altarbilde von Cagli gehört haben (die 4 Evangelisten, welche die Krönung des Altarstückes bildeten, sind verloren gegangen). — Ein Theil vom Altarstück des Heil. Rufinus im Kapitelhause des Domes zu Assisi (darst. den Heil. Michael) befand sich vor kurzem im Besitz eines Giacomo Bindangoli zu Assisi.

Rossi theilt ferner folgende Urkunden mit: v. J. 1470, 13. Sept. Kontrakt Alunno's mit einem Zimmermann über die Tafeln des Altarstückes für S. Francesco zu Gualdo; 1471, 22. Oct. Alunno Mitglied des Rathes der Hundert in Foligno; 1472 Bürgerpatent mit der Fähigkeit, zum Prior der Stadtgemeinde gewählt zu werden; 1473, 14. Jan. Mitglied des Stadtrathes von Foligno; 1473, 4. Oct. A. erhält die Minderzahl bei der Priorenwahl; 1474, 18. März Landkauf zu Foligno für 4 fl.; 1474. 15. Dec. Pietro Mezzaforte ernennt seine Tochter, Alunno's Frau, zur Vollstreckerin seines Willens und theilt sein Vermögen unter ihre Kinder; 1477—79 und 1480—81 Antheil Alunno's an den städtischen Geschäften; 1483, 29. April: Kirchenfahne für S. Valentino zu Terni (s. oben bei Frenfanelli Cibo), jetzt im Pal. municipale daselbst; 1489 Alunno Mitglied des Stadtrathes zu Foligno; 1492 Wahl zum Ausschusse für die Reform der Verwaltung des Monte Frumentario; 1492, 1496, 1498, 1501 Antheil an der Stadtregierung zu Foligno. Eine Erklärung aus d. J. 1502 beschreibt die Art und Weise, wie Niccolò das Altarstück für Todi begann, welches, da er durch Krankheitsfall an der Vollendung verhindert wurde, später sein Sohn Lactantius fertig machte. Wir erfahren hierbei auch, dass das Bild vom Martyrium des heil. Bartholomäus in S. Bartol. zu Foligno beim Tode des Meisters unvollendet war. 1502, 12. u. 18. Aug. Testament mit Codicill. Alunno's Tod fand zwischen dem 18. Aug. und dem 1. Dec. 1502 statt, was sich daraus ergibt, dass vom letzteren Tage ein Vermerk seiner Erben vorhanden ist.

Dem Verzeichniss der noch vorhandenen Bilder des Meisters ist nach Rossi hinzuzufügen: Rom, Villa Albani, Eigenthum des Fürsten Torlonia: Maria mit Kind zwischen Petrus und einem heil. Bischof, Paulus und Antonius Abbas; in den Aufsätzen Katharina, Joh. der Evangel., Sebastian und ein anderer Heiliger, Inschrift: „NICOLAVS FVLGINAS PINXIT MCCCCLXXV."

Die Kirchenfahne mit der gnadenreichen Jungfrau und Heiligen, ehemals in S. Crispino (vgl. oben S. 138), befindet sich jetzt in der öffentlichen Schule zu Assisi. —

Auch über Pietro Antonio von Foligno gibt Rossi urkundliche Nachrichten, aus denen zunächst hervorgeht, dass derselbe älter als Alunno war und ihn auch noch um etwa 4 Jahre überlebt hat. Die früheste Nachricht über ihn ist ein Vertrag über Ankauf eines Weinberges; aus d. J. 1467, 6. Sept. ist eine Geldzahlung vermerkt; vor 1471 erhält er Zahlung für die Fresken in S. Antonio e Jacopo zu Assisi (wodurch unsere Annahme [S. 135] bestätigt wird, dass dieselben etwa 1468 ausgeführt waren); 1476, 1478 und 1480 wird seine Anwesenheit in Foligno bezeugt; aus d. J. 1500 ist das Testament der Donna Subilia erhalten, „aufgesetzt und gesiegelt in Gegenwart ihres Gatten Pier Antonio“; 1506, 13. Nov. letzter Wille Pier Antonio's. — Zu den bekannten Werken des Malers fügt Rossi noch hinzu: ein Tabernakel-Fresko bei Carpello enth. Maria mit Kind, umgeben von den beiden Johannes, Petrus und Paulus, Inschrift: „Pétrus Antonius de Mezzastris de fulgineo pinstit.“

Ausserdem wird Nachricht gegeben von Leben und Werken des Lattanzio, des Sohnes von Alunno, und des Bernardino, Sohnes von Pier Antonio Mezzastri. —

---

Zu Cap. XVII (Andrea del Sarto) ist über die Bilder in der Gall. Borghese in Rom, in der Gall. Pitti in Florenz und im Palast Brignole-Scale in Genua zu vergl.: Mündler in Burckhardt's Cicerone, II. Aufl. S. 898. — Paris, weil. Gall. Pourtales: Jugendliches Bildniss der Lucrezia del Fede.

---

## BERICHTIGUNGEN.

Zu Band III.

S. 3. Ghiberti's und Brunelleschi's Reliefs befinden sich seit 1866 im Museo Nazionale zu Florenz (Bargello).

S. 5. Z. 5 statt Joh. d. Evang. in Orsanmichele lies Joh. d. Täufer an Orsanmichele.

S. 36. Die Fresken der Villa Carducci seit 1866 im Museo Nazionale.

S. 37. Die Impiccati existieren nicht mehr.

S. 49. Domenico Veniziano's Madonna aus S. Lucia de' Bardi seit 1862 in den Uffizien.

---

Zu Band IV.

S. 7. Anm. 16 statt Gall. Pitti lies Gall. Corsini. (Signorelli.)

S. 243. Z. 3 v. u. und Anm. 130 statt „Schuhmacher“ lies „Zimmermann“.

S. 311 und 313 ist das Bild der Gall. Pitti No. 341 zweimal angeführt.

S. 250. Z. 3 v. o. statt 1510 lies 1505.

S. 266. Z. 6 v. o. statt „wie Eusebio di S. Giorgio da Pistoia“ lies „wie Eusebio di S. Giorgio oder Gerino da Pistoia.“

S. 563, 588 und 590 statt Nanaccio lies „Nanoccio.“

# INDEX.



## A.

## D.



## E.

39*

## G.

## H.



## I.

## M.

## N.

## O.



## P.

40*

## S.

## T.

## U.



## V.

## W.



## Z.



Druck von J. B. Hirschfeld in Leipzig.

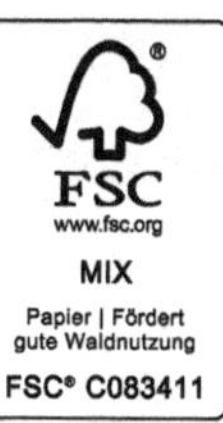


Zeitfracht Medien GmbH
Ferdinand-Jühlke-Straße 7
99095 Erfurt, Deutschland
produktsicherheit@kolibri360.de